European Politics

유럽정치론

유럽정치연구회 엮음

박영사

분리와 통합의 기로에 선 유럽정치

한국인에게 떠오르는 유럽의 이미지는 여행하고 싶은 곳, 살고 싶은 지역일 것이다. 대학생이 되면 누구나 배낭여행을 꿈꾸는 지역이기도 하고, 가족이나 단체 관광지로 가장 많이 추천받는 곳이기도 한다. 그동안 귀가 따가울 정도로 들었던 역사와 문화의 보고라는 이야기를 새삼스럽게 할 필요도 없다.

복지국가의 기원지, 사양문명의 근원, 파시즘과 나치즘이 탄생한 곳, 마르크스주의와 사회주의의 발원지, 민주주의와 공화주의가 시작된 곳, 의회주의와 선거라는 대의제 민주주의가 꽃핀 곳, 산업혁명과 프랑스 혁명 등이 발생한 혁명 지역, 네오-코포라티즘, 사회적 기업, 유럽통합이라는 지역통합을 여전히 진행 중인 새로운 정치의 실험장 등 유럽을 설명하는 수많은 정치현상이 존재하는 곳이다.

그런 유럽이 최근 너무나 많은 변화를 겪고 있다. 2017년과 2018년 유럽 주요 국가들에서 실시된 총선과 대선은 그 변화를 실감하게 하였다. 테러 안전 지역이라고 했던 유럽이 테러 빈번 발생 지역이 되었고, 지중해는 수많은 난민들을 죽음으로 몰고 있는 죽음의 바다가 되었다. 높은 실업률, 신나치즘과 극우정당의 확산은 민주주의 보고인 유럽과는 어색해 보인다. 불과 몇 년 사이에 유럽에서 빈번하게 일어나고 있는 일이 이제는 일상이 되는 듯하다.

게다가 2008년 말 미국발 글로벌 경제위기는 유럽통합의 최대 위기를 불러왔다. PIGS 국가들의 유럽연합 탈퇴 가능성을 이야기하다, 이를 참지 못한 영국이 브렉시트를 단행했다. 그 뒤를 이어 유럽 주요 국가들에서는 극우정당들이 강세를 보이고, 기존 정당들이 몰락하는 일들이 발생하였다. 안정적인 발전을 취하던 유럽이 어째서 불안정하고 불안한 지역이 되었을까 궁금하지 않을 수 없다.

이 책은 그런 유럽의 최근 상황과 변화를 중심으로 서술하고 있다. 우리에게 유럽은 두 가지의 의미로 존재한다. 하나는 유럽 지역의 개별국가 총합으로서 유럽 국가들을 의미하고, 다른 하나는 유럽을 총체적인 하나로 이야기하는 유럽연합 EU를 의미한다. 유럽에 대한 연구의 최근 흐름은 주로 EU 중심이다. 그런데 EU가 결국 유럽 회원국으로 이루어진 정치경제체제라고 본다면, 유럽 회원으로서 개별 국가 역시 중요하다.

　본서는 그런 유럽 개별 국가들의 정치·경제·사회·문화의 다양한 영역을 정치학의 관점에서 이야기하고 있다. 4개의 장으로 구성된 이 책에서 제4장은 EU를 설명할 수 있는 다양한 주제로 구성되었다. 제1장부터 제3장까지의 지역 중심의 서술을 다소 보완해 줄 수 있는 방식으로 구성되었다. 아 책에 참여한 저자들은 유럽 주요 국가들에서 공부한 지역전문가들이다. 이들 참여 저자들을 묶어주는 학문공동체는 유럽정치연구회이다.

　유럽 각 국가나 주제에 대한 전문가들로 구성된 유럽정치연구회는 이미 이 책의 전서인『유럽정치』(2002, 백산서당)를 출간하였다. 이 책 역시 앞선『유럽정치』의 연장선에서 최근의 변화를 주목하여 집필하였다. 학문적으로 후속세대를 연결하고, 주제의 연계성을 위해 기존 참여자들과 유럽정치연구회 역대 회장들과의 긴밀한 협조 아래 후속서를 계획하여 완성하였다. 전임 연구자들의 학문적 희생과 연구가 없었더라면 이 책이 출간될 수 없었을 것이다. 지면을 빌어 다시 한 번 감사의 말을 전한다.

　실제로 이 책이 나오기까지 많은 시간이 걸렸다. 개정 논의가 시작된 이래 매년 조금씩 학문적인 역량과 준비를 통해 2018년 출간에 이르렀다. 비록 이 책이 더 많은 부분을 담아 내지 못한 학문적 한계에도 불구하고, 유럽정치를 연구하고자 하는 학생들과 관심 있는 연구자들에게 기초적인 정보제공과 전공 선택의 기초자료 역할이 가능하기를 고대한다.

　실로 책이 출간되기까지 수많은 이들의 헌신과 공헌이 있었다. 유럽정치연구회를 처음부터 이끌어 주셨던 초기 회원들과 회장들, 현재의 연구회를 이끌고 있는 많은 회원들과 회장단에게 특히 감사를 드린다. 또한 학문적인 필요성은 있지만, 그리 상업성이 뛰어나지 않은 책을 기꺼이 출판 허락해준 박영사에 진심어린 감사의 말을 전한다.

　무엇보다 이 책의 저자로 참여해준 모든 저자들에게 존경어린 감사의 말과 책의 기획, 구성, 수집 등의 기본 편집 작업을 해준 양오석 교수, 심성은 교수, 임동현 교수에게 가슴 속 깊은 감사와 찬사를 보낸다. 마지막으로 어려운 출판을 끝까지 기다려준 박영사의 임재무 이사와 편집실의 한두희 편집장과 편집인들에게 깊은 감사를 표한다. 이 책의 내용과 구성의 부족함과 오류는 저희 저자들과 기획단에게 있음을 밝힌다.

앞으로도 끊임없는 독자들의 질책과 관심을 부탁드리며, 저희 저자들이 계속 좋은 글과 연구를 할 수 있도록 지도편달을 부탁드린다. 미래의 유럽이 어떤 모습으로 변할지 저자들과 독자들 모두 함께 지켜보길 바라면서『유럽정치』재출판의 길고 긴 여정을 마친다.

2018년 9월에

김 종 법 배상

이번 항의 글은 아래의 두 개 논문에서 본 항목에 맞게 수정 및 편집하여 작성하였다.*

---

* 김종법. 2014. "복지와 노동의 통합화와 정당의 역할: 이탈리아 연합정치를 중심으로".『현대정치연구』(제7권 제1호). 서강대 현대정치연구소; 김종법, 2011. "세계경제위기와 남유럽복지모델의 상관성: 이탈리아와 스페인의 복지정책을 중심으로".『유럽연구』(제 29권 3호), 한국유럽학회.

차 례

CHAPTER 1. **영국의 정치경제: 세계화와 유럽화의 틈바구니에서** ·········· 121

  Ⅰ. 앵글로 색슨 복지국가 모델 ······································ 121

  Ⅱ. 영국 노사관계의 특징: 노사의 위상과 정책관여 점차 축소 ·········· 123

    1. 노동조합 조직 123 / 2. 사용자 조직 124

  Ⅲ. 대처주의와 복지국가의 개혁 ····································· 125

    1. 대처 이전의 영국 복지국가 체제 126 / 2. 대처주의 127

  Ⅳ. 대처 이후의 영국 정치경제 ······································ 130

    1. '뉴 레이버'(New Labour)와 대처주의의 계승 130

    2. 보수당−자민당 연립정부와 정치경제 131

  Ⅴ. 브렉시트와 글로벌 영국 ··· 132

CHAPTER 2. **독일모델의 재편과 전환** ································ 135

  Ⅰ. 독일모델: "유럽의 병자"에서 "경제적 슈퍼스타"로 ················· 135

  Ⅱ. 유로자본주의 − 초국적 자본주의 공간의 형성 ··················· 138

  Ⅲ. 독일모델의 재편과 전환 ··· 141

    1. 생산입지논쟁과 민영화 143

    2. "노동을 위한 동맹"과 하르츠 개혁 145

    3. 유로존 아래서의 임금억제 149

  Ⅳ. 독일모델의 성과와 딜레마 ······································· 153

CHAPTER 3. **프랑스 정치경제: 동향과 과제** ·························· 156

  Ⅰ. 경제 위기와 프랑스 경제 ·· 156

  Ⅱ. 프랑스형 국가주도형 경제정책의 쇠퇴 ··························· 159

  Ⅲ. 유럽공동체와 프랑스 경제정책 ··································· 162

  Ⅳ. 복지정책: 최고로 많은 공공사회복지지출 ························· 164

    1. 소득대체율 높은 퇴직·노령연금 제도 166

    2. 보장률 높은 의료보험제도, 속지주의 육아·보육 복지정책,

      그리고 외국인들에게도 평등한 복지 167

  Ⅴ. 35시간의 나라: 짧은 노동시간과 높은 노동생산성 ················· 167

    1. 어떻게 가능했는가? 168

    2. 끝나지 않은 논쟁, 고용에 대한 효과는? 169

정치제도

영국의 정치제도와 정치과정[1]

강원택 · 이선우

영국의 정치제도와 정치과정은 매우 오랜 시간동안 근대민주주의의 요람이자 하나의 모범 사례로 인지되고 학습되어 왔다. 특히 역사적으로 볼 때, 영국의 민주적 정치제도 및 정치과정은 여러 지역에 걸쳐있는 신생민주주의 국가들은 물론, 독일과 프랑스를 비롯한 여타의 서유럽 국가들에 비해서도 유난히 큰 변화나 부침 없이 기존의 형태를 유지해왔다. 설령 외부 환경의 급격한 변화에 직면하더라도 이에 대해 매우 점진적으로만 반응해왔을 뿐이다. 이는 영국의 정치제도와 정치과정이 전통의 유지 및 변화에 대한 점진적 반응이라는 두 가지 특성을 동시에 지닌 채 지속 · 발전되어 왔다는 점을 강하게 시사한다. 본 장에서는 영국정치의 이러한 특성에 주목하고, 이에 기초해 주요 통치기구, 정당, 선거제도 그리고 지방정치 등에 관해 안내할 것이다.

Ⅰ 주요 통치기구

1. 왕실

영국은 서유럽의 선진적 민주주의 체제들 가운데서도 입헌군주제를 채택 · 유지해온 가장 대표적인 국가이다. 영국 역시 17세기 중반까지만 해도 국왕에게

---

[1] 본 장은 강원택. 2004. "영국의 정치제도와 정치과정", 유럽정치연구회 편. 『유럽정치』 서울: 백산서당, pp.249-268을 대폭 수정 · 보완한 것임을 밝힌다.

정치권력이 집중된 전형적인 절대군주정 중 하나였다. 그러나 1215년의 대헌장(Magna Carta) 이래로 국왕의 권한이 계속 의회로 이관되면서 현재는 "군림하되 통치하지 않는" 전형적인 입헌군주제의 왕실로만 존재하고 있다. 특히 1668년 '명예혁명'(Glorious Revolution)이 발발하고 이른바 권리장전(Bill of Rights)이 채택됨에 따라 국왕의 입법권과 조세징수권에 강한 제약이 가해졌고, 이후 통치구조 또한 '의회주권주의'(parliamentary sovereignty)2 원칙의 확립과 함께 오늘날과 같이 의회와 이에 기초한 내각이 사실상 정부 운영을 책임지는 형태로 변모되었다.

그럼에도 불구하고 영국 국왕은 국가의 원수로서 국가통합 및 권위의 상징적 원천 역할을 도맡아왔다. 이를테면, 제2차 세계대전 당시 영국 국왕인 조지 6세(George VI)가 일궈낸 국민통합의 대업적은 영국에서 왕실이 가지는 정치적 무게를 잘 예증했던 사례이다. 이 뿐만 아니라, 비록 형식적인 수준에 불과하다고는 하나, 영국 국왕은 수상의 임면, 의회 소집 및 해산, 법률에 대한 승인 등 상당히 광범위한 공식적 권한들을 행사한다. 이는 내각이 실질적으로 의회에 정치적 책임을 지면서도 공식적·외형적으로는 국왕에게 책임을 지게끔 되어 있는 영국의 오랜 관행을 잘 보여준다. 아울러 국왕은 공식적으로 영국 국교회인 성공회(Church of England)의 최고지도자 지위 또한 보유한다.

한편, 흥미롭게도 영국 왕실은 철저히 국민들의 광범위한 합의에 기초해 유지되고 있다. 이는 국민 다수가 왕실의 존속에 더 이상 동의하지 않을 시, 영국에서도 어느 시점에 입헌군주정이 폐지되고 공화제가 수립될 가능성이 상존함을 의미한다. 실제로 1990년대 이후로는 황태자 부부의 이혼과 죽음 그리고 왕실 일원들의 잇단 추문 의혹으로 얼룩진 사생활 문제 등이 왕실 의전을 위한 과도한 예산 문제와 결부되면서, 그 존속 필요성에 대한 문제제기로 이어지고 있다. 하지만 90여 세의 고령에도 불구하고 열성적으로 자신의 역할을 해내고 있는 현 국왕 엘리자베스 2세(Elizabeth Ⅱ)의 인기는 여전히 높은 편이며, 여왕 역시 일부 비판적 여론에 대해서는 왕실 예산을 자진해 삭감키로 결정하는 등 계속 수용적인 자세를 보이고 있다. 그러므로 아주 가까운 시일 안에 영국 왕실이 역사 속으로 사라질 것으로 보이지는 않는다.

---

2 '의회주권주의'라 함은 의회가 입법, 행정, 사법을 최종적으로 총괄하며, 다른 어떤 기구도 이에 필적할 만한 권력을 행사할 수 없음을 뜻한다.

2. 의회

2.1 하원

영국의 의회제는 제도적으로 양원제로 분류되는데, 다수의 양원제 국가들에서 그러하듯 상원(House of Lords)과 하원(House of Commons)의 권한은 결코 균등하지 않으며, 평민원으로도 불리는 하원이 훨씬 강한 권한을 지니고 있다. 이를테면, 국민의 조세 및 재정 부담과 관계된 법안의 제·개정 및 폐지는 오로지 하원에서만 논의되고 결정될 수 있다. 또한 하원은 이 외의 다른 법안들에 대해서도, 상원이 수정안을 의결할 시 이를 과반수 결정으로 부결시킬 수 있는 권한 역시 가진다. 이는, 뒤에서 언급할 것이듯 비록 영국 하원 또한 내각으로부터 제출된 법안을 심의하는 역할에 머무는 경우가 일반적임에도, 적어도 법안을 통과시키는 데 있어선 상원을 압도하는 주 헌법기관임을 의미하는 것이다. 무엇보다도 영국에서는 하원선거 결과 과반 다수당 지위를 차지한 정당의 지도자가 수상이 되어 내각구성 및 향후 국정운영을 주도하게 된다.

영국의 하원의원은 1911년에 제정된 의회법(Parliaments Act 1911)에 따라 5년으로 정해진 임기를 부여받음에도, 집권당 측에서 조기 총선이 유리하다는 판단을 하거나 수상이 내각불신임안의 제기 가능성을 사전에 감지하면 그 이전에라도 의회를 해산시킬 수 있었다. 하지만 2011년에 이른바 의회고정임기법(Fixed-term Parliaments Act)이 통과되면서 수상의 의회해산권은 폐지되었고, 하원 전체 정원의 2/3가 찬성할 경우에만 의회 해산이 가능해지도록 해 이전보다 그 안정성이 강화되었다. 2017년 하원선거 또한 '브렉시트'(Brexit) 의제의 부상과 함께 치러진 조기 총선이었는데, 하원 내 양대 정당인 보수당과 노동당이 의회 해산에 합의했기 때문에 이루어질 수 있었다.

영국에서 하원의장은 통상적으로 선거 없이 선출되며 여타 국가들에서의 국회의장이 으레 그러하듯 원로 의원들 가운데 지명되는 것이 일반적이다. 하지만 2009년부터 2018년 현재까지 하원의장직을 유지해온 버커우(John Bercow)의 경우 무려 170여 년 만에 불과 46세의 나이로 이 자리에 올라 최연소 의장 취임 기록을 계속 이어가고 있는 중이다. 영국의 하원의장은 관례적으로 정파적 중립성을 강제당하며, 따라서 의원들의 토론에도 참여할 수 없다. 의회 표결에 있어서도 스스로의 선호보다는 과거 전례에 따라 투표를 행하는 경우가 대부분이며, 그나마도

가부동수가 아닐 시에는 표결에 잘 참여하지 않는다. 하지만 영국의 하원의장은 의회 내 의사결정절차와 관련해서는 상당한 권한들을 보유한다. 대표적인 예로, 의회 안에서 부적절한 발언을 일삼은 의원으로 하여금 일시적으로 회의장 출입을 못하게끔 제재할 수 있다.

한편 영국 하원의 유명한 특징 가운데 하나는 중앙의 단상을 기준으로 집권당과 야당의 의석이 서로 마주보게끔 배열되어 있고, 집권당 쪽 가장 앞줄에 수상과 각료들이, 그리고 야당 쪽 맨 앞줄에 야당 당수와 주요 지도부 인사들이 각각 자리한다는 점이다. 그 외 의원들은 뒤편 의석들에 산개되어 자유롭게 자리를 잡는다. 우스갯소리로 양측의 거리는 서로 칼로 찌를 수 없을 만큼의 길이에 딱 맞아떨어진다고들 하는데, 이는 폭력적 상황을 원천적으로 배제하고 토론 분위기를 강조하는 영국 정치의 지향성과도 깊이 관련되어 있다. 실제로 수상은 의회 회기 중 매주 수요일마다 하원에 출석해 주요 정책에 대한 내각의 입장을 표명하고, 여야 의원들의 질의에 답변해야 한다. 특히 1989년 이후로는 본 토론 과정이 TV로까지 생중계되고 있다. 따라서 수상은 수상대로 정부 정책을 성공적으로 관철시킬 목적하에 본 토론 시간을 잘 이용하게끔 유도되고, 여야 하원의원들로서는 향후 자신이 정치적으로 더 성장해나가기 위한 동기 하에 이러한 토론의 기회들을 최대한 활용하도록 유인될 수밖에 없다.

2.2 상원

영국의 상원은 하원과 달리 국민에 의해 직접 선출되는 의원들로 이뤄지지 않으며, 세습되거나 혹은 수상의 추천을 거쳐 국왕이 지명한 의원들로 구성되는 비선출 헌법기관이다. 통상 귀족원으로도 지칭된다. 영국의 상원의원 자격은 귀족 지위로부터 획득되며, '성직 귀족'(Lord Spiritual)과 '세속 귀족'(Lords Temporal) 상원의원으로 구분된다. 그리고 '세속 귀족'은 상원 자체적으로 선출하는 '세습 귀족'(Hereditary Peers)과 수상 및 상원지명위원회가 추천하는 '종신 귀족'(Life Peers) 상원의원으로 다시 구분된다. 영국에서 상원의원의 자격은 본래 아일랜드 출신을 제외한 모든 '세습 귀족'들에게 공통적으로 부여된 것이었으나, 1999년의 상원법(House of Lords Act 1999)에 따라 당시 블레어(Tony Blair) 내각의 주도하에 1,330명에 이르던 '세습 귀족' 중 단 92명만이 자리를 지킬 수 있도록 대대적으로 축소되었다. 상원의원은 정치, 경제, 사회 등 제반 영역에서 뚜렷한 업적을 세운 인물들이 주로 임명되지만, 정당의 추천이나 의회의 필요에 따라 선발되기도 한다. 2018년 현재 영국 상원에는 총 800명의 의원들이 재직 중이며, 이 가운데 '종신 귀족'이 685명, '세습 귀족'이 91명, '성직 귀족'이 24명이다. 현재 상원의원들의 당색 분포는 보수당이 253명으로 여전히 가장 많으나, 노동당이 199명, 무소속이 180명에 달하는 등 보수색이 예전처럼 압도적이지는 않다.

영국 상원의 권한은 하원에 비해 결코 강하지 않다. 특히 입법과 관련해선 상당히 제한적인 권한들만을 부여받고 있다. 상원은 주로 하원이 승인한 법안을 심의함으로써 이를 검토하고 수정하는 역할을 맡는다. 그러나 1911년의 의회법에 따라, 조세 및 재정지출과 관련된 법안에 대해서는 이를 수정하거나 지연시킬 수 있는 권한의 행사가 원천적으로 봉쇄되었다. 물론 이 외의 입법에 대해서도 상원이 수정을 의결한다한들 이는 하원 과반수에 의해 얼마든지 번복될 수 있다. 한편, 영국 상원의 경우 19세기까지는 모든 법안들에 대해 거부권을 행사할 수 있었다. 하지만 현재는 그나마도 조세 및 재정지출과 관계된 법안이 아닐 시, 이의 통과를 1년에 한해 지연시킬 수 있는 권한만을 보유하고 있을 뿐이다. 문제는 내각의 임기가 끝나가는 시점에 상원이 본 지연 권한을 행사한다면, 이는 그 법안을 폐지시키는 것과 같은 효과를 낼 수도 있다는 점이다. 따라서 이러한 경우에는 상원이 예외적으로 하원과 협상 테이블에 마주앉을 기회를 얻게 된다. 하지만 영국 상원은 관례적으로 집권당이 공약으로 제시했던 정책과 직결된 법안에 대해서는 이러한 거부 전략을 잘 사용하지 않아왔다.

한편 영국은 상술한 강력한 '의회주권주의'의 전통하에 최근까지도 의회, 그 중에서도 상원이 최고 사법부의 역할을 겸하도록 했던 특징이 있다. 이에 따라, 대법원장직을 수행하는 상원의장(Lord Chancellor)과 법무 경력을 지닌 '종신 귀족' 상원의원(Law Lords) 등 12명이 최고 재판부의 역할을 맡아 사법심사권(judicial review)까지 행사하였다. 이는 의회에 의해 한 차례 법률이 제정되고 나면, 의회 스스로가 이를 폐지하기 전까지는 다른 어떤 기관도 그 법적 효력을 부정할 수 없었다는 것을 의미한다. 그러나 영국에서도 2005년 헌법개혁법(Constitutional Reform Act 2005)이 제정됨에 따라 최초로 의회로부터 분리된 형태의 독립적인 대법원이 설치되었고, 2009년 이후 상원의 최고 사법부 기능은 소멸되었다.

영국은 근대 민주주의를 가장 일찍 꽃피운 나라이면서도 선거를 통해 선출되지 않는 의원들로 구성된 귀족원을 가진 아주 역설적인 국가이다. 따라서 영국 내부적으로도 상원 기능 및 구성과 관련해선 오랫동안 적잖은 논란이 일어왔다. 그리고 노동당 내각하에서 1990년대 후반 이후 상원의 규모와 권한은 실제로 상당부분 축소되었다. 현재는 다시 보수당 내각의 시대이므로 상원개혁이 당분간은 강도 높게 진행되지 않을 수도 있다. 하지만 민주주의 본질에 대한 침해 논란으로 인해 영국 상원에 대한 문제제기는 향후로도 계속 끊이지 않을 것으로 전망된다.

3. 내각

영국에서는 1668년의 '명예혁명'을 거쳐 조지 1세(George I) 재임기에 들어서면서부터 국왕의 내각회의 참여 관행이 사실상 종결되었고, 그 대신 수상이 행정부를 총괄하는 현재의 방식으로 변모되었다. 국왕이 아닌 의회에 의해 수상이 지명되기 시작한 것은 비교적 최근인 19세기에 들어서부터인데, 특히 현재와 같이 하원 과반 의석을 차지한 정당의 지도자가 수상직에 올라 내각을 구성하고 통솔하게 된 것은 1832년과 1867년의 순차적인 선거권 확대 조치들의 영향하에 정당정치가 본격화되면서부터였다고 보면 될 것이다.

영국에서는 내각이 대개 20명 전후로 꾸려지지만, 수상의 재량에 따라 각료수는 얼마든지 조정될 수 있다. 이를테면, 2018년 현재 메이(Theresa May) 내각은 총 23명의 각료로 이루어져 있다. 아울러, 영국은 내각제를 채택함에도 각료가 꼭 의원이어야 한다는 법적 규정을 두고 있지는 않다. 다만 관례적으로 각료들은 상원이든 하원이든 의원직을 갖고 있는 것이 일반적이다.

영국의 내각제, 즉 웨스트민스터(Westminster)형 정부구조의 가장 뚜렷한 특징 가운데 하나는 과반 다수당이 내각을 장악하고 행정부를 독점적으로 운영한다는 점이다. 영국에서는 독일 등 다른 서유럽 국가들에서 자주 출몰해온 정당 간 연립에 의한 정부가 잘 등장하지 않았으며, 이른바 '단일정당 정부'(single-party government)가 훨씬 일상적인 정부형태로 간주된다. 1930년대에 보수당, 노동당, 자유당이 모두 참여했던 거국내각을 포함해 몇몇 짧은 기간들 동안 연정이 수립된 적이 있었지만, 이 시기들을 제외하면 2010년까지도 영국에서는 보수당과 노동당이 번갈아 내각을 장악하는 전형적인 '단일정당 정부'의 형태가 큰 변함없이 유지되었다.

한편, '단일정당 정부' 하에서 영국 내각은 다른 내각제 국가들에서처럼 연립정부의 형태로 구성되지 않기 때문에, 입법과정에서 매우 일사불란하게 주도권을 행사할 수 있다. 내각이 법률의 제·개정을 추진할 시, 집권당이 과반 이상의 의석을 점하고 있는 하원이 나서 이에 제동을 걸 이유나 상황은 그리 많지 않기 때문이다. 또한 영국의 내각은 다른 내각제 국가들에서와 달리 의회의 불신임 시도로부터 상대적으로 안전할 뿐 아니라, 대통령제 특유의 분점정부(divided governments)로 인한 갈등 및 교착 상황에 직면하게 될 경우도 부재한다. 그러므로 예외적인 정치적 돌발 상황들이 발생하지 않는 한 매우 안정적으로 행정 전반을 관장할 수 있다.

그러나 영국처럼 단일정당이 집권할 뿐 아니라 정당의 기율까지 강할 시 수상의 권력이 유독 강해질 소지는 있다. 즉 영국의 수상은 집권당 지도자의 위상 또한 함께 보유하는 만큼, 당 내 응집성이 견고하게 유지되는 한 막강한 내각을 총괄하는 동시에 의회 운영을 주도할 수 있는 권한까지 보장받게 되는 셈이다. 이에 따라, 각료들을 비롯해 고위 법관, 교회지도부 등 다수 고위공직자들이 형식적으로는 국왕에 의해 임명된다지만, 실제로는 수상이 전권을 행사해 선발한다. 또한 내각의 의사결정구조 역시 수상에게 매우 유리하게 조성되어 있다. 일례로, 영국에서는 내각 내부적으로 정책을 둘러싼 갈등이 심각한 수준으로 치닫더라도, 일단 결정이 내려진 이후에는 이에 대해 각료 전원이 합의한 것으로 간주한다. 만약 논의 중인 정책 방향이 자신의 소신과 맞지 않아 동의할 수 없다면, 해당 각료로서는 결정 이전에 사임하는 것이 하나의 관례로 굳어져 있다.

한편, 최근 들어 영국에서도 '단일정당 정부' 전통이 다소 약화되어 가는 양상이 감지되는 등 정치과정상의 변화 가능성이 일부 제기되고 있다. 주지하다시피, 2010년 영국에서는 캐머런(David Cameron) 수상이 이끄는 보수당과 자유민주당 간의 연립정부가 조성되었다. 그리고 '브렉시트' 이슈의 소용돌이 속에서 2016년 출범한 메이 내각 역시 2017년 치러진 조기 총선에서 보수당이 과반의석을 확보하는 데 실패함에 따라, 북아일랜드민주통합당(DUP: Democratic Unionist Party)과의 협상 끝에 다시금 '느슨한' 연합을 이뤄 현재에 이르고 있다.

Ⅱ 주요 정당

1. 보수당

영국 보수당(Conservative Party)의 기원에 관해서는 의견들이 분분하나, 대체로 1834년에 필(Robert Peel)이 그 전신이라 할 수 있을 토리당(Tory)의 당수직에 올라 당 현대화를 추진했던 시점을 그 중요한 분기점으로 삼는다. 토리당은 전통적으로 귀족들과 이른바 토지소유자들을 일컫는 젠트리(gentry) 계층의 이익을 대표하는 정당이었다. 하지만 산업혁명과 함께 1832년 대개혁법(Great Reform Act 1832)이 제정되고 부유한 신흥 상공업자들이 새로이 투표권을 획득함에 따라, 영국에서는 젠트리와 이 신흥 계층 간 이해의 충돌 가능성이 대두되지 않을 수 없게 되었다. 이러한 상황에서 필은 휘그당(Whig)과의 차별성을 기하는 동시에, 젠트리와 신흥 상공업자들의 이해를 두루 대변할 수 있도록 토리당을 탈바꿈시키는 과정에서 보수당으로의 재창당을 단행했던 것이다. 하지만 이후 보수당은 1846년 발발한 곡물법(Corn Law) 파동 및 자유무역을 둘러싼 중농주의자와 중상주의자 사이의 격렬한 노선 투쟁 끝에 분열의 위기에 직면하였고, 결국 상공업자들의 지지를 휘그당에 빼앗긴 채 한동안 젠트리 계층만을 대변하는 정당으로 활동할 수밖에 없었다.

보수당은 1860년대 후반 디즈레일리(Benjamin Disraeli)가 보수당 지지층의 확대를 목표로 일국보수주의('one nation' conservatism)를 주창하며 다가올 전성기의 초석을 마련하게 된다. 일국보수주의는 보수당이 기득권층의 대변자를 넘어 빈자들의 이해 역시 함께 고려하는 정당으로 거듭나야 함을 역설한 일종의 '민주주의'적 노선이었다. 이에 따라 영국에서는 1867년 디즈레일리 주도하에 선거법이 개정되었고, 그 결과 농민과 노동자들에게로까지 투표권이 대폭 확대되었다. 물론 이와 함께 보수당의 지지세 또한 크게 상승하였다. 더욱이 보수당은 디즈레일리 사후에도, 아일랜드의 자치의 허용 여부를 둘러싸고 벌어진 자유당의 분열에 힘입어, 1886년부터 1906년까지 무려 20년 동안 정권을 독점하는 전성기를 구가할 수 있었다.

이후 자유당에 10여 년 넘게 정권을 내주었던 보수당이 다시금 회생하게 된 계기는 바로 제1차 세계대전이었다. 당시 거국내각을 이끌던 로이드 조지(David Lloyd George) 수상이 보수당과의 연합 및 당내 반란을 통해 자유당 붕괴에 일조하면서, 제2차 세계대전 시점까지 보수당이 사실상 정국을 주도하게 된 것이다. 특히 이 시기를 전후해, 곡물법 파동 및 자유무역 논쟁으로 말미암아 자유당 쪽으로 대거 옮겨 갔던 상공업자 계층이 다시금 보수당 지지세로 회귀함에 따라, 젠트리와 부르주아지의 이해를 동시에 대변하고자 했던 창당 초기 필 당수의 정책적·이념적 노선이 재강화될 수 있었다. 그러나 전후 서유럽 전역에서 복지국가 노선이 정책적·이념적 담론의 중심을 차지하자 영국에서도 진보적 성향의 노동당이 보수당과 병행해 함께 부상하지 않을 수 없었고, 1945년 이후 두 당은 각각 총 17년씩 집권하며 전형적인 보수─노동의 양당제를 형성하게 되었다.

한편, 영국에서 보수당이 다시금 전성기를 맞은 것은 1979년에 대처(Margaret Thatcher)가 정권을 잡으면서부터였다. 당시 영국은 사회주의 국가들을 제외하면 국영기업이 세계에서 가장 많은 나라였다. 따라서, 전후 처음으로 경제성장률이 둔화되기 시작하자, 수송, 에너지, 철강, 조선 등 영국 산업의 중추에 해당하는 국영기업들의 생산성 악화와 노동자들의 무리한 처우개선 요구 및 잦은 파업이 그 주범으로 인식되었다. 이러한 상황하에서 대처 내각이 영국의 '복지병' 치유를 정부의 새로운 노선으로 삼고 '대처리즘'으로 명명된 신자유주의 정책 패키지를 강하게 밀어붙이자, 보수당의 지지세 또한 다시금 상승했던 것이다. 이후 보수당은 1979년에 이어 1983년, 1987년, 1992년까지 네 번의 총선에 걸쳐 연속으로 다수당 지위를 지켜내며 18년 간 장기 집권하였다. 하지만 1997년에 블레어가 '제3의 길'을 표방하며 총선을 이끈 노동당에 대패했고, 한동안 침체기를 겪게 된다.

2010년 보수당은 젊은 지도자 캐머런의 지휘 아래, 세계 금융위기에 제대로 대처하지 못한 노동당의 실책을 발판삼아 13년 만에 다시금 집권에 성공하였다. 하지만 당시 어느 정당도 하원 과반 의석을 확보치 못한 바, 보수당은 원내 제1당임에도 불구하고 자유민주당과 연립 내각을 구축하지 않을 수 없었다. 이후 2015년 5월 총선에서 보수당은 실로 오랜만에 독자적으로 과반 의석을 확보해 단독 내각을 출범시켰으나, '브렉시트' 국민투표 결과에 대한 책임의 차원에서 치러진 2017년 조기 총선에서 단독 과반을 확보치 못해 현재는 또 다시 북아일랜드민주통합당과 '느슨한' 연합을 이어가고 있는 중이다.

2. 노동당

영국의 노동당(Labour Party)은 19세기 중후반 자유당이 노동계층 포섭 전략을 시도하는 가운데 그 기원이 처음 나타났다. 1867년에 농민과 노동자 계층으로의 선거권 확대 조치가 이루어지자 자유당이 이들의 지지를 얻고자 일부 노동자 출신 후보들에게 자당의 공천을 주고 선거에 출마토록 종용했던 것이다. 하지만 이들 자유당 소속 노동자 의원의 수는 매우 서서히 늘어났고, 1884년까지도 총 9명에 불과했다. 따라서 노동자들은 이렇듯 자유당에 기댄 원내 진입에 점차 만족할 수 없게 되었고, 결국 독자적인 노동자정당 결성을 추진하기에 이른다. 특히 1887년에 열린 노동조합전국회의(TUC) 총회에서 당시 노동 계층의 핵심 지도자 중 하나였던 하디(Keir Hardie)가 노동자를 위한 독자적 계급정당의 필요성을 천명한 것을 기점으로 창당 작업이 시작되었고, 1893년 비로소 독립노동당(Independent Labour Party)이 탄생할 수 있었다. 이후 1900년 독립노동당이 7개 노동조합 등과 연합해 현 노동당의 전신인 노동자대표위원회(LRC)를 발족시키고, 본 위원회가 1906년 그 명칭을 바꾸면서 현재의 노동당으로 재탄생되었다.

노동당은 창당 직후인 1906년 하원 선거에서 자유당과의 협약하에 총 29명의 의원을 당선시켰으나, 여전히 영국 정치에서 큰 비중을 가진 정당은 아니었다. 하지만 1916년을 기점으로 자유당이 분열되고 1918년에 투표권까지 추가로 확대됨에 따라, 비록 자유당과의 연립정권이긴 했지만, 1924년 맥도날드(Ramsay MacDonald)를 수상으로 하는 최초의 노동당 내각을 수립하는 데 성공할 수 있었다. 하지만 이 시기 노동당 내각은 장기간 존속되지 못했으며, 1929년부터 1931년까지의 매우 짧은 기간 동안 다시 정권을 잡았을 때에도 여전히 소수파 정부라는 한계를 짊어져야만 했다.

영국에서 노동당이 처음으로 하원 과반 의석을 확보하고 단독으로 정권을 잡은 것은 제2차 세계대전 직후인 1945년이었다. 하지만 이때 출범한 에틀리(Clement Attlee) 내각 및 뒤이은 노동당 정부들 또한 장기 집권을 이어가지는 못했다. 그러나, 앞서 언급했듯, 이후 노동당은 1945년부터 1979년까지의 34년 동안 보수당과 다수당의 지위를 계속 바꿔 차지해가며 정확히 그 절반인 17년 간 집권하였다. 즉 양당제의 한 축으로 자리를 잡은 것이다. 구체적으로 이 시기 노동당은, 에틀리 내각이 6년(1945~1951년), 윌슨(Harold Wilson) 내각이 8년(1964~1966, 1966~1970, 1974~1976

년), 그리고 캘러한(James Callaghan) 내각이 3년(1976~1979년) 동안 각각 그 시기를 달리하며 집권해 행정부를 운영하였다.

하지만 노동당은 1979년부터 신자유주의 정책노선으로 새롭게 무장한 보수당에게 네 차례 총선에서 연이어 패배하면서, 무려 18년 동안이나 대처와 메이저(John Major) 수상이 차례로 이끈 보수당 내각에 정권을 내줘야만 했다. 특히 이 시기 풋(Michael Foot)이 이끌었던 노동당의 급진적인 좌편향 정책 공약들은, 그렇잖아도 국영기업 및 강성 노조가 경제 악화의 주범으로 인식되는 상황하에서 유권자들이 본 정당으로부터 계속 멀어지도록 만들었다.

한편, 영국 노동당은 블레어의 '제3의 길' 노선에 입각해 1997년 총선에서 승리하고, 18년 만에 보수당으로부터 정권을 탈환하면서 새로이 그 전성기를 맞게 된다. 블레어는 신노동(New Labour)의 기치 아래 선거 승리를 목적으로 노조의 노동당에 대한 기존 영향력을 대폭 축소시키고, 사회주의적 계급정당이 아닌 대중정당 또는 포괄정당으로의 재창당을 천명해 압승할 수 있었다. 특히 블레어 내각은 법인세와 소득세를 낮추는 등 기업과 자본의 지지를 얻기 위한 정책들을 폄으로써 당노선의 뚜렷한 보수화를 노정했는데, 이것이 오히려 노동당의 지지기반을 확대시켜 13년 간 집권할 수 있게끔 해 준 발판이 되었다. 하지만 이후 노동당은 2008년에 시작된 세계 금융위기 여파에 따른 실업의 급증세에 제대로 대처하지 못했다는 비판적 여론 속에서 지지율의 급락을 맞게 되었고, 결국 2010년 캐머런이 이끈 보수당에 정권을 내주어야만 했다. 그리고 현재는 영국의 제1야당으로 활발히 활동 중이다.

3. 자유민주당

영국 자유민주당(Liberal Democrats)의 기원은 창당 이전의 자유당 시절은 물론 그 전신인 휘그당이 활동하던 시기로까지 거슬러 올라간다. 최초에 휘그당은 왕실에 대한 의회의 우위 및 종교적 자유 등을 주장하는 의회 내 분파로부터 출발하였는데, 이후 보수당에서 이탈한 자유무역론자들과 종교개혁론자들이 합류하면서 1859년 자유당으로 재탄생되었다. 이후 자유당은 자유무역 등 도시 상공업자들의 이념 및 이해를 대변하는 당 노선을 유지하는 가운데, 글래드스톤(William Gladstone)의 지휘하에 대중정당으로 성장할 수 있었다. 특히 자유당은 노동당이 정치적으로 부상하기 이전까지 보수당과 경쟁하며 영국 정치를 함께 이끈 대표적 정당이었다.

자유당은 1906년 총선에서 과반수보다 무려 106석이나 더 많은 의석을 획득한 바 있고 1910년 선거까지도 과반에는 못 미치지만 다수당 지위를 지켜냈으나, 이 시기를 정점으로 그 세가 급속히 약화되어 갔다. 특히 1923년 총선에서 158석을 차지했던 것을 마지막으로 1987년 사라질 때까지 단 한 차례도 다시 세 자릿수 의석을 확보하지 못했음은 물론, 1950년 이후로는 적게는 6석 많아야 17석 정도만을 보유한 군소 정당으로 전락하게 되었다. 자유당 쇠퇴의 일차적 원인은 물론 선거권 확대 및 노동자 계층 유권자의 증대, 그리고 이에 따른 노동당의 부상에 있었다. 하지만 1916년 발생한 애스퀴스(Herbert Asquith)와 로이드 조지 사이에 벌어진 노선 투쟁 및 이에 따른 정치적 갈등 역시 자유당 퇴조의 또 다른 요인으로 늘 거론되어 왔다.

1988년 풋 당수의 지도하에 좌경화된 노동당으로부터 탈당한 분파가 1981년 창당한 사회민주당(Social Democratic Party)과 합당하면서, 자유당은 현재의 자유민주당으로 재탄생되었다. 이후 자유민주당은 줄곧 20% 전후의 지지를 얻는 원내 제3당 지위를 지키며 1992년 총선에서 20석을 획득했고, 2005년 하원 선거에서는 62석을 차지하는 높은 성과를 올리기도 하였다. 그리고 급기야 2010년에는 캐머런이 이끄는 보수당과 연립내각까지 구성하기에 이른다. 하지만 보수당과의 연합으로 인해 오히려 선명 개혁야당으로서 그간 구축해온 지지기반이 약화되는 역설에 직면하였고, 결국 2015년과 2017년 총선에서는 각각 8석과 12석만을 얻는 데 그치고 말았다. 그리고 현재는 오랫동안 유지해온 제3당의 지위마저 스코틀랜드민족당에 내준 상태이다.

4. 스코틀랜드민족당

스코틀랜드민족당(Scottish National Party: SNP)은 기존 중도좌파 성향의 스코틀랜드국민당(National Party of Scotland)과 우파 성향의 스코틀랜드당(Scottish Party)이 1934년 합당하면서 처음 출범하였다. 스코틀랜드민족당은 창당 이후 오랫동안 영국 하원에서 큰 비중을 점하지 못한 정당이었다. 1970년 총선에 이르러서야 단 1석을 획득하며 처음 평민원에 진출할 수 있었으며, 그 이후로도 2010년까지는 줄곧 한 자릿수 의석만을 차지했을 뿐이다.

한편, 1997년 노동당 블레어 정부는 선거공약대로 스코틀랜드, 웨일스, 북아일랜드 자치의회의 설립을 추진했고, 이에 따라 1999년 스코틀랜드에도 자치의회가 설치되었다. 스코틀랜드와 잉글랜드가 하나의 나라가 되면서 스코틀랜드 의회가 사라진 지 거의 290년 만의 일이었다. 하지만 자치의회 설립이 정치적으로 더 중요했던 이유는 이로 인해 스코틀랜드민족당이 본격적으로 성장해나갈 수 있는 발판이 마련되었기 때문이다. 실제로 2011년 자치의회 선거에서 첫 과반 의석 달성을 이끈 스코틀랜드민족당 당수 새먼드(Alex Salmond)는 그의 공약대로 영국 정부에 스코틀랜드 독립을 묻는 주민투표의 실시를 요구했고, 캐머런 수상은 투표에서의 승리를 통해 그 기세를 꺾어버릴 요량으로 2012년 이에 합의하였다. 하지만 2014년의 주민투표는 불과 10% 안팎의 매우 근소한 차이만을 노정했고, 비록 독립은 부결되었지만, 오히려 스코틀랜드민족당이 그 지지기반을 더욱 공고히 하는 계기가 되었다. 그리고 2015년 하원 총선에서 스코틀랜드민족당은 사실상 스코틀랜드 지역의 선거구들을 독식하다시피하며 무려 56석을 차지하는 쾌거를 올렸다. 2017년 총선에서도 35석을 얻어 현재는 자유민주당을 제치고 제3당의 지위를 굳건히 유지하고 있는 중이다.

 ## 선거제도

영국의 하원 선거제도는 전통적으로 단순다수제의 방식을 고수해왔다. 따라서 2018년 현재도 전국을 다수의 소선거구로 나누고 각 선거구마다 1명씩의 하원의원을 선출하는데, 후보가 당선을 위해 투표수의 절대다수, 즉 50% 이상의 득표를 해야 한다는 규정은 따로 두지 않고 있다. 2017년 6월 8일 치러진 선거로 구성된 영국 하원의 총 의석 수는 650석이며, 지역별로 보면 잉글랜드에서 533명, 스코틀랜드에서 59명, 웨일즈에서 40명, 그리고 북아일랜드에서 18명씩이 각각 선출되었다. 그리고 당색으로 보면, 보수당이 318석, 노동당이 261석, 스코틀랜드민족당이 35석, 자유민주당이 12석을 각각 차지했으며, 그 외의 여타 군소정당들이 나머지 24석을 획득하였다. 물론 하원의 총 의석수와 각 지역별로 할당되는 선거구의 수는 상시적으로 변동될 수 있다.

영국의 단순다수제는 몇 가지 제도적 이점을 가진다. 우선 본 선거제도는, 매번 꼭 그런 것은 아니지만, 양당제와 과반 의석 정당의 출현을 촉진함으로써 안정적이고 효과적인 '단일정당 정부' 구성 및 운영의 가능성을 높인다. '단일정당 정부'는 연정의 구축을 위해 지난한 협상을 거칠 필요가 없으며, 대체로 하원 임기 내내 선거 시 내걸었던 공약들에 입각해 안정적인 통치를 단행할 수 있다. 또한 '단일정당 정부'는 정책 수립 및 집행 과정에서의 공과가 연립정부에 비해 훨씬 명확하게 드러나기 때문에, 선거를 매개로 한 책임정치의 구현 가능성 역시 높인다. 아울러 단순다수제는 하원의원의 지역대표성을 보장함으로써 각 선거구별로 유권자들과 의원 사이의 친밀도를 강화하고, 개별 의원들로 하여금 해당 지역에 대해 정치적 책임을 다하도록 강하게 유인할 수 있다. 이 외에도 단순다수제는 유권자는 물론 선거관리자의 제도적 이해 또한 용이하게 해 선거비용을 크게 낮추는 효과 또한 보인다.

그러나 영국의 단순다수제 선거제도는 부정적 측면 또한 적잖이 내포한다. 우선 본 제도는 거대 정당들이 득표율에 비해 더 많은 의석을 확보할 수 있도록 해주는 반면, 군소 정당과 지역 정당들은 득표율에 비해 현저히 적은 의석만을 차지하도록 만든다. 물론 신생 정당들의 진입장벽 또한 유난히 높아질 수밖에 없다. 이는 대표의 불비례성(disproportionality)을 높이는 동시에, 무엇보다 이른바 '만들어진 다수'의 출현을 가져올 위험성이 크다는 것을 뜻한다. 즉, 총 투표수의 50% 이하 득표를 한 정당이 과반 의석을 확보한 후 단독으로 내각을 구성하게 될 소지가 큰 것이다. 실제로 1945년 이래 보수당이든 노동당이든 과반 이상의 득표를 통해 단독 정부를 수립했던 적은 단 한 차례도 없었다. 또한 단수다수제하에서는 의원들이 국가 전체의 이익보다도 지역구의 협소한 이익에 더 민감해지게끔 유인될 수 있고, 선거구가 조정될 시 과도한 게리맨더링(gerrymandering) 및 그에 따른 불필요한 갈등이 유발될 개연성 또한 매우 높다. 아울러, 정치적 소수자들이 대표될 수 있는 기회 역시 다른 선거제도들에 비해 현저하게 제한된다.

하지만 영국의 선거가 모든 수준에서 하원 총선거에서처럼 단순다수제의 방식을 따르고 있는 것은 아니다. 이를테면, 스코틀랜드와 웨일즈는 1999년 자치의회의 설립 이후 소선거구제와 권역별 비례대표제가 혼합된 2표 병립의 연동형 선거제도를 통해 공히 자치의원들을 선출해왔다. 또한 북아일랜드 자치의회는 아일랜드에서처럼 단기이양식 비례대표제(single transferable vote)를 통해 당선자를 결정한다. 아울러, 유럽의회 의원들을 선출할 때에는 영국에서도 유권자가 선호 정당만을 선택하는 폐쇄형 정당명부식 비례대표제가 사용되고 있다. 다만 북아일랜드에서는 유럽의회 의원의 선출 역시 단기이양식 비례대표제에 따라 이루어진다.

영국에서는 전통적인 하원의원 선출 방식인 단수다수제를 개혁해야 한다는 논의와 요구가 상당히 오랜 시간동안 계속돼왔다. 물론 이는 앞서 언급한 제도적 약점들 때문이다. 하지만 본 선거제도의 효과를 그간 톡톡히 누려온 양대 정당들, 즉 보수당과 노동당의 반대로 인해 단순다수제는 아직도 변함없이 유지되고 있다. 최근 각 선거구마다 유권자가 후보자들에 대한 선호를 표기하는 선호투표제(alternative vote)의 도입이 꽤 진지하게 논의되고 있긴 하지만, 영국 총선거에서 본 제도가 언제쯤 실시될 수 있을지는 아직 미지수이다.

Ⅳ 지방정치

영국의 정식 국명은 주지하다시피 '브리튼과 북아일랜드 연합왕국'(The United Kingdom of Britain and Northern Ireland)이다. 이 가운데 브리튼 섬은 잉글랜드, 웨일즈, 스코틀랜드의 세 개 지방으로 이루어져 있으며, 북아일랜드가 별개의 또 다른 하나의 지방을 구성하고 있는 형태이다. 즉 영국은 한국처럼 단일한 정체가 아니라, 인종적·문화적 정체성이 서로 다른 총 4개의 지방이 결합된 연합왕국인 셈이다. 그러나 1999년 이후 웨일즈, 스코틀랜드, 북아일랜드 공히 자체적인 입법권을 보유한 자치의회와 자치정부를 갖추게 되면서 최근에는 지방분권화 양상이 한층 강화되는 추세에 있다. 현재 잉글랜드는 런던광역시(Greater London)를 포함해 광역행정구역이라 할 수 있을 9개의 지역(regions)으로, 스코틀랜드는 32개의 의회구역(council areas)으로, 웨일즈는 22개의 단일행정구(unitary principal areas)로, 그리고 북아일랜드는 26개의 구(districts)로 다시 나뉘어져 있다. 한편, 매우 흥미롭게도, 영국은 월드컵(World Cup)에 출전할 시에도 연합왕국이 아닌 상기 4개 지방이 각각 별개의 팀을 꾸려 참가한다.

웨일즈는 브리튼 섬의 서남쪽에 위치하고 있으며, 1282년 잉글랜드가 군사적 정복을 감행한 결과 영국으로 복속되었다. 웨일즈는 다른 두 개 지방에 비해 상대적으로 잉글랜드화가 가장 깊이 이루어진 지방으로서, 병합 이후 오랜 시간동안 잉글랜드와 동일한 법률 및 제도의 적용을 받았다. 실제로 1967년까지 잉글랜드라는 용어는 거의 자동적으로 웨일즈까지를 포함하는 의미로 사용되었다. 하지만 1970년대 전후로 웨일즈에서도 지역적 독자성에 대한 인식들이 새로이 생겨나기 시작했고, 이에 따라 이 지방의 대표적 민족주의 정당이라 할 수 있을 '플라이드 컴리'(Plaid Cymru)에 대한 지지 또한 높아져갔다. 특히 1999년 이후 웨일즈 역시 자치의회와 자치정부를 갖게 되면서, 이 지방의 잉글랜드와의 차별성은 계속 심화되는 양상이다. 그럼에도 불구하고, 웨일즈는 잉글랜드와 공유하는 법률이 대다수인 탓에 독자적 입법영역 차제가 그리 넓지 않을 뿐 아니라, 법원과 검찰 등 통치체계 또한 여전히 잉글랜드에 상당 부분 통합되어 있는 상태이다.

스코틀랜드는 잉글랜드의 북부 지역에 위치하고 있으며, 영국의 4개 지방 중에서는 인구 등 그 규모가 잉글랜드 다음으로 크다. 스코틀랜드는 잉글랜드에 의해 무력으로 병합된 웨일즈와 달리 1707년 연합법(Act of Union 1707)의 제정과 함께 잉글랜드가 주도했던 연합왕국에 자발적으로 참여하였다. 따라서 통치행정, 법률체계, 교육제도, 종교 등 다양한 측면에서 그 독자성을 상대적으로 강하게 유지해올 수 있었다. 그럼에도 스코틀랜드민족당을 중심으로 한 독립의 목소리는 계속 있어 왔고, 상술했듯이 1999년 자치의회와 자치정부가 설치된 이후로는 독립을 향한 움직임에 더욱 탄력이 붙게 되었다. 그리고 이의 연장선상에서 2014년에는 급기야 독립에 대한 주민투표까지 치러질 수 있었던 것이다. 비록 이 주민투표는 부결되었지만, '브렉시트'에 대한 스코틀랜드의 불만과 스코틀랜드민족당의 이 지역에서의 독주 및 영국 의회 차원에서의 제3당 지위가 계속 유지되는 한, 독립에 대한 목소리는 한동안 계속될 것으로 전망된다.

한편, 북아일랜드는 1921년 아일랜드가 영국으로부터 독립했을 당시 북부 울스터 지역의 9개 카운티들 가운데 6개가 영국령으로 남으면서 현재에 이르게 된 지방이다. 영국 정부는 1972년까지는 이 지방의 통치에 직접적으로 관여하지 않았다. 이에 따라 북아일랜드의 경우 스코틀랜드나 웨일즈에 비해 훨씬 오래 전부터 독자적인 지방의회를 유지할 수 있었다. 그러나 1972년 영국군이 북아일랜드 데리에서 시민권 확대 시위 중이던 비무장 카톨릭교도들을 향해 발포를 감행하고 이로 인해 14명의 사망자와 13명의 중상자가 발생했던 이른바 '피의 일요일'

(Bloody Sunday) 사건이 터지자, 그 직후부터 영국 정부의 직접 통치가 이루어지기 시작했다.

한편, '피의 일요일' 사건은 아일랜드와의 통일을 요망하는 카톨릭계 아일랜드인들과 영국에 남아있기를 원하는 영국계 신교도들 사이의 정치적 갈등과 무력분쟁을 심화시키는 결정적인 계기가 되었다. 그 유명한 아일랜드공화국군(IRA: Irish Republic Army)이 바로 이 카톨릭계 아일랜드인들의 무장투쟁 단체이며, 신교도들 역시 이에 대한 항전의 차원에서 자신들만의 무장단체를 유지해오고 있다. 그러므로 이들 간 정치적 충돌은 자주 무력분쟁으로 이어지지 않을 수 없었고, 한동안 이는 북아일랜드 지방 정정혼란의 주된 원인이 되었다. 하지만 1998년 이른바 '성금요일'(Good Friday) 평화협정이 체결되면서 양측이 권한의 공유를 통한 통치방식에 전격 합의하였고, 이에 따라 북아일랜드 지방의회의 설치 및 이에 기초한 자치 역시 재개될 수 있었다.

영국은 제도적으로 연방제가 아닌 단방제를 채택·운영하고 있는 국가이며, 따라서 전통적으로 중앙정부의 권한이 지방정부에 비해 훨씬 강했다. 특히 보수당 대처 내각 시기 실시된 지방행정 개편 때까지만 해도 지방의 권한은 계속 약화되는 추세에 있었다. 하지만 앞서 언급했듯이 노동당 블레어 정부가 추진한 지방자치 개혁을 기점으로 이전과는 달리 영국 역시 지방분권화의 추세가 한층 강화되기 시작하였다. 실제로, 상술한 웨일즈, 스코틀랜드 그리고 북아일랜드의 현재 실정만을 놓고 볼 시, 과연 영국을 중앙집권적 단방제의 전형으로 범주화하는 것이 여전히 온당한지 다소간 의문이 제기되지 않을 수 없는 상황이다. 특히 스코틀랜드의 분리·독립 움직임이 계속됨에 따라, 최근의 지방분권화 추세는 향후 더욱 강화될 것으로 전망되고 있다. 그러므로 영국의 지방정치는 향후 한동안 재중앙집권화보다는 지방분권화의 추세를 더 강하게 노정하게 될 것으로 사료된다.

더 나아가 생각해 보기

1. 왕실, 상원(귀족원)이 영국 민주주의의 지속적 발전에 기여할 수 있을 것인가?
2. 영국의 전통적 양당제 약화의 원인은 무엇인가?
3. 단순다수제 선거제도는 반드시 개혁되어야 하는가? 그리고 이의 연장선상에서 영국식 '단일정당 정부' 모델 또한 꼭 포기되어야 하는가?
4. 영국은 종국에 해체될 것인가?

CHAPTER 2.
독일연방공화국의 정치제도와 정당정치

김영태

　제2차 세계대전 이후 독일연방공화국의 정치(제도)는 바이마르공화국의 붕괴와 나치체제의 독재라는 역사적 경험을 제외하고 이해하기 어렵다.[1] 예컨대 독일연방공화국은 나치독재의 경험에 기초해 독일연방공화국의 헌법인 기본법 (Grundgesetz) 가운데 인권과 기본권, 그리고 인민주권, 권력분립, 법치국가, 사회국가, 연방국가 등 국가의 민주적 기본질서를 규정한 조항을 개정할 수 없도록 하고, 개인이나 집단이 이를 파괴하려는 경우 이를 제재할 수 있도록 하는 소위 '방어적 민주주의'를 정치질서의 기본원리로 채택하였다.[2] 또한 독일연방공화국은 바이마르공화국 당시 정치제도, 특히 이원집정부제와 비례대표제에 대한 반성적 성찰에 기초해 독일 고유의 '합리화된 의회제'를 제도화하였다. 예컨대 독일연방공화국은 바이마르 공화국 당시 '비상대권' 등 강력한 권한을 가졌던 대통령의 권한을 대폭 축소했으며, 정부의 안정성을 높이기 위해 개별 각료에 대한 불신임 제도를 폐지하고, 의회가 후임 수상을 선출해야만 수상을 불신임할 수 있는 건설적 불신임제도를 도입하였다. 또한 바이마르 공화국 당시 비례제였던 의회선거제도 역시 비례제적 혼합선거제도로 개편하였다. 이처럼 독일연방공화국은 역사적 경험을 반영한 정치제도에 기초해 전후 안정적이고 효율적인 정치질서를 유지해 왔으며,

---

[1] 본 장은 김영태. 2004. "독일의 정치제도와 정치과정." 유럽정치연구회 편. 『유럽정치』. 서울: 백산서당을 최근 필자가 작성한 김영태. 2017. "독일의 권력구조와 한국적 적용의 논점." 한국정치학회편. 『1987년 민주헌정체제의 등장과 2017년 개헌 논의 제3권: 1987년 제6공화국 헌법과 2017년 개헌 논의: 개헌』. 서울: 카오스북에 기초해 대폭 수정한 것이다.

[2] '방어적 민주주의'의 원리에 따라 실제 '사회주의 제국당'이나 '독일공산당' 등이 헌법재판소의 위헌정당 판결로 해체된 바 있다.

이에 따라 독일연방공화국의 정치는 오랫동안 많은 국가들의 전범으로 인식되어
왔다.

여기에서는 이러한 독일연방공화국의 정치를 정치제도적 특징을 중심으로
소개한다. 보다 구체적으로 첫 번째 부분에서는 연방대통령과 연방수상을 포함한
연방정부를, 다음으로 두 번째 부분에서는 연방의회(Bundestag)와 정당·정당체제
를, 그리고 마지막 세 번째 부분에서는 연방제와 연방상원(Bundesrat)을 살펴본다.[3]

 연방대통령(Bundespräsident)과 연방정부(Bundesregierung)

1. 연방대통령

독일 연방대통령은 독일연방공화국을 대표하는 국가원수이다. 그러나 독일
연방공화국의 대통령은 미국이나 프랑스 혹은 우리나라의 대통령과 선출방법이
나 권한 측면에서 매우 상이하다. 먼저 연방대통령의 임기는 5년이며, 연속해서
대통령직을 수행하는 것은 1회로 제한된다. 또한 연방대통령은 국민이 직접 선출
하는 것이 아니라, 간접방식으로 '연방회의(Bundesversammlung)'에서 선출한다. 연
방대통령 선출만을 위해 일시적으로 소집되는 '연방회의'는 연방의회 의원과 이
와 동수로 각 주의회에서 선출한 선거인단으로 구성된다.[4] 이처럼 '연방회의' 절
반을 연방의회 의원으로 구성한 것은 연방대통령의 정당성을 연방의회를 통해 부
여하고자 한 것이라면, 나머지 절반의 선거인단은 독일연방공화국의 연방제적 원
칙을 반영한 것이다. 한편 주의회에서 선출하는 선거인단은 각 주별로 인구수에
비례한 수를 (명부식) 비례대표제 방식으로 선출하며(기본법 54조), 주정부 각료, 이
익단체 대표, 예술인 등 누구나 '연방회의' 선거인단으로 선출될 수 있다. 다만 개
별 주에서 선출된 선거인단의 정당별 분포는 해당 주의회의 정당별 의석분포에

---

3 일반적으로 Bundestag은 (연방)하원으로 번역되고 있다. 그러나 독일 기본법에 기초할 때 Bundestag은 독일연방공
화국의 유일한 의회이며, 이를 강조하기 위해 여기에서는 '연방의회'라 번역하였다. 다만 흔히 (연방)상원으로 번역되고
있는 Bundesrat의 경우 적절한 용어가 없고, 다른 번역을 사용할 경우 자칫 혼란을 줄 수 있어 일반적인 경우처럼
연방상원이라 번역하였다.

4 독일 연방의회의 의원정수는 선거결과에 따라 매 의회마다 유동적이며, 이에 따라 '연방회의' 규모도 매번 상이하다.
예컨대 2012년 15대 '연방회의'는 연방의회 의원 620명과 주의회에서 선출한 선거인단 620명 등 총 1,240명으로
구성되었다.

거의 상응한다.

'연방회의'는 연방대통령 임기 말 혹은 유고시 늦어도 30일 전에 소집되어야 하며, '연방회의' 의장은 연방의회 의장이 맡는다. '연방회의' 구성원이면 누구나 연방대통령 피선거권자(연방의회 선거권을 가진 40세 이상의 독일인)를 연방대통령 후보로 제청할 수 있으며, '연방회의' 투표에서 과반수를 득표한 후보자가 연방대통령으로 선출된다. 다만 '연방회의' 1차 투표에서 과반수를 득표한 후보자가 없을 경우 2차 투표를 실시하고, 2차 투표에서도 과반수 득표자가 없을 경우 3차 투표에서 최다 득표자로 당선자를 확정하며, 매 투표 과정에서 '연방회의'는 새로운 후보를 제청할 수 있다. 또한 투표과정에서 '연방회의' 구성원은 어떠한 구속 없이 자유로이 투표할 수 있다. 그러나 실제 '연방회의' 투표에서는 연방의회 의원들뿐만 아니라, 선거인단이 정당의 당론과 상이하게 교차투표를 행하는 경우는 매우 드물다. 이와 마찬가지로 연방대통령 후보 역시 각 정당이 사전에 제청할 후보를 확정해 두며, 경우에 따라 정당 간 후보 제청을 위한 협의가 이루어지기도 하며, 이 경우 특히 연립정부 구성이 중요하게 고려된다.

이처럼 연방대통령은 선출과정에서 정당정치의 영향을 크게 받지만, 이것이 연방대통령이 당파성이 강하다는 것을 의미하지 않는다. 오히려 연방대통령은 흔히 'pouvior neutre(중립적 권력)'으로 지칭되며, 'Verfassungshütter(헌법수호자)'를 자처한다. 여기에서 '헌법수호자'란 연방대통령이 당파성을 갖기보다 국가를 대표하고, 국민을 통합하는 역할만을 수행한다는 의미이다. 그리고 이러한 의미에서 연방대통령은 '최고이지만 가장 작은 권한'을 갖는다. 보다 구체적으로 연방대통령은 국제법상 연방을 대표하며, 외국과 조약을 체결하며(기본법 60조), 사면권을 행사한다(기본법 60조). 그러나 연방대통령은 바이마르공화국 대통령처럼 '비상대권(Notverordnungsrecht)'이나 군통수권을 보유하고 있지 않다. 한편 연방대통령은 연방의회에 연방수상을 제청하여 연방의회가 선출한 연방수상을, 그리고 연방수상의 제청으로 연방장관을 임명한다. 또한 연방대통령은 연방의회를 해산할 수 있는 권한과 함께 연방의회를 통과한 법률안에 부서하고 공포할 권한을 갖는다. 그러나 이어질 연방정부와 연방의회 부분에서 보다 구체적으로 살펴보겠지만 연방정부 구성이나 법률안 등과 관련한 연방대통령의 권한은 실질적으로 매우 제한적이고 상징적이며, 헌법수호라는 차원으로 국한된다.5

---

5 일반적으로 연방대통령은 상징적 대표성만을 갖는 것으로 이야기되지만, 이에 비견할 만큼 중요한 연방대통령의 역할은

2. 연방정부: 연방수상(Bundeskanzler)과 연방장관

독일연방공화국의 연방정부는 연방수상과 연방장관으로 구성된다. 먼저 연방수상의 임명과정을 살펴보면 연방대통령은 연방의회에 연방수상을 제청하고, 연방의회에서 재적의원 과반수의 표를 얻은 자를 연방수상으로 임명한다. 만약 연방대통령이 제청한 자가 연방의회에서 과반수를 얻지 못하면, 연방의회는 자체적으로 14일 이내에 재적의원 과반수로, 그리고 과반수 득표자가 없을 때에는 새로운 투표에서 최다득표자로 연방수상을 선출하며, 연방대통령은 그를 연방수상으로 임명해야만 한다. 또한 연방수상의 임기는 별도로 규정되어 있지 않으며, "새로운 연방의회의 집회와 함께" 종료되기 때문에(기본법 69조), 통상 연방의회의 임기인 4년이 된다.

또한 연방수상은 의회의 신임 혹은 불신임 투표에 의해 그 직에서 물러날 수 있다. 독일연방공화국 정치제도의 독특성이 잘 드러나는 불신임 투표의 경우 두 가지 점에서 특징적이다. 첫째, 연방의회는 오로지 연방수상만을 불신임할 수 있으며, 개별 연방장관이나 연방정부 전체를 불신임할 수 없다. 다만, 연방의회의 불신임으로 연방수상의 직이 종료되면 연방장관의 직도 종료되기 때문에, 연방수상에 대한 불신임은 연방정부에 대한 불신임으로 간주될 수 있다. 둘째, 연방의회는 '건설적 불신임투표(Konstruktives Misstrauensvotum)'를 통해서만, 즉 "연방의회는 재적의원 과반수로 후임자를 선출하고, 연방대통령에게 연방수상을 요청하는 것을 통해서만 연방수상을 불신임할 수 있다"(기본법 67조). 연방의회가 이러한 '건설적 불신임투표'를 위한 불신임안을 제출하기 위해서는 연방의회 재적의원 1/4의 서명이 필요하며, 불신임안에는 숫자에 관계없이 새로 선출할 수상후보자의 이름이 명기되어야 한다. 연방의회에 불신임안이 제출되어 재적의원 과반수로 불신임안이 통과되면, 즉 새로운 연방수상이 선출되면, 연방대통령은 불신임 요구를 받아들여 새로운 연방수상을 임명해야만 한다. 만약 제출된 불신임안이 연방의회에서 통과되지 않는 경우 연방의회의 해산과 같은 추가적인 후속조치는 없다.

'건설적 불신임투표'와 별도로 연방수상은 연방의회에 자신에 대한 신임투표를 요구할 수 있다(기본법 68조). 연방수상의 신임요구가 연방의회 과반수의 동의를

정치적 위기 상황에서의 정치적 안정성 도모이다. 예컨대 연방의회에 다수파가 부재해 연방수상을 선출하지 못하고 이에 따라 연방정부가 구성되지 못하는 경우 연방대통령은 중재나 연방수상 지명권 행사 혹은 연방의회해산 등을 통해 위기상황에 적극 개입할 수 있다.

얻는 경우 당연히 연방수상(연방장관 포함)은 그 직을 유지하겠지만, 그렇지 못한 경우 연방대통령은 연방수상의 제청으로 21일 내에 연방의회를 해산할 수 있다. 다만, 이러한 연방수상의 신임투표가 연방의회의 신임 그 자체보다 후속조치라 할 수 있는 연방의회의 해산을 목적으로 오용되는 경우가 있어 문제가 되고 있다. 실제 다섯 차례 있었던 신임투표 가운데 1972년과 1982년, 그리고 2005년 등 세 차례의 경우 연방의회 해산을 목적으로 신임투표가 실시되었고, 이는 위헌논란을 불러 일으켰다. 예컨대 1982년 '건설적 불신임투표'를 통해 새롭게 연방수상으로 선출·임명된 콜(Kohl) 수상은 바로 연방의회에 신임을 요구하였고, 연방의회에서 신임안이 부결되자 연방의회를 해산하고 새로운 연방의회 구성을 위한 선거를 실시하였다. 즉 연방의회 다수파가 연방의회 해산과 조기 선거를 위해 자신들의 '실제 의사, 즉 연방수상 신임 의사에 반하여' 자신들이 지지하고 있는 연방수상의 신임에 반대(거꾸로 의회 소수파는 연방수상 신임에 찬성)한 것이다.

다음으로 연방정부를 구성하는 연방장관은 연방수상의 제청으로 연방대통령이 임면한다(기본법 64조). 연방장관은 연방의회 의원직을 겸하는 경우가 통상적이지만, 연방장관이 반드시 연방의회 의원일 필요는 없다. 즉 연방수상은 특정 분야의 전문가나 고위직 공무원 등을 연방장관으로 연방대통령에게 제청할 수 있다. 그리고 연방수상이 제청한 연방장관의 임면을 연방대통령이 거부할 수 있는지에 대해서는 여러 가지 견해가 있다. 다만, 연방수상이 제청한 연방장관이 나치 전력이나, 부패와 권력남용, 범죄행위와 관련되어 있는 등 매우 제한적인 경우에만 연방대통령이 임명을 거부할 수 있다는 것이 일반적 견해이다. 이미 언급했듯 연방장관은 별도의 임기가 규정되어 있지 않으나, 연방의회의 연방수상 (불)신임 투표 결과에 따라 연방수상이 물러나면 연방장관의 직도 종료된다. 또한 연방수상의 제청으로 연방대통령이 연방장관을 해임할 수 있으나, 이 역시 현실적으로는 연립정부 구성 등에 따른 제약이 있다. 즉 1949년 첫 연방의회 선거 이래 현재까지 어느 한 정당이 연방의회 과반수를 차지한 적은 한 번밖에 없었다. 그리고 선거 직후 연방의회 진입 정당들은 —일반적으로 원내 제1당의 주도로— 연방정부 구성을 위한 협상을 시작, 연립협약에 따라 연방수상을 선출하였다. 이에 따라 연방수상은 연방장관 제청이나 해임 과정에서 연립협약의 제약을 받는다.

독일 연방공화국의 연방정부는 기본적으로 '연방수상원칙(Kanzlerprinzip)', '부처원칙(Ressortprinzip)', 그리고 '협의원칙(Kollegialprinzip)' 등 세 가지 원칙으로 운영된다. '연방수상원칙'은 '기본방향설정권(Richtlinienkompetenz)'이라고도 지칭되듯 연방수상이 연방정부 정책의 기본방향을 설정한다는 원칙이며, '부처원칙'은 연방수상이 설정한 기본방향의 범위 내에서 연방장관은 자신의 책임 아래 독립적으로 자신의 부처를 이끈다는 의미이며, '협의원칙'은 연방정부 내에서 의견 충돌이 있을 경우 연방정부 구성원 모두의 집단적 의사결정에 따른다는 규정이다. 일부에서는 연방수상의 '기본방향설정권'에 기초해 독일 연방공화국의 정치를 강력한 수상에 의해 통치되는 '수상민주주의(Kanzlerdemokratie)'로 특징짓기도 하지만, 이를 활용한 연방수상은 없었다는 것이 일반적 의견이다. 오히려 연방수상이 제도적으로 주어진 것보다 훨씬 더 큰 정치적 영향력을 행사할 수 있는 것은 연방수상의 소속 정당 내 지위에 기초한다. 즉 소속 정당의 당의장(Parteivorsizzender)이나 이에 상응하는 당직에 있을 경우 연방수상의 지위와 권한은 확대된다. 다만, 연방수상의 권한은 기본적으로 연립정당 간 협약의 제약을 받기 때문에 이 경우에도 '수상민주주의(Kanzlerdemokratie)'라 칭할 만큼 연방수상의 권한이 크지는 않다. 연방수상과 마찬가지로 연방장관의 실질적인 정치적 영향력도 소속 정당 내 지위에 크게 영향을 받는다. 즉 '부처원칙'과 '협의원칙'에 따라 개별 연방장관은 기본적으로 동등한 지위를 갖지만, 소속 당내에서 우월한 지위와 권한을 갖는 연방장관은 연방정부에서도 강력한 권한을 행사할 수 있다. 연방정부가 연립정부로 구성되기 때문에 내각회의 역시 토론과 협의보다 원내 정당 간 협의결과를 승인하는, 소위 '최종적인 정치적 검토'를 하는 역할에 머무른다. 이처럼 독일 연방공화국에서 연방정부 운영에서 정당은 매우 중요한 의미를 갖는다.

한편 연방수상은 연방정부 각 부처의 설치와 소관업무를 정하는 등 연방정부 조직권을 갖는다(기본법 68조). 또한 연방수상은 연방장관 한 명을 비공식적으로 '부수상(Vizekanzler)'으로 불리는 '대리인(Stellvertreter)'으로 임명하며(기본법 69조),[6] 이와 별도로 '연방수상실(Bundeskanzleramt)'의 지원을 받는다. 그리고 연방수상은 연방장관과 협의하여 연방장관을 지원하고 소속 부처를 연방의회와 원내·외 정당과 연계하는 역할을 수행하는 '의회정무차관(Parlamentarische Staatssekretäre)'을 임명한다. 또한 연방정부는 연방상원에 입법안을 제출할 수 있다. 특히 연방정부는 연방의회에서 법률안이 거부되더라도 연방상원의 동의가 있으면 법률안이 성립·효력

---

6 제도적으로는 연방수상이 '대리인'을 임명하도록 규정되어 있지만, 실질적으로 연방수상의 '대리인'은 연립정부를 구성하고 있는 소수당에서 맡아왔다.

을 갖게 되는 '입법긴급사태(Gesetzgebungsnotstand)'를 연방대통령에게 요구할 수 있다(기본법 81조). 이러한 '입법긴급사태'는 첫째, 연방수상이 '중요한(brisant)' 법률의 통과와 신임투표를 연계했으나 법률안이 연방의회에서 거부된 상황과 둘째, 연방수상의 신임요구가 연방의회를 통과하지 못했으나 연방의회가 해산되지 않은 상태에서 '긴급한(dringlich)' 법률안의 통과가 요구되는 상황에서 요구될 수 있다.

 Ⅱ **연방의회(Bundestag)와 정당정치**

1. 연방의회(Bundestag)

연방의회(Bundestag)는 독일연방공화국에서 유일하게 국민의 직접선출로 구성되는 헌법기관이다. 연방의회는 최소 598명의 의원으로 구성되며, 만 18세 이상의 자는 연방의회 선거권과 피선거권을 갖는다. 연방의회 의원은 보통, 직접, 자유, 평등, 비밀 선거를 통해 4년 임기로, 소위 '인물화된 비례제(personalisierte Verhältniswahl)'라 지칭되는 비례제적 혼합제 방식으로 선출된다. 보다 구체적으로 연방의회선거를 위한 선거구는 299개의 1인 선거구와 주단위의 16개 권역 선거구로 나뉘며, 유권자는 지역구 후보('인물투표')와 정당('정당투표')에 각 1표를 행사한다. 선거결과에 따라 299개의 1인 선거구에서는 '인물투표'에서 최다 득표를 한 1위 후보자가 선출된다. 그리고 1인 선거구 당선자 3인 이상 혹은 '정당투표' 득표율 5% 이상 정당에 한하여 각 정당이 전국적으로 얻은 '정당투표' 득표수에 비례하여(수정 생라그 방식으로) 전체 의석 598석을 기준으로 1차적으로 각 정당의 전체 의석수를 확정한다.[7] 이어 1차 확정된 각 정당의 의석은 권역별, 즉 주별로 다시 득표수에 따라 배분되며, 이 가운데 지역구 당선자 수를 제외하고 남는 의석은 권역별 비례명부에서 순서대로 당선자로 결정된다. 이때 권역으로 배분된 의석수보다 지역구 당선자가 많을 수 있으나, 이 역시 '초과의석(Überhangmandat)'으로 인정한다. 그리고 '초과의석'이 발생하면 다른 의석배분 정당에게도 이에 비례하여 추가적인 의석, 즉 '조정(Ausgleichmandat)의석'을 배정한다. 이처럼 '초과의석'과 이에

---

7 여기에서 의석배분기준 598석은 지역구 무소속 당선자나 지역구 당선자가 3석 미만인 정당이 없다는 것을 가정한 것이다. 만약 지역구에서 무소속이나 3석 미만 정당소속 당선자가 있다면 해당 당선자수를 제외한 수가 의석배분기준이 된다.

따른 '조정의석'이 발생하는 경우 연방의회 전체 의석은 598석을 넘게 된다.

　한편 연방의회는 기본적으로 4년의 임기를 갖지만, 다음의 두 가지 조건에서는 연방대통령이 연방의회를 해산할 수 있다. 먼저, 연방수상 선출과정에서 연방의회가 3차 투표에서도 과반수 당선자를 선출하지 못하고 상대다수로 연방수상을 선출한 경우 연방대통령은 7일 이내에 다수 득표 선출자를 연방수상으로 임명하거나 혹은 연방의회를 해산할 수 있다. 또한 연방대통령은 연방수상의 제안으로 연방의회에서 실시된 연방수상 신임투표에서 연방수상이 신임을 받지 못한 경우 연방의회를 해산할 수 있다. 독일연방공화국의 역대 연방수상은 모두 연방의회 1차 투표에서 과반수 득표로 선출되었기 때문에 첫 번째 경우로 연방의회가 해산된 적은 없으며, 연방의회의 연방수상에 대한 신임투표로 연방의회가 해산된 두 번째 경우는 1972년, 1983년, 그리고 2005년 등 모두 세 차례이다.

　다음으로 권한 측면에서 연방의회는 ─연방상원과 더불어─ 입법권과 함께 기본법 개정 권한을 갖는다. 또한 연방의회에는 다른 국가나 국제기구와 조약비준 동의권, 연방정부 예산의결권, 연방정부에 대한 견제와 감시권, 연방의회 1/4의 요구로 설치되는 '조사위원회'를 통한 국정조사권 등의 권한이 부여되어 있다. 이와 더불어 연방의회는 앞서 살펴본 것처럼 연방대통령을 선출하는 '연방회의'에 당연직으로 참여하며, 특히 연방수상을 선출하고, 연방수상에 대한 '건설적 불신임'이나 신임을 의결하는 권한을 갖는다. 이 가운데 연방의회의 입법 관련 권한을 보다 구체적으로 살펴보면 먼저 기본법을 개정하기 위해서는 연방상원 2/3 이상의 찬성과 연방의회 재적의원 2/3 이상의 찬성이 필요하다. 다음으로 일반적인 법률의 경우 연방의회는 기본법에 연방이 '배타적인(ausschließlich)' 입법권을 갖는다고 규정한 영역과 주에 대해 우선권을 갖는 '경합적(konkurriend)' 영역에 대해서 입법권을 행사한다(기본법 73조와 74조). 다만, 기본법에 규정된 '동의법안(Zustimmungsgesetz)'을 최종 의결하기 위해서는 연방상원의 동의가 필수적이며, '동의법안'이 아닌 소위 '이의법안(Einspruchsgesetz)'의 경우 연방의회 재적의원 과반수로 재의결할 수 있다. 입법과정을 포함한 연방의회 운영에서 가장 중요한 의미를 갖는 것은 원내교섭단체이며, 연방의회 5% 이상의 의석을 가진 정당은 원내교섭단체를 구성할 수 있다.

2. 정당과 정당체계

정당은 독일연방공화국의 정치과정에서 핵심적인 역할을 수행한다. 즉 정당은 헌법적으로 기본법에 보장된 정치조직으로 연방대통령의 선출, 연방정부와 연방의회의 운영과 의사결정과정 등에서 단일체로서 행위할 뿐만 아니라, 연방정부와 연방의회, 그리고 연방상원의 융합과 협력 등 정치과정 전반을 매개한다. 일각에서는 이러한 독일연방공화국의 정치적 특성을 반영해 독일연방공화국을 '정당국가(Parteienstaat)'나 '정당민주주의(Parteiendemokratie)'로 지칭하기도 한다.

역사적으로 독일의 정당정치는 1848년 혁명을 전후해 태동했으며, 19세기 중반이후 그 기틀을 마련하였다. 이후 독일 정당정치는 나치체제의 등장과 함께 혹독한 시련기를 거쳐야 했지만, 제2차 세계대전이 끝나고 빠르게 재건되었다. 1949년 독일연방공화국에서 처음으로 실시된 연방의회선거에서는 10개 정당이 연방의회에 진출하였다. 이후 1950년대 들어서 연방의회 진출 정당이 크게 감소하여, 1961년부터 1980년 선거까지 기민/기사련과 사민당, 그리고 자민당 등 3개 정당만이 연방의회에 진출하는 정당체계를 안정적으로 유지했다.[8] 특히 이 시기에는 양대 정당인 기민/기사련과 사민당이 전체 유효표 가운데 80~90%의 득표율을 기록하는 한편, 자민당이 거의 대부분의 연방정부에 연립정당으로 참여했다. 그러나 1983년 선거부터 녹색당이, 그리고 여기에 동 · 서독의 통일과 함께 1990년부터 민사당(현재는 좌파당)이 지속적으로 연방의회에 진출하고, 최근 2017년 선거에서는 '독일을 위한 대안'이 연방의회 진출에 성공하는 등 독일연방공화국의 정당체제는 점차 분절화 양상을 보이고 있다.

이러한 독일연방공화국 정당의 선거경쟁에서 특히 흥미로운 점은 먼저 1957년 선거에서 기민/기사련이 50.2%(정당투표 기준, 이하 동일)의 득표율을 기록한 것을 제외하면, 어느 정당도 과반 득표를 한 경우가 없다는 점이다. 다음으로 사민당이 기민/기사련보다 높은 지지를 얻은 것은 1972년(45.8% 득표, 0.9% 우위)과 1998년(40.9%, 4.2% 우위) 두 번의 선거에 불과하며, 거의 동률(38.5%)을 기록한 2002년 선거를 제외하면 나머지 선거에서는 모두 기민/기사련이 우위를 점했다. 세 번째로 연립정부

---

8 1950년대에 정당체계가 집중화되고, 이후 1980년 선거까지 안정적으로 유지된 것은 1인 2표제 도입, 정당투표 의석배분 조건의 상향조정(주 5%에서 연방 5%로, 지역구 1석에서 3석 등) 같은 선거제도 개혁의 결과로 이해되기도 하지만, 오히려 정치적 균열구조가 단순화된 결과라는 평가가 더 일반적이다.

에 아주 빈번하게 참여했던 자민당의 득표율은 5~10%(2013년 선거에서 4.8%의 득표율로 유일하게 연방의회진입 실패)에 불과해, 서구 유럽 대다수 자유주의적 정당에 비해 그 지지기반이 취약하다. 선거결과에서 나타나는 이러한 사민당에 대한 기민/기사련의 우위, 자민당의 취약성은 일반적으로 독일연방공화국의 정당경쟁이 비대칭적인 종교균열과 계급균열을 중심축으로 이뤄지고 있다는 것을 보여주는 것으로 이해된다. 물론 이러한 정당균열구조는 1983년과 1990년 이후 각각 녹색당과 민사당(이후 좌파당)의 연방의회 진입으로, 그리고 2017년에는 '독일을 위한 대안'의 연방의회 진입으로 점차 변화를 보이고 있다.

한편 독일연방공화국의 주요 정당을 간략히 살펴보면 먼저 기민/기사련의 경우 일반적으로 단일정당으로 취급되지만 실제 단일정당은 아니다. 그럼에도 양당을 단일정당으로 보는 것은 기사련이 유일하게 활동하는 바이에른주에서 기민련이 활동하지 않아 양당의 정당경쟁이 없을 뿐만 아니라, 연방의회에서 공동으로 원내교섭단체를 구성하고 있기 때문이다. 기민련(기독민주연합, Christlich Demokratische Union: CDU)은 바이마르공화국 당시 가톨릭주의를 기본으로 한 '중앙당(Zentrum)'의 전통을 이어받았지만, 제2차 세계대전 후 초종교적 포괄정당을 지향하며 '연합정당(Union)'으로 출범했다. 그럼에도 기민련의 주요 지지기반은 가톨릭이며, 이념적으로는 사적 소유의 경제질서를 우선시하면서도 사회적 시장경제원칙을 강조한다. 그리고 이러한 사회적 시장경제원칙은 전후 독일연방공화국이 '사회국가'의 기틀을 마련하는데 중요한 밑거름이 되었다. 기사련(기독사회연합, Christlich−Soziale Union: CSU)은 '바이에른 인민당'에 그 뿌리를 두고 있으며, 바이에른주의 역사적 전통과 독특성을 상징한다. 또한 기사련은 이념적으로 기민련보다 가톨릭주의와 연방주의적 원칙을 좀 더 강하게 주창한다. 다음으로 사민당(독일사회민주당, Sozialdemokratische Partei Deutschlands: SPD)은 19세기 라살(F. Lassalle)의 '독일전국노동자협회(Allgemeiner Deutsche Arbeiterverein)'와 베벨(A. Bebel)의 '사회민주주의노동당(Sozialdemokratische Arbeiterpartei)'에 뿌리를 두고 있다. 이념적으로 사민당은 사회민주주의를 기본노선으로 하고 있지만, 고데스베르그 강령(Godesberg Program)을 통해 계급주의적 대중정당에서 포괄정당(catsch−all party)으로 변모하며 1966년 기민/기사련과 대연정을 통해 수권정당으로 발돋움했다. 특히 70년대에 사민당은 연방정부를 이끌며 '동방정책'을 주도하여 동·서독 통일의 기반을 마련하기도 했다. 이후 사민당은 '신중도(Neue Mitte)'를 내세운 슈뢰더(Schröder)를 중심으로 1998년과

2002년 재집권에 성공하였지만, 라퐁텐(Lafontaine)을 중심으로 슈뢰더 노선에 반발
하던 세력이 탈당하여 새로운 정당(WSAG)을 창당하면서 2019년과 2013년, 그리고
2017년 선거에서는 30%에도 미치지 못하는 지지를 얻었다. 자유주의적 전통에 입
각해 1948년 창당된 자민당(자유민주당, Freie Demokratische Partei Deutschlands: FDP)은 독
일의 모든 자유주의 세력이 연합한 정당이며, 이에 따라 당내에는 이념적 대립이
존재하였다. 이에 따라 구중산층에 기반한 보수적 자유주의자들이 당내 우위를
점하던 1960년대까지는 기민/기사련과 협력을 추구했지만, 1971년 프라이부르크
(Freiburg) 강령 개정을 통해 '사회적 자유주의(Soziale Liberalismus)'로 기본노선을 전환
하면서 사민당과 연립정부를 구성하기도 했다. 1983년 연방의회에 진입한 녹색당
(Die Grüne)은 1960~70년대 '신사회운동'에 뿌리를 두고 있다. 이에 따라 녹색당에
는 대의민주주의를 인정하고 연립정부 참여에 긍정적인 '실용주의적 분파(Realos)'
와 직접민주주의와 체제비판적인 '야당'의 정체성을 강조하는 '근본주의적 분파
(Fundis)' 사이에 대립과 갈등이 있었다. 이념적으로 녹색당은 환경, 비폭력－반전
－평화, 여성, 풀뿌리민주주의 등 '신정치(New Politics)' 혹은 '탈물질주의'를 기본가
치로 내세우고 있다. 좌파당(Die Linke)은 동독 공산당인 사회주의통일당(SED)에
뿌리를 두고 있던 '민사당(PDS)'과 사민당에서 분당한 '노동과 사회정의를 위한
선거대안(WSAG)'이 2005년 합당하여 창당된 정당이다. 이념적으로 '민주사회주의
(demokratischer Sozialismus)'를 주창하는 좌파당은 그 뿌리에서 알 수 있듯 동독 지역
에서 상대적으로 높은 지지를 얻고 있다.

연방제와 연방상원(Bundesrat)

독일연방공화국은 국호에서 확인할 수 있듯 연방제 국가이다. 동·서독 통일
이전 독일연방공화국은 바덴－뷰르텐베르크, 바이에른, 노르트라인－베스트팔
렌, 헤센, 라인란트－팔츠, 슐레스비히－홀스타인, 잘란트, 니더작센, 함부르크,
브레멘, 베를린 등 11개 주로 구성되어 있었으나, 1990년 동독지역의 편입으로 브
란덴부르크, 작센, 작센－안할트, 튀링엔, 메클렌부르크－포포머른 등 5개주가 늘
어 현재 16개 주로 구성되어 있다. 역사적으로 독일에서는 신성로마제국 이후부

터 연방제적 토대 위에 국가를 건설하려는 시도가 지속되어 왔다.9 그럼에도 제2차 세계대전 이후 독일의 연방제는 바이에른과 과거 한자동맹이었던 함부르크와 브레멘을 제외하면 각 주의 역사적·문화적 공통성이 취약하며, 이러한 점에서 독일연방공화국의 연방제는 권력분립을 위한 인위적인 편제의 성격이 더 강하다고 할 수 있다.

연방제 국가로서 독일연방공화국의 연방과 주의 권력배분은 기본적으로 보완성의 원칙을 따른다. 즉 연방은 기본법에 명시된 권한만을 행사하며, 비명시적 영역은 주의 권한이다. 예컨대 기본법에 연방이 '배타적인(ausschließlich)' 입법권을 갖는다고 규정한 영역과 주에 대해 우선권을 갖는 '경합적(konkurriend)' 영역을 제외한 다른 모든 영역의 입법권은 주가 행사한다(기본법 73조와 74조). 한편 독일연방공화국은 각 주(Land)가 연방의 입법과 집행에 관여할 수 있도록 연방상원(Bundesrat)을 두고 있다. 연방상원은 비록 상원으로 번역되고 있지만, 일반적인 양원제의 상원과 매우 상이하며, 기본법상 의회가 아니라 독자적인 헌법기관이다. 보다 구체적으로 연방상원은 국민이 직접 선출한 대표가 아니라 주정부 대표이다. 즉 연방상원 의원은 주정부(Landesregierung)가 임명하고 소환할 수 있는 주정부 구성원으로, 주정부의 다른 구성원에 의해 대리될 수 있으며, 주정부의 해산과 함께 자동적으로 그 지위를 상실한다.10 특히 연방상원의 표결에서 각 주는 오로지 단일한 형태로만 의사를 표현할 수 있으며, 일반적으로 소위 '대표투표자(Stimmenführer)'라 지칭되는 단일 구성원이 표결권을 행사한다. 그리고 이때 표결권은 주별 동등권의 원칙과 인구비례의 원칙에 따라 최소 3표에서 최대 6표까지 각 주별로 주어진다. 이처럼 연방상원에서는 '대표투표자' 등에 의해 단일하게 각 주의 의사가 표명되기 때문에, 연방상원은 토론과 협의의 장이라기보다 각 주정부의 의사를 최종적으로 확인하는 제도적 장치라 할 수 있다.

물론 그렇다고 연방상원이 형식적인 권한만을 갖는 것은 아니다. 연방상원은 법률안을 제출할 수 있는 권한이 있으며, 이미 언급했듯 연방상원 2/3 이상의 찬성이 있어야 기본법 개정이 가능하다. 특히 연방상원은 주의 재정이나 행정조직 등과 관련한, 연방상원의 동의가 필수적인 법률안, 즉 기본법에 규정된 '동의법안

---

9 과거 프로이센에 집중된 힘을 약화시키려는 의도, 점령국인 미국의 정치적 전통, 그리고, 독일이 강력한 중앙집권국가로 발전하는 것에 대한 점령국 프랑스의 우려 등도 제2차 세계대전 이후 독일이 연방제를 채택한 배경으로 지적된다.

10 구체적으로 연방상원이 누가 되느냐는 주 헌법에 따라 주별로 상이하다. 다만 연방상원에서 각 주의 의사는 단일하게 표현되기 때문에 누가 연방상원이 되느냐는 실질적으로 중요한 의미를 갖지 못한다.

(Zustimmungsgesetz)'에 대한 동의권을 가지고 있다. 최근에는 이러한 '동의법안'의 비중이 낮아지면서 연방상원의 역할도 축소되는 경향을 보이지만, 2000년대 초반까지는 '동의법안'의 비율이 50%를 상회할 정도로 독일연방공화국 정치에서 연방상원의 동의권은 매우 중요한 의미를 가졌다.[11] 특히 연방정부를 구성하고 있는 연립정당이 연방상원에서 다수를 차지하지 못하는 경우 연방상원은 연방정부에 대한 가장 중요하고 실질적인 '거부권 행사자(veto player)'로 기능했다.

Ⅳ 마치며

제2차 세계대전 후 독일연방공화국은 '합리화된 의회제'를 제도적 기반으로 안정적이고 효율적인 '합의제 민주주의'를 발전시켜왔다. 그럼에도 앞서 언급한 것처럼 최소 1990년대 이후 독일의 정당정치는 안정적인 2.5당 체계에서 서서히 3당을 넘어서는 다당체계로 변화하고 있으며, 이에 따라 정치적 안정성도 다소 흔들리고 있다. 2005년과 2013년의 기민/기사련과 사민당의 대연정은 이러한 변화된 정당체계를 반영하고 있으며, 특히 2017년 연립정부 구성의 혼란스러움은 독일정치가 직면한 어려움을 가감 없이 드러냈다. 독일연방공화국이 이러한 정당정치의 위기를 극복하고 민주주의를 안정화할지, 아니면 최소 지난 10여 년처럼 위기를 반복하며 위기가 '일상화'될지 현재로선 판단하기 어렵다.

더 나아가 생각해 보기

1. 독일연방공화국의 정치제도에 영향을 준 것은 무엇인지 정리해보자.
2. 독일연방공화국의 의원내각제는 다른 국가, 예컨대 영국 등의 의원내각제와 어떤 차이점이 있는지 살펴보자.
3. 독일연방공화국 정당정치의 변화에 무엇이 영향을 주었는지 논의해 보자.
4. 독일연방공화국의 정치제도와 그 운영이 한국정치에 함축하는 바가 무엇인지 생각해보자.

---

11 연방제 개혁으로 '동의법안'의 비중은 2005~2009년 41.8%, 그리고 2009~2013년 38.3%로 낮아졌다.

참고문헌

김영태. 2004. "독일의 정치제도와 정치과정." 유럽정치연구회 편. 『유럽정치』. 서울: 백산서당.

김영태. 2017. "독일의 권력구조와 한국적 적용의 논점." 한국정치학회편. 『1987년 민주헌정체제의 등장과 2017년 개헌 논의 제3권: 1987년 제6공화국 헌법과 2017년 개헌 논의: 개헌』. 서울: 카오스북.

Andersen, Uwe & Woyke, Wichard. 2012. *Handwörterbuch des politischen Systems der Bundesrepublik Deutschland*. Vs Verlag Für Sozialwissenschaften.

von Beyme, Klaus. 2017. *Das politische System der Bundesrepublik Deutschland*. Springer, Berlin; Springer Fachmedien Wiesbaden.

Rudzio, Wolfgang. 2014. *Das politische System der Bundesrepublik Deutschland*. Springer, Berlin; Springer Fachmedien Wiesbaden.

Schmidt, Manfred G. 2016. *Das politische System Deutschlands: Institutionen, Willensbildung und Politikfelder*. C.H. Beck Paperback.

CHAPTER 3.
프랑스의 정치제도: 체제, 선거, 정치세력

조홍식

I 불가분의 통일 공화국: La République, une et indivisible

　　프랑스 정치는 인류의 역사에서 민주주의 시대의 출발점을 제공했다. 1789년
의 프랑스 대혁명은 기존의 군주 또는 소수 권력의 시대를 부정하면서 주권재민
(主權在民)의 원칙을 공표하였기 때문이다. 흔히 프랑스 인권선언이라 불리는 '인간
과 시민의 권리 선언'(Déclaration des droits de l'homme et du citoyen)은 민주주의의 새로
운 원칙과 논리가 본격 인류 역사의 무대에 등장하는 변화의 출발점이라고 할 수
있다. 특히 프랑스 혁명은 이러한 변화가 프랑스라는 특정 국가에만 해당하는 것
이 아니라 인류 전체에 적용해야 하는 보편 원리라고 주장함으로써 국제 영향력
을 강화하였다.

　　프랑스 정치의 이해는 이런 양면성에 대한 인식에서 시작한다. 한편에 당연히
프랑스라는 나라의 역사와 전통을 반영하는 특수성이 존재하지만, 동시에 프랑스
는 항상 인류 전체의 미래를 개척한다는 보편성을 추구한다는 사실 말이다. 이런
특징은 영국과 비교했을 .때 뚜렷하게 드러난다. 프랑스는 혁명 과정을 거치면서
절대의 원칙을 내세우면서 급격하고 완전한 변화를 추진하지만, 영국은 점진의
개혁이라는 보다 온건한 길을 걸으며 가능한 것의 변화를 추구해 왔다. 따라서 영
국의 정치사가 높은 산을 오르기 위해 완만한 경사를 조금씩 올라가는 형식을 보
인다면 프랑스의 정치사는 혁명과 반혁명이 번갈아가면서 오르내림을 반복하는
모습이다. 또 영국이나 미국의 정치사가 하나의 헌정체제를 조금씩 개선하면서
진화하는 과정이라면 프랑스는 치열한 정치 투쟁 속에서 다양한 체제가 빠른 속
도로 번갈아가면서 지나간다.

    혁명에서 비롯되는 급속하고 완벽한 변화라는 정치 목표는 프랑스 정치사의 역동성을 설명하는 중요한 요소이다. 아래 표에서 확인할 수 있듯이 프랑스 정치는 군주제와 공화제 사이를 오가는 헌정체제 투쟁을 18세기 말부터 19세기 말까지 1백년 가까이 지속했다(Gicquel et Hauriou 1986). 우리가 익숙한 민주주의와 공화제 헌정 체제가 프랑스에서 뿌리를 내리며 정착한 것은 고작 백년 남짓한 제3공화국(1870~1939) 시기에 해당한다.

    또 다른 프랑스 정치제도의 특징은 중앙화의 정도가 강하다는 점이다. 유럽에서 프랑스, 영국, 스페인 등은 독일이나 이탈리아 지역과 비교해 중세부터 상대적으로 빨리 강한 권력을 가진 왕조가 수도를 중심으로 발전한 나라다. 그 가운데 프랑스는 토크빌(Tocqueville 1967)이 잘 분석했듯이 이미 앙시앵 레짐(Ancien régime) 시기부터 중앙집권의 정도가 가장 강했던 국가로 평가된다. 혁명은 이런 중앙화의 전통을 더욱 강화하는데 기여했다. 헌법 1조부터 '불가분의 통일 공화국'이라는 표현이 등장하는 것은 우연이 아니다. 혁명정부는 일부 지역의 반혁명 세력과 내전을

표 1-3-1 프랑스 정치사에서 헌정체제의 특징

시기	체제	특징
1789-1792	제한적 군주제	• 혁명 이후 왕권의 제한 • 1791년 9월 3일 헌법
1792-1799	제1 공화국	• 유명무실의 1793년 헌법과 국민의회 　(Convention) 통치 • 1795년의 헌법과 총재정부(Directoire)시대
1799-1814	제1 제정	• 나폴레옹의 쿠데타와 1799년 헌법
1814-1830	군주제로 복귀	• 1814년 헌장(Charte)
1830-1848	입헌 군주제	• 1830년 헌장
1848-1851	제2 공화국	• 1848년 헌법
1851-1870	제2 제정	• 루이 나폴레옹의 쿠데타와 1852년 헌법
1870-1940	제3 공화국	• 공화국 체제의 공고화와 의회 중심의 권력구조
1940-1944	비시정부/드골의 자유프랑스	• 전시(戰時)에 두 정부의 공존
1944-1958	제4 공화국	• 해방 이후 공화국 부활
1958-현재	제5 공화국	• 대통령과 행정부 중심 구조

전개하면서 중앙권력 공고화의 필요성을 절감했으며, 넓고 많은 국경지역이 존재하는 프랑스의 지정학적 요인도 중앙화의 강화에 작용했다.

현대 프랑스도 1980년대부터 지방분권의 정책을 추구하고 있지만 이웃 나라들에 비하면 여전히 가장 중앙집권적인 체제라고 할 수 있다. 독일이나 스위스는 연방공화국이며, 스페인이나 이탈리아 역시 매우 자율적인 지방단체들을 두고 있다. 영국은 단일국가라고 하지만 스코틀랜드, 북아일랜드, 웨일즈 등으로 구분되는 민족 또는 지역 단위로 구성된다. 불가분의 통일 공화국이란 국가와 시민 개인 사이에 그 어떤 중간 매개체나 집단을 공식적으로 인정하지 않는다는 의미이다. 따라서 프랑스 정치제도는 지역주의나 다문화주의 등과 약한 호환성을 가질 수밖에 없다는 결과를 낳는다.

Ⅱ 공화국 군주: Le monarque républicain

한국에서는 프랑스 정치제도를 이원집정부제 또는 반대통령제 등으로 분류한다. 그런데 커다란 오해는 프랑스 제도를 대통령이 외교와 안보를 담당하고 총리는 내치를 책임지는 분권체제로 여긴다는 점이다. 따라서 한국의 대통령중심제가 가지는 권력 집중의 문제를 해결하기 위한 방안으로 프랑스 제도를 거론한다. 하지만 이는 이원(二元)이나 반(半)이라는 표현이 오해를 불러일으킨 결과다. 프랑스의 제5공화국 헌정체제는 '공화국 군주'라는 프랑스 학계와 언론의 분석이 상징적으로 말해주듯 민주 국가 가운데 대통령의 권한이 가장 강한 제도라고 해도 과언이 아니다(Duverger 1974).

프랑스의 정치제도가 대통령과 총리의 분권체제로 운영되는 경우는 대통령 선거와 하원 선거에서 서로 다른 성향의 정치세력이 승리하여 일명 '동거'(cohabitation) 정부가 형성되는 특수한 시기다(Gicquel 1989). 대통령과 하원 선거가 모두 직선제이기 때문에 국민의 의사를 반영하는 두 통로는 모두 강한 민주 정통성을 지닌다. 이 둘이 합치하지 않는다면 '대통령 외치/내각 내치'의 분담이 어느 정도 이뤄지는 것이다. 헌법에 의하면 대통령은 총리를 임명하며, 총리의 제청으로 장관을 임명한다. 그리고 내각은 의회의 신임을 얻어야 한다. 따라서 대통령과 의회의 다수가 서로 다른 성향이면 대통령은 의회 다수의 리더를 총리로 임명하거나 의회를 해산할 수 있다. 방금 선출된 의회를 해산하는 것은 대통령에게 커다란 부담이기 때문에 대개 정치 성향이 다르더라도 새로 선출된 의회 다수당에게 내각을 내주는 것이 1986년부터 전통이 되었다. 아래 표에서 확인할 수 있듯이 제5공화국 역사에서 이런 사례는 세 차례(1986~88/1993~95/1997~2002)의 짧은 경험에 불과하다.

　　나머지 대부분의 시기에는 당선된 대통령이 의회에 다수당을 보유하면서 내각을 총괄하는 강력한 리더십을 발휘하였다. 프랑스 제5공화국을 처음 만들 때는 대통령의 직선에 대한 의회 세력의 반발이 심했기 때문에 간선제로 시작하였다. 하지만 초대 드골(Charles de Gaulle) 대통령은 헌정체제가 안정되기 위해서는 대통령의 권한을 제도적으로 보장해야 한다는 생각으로 1962년 개헌을 통해 대통령 간선제를 직선제로 바꾸었다. 드골이 역사적 정통성과 개인의 카리스마로 획득한 강력한 대통령의 위상을 제도적으로 보장하는 계기다.

　　이후 퐁피두(Georges Pompidou), 지스카르(Valéry Giscard d'Estaing) 등 드골의 뒤를 이은 대통령들은 모두 의회 다수당을 확보하면서 군주 대통령으로 군림했다. 하지만 1980년대부터 긴 대통령의 임기 가운데 치러진 총선에서 반대 세력이 승리하는 경우가 빈번하게 발생했다. 프랑스는 대통령 7년/하원 5년의 임기 차이를 가졌기 때문이다. 한국에서 생각하는 이원성은 제5공화국이 목적하는 효율적 정치제도가 아닌 비정상의 상황이라고 프랑스는 판단했다. 서로 정치 성향이 다른 대통령과 총리는 분권의 모델보다는 마비의 원인으로 작동했고, 국제 정상회의에 대통령과 총리가 함께 참석하는 진풍경을 만들어내기도 했다.

　　따라서 2000년에 프랑스는 대통령의 임기를 5년으로 단축하는 개헌으로 대선과 총선이 거의 동시에 치러지도록 하였다(Bigaut 2007). 대통령과 하원 선거의 주기가 일치하게 되었고 따라서 당선된 대통령이 승리의 힘을 몰아 총선에서 다수를 차지하는 것을 자연스럽게 만들었다. 그 결과 2007년의 사르코지(Nicolas Sarkozy), 2012년의 올랑드(François Hollande), 2017년의 마크롱(Emmanuel Macron)은 모두 쉽게 총선에서 승리하여 의회의 안정된 다수당을 바탕으로 집권할 수 있었다.

　　프랑스 제5공화국 헌법이 대통령과 행정부의 권한을 제도적으로 강하게 만들었다는 사실은 다른 장치에서도 쉽게 발견할 수 있다. 프랑스 하원 의회의 회기는 정기회의의 기간을 연간 6개월로 제한하였고, 의회가 입법을 할 수 있는 영역도 헌법을 통해 제한하였다. 헌법에서 정한 영역 이외에서는 의회가 아닌 행정부가

표 1-3-2 제5공화국 프랑스 대통령과 정치 세력

시기	대통령	특징
1958-1965	드골	중도우파, 간선 대통령
1965-1969	드골	직선 대통령, 임기 중 사퇴
1969-1973	퐁피두	중도우파, 임기 중 사망
1973-1981	지스카르	중도우파 자유주의 성향
1981-1986	미테랑	중도좌파, 공산당과 연정
1986-1988	미테랑	우파와 동거정부
1988-1993	미테랑	중도좌파
1993-1995	미테랑	우파와 동거정부
1995-1997	시라크	중도우파
1997-2002	시라크	좌파와 동거정부
2002-2007	시라크	중도우파
2007-2012	사르코지	중도우파, 대통령 임기 5년
2012-2017	올랑드	중도좌파
2017-현재	마크롱	중도, 신생 정치세력

입법권에 해당하는 권한을 행사할 수 있다는 의미이다. 헌법 34조는 의회가 입법할 수 있는 영역을 길게 나열하며, 이 밖에 모든 정책은 정부의 행정령(réglements)으로 결정할 수 있도록 하였다. 물론 민주 국가에서 의회가 일반적으로 입법을 하는 대부분의 영역은 이 34조에 포함되어 있다. 하지만 의회의 입법권이 예외이고, 정부의 행정권이 일반적이라는 사실은 프랑스 정치의 중요한 특징이다.

또한 정부의 정책에 대한 의회의 과다한 수정 입법권 행사를 막기 위해 정부는 특정 법안에 정부의 책임을 걸 수 있다(헌법 49조 3항). 이 경우 의회는 해당 법안을 통째로 채택하거나 아니면 정부를 실각시키는 양자택일의 결정을 해야 한다. 프랑스의 직선 대통령은 의회 해산권을 가지기 때문에 정부를 실각시킬 경우 국회해산으로 이어질 가능성이 높다. 의회는 당연히 망설이게 되고, 따라서 의회의 수정 입법권한도 크게 축소된다.

이런 모든 장치는 제3, 4공화국이 의회에 너무 강한 권력을 주었는데 의회의 분열이 국가를 멸망으로 이끌었다는 드골 대통령의 인식이 반영된 결과다. 물론

이런 인식은 지도자 한 개인의 생각이라기보다는 프랑스 학계와 여론, 그리고 국민이 상당 부분 공감하는 내용이다. 프랑스의 유명한 정치학자 뒤베르제(Duverger 1986, 101)는 제3~4공화국을 '정부의 왈츠'(La valse des gouvernements)라고 표현할 정도로 이 시기의 정치체제는 불안정했다. 그리고 제5공화국이 출범하여 효율적인 정치체제를 만드는데 성공했다고 대부분의 전문가들은 판단한다.

결선투표의 나라: Les élections à deux tours

프랑스는 결선투표의 나라라고 해도 모자람이 없다. 한국에 가장 잘 알려진 결선투표제는 대통령 선거에 적용되는 장치다. 유권자들은 1차 투표에서 자신이 선호하는 후보를 선택하고 그 가운데 가장 득표를 많이 한 1, 2위가 결선에 진출하여 다시 승자를 결정하는 제도다. 이 제도의 가장 중요한 특징은 당선된 대통령이 과반수 이상의 지지를 확보하여 강한 정통성을 지닌다는 사실이다. 이에 덧붙여 한 차례의 투표로 승자가 결정될 경우 사표(死票) 방지 심리가 작용할 수 있는데, 결선투표가 있으면 보다 광범위한 정치 선택을 가능하게 한다는 장점이 있다. 대선에 비례대표제와 같은 효과를 일부 누릴 수 있다는 말이다. 또한 1차 투표와 결선 투표 사이에 후보나 정치세력 간에 연합을 가능하게 한다는 점에서 연정 구성의 한 과정으로 작동하기도 한다.

과거에는 각 정치세력마다 내부에서 대통령 후보를 결정하곤 했는데 최근에는 국민을 대상으로 후보 결정을 위한 투표를 실시하는 일이 빈번해졌다. 프랑스는 흥미롭게도 이 예비선거에서조차 결선 투표의 제도를 채택한다. 예를 들어 2017년 대선의 중도우파 공화주의자(Les Républicains)이나 중도좌파 사회당(Parti Socialiste) 모두 예비선거에서 결선투표를 실시하여 각각 피용(François Fillon)과 아몽(Benoît Hamon)을 선출했다. 국가 차원의 대통령을 선출하면서 표를 더해가는 것과 마찬가지로 정당 차원에서도 의지를 하나로 모아가는 과정이라고 볼 수 있다.

해외에 잘 알려지지는 않았지만 프랑스는 총선에서도 결선 투표제를 운영한다. 프랑스 하원은 1986년 한 차례 비례대표제를 활용한 사례를 제외하고는 다수제 선거를 한다. 1인을 선출하는 소선거구에서 대통령 선거와 마찬가지로 1차 투표를 실행하고 유효 투표의 과반수 득표자가 없으면 결선투표를 실시한다. 대선과 차이점은 결선투표 진입의 조건이다. 대선처럼 상위 득표자 2인이 아니라 등록유권자의 12.5% 이상을 득표한 후보자는 누구나 결선투표에 나갈 수 있다. 1차 투표의 참여율이나 표의 분산 정도에 따라 매우 다양하고 복잡한 경우의 수가 등장한다. 이런 제도 아래서는 1차와 결선투표 사이 정치 세력 간의 선거 연합이 무척 중요한 결과의 차이를 가져온다.

이 같은 제5공화국의 선거제도는 좌우로 양극화 되어 있는 다당제를 만드는 경향이 있다고 할 수 있다. 대선과 총선에서 유권자는 자신이 선호하는 세력을 1차 투표에서 지지한 뒤 결선투표에서는 좌우의 대표 주자에게 각각 표를 몰아주는 전통이 오래 존재했다. 미국이나 영국의 소선거구 다수제가 양당제를 생산하는 경향이 있다면 프랑스의 소선거구 2단계 다수제는 양극화된 다당제를 만드는 결과를 낳는다.

표 1-3-3 프랑스의 다양한 선거 제도

	임기	선거구	선출방식	결선투표	특징
유럽의회	5년	8개 대선거구	비례대표제		
대통령	7년 → 5년	1개 전국	2단계 다수제	1, 2위 진출	과반 이상 지지자 선출
상원	6년	100여 개 도	다수제 또는 비례대표제		
하원	5년	577개 선거구	2단계 다수제	유권자 12.5% 이상 지지후보	연합정부 구성 유도
지방	6년	18개 지방	2단계: 명부 다수제 뒤 비례대표제	10% 이상 득표 명부, 5% 이상은 연합가능	1위 명부에 25% 의석 보너스, 그리고 배분
도	6년	2,054개 선거구	2인(남녀)선출 2단계 다수제	유권자 12.5% 이상 지지	1차에서 절대다수 및 유권자 25% 이상 득표해야 선출
기초단체	6년	36,000개 코뮌 Communes	2단계: 명부 다수제 뒤 비례대표제	10% 이상 득표 명부	1위 명부에 50% 의석 보너스, 그리고 배분

하지만 1980년대부터 극우 민족전선(Front National)의 부상으로 프랑스 정치는 더 복잡한 양상으로 발전했다. 왜냐하면 극우세력은 우파 세력도 연합하기 어려운 프랑스 정치의 터부세력이기 때문에 점차 양극화가 아닌 삼극화의 경향도 나타나기 때문이다. 명백한 사실은 이런 결선 투표제가 대선과 총선에서 모두 극단세력의 승리와 집권을 막는 효과적 방파제의 역할을 한다는 점이다. 극우 민족전선의 후보가 결선에 진출한 2002년과 2017년 대선 모두 중도 유권자의 연합으로 중도 우파의 시라크와 중도의 마크롱은 각각 82%와 66%의 압도적 득표율로 당선되었다.

다른 한편 양극화된 정치 지형에서 볼 수 없었던 새로운 현상이 2017년 마크롱의 당선 과정에서 나타났다. 기존 좌우의 대립을 무시하고 중도에 자리매김했던 마크롱이 일단 1차 투표를 통과하자 결선에서는 쉽게 승리를 얻게 되었다. 물론 극우의 후보가 아니라 중도 좌파나 우파의 후보와 결선에서 다퉜을 경우 승리는 확신할 수 없었을 테지만 말이다.

위의 표는 프랑스 정치제도가 시행하고 있는 다양한 선거 제도를 종합해 보여준다. 이 장에서 프랑스를 결선투표의 나라라고 부르는 이유는 유럽의회와 간선의 상원의원 선거를 제외하고는 항상 결선투표를 시행하기 때문이다. 기초단체나 지방 수준에서 명부 다수제란 대선거구에서 특정 정치세력의 명부가 50% 이상을 득표하면 모든 의석을 차지한다는 의미다. 하지만 이런 경우는 작은 기초단체가 아니면 거의 나타나지 않는다. 실제 대부분의 경우 일부 명부를 대상으로 2차 결선 투표를 실시한다는 의미다. 특기할만한 사실은 2차 투표 후 의석 배분을 비례대표로 하더라도 1위 명부에 보너스를 준다는 점이다. 중앙정치처럼 지방정치에서도 안정성과 효율성을 중시한다는 뜻이다. 끝으로 도의회 선거는 남녀가 쌍을 이루는 2인 선출이라는 매우 특이한 제도를 운영한다.

Ⅳ 정당 불신의 전통

프랑스는 혁명의 전통을 이어가는 국가로 대의제와 직접 참여 민주주의의 요소를 모두 보유한다. 다른 민주국가와 비교해 본다면 대의제의 요소보다는 직접

민주주의적 요소가 상대적으로 강하다고 할 수 있다. 우선 정치사를 살펴보면 19세기 프랑스는 의회 민주주의와 군주제를 모두 경험했지만 이에 더해 황제의 제정이 두 차례나 만들어졌다. 두 나폴레옹은 통치자와 국민의 직접적 신뢰관계를 강조했고 국민투표를 통해 국민의 신뢰와 지지를 확인하곤 했다. 중간 단계를 거부하면서 국가나 최고 통치자와 국민 개인의 직접 관계를 강조하는 이런 구조에서 정당이 발전하기란 쉽지 않다.

프랑스 제5공화국의 드골 대통령은 대의 민주주의 체제를 인정했지만 동시에 나폴레옹 제정에서 내려오는 직접 민주주의의 전통을 강조했다(Mény 1988). 따라서 국민투표의 중요성을 제도에 반영했고 임기 내에 중요한 정책에 대해 국민투표를 종종 실시하였다. 그리고 1969년 국민투표에서 자신의 개혁이 지지를 받지 못하자 정치적 책임을 지고 임기를 3년이나 남긴 상황에서 사임하였다. 대통령의 사임은 법적으로 의무 사항이 아니었지만 드골의 정치 철학은 이처럼 국민의 직접 신뢰를 중시하였다.

대의제와 대중 정당 조직이 본격 발전하는 19세기 후반, 프랑스에도 다양한 사회주의 세력이 부상하였다. 이들은 1905년에는 사회주의 인터내셔널 프랑스 지부(SFIO, Section Française de l'Internationales Socialiste)를 설립하여 좌파를 대변하게 되었다. 러시아 혁명 이후에는 이 세력이 사회당(Parti socialiste)과 공산당(Parti communiste)으로 분열하면서 20세기 프랑스 좌파의 주요 세력으로 자리매김하였다. 이들은 1936년 급진당(Parti radical)과 함께 처음 인민전선(Front Populaire)이라는 이름으로 연합정권을 창출하였다. 급진당은 19세기 프랑스 공화주의 운동의 핵심이었던 세력이지만 사회주의와 공산주의 부상으로 중도로 몰리면서 급진성을 상실한 세력이었다.

하지만 프랑스 노동운동과 좌파 세력은 영국이나 독일처럼 강력한 조직력과 대중동원 능력을 보유하지 못했다(Bergounioux et Grunberg 1992). 높은 조직률의 노동조합과 좌파 정당이 유기적 관계를 맺는 사민주의 연합이 프랑스에서는 정착하지

표 1-3-4 2017년 총선 결과 원내 분포

정치세력	공산당	불굴의 프랑스	사회당	좌파 급진당	기타 좌파	전진하는 공화국	민주 운동	기타 우파	민주 독립 연합	공화주의자	민족 전선	기타
의석	10	17	30	3	12	308	42	6	18	112	8	11

못한 것이다. 여기에는 여러 이유가 존재한다. 우선 농업과 중소기업이 중요한 프랑스의 경제구조 때문에 노동 조직률이 낮았다는 점을 들 수 있다. 또한 프랑스 노동 운동은 1906년 아미앵 헌장(Charte d'Amiens)을 통해 노동과 정치의 분리를 주장하였다. 강한 무정부주의의 성향으로 선거와 의회 진출을 통한 체제 내의 사민주의 성향을 회피하였던 것이다.

이에 덧붙여 프랑스는 제3~4공화국을 거치면서 정당을 불신하는 전통이 누적되었다. 정당은 국익을 고려하기보다는 자신의 정략적 이해를 추구하기 때문에 정치 불안을 초래하였고, 국가가 위기에 빠졌을 때 적절하게 대처하지 못했다는 인식이 광범위하게 퍼졌다. 따라서 제5공화국에서 프랑스 정치 세력의 명칭에 당(parti)이라는 표현이 매우 드물다는 사실을 지적할 수 있다. 사회당과 공산당이 예외인데 그 이유는 당이란 부분적(partiel)이고 편파적(partial)이라는 의미가 강해 국가나 민족 전체를 포괄하지 못하기 때문이다. 특히 우파의 드골주의는 대회(Rassemblement), 연합(Union), 운동(Mouvement) 등의 표현을 사용하였다. 현재 극우의 민족전선(Front National)이나 극좌의 불굴의 프랑스(France insoumise) 등도 정당이라는 표현을 사용하지 않는다.

위의 표에서 확인할 수 있듯이 현재 정당이라는 표현을 사용하는 정치세력은 19세기부터 전통을 이어온 좌파급진당과 20세기 전반기에 설립된 사회당, 공산당뿐이다. 이들은 현재 의회에서 가장 소수 정당에 속한다. 민족전선은 극우 세력이며 불굴의 프랑스는 극좌 세력이라고 분류할 수 있다. 민주독립연합(UDI, Union des Démocrates et Indépendants)은 지방과 농촌에 기반을 둔 전통적 자유주의 정치 세력이며 중도 좌파에 속한다.

현재 최대 야당이라고 할 수 있는 세력은 공화주의자이며 이들이 드골부터 내려오는 중도 우파를 계승하였다. 세력의 명칭에서 연합이나 운동 등의 표현도 사용하지 않고 단지 공화주의자들의 모임이라는 사실을 내세웠다. 바이루(François Bayrou)가 주도하는 민주운동(Modem, Mouvement démocratique) 역시 전통적으로 프랑스 중도 우파에 자리 잡아 왔으며 자유주의와 기독교 민주주의 성향 등 중도의 성격을 항상 강조해 왔다.

마지막으로 마크롱의 여당 '전진하는 공화국'(La République en Marche)은 2016년 급조된 중도의 정치세력으로 이듬해 의회 300석 이상을 차지하면서 단숨에 최대 집단으로 떠올랐다. 세계 민주주의의 역사에서 이미 민주체제가 공고화 되어 있

는 국가에서 신생 정치세력이 이처럼 급속하게 의회 과반수 이상을 차지한 사례
는 찾아보기 어렵다. 전진하는 공화국의 총선 후보 가운데 6%만이 현역 의원이었
다는 사실을 감안하면 2017년 프랑스 대선과 총선의 결과가 얼마나 혁명적이었는
지를 알 수 있다.

 ## 역동의 정치 지형

　프랑스 정치제도에서 종합적으로 드러나는 특징이라면 역시 그 역동성을 꼽
아야 할 것이다. 프랑스는 1789년 세계에서 처음으로 주권재민의 원칙을 선포한
민주주의의 선구자이지만 제도적으로는 1958년에 만들어진 헌법으로 운영되는
가장 최신의 체제를 보유하고 있다. 제2차 세계대전 이후 민주헌법을 제정한 독일
보다도 늦은 시기이다. 또 독일이 통일이라는 1990년의 엄청난 변화도 같은 헌정
체제에서 흡수했다는 사실을 감안하면 프랑스는 선진 민주국가 가운데 정말 특수
한 사례다. 게다가 제5공화국 아래서도 헌정체제의 가장 핵심적인 요소를 자주 바
꿔왔다. 예를 들어 1962년 대통령을 간선에서 직선으로 변경했고, 대통령의 임기
도 2000년 7년에서 5년으로 줄였다. 따라서 프랑스의 정치제도란 어느 정도 고정
의 모델이라고 말하기조차 어렵다.

　예를 들어 영국은 의원내각제, 미국은 대통령중심제의 모델로 적어도 19, 20세
기를 거쳐 현재까지 발전해 왔다. 하지만 프랑스는 의회가 막강한 권력을 누렸던
제3~4공화국을 거쳐 대통령이 군주처럼 강한 권력을 갖는 현재의 제5공화국 등
극단의 헌정체제 사례를 모두 운영하였다. 역사적으로 19세기까지 올라가 살펴보
면 왕정, 제정, 공화정 등 다양한 체제가 빠른 속도로 자리바꿈하는 현상을 발견할
수 있다.

　선거 체제도 마찬가지로 역동적인 변화를 경험하였다. 영국이나 미국은 다수
소선거구제를 채택하여 전통으로 삼아 운영해 왔지만 프랑스는 제3공화국의 2단
계 다수 소선거구제와 제4공화국의 비례대표제, 그리고 제5공화국에서 다시 2단
계 다수 소선거구제로 바꿨다. 게다가 각 공화국 안에서 선거제도가 일관된 것도
아니다. 다수제의 제3공화국은 1919년부터 1924년 사이 비례대표의 요소를 도입

한 바 있고, 비례대표의 제4공화국은 1951년 다수제의 요소를 가미하였다. 또 다수제의 제5공화국 역시 1986년 선거는 비례대표제로 치른 경험이 있다.

정치제도는 게임의 규칙이라고 할 수 있는데 프랑스 정치는 규칙조차 안정되지 않은 역동성 또는 불안정성을 드러내는 셈이다. 일반적으로 민주주의에는 주권재민의 정치라는 요소와 권력도 법에 제약을 받는다는 법치의 요소가 공존한다. 이런 차원에서 프랑스 정치는 주권재민의 정치가 법치보다 강한 힘을 발휘하는 체제라고 할 수 있다. 그 원인을 파악하는 작업은 그다지 쉽지 않다.

단순히 정치의 장에서만 그 원인을 규명하는 것은 우리의 시야를 과도하게 제한한다. 예를 들어 영국이나 미국은 오랜 기간 점진적 제도의 변화를 추구하는 법치의 전통을 가졌다고 할 수 있지만 그 배경에는 외세의 침입을 받지 않았다는 지정학적 요소가 중요하게 작용하였다. 반면 유럽 지리의 중심에 위치한 프랑스는 전쟁의 승패와 외국 군대의 영토 점령 또는 그 위협 등이 체제 변화에 중요한 역할을 하였다. 독일, 이탈리아, 스페인 등 유럽 대륙의 대부분 국가들이 프랑스와 유사하게 정치제도의 잦은 변화를 겪었다고 할 수 있다.

1958년에 수립된 제5공화국은 서서히 현대 프랑스 정치의 모델이 만들어지는 데 기여했다(Duhamel et Parodi 1988). 우선 국내에서 프랑스 국민들은 대부분 제5공화국에 대해 그 안정성과 효율성을 지지하는 의견을 나타낸다. 좌파 세력은 의회의 권한을 과도하게 제한하고 대통령의 군주적 위상과 권력집중이 심각한 문제라고 초기에 비판했지만 1981년 자신들이 집권한 이후 이런 비판은 사라졌다. 오히려 21세기 들어 시행한 대통령의 임기 축소는 동거 정부의 가능성을 줄여 군주 대통령의 현상을 더욱 강화하는 변화였다. 따라서 현재 프랑스 제도의 특성은 최대한의 권력을 불가분의 통일 공화국 대통령에게 일임하고 그에 대한 책임을 임기 후 선거에서 강력하게 책임지도록 하는 규칙이다.

2017년의 대선과 총선은 이런 원칙을 적나라하게 보여주었다. 올랑드는 2012년 대통령에 당선되었고 곧바로 치러진 총선에서 사회당은 절대 다수의 의석을 확보했다. 올랑드는 명실상부 군주 대통령의 위상을 갖추었고 5년간 강한 권력을 행사하였다. 하지만 국민의 신뢰와 지지를 유지하는데 실패함으로써 본인이 재선을 포기해야 했던 것은 물론, 사회당조차 대선과 총선에서 모두 참패하였다. 과반수 의석의 거대 여당에서 5% 수준의 의석을 가진 군소정당으로 전락하였던 것이다. 달리 말해 프랑스 정치제도는 막강한 권력을 대통령과 그의 정치세력에 맡기지만 이에 해당하는 무한의 정치 책임을 요구한다는 뜻이다.

마크롱과 그를 지지하는 신생 정치세력의 부상은 선거를 통한 획기적인 변화이며 정치혁명이라 불릴 만하다. 물론 이런 혁명적 권력 획득의 과정이 진정한 정치혁명이 되려면 집권기간 동안 무엇이 얼마만큼 변화하는지 두고 보아야 할 것이다. 그리고 단기적 연출이 아니라 중장기적인 변화가 이뤄지는지 주목해야 한다. 마크롱과 전진하는 공화국의 실험은 단지 프랑스뿐 아니라 전 세계의 민주주의 국가들이 관심을 갖고 살펴보는 시도다. 왜냐하면 그동안 기득권 정치세력의 견고한 위상을 흔들었던 것은 거짓과 비현실적 속삭임으로 대중을 기만하는 극우나 극좌의 포퓰리즘이 대부분이었기 때문이다. 마크롱은 중도에 위치하여 현실의 무게와 제약을 충분히 감안하면서도 정치와 정책을 근본적으로 변화시킬 수 있다는 현실적 희망을 제공하는 상징이다. 마크롱이 프랑스를 넘어 유럽, 그리고 전 세계의 민주주의의 개혁을 바라는 사람들에게 흥미로운 실험의 기수로 등장한 이유다.

더 나아가 생각해 보기

1. 영국이나 미국과 비교했을 때 프랑스 정치제도가 급격하고 빈번한 변화의 대상이 되었던 이유를 설명하는 요인은 무엇인가.

2. 프랑스 제5공화국은 '불가분의 통일 공화국'을 내세우며 '공화국 군주'로 표현하는 강한 대통령 제도를 만들었다. 대통령의 권력 집중이 빈번한 문제를 제기하는 한국과 비교하여 공통점과 차이점은 무엇인가.

3. 프랑스는 거의 모든 선거에서 2단계 투표, 즉 결선 투표를 실시하고 있다. 비례대표제의 정의와 다수제의 효율이라는 두 마리 토끼를 쫓는 셈인데 과연 성공했다고 평가할 수 있는가.

참고문헌

Bergounioux, Alain et Gérard Grunberg. 1992. *Le long remords du pouvoir. Le parti socialiste français* 1905－1992. Paris: Fayard.

Bigaut, Christian. 2007. *Les révisions de la Constitution de 1958.* Paris: La Documentation française.

Duhamel, Olivier et Jean－Luc Parodi. eds. 1985. *La Constitution de la Cinquième République* Paris: PFNSP

Duverger, Maurice. 1974. *La Monarchie Républicaine.* Paris: Laffont.

Duverger, Maurice. 1986. *Le système politique français.* Paris: PUF.

Elgie, Robert, Emiliano Grossman and Amy G. Mazur. eds. 2016. *The Oxford Handbook of French Politics.* Oxford: Oxford University Press.

Gicquel, Jean et André Hauriou. 1986. *Droit constitutionnel et institutions politiques.* Paris: Montchrestien.

Gicquel, Jean. 1989. "La cohabitation" in *Pouvoirs.* 49, pp.69－80.

Mény, Yves. 1988. *Politique comparée. Les démocraties: Etats－Unis, France, Grande－Bretagne, Italie, R.F.A.* Paris: Montchrestien.

Tocqueville, Alexis de. 1967. *L'ancien régime et la Révolution.* Paris: Gallimard.

CHAPTER **4.**
이탈리아 정당체제[1]

정병기

I 이탈리아 정치 변동과 정당 체제 변화

항상 시끄러우면서도 조용한 나라 이탈리아. 대개 15개 안팎의 정당들이 의회에 진출해 있었고 정부의 수명이 1년이 안 되면서 두 차례의 경제기적을 이룩하고 민주 정치가 유지되는 나라인 이탈리아는 그 혼란만큼이나 안정된 역사를 거쳐 왔다. 정당 체제의 변화도 이와 같이 급격한 변동을 거쳐 왔다.

이탈리아 정당 체제의 급격한 변동은 1993년 선거법 개정을 계기로 가시화되었다. 이를 반영해, 헌법의 주요 부분이 개정되지 않았음에도 이 선거법 개정 이후를 '제2공화국'이라 부른다. 이탈리아식 순수 비례 대표제가 1구 1인 단순 다수 대표제를 근간으로 하는 제도로 변경됨으로써 정당 체제의 분극성과 다당제 성격이 점차 사라지고 여러 정당들이 연합하는 모습을 보이기 시작했기 때문이다. 그러나 이러한 상황에서도 정당 간 통합은 이루어지지 않아 비례 대표제가 공식적으로는 거의(75%) 폐지되었지만 실질적으로는 다수 대표제 안에 숨겨져 현상하고 있었다는 주장(Weber 1997, 102)까지 나왔다.

이러한 상황은 결국 제2차 선거법 개정 논쟁으로 이어졌고, 그 결과 제1차 개정 후 12년 만인 2005년에 비례 대표제로 회귀하는 동시에 선거 연합의 법적 인정과 다수파의 안정적 집권을 보장하는 제도로 재차 변경하였다. 이 새로운 선거법이 등장한 후 치른 두 번째 총선인 2008년 선거를 전후해 양대 선거 연합은 각자 거대 단일 정당으로 통합했다. 그러나 새로운 정당 체제가 아직 공고화되었다고

---

1 『지중해지역연구』 제13권 1호(2011)에 실린 필자의 논문 "이탈리아 정당 체제의 변화: '제2공화국' 경쟁적 양당제로의 재편"을 수정함.

보기는 어려우며, 신생 정당들이 출현하는 등 또 다른 변동이 진행되고 있다.

 '제1공화국' 정당 체제의 해체

1. '제1공화국'의 극단적 다당제와 불완전 양당제

'제1공화국' 총 46년간 47번의 정부 구성에서 기민당(DC)은 8년 9개월 동안 15회에 걸쳐 단독 정부를 이루었을 뿐 나머지 대부분은 세 개 이상의 정당을 포함한 연립 정부를 구성했다(<표 1-4-1> 참조). 그러나 최대 야당인 공산당(PCI)에 의한 정권 교체는 일어나지 않아 근 반 세기를 기민당이 주도하는 정부가 지속되었다. 반면, '제1공화국'의 정당 득표율(<표 1-4-2>)을 보면 공산당에 비해 곱절에 해당하는 득표율을 올렸던 기민당의 지지가 점차 줄어들고 공산당의 지지율이 점차 증가하여 1970년대 중반부터는 양대 정당의 차이가 10% 이내로 좁아졌다. 그에 따라 정부 구성에서도 1970년대 후반부터는 1987년 무소속 각료를 포함한 단독 정부 외에는 기민당 단독 정부가 수립되지 못했다.

표 1-4-1 이탈리아 '제1공화국' 역대 총리와 집권당

연도	총리	연립 정부
1948-1950	de Gasperi(기민당)	기민당, 사민당, 공화당, 자유당
1950-1951	de Gasperi(기민당)	기민당, 사민당, 공화당
1951-1953	de Gasperi(기민당)	기민당, 공화당
1953	de Gasperi(기민당)	기민당
1953-1954	Pella(기민당)	기민당
1954	Fanfani(기민당)	기민당
1954-1955	Scelba(기민당)	기민당, 사민당, 자유당
1955-1957	Segni(기민당)	기민당, 사민당, 자유당
1957-1958	Zoli(기민당)	기민당
1958-1959	Fanfani(기민당)	기민당, 사민당
1959-1960	Segni(기민당)	기민당
1960	Tambroni(기민당)	기민당
1960-1962	Fanfani(기민당)	기민당

연도	총리	연립 정부
1962-1963	Fanfani(기민당)	기민당, 사민당, 공화당
1963	Leone(기민당)	기민당
1963-1963	Moro(기민당)	기민당, 사회당, 사민당, 공화당
1963-1964	Moro(기민당)	기민당, 사회당, 사민당, 공화당
1964-1968	Moro(기민당)	기민당, 사회당, 사민당, 공화당
1968	Leone(기민당)	기민당
1968-1969	Rumor(기민당)	기민당, 통합사회당, 공화당
1969-1970	Rumor(기민당)	기민당
1970	Rumor(기민당)	기민당, 사회당, 사민당, 공화당
1970-1972	Colombo(기민당)	기민당, 사회당, 사민당, 공화당
1972	Andreotti(기민당)	기민당
1972-1973	Andreotti(기민당)	기민당, 사민당, 자유당
1973-1974	Rumor(기민당)	기민당, 사회당, 사민당, 공화당
1974	Rumor(기민당)	기민당, 사회당, 사민당
1974-1976	Moro(기민당)	기민당, 공화당
1976-1977	Moro(기민당)	기민당
1977-1978	Andreotti(기민당)	기민당
1978-1979	Andreotti(기민당)	기민당
1979	Andreotti(기민당)	기민당, 사민당, 공화당
1979-1980	Cossiga(기민당)	기민당, 사민당, 자유당
1980	Cossiga(기민당)	기민당, 사회당, 공화당
1980-1981	Forlani(기민당)	기민당, 사회당, 사민당, 공화당
1981-1982	Spadolini(공화당)	기민당, 사회당, 사민당, 공화당, 자유당
1982	Spadolini(공화당)	기민당, 사회당, 사민당, 공화당, 자유당
1982-1983	Fanfani(기민당)	기민당, 사회당, 사민당, 자유당
1983-1986	Craxi(사회당)	기민당, 사회당, 사민당, 공화당, 자유당
1986-1987	Craxi(사회당)	기민당, 사회당, 사민당, 공화당, 자유당
1987	Fanfani(기민당)	기민당(무소속 포함)
1987-1988	Goria(기민당)	기민당, 사회당, 사민당, 공화당, 자유당
1988-1989	de Mita(기민당)	기민당, 사회당, 사민당, 공화당, 자유당
1989-1991	Andreotti(기민당)	기민당, 사회당, 사민당, 공화당, 자유당
1991-1992	Andreotti(기민당)	기민당, 사회당, 사민당, 자유당
1992-1993	Amato(사회당)	기민당, 사회당, 사민당, 자유당(전문가과도정부)
1993-1994	Ciampi(무소속)	기민당, 사회당, 사민당, 자유당(전문가과도정부)

자료: Brütting 1997, 27-29.

표 1-4-2 이탈리아 '제1공화국' 선거 결과: 하원 비례대표(%)

연도	기민당	공산당	사회당	사민당	재건 공산당	공화당	자유당	네오 파시 스트[1]	녹색 연합	북부 동맹	기타	투표 참여율
1948	48.5	31.0	7.1	–	2.5	3.8	2.0	–	–	5.1	92.2	
1953	40.1	22.6	12.8	4.5	–	1.6	3.0	5.8	–	–	9.6	93.8
1958	42.4	22.7	14.2	4.5	–	1.4	3.5	4.8	–	–	6.5	93.8
1963	38.3	25.3	13.8	6.1	–	1.4	7.0	5.1	–	–	3.0	92.9
1968	39.1	26.9	14.5	–	2.0	5.8	4.5	–	–	7.2	92.8	
1972	38.7	27.1	9.6	5.1	–	2.9	3.9	8.7	–	–	4.0	93.2
1976	38.7	34.4	9.6	3.4	–	3.1	1.3	6.1	–	–	3.4	93.4
1979	38.3	30.4	9.8	3.8	–	3.0	1.9	5.3	–	–	7.5	90.6
1983	32.9	29.9	11.4	4.1	–	5.1	2.9	6.8	–	–	6.9	89.0
1987	34.3	26.6	14.3	2.9	–	3.7	2.1	5.9	2.5	0.5	7.2	88.7
1992	29.7	16.1[2]	13.6	2.7	5.6[3]	4.4	2.8	5.4	2.8	8.7	8.2	87.2

1) 네오파시스트: MSI, 1972 이후 군주주의자들과 통합. 1994년 선거 이후 민족연맹(Alleanza Nazionale)
2) 좌파민주당
3) 1991년 공산당의 당명 개정을 계기로 분당하여 창당
자료: 이탈리아 내무부 자료 종합

1960년대 초반까지의 이탈리아 정당 체제를 두고 사르토리(Sartori 1966)는 극단적 다당제라는 의미에서 '극화된 다원주의(polarized pluralism)'라고 규정했고, 갈리(Galli 1967)는 '불완전 양당제(bipartitismo imperfetto)'라고 정의했다. 이탈리아 정치 체제를 총체적으로 표현한 '정당 지배 체제(partitocrazia)'라는 시각에서는 기민당이 주도하기는 하지만 절대 다수를 획득하지 못한 상황에서 공산당의 위협이 상존하고 제3의 정당들이 주요 연합 상대로 등장했다는 점에서 극단적 다당제 논리가 설득력을 갖는다. 또한 기민당의 약화와 공산당의 성장 외에도 양대 정당의 득표율 합이 60~80%를 차지한다는 점에서 양당제 전환이 가능한 불완전 양당제라고 볼 수도 있다.

일견 상반되는 듯 보이는 이 두 주장은 상대적으로 1960년대의 다당제적 성격을 잘 보여주면서도 양당제적 성격을 배태하고 있다는 의미로 종합할 수 있다. 1970년대를 함께 분석한 파르네티(Farneti, 1983)의 '구심적 다원주의(pluralismo centripetto)' 언급은 이러한 단초에서 비롯된 것으로 보인다. 1970년대 초·중반에는 기민당이 일정한 지지율을 유지하는 가운데 공산당이 약진하며 제3의 정당들이 모두 약화되는 상황을 노정하고 있기 때문이다. 곧 1970년대의 구심성은 양당제로 진행하

는 양상을 보이면서도, 이 양당제는 제3의 정당들이 연합 상대로서 유효할 뿐만 아니라 정권 교체를 허용하지 않는다는 점에서 '불완전'했다.

　　이러한 불완전 양당제는 냉전이라는 국제 환경과 강력한 가톨릭이라는 국내 환경 속에서 이탈리아식 비례 대표제라는 제도적 요인과 배제와 공존의 게임이라는 행위자적 요인이 결합된 결과였다. 우선 냉전과 강력한 가톨릭이라는 국내·외적 환경에서 이탈리아 정치 문화는 가톨릭-보수주의와 사회-공산주의라는 양대 하부 정치 문화(subculture politiche)로 양분되어 나타났다. 실제 1970년대 중반까지 가톨릭-보수주의와 사회-공산주의라는 양대 하부 정치 문화를 대표하는 정당들의 총 득표율은 지속적으로 80%를 넘었다(가톨릭-보수주의 정당: 기민당, 공화당, 자유당; 사회-공산주의 정당: 공산당, 사회당, 사민당. 정병기 2002). 이러한 양대 하부 정치 문화는 양당제로의 전환을 잉태할 수 있는 조건이었다.

　　그러나 이탈리아식 비례 대표제라는 제도적 요인은 각 하부 정치 문화 내의 정당들조차 미세한 이념적 차이로도 의회 진출이 가능하게 만듦으로써 다당제 지형을 벗어나지 못하게 했다. '제1공화국' 선거 제도는 다기표 방식에 따라 한 정당과 그 정당 명부에서 3~4명의 후보를 선택하는 선위 투표(선호 투표 voto di preferenza)를 규정한 비례 대표제였다(Pasquino 1995, 135-136). 게다가 봉쇄 조항은 한 선거구 득표 6만 내지 6만 5천 표 혹은 전국 득표 3-1-10만 표로 규정되어 선거구 크기와 관련해 사실상 의미가 없으므로 실제 의회에는 언제나 약 15개 이상의 정당들이 진출할 수 있었다.

2. 불완전 양당제의 해체와 새로운 정당 경쟁

　　'제1공화국' 정당 체제의 해체는 1976년을 정점으로 1979년 총선에서부터 양대 정당의 지지율이 하락하는 것으로 나타나기 시작했다(<표 1-4-2> 참조). 또한 이 시기부터는 연립 정부도 기민당 단독으로 구성되지 못했으며 항상 3개 정당 이상의 연립 정부로 출범했다(1987년 수개월에 그친 단독 정부도 무소속 각료들을 포함했다. <표 1-4-2> 참조). 이와 같은 '제1공화국' 정당 체제 해체에는 냉전 종식에 따른 양대 하부 정치 문화의 해소와 이탈리아 국민들의 정당/정치 혐오증 및 선거 제도 변화가 주요하게 작용했다.

　　우선 세속화는 상공업이 발달한 북부와 농업 지역인 남부에서 각기 달리 나타나 기민당의 남부화를 촉진하는 요인으로 작용했다. 카르토치(Cartocci 1994, 174)가 제시한 바에 따르면, 1970년대 가톨릭 주간지 '파밀랴 크리스티아나(Famiglia Cristiana)'의 구독 수가 남부 지역과 달리 북부 지역에서 특히 감소하여 지역별로 인구 1,000명당 1.5부 내지 5부가 감소했다. 이러한 경향은 1980년대에 더욱 강화되어 가톨릭의 요새로서 기민당의 텃밭으로 알려진 백색 지대(Veneto, Trento, Como, Sondrio, Bergamo, Brescia und Lucca)에서조차 '파밀랴 크리스티아나' 구독이 11.9% 줄고 세속 혼례를 치르는 사람이 6.5% 증가하였다. 이러한 세속화는 기민당 지지를 인구가 적은 남부 지역으로 한정했을 뿐만 아니라 중북부 지역에서 동맹당(Leghen)의 성장을 촉진하기도 했다.

이러한 세속화의 과정 속에서 1980년대 말에는 현실사회주의의 몰락이 가세하여 공산주의의 위협까지 사라짐으로써 공산당의 배제로 나타난, 반공 이데올로기라는 기민당 정부의 독주 이유도 상실되었다. 또한 현실 사회주의의 몰락은 공산당에도 영향을 미쳐 이탈리아공산당은 1991년 당명에서 '공산주의'를 삭제하고 '좌파민주당(PDS: 좌파들의 민주 정당 Partito Democratico della Sinistra)'으로 개명했고 이에 반대하는 정통 공산주의자들은 재건공산당(PRC: 공산주의 재건당 Partito della Rifondazione Comunista)으로 분당해 나갔다. 그와 동시에 공산주의 정당에 대한 지지율도 하락해 가톨릭-보수주의 하부 정치 문화의 해소에 이어 사회-공산주의 하부 정치 문화도 약화되었다.

양대 하부 정치 문화의 소멸과 약화는 투표참여율로 표시되는 정치/정당 혐오증도 동반했다. <표 1-4-2>에서 나타나듯이 1976년 93.4%에 달했던 투표참여율은 1992년에 87.4%까지 떨어진 것이다. 그러나 이탈리아의 정당 혐오증은 중북부 유럽의 그것과 달리 중도 통합적 포괄 정당(catch-all-party)화에 대한 반응이 아니라, 후견주의 정당 지배 체제의 폐해와 개혁의 실종에 대한 이탈리아 국민들의 정치 환멸의 결과로서 정치 혐오증과 중복된 현상이었다(정병기 2003a). 이 정치/정당 혐오증의 주요 대상은 군소 정당들보다는 이탈리아 정치를 주도해온 양대 정당이었다. 1976년 73.1%였던 양대 정당 지지율 합이 1992년에 45.8%로 하락한 것은 그 중요한 증거다.

이러한 상황에서 헤게모니 영역으로부터 배제된 정치인들과 기민당 좌파가 세력 간 역관계를 변화시키기 위해 주장한 선거법 개정이 양대 정당을 포함한 주요 정당들로부터 지지를 얻기 시작했다. 또한 후견주의적 비례 대표제의 폐해에

염증을 느낀 후보를 직접 선출할 수 있는 다수 대표제의 도입에 찬성하여 1993년 국민 투표를 통해 선거법이 개정되어 국고 정당 지원이 폐지되고 다수 대표제가 도입되었다(82.7%의 찬성). 이 선거법 개정은 이탈리아의 전후 역사상 최초의 정권 교체를 가능케 했고, 1970년대 후반부터 시작된 양대 하부 정치 문화의 약화 및 해소와 정치/정당 혐오증을 통해 밟아온 '제1공화국' 정당 체제 해체 과정의 종지부를 찍었다.

Ⅲ '제2공화국'의 정당 체제 재편과 공고화 전망

1. 선거 제도 변화와 정당 체제 재편

'제2공화국'에서는 정풍 운동과 동구권 몰락이라는 국내·외적 환경 변화가 완성되어 곧 그 효과가 사라지고 선거 제도의 변화만이 유일한 환경적 혹은 제도적 요인으로 작용하였다(Bardi 2006; Bardi 2007, 711). 1993년에 개정되어 정당 체제 변화에 핵심적으로 작용한 새로운 선거법의 내용은 무엇보다 단순 다수제를 근간으로 하는 제도였다. 이 단순 다수제 도입의 목적은 안정된 다수 형성을 통한 정부 통치력의 강화와 유권자들에 대한 정치인들의 대표성 제고 및 의원들의 당내 계파 보스에 대한 독립성 확보였다(Weber 1994; Katz 1994 162-163).

그러나 정당들 간 갈등과 타협의 소산으로 탄생한 새로운 선거 제도도 상·하원 모두 25%의 의석에 대해 비례 대표제를 유지하는 혼합 제도였다는 점에서 기존 정당 체제가 일정하게 존속할 수 있는 조건이 되기도 했다. 그럼에도 불구하고 75%의 의원을 1구1인 단순 다수제로 선출하고 국고 지원의 대상이 정당에서 후보자로 바뀌었다는 점(정병기 2003b)에서 새로운 선거 제도의 효과는 폭발적이었다. 더욱이 비례대표 의석도 봉쇄 조항이 강화되어 전국 유효득표의 4%로 설정됨으로써 군소 정당들의 입지를 좁혔다. 그 결과는 비례 대표제를 겨냥해 기존의 다양한 정당들이 존속하는 한편 다수 대표제의 구속에 따라 거대 선거 연합을 형성하는 것이었다.

양대 선거 연합에 의한 정당 경쟁은 선거 연합의 위상을 강화해 지속적인 양극을 형성함으로써 양당제로의 재전환 가능성을 보여 주었다. 1994년과 2001년 총선에서 양대 선거 연합 지지율의 합은 80.7%에서 94.6%로 올라갔으며 그에 따라 양대 정당의 지지율 합도 41.4%에서 48.1%로 동반 상승했다. 그러나 양대 정당의 지지율은 아직 50%에도 미치지 못해 1990년대 중후반과 2000년대 초반의 '제2공화국' 정당 체제는 주로 선거 연합에 의해 좌우되었다.

그러나 <표 1-4-2>를 보면 같은 기간의 투표 참여율이 86.1%에서 81.4%로 낮아져 단순 다수제를 근간으로 하는 제도 하에서 사표 발생 등으로 인해 정당/정치 혐오증은 줄어들지 않고 오히려 심화되었다. 또한 <표 1-4-3>에서 드러나듯이 2001~2006년의 자유연맹 내각을 제외하면 이 기간 동안 한 선거 연합에

표 1-4-3 이탈리아 '제2공화국' 역대 총리와 집권당

연도	총리	연립 정부
1994	Berlusconi(전진이탈리아)	전진이탈리아, 북부동맹, 민족연합, 중도연합, 기독민주센터
1995-1996	Dini(무소속)	무소속 각료 중심의 전문가 과도정부
1996-1998	Prodi(월계수연맹)	월계수연맹(재건공산당 각외 통치연합)
1998-1999	D'Alema(좌파민주당)	월계수연맹, 공산당, 공화국민주연맹
1999-2000	D'Alema(좌파민주당)	월계수연맹, 공산당, 공화국민주연맹
2000-2001	Amato(무소속)	월계수연맹, 공산당, 공화국민주연맹
2001-2006	Berlusconi(전진이탈리아)	자유연맹('자유의 집')
2006-2008	Prodi(월계수연맹)	월계수연맹, 재건공산당
2008-2011	Berlusconi(자유국민)	중도-우파 선거 연합(자유국민당, 북부동맹, 남부자치연합운동)
2011-2013	Monti(무소속)	무소속 각료 중심의 전문가 과도정부
2013-2014	Letta(민주당)	대연정[민주당(연합), 자유국민당(연합)]
2014-2016	Renzi(민주당)	민주당, 신중도우파[1], 시민의 선택, 대중당[2], 중도연합
2016-현재	Gentiloni(민주당)	민주당, 신중도우파, 민주센터[3], 중도연합

1) NCD(Nuovo Centrodestra): 2013년 베를루스코니가 연립 정부 참여에 반대함에 따라 라타(Enrico Latta) 정부 출범을 지지하는 세력들(비둘기파 "doves")이 FI 재창당을 앞두고 11월 15일 자유국민당(PdL)에서 탈당해 창당. PdL의 장관 5명 모두, 차관 3, 상원의원 30, 하원의원 27명이 참여했으며, 이들은 대개 기독민주주의 정당 출신으로 칼라브리아(Calabria)와 시칠리아(Sicilia) 지역에 토대를 둠. 11월 16일에 PdL은 FI로 재창당(*이탈리아에서는 동일 정당 명칭을 다시 사용할 수 있음.)

2) PpL(Popolari per l'Italia): 2014년 1월 '시민의 선택(SC)'으로부터 분리 창당. 중도연합(UdC)과 통합해 새로운 중도 정당을 창당하려 함.

3) CD(Centro Democratico): 2012년 12월 창당된 중도 정당.

자료: Figura 1998, 232-239를 1999년부터 지속적으로 보완.

의한 단일 정부는 구성되지 못했다. 1994년의 베를루스코니(S. Berlusconi) 1차 내각도 전진이탈리아(FI)가 북부에서 북부동맹 및 여러 중도 정당들과 구성한 자유연맹(Polo delle Libertà)과 남부에서 민족연맹(MSI−AN)과 구성한 좋은 정부 연맹(Polo del buon Governo)이라는 두 선거 연합의 결합이었으며, 그나마 네오파시스트인 민족연맹과의 갈등으로 북부동맹이 연정을 탈퇴함으로써 8개월 만에 붕괴되었다(정병기 2003c 참조). 1996~1998년의 월계수연맹 정부도 선거 연합에 속하지 않은 재건공산당(PRC)의 의회 지지를 통한 각외 통치 연합의 형태로 구성되었으며 곧 재건공산당의 지지 철회로 역시 임기를 채우지 못하고 붕괴되었다.

그에 따라 선거법 개정 논쟁이 다시 불거져 지속적으로 이어졌으며, 그 결과는 몇 가지 장치를 보완해 비례 대표제로 회귀하는 것이었다. 곧, 2005년 재개정된 선거 제도는 4% 봉쇄 조항을 유지하고 제1당이나 제1선거 연합에게 추가 의석을 배분함으로써 안정적 다수를 확보하게 하는 비례 대표제(하원에서는 전국 단위로 총의석의 54%를 배정하고 상원에서는 주별로 총의석의 55%를 확보토록 함, Ministero dell'Interno 2006)였다. 그러나 새로운 비례 대표제 하에서 분극적 다당제 현상은 발생하지 않았다. 오히려 다수 대표제 하에서 형성된 선거 연합들에 의해 양당제적 경향이 강화되는 현상이 생겨났다. 그것은 오랜 기간 선거 연합으로 협력해온 정당들 간 상호 수렴과 선거 경쟁의 구심화 및 추가 의석 할당제의 효과 때문이라고 할 수 있다(Bardi 2007, 712−713).

이 현상과 관련해 바르톨리니 등(Bartolini, et al. 2004, 1)은 이미 2001년도에 새 선거법에 따른 정당 체제 구축이 완성되었다고 보는가 하면, 키아라몬테와 디 비르질리오(Chiaramonte e Di Virgilio 2006, 367−368)는 이 완성된 정당 체제를 '파편화된 양당제(bipolarismo frammentato)'라고 규정했다. 그러나 50%도 되지 않는 양대 정당 지지율 합을 볼 때 이러한 판단은 '양당제'라기보다는 선거 연합에 의한 '양극 체제'로 보는 것이 더 적당하다. 양당제적 현상은 2005년 선거법 재개정 이후 나타난 거대 단일 정당화를 고려해서야 비로소 언급될 수 있어 정당 체제 재편 과정은 이 시기까지는 적어도 진행 중이었다. 2006년 양대 정당 지지율이 67.7%로 급상승하고 2009년에도 다시 올라 70.6%를 기록한 것은 그 중요한 증좌다. 그렇지만 이러한 시간 지체 효과는 물론 단순 다수제에서의 흐름이 이어진 것으로서 추가 의석 할당으로 보완된 비례 대표제를 통해 가능할 수 있었던 것이 사실이다.

한편 양대 선거 연합 지지율 합이 2006년 99.6%까지 올라갔다가 2008년에 85.3%로 떨어진 것은 이탈리아 정당 체제의 주요 행위자가 선거 연합에서 정당으로 옮겨가고 있다는 방증이라 할 수 있다. 반면 투표 참여율은 2006년도에 83.6%로 상승했다가 2008년에 다시 80.6%로 떨어져 정당/정치 혐오증은 여전히 악화되는 추세에 있다. 그럼에도 불구하고 양대 정당에 대한 지지율은 높아지고 있어 양대 정당에 대한 전통적인 정당/정치 혐오증이 지속되고 있지만 새로운 양대 정당에 대한 지지율이 이를 상쇄하고도 남을 정도로 상승하여 새로운 양당제가 가능한 것이라고 할 수 있다.

2. 경쟁적 양당제로의 재편 및 공고화 전망

1993년 선거 제도 변화로 시작된 이탈리아 '제2공화국'의 초기 정당 지형은 기민당(DC)과 사회당(PSI)의 해산(1994)과 매우 다양한 스펙트럼상에서 신설된 여러 정당들의 경쟁을 특징으로 한다. 기독 민주주의 진영은 기독사회당(CS: 1993~2007, 기민당 해산 전에 분당), 국민당(PPI: 1994~2002), 기독민주센터(CCD: 1994~2002)의 창당을 시작으로 이후 기독민주연합(CDU: 1995~2002), 자치기독민주당(DCA: 2005~2009; UDC에서 분당)으로 분열되어 중도 진영을 장악하였다.[2] 공산당(PCI)은 1991년 좌파민주당(PDS)으로 개명함과 동시에 재건공산당(PRC)의 분당을 겪었고, 재건공산당은 다시 2008년 월계수연맹 정부에 대한 지지 철회를 계기로 내각에 잔존하고자 했던 스탈린주의자들의 분리 창당(공산당 PdCI)으로 다시 분열했으며, 이 세 정당은 좌파와 극좌파 진영에 포진했다. 우파 진영에서도 전국 시대적 정당 경쟁은 여전하여 공화당(PRI: 1895~)과 자유당(PLI: 1943~1994, 1997~)이 간헐적이나마 지속되고 있는 한편, 1970년대 말부터 중북부 지역에서 생성된 지역주의 정당들인 동맹당들이 북부동맹(LN: Lega Nord)으로 통합 창당(1989)하였으며, 전진이탈리아(1994~2009)가 매우 성공적으로 정치 무대에 진출하였다. 극우파에서도 1946년부터 존재해오던 네오파시스트 정당인 사회운동민족우파당(MSI-DN)이 민족연맹(AN: 1994~2009)으로 전환하는 과정에서 과격파들이 사회운동삼색햇불당(MSFT)으로 분당해 나갔다.[3]

---

2 2002년에 기독민주센터(CCD)와 기독민주연합(CDU)은 유럽민주당(Democrazia Europea: 2001~2002)과 합당하여 중도기독민주연합(UDC: Unione dei Democratici Cristiani e Democratici di Centro)을 창당했으며, 2008년에 다시 중도기독민주연합에서 백장미당(RB)이 분리 창당되었다. 중도기독민주연합과 백장미당은 2008년 선거에서 중도연합(UdC: Unione di Centro)이라는 명칭의 선거 연합체를 구성하여 참가했다. 반면 유럽민주당의 일부는 정부의 남부정책에 반대해 탈당하여 새 정당을 창당하고 2004년 11월에 마거리트(Margherita)에 합류했다.

3 사회운동삼색햇불당(MSFT)은 2008년 총선을 앞두고 우파당(La Destra)으로 개명하여 현재까지 독자적으로 활동하고 있다. 한편 민족연맹의 당수였던 피니(Gianfranco Fini)도 이스라엘 방문과 파시즘 거리 두기에 반대해 무솔리니의

이러한 과정에서 두드러지게 나타난 것은 특히 중도-우파 유권자들의 지지
성향 변화였다. 새로운 정당들에 의한 유권자 동원이 성공적으로 작동하고 공산
주의 정당들의 중도화를 통해 하부 정치 문화의 변화가 뚜렷해진 것이다. <표
1-4-4>에서 나타나듯이 기민당이 사라진 중도-우파의 무주공산을 북부동맹
과 전진이탈리아가 착실히 장악해간 반면, 온건화된 좌파민주당은 약화되기는 했
지만 자신의 텃밭을 지켜나갔다. 1992년 총선에서 기민당을 지지했던 유권자들은
자신의 다수파 후신인 국민당에게 26.5%만 남고, 전진이탈리아와 선거법 개정 운
동을 주도한 세니연합(Patto Segni)에게 각각 32.8%와 14.2%씩 옮겨간 반면, 좌파민
주당 지지자들의 75.3%는 기존의 지지 성향을 지켜나갔다. 한편 이미 1960년대에
기민당과 연정을 이루면서 중도화되어 갔던 사회당⁴도 35.0%의 유권자들을 전진
이탈리아에게 빼앗기고 좌파 성향 지지자들의 다수(12.1%)를 좌파민주당에게 주
었다.

표 1-4-4 **이탈리아 유권자들의 지지정당 이동**(1992/1994)

1994년 선거	1992년 선거		
	기민당	좌파민주당	사회당
북부동맹	4.0	1.9	8.2
국민당	26.5	0.6	3.1
좌파민주당	3.9	75.3	12.1
전진이탈리아	32.8	7.3	35.0
세니연합	14.2	0.6	6.1
민족연맹	9.2	1.4	10.2
재건공산당	0.5	4.0	1.2
기 타	9.4	12.4	25.3

자료: Bull and Newell 1995, 88.

손녀(Alessandra Mussolini)와 함께 탈퇴해 2004년 초에 사회행동당(AS: Azione Sociale)을 창당했다. 이후 사회행
동당은 다른 극우파 정당들과 함께 지방 선거에서 사회대안연맹(AS: Alernativa Sociale)이라는 선거 연합을 구성해
활동하고 있다.

4 사회당(PSI) 해산 후 사회주의자들은 정통 사회주의자들과 중도화된 사회주의자들로 분열했다. 전자는 사회주의자당(SI:
1994~1998)과 사민당(SDI: 1998~2007)을 거쳐 2008년에 사회당(PS)으로 재창당해 2009년 사회당(PSI)으로 개명
하여 독자적으로 활동하고 있으며, 후자는 2001년 신사회당(Nuovo PSI)을 창당해 자유연맹에 참여하다가 2009년에
자유국민당에 통합되었다.

　　이러한 변화는 가톨릭－보수주의와 사회－공산주의로 나타났던 하부 정치
문화의 해소가 뚜렷하게 나타남을 보여준다. 1994년 이후 정당별 지지율 분포를
보더라도 이러한 경향은 명확하게 드러난다. <표 1－4－5>를 보면, 기민당 그룹
이 처음으로 독자 출마한 1996년부터 3~7% 수준에서 맴돌고 재건공산당과 사회
당의 지지율이 1994년부터 3~9% 사이에서 부침하는 반면(2008년 선거에서는 사회당
뿐만 아니라 재건공산당의 선거 연합인 좌파무지개연맹조차 3.1%를 얻어 봉쇄 조항을 충족시키지 못
했다), 기독교 색채와는 무관한 전진이탈리아와 공산주의를 포기한 좌파민주당이
양대 정당을 이루다가 2008년에는 민주당(PD)과 자유국민연맹(PdL)이 세력을 더욱
확대해 갔다. 민주당은 2007년에 좌파민주당과 중도 정당인 민주자유마거리트
(DL)[5]가 통합한 정당으로서 좌파민주당의 이데올로기성이 더욱 희석된 결과였으며,

표 1-4-5 이탈리아 '제2공화국' 선거 결과: 하원 비례대표(%)

연도	국민당/ 마거리트[1]	좌파 민주당	사회당	전진 이탈리아	재건 공산당	기민당 그룹[2]	민족 연맹	녹색연 합/해바 라기[3]	북부 동맹	기타	투표 참여율
1994	11.1	20.4	2.2	21.0	6.0	–	13.5	2.7	8.4	14.7	86.1
1996	6.8	21.1	–	20.6	8.6	5.8	15.7	2.5	10.1	14.6	82.9
2001	14.5	16.6	–	29.5	5.0	3.2	12.0	2.2	3.9	16.3	81.2
2006	31.3[4]	23.7	5.8	6.8	12.3	2.1	4.6	20.2	83.6		
		민주당		자유 국민연맹	좌파무 지개연맹						
2008	–	33.2	1.0	37.4	3.1	5.6	2.4	3.1	8.3	9.0	80.5
	몬티 리스트	민주당		전진이 탈리아	시민 혁명[5]		오성 운동[6]	삼색 횃불당	생태좌 파자유		
2013	8.3	25.4	–	21.6[4]	2.2	–	25.6	0.1	3.2	4.1	75.2

1) 마거리트(Margherita): 2001년
2) 1996년과 2001년 기독민주센터(CCD)+기독민주연합(CDU), 2006년 중도기독민주연합(UDC), 2008년 중도연합(UdC)
3) 해바라기: 2001년 이후 월계수연합
4) 전진이탈리아: 2009년 자유국민당으로 통합 개명했다가 2013년에 다시 개명
5) 시민혁명(RC: Rivoluzione Civile): PRC, PdCI, Verdi, IdV e Movimento Arancione.
6) 오성운동(M5S: Movimento 5 Stelle): 2009년 설립된 자유주의적 반체제 정치 운동
자료: 이탈리아 내무부 자료 종합

---

5 민주자유-마거리트(DL: Democrazia è Libertà - La Margherita)는 2006~2008년 월계수연맹 정부를 이끌었던
　프로디(Romano Prodi)가 실각 후 창당한 월계수민주당(Democratici: Democratici per l'Ulivo)과 1995~1996년
　과도 정부를 이끌었던 디니(Lamberto Dini)가 창당한 이탈리아쇄신당(RI: Rinnovamento Italiano) 및 국민당(PPI)과
　유럽민주연합(UDEUR)이 2001년 총선에 대비해 구성한 마거리트(Margherita) 선거 연합이 2002년에 통합해 창당된
　정당이다. 다만 마거리트에서 유럽민주연합은 단일 정당 창당에 참여하지 않았고 2010년 이후 남부국민당(PpS:
　Popolari per il Sud)으로 개명해 독자적으로 활동하고 있다.

중도-우파 선거 연합인 자유국민연맹(전진이탈리아+민족연맹)은 2009년에 전진 이탈리아가 민족연맹(AN)과 기타 중도-우파 정당들(자치기독민주당(DCA), 신사회당(Nuovo PSI), 자유개혁당(RI), 사회행동당(AS))과 통합해 단일 정당인 자유국민당(PdL)으로 재창당됨으로써 우파적 성격을 강화했다.

결국 '제2공화국' 정당 체제에서는 가톨릭이라는 종교적 신념이 더 이상 정치 균열로 작용하지 않을 뿐만 아니라, 사회주의와 공산주의도 유효한 연합 상대로 유지 혹은 성장하지 못함으로써 정치 균열 전선에서 사라져갔다. 이러한 변화는 '제1공화국' 말기부터 시작된 이탈리아의 전통적 하부 정치 문화의 약화와 해소가 가톨릭-보수주의뿐만 아니라 사회-공산주의에도 작용하여 완결되어 가고 있음을 의미한다. 이제 이탈리아 정당 이데올로기 스펙트럼은 종교적 신념이나 체제 이데올로기가 아니라 정부 정책상의 차이로 나타나며 그 지향점은 중도를 둔 경쟁으로 현상한다. 따라서 '제2공화국' 정당 체제에서 이탈리아 하부 정치 문화는 중도-좌파와 중도-우파라는 다소 피상적 표현으로 대체될 수 있는 대중적 재편이 이루어졌다고 할 수 있다. 다만 정당들 간의 연합 전략과 통합 과정을 볼 때 중도-좌파가 좀더 중도 지형을 대변하고 있는 반면 중도-우파는 상대적으로 우파 지형에 더 가깝다고 할 수 있다.

'제2공화국' 정당들의 연합 전략은 우후죽순으로 생겨나 난립하는 중도 정당들을 양대 정당들이 얼마나 많이 견인하느냐가 관건이었다. 중도 정당들 중에서 상대적으로 지지율이 높은 국민당과 세니연합조차 독자적으로 선거 연합(이탈리아연맹 Patto per L'Italia)을 구성해 선거에 참여한 것은 '제2공화국' 최초의 선거였던 1994년 총선뿐이었다. 네트워크당(Rete), 민주연맹(AD), 기독사회당(CS)은 좌파민주당(PDS)이 주도하는 진보연맹(Progressisti)에 재건공산당(PRC), 사회당(PSI), 녹색연합(Verdi)과 함께 참여했으며, 남부에서 네오파시스트와 선거 연합을 구성한 전진이탈리아와도 북부 지역에서 북부동맹(LN) 외에 기독민주센터(CCD), 사민당(PSDI), 중도연합(UdC), 민주사회연합(FDS), 판넬라 명부(Lista Pannella)가 함께 했다.

1996년과 2001년 총선에서 중도를 둔 경쟁은 더욱 치열하여 가치이탈리아당(Italia dei Valori)[6] 및 새롭게 명부를 구성한 판넬라-보니노 명부(Lista Pannella-Bonino)를 제외하고 모든 중도 정당들이 양대 선거 연합에 참여했다. 그에 따라 승부는 오

---

6 밀라노의 정풍운동인 '깨끗한 손(Mani pulite)'을 주도한 법관 1998년에 디 피에트로(Antonio Di Pietro)가 디 피에트로 명부를 거쳐 창당.

히려 비중도 진영의 연합 여부에 좌우되는 역설이 생겨났다. 곧, 1996년 총선에서 북부동맹과 사회운동삼색햇불당이 중도－우파 연합에 참가하지 않은 반면 재건공산당은 비록 연합체에 참여하지는 않았지만 선거 후 각외 통치 연합에 포함됨으로써 이탈리아 역사상 최초로 (구)공산주의 정당들이 주도하는 중도－좌파 연정이 가능했다. 반대로 2001년 선거에서는 재건공산당이 연합을 철회하고 북부동맹당이 중도－우파 연정에 다시 참여함에 따라 중도－우파 연정의 출범으로 이어졌다.

　이러한 경험에 따라 2006년 선거는 주목할 만한 제3의 연합체나 정당의 독자적 참여 없이 양대 선거 연합이 대립하는 양상으로 전개되었다. 그 결과 양대 선거 연합의 득표율 합은 99.6%에 이르렀고 한 치 앞을 내다볼 수 없는 박빙의 승부가 펼쳐지는 가운데 중도－좌파 연합체인 연합연맹(l'Unione)이 신승을 거두어 또다시 정권 교체가 이루어졌다(연합연맹 49.8%, 자유의집연맹 48.9%, 정병기 2006, 김종법 2006).

　반면 2008년 선거는 선거 연합으로 대결하던 양상이 선거법 재개정의 영향을 함께 받아 양당제의 공고화로 이어지는 중요한 계기가 되었다. 중도－좌파 진영은 이미 2007년에 민주자유마거리트와 통합해 민주당을 창당하여 선거에 임했으며 중도－우파 진영도 단일 정당을 추진하고 있었다. 그러나 2001년 선거에서처럼 민주당은 중도 정당인 가치이탈리아당과 공조를 했을 뿐 재건공산당과 공산당 및 민주좌파당(SD)을 견인하는 데 실패했고 이 정당들은 녹색연합과 함께 독자적 선거 연합인 좌파무지개연맹(Sinistra－Arcobaleno)으로 선거에 임했다. 반면 단일 정당을 추진 중이던 자유국민연맹(PdL)은 북부동맹과 남부자치연합(MpA) 및 공화당을 끌어들여 이중의 연합체를 구성했다. 중도－우파 연맹에 포함되지 않은 중도연합(UdC)이 얻은 5.6%는 북부동맹의 8.3%에 미치지 못했고, 자유국민연맹 자체가 얻은 득표율(37.4%)도 민주당 득표율(33.2%)을 앞질러 결과는 중도－우파 연맹의 승리였다(<표1-4-5> 참조). 이와 같이 2008년 선거는 추가 의석 할당제에 의해 거대 단일 정당화가 시험된 중요한 선거였지만, 다수 대표제의 시간 지체 효과가 작용하여 더 포괄적인 선거 연합이 승리했다고 할 수 있다. 그러나 시간 지체 효과는 새로운 선거법에서 지속적으로 작용할 수는 없는 것이어서 선거 후 이듬해에는 자유국민연맹도 단일 정당으로 전환했으며, 그에 따라 지금과 같은 흐름이 계속된다면 양당제로의 온전한 전환이 가능할 것으로 보였다.

　'제2공화국' 최초의 선거였던 1994년 총선이 수십 년 동안 집권 연정을 구성해

왔던 정당들의 종말을 공식화하고 새로운 정당들이 등장하였다는 점에서 재편성 선거(realignment election)로서의 중대 선거(critical election)였다면(정진민 1998, 356), 2008 년 선거는 이 정당들이 과도적으로 구성했던 선거 연합들이 단일 정당으로 전환 하는 계기가 됨으로써 양당제의 공고화로 나아가는 전조를 보인 또 다른 중대 선 거였다. 그리고 이 양당제는 더 이상 정권 교체가 불가능하고 제3당이 중요한 연 합 상대로 고려된다는 의미의 '불완전성'이 사라지고 정권 교체가 가능하며 단일 정당이나 선거 연합이 안정적 다수를 확보할 수 있다는 의미에서 '경쟁성'이 갖추 어진 경쟁적 양당제라고 할 수 있다.

그러나 2013년 선거는 경쟁적 양당제를 위협했다. 민주당과 자유국민당이 10% 안팎의 득표율을 상실한 반면, 신생 정당인 오성운동이 제1당으로 등장한 것 이다. 물론 양대 선거 연합이 1, 2위를 차지해 정부 구성은 이전과 크게 달라지지 않았지만, 정당별 득표율에서는 오성운동이 명실 공히 제1당으로 급격히 부상했 다. 이탈리아 정당 체제의 또 다른 변화가 예고된 것이다.

이와 같이 이탈리아 정당 체제는 아직 그 변화를 완성하지 못했다. 선거 제도 도 여러 차례 변화를 거듭해 오면서 아직 그 실험이 끝나지 않았다고 할 수 있다. 하지만 지금까지 역사가 그래왔듯이 이탈리아는 항상 시끄러우면서도 조용한 나 라였고 앞으로도 그럴 가능성이 크다. 시끄럽고 요란스런 변화를 통해 안정적인 민주 정치 체제를 공고화해 나갈 것이다.

더 나아가 생각해 보기

1. 이탈리아 정당 체제가 불안정한 원인은 무엇인가?
2. 불안한 정당 체제에도 불구하고 국가가 안정적인 이유는 무엇인가?
3. 선거 제도는 정당 체제에 어떤 영향을 미치는가?
4. 오성운동 등 최근 새로운 정당들이 생겨나고 강화되는 이유는 무엇인가?

참고문헌

김종법. 2006. "변화와 분열의 기로에 선 이탈리아: 2006년 이탈리아 총선."『국제정치논총』46
    집 4호(한국국제정치학회), 267 – 288.

정병기. 2002. "이탈리아." 강명세 · 고상두 · 김정기 · 방청록 · 석철진 · 이규영 · 이수형 · 이호근 ·
    정병기 · 한규선 · 한종수 · 홍기준.『현대 유럽 정치』, 113 – 142. 서울: 동성사.

정병기. 2003a. "정치 변동과 정당 특성 분석을 통해 본 전진이탈리아(Forza Italia)의 성공 요인
    과 전망."『국제 · 지역연구』12권 1호(서울대학교 국제대학원), 91 – 111.

정병기. 2003b. "이탈리아의 정치자금제도," 안청시 · 백창재 편.『한국정치자금제도: 문제와 개
    선방안』, 173 – 186. 서울: 서울대학교출판부.

정병기. 2003c. "이탈리아 정치사회변동과 중도 – 좌파정부(1996 – 2001) 정책: 재정경제정책, 제
    도개혁정책, 사회노동정책과 그 영향요인을 중심으로."『한국정치학회보』37집 3호(한
    국정치학회), 219 – 239.

정병기. 2006. "2006년 이탈리아 총선: 중도 – 좌파의 승리 요인과 정당 체제의 변화."『진보평론』
    통권 28호, 188 – 209.

정진민. 1998. "이탈리아 정당정치의 변화: 정당 체제의 재편성."『유럽연구』27호(한국유럽학
    회), 351 – 370.

Bardi, Luciano. 2006. "Arena elettorale e dinamiche parlamentari nel cambiamento del
    sistema partitico italiano." Luciano Bardi, a cura di, *Partiti e sistemi di partito. Il
    'cartel party' e oltre*, 265 – 286. Bologna: Il Mulino.

Bardi, Luciano. 2007. "Electoral Change and its Impact on the Party System in Italy." *West
    European Politics* 30, No.4, 711 – 732.

Bartolini, Stefano, Alessandro Chiaramonte and Roberto D'Alimonte. 2004. "The Italian
    Party System between Parties and Coalitions." *West European Politics* 27, No.1,
    1 – 19.

Brütting, Richard, Hg. 1997. *Italien – Lexikon*. Berlin: ESV.

Bull, Martin and James Newell. 1995. "Italy Changes Course? The 1994 Elections and the
    Victory of the Right." *Parliamentary Affairs* 48, No.1, 72 – 99.

Cartocci, Roberto. 1994. *Fra Lega e Chiesa: l'Italia in cerca di integrazione*, Bologna: Il
    Mulino 1994.

Chiaramonte, Alessandro e Aldo Di Virgilio. 2006. "Da una riforma elettorale all'altra:
    Partiti, coalizioni e processi di apprendimento." *Rivista Italiana di Scienza Politica*

36, No.3, 354－391.

Farneti, Paolo. 1983. *Il sistema dei partiti in Italia 1946－1979.* Bologna: Il Mulino.

Figura, Luigi. 1998. *I Governi d'Italia da Cavour a Prodi.* Milano: Virgilio.

Galli, Giorgio. 1967. *Il bipartitismo imperfetto. Comunisti e democristiani in Italia*, 2. ed., Bologna: Il Mulino.

Katz, Richard S. 1994. "Le nuove leggi per l'elezione del Parlamento." Carol Mershon and Gianfranco Pasquino, a cura di. *Politica in Italia. I fatti dell'anno e le interpretazioni,* edizione 94, 161－186. Bologna: Il Mulino.

Ministero dell'Interno. 2006. *Le leggi elettorali. Pubblicazione 1.* Roma: Ministero dell'Interno.

Pasquino, Gianfranco, 1995, "Il sistema e il comportamento elettorale," Gianfranco Pasquino, a cura di. *La politica italiana: Dizionario critico 1945－95,* 135－147. Roma－Bari: Laterza,

Sartori, Giovanni. 1966. "European Political Parties: The Case of Polarized Pluralism." Joseph LaPalombara and Myron Weiner, eds. *Political Parties and Political Development,* 137－176. Princeton: Princeton Uni. Press.

Weber, Peter. 1994. "Wege aus der Krise: Wahlreform und Referenden in Italien." *Aus Politik und Zeitgeschichte,* B 34, 20－27.

Weber, Peter. 1997. "Die neue Ära der italienischen Mehrheitsdemokratie: Fragliche Stabilität bei fortdauernder Parteizersplitterung." *Zeitschrift für Parlamentsfragen* 28, 85－116.

CHAPTER **5.**
남유럽의 정치체제와 선거제도

고주현

I 들어가며

　　포르투갈과 스페인은 여러 유사한 특징을 공유하고 있다. 우선 두 국가는 지리적으로 지중해를 낀 이베리아 반도에 위치하며 오랜 기간 카톨릭 국가의 전통을 유지해왔다. 나아가 이들은 정치적으로 40년 가까이 권위주의 독재를 겪었으며 경제적으로도 다른 서유럽 국가들에 비해 낙후되어 있었다. 1986년 유럽공동체의 3차 확대 기간에 유럽연합 회원국으로 함께 가입했다. 이 두 국가가 80년대 중반이 되어서야 유럽공동체에 가입할 수 있었던 이유도 비민주적 정치체제와 후진적 경제상황 때문이었다. 포르투갈과 스페인에서 민주화 이후 들어선 신정권은 유럽공동체의 일원으로 세계경제에 원만하게 편입하는 것이 필요했고, 민주주의 공고화를 이루어 내기 위해서도 공동체 가입이 필요했다. 유럽공동체의 입장에서는 이들 국가에 민주화가 안정적으로 정착될 수 있도록 지원하겠다는 의지를 보인 것이기도 하다. 하지만 이와 같은 역사적 · 지리적 유사성에도 불구하고 이 두 국가는 정치제도와 선거제도에 있어서는 서로 다른 특징을 보인다. 이는 양국의 사회 · 문화적 차이 외에도 포르투갈이 1974년 카네이션 혁명을 통해 민주화를 쟁취해 낸 역사적 과정과 스페인이 카를로스 국왕의 리더십 하에 민주주의로 이행해 온 과정이 닮은 듯 하지만 서로 차이를 보이는 것에 일부 기인한다. 이 장에서는 이베리아 반도에 위치한 두 나라, 포르투갈과 스페인의 정치체제와 선거제도를 중심으로 살펴보겠다.

포르투갈의 정치체제와 선거제도[1]

포르투갈은 1976년 제3공화국이 수립된 이래, 준대통령제 통치체제 하에 정당명부식 비례대표제를 통해 단원제 의회를 구성하는 국가이다. 포르투갈은 1910년에 긴 왕정체제를 종식하고 제1공화국을 수립하였지만 당시 정당의 난립과 정치적 불안정으로 1926년 쿠데타가 발발했고 이를 통해 시작된 신국가 체제(Estado Novo)로 40년의 독재가 이어졌다. 제2공화국인 신국가체제는 1974년 무혈 쿠데타인 카네이션 혁명으로 살라자르 정부가 붕괴할 때까지 지속된다. 혁명 직후 1년여의 민주화 이행기 동안 지난 권위주의 정권에 대한 급진적 형태의 청산과정이 이루어진다. 이와 같은 일련의 역사적 과정들은 현대 포르투갈의 정치체제를 이해하는데 우선되어야 한다.

1. 포르투갈의 통치체제

포르투갈의 정부형태는 준대통령제이다. 대통령은 국가원수로 국민직선의 보통선거로 선출된다(임기 5년, 1회 연임 가능). 총리는 행정수반으로 정부 운영의 책임을 지며 대통령도 어느 정도 실질적 권한을 보유하는 독특한 형태를 띠고 있다.

포르투갈이 장기간의 권위주의 독재 이후에 통치체제 측면에서 준 대통령제를 채택한 이유는 국정운영의 안정과 더불어 국가 최고 권위자에 대한 권력집중을 견제하기 위한 의도도 포함되어 있다. 권위주의 독재의 경험으로 인해 대통령의 권한을 일부 제한하는 동시에 쿠데타를 주도한 군부세력에 대한 정치적 안정을 부여하기 위한 의도로 도입된 것이다. 하지만 포르투갈의 준대통령제 하에서 대통령의 권한에 대한 해석은 두 가지로 나뉜다. 우선 1982년을 기점으로 대통령의 권한이 상당부분 축소되어 통치체제의 기능상 의원내각제로 회귀한 것과 같다는 주장(Lijphart 1999)이 있는 반면, 대통령의 내각 임명권, 해임권, 의회해산권, 장관임명권, 법률안 거부권 등을 근거로 확고한 준대통령제임을 강조(Lobo 2009)하기도 한다. 레이파트 외에도 1982년 개헌 이후 직선대통령의 존재에도 불구하고 의회제와 같이

1 이 장에서 포르투갈에 관한 내용은 [고주현 '민주화 이후 포르투갈 정당체제 변화: 통치체제와 선거제도를 중심으로', EU연구, 48호, 2018. pp.207-249] 중 일부를 발췌, 보완한 글임을 밝힙니다.

수상이 중심이 되어 정국을 운영한다는 점과 대통령의 권한 축소에는 동의하는 학자들이 있지만 이에 대한 체제분류는 다양하게 나타나는 측면이 있다. 특히 대통령의 권한과 관련해 포르투갈과 같이 비례대표 선거제도를 택하고 있는 의회선거제에서 하나의 정당이 단독으로 과반을 형성하는 것은 매우 어렵다. 이런 경우 수상은 정당들의 협상에 의해 결정되고 이 과정에서 대통령은 영향력을 미칠 수 있다.

2. 포르투갈의 선거제도

포르투갈 의회(Assembleia da República)는 단원제로 230석을 갖는다(임기 4년). 의석은 해외 자치지역을 포함하여 22개 지역의 중선거구(본토 18개 선거구, 2개 자치지역)에서 폐쇄형 정당명부식 비례대표 방식으로 선출한다. 포르투갈의 유권자들은 정당선호에 따라 투표를 한다. 그 후 각 정당은 지역별로 이루어진 득표와 의석 간의 비례성을 따져 정당별 득표율에 비례하는 만큼의 의석을 배분받게 된다. 따라서 선거인은 후보개인을 선택할 수 없고 명부상의 순서를 변경할 수도 없다.

하지만 포르투갈은 비례대표제 중에서도 동트방식을 채택하고 있어서 생트레귀방식에 비해 군소정당의 의회진출에 상대적으로 불리하게 작용한다. 포르투갈의 경우 비록 군소정당의 경우에도 의회 내 진입을 위한 최소 비율은 정해져있지 않지만 이 정당들 역시 다른 정당들과 연립하지 않는 한 의회 내 진출은 쉽지 않고 기성·거대 정당이 득표수에 비해 의석수를 유리하게 배분받는다. 동트방식의 경우 다당제로 인해 분열이 우려되는 국가에서 보다 안정적인 정부구성을 위해 사용되어진다. 따라서 포르투갈이 준대통령제라는 통치체제 하에서 동트방식의 비례대표제를 실시하게 된 배경 중 하나는 정국의 안정과 의회 대표성을 동시에 추구하고자 하는 기본적인 동기가 작용했다고 볼 수 있다.

3. 포르투갈의 선거제도와 통치구조와의 관계: 정당구조의 변화와 대통령 권한

포르투갈의 선거제도는 1974년 5월 임시정부가 구성한 별도의 위원회에 의해 초안이 마련되었다. 1975년 자유선거로 구성된 제헌의회는 다양한 정치 성향을 반영하고 민주적 선거구라는 이미지를 획득하기 위해 비례대표제를 도입했다. 포르투갈에서 40여 년간 지속된 권위주의 체제 하에서는 경쟁적 정당정치와 자유선거가 부재했다. 따라서 과거와의 "단절"을 통한 민주화 이행기를 거쳐 일련의 총선거를 실시하면서 비로소 의회정치의 활성화가 가능해졌다. 포르투갈에서 1974년의 혁명과 민주화 이행의 시기에 설립된 대부분의 정당들은 미래의 유권자 지지에 관한 정보가 거의 없었기 때문에 이 시기 정치적 협상에 의해 도입된 비례대표제는 불명확한 미래를 대비한 정당들의 방어적 선택이었다고 볼 수 있다. 행정구역을 기준으로 설정된 각 선거구에서 선출된 의원 수는 구역별 득표율과 대략적으로 비례했고 이를 통해 게리맨더링의 문제를 피할 수 있었다.

한편 제헌의회는 민주적 선거제도의 구축을 위해 선거제도의 상세 규정들을 보완하였다. 우선 제1공화국 하에서 정치적 불안정과 정당의 지나친 난립을 겪었던 포르투갈의 경우 혼란의 재발을 방지하기 위해 동트식 선거제를 채택했다. 둘째, 인구수에 따른 선거구획에 맞게 의석수를 할당하는 비례규정은 선거구 크기에 따라 선거결과에 영향을 미쳤다: 예컨대 2015년 기준으로 총 230석 중 Lisbon이나 Porto와 같이 인구수가 많은 도시지역의 경우 각각 47석과 39석을 할당받은 반면, 인구수가 적은 남부지역의 경우 Beja와, Évora는 각 3석과 Portalegre 2석, 북부 Bragança도 3석으로 지나치게 적은 의석을 배분 받았다. 투표수를 의석수로 전환하는데 있어서의 불균형은 선거구 규모에 따라 크게 차이를 보였고, 대략 절반 정도의 선거구는 5석 또는 그 보다 적은 의석수를 배분받음에 따라 시스템의 전체적인 비례성을 크게 감소시켰다. 실제로 1989년 250석에서 230석으로 의석수가 줄었고 남부지역에서의 인구수 감소는 작은 선거구에 대한 비례성에 심각한 문제를 제기하였다(Mendes et al 2002). 나아가 포르투갈 선거제도는 고정된 명부 시스템을 도입함으로써 지역적 기반이나 전국조직력이 미약한 신생 정당들의 취약성을 반영할 수 있었다. 이들의 정당 리더십을 강화하고 내외부의 경쟁으로부터 보호하기 위해 정당들은 제헌의회 구성을 위한 후보자 구성을 보장받았다.

이와 같은 동트식 비례대표제와 선거구획의 확정은 두 가지 주요한 결과를 초래했다. 우선, 포르투갈 선거제도가 비례대표제임에도 불구하고 대표성에 대한 효과적인 봉쇄수준과 불균형의 수준을 고려해볼 때 이는 군소정당들의 출현을 막는 장벽이 될 수 있다. 1975년부터 2009년까지 정당별 의회 진출을 위한 관문은 평균 선거구 크기를 기준으로 최소 6.2%에서 7.0%에 이르렀고 이는 독일이나 뉴질랜드(1996년 이후)의 법정 부여기준보다 높고 기타 비례대표제를 채택하고 있는 국가들(오스트리아, 벨기에, 핀란드, 스웨덴, 노르웨이, 룩셈부르크, 이스라엘, 네덜란드 또는 신생 동유럽 국가들)보다도 높은 수준이다(Magalhães 2011: 228-229).

포르투갈 선거제도에서 또 다른 중요한 결과는 후보 선택의 유형 및 정당 내 민주화 정도와 연관된다. 다수의 민주화 관련 문헌이 지적하듯이 폐쇄형 정당명 부시스템의 채택은 개별 후보에 대한 정당 리더십의 통제력을 강화한다. 이 점에 관해서도 포르투갈 주요 정당들 간에 차이가 있긴 하지만 어떤 한 정당도 일반 회원들이 명부 채택에 있어 제도화된 역할을 하진 못했으며 이는 항상 정당의 중앙 기관을 통해 명부가 채택되거나 최종결정이 이루어졌기 때문이다. 그 결과 눈에 띄는 정치적 유대가 없는 선거구로 후보들이 임명되는 경우를 종종 발견할 수 있고 또한 정당기율은 엄격하게 유지된다(Montabés et al 1999).

한편, 1980년대 들어 선거제도 개혁의 필요성에 대한 합의가 있어왔다. 특히 폐쇄형 정당명부제는 개별 의원과 선거구 간에 강한 대표성과 책임 있는 유대감을 찾기 어렵다는 이유로 비판받아 왔으며 의회 내 의원의 역할을 중립화하는 역할을 맡았다. 제도 개혁을 위한 방안들에는 유권자들이 후보에 대한 이해도를 높이기 위해 대선거구를 분할하는 방법에서부터 혼합비례대표제의 채택까지 다양하게 제안되었다. 소선거구제는 투표수를 의석으로 전환하는 데 있어 불균형을 감소시킨다. 그러나 이와 같은 제안들은 의회 내 과반수의 지지를 얻지 못하고 좌절되고 만다. 이는 다음의 이유들로 요약될 수 있다: 첫째, 의석 배분을 위한 선거제도 개혁이 초래할 의도치 않은 결과에 대한 당파적 두려움, 둘째, 상호 연관되지 않은 이슈들이 선거개혁 아젠다에 포함됨에 따른 지속적인 과부하, 셋째, 지역수준에서 나타나는 정당조직의 잠재적 혼란으로 인해 폐쇄형 정당명부를 포기함으로써 초래될 수 있는 선거구 재편의 이유까지 찾진 못했다.

1970년대 이후로 포르투갈 선거제도에 근본적인 변화가 없었던 것을 고려할 때, 유권자 선호의 발전에 관한 가장 중요한 경향 중의 하나는 1980년대 양대 정당체제로의 전환이라 할 수 있다.

포르투갈 선거제도에서 정당의 의회 대표성 획득을 위한 문턱이 1976년에 다소 낮아진 이유는 두 개의 자치지역(Madeira, Açores)에서 소선거구제를 없앤 것과 연관된다. 반면 1987년 이후 의석수가 250석에서 230석으로 감소하면서 의석수 확보를 위한 문턱은 다소 증가했다. 이와 같은 불균형 수준의 변동과 함께 1980년대 중반 이후 정당체제 균열이 적었던 것은 선거 전 정당 간 연립에 의한 유효 정당수의 감소에 기인하기도 한다. 게다가 불균형 수준은 1995년 이후 다시 감소하였고

1970~80년대 초반과 비교해서 일부 주요 정당들의 근본적인 경향은 지속되었다.

표 1-5-1 포르투갈의 주요 정당

정당	성향
PSD(Partido Social Democrata, 1975: PPD, Partido Popular Democrata)	자유보수
PP(Partido Popular, 1975-1991 : CDS, Centro Democrático Social)	기독민주보수
PS(Partido Socialista)	사회민주
BE(Bloco de Esquerda)	사회주의
CDU(Coligação Democrática Unitária, 1975-1976: PCP, Partido Comunista Porduguês 1979-1985: APU, Aliança Povo Unido, 1987-2015: PCP + PEV)	공산 생태-사회
PCP(Partido Comunista Português)	공산 맑스-레닌
PEV(Partido Ecologista "Os Verdes")	생태-사회 녹색정치
PRD(Partido Renovador Democrático)	민주사회주의, 사회자유주의
FRS(Frente Republicana e Socialista)	사회공화전선
AD(Aliança Democrática)	민주연합
PAN(Pessoas-Animais-Natureza)	동물복지 환경주의

표 1-5-2 포르투갈 의회 선거 득표율과 의석 배분(1975 – 2015)

		2015		2011	2009	2005	2002	1999	1995	1991	1987	1985	1983	1980	1979	1976	1975
PSD(PPD)	%	38.6	89	38.7	29.1	28.7	40.1	32.3	34.1	50.6	50.2	29.8	27.2	2.5	2.4	24.4	26.4
	의석			108	81	75	105	81	88	135	148	88	75	8	7	73	81
CDS-PP (CDS)	%		18	11.7	10.4	7.3	8.8	8.3	9.1	4.4	4.4	10.0	12.4	0.2*	0.4*	16.0	7.6
	의석			24	21	12	14	15	15	5	4	22	30	–	–	42	16
PS	%	32.3		28.1	36.6	45.1	37.9	44.1	43.8	29.1	22.2	20.8	36.1	1.1*	27.3	34.9	37.9
	의석	86		74	97	121	96	115	112	72	60	57	101	3	74	107	116
BE	%	10.2		5.2	9.8	6.4	2.8	2.4										
	의석	19		8	16	8	3	2	–	–	–	–	–	–	–	–	–
CDU(PCP, APU)	%	8.3		7.9	7.9	7.6	7.0	9.0	8.6	8.8	12.1	15.5	18.1	16.8	18.9	14.4	12.5
	의석	17		16	15	14	12	17	15	17	31	38	44	41	47	40	30
PCP	연합	CDU		CDU	CDU	CDU	CDU	CDU	CDU	CDU	CDU	–	–	–	–	–	–
	의석	(15)		(14)	(13)	(12)	(10)	(15)	(13)	(15)	(29)	(35)	(41)	(39)	(44)	(40)	–
PEV	연합	CDU		CDU	CDU	CDU	CDU	CDU	CDU	CDU	CDU	–	–	–	–	–	–
	의석	(2)		(2)	(2)	(2)	(2)	(2)	(2)	(2)	(2)	–	–	–	–	–	–
PRD	%								0.6	4.9	17.9						
	의석									7	45						

		2015	2011	2009	2005	2002	1999	1995	1991	1987	1985	1983	1980	1979	1976	1975
FRS	%												26.7			
	의석												71			
AD	%												44.9	42.5		
	의석												126	121		
PAN	%	1.4	1.0													
	의석	1	–													
기타	%	9.2	7.4	6.2	4.9	3.4	4.0	2.6	4.8	3.9	3.5	3.6	5.5	4.8	5.6	8.7
	의석		–						1				1	1	1	7
총합	의석	230	230	230	230	230	230	230	230	250	250	250	250	250	263	250
투표율	%	55.9	58.1	59.7	65.0	62.8	61.1	66.3	68.2	72.6	75.4	78.6	85.5	87.5	83.3	91.7

자료: http://www.eleicoes.mai.gov.pt 저자 작성

표 1-5-3 포르투갈 정당체제 변화

연도	의회진출 정당 수	제1당 득표율(%)	제1당 의석률(%)	제2당 득표율(%)	제2당 의석률(%)	의석률 기준 유효정당수
1975	5	37.9(PS)	46.6	26.4(PSD)	32.4	2.9
1976	5	34.9(PS)	42.8	24.4(PSD)	29.2	3.1
1979	5	46.9(PSD+AD)	48.4	27.3(PS)	29.6	2.8
1980	6	47.4(PSD+AD)	50.4	27.8(PS+FRS)	28.4	2.8
1983	4	36.1(PS)	40.4	27.2(PSD)	30	3.3
1985	5	29.9(PSD)	35.2	20.8(PS)	22.8	4.2
1987	5	50.2(PSD)	59.2	22.2(PS)	24	2.4
1991	5	50.6(PSD)	58.7	29.1(PS)	31.3	2.2
1995	4	43.8(PS)	48.7	34.1(PSD)	38.3	2.5
1999	5	44.1(PS)	50.0	32.3(PSD)	35.2	2.6
2002	5	40.2(PSD)	45.7	37.8(PS)	41.7	2.6
2005	5	45.0(PS)	52.6	28.8(PSD)	32.6	2.6
2009	5	36.6(PS)	42.1	29.1(PSD)	35.2	3.1
2011	5	38.7(PSD)	47.0	28.1(PS)	32.1	2.9
2015	6	38.6(PSD+CDS-PP)	46.5	32.3(PS)	37.4	2.7

자료: http://www.eleicoes.mai.gov.pt 수치로 저자 계산

위의 <표 1-5-3>에서 볼 수 있듯이 사회당(PS)과 사회민주당(PPD→PSD)은 1980~90년대를 거치면서 양대 정당으로 자리매김했다. 1975년 선거에서 두 정당은 64.3%의 득표율로 79%의 의석을 획득했다. 2002년에는 그 비율이 각각 78%와 87.4%로 증가했다.

　　이와 같은 변화의 또 다른 요인으로는 1980년대 초반 민주재건당(PRD-Partido Renovador Democrático)의 창설을 들 수 있다. 이아네스(Ramalho Eanes) 대통령의 임기 말 정치생명 연장을 위한 수단으로 창설한 PRD는 1985년 선거에서 18%의 득표율을 획득하며 포르투갈 정치에 일대 변혁을 가져왔다. PRD는 그 후 2년 동안 온건우파 사회민주당(PSD)이 이끄는 소수내각에 대한 불신임을 결의하며 PSD 정권을 퇴진시킨다. 하지만 1987년 선거에서 후폭풍은 PRD의 몫이었고 PSD는 큰 득표를 얻는다. 이로 인해 PSD는 1987년 포르투갈 최초의 단일주요정당으로 자리매김하게 된다.

　　그러나 1985년과 1987년의 선거가 포르투갈에서 정당체제변동의 실제 메커니즘을 이해하는 데 중요하긴 하지만 그러한 변화가 가능했던 보다 근본적인 이유를 설명해주진 못한다. 그 요인들은 제도적이고 사회-정치적인 성격을 갖는다. 우선 양대 거대정당에 대한 득표율 증가는 다수선거제에 기반을 둔 포르투갈의 준대통령제에 의해 보다 확고해졌다. 이는 포르투갈의 정당체제를 각 후보자가 속한 두 개의 블록으로 분할하는 계기로 작용했다. 그로 인해 일련의 대통령 선거에 의해 체제 내 양극성은 뚜렷해졌고 정당들은 각각의 블록 내에서 수렴되었다.[2] 즉, 포르투갈의 의회선거는 비례대표제를 취하지만 다수대표제로 선출되는 준대통령제라는 통치체제 하에서 의회 구성은 양대 정당 구조의 특성을 띠게 했다.

　　두 번째로 1980년대 중반 포르투갈 유권자들이 양대 거대정당을 지지한 이유는 당시 다수 정당들의 조직력이 취약했기 때문으로 보인다. 공산당을 제외한 포르투갈 정당들은 민주화 이행기를 거쳐 설립된 신생 정당들로 강한 조직기구나 대규모 멤버십 면에서 취약했다. 따라서 당시까지 진정한 대중정당의 기반을 가지고 의회를 제도화하기에는 여전히 무리가 있었다.

　　게다가 포르투갈에서 사회-경제적 균열은 무척 중요했지만 이와 같은 사회-구조적 변수들을 통해 당파성을 예측할 수는 없었다. 사회 균열을 중심으로 한 유권자지지 기반이 약했던 것은 혁명기 유산을 원인으로 한다. 1970년대 중반까지 우파를 완전히 배제한 매우 좌익적인 환경 속에서 정당들은 사회적인 변수들과 정당들의 정체성을 명확히 연계시킬 수 없었다. 나아가 혁명의 유산과 군부의 정치 개입은 1970~80년대를 거치면서 가장 근본적인 제도적 정책 이슈들에 관한 갈등적인 이해와 이념적인 차이에도 불구하고 공산당보다 이념적으로 우편에 위

---

2 M.C.Lobo, "A evolução do sistema partidário português à luz de mudanças económicas e políticas (1976-1991)," Anáalise Social, 31(139) (1996), 1099.

치한 정당들 간 연립을 추구하게 했다. 여기서 유일한 예외는 리스본 지역의 도시 프롤레타리아와 남부지역의 농촌 무산 노동자를 지지기반으로 둔 공산당뿐이었 다. 그러나 이 예외 역시 경제 발전과 생활수준이 향상되고 1980년대 이래 고용 구 조가 변화함에 따라 사회 균열과 정치 행동의 연관은 더 축소되었고 정당 간 유권 자 이동을 촉진시켰다.[3]

포르투갈의 정치제도는 집행부가 의회에 대해 일정 정도의 자율성을 갖는 것 을 선호해왔다. 예컨대 내각이 입법부에 책임을 지더라도 내각의 구성과 유지는 의회 다수의 명백하고 지속적인 지지나 인준을 받을 필요는 없다. 한편으로 새로 운 내각 구성을 위해 의회 내 절대다수의 지지를 요구하는 공식적인 임명도 필요 로 하지 않는다. 한편, 의회의 절대다수에 의한 불신임을 통해 내각은 해산될 수 있다. 법안의 통과는 단순다수에 의해 가능하고 행정부는 대부분의 서구 민주주 의 국가들과 비교했을 때 입법권한이 크다. 이와 같이 정당 난립을 방지하고 통치 안정성 증진을 위한 포르투갈의 정치구조로 인해 1970~80년대 PS와 PSD 소수 내 각의 구성과 존속이 가능했다.

앞에서 언급했듯이 포르투갈에서 대통령의 권한은 1980년대 이래로 정치적 · 제도적 제약으로 축소되어 왔다. 포르투갈에서 대통령 역할의 한계를 강조하는 주장들에 의하면 행정부 권한은 대통령의 역할에 의해 약화될 수 있다. 1982년 헌 법개정으로 대통령의 내각 해임권은 축소되었는데 대통령이 내각에 대한 책임을 지도록 규정하는 제도적 책임이라는 모호한 규정으로 대체되었다. 대통령의 의회 해산권은 여전히 재량권으로 남아있었는데 그 경우에도 "민주제도의 일상적 기 능을 수호하기 위한" 목적 하에서만 내각 해임권을 발휘할 수 있도록 함으로써 대 통령의 권한에 대한 다양한 해석을 가능하게 했다. 그럼에도 의회 해산권과 집행 부 해임권 및 의회가 통과시킨 법안이나 정부 법령에 대한 거부권을 갖는다. 하지 만 이러한 권한들에도 불구하고 포르투갈에서 대통령의 권한은 헌법 개정과 정치 환경의 변화로 인해 점차 약화되었다. 먼저 대통령의 입법 거부권은 다수 의회로 부터 지원받는 행정부의 선호 정책 산출에 큰 영향을 미치진 못한다. 한편으로 의 회는 절대다수에 의해 대통령 거부권을 기각할 수 있으며 이 경우 대통령은 거부 된 법안을 공포할 의무를 가진다. 반면, 정부 법률안에 대한 대통령의 거부권은 무

---

3 M.C. Lobo, "The role of political parties in Portuguese democratic consolidation", Party Politics, 7(2001), 650-651.

시될 수 없지만 응집력 있는 다수가 지지하는 내각은 과거 거부당한 법률안을 법안으로 다시 의회에 상정할 수 있다. 또한 대통령은 일부 정책 분야에서만 거부권을 행사할 수 있는데 예컨대 선거, 국가방위, 국가비상사태 및 헌법재판소와 관련된 분야에서는 대통령의 거부권이 절대다수의 반대에 의해서만 기각될 수 있다 (Tsebelis 2000: 441-474).

<표 1-5-4>는 포르투갈에서 1981년부터 2016년까지 대통령과 지지정당 및 내각구성을 보여준다. 이 시기 내각과 대통령이 같은 정당(PS)에 속한 경우는 5차례 있었으며, 대통령과 소수의회 내각이 각각 다른 정당에 속한 경우는 7차례 있었다.

주목해야 할 것은 1976년 준대통령제를 선택한 것은 민주화 이행기에 혁명을 성공적으로 이끈 군부 세력에 대한 보상의 차원에서 비롯됐다는 것이다. 1974년 권위주의 체제의 전복은 정당들에 의한 것이 아니라 군부 장교들인 무장세력운동 (Movimento das Forças Armadas: MFA)에 의해 가능했다. 1974년부터 1976년 헌법이 공포되기까지 신생 정당들로 인해 제도적 불안정이 가중되던 시기에 MFA는 여러 좌파연합과 더불어 가장 중요한 정치행위자였다.[4]

1982년 헌법은 대통령의 권한과 정치체제에서 군부의 역할을 축소시키는 방향으로 개편되었다. 개헌을 통한 가장 큰 변화는 혁명위원회의 해체였다. 이는 포르투갈에서 민주주의 공고화의 마지막 단계로 일컬어지는 군부에 의한 통제에서 민간 정치체제로의 전환을 의미했다.[5] 이를 통해 헌법재판소(Tribunal Constitucional)가 설립되고 군부가 아닌 원내진출정당들에 의해 재판관이 임명됐다. 헌법재판소는 법안의 위헌성을 심판할 권한을 부여받았고 이를 통해 체제의 민간성이 확보되었다.

슈가르트와 캐리에 의하면 대통령과 내각의 관계에 관해서 가장 중요한 변화는 내각이 개헌 전 의회와 대통령에 책임을 졌던 반면에, 이제는 정치적으로 의회에만 책임을 지게 되었다는 것이다. 이것이 의미하는 바는 대통령이 내각을 해산할 수 없게 되었다는 것이다.[6] 하지만 그들의 주장과는 다르게 개헌 이후에도

---

[4] L. Graham & D. Wheeler. *In Search of Modern Portugal: The Revolution and Its Consequences.* Madison, WI: University of Wisconsin Press. 1983.

[5] J. Linz & A. Stepan. *Problems of Democratic Transition and Consolidation: Southern Europe, South America, and post-communist Europe.* JHU Press. 1996.

[6] M. Shugart & J.M.Carey. Presidents and Assemblies: Constitutional Design and Electoral Dynamics (New York: Cambridge University Press, 1992), pp. 155-158.

표 1-5-4 포르투갈 대통령과 내각(1981 – 2017)

기간	대통령 (소속정당)	당선대선후보 지지 정당*	내각 구성 (무소속 비율, %)	수상 (소속정당)	내각 (시작연도)
1976.7.-1981.1	Ramalho Eanes (군부 장교, 무소속)	PS, PPD, CDS	PS 소수 (27.8)	Mário Soares (PS)	1976.6.
			PS/CDS 다수 (12.5)		1978.1.
			N.A. 소수 (100)	Nobre da Costa (무소속)	1978.8.
			N.A. 소수 (100)	Mota Pinto (무소속)	1978.11.
			N.A. 소수 (100)	Lurdes Pintassilgo (무소속)	1979.7.
			PSD/CDS/PPM 다수 (7.1)	Sá Carneiro (PSD)	1980.1.
1981.1-1986.3			PSD/CDS/PPM 다수 (11.1)	Pinto Balsemão (PSD)	1981.1.
			PSD/CDS/PPM 다수 (6.7)		1981.9.
		PS, PCP	PS/PSD 다수 (5.9)	Mário Soares (PS)	1983.6.
			PSD 소수 (20.0)	Cavaco Silva (PSD)	1985.11.
1986.3-1991.3	Mário Soares (PS)	PS, PCP, PRD	PSD 다수 (5.9)		1987.8
1991.3-1996.3		PS, PSD	PSD 다수 (16.7)		1991.10.
1996.3-2001.3	Jorge Sampaio (PS)	PS, PCP	PS 소수 (42.1)	António Guterres (PS)	1995.10
			PS 소수 (22.7)		1999.10
2001.3-2006.3		PS	PSD/CDS-PP 다수 (20.0)	Durão Barroso (PSD)	2002.4.
			PSD/CDS-PP 다수 (34.8)	Satana Lopes (PSD)	2004.7.
2006.3-2009.3	Cavaco Silva (PSD)	PSD, CDS-PP	PS 소수 (58.3)	José Sócrates (PS)	2005.3.
2009.3-2016.3		PSD, CDS-PP, MEP	PS 소수 (47)		2009.9.
			PSD/ CDS-PP 다수 (22.7)	Pedro Passos Coelho (PSD)	2011.6.
			PSD/ CDS-PP 소수 (17.6)	Pedro Passos Coelho (PSD)	2015.10.
2016.3.- 현재	Rebelo de Sousa (PSD)	PSD, CDS-PP, PPM	PS 소수 (52.9)	António Costa (PS)	2015.11-

자료: *Magalhães(2011: 243); https://www.portugal.gov.pt; http://www.parlamento.pt (2017.12.21. 검색)

대통령의 내각 해산권은 완전히 제거된 것이 아니라 특정 상황에 따라 남아있다. 실제로 대통령은 여전히 '민주 제도의 일상적 기능을 수행하기 위해' 특정 정치적 상황에서 내각을 해산할 수 있다. '특정 조건, 특히 정치적으로 불안정한 시기에' 대통령은 내각 해산의 권한을 여전히 갖는다는 것이 이 조항의 모호성을 보여주지만 한편 이를 통해 포르투갈에서 대통령의 선택은 보다 자유롭게 이루어질 수 있는 여지를 갖는다.

 ## 스페인의 정치체제와 선거제도

1. 스페인의 통치체제와 선거방식

스페인은 지방분권화 경향이 뚜렷한 입헌군주국이다. 국왕은 국가의 단결과 지속성을 상징하고 국가 기관의 올바른 운영을 위한 중재와 조절 기능을 맡으며 외교적으로 국가를 대표한다. 스페인에서 실질적인 정부수반은 집권 정당의 당수인 총리가 맡는다. 스페인 의회(Cortes Generales)는 지역을 대표하는 상원과 실질적인 권한을 갖는 하원으로 불완전한 양원제로 구성된다. 상원과 하원은 질의, 대정부·질문, 발의, 조사위원회 등을 통해 정부에 대한 일반적인 정치 견제세력을 공유하지만 실제로 중요한 정치논쟁은 하원에서 이루어지며, 상정된 법률안의 수정이나 실제 거부 역시 하원에 의해 이루어진다. 반면에 상원은 정치권력의 지역적 안배를 이루려는 헌법 제정의 의도를 반영한 것으로 208명의 지역을 대표하여 단순다수대표제에 의해 선출된 의원과 지방의회가 지명한 46명의 의원으로 구성된다. 따라서 상원은 명실상부하게 지역을 대표하는 의회라고 할 수 있다. 하원은 폐쇄형 정당명부식 비례대표제에 의해 선출된 350명의 의원으로 구성된다. 상원과 마찬가지로 임기는 4년이며, 정부에 의해 단독으로 또는 양원이 임기 만료 전에 해산될 수 있다. 하원 우위는 입법 조치에서 뿐만 아니라 정부 수반에 대한 불신임안 가결이나 정부가 제출한 신임안에 대해 거부권을 행사할 수 있다는 점에서 확인할 수 있다.

스페인에서 상하 양원은 각각 다른 선거제도에 의해 선출된다. 상원은 52개 주(Provincia)가 각 4명의 의원을 주민직선으로 선출하고(208명), 17개 자치주(Comunidad

Autonoma) 의회가 주민 인구비례에 따라 1명 이상의 의원을 임명(51명)하며 임기는 4년이다. 직선 상원의원은 단순다수대표제에 의해 선출하며 후보자 명부는 주 단위로 작성된다. 상원은 다수 후보 선거구에서 제한 투표에 의한 다수 원칙에 의해 선출된다. 직선 상원의원의 경우 광역별로 인수와 관계없이 47개 본토 지역에서 각 4명을 선출하고 도서지역이나 자치도시의 경우 1명에서 3명을 선출한다. 각 선거인은 선거구당 지정된 네 명의 후보 중 세 명까지 투표할 수 있다. 또한 북부아프리카의 Ceuta와 Melilla시를 포함한 일부 도서지방에서는 각 1명 또는 2명의 후보에게 투표할 수 있다. 이 때 여러 정당의 후보에 나누어 투표하는 분할투표가 허용된다. 이와 같은 방법으로 208명의 상원의원을 뽑고 간선의 경우 지방자치의회에서 광역별로 인구수 1백만명당 한 명씩 추가로 배정한다. 간선 상원의원의 경우 광역지역의회에서 비례방식으로 선출하며, 광역지역별로 또한 직선제로 선출된 상원의원이 직무수행이 불가하거나 사임시에는 후보자 명단의 제1순위자가 의석을 승계하게 된다.

하원은 비례대표제에 의해 선출되며 선거구는 주와 일치하고 각 정당은 다수 후보 명단을 낸다. 하원은 총 350명으로 주를 단위로 하는 50개의 중대선거구에서는 폐쇄형 정당명부(Blocked party list)식으로 입후보자를 내며, 동트식(d'Hondt System) 비례대표제에 의해 정당간 의석을 배분한다. 각 선거인은 선거구 명부 중 1개를 선택하도록 되어있다. 2개의 특별 소선거구(Ceuta와 Melilla시)에서는 단순다수대표제에 의해 의원을 선출한다. 각 선거구에서 선출될 수 있는 의원의 수는 선거구당 최소 2명이다. 따라서 각 주가 최소 2석을 갖고 Ceuta와 Melilla가 각 1석을 보유하며 그 외 잔여 248석은 각 주의 인구비례에 따라 배분된다. 국민 총 인구를 248로 나누어 배분지수로 결정하게 되며 배당 후 잔여의석은 다시 소수점 첫 자리까지 계산해서 높은 숫자를 가진 주부터 1석씩 배당한다. 각 유권자는 지지하는 정당에 투표하며 선거구 총 유효투표수의 3/100 이상 득표하지 못한 정당은 제외된다. 또한 기타 정당들의 득표수를 다수득표순으로 기록하고 각 정당 득표수에 비례하여 다수득표순으로 후보자들에게 의석을 배분한다.

안달루시아와 카탈루니아, 마드리드 지역이 가장 큰 지역구로 각 61명, 47명, 35명의 하원의원을 선출하며 이 세 지역의 선거결과가 스페인 전체선거결과에 큰 영향을 미친다.

2. 스페인 입헌군주제와 양원제 도입과정

스페인은 프랑코 체제 하에서 프랑코 체제 이후를 준비하는 7개의 기본법을 도입했다. 프랑코 체제 하인 1942년 7월 17일 스페인의회 창설에 관한 법률(Ley Constitutiva de las' Cortes, 1967년 1월 10일 국가조직에 관한 법률에 의해 개정)에 의해 의회(Cortes)가 창설되었다.

이 법률 제1조를 통해 "의회가 국사에 참여하는 스페인 국민의 최고기관"임과 동시에 "의회의 핵심기능은 국가원수의 재가권한을 침해하지 않는 범위 내에서 법률을 검토하고 승인하는 것이다"라고 규정하고 있다. 즉 의회는 입법과정에서 제한적인 참여만 가능했다. 의회의 구성은 주로 공직자대표들과 노동조합 대표, 지역대표, 가족대표, 학술기관과 대학 등의 대표들로 조합주의적인 방식 혹은 프랑코의 임명에 의해 선출된 의원들이었다(Carr et al. 1985: 43-44; 조동은 2016: 120-122).[7]

당시 스페인은 법적으로 왕국이었으나 국왕이 부재하는 왕국이었다. 1975년 11월 20일 프랑코 사망으로 약 36년의 긴 독재정권이 종식되었고 11월 22일 후안 카를로스가 스페인 국왕으로 즉위했다. 1976년 7월에는 아돌포 수아레스가 수상으로 임명되었다. 그는 정당활동의 전면적인 합법화와 함께 1977년 6월까지 자유로운 선거를 통해 새로운 의회의 구성을 선언했다. 수아레스는 7월 13일 의회에서 형법 개정안 가결을 성사시키는 등 개혁일정을 신속하게 진행했고 민주화 과정에서 핵심적인 역할을 하는 정치개혁을 위한 법률(Ley para la Reforma Política)의 준비에 착수한다. 수아레스는 국민운동평의회의 승인을 거쳐 1977년 11월 15일 수상의 권한으로 의회에 정치개혁을 위한 법률안을 제출했다. 이 법률안을 통해 현재 스페인의 의회 구성의 원칙과 구체적인 선거제도를 규정하게 된다.

선거에 관한 주요 원칙으로 현 정부가 상하원을 구성하기 위한 총선을 준비하도록 하고 하원은 비례대표제에 의해 상원은 다수대표제에 의해 구성되도록 규정

---

7 1945년, 1947년, 1958년에 국가원수와 왕국의회의 운영원칙과 프랑코의 후계자 지정 문제 등과 관련하여 군주제의 재도입을 명시하는 법률안들이 통과된다. 이어 1966년 12월 14일 국민투표에 의해 승인된 1967년 1월 10일 국가조직에 관한 법률(Ley Orgánica del Estado)은 총강에서 "스페인 국가는 왕국으로 민족공동체의 최상위 제도이다. 국가는 그 기능을 수행하는 기관들을 통해 주권을 행사한다(제1조)", "국민주권은 하나이고 분할불가능하며 위임이나 포기가 불가능하다. 스페인국가의 제도적 체계는 권력의 단일성과 기능의 조정 원칙에 기초한다(제2조)'고 하여 권력의 집중과 영토의 단일성에 대해 규정하고 국가원수(제2장), 정부(제3장), 국민운동평의회(제4장), 사법부(제5장), 군부(제6장), 국가 및 지방행정(제8, 9장) 등 국가기관의 구성과 권한 전반에 대해 보다 세부적으로 규율하고 있다.

하였다(조동은 2016).8 나아가 이 법률은 의회의 의결과 함께 반드시 국민투표를 거치도록 했다. 위 법률안은 1976년 11월 18일 531명으로 구성된 의회에서 497명의 재적 의원 중 찬성 425명(85.5%), 반대 59명(11.8%), 포기 13명(2.6%)으로 가결되었다. 이 투표의 의미는 프랑코 체제 의회가 자신들의 체제를 전복시키는 내용의 결의안을 통과시켰다는 것이다. 이에 대한 배경으로 당시 국왕의 역할, 여론의 압력, 서유럽 주변국의 국제적 환경, 수아레스의 정치적 역량과 함께 프랑코주의자들 스스로가 이미 체제 붕괴위기를 자각하고 있었던 점 등을 지적할 수 있다. 나아가 이 법률안이 의도적으로 모호한 문장들을 채택함으로써 프랑코파와 반대파에게 실질적인 입법의도를 파악하지 못하게 했고 상원의 신설과 국왕에게 1/5에 해당하는 상원의원의 임명권을 부여했다는 점 등이 프랑코주의자들의 찬성을 이끌어 낸 주요 유인책이었다고 할 수 있다. 정치개혁을 위한 법률안은 1976년 12월 15일 국민투표를 통해 총 77.72%의 투표율 중 94.2%의 찬성으로 법률로 확정되었다(Carr et al. 1985: 222; Bonime-Blanc 1987: 26).

수아레스 정부는 1977년 일련의 민주적 개혁조치를 시행한다. 우선 1월 1차로 정당을 합법화했고 3월 정치범에 대한 대규모 사면과 파업권 보장조치를 시행하고 정치개혁을 위한 법률에 따라 동트(d'Hondt)식 비례대표제도와 3% 봉쇄조항을 포함한 선거규범에 관한 칙령(Real Decreto-Ley 20/1997 sobre Normas Elctorales)을 발령한다. 이어 노조 설립을 자유화하고 국민운동을 폐지했다(Sanchez-Gonzalez 1992: 280). 또한 군부의 저항에도 불구하고 스페인 공산당(PCE)을 합법화했다. 나아가 프랑코주의자들과 개혁파 간 핵심 갈등 요인이었던 군주제 유지와 관련해서는 원래 왕위 계승권자였던 국왕의 부친 돈 후안이 왕위계승권을 완전히 포기하겠다는 선언을 한 것이 카를로스 국왕에게 군주제적 정통성을 부여함과 동시에 군부와 우파의 지지를 넘어 PSOE와 PCE 등이 사실 상 군주제를 수용하게 한 주요원인으로 작용했다(Rosenfeld 1998: 1891-1920).

한편 당시까지도 프랑코 체제의 주요 헌정기구들은 대체로 남아있고 후안 카를로스 국왕이 입헌군주로 의회 업무에 대한 간섭을 자제하고 정치적 역할을 최소화한다는 선언을 한 상황에서 수아레스 정부는 민주적으로 선출된 의회와 직접적으로 협력해 나가야했다. 주요 정파들 사이에는 군주제 유지, 카톨릭과 국가 관계, 지방자치의 문제들에 관한 광범위한 입장 차이가 존재했다(Colomer

---

8 보수파들이 상원 선거방식을 다수대표제로 하는 것이 자신들에게 유리하다고 판단했다고 한다.

1995: 79).**9** 쟁점별로 정당별 입장이 상이했기 때문에 각 쟁점과 단계별로 연정의 양상은 다양하게 나타났다. 예컨대 의회 군주제 반대에 관해 PSOE와 PCE는 국왕의 정치권력 최소화로 합의점을 찾았다. 이 과정에서 민주주의 전환기에 국왕의 역할이 중요하게 작용했다. 국왕의 정치적 권한 제한에 관한 내용은 다음과 같이 확인할 수 있다.

> 헌법 제56조 제1항은 국왕이 "통일성 및 영속성의 표상으로서 국가의 원수"임을 선언하고 헌법 제62조 및 제63조는 국왕의 권한을 법률의 재가·공포권, 의회소집·해산권, 수상의 임명·해임권, 수상의 제안에 따른 각료의 임명·해임권, 군통수권 등으로 열거하고 있으나 제56조 제3항, 제64조 제1, 2항은 수상 또는 주무대신의 부서가 없으면 이 행위들은 무효라고 규정함과 동시에 국왕에게는 책임을 묻지 아니하고 국왕의 행위에 대해 부서한 자에게는 책임을 물을 수 있음을 명시하였다(조동은 2016: 144).

3. 스페인 의회와 선거제도: 양당구도의 발전

1977년 초 스페인에서는 200여 개에 달하는 정당들이 난립하고 있었고 그 중에는 PSOE나 PCE 같은 상당한 역사를 지닌 정당들도 있었지만 새로운 정당들도 다수 형성되었다.**10**

선거방식은 주를 기본적인 선거구로 하며, 하원은 주당 최소의원수를 둔 동트식 비례대표제를 상원은 주당 각 4명의 의원을 할당하는 것을 기본으로 하는 다수대표제를 채택하였다. 이는 상대적으로 인구가 적은 카스티야의 농촌지역이 과잉대표되는 결과를 낳았다. 나아가 21세 이상인 자에게만 선거권을 부여한 점과 일

---

9 예컨대 국가형태에 대해서는 UCD와 AP의 경우 의회군주제를 PSOE, PCE, PNV, 카탈루냐 지역정당은 공화국을 주장하였고 영토의 조직에 대해서는 AP는 프랑코 체제와 연속성을 유지하는 강력한 단일국가체제를 UCD는 자치지역을 인정하는 느슨한 형태의 단일국가체제를 PSOE, PCE, PNV 및 카탈루냐 지역정당은 연방국가에 가까운 체제를 주장하였다. 그 외 교회와 국가의 관계, 교회의 교육에 대한 개입을 인정할 것인지 여부에 대해 PSOE, PCE, PNV, 카탈루냐 지역정당은 엄격한 정교분리와 교육의 세속화를 AP는 국가의 사립교육지원과 교육 세속화 반대를 UCD는 중간적 입장을 취하였다.

10 그 중 6개 우파정당의 연합체인 AP(Alianza Polpular, 인민동맹)와 중도파들이 수아레스를 중심으로 연합한 UCD(Unión del centro Democrático, 민주중도연합), 바스크 지역정당인 PNV(Partido Nacional Vasco, 바스크 민족당)와 카탈루냐 지역정당인 CC(Convergencia Democratia Catalana, 카탈루냐 민주연합) 등이 있었다.

정득표율 이상을 획득한 정당만 선거자금을 보전받을 수 있도록 한 점 등은 다수
파 정당들에게 유리하게 작용하였다(Bonime-Blanc 1987: 31).

1977년 확정된 선거제도는 안정성과 사회적 대표성에 관한 갈등적인 선호를
갖는 다양한 정치세력들의 절충적인 결과였다. 하원에서 비례대표제를 채택한 반
면 상원에서 다수대표제를 채택함으로써 좌익과 우익의 요구를 균형적으로 반영
할 수 있는 타협점을 찾았다. 나아가 다양한 사회집단의 대표성을 확대하고 의회
진출을 가능하게 함과 동시에 득표율을 가능한 정확하게 대표하기 위해 비례대표
제를 채택하면서 한편으로 이로 인해 야기될 수 있는 정당의 난립과 파편화 구조
를 방지하기 위한 보완조치들, 예컨대 최대평균 동트식 의석배분과 3%의 봉쇄조

표 1-5-5 1977년 확정된 선거제도

항목	내용
선거자격	• 투표적령기(21세)로 시민권과 정치적 권리를 누리는 모든 스페인인(해외거주자 포함)
선거구 획정	– 행정단위와 일치하는 주 선거구안의 채택 – 다양한 크기의 선거구(하원)
양원의 선거제도	• 상원: – 각 주를 대표하는 상원은 각 주에서 4명씩 선출되며, (세우타와 멜리야는 2명씩 3개의 도서지역은 5석씩 선출됨) 국왕은 선출의원의 1/5 이내에서 추가로 임명 가능함(투표로 선출되는 의원의 총수는 207명) – 개별 입후보제 – 다수대표제
양원의 선거제도	• 하원: – 인구비례에 따른 선거구 주민을 대표하는 하원은 각 선거구(주)에 최소 의석인 2석을 우선 할당하고 (세우타와 멜리야는 1석씩 할당) 나머지 의석은 선거구의 인구비례에 따라 할당. 인구 144,500명당 1석씩을 기준으로 하고 잔여인구가 70,000명을 초과하는 경우에 1석을 추가 할당함. – 정당명부식 입후보제 – 선거구별 비례대표제(동트식, 3% 봉쇄조항)
선거 캠페인	– 선거운동기간: 21일 – 공직자의 선거개입 금지(단, 정부수반, 국회의장, 왕실자문위원회 위원은 예외) – 선거운동자금의 국고 지원: 의석 당 백만 페세타씩 할당됨. 하원 당선자는 표 당 45페세타, 상원 당선자는 표 당 15 페세타 씩 추가 할당됨.

자료: Share 1984, 473-476; Esteban and Guerra 1985, 51 57; 박수연 2001, 27.

항을 함께 도입했다(박수연 2001: 27).[11]

정당체계의 파편화를 방지하기 위한 조처로 채택된 동트식 비례대표제와 3% 봉쇄조항은 포르투갈에서와 같이 군소정당의 의석진출에는 불리하게 작용하는 반면 거대정당이나 선거연합에는 유리한 체계였다. 예컨대 군소정당들이 몇 개의 선거구에 집중되지 않는 한 의회로의 진출은 제한되고 그들이 얻은 득표수, 즉 유권자들의 지지에 비해 상대적으로 적은 수의 의석만을 얻게 된다(Share 1986: 125).

상원의 경우 다수대표제에 의해 각 선거구 별로 4명씩 선출하였기 때문에 농촌지역이 도시지역보다 과대대표되는 현상은 상원의 선거제도에 의해 더욱 강화되었다고 할 수 있다. 이는 전통적으로 보수적인 농촌의 입장을 고려한 우익의 이해가 반영된 것이라고 볼 수 있다.

요약하면 스페인의 선거제도는 군소정당의 의회진출을 제한하고 그들이 획득한 득표수와 비교해 상대적으로 적은 의석을 확보하게 함으로써 거대정당에 의석이 집중되는 선거효과를 초래했다. 이러한 선거제도는 이후 선거결과에서 좌우익 모두에게 이익을 준 측면이 있지만 제도 도입과 이행과정에서 우위적 세력 관계가 반영된 측면도 확인할 수 있다.

<표 1-5-6>을 통해 선거제도의 최대 수혜는 온건파 연합인 UCD에 집중되었음을 확인할 수 있다. 예컨대 UCD의 득표율은 전체 득표의 30% 정도를 조금 넘는 수준이었지만 실제 확보 의석수는 165석으로 과반에서 11석 모자라는 수준이었다. 스페인에서 지역 정당의 경우 선거구에서의 득표산출에 따라 비례대표를 확보할 수 있기 때문에 전국적인 군소정당들과 비교해 의석확보에 있어서 유리했다. 결국, 크기가 다른 선거구 획정, 동트식 비례대표제와 봉쇄조항의 채택에 따라 의회에 진출하는 정당의 수는 감소하여 정당의 난립과 파편화는 제한할 수 있었지만 한편으로 거대정당은 이 제도를 통해 의석확보의 우위에 있었고 또한 선거구에 집중된 지역세력들 역시 지역정당을 통해 의회 진출이 가능했다.

1979년의 선거결과를 보더라도 유사한 경향이 확인된다. 스페인 선거제도를 통해 1979년 선거에서 가장 수혜를 입은 정당은 <표 1-5-7>에서 확인할 수 있듯이 다시 UCD였다. UCD는 35.1%의 득표로 48.0%의 의석을 차지했고 PSOE는 30.5%의 득표로 34.6%의 의석을 확보했다. 두 정당 모두 PCE나 AP에 비해 선거

---

11 한편 이러한 협상과 타협의 산물들은 당시의 정치적 세력관계를 반영하고 있었고 그것은 좌파나 군소정당의 승리를 제한하는 조항으로 또는 특정 지역에 대한 과대대표로 표출되기도 했다.

표 1-5-6 1977년 총선거(하원)의 결과

정당	득표수	득표율	의석수	의석률
UCD	6,309,991	34.0	165	47.1
PSOE	5,371,466	28.9	118	33.7
PCE-PSUC	1,709,870	9.2	20	5.7
AP	1,488,001	8.0	16	4.6
PSP-US	816,582	4.4	6	1.7
PDC	514,647	2.8	11	3.1
PNV	314,272	1.7	8	2.3
UCDCC	172,791	0.9	2	0.6
EC	143,954	0.8	1	0.3
EE	64,039	0.3	1	0.3
DC	257,152	1.4	0	0.0
SD	206,238	1.1	0	0.0
기타	1,217,270	6.5	2	0.6
총합	18,586,270	100.0	350	100.0

* US(United Socialists) PDC(Democratic Pact for Catalonia) UCDCC(Catalan Christian Democracy) EC(Left of Catalonia) DC(Christian Democracy) SD(Social Democratic Alliance)
자료: Coverdale 1979, 74; Gunther et al. 1986, 38. 박수연. 2001, 39.

제도의 혜택을 받았다(Maravall 1985: 142).[12]

　이와 같은 1970년대 중·후반을 시작으로 한 스페인 의회의 양당구도는 80년대 이후 정당체계의 변화는 있었지만 여전히 국민당(PP)과 사회노동당(PSOE)을 중심으로 한 양대 거대정당이 의회를 독점하는 방향으로 공고화되었다. 2008년 3월 9일 선거결과 여당인 PSOE가 총 350개 하원 의석 중 169석을 확보하였고 야당인 PP는 154석을 확보했다. 카탈루냐 지역정당인 통합과 집중이 그 뒤를 이었지만 10석을 얻는데 그쳤다. 그 외에 공화좌파당, 바스크민족당 등 7개 군소정당이 원내 진출에 성공했다.

---

12 그러나 두 정당이 선거제도로부터 받은 혜택에는 편차가 존재했다. 이는 도시-농촌 지역의 선거결과를 통해 뚜렷이 확인된다. 1979년 선거에서 PSOE는 중도우파 성향 유권자들의 지지를 획득하기 위해 UCD 강세지역이었던 농촌지역에 선거자원을 집중시켰다. 그러나 대부분의 농촌지역에서 PSOE가 그 위치를 개선시켰음에도 불구하고 의석 차원에서 보여진 효과는 작았다.

표 1-5-7 1979년 총선 결과

정당	득표수	득표율	의석수	의석률
UCD	6,291,312	35.1	168	48.0
PSOE	5,476,969	30.5	121	34.6
PCE-PSUC	1,939,387	10.8	23	6.6
AP-CD	1,094,438	6.1	9	2.6
PSAEE	325,842	1.8	5	1.4
CiU	483,353	2.7	8	2.3
ERC	123,482	0.7	1	0.3
PNV	296,597	1.7	7	2.0
EE	80,098	0.4	1	0.3
HB	172,110	1.0	3	0.9
기타	1,649,332	9.2	4	1.1
총합	17,932,890	100.0	350	100.0

* ERC (Catalan Republican Left)
자료: Gunther et al 1986, 179; 박수연 2001, 50.

2011년 11월 20일 실시된 총선에서는 야당이었던 PP가 44.62% 득표로 186석을 확보해 의회 내 절대 다수당이 되었다. 집권 여당이었던 PSOE는 28.7% 득표에 그쳐 59석을 잃어 110석을 확보하는데 그쳤다. 한편 상원에서는 PP가 136석을 얻어 1당을 유지했으며 PSOE는 48석을 얻어 제2당이 되었다. PSOE는 지방의회 선거에서도 크게 패하는 결과를 맞게 되는데 이는 2007년부터 시작된 경제위기로 인한 스페인 정부의 긴축정책에 기인한다. 특히 청년 실업률이 급격히 상승하자 2010년 이후 청년들의 급진적인 시위가 이어졌다. PSOE는 당시 그들의 우세지역이었던 아스투리아스, 에스트레마두라, 카스티야라만차 등에서 재집권에 실패한다. 시군단위에서는 바르셀로나와 세비야 같은 주요 도시에서 보수세력에 시행정부를 넘겨주었다.

표 1-5-8 2011년도 스페인 하원 선거결과

정당	득표	득표 %(증감)		의석(증감)		의석 %
국민당 PP	10,830,693	44.62	+4.68	186	+32	53.14
사회노동당 PSOE	6,973,880	28.73	−15.14	110	−59	31.42
집중과 통합 CiU	1,014,263	4.17	−1.14	16	+6	4.57
통일좌파 IU	1,680,810	6.92	+3.15	11	+9	3.14
아마이우르 Amaiur	333,628	1.37	+1.37	7	+7	2.00
진보민주연합 UPyD	1,140,242	4.69	+3.50	5	+4	1.42
바스크민족당 EAJ/PNV	323,517	1.33	+0.14	5	−1	1.42
공화좌파당 ERC	255,961	1.05	−0.11	3	−3	0.85
갈리시아 민족주의자 블록 BNG		2.34	+1.51	7	+5	0.57
지지후보 없음	333,095	1.37				
무효	317,886					
	24,590,557	100.0%		350		100.0%

자료: http://www.electionresources.org/es/index_en.html

표 1-5-9 2011년도 스페인 상원 선거결과

정당	의석(증감)		의석%
국민당 PP	136	+35	65.38
사회노동당 PSOE	48	−40	23.07
집중과 통합 CiU	9	+5	4.32
아마이우르 Amaiur	3	+3	1.44
바스크민족당 EAJ/PNV	4	+2	1.92
카나리아 연합 CC	1		0.48
카탈루냐 진보연합	7	−5	3.36
전체	208		100.0%

자료: http://www.electionresources.org/es/index_en.html

표 1-5-10 스페인 하원 선거 결과(득표율과 의석수)

		1977	1979	1982	1986	1989	1993	1996	2000	2004	2008	2011	2015	2016
국민당 PP	%	8.3	5.9	26.4	26.0	25.8	34.8	38.8	44.5	37.7	39.9	44.6	28.7	33.0
	석	16	9	107	105	107	141	156	183	148	154	186	123	137
사회당 PSOE	%	29.3	30.4	48.1	44.1	39.6	38.8	37.6	34.2	42.5	43.9	28.8	22.0	22.6
	석	118	121	202	184	175	159	141	125	164	169	110	90	85
포데모스 PODEMOS	%	–	–	–	–	–	–	–	–	–	–	–	20.7	21.2
	석	–	–	–	–	–	–	–	–	–	–	–	69	71
시민당 Cs	%	–	–	–	–	–	–	–	–	–	–	–	13.9	13.1
	석	–	–	–	–	–	–	–	–	–	–	–	40	32
연합좌파 IU	%	9.3	10.8	4.0	4.6	9.1	9.6	10.5	5.5	5.0	3.8	6.9	3.7	–
	석	19	23	4	7	17	18	21	8	5	2	11	2	–
집중과연합 CiU	%	3.8	2.7	3.7	5.0	5.0	4.9	4.6	4.2	3.2	3.0	4.2	–	–
	석	13	8	12	18	18	17	16	15	10	10	16	–	–
바스크민족당 EAJ-PNV	%	1.6	1.7	1.9	1.5	1.2	1.2	1.3	1.5	1.6	1.2	1.3	1.2	1.2
	석	8	7	8	6	5	5	5	7	7	6	5	6	5
카탈루냐공화좌파 ERC	%	0.8	0.7	0.7	0.4	0.4	0.8	0.7	0.8	2.5	1.2	1.1	2.4	2.6
	석	1	1	1	–	–	1	1	1	8	3	3	9	9
카나리아연합 CC	%	–	–	–	0.3	0.3	0.9	0.9	1.1	0.9	0.7	0.6	0.3	0.3
	석	–	–	–	1	1	4	4	4	3	2	2	1	1
민주중도연합 UCD	%	34.4	34.8	6.8	–	–	–	–	–	–	–	–	–	–
	S	166	168	11	–	–	–	–	–	–	–	–	–	–
기타*	%	12.5	13.0	8.4	18.1	18.6	9.0	5.6	8.2	6.6	6.3	12.5	7.1	6.0
	S	9	13	5	29	27	5	6	7	5	4	17	10	10
합계	%	100.0	100.0	100.0	100.0	100.0	100.0	100.0	100.0	100.0	100.0	100.0	100.0	100.0
	석	350	350	350	350	350	350	350	350	350	350	350	350	350
투표참여율	%	78.8	68.3	79.9	70.5	69.7	76.4	77.4	68.7	75.7	73.8	68.9	69.7	66.5

국민당: 1977년 AP(국민연맹), 1979년 CD(민주연합), 1982/1986년 CP(국민연합), 1989년 이후 PP(국민당)
포데모스[우리는 할 수 있다(We Can)]: 2016년 선거연합 UP(포데모스연합)
연합좌파: 1977~82년 PCE(공산당), 2004년 IU-LV(연합좌파-녹색당), 2011년 IP(다원좌파)
집중과연합: 1977년 PDPC(카탈루냐민주협정)+UDC(중도연합)
카탈루냐공화좌파: 1977년 EC(카탈루냐좌파)
카나리아연합: 1986~89년 AIC(카나리아독립그룹), 1993~2004년 CC(카나리아연합), 2011년 CC-NC-PNC(카나리아연합-신카나리아-카나리아민족당)
* 1977년 PSP-US(사회인민당-통합사회당) 4.5%(6석); 1979년 PSA(안달루시아사회당) 1.8%(5석); 1986년 CDS(민주사회센터) 9.2%(19석); HB(인민연합) 1.2%(5석); 1989년 CDS7.9%(14석); 2011년 UPD(통합진보민주) 4.7%(5석); AMAIUR(아마요르) 1.4%(7석)
자료: Parties and Elections in Europe, http://www.parties-and-elections.eu/spain2.html; 정병기 (2017: 186)

<표 1-5-10>을 통해 2011년 선거 이후 사회당에 대한 지지율이 하락하기 시작하면서 2015년과 2016년 선거에서 양대정당의 지지율이 동반하락 현상을 보

이고 있음을 확인할 수 있다. 2008년의 금융위기로 비롯된 긴축 정책과 복지 축소, 실업률 증가 등은 2011년 집권에 성공한 PP 정부 하에서도 신속히 해결되지 못했고 포데모스와 같은 신생정당의 출현을 가능하게 했다. 재정 위기의 여파는 2015년 선거 때 까지도 지속되었고 정치인의 부패 문제와 사회 보장의 축소 등에 의해 정부정책에 대한 비판과 혐오, 기피가 이어졌다. 이와 같은 요인들이 스페인 정당체제의 가장 큰 특징이었던 양당제적 성격을 파편화된 다당제로 전환하는 계기가 되고 있다는 주장이 가능하다.[13]

Ⅳ 나가며

포르투갈이 1976년 이래 준대통령제라는 통치체제 하에서 동트방식의 비례대표제를 실시하게 된 배경 중 하나는 정국의 안정과 의회 대표성을 동시에 추구하고자 하는 기본적인 동기가 작용했다고 볼 수 있다. 1910년부터 1926년까지 지속된 포르투갈 제1공화국은 정당의 난립과 정치적 불안정으로 Estado Novo(신 국가)라는 40년 독재 체제를 초래하였고 이는 1974년 무혈 쿠데타인 카네이션 혁명으로 살라자르 정부가 붕괴할 때까지 지속되었다. 권위주의 독재의 경험으로 인해 대통령의 권한을 일부 제한하되, 쿠데타를 주도한 군부세력에 대한 정치적 안정을 부여하기 위한 의도로 준대통령제가 도입되었다고 볼 수 있다. 나아가 준대통령제 하에서 의회 구성을 위한 선거제도와 당선자결정방식은 대통령의 실질적 권한과 상관관계를 갖는다고 볼 수 있다. 동트식 비례대표제와 선거구획의 확정은 두 가지 주요한 결과를 초래했다. 우선, 포르투갈 선거제도가 비례대표제임에도 불구하고 대표성에 대한 효과적인 봉쇄 수준을 고려해볼 때 이는 군소정당들의 출현을 막는 장벽이 될 수 있음을 확인할 수 있다. 포르투갈에서는 의회 진입을 위한 명문화된 봉쇄조항이 없지만 1975년부터 2009년까지 정당별 의회 진출을 위한 문턱은 지역별 선거인수와 선거구 규모에 따라 차이는 있지만 평균 선거구 크기를 기준으로 최소 6.2%에서 7.0%에 이른다.

---

13 정병기(2017: 193-194)는 최근 스페인의 정당체제 변화를 정치/정당 혐오증 외에 선거연합의 효과에 의한 것이라 보고 있다. 즉 스페인에서는 "지역주의 정당들이 선거 연합에 참여함으로써 자신들의 생존을 도모하는 한편, 거점 지역에서 거대 정당을 지지함으로써 양당제를 촉진하고 유지하는 데 기여한다"고 주장한다.

1970년대 이래 포르투갈 선거제도에 근본적인 변화가 없었던 것을 고려할 때, 유권자 선호의 발전에 관한 가장 중요한 경향 중의 하나는 1980년대 양대 정당체제로의 전환이라 할 수 있다. 포르투갈 선거제도를 통해 제시된 정당의 의회 대표성 획득을 위한 문턱은 1975년 이래 큰 변화를 보이지 않았다. 한편 유효 정당수가 감소함으로 인해 1980년대 들어 정당체제 균열이 적었던 것은 선거 전 정당 간 연립에 기인한다. 사회당(PS)과 사회민주당(PSD)은 1980년대와 1990년대를 거치면서 양대 정당으로 자리매김했다. 나아가 양대 거대정당에 대한 득표율 증가는 다수 선거제에 기반을 둔 포르투갈의 준대통령제에 의해 보다 확고해졌다. 이는 포르투갈의 정당체제를 각 후보자가 속한 두 개의 블록으로 분할하는 계기로 작용했기 때문이며, 그로 인해 일련의 대통령 선거에 의해 체제 내 양극성은 뚜렷해졌고 정당들은 각각의 블록 내에서 수렴되었다고 볼 수 있다. 즉, 포르투갈의 의회선거는 비례대표제를 취하지만 다수대표제로 선출되는 준대통령제라는 통치체제 하에서 의회 구성은 양대 정당 구조의 특성을 띠었다.

포르투갈 선거제도에서 또 다른 중요한 결과는 후보 선택의 유형 및 정당 내 민주화 정도와 연관된다. 예컨대 폐쇄식정당명부시스템의 채택은 개별 후보에 대한 정당 리더십의 통제력을 강화한다. 오랜 권위주의 체제를 경험했던 포르투갈의 통치제도와 선거제도가 보이는 이와 같은 특성들로 인해 비례대표제를 통한 의원 선출 방식이 민주적 정당성 확보와 사회적 대표성 강화를 위한 제도적 노력의 일환이었다면 폐쇄식정당명부와 동트식의 의석 배분 방식은 정당의 난립을 막고 의회 안정을 꾀하려는 의도와 동시에 실제적으로 군소정당들의 의회 진출을 막는 기제로 작동하였음을 확인할 수 있다.

스페인은 지방분권화 경향이 뚜렷한 입헌군주국이다. 스페인 의회는 지역을 대표하는 상원과 실질적인 권한을 갖는 하원으로 불완전한 양원제로 구성된다. 상원은 단순다수대표제에 의해 선출되며 하원은 정당명부식 폐쇄형 비례대표제에 의해 선출된다.

1977년 다양한 이해관계를 갖는 정치행위자들의 타협과 합의로 채택된 스페인의 선거제도는(이후 총선에서 계속 적용) 군소정당의 의회진출을 좌절시키거나 그들에게 득표수에 비해 상대적으로 적은 의석수를 할당함으로써 거대정당의 의석 집중을 가져오는 선거효과를 초래했다. 또한 인구가 많은 도시지역을 과소대표하는 반면 인구가 적은 농촌지역을 과대대표하는 등 일부 문제점을 내포하고 있다.

그럼에도 불구하고 스페인의 선거제도는 대표성과 안정성을 고려한 측면과 다양한 이해관계를 갖는 정치 엘리트 간의 합의의 결과물이라는 측면에서 긍정적인 평가를 받는다.

앞서 살펴보았듯이 1970년대 스페인 사회가 경험한 사회구조의 변화, 거대정당에 의석을 집중시키는 선거제도와 민주화라는 공통된 목표 하에 다양한 정파들이 온건한 방식으로 경쟁하는 양상을 확인할 수 있었다. 스페인은 제도적 선택 과정에서 모든 정치세력에게 정치 경쟁의 폭을 확대하였으며 수정된 비례대표제(선거구 차원의 동트식, 3% 봉쇄조항)를 채택하였다. 또한 공산당을 포함한 모든 정당의 합법화로 민주화로 촉발된 정치 참여를 수렴하기에 충분할 정도로 이념적 폭을 확대했고 이로 인해 민주화 이행 이후 정치적 대립구도가 이념적, 정책적 전선을 중심으로 재편될 가능성을 부여하였다. 수정된 비례대표제의 채택은 대표성을 보장하면서도 정당의 파편화를 방지하기 위한 선택이었다. 이러한 선거제도의 효과로 정당의 난립은 효과적으로 방지되었고 거대정당은 의석을 집중할 수 있었다.

최근 스페인에서 Podemos와 같은 좌익 세력이 의회대표성을 확대하는 등 그동안 지속되어 온 온건파 중심의 양당구조가 변화하는 것을 목격할 수 있다. 이는 2008년 이후 스페인에서 발생한 심각한 재정위기 등의 사회-경제적 균열요인이 그동안 유권자의 투표에 결정적인 영향을 미쳤던 민주-반민주적 요인을 뛰어넘는 현상으로 작용한 것으로 풀이된다. 또한 스페인의 수정된 비례대표제가 포데모스의 의회 진출권을 용이하게 한 측면을 간과할 수 없다.

선거제도의 개혁에 관한 논의는 선거인의 투표결과를 통해 비례성을 제고하고 다양한 대표성을 확보하며 유권자의 선택권을 증대시키고 제도의 합리성과 수용성을 제고하는 방향으로 이루어져야 한다. 소선거구 단순다수제를 중심으로 일부 정당명부 비례대표제를 가미한 한국의 현행 국회의원 선거제도는 많은 수의 사표를 양산하고 소수정당의 원내진입을 어렵게 한다는 비판을 받고 있다. 특히 비례대표제의 비율이 낮아 전체 의석 구조에 영향을 주기도 어렵고 비례의원 공천과정에서의 문제점과 유권자의 선택권 제한에 대한 비판 역시 크다.

스페인은 폭력에 의한 헌정질서의 중단 없이 프랑코체제의 법질서에서 민주주의 체제의 법질서로 평화적이고 점진적으로 이행했다. 정치지도자들은 과거 제2공화국과 내란의 트라우마로 혼돈을 저지하고 평화로운 민주체제로의 전환을 추구하고자 했다. 따라서 극한적 대결이나 대립을 피하고 대화와 협상에 의해 개인이나 집단의 이익을 자제하고 민주제도의 정착을 그 어느 것보다 우선함으로써 스페인은 평화적이고 점진적인 전환기를 거쳐 민주주의 체제를 성공적으로 정착 시킬 수 있었다. 이와 같은 정치지도자들의 실질적 노력들은 다양한 정치행위자 간의 협정 등을 통해 잘 표출되었다. 정치지도자들이 대승적인 차원에서 합의를 모색하도록 한 요인으로는 제2공화국과 시민전쟁의 역사적 경험 외에도 프랑코 체제의 지속적인 변화, 선거를 통해 표출된 국민들의 요구, 서유럽 민주주의 국가 들과 이웃하고 있는 지정학적 요인들이 작용하였다. 또한 스페인은 15세기 후반 국가통일을 이루기 전까지 이베리아 반도 내의 여러 왕국들이 모여 이루어진 국 가인 만큼 각 지역별분권화 정도가 여전히 심각할 정도로 크다. 따라서 지역의 대 표성을 우선으로 상원을 구성한다는 점과 하원의 경우 전국단위 비례대표제가 아 닌 도단위 권역별 정당명부 비례대표제를 실시한다는 점에서 지역의 특성을 잘 반영한 제도라고 볼 수 있다. 한국의 경우 스페인과 비교해보았을 때 지방분권화 의 정도는 상당히 낮은 것으로 보이지만 최근 들어 지역불균형과 사회균열의 양 상이 증가하는 측면 역시 간과할 수 없다. 따라서 우리도 권역별 비례대표제의 비 율을 점차 확대하는 방향으로 나아가야 할 것이다. 다만 스페인과 한국이 공통적 으로 채택하고 있는 폐쇄형 비례대표제의 경우 개방형 명부제와 비교해 개별 후 보자의 자질을 선거인이 검증하고 선택할 수 없다는 단점이 있다. 반면 개방형 명 부제의 경우 유권자가 선호 정당에 투표하는 동시에 해당 후보자 개인에게 기표 할 수 있고 총 의석이 각 정당 소속 후보자들이 받은 득표를 총합하여 정당별 비례 로 배분할 수 있다는 점에서 유권자의 선택권을 증진시킬 수 있다. 스페인의 경우 연방의회 외에도 각 지방의회가 실질적인 지역정치를 주도함으로 중앙정치에서 유권자의 인물선택권을 제한하더라도 지방차원에서 만회할 수 있는 기회가 있다. 하지만 한국은 중앙정치의 영향력이 지방정치에 비해 여전히 크기에 개방형 명부 제의 도입이 선거제도 개선을 위해 고려되어질 수 있겠다.

더 나아가 생각해 보기

1. 포르투갈의 준대통령제와 스페인의 내각제의 차이점들을 논하라.
2. 비례대표제를 통해 의회를 구성하는 포르투갈과 스페인(하원)에서 양당제가 확립될 수 있었던 원인들을 논하라.
3. 포르투갈과 스페인이 1986년 유럽공동체의 일원이 될 수 있었던 배경과 동기를 논하라.

참고문헌

<포르투갈>

고주현. 2018. "민주화 이후 포르투갈 정당체제 변화: 통치체제와 선거제도를 중심으로"『EU 연구』48호, 207-249.

Braga da Cruz, M. 2000. "A Revisão Falhada do Sistema Eleitoral," Análise Social, 35.

Bruneau et al., 2001. "Democracy, Southern European Style," in P. N. Diamandouros and R. Gunther(eds), Parties, politics and democracy in the new Southern Europe, Baltimore, MD: Johns Hopkins University Press.

Duverger, M. 1980. "A New Political System Model: Semi-Presidential Government," European Journal of Political Research, 8.

Freire, A. et al., 2002. O Parlamento Português: Uma Reforma Necessária, Lisboa: Imprensa de Ciências Sociais.

Gunther, R. 2002. "A Democracia Portuguesa em Perspectiva Comparada," Analise Social, 37.

Lijphart, A. 1994. Electoral System and Party System: a Study of Twenty-Seven Democracies, 1945-1990, Oxford: Oxford University Press.

_____ 1999. Patterns of Democracy: Government Forms and Performance in Thirty-six Countries, New Haven CT: Yale University Press.

Lobo, M.C. 1996. "A evolução do sistema partidário português à luz de mudanças económicas e políticas(1976-1991)," Análise Social, 31(139).

_____ 2001. "The role of political parties in Portuguese democratic consolidation," Party Politics, 7.

Magalhães, Pedro C. 2011. Elections, Parties and Policy-Making Institutions in Democratic Portugal, in Contemporary Portugal(António Costa Pinto ed.), Social Science Monographs, New York: Columbia University Press.

Matos, J.S. 1992. "O Sistema Politico Português e a Comunidade Europeia," Análise Social, 27.

Mendes, M. de F.A. and Miguéis J. 2002. Lei eleitoral da Assembleia da República, Lisbob: Edição do Autor.

Montabés, J. and Ortega C. 1999. "Candidate selection in two rigid list system: Spain and Portugal." paper prepared for presentation at the European Consortium for

Political Research Joint Sessions, Mannheim.

Neto, O.A. and Lobo M.C. 2009. "Portugal's Semi—Presidentialism (re)considered: An Assesment of the President's Role in the Policy Process, 1976—2006.

Tsebelis, G. 2000. "Veto players and institutional analysis," Governance, 13.

<웹사이트>

http://www.electionresources.org/pt/index_en.html

http://www.electionresources.org/pt/index_en.html#ALLOCATION

<스페인>

박수연. 2001. 『스페인 정당체계에 관한 연구』. 석사학위 논문, 서울: 이화여자대학교 대학원.

정병기. 2017. "민주화 이후 스페인 정당체제 변화: 파편화 양당제의 형성과 해체" 『유럽연구』 35권 2호, 79—202.

조동은. 2016. "스페인 1978년 헌법의 성립과정에 관한 연구" 『유럽헌법연구』 20호, 111—162.

Arango, E. R. 1995. Spain Democracy Regained(2nd edition), Westview Press.

Arato, A. 2012. "Conventions, Constituent Assemblies, and Round Tables", Global Constitutionalsim, Vol.1, Issue.4.

Bonime—Blanc, A. 1987. Spain's Transition to Democracy: The Politics of Constitution—making, Westview Press.

Carr, R. and J.P. Fusi. 1985. Spain: Dictatorship to Democracy(2.ed), London: George and Unwin.

Colomer, J.M. 1995. Game Theory and the Transition to Democracy, Edward Elgar Publishing.

Coverdale, J. 1979, "The Political Transformation of Spain After Franco", New York: Praeger.

Gunther, R. et al. 1986. Spain after Franco: The Making of a Competitive Party System, Berkeley: California University Press.

_____ 1993. "Political Institutions and Clevage Management" in Kent Weaver and Rockman (ed.) Do Institutions Matter: Government Capabilities in the United States and Abroad, Washington, D.C.: The Brookings Institution.

Maravall, J. M. 1985, "The Socialist Alternative: The Policies and Electorate of the PSOE", in Penniman, Howard and Eusebio Mujal—Leon.(eds.) Spain at the Polls, 1977, 1979 and 1982, Washington D.C.: AEI.

Rosenfeld, M. 1998. "Constitution—Making, Identity Building, and Peaceful Transition to Democracy: Theoretical Relations inspired by the Spanish Example", Cardozo Law Review, Vol.19.

Sanchez—Gonzalez S., 1992. "Emergent New Democracies: The Case of Spain", William & Mary Bill of Rights Journal, Vol.1, Issue.2.

Linz, J. et al. 1996. Problems of Democratic Transition and Consolidation, The Johns Hopkins University Press.

Llorence, Rubio. 1988. "The Writing of the Constitution of Spain" in Roberts A. Goldwin & Art Kaufman(ed.), Constitution Makers on Constitution Making, American Enterprise Institute for Public Policy Research.

Share, Donald. 1986. "The Franquist Regime and the Dilemma of Succession", The Review of Politics, Vol.48, No.4. 549—575.

Ferreres, Comella V. 2013. The Constitution of Spain — A Contextual Analysis, Hart Publishing.

<웹사이트>

http://www.congreso.es/docu/constituciones/1978/ley_reforma_cd.pdf

http://www.electionresources.org/es/index_en.html

CHAPTER **6.**
북유럽 정당체제와 탈근대적 변화:
스웨덴, 노르웨이, 핀란드[1]

장선화

 들어가며

　　자본주의 경제와 민주주의적 정치제도가 지배적인 정치경제 질서로 자리 잡은 21세기의 아이러니는 민주주의의 전방위적 확산이 민주주의 심화가 아닌 위기를 초래하는 현상의 만연이다. 남유럽 발 경제위기는 일국적 경제위기가 상호 연관된 다국적 경제위기로 확산되며 공동대응이 불가피한 유럽의 현실과 모순을 적나라하게 드러낸 바 있다. 더불어 역내 자유로운 이동이 상징하던 유럽 내 국가 간 경계의 해체는 이민자 갈등 및 난민 문제로 인한 사회적 갈등과 테러 증가로 다시 경계 짓기로 돌아설 가능성이 나타난다. 또한 1990년대 유럽연합(EU)이 수립되고 동유럽으로 확대되면서 러시아와 동·서간 신 냉전적 긴장을 촉발할 가능성이 한편에서 제기되고 있다.

　　민주주의는 본질적으로 갈등의 제도화된 해결을 이상으로 하는 제도이며 정당정치는 해당 사회 갈등의 심도 및 다양성과 제도화된 해결 정도를 가늠할 수 있는 척도이다. 근대적 대의 민주주의 제도는 사회적 갈등을 정치적 대표의 방식으로 전환시켜 제도적 해결을 모색해왔다. 하지만 2000년대 사회경제적 위기와 혼란은 지난 20세기 후반을 이끈 기존 정치 엘리트들과 거대 정당에 대한 불신으로 이어졌고 유럽선진민주주의 국가들에서 자국민 중심적 반이민우파 정당들이 포퓰리스트적 선거 공약으로 급성장함과 동시에 정치 엘리트 세대교체가 진행되고 있다.

　　유럽 대륙에서 먼 변방에 위치해 오랫동안 주목받지 못했으나 2차 대전 후 21세기에 이르기까지 가장 높은 경제 안정과 보편적 복지, 안정적인 합의적 민주주

1 이 글은 2018년 〈비교민주주의연구〉제14집 1호에 게재된 필자의 논문을 부분적으로 수정, 편집한 것이다.

의 제도의 정점에 있다고 평가되는 북유럽 국가들 역시 이러한 세계 정치경제적 변동과 갈등의 소용돌이 속에서 예외가 아니다.

이 글은 근대 민주주의 제도화 이후부터 2000년대 초까지 북유럽 정당체제의 지속과 변화를 설명한다. II에서 근대 정당체제의 지속과 변화에 대한 기존의 관점과 북유럽 정당체제의 변화를 제시한다. III에서는 노르딕 국가들 가운데 스웨덴, 노르웨이, 핀란드를 중심으로 근대 북유럽 정당체제의 특징을 설명한 후, IV에서 1990년대 이후부터 현재까지 근대적 특징과 탈근대적 변화가 혼재된 북유럽 국가 정당정치의 역동성을 살펴본다. 결론으로 근대 민주주의 제도화 이후부터 2000년대까지 북유럽 정당체제의 지속과 변화 양상과 그 특징을 제시하고자 한다.

II 근대 유럽 정당체제의 지속과 변화: 근대와 탈근대

정당체제는 정당 수, 정당 간 이념적 거리, 정당 간 상호작용, 정권 교체의 축, 연립정부 구성 방식 등에 따라 다양하게 나타난다(Duverger 1980; Sartori 2005). 정당체제는 "사회적 갈등과 균열의 기반 위에서 전략적으로 행위 하는 정당 간 상호작용의 특정한 패턴 내지 양식"(박상훈 2007. 275)으로 정의할 수 있으며 따라서 특징적 정당체제 형태는 장기에 걸친 유권자의 정당지지, 유효 정당 수, 정당 배열 및 연립정부 구성 등을 통해 파악 가능하다.

각국 정당체제에 특징적인 정치적 균열은 해당 사회 내의 지역적, 언어적, 인종적, 이념적 갈등의 존재와 심도에 따라 결정되어 왔다. 유럽은 현재 립셋과 로칸(Lipset and Rokkan 1967)에 의해 "결빙(freezing)"된 것으로 평가되었던 20세기 유럽의 정치균열의 유효성이 재평가되는 상황에 있다.

2000년대 이민자 갈등, 난민문제, 테러위협 등이 정치적으로 이슈화된 이후 북유럽에서 구축된 근대적 정당체제에도 이민수용 · EU 정책 옹호 세력과 반이민 · 자국민중심주의자들이 대립하면서 새로운 포용(inclusive) ─ 배제(exclusive) 균열이 등장하고 있다. 서유럽에 비해 북유럽 사회 내 이민자 비중과 사회적 갈등의 정도가 약함에도 불구하고 북유럽 정당정치에도 포퓰리스트 우파정당(장선화 2017)의 비약적 성장이 예외없이 나타나고 있다.

정당체제의 변화 가능성과 더불어 정당의 속성 및 역할 변화 또한 두드러진다. 유럽의 근대 대중정당들은 사회 공동체의 집단 및 사회운동과 긴밀한 연계 하에 성장해 왔다. 정당은 특정 집단의 정치적 대표체일 뿐 아니라 그 자체로 시민교육과 교류 및 문화 활동을 담당하는 하나의 '제도'였다. 하지만 20세기 후반을 경유하면서 다원주의적 사회 변화와 개인주의의 만연으로 정당 일체감(party identity)이 점차 약화되어 왔으며, 정당의 사회문화적 역할이 축소되었다.

유럽 대륙 및 북유럽의 정당들은 미국과 여타 후발 민주주의 국가들에 비해 여전히 중요한 사회공동체내 핵심으로서 지역 공동체의 포럼 역할을 담당하고 있으나 과거와 비교했을 때 그 비중은 현저히 약해졌다. 즉, 특정 사회 계급 당원, 이데올로기적 지향과 노선 및 정책 패키지를 특징으로 한 대중정당(mass party)의 실질적 쇠퇴가 가속화되고 있으며 점차적으로 슘페터(J. Schumpeter)적 현대 민주주의 정당, 즉, 선거승리를 목적으로 경쟁하는 정당이 지배적이 되고 있다. 사회적 지지 기반과 이념적 노선이 명확하지 않고 기존 정당의 지지층을 흡수해 성장한 포퓰리스트 우파정당의 약진이 이를 반영한다.

21세기 북유럽 정당정치에서 특징적인 현상은 주요 정당지지기반의 재편성과 정당체제 변화 가능성이 높아지고 있다는 점이다. 북유럽 국가들은 유럽대륙 국가들에 비해 인종·종교·언어적 동질성이 높은 편이다. 결사 및 정당 결성의 자유가 일찍부터 보장되었고(김수진 2007, 13), 성인 남성 보통선거권은 덴마크는 1849년, 노르웨이 1898년, 스웨덴에서 1909년에 보장되었다. 여성을 포함한 보통선거권(universal suffrage)은 핀란드 1906년, 노르웨이 1913년, 덴마크 1915년, 스웨덴에서 1921년에 보장되었으며, 이들 가운데 핀란드는 유럽 최초로 여성 선거권을 허용했으며 여성 피선거권까지 보장하는 현대적 의미의 평등 보통선거권을 세계 최초로 도입한 국가이기도 하다.

북유럽 국가들에서 산업화와 함께 밀려든 서유럽 사회주의 물결의 영향으로 형성된 좌-우 이념적 균열을 중심으로 사민주의 정당, 보수당, 자유당, 농민당, 공산당 등의 정당들이 선거연합을 구성하여 사회주의 블록과 비사회주의(혹은 부르주아 블록)로 나뉘어 경쟁하고 연립정부를 구성하는 것이 통상적인 선거경쟁 형태였다. 노동계급 지지에 기반한 사민주의 정당들은 근대 복지국가의 이념적, 정책적 기초를 제공하면서 선거적지지 면에서 가장 높은 지지를 받는 정당이었다. 스웨덴 사민당, 노르웨이 노동당은 특히 안정된 계급연합에 기초해 비례제 선거

제도 하에서도 40%를 상회하는 높은 지지를 유지하는 "사회민주 지배체제"(김수진 2007)를 구축한 바 있다. 하지만 1990년대 이후 점차적으로 사민주의정당들의 득표 감소와 중도우파 정당들의 선거지지 증가로 정당 간 경쟁이 강화되고 있다.

북유럽 정당체제의 주요 특징은 중앙-지방 균형발전을 주장하는 농민정치 운동 세력이 정치세력화하여 주요 정당으로 성장했다는 점이다. 현재 북유럽 대부분의 국가에서 중앙당(Center Party)은 구 농민당의 후신으로 농민당의 중요성은 북유럽 국가 정당체제의 특수성으로 주목받았다. 덴마크와 스웨덴의 지배를 받고, 러시아의 영향력 하에 있었던 핀란드는 인구 구성상 스웨덴인의 비중과 영향력이 높았던 특징이 사회 균열을 형성하여 소규모 스웨덴인당 등으로 정치균열에 반영되었다.

민족주의적 성향의 노르웨이 진보당과 덴마크 인민당은 이미 1970년대부터 존재했으나 중도 좌-우 정당들의 경쟁과 집권으로 안정화된 북유럽 정당체제 내에서 극우정당은 소수 정당에 불과했다. 하지만, 최근 포퓰리스트적 선거전략을 적극적으로 활용하여 지지를 확장해가고 있으며 극우정당의 발전이 미약했던 스웨덴과 핀란드에서도 포퓰리스트 우파정당의 급격한 성장이 충격을 안겼다. 이 정당들의 지지기반은 아직 명확하게 규정하기 어려우나 최근 선거들에서 청년층과 노동계급의 우파정당지지가 뚜렷하게 나타나 노르웨이 정당체제가 "분산적 정당체제(diffused party system)"(Heidar 2005, 807)로 전환되었다는 평가와 함께 새로운 유권자-정당 간 선거연합으로서 "노동계급과 급진포퓰리스트정당(RPP) 연합"(Oesch 2008, 350)의 등장이 주목받고 있다.

1980년대부터 진행된 당원 수 급감, 유권자 정당일체감 약화에도 불구하고 북유럽의 정당들은 당원 충원방식, 선거 후보 선출 혹은 지명 방식, 캠페인 방식 등에서 대중정당으로서의 틀을 유지하고 있다. 활동적 당원 비중과 중앙-지역 정당조직 간 연계, 중앙-시·주-지방자치단체 차원의 수직적 위계 및 선거후보 선출방식 역시 마찬가지이다. 정당 웹사이트와 소셜 네트워크를 통해 선거 캠페인 및 소통 확산이 활발하게 이루어지지만 스웨덴 해적당과 같이 탈근대적 정당조직 형태를 나타내는 네트워크 정당(장선화 2012)으로의 조직적 변화가 진전되고 있지 않다.

정당이 당원을 대표하는지 해당 정당에 투표한 유권자들을 대표하는지는 오래 전부터 논쟁적(Sartori 2005, 24)이지만 포괄정당(catch-all party)(Kirchheimer 1966)으로의 전환이 두드러진 1970년대 이후로도 당원(mass)을 대표하는 '대중정당(mass party)'로서의 정체성은 유지되고 있다. 즉, 적어도 북유럽에서는 소통의 장으로서 정당의 역할은 여전하다.

Ⅲ 북유럽 정당체제: 이념적 균열과 농민당(중앙당)의 특수성

1. 근대 사회균열과 정당체제

21세기 유럽에서 진행되는 변화는 EU 통합으로 인한 새로운 사회 균열의 가능성과 사회적 갈등의 정치적 이슈화에 성공한 신생정당들의 원내 진입에 따른 변화를 나타내고 있다. 하지만 형성기 정당체제의 유형적 특성이 갖는 지속성(Sartori 1968; Panebianco 1988)이 유지되고 있으므로 먼저 근대 북유럽 정당체제의 유형과 특수성을 살펴볼 필요가 있다.[2]

산업화와 더불어 확산된 민주화 물결로 유럽 각국에서 형성된 정당들은 노동계급운동 및 지역·언어·종교 등 사회운동에 기초하여 정치적으로 성장한 대중정당의 형태가 지배적이었다. 특히 노동자 계급에 기초한 사회주의 정당들의 급격한 성장과 함께 북유럽에서도 사회주의–비사회주의 블록으로 나뉜 이념적 균열이 정당체제 내 핵심 균열로 자리 잡았다. 독일 사민당의 영향을 받아 초기에 사회주의 정당으로 출발한 스웨덴 사회민주주의노동자당(이하 스웨덴사민당), 노르웨이 노동당, 핀란드 사회민주주의자당(이하 핀란드 사민당) 등 노동계급 정당들은 점차 자본주의 체제 내 점진적 개혁을 추구하는 사회민주주의정당(이하 사민주의정당)으로 성장했다. 유럽 대륙과 차별되는 북유럽 정당체제의 특수성은 농민당이 전신인 중앙당이 주요 정당으로 성장, 유지되어 왔다는 점이다. 넓은 국토 면적에 비해 북극에 가깝고 평야가 적은 지리적 특성 상 인구가 해안가에 밀집해 도시가 발달했고 유럽 대륙과의 상업 또한 이를 통해 발달했다. 그에 비해 중앙의 통치 영향력이 미치기 어려운 산간 지방 및 중북부에 분산되어 있는 자영농들로 구성된 지

---

2 분석단위로서 정당은 단일한 행위자인 동시에 고유의 조직, 당원, 자원 등 차원에서 복잡한 상호작용이 일어나는 구성체이며 각각의 차원 또한 민주주의 정치의 작동에 중요한 분석 대상이다(Kartz 2005, 87 참조). 하지만 이 글에서는 정당체제를 구성하는 정당을 민주주의 정치체제의 주요 행위자이자 단일한 행위자로 설정하고 논의를 전개한다는 점을 미리 밝혀둔다.

역 공동체들은 고유의 공동체 질서와 의사결정체계를 갖추고 있었다. 북유럽에서는 종교, 교육, 농민 운동들이 지역적으로 발달했으며 특히 유럽 대륙에 비해 상대적으로 늦은 산업화로 노동계급 운동과 사회주의 정당들이 성장하기 전부터 이미 농민운동이 활발하였다. 특히 스웨덴과 노르웨이에서는 부르주아들이 분열된 반면 강한 자영농들은 소유 토지에 기반해 귀족계급으로 신분상승을 하거나 집단적인 정치적 영향력을 행사할 수 있었다.

서유럽에서 시작된 민주화 물결 속에서 북유럽의 노동계급정당들은 부르주아 정당인 자유당과 제휴하여 민주화운동을 전개하면서 성장하였고 농민운동세력들은 농민당을 결성해 정치적으로 성장하였다. 북유럽 농민당은 중앙과 지역의 균형적 발전 필요성을 주장하며, 초기에 도시 노동계급의 자유무역 선호와 달리 자국 농림업 보호를 둘러싼 도시─농촌 균열을 형성하는 등 대체로 중도 보수적 이념 성향을 공유한다. 그럼에도 불구하고 1930년대 스웨덴 사민당과 노르웨이 노동당은 농민당과 연정을 구성하거나 간접 지지를 통해 집권한 바 있다(김수진 17). 반면 스웨덴과 노르웨이에서 보수주의 정치세력은 반사회주의 연합 구성에 실패했으며 1960년대까지 소수 야당에 머물렀다.

핀란드의 경우 스웨덴 지배의 역사적 유산으로 신분제의회가 19세기까지 지속되었고, 스웨덴어─핀란드어 균열이 형성되어 스웨덴어를 사용하는 귀족, 부르주아가 토지소유권에 기초한 투표권 행사를 통해 정치적 지배를 지속했다. 의회 개혁을 요구하는 개혁헌법주의자와 핀란드 노동자계급이 1905년 10월과 11월 총파업을 실시한 끝에 러시아 짜르의 11월 메니페스토(November Menifesto) 서명으로 보통평등 선거권을 보장받아 1906년 남녀보통선거제도가 도입되었다. 1918년 친러시아 개혁주의자와 친독일 자유주의자와 간의 격렬한 적(Reds)─백(White) 내전 끝에 1919년 상대적으로 대통령 권한이 강한 의회제 헌법이 제정됨으로써 20세기 핀란드에서는 북유럽에서도 예외적인 대통령 권한이 강한 준대통령제적 권력구조가 형성되었다.

2. 북유럽 정당체제의 특수성

1880년대부터 1920년대까지 정당형성과정에서 고착된 스칸디나비아 국가 정당체제는 소위 '5 정당 체제'를 특징으로 한다. 강력한 사민주의 정당과 상대적으로 약하지만 안정적 좌파 정당이 사회주의 블록을 형성하고 파편화된 비사회주의 블록의 3개 정당들이 2+3 정당 중심의 의회를 구성하며, 이 정당들은 공산주의, 사회민주주의, 농민주의, 자유주의, 보수주의에 기초한 5개 주의에 기초한 것으로 유형화되었다(장선화 2012, 437; Berglund and Lindström 1987, 18). 핀란드 정당체제는 2차 세계대전 이후 사민주의정당, 보수적 국민연합당, 농민기반의 중앙당이 주요 3개 정당으로 안정화되면서 북유럽 국가들의 정당체제적 특징을 공유하게 되었다 (Aylott, Blomgren, and Bergman 2013, 90). 1980년대 녹색당의 등장과 2000년대 포퓰리스트

북유럽 3개국 정치체제, 선거제도, 정치환경　　　　　스웨덴, 노르웨이, 핀란드

　　스웨덴, 노르웨이, 핀란드는 단원제, 비례제 선거제도와 연립내각의 구성, 좌(socialist bloc)-우 (non socialist bloc) 이념적 정치균열이 지배적인 가운데 중앙-지방 정치 균열이 공존하는 정치 균열 형태 등에서 유사하지만 권력구조 차원에서 스웨덴과 노르웨이는 입헌군주제, 핀란드는 준대통령제(Semi-presidential system)(Duverger 1980)로 상이하다. 스웨덴과 노르웨이의 실질적 정치권력은 의회에 있으며 핀란드는 1919년 수립된 헌법에 따라 대통령이 입법안 제출권, 원내 제1당과 양자 협의 하에 총리를 지명할 수 있는 권한, 외교정책 결정권 등 강한 권한을 갖고 있었으나 2000년 개헌으로 기존의 대통령 권한을 대폭 축소하고 의회 권한을 강화한 후 의원내각제적인 특징이 커져 세 국가 간 권력 구조적 차이는 보다 줄어들었다. 의회 규모 및 선거제도에서 세 국가 간 차이가 좀 더 크게 나타난다. 스웨덴의 의회 의석은 349석, 핀란드 200석, 노르웨이 169석으로 각국의 인구규모를 반영한다. 선거제도는 스웨덴은 (중간)개방형 정당명부식 비례대표제이며 비례의석 획득을 위한 진입장벽(threshold)으로 득표율 4% 혹은 지역구 의석 3석의 제한을 둔다(장선화 2016). 노르웨이 의회 선거제도 역시 중간개방형 정당명부식 비례대표제로 득표율 4%의 진입장벽을 두고 있으며 정원 가운데 150명은 지역구, 19명은 정당투표에서 할당된다(노르웨이 정부사이트 2017, 7/25). 반면 핀란드는 개방형 정당명부식 비례대표제로 중앙 차원의 공식적 진입장벽은 별도로 존재하지 않는다. 정당명부에 후보자 명단이 모두 기재되어 유권자들의 개별 후보에 대한 선호 투표가 가능하고, 따라서 정당 내에 개별 후보 간의 경쟁이 치열하게 전개된다. 하지만 잔여의석 비중이 커서 거대정당에 유리한 선거제도로 평가된다(Aylott, Blomgren, and Bergman 2013, 89-90). 세 국가 모두 정당 성립을 위한 요건이 비교적 간단하고 쉬운 편인데, 정당명 없이도 선거에 참여할 수 있으며 정당 등록을 위해 스웨덴은 15,000명의 서명이, 노르웨이와 핀란드에서는 5,000명의 서명이 요구된다(장선화 2016).

　　스웨덴, 노르웨이, 핀란드의 정치체제와 정치환경은 유사성과 차이성을 동시에 드러낸다. 스웨덴, 노르웨이의 의원내각제와 핀란드의 의원내각제적 속성이 강한 권력구조, 중도 좌-우 정당을 중심으로 한 선거연합과 연립정부의 구성, 온건다당제적 정당체제 등 정치제도적 차원의 유사성과 주요 정당들의 복지국가에 대한 옹호, EU 정책에 대한 지지, 민주주의적 규범과 가치에 대한 공유 등 정치환경 면에서 유사성이 크게 나타난다. 1990년대 스웨덴사민당의 선거적 지지 약화와 함께 세 국가의 정당편성은 더욱 유사성이 커졌다.

우파의 부상 이후 3국의 의회 내 유효 정당의 수는 3+5+α로, 사민주의정당, 보수당, 중앙당이 주요 3당이며 연립정부에 참여하는 정당에 해당하는 5개+α의 원내 소수정당들이 공존해왔다.

득표율과 의석수간 불일치가 상대적으로 적은 비례대표제와 중간 개방형 정당명부제를 기본으로 하는 선거제도적 특징상 북유럽의 선거과정과 의회정치는 정당 중심적이며 사민주의정당 중심의 중도좌파 선거연합과 보수당을 중심으로 한 중도우파 선거연합이 경쟁하여 승리한 연합이 연립정부를 구성하는 것이 특징적이다. 북유럽 정당들은 단독으로 원내 다수 의석을 차지하지 못하고 연정을 구성한다. 20세기 중반 이후 사민주의 정당이 원내 제1당임에도 불구하고 의회 과반 의석을 차지해 단독 집권하는 경우는 극히 드물었고, 보수정당들 역시 2~4개 정당이 연합하여 정부를 구성한다. 중앙당은 제2당 혹은 3당의 위치에서 연정파트너로서 캐스팅 보터 역할을 해왔다. 스웨덴사민당, 노르웨이 노동당, 핀란드사민당은 1930년대에 농민당과 손잡으면서 스칸디나비아 복지국가의 정치적 기초가 되는 계급 간 연대를 구축한 바 있다(Sundberg 1999, 57). 핀란드 사민당은 제2차 세계대전 이후 1980년대 중반까지 주로 농민당 후신인 중앙당과 적−토 연정(Red−earth or Red Soil coalition)을 구성해 왔으며, 1995년 대연정 − 일명 "무지개 연정(Rainbow coalition)" − 을 통해 중도우파 보수 정당들과 협력한 바 있다. 이처럼 북유럽 정당 정치의 중요한 특징은 지역, 이념, 언어 등에 기초한 사회 균열을 대표하는 정당들이 대립과 분쟁으로 치닫지 않고 이익교환에 의한 합의 혹은 연정 필요성에 의한 타협을 통해 합의주의적 의회정치 경험을 축척한 데 있다.

2.1 스웨덴

스웨덴의 정당체제는 사민당과 온건당(구 보수당)을 중심으로 한 좌−우 이념적 균열이 지배적인 가운데 농민당(현 중앙당), 자유당, 녹색당 등 3개 소수 정당들이 연정을 구성하는 온건 다당 체제를 유지해왔다. 1920년대 보통선거권 확대 민주화 과정에서 사민당과 자유당이 협력했으나 1930년대 이후 사민당 중심의 사회주의 블록 − 사민당, 좌파당, 1970년대 초까지 중앙당/1990년대부터 녹색당 − 과 보수당 중심의 부르주아블록 − 보수당, 중앙당(1976년부터), 자유당, 기민당 − 이 선거연합을 형성해 경쟁했다(장선화 2012, 437). 스웨덴 내 소수정당은 다수이나 의회 의석을 보유한 주요 정당 수는 제한적이다. 녹색당은 1988년 총선에서 처음으로

의회에 진출했는데 70년 만에 처음으로 새로운 정당이 의회에 진출한 것으로 화제가 되었을 정도였다.

유럽 선진민주주의 국가 가운데 예외적으로 스웨덴 정당정치에서는 1932년부터 1991년까지, 1970년대 6년을 제외하고 44년 여에 걸쳐 스웨덴사민당의 지배적 헤게모니 하에 일당지배체제(the one party dominant regime)(Pempel 1990)에 가까운 체제적 특성이 유지되었다. 스웨덴사민당은 독일사민당에 이어 두 번째로 설립된 사민주의 정당으로 1917년 당내 급진 좌파의 탈당 이후 사민주의 대중정당으로 지지를 확대해 갔으며 1920년 처음으로 집권했다. 득표율 과반을 넘은 것은 두 차례에 불과했으나 40%를 상회하는 원내 제1당으로서 스웨덴사민당에 대한 압도적 선거 지지는 1980년대 말부터 약화되었다(이 글의 <표 1-6-1> 참조). 하지만 사민당 헤게모니 하에서 형성된 스웨덴식 사민주의적 복지국가 모델에 대한 유권자들의 지지는 유지되어 중도우파 정당들이 보편적 복지정책을 급격히 바꾸기 어렵게 하는 원인이 되었다.

표 1-6-1 스웨덴 주요 정당(2017년 기준)

정당명	이념	홈페이지
좌파당 (V: Vänsterpartiet), 구 공산당	좌파	http://www.vansterpartiet.se
녹색당 (MP: Miljöpartiet de Gröna)	중도좌파, 생태주의	http://www.mp.se
스웨덴사민당 (SAP: Socialdemokraterna)	중도좌파, 사민주의	http://www.socialdemokraterna.se
중앙당 (C: Centerpartiet), 구 농민당	중도우파, 중앙-지방균형	http://www.centerpartiet.se
온건당 (M: Moderaterna), 구 보수당	중도우파	http://www.moderat.se
자유당 (FP: Folkpartiet)	자유주의	http://www.folkpartiet.se
기독교민주당 (KD: Kristdemokraterna)	기독교, 보수	https://www.kristdemokraterna.se
스웨덴민주당 (SD: Sverigedemokraterna)	반이민, 포퓰리스트우파	http://sverigedemokraterna.se

1970년대까지 사민당 중심 정당체제에서 약소정당에 불과했던 온건당은 1980년대 초부터 기업과의 연계 하에 급격히 성장했다. 온건당이 이끄는 중도우파 선거연합은 1991년 선거에 승리해 체제전환을 시도했으나 반발에 부딪히고 경제위기를 맞으면서 재집권에 실패하였다. 이후 사민당 집권이 이어졌으나 40%를 상회하던 득표율은 2002년에 39.8%로 떨어졌다. 온건당은 2006년 집권하면서 스웨덴식 복지 모델을 유지하는 가운데 온건한 개혁을 실시할 것을 약속했으며 2010년 선거에도 재집권하면서 스웨덴에도 선거에 따른 정권교체가 예외적인 현상이 아닌 가능한 현실이 되었다. 2014년 총선에서 사민당은 적록연합을 통해 8년 만에 집권당이 되었지만 자유당 및 중앙당과 연정구성에 실패하고 녹색당과 소수정부를 구성하고 있다.

2.2 노르웨이

노르웨이의 근대 이후 정당체제는 스웨덴과 매우 유사하다. 1927년부터 현재까지 노르웨이의 원내 제1당은 노동당이다. 노동당은 사회주의 블록을 이끄는 중심 정당으로 득표율이 1960년대까지 40%를 상회했다. 1935년 재집권 이후 1965년까지, 1974년부터 1981년까지 오랜 기간 집권당으로 정치적 헤게모니를 유지했다. 1920년대 코민테른 가입과 탈퇴를 둘러싼 당내 노선갈등으로 분당을 거듭했던 노동당은 1930년대부터 개혁적 사회민주주의 노선을 채택하여 대의민주주의 제도 내 정당으로 노르웨이 정당정치를 이끌었다.

노르웨이의 원내 주요 정당 구성은 현재 명목만 유지하고 있는 공산당과 1973년 창당해 정치적으로 성장한 진보당을 제외하면 1960년대와 동일하다. 정당체제 내 정치균열은 좌−우 이념적 균열이 지배적인 가운데 중앙−지방 균열과 윤리−종교 이슈가 부차적 균열을 형성하는 스칸디나비아 정당정치적 특징이 잘 드러난다. 보수당은 원내 제2당이자 중도우파 연정을 이끄는 정당이다. 기민당과 중앙당(구 농민당)은 중간 규모의 정당으로 연정에 참여한다. 최근 노동당은 녹색당과 적록연합을 통해 연정을 구성한다. 이외에 1960년대 의회에 진입한 사회주의좌파당(구 사회주의인민당)과 1973년 조세저항운동에 기초하여 성장한 진보당 등 6개의 정당들이 의회를 구성한다(Heidar 2005, 807). 진보당은 2000년대에 들어 보수적 자유주의 성향의 반이민 우파 정당으로 급성장해 2013년부터 보수당과 연정을 구성하여 정부당의 위치로 올라섰다. 노르웨이에서는 1972년 유럽공동체(EC) 가입 국민

표 1-6-2 **노르웨이 주요 정당(2017년 기준)**

정당명	이념	홈페이지
공산당 (NKP: Norges Kommunistiske Parti)	좌파, 공산주의	https://www.nkp.no
적색당(Rødt)	중도좌파, 생태주의	https://xn--rdt-0na.no
사회주의좌파당 (SV: Sosialistisk Venstreparti)	중도좌파, 사민주의	https://www.sv.no
녹색당 (MDG: miljøpartiet de grønne)	환경, 생태주의	https://www.mdg.no
노동당 (Ap: Arbeiderpartiet)	중도좌파	https://www.arbeiderpartiet.no
중앙당 (Sp: Senterpartiet), 구 농민당	중도우파, 중앙-지방균형	https://www.senterpartiet.no
보수당(H: Høyre)	중도우파	https://hoyre.no
자유당(V: Venstre)	자유주의	https://www.venstre.no
기독민주당 (KrF: Kristelig Folkeparti)	기독교, 보수	https://www.krf.no
진보당 (FrP: Fremskrittspartiet)	반이민, 포퓰리스트 우파	https://www.frp.no

투표가 부결된 데 이어 1994년 EU 가입안 역시 부결되었다. 1994년 EU 가입 국민투표가 부결된 이유는 국가주권을 상위 공동체에 넘길 수 없다는 유럽회의주의 여론과 어업과 원유 등의 천연자원에 대한 고려가 가장 큰 원인이었던 것으로 해석된다.

2.3 핀란드

핀란드는 스웨덴보다 주요 정당 간 득표율 격차가 적고 온건다당제적 정당체제가 유지되어 왔다. 스웨덴이나 노르웨이에 비해 의회 내 유효 정당의 수가 많고, 이념적으로 파편화된 다당제적 성격이 두드러진다. 핀란드의 정당들 역시 사회균열에 기초하여 성장했는데(Westinen 2015, 278), 주요 정당 정치 균열은 좌-우 이념적 균열과 중앙-주변부 균열이다. 핀란드에서도 농민 운동에서 출발한 정당이 주요 정당(핀란드중앙당)으로 성장하였다. 노르웨이와 스웨덴보다 늦은 산업화로

1930년대까지 농업 중심 경제구조가 보다 오래 지속되어 농민계층에 기반한 민족주의적·중도적 중앙당의 정치 세력이 강했고, 이후 자유주의적 중도 이념 성향을 가진 다양한 계층으로 지지를 확대하면서 주요 3당 중 하나로서 위치를 확고히 했다.

사민당은 1899년 창당되어 핀란드 민주화를 주도하며 성장한 중도좌파정당이지만 핀란드에서는 스웨덴이나 노르웨이와 달리 사민주의 정당이 지배적인 영향력을 행사하지는 못했다. 연립정부를 구성하는 중심이 되는 핀란드중앙당, 핀란드사민당, 국민연합당 등이 주요 정당으로 1980년대부터 사민당, 중앙당, 국민연합당이 비슷한 득표율로 원내 1당 자리를 다투었다. 사민당과 녹색당이 적록연합을 형성하거나 핀란드중앙당, 국민연합당, 기민당 등 3~4당이 연정을 구성하며 중도좌파와 중도우파 선거연합이 번갈아 집권하는 좌-우 이념적 정당정치 균열이 두드러졌다. 다른 북유럽 국가들과는 달리 핀란드에는 언어 및 지역 균열에 기초한 스웨덴인당과 비교적 강한 좌파동맹이 소수정당으로서 영향력을 유지하고 있다는 점이 특징적이다.

표 1-6-3 핀란드 주요 정당(2017년 기준)

정당명	이념	홈페이지
좌파동맹 (VAS: Vasemmistoliitto)	좌파	http://www.vasemmisto.fi
녹색당(VIHR: Vihreat)	중도좌파, 생태주의	http://www.vihreat.fi
사민당 (SDP: Sosialidemokraatit)	중도좌파, 사민주의	http://www.sdp.fi
핀란드중앙당 (KESK: Suomen Keskusta)	중도우파, 중앙-지방균형구 농민당	http://www.keskusta.fi
국민연합당(KOK: Kokoomus)	중도우파, 보수당	http://www.kokoomus.fi
스웨덴인당 (SFP: Svenska folkpartiet)	자유주의	http://www.sfp.fi
기독교민주당 (KD: Kristillisdemokraatit)	기독교, 보수	http://www.kd.fi
핀란드인당 (Ps: Perussuomalaiset)	반이민, 포퓰리스트우파	http://www.perussuomalaiset.fi

20세기 초 내란을 겪으면서 정치적 갈등이 심했던 핀란드에서도 합의제적 의회정치의 경험이 축적되어 왔다. 1980년대 말과 1990년 초 소비에트 연방 해체 영향으로 인한 경제위기 극복과정에서 1995년 사민당, 좌파당, 녹색당, 국민연합당, 핀란드 스웨덴인민당이 소위 무지개 연합으로 대연정(Grand coalition)을 구성해 경제안정화에 성공하였다.

핀란드 정당정치 역시 최근에 변화 가능성이 나타나고 있다. 1987년 창당해 급성장한 녹색당이 가져온 변화는 크지 않았던 반면, 1995년 창당했으나 2011년까지 영향력이 크지 않았던 핀란드인당에 대한 지지가 급격히 증가했다. 핀란드인당의 부상과 연정참여는 보수중도 이념 균열에 기초한 근대적 정당체제의 변화가능성을 나타낸다. 2015년 총선에서 가장 많은 표를 얻은 핀란드중앙당을 중심으로 국민연합당, 핀란드인당이 연립정부를 구성하고 있다.

 ## Ⅳ 1990년대 이후 탈근대적 변화

1. 대중정당의 약화

1990년대 초 북유럽 정당들이 직면한 시대적 변화는 다른 유럽 민주주의 국가들의 정당들과 유사하다. 하지만 노르웨이, 스웨덴, 핀란드가 EU와 맺고 있는 관계 및 국내 경제적 상황, EU의 정치경제적 변동이 각국 정치에 미치는 영향력은 다소 상이하다. 스웨덴은 1995년 유럽연합에 가입했으나 유로존에는 가입하지 않고 자국 통화인 스웨덴 크로나를 유지하고 있다. 핀란드 역시 스웨덴과 함께 유럽연합에 가입했으며, 2002년 유로존에 가입하여 유로화를 사용한다. 노르웨이는 유럽연합 가입 국민투표가 부결되어 유럽자유무역연합(EFTA: European Free Trade Association)을 통해 EU와 협력하고 있다(아래 박스 참조). 1990년대 초 스웨덴은 복지국가 개혁 필요성, 사민주의적 지배에 대한 권위주의적 해석 등으로 중도좌파정당들의 득표가 줄어드는 경향을 보였으며, 대기업 중심 경제구조였던 핀란드는 경제위기를 맞아 주요 정당들이 경제안정화를 위한 대연정을 구성한 바 있다. 노르웨이는 1975년 북해유전에서 발견된 원유와 천연가스로 인해 스칸디나비아 최대 자원보유국이자 부국으로 성장했다.

북유럽 각국 정당내적 변화는 유럽의 대중정당들이 겪는 변화들과 유사하다. 대중정당의 약화, 당원 수 감소, 전통적 좌-우 정당 계급지지기반 해체 등 근대 정당으로서의 특징이 약화되는 한편 기존 정당 정치인에 대한 회의, EU 정책에 대한 불만 등으로 인해 새로운 정당에 대한 지지가 증가하고 정당정치인의 세대교체가 진행 중이다.

노르웨이는 1983년 인구의 17%가 정당가입자였는데 2014년은 7%로 절반 이상 감소했다. 특히 대표적인 거대 대중정당인 스웨덴사민당과 노르웨이노동당의 경우 1990년대 당원 수가 급격히 감소했는데, 이 시기에 노동조합 가입과 동시에 정치적 조직인 노동계급 정당에 자동적으로 가입하는 집단당원가입제(collective membership)가 공식적으로 폐지되었기 때문이다. 스웨덴사민당의 경우 1990년까지 100만 이상의 당원을 보유하다가 1992년 노조의 정당 집단가입제 폐지로 259,000명으로 줄어들었고, 2014년에는 약 100,000명에 불과하다(장선화 2015, 72). 노르웨이 노동당은 1950년 200,500명에 달하던 당원 수가 2001년 52,900명으로(Heidar 2005, 810) 과거의 20% 정도 규모로 줄어들었다. 핀란드 사민당은 1950년대 초 공산당과의 경쟁과 당내 분열로 줄어든 당원수가 이후 지속적으로 증가했으나 1980년 10만 명을 정점으로 지속적으로 감소하는 추세에 있다(Sundberg 1999, 59).

1960년대 이후 독일을 비롯한 유럽 국가들에서 정당에 대한 국고보조금이 증가하였고 북유럽 국가에서도 국가보조금이 차지하는 비중이 높아졌다. 당원 수 감소와 국가보조금에 대한 의존도 증대는 정당들이 정치권력의 획득과 유지를 위해 기존 지지층을 넘어 유권자 전반에 대한 지지를 호소하는 포퓰리스트적 선거 전략을 확대하는 중요한 원인이 되었다.

2. 기성 정당들에 대한 회의와 극우정당의 부상

북유럽 국가들의 정치적 신뢰 및 정당에 대한 신뢰는 유럽국가들 가운데에서도 높은 편이다. 아래 <그림 1-6-1>에서 확인할 수 있듯이 최근 총선투표율은 스웨덴 85.81%, 노르웨이 78.22%, 핀란드 66.85%로 여전히 높지만 과거에 비해 낮아졌다. 노르웨이 총선 투표율은 1965년 85%에 달했으나(SSB 2017, 32), 2000년대에는 78%로 낮아졌다.

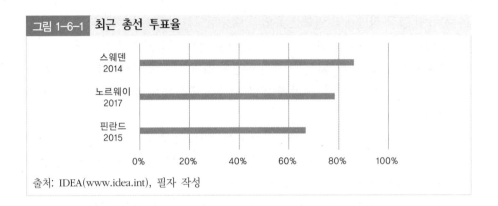

그림 1-6-1 | 최근 총선 투표율

출처: IDEA(www.idea.int), 필자 작성

북유럽의 유럽회의주의(Euroscepticism)[3] 스웨덴, 노르웨이, 덴마크/ 핀란드

스웨덴, 노르웨이, 덴마크 등 스칸디나비아 3국은 정도의 차이는 있으나 특유의 유럽회의주의(Euroscepticism) 경향을 보여왔다. 특히 통화정책 면에서 거리를 둔다. 노르웨이는 EU에 가입하지 않고 유럽자유무역연합(EFTA)을 통해 협력하고 있다. 덴마크는 유로존(Eurozone)에 가입하지 않는 옵트아웃(opt-out)을 선택했다. 스웨덴은 1995년 EU에 가입(국민투표 결과 52.3% 찬성)했으나 2003년 9월 유럽통화동맹(EMU: European Monetary Union) 가입여부를 결정하는 국민투표에서 56% 반대로 부결됨으로써 현재까지 자국 화폐인 크로나를 유지하고 있다. 스웨덴은 1970년대 유럽통화공동체에 일시적으로 참여했다가 탈퇴한 경험이 있으며, 2003년 유로도입 국민투표 과정에서 자국 화폐 유지 선호와 EU 회의주의적 정서가 표출된 바 있다. 당시 결성된 6월 명부당(June's List)은 이념적으로 스웨덴의 대표적인 유로(Euro)회의주의 정당으로 유럽차원의 이슈에 대응하는 원외 소수당으로 명맥을 유지하고 있다.[4] 핀란드는 다른 국가들과 달리 소비에트연방 해체 이후 서유럽과 관계를 재구축하는데 적극적이었다. EU 가입은 서구 정치에 편입될 수 있는 방편이기도 했다(Aylott, Blomgren, and Bergman 2013, 87). 1994년 10월 16일 EU 가입 국민투표가 실시되어 56.9% 찬성으로 핀란드는 1995년 EU에 가입하였고 북유럽 국가 가운데 유일하게 유로를 도입하였다. 남유럽발 재정위기가 유럽 전체를 위협한 2010년 이후 핀란드에서도 유로존 잔류 여부가 이슈화되고 있으나 중앙선거 이슈로 부각되지는 않았다. 안보 차원에서 냉전기에 일찍이 나토(NATO)에 가입한 노르웨이와 달리 중립국 위치를 유지하고 있던 스웨덴과 핀란드는 최근 러시아의 위협을 우려해 2016년 각각 미국과 안보조약을 체결했으나 트럼프정부 출범 이후 보다 안정적인 다국적 안보협력이 필요하다는 인식 하에 NATO 가입 여부에 대한 국민투표를 검토 중이다.

---

3 북유럽의 회의주의 박스 안의 내용은 장선화(2017, 85) 내용을 수정, 정리한 것이다.

4 하지만 스웨덴의 6월 명부당(June's list)은 이념적 스펙트럼 상에서 중도에 가까운 이념적 성향을 보인다(Bakker, de Vries, Edwards. et al. 2015, 146).

그럼에도 불구하고 유럽 내의 국가들의 투표율과 비교할 때 의무투표제인 몰타, 룩셈부르크, 벨기에를 제외하면 스웨덴, 노르웨이의 투표율은 매우 높은 편이며 핀란드는 중간 정도에 해당한다. 투표율 저하는 2000년대 유럽 국가들에서 기존 거대 정당들의 정책에 대한 불만과 지지 약화, 국내외적 갈등의 증가와 연관된다. 특히 남유럽발 유로존 경제위기와 이민자 갈등, 난민문제가 정치 이슈로 부상하면서, 기존 정당에 대한 지지가 약화되고 반이민 자국민 중심주의적 우파 정당에 대한 지지가 증가하는 현상이 세 국가에 공통적으로 나타나고 있다.

2.1 스웨덴

1970년대 오일쇼크, 1990년대 초 경제위기를 겪으면서 서유럽 뿐 아니라 북유럽 일부 국가에서 급진적 민족주의 우파 정당이 부상했다. 스웨덴 역시 경제위기를 경험하였으나 민족주의적 급진 우파 정당이 의회에 진입할 수 있는 가능성이 매우 낮은 예외적 정치 환경이었다.[5] 1980년대 말 난민 유입이 많은 스코네에서 반이민 정당이 주 의원을 배출하기는 했으나,[6] 1991년 신민주당의 스웨덴의회(Riksdagen) 의석 획득은 예외적이며 일시적인 해프닝에 그쳤다.

하지만 2010년 총선에서 스웨덴민주당(SD)의 원내 진입으로 스웨덴 역시 더 이상 예외사례가 아니게 되었다. 오랫동안 지속되었던 중도 좌-우 이념적 정당 정치 균열의 변화 가능성이 제기되는 한편(Oskarson and Demker 2015, 630), 2014년 총선에 스웨덴민주당이 원내 제3당으로 올라서면서 온건다당제적 특징이 약화될 가능성이 나타나고 있다.

기존의 주요 정당들이 스웨덴민주당과 연정 구성이나 의회 내 협력을 거부하고 있어 스웨덴민주당이 현재로서는 고립된 위치에 있지만 최근 총선에서 스웨덴 사민당에 대한 지지가 급감하고 2014년 총선에서는 온건당에 대한 지지가 현저히 줄어든 상황에서 앞으로도 과반 정부구성을 위해 여러 당이 연합하거나 사민당과 온건당의 대연정이 필요할 수 있다.

2015년 11월 난민위기 이후 스웨덴민주당은 EU와 스웨덴의 주요 정당이 스웨

---

5 스웨덴의 좌-우 이념적 정치균열과 선거연합 형태에 대해서는 장선화(2012, 437) 참조.

6 스웨덴에서도 지난 몇 십 년간 지방 차원에서 반이민 정책을 추구하는 틈새 정당(niche party)들이 부각된 바 있다. 1980년대 중반 스코네당(Skånepartiet, Skåne Party)이 스코네 지역 몇 개 선거구에서 의석을 획득한 바 있으며, 지자체 수준의 난민 수용 찬반 주민투표를 통해 인종차별주의를 공식적으로 표방하면서 이름을 알린 화보당(Sjöbo Party, Sjöbopartiet)이 스코네 주에 의원을 배출한 바 있다(Dahlström and Esaiasson 2011, 347).

덴인의 이익을 대변하지 못하고 있다고 비난하면서 여론조사에서 20%에 가까운 높은 정치적 지지를 받아왔으나 스웨덴의 이민정책 강화로 난민 수가 줄어들자 이민 이슈의 중요성이 차츰 줄어들면서 2017년 6월 18.4%, 11월에는 14.8%로 지지가 급감하는 경향이 나타나고 있다.[7] 2017년 스웨덴 스톡홀름에서 극단주의 무슬

표 1-6-4 **스웨덴 의회(Riksdag) 선거 결과: 정당득표율 및 의석수(1982 – 2014년)**

(단위: 득표율 %, 의석수 석)

	1982	1985	1988	1991	1994	1998	2002	2006	2010	2014
사민당 (SAP)	45.6 (166)	44.7 (159)	43.2 (156)	37.7 (138)	45.3 (161)	36.4 (131)	39.8 (144)	35.2 (130)	30.6 (112)	31.01 (113)
좌파당 (V)	5.6 (20)	5.4 (19)	5.8 (21)	4.5 (16)	6.2 (22)	12.0 (43)	8.3 (30)	5.8 (22)	5.6 (19)	5.72 (21)
환경당 (MP)	1.7 (0)	1.5 (1)	5.5 (20)	3.4 (0)	5.0 (18)	4.5 (16)	4.6 (17)	5.2 (19)	7.3 (25)	6.89 (25)
중앙당 (C)	15.5 (56)	12.4 (43)	11.3 (42)	8.5 (31)	7.9 (27)	5.1 (18)	6.1 (22)	7.9 (29)	6.5 (23)	6.11 (22)
자유당 (FP)	5.9 (21)	14.2 (51)	12.2 (44)	9.1 (33)	7.2 (26)	4.7 (17)	13.3 (48)	7.5 (28)	7.0 (24)	5.42 (19)
기민당 (KD)	1.9 (0)	–	2.9 (0)	7.1 (27)	4.1 (15)	11.8 (42)	9.1 (33)	6.6 (24)	5.6 (19)	4.57 (16)
온건당 (M)	23.6 (86)	21.39 (76)	18.3 (66)	21.9 (80)	22.4 (80)	22.9 (82)	15.3 (55)	26.1 (97)	30.0 (107)	23.33 (84)
스웨덴 민주당 (SD)			–	–	–	–	1.4 (0)	2.9 (0)	5.7 (20)	12.86 (49)
기 타	0.2 (0)	0.5 (0)	0.7 (0)	7.7 (25*)	2.3 (0)	2.6 (0)	3.1 (0)	5.7 (0)	1.8 (0)	0.97 (0)
합계	100 (349)	100 (349)	100 (349)	100 (349)	100 (349)	100 (349)	100 (349)	100 (349)	100 (349)	100 (349)

* 신민주당(NYD) 의석수: 득표율 6.7%. 1991년 창당, 2000년 소멸.
자료: 스웨덴 통계청(http://www.scb.se), 필자 작성

---

7 "Support for anti-immigration Sweden Democrats tumbles: poll" https://www.reuters.com/article/us-sweden-politics-poll/support-for-anti-immigration-sweden-democrats-tumbles-poll-idUSKBN1DZ1TH (검색일: 2018년 2월 19일).

림에 의한 테러가 발생한 후 스웨덴민주당은 오히려 자국 내에서 발생한 비극적 사건을 정치적으로 이용한다는 비난을 받은 바 있다. 2018년 총선에서 선거이슈로서 이민이슈의 중요도, 선거연합을 이끄는 스웨덴사민당과 온건당의 득표율, 스웨덴민주당의 태도 등이 이후 스웨덴 정당정치의 변화 여부를 결정하는 주요 요인이 될 것으로 보인다.

2.2 노르웨이

1980년대 말부터 노르웨이 원내 정당으로 자리잡은 보수적 자유주의 성향의 노르웨이 진보당은 비교적 오랜 역사를 보유한 우파정당이다. 1973년 조세저항운동에 기반하여 창당되었으며 작은 정부와 자유시장·글로벌경제를 옹호하고 엄격한 이민정책의 필요성을 강조한다. 최근에는 온건 우파정당으로서 신자유주의적 우파 포퓰리즘을 내세워 노동자계급의 지지를 확대하고 있으며 2013년 보수당 주도의 연립정부—보수당, 진보당, 기민당, 자유당—에 처음으로 참여하면서 정당체제에 변화 가능성을 제시했다. 노동당은 원내 제 1당의 득표를 유지했지만 많은 표를 잃었고, 중앙당, 사회주의좌파당이 합쳐서 40%를 넘지 못하는 득표율로 야당에 머물렀다. 2017년 총선에서 보수연합은 연립정부 유지에 성공한 반면 노동당과 보수당의 득표율 격차는 더욱 줄어들어 20세기에 걸쳐 지속되었던 노동당의 압도적 의회 내 지위는 급격히 약화되었다. 기민당이 진보당의 연정 참여에 불만을 표시하고 연정 참여를 거부해 2018년 현재 노르웨이 연정 구성 정당은 보수당과 진보당이다.

2000년대 노르웨이 총선에서 유권자에게 주요 이슈는 교육, 보건정책, 노인돌봄정책 등 사회정책적 이슈였고 이민 이슈는 주요 순위에 들지 않았으나 가장 최근에 치러진 2017년 총선에서 이민 이슈가 투표결정에 가장 중요한 이슈로 조사되면서 노르웨이에서도 이민이슈의 중요성이 부각되었음이 확인되었다(노르웨이 통계청 설문조사결과 참조).[8]

---

8 "Storting election, election survey" https://www.ssb.no/statistikkbanken/SelectVarVal/saveselections.asp (검색일: 2017년 12월 28일).

표 1-6-5 노르웨이 의회(Storting) 선거 결과: 정당득표율 및 의석수(1981 – 2017년)

(단위: 득표율 %, 의석수 석)

	1981	1985	1989	1993	1997	2001	2005	2009	2013	2017
공산당* (NKP)	0.3 (0)	0.2 (0)	–	0.0 (0)	0.1 (0)	0.1 (0)	0.0 (0)	0.0 (0)	0.0 (0)	0.0 (0)
적색당** (Rødt)	0.7 (0)	0.6 (0)	0.8 (0)	1.1 (1)	1.7 (0)	1.2 (0)	1.2 (0)	1.3 (0)	1.1 (0)	2.4 (1)
사회주의 좌파당(SV)	4.9 (4)	5.5 (6)	10.1 (17)	7.9 (13)	6.0 (9)	12.5 (23)	8.8 (15)	6.2 (11)	4.1 (7)	6.0 (11)
녹색당 (MDG)			0.4 (0)	0.1 (0)	0.2 (0)	0.2 (0)	0.1 (0)	0.3 (0)	2.8 (1)	3.2 (1)
노동당 (Ap)	37.2 (66)	40.8 (71)	34.3 (63)	36.9 (67)	35.0 (65)	24.3 (43)	32.7 (61)	35.4 (64)	30.8 (55)	27.4 (49)
중앙당 (Sp)	6.7 (11)	6.6 (12)	6.5 (11)	16.7 (32)	7.9 (11)	5.6 (10)	6.5 (11)	6.2 (11)	5.5 (10)	10.3 (19)
자유당 (Venstre)	3.9 (2)	3.1 (0)	3.2 (0)	3.6 (1)	4.5 (6)	3.9 (2)	5.9 (10)	3.9 (3)	5.2 (9)	4.4 (8)
기독민주당 (KrF)	9.4 (15)	8.3 (16)	8.5 (14)	7.9 (13)	13.7 (25)	12.4 (22)	6.8 (11)	5.5 (10)	5.6 (10)	4.2 (8)
보수당 (Høyre)	31.7 (53)	30.4 (50)	22.2 (37)	17.0 (28)	14.3 (23)	21.2 (38)	14.1 (23)	17.2 (30)	26.8 (48)	25.0 (45)
진보당 (FRP)	4.5 (4)	3.7 (2)	13.0 (22)	6.3 (10)	15.3 (25)	14.6 (26)	22.1 (38)	22.9 (41)	16.3 (29)	15.2 (27)
기타	0.5 (0)***	0.8 (0)	1.7 (0)	2.6 (0)	1.4 (1)	1.4 (1)	0.4 (0)	0.5 (0)	1.2 (0)	1.7 (0)
합계	100 (155)	100 (157)	100 (165)	100 (165)	100 (165)	100 (165)	100 (169)	100 (169)	100 (169)	100 (169)

* 적색당(Rødt)은 1989년 "환경과 연대", 1993년 "적색 선거연합", 2007 "적색당"으로 당명 변경.
** 노르웨이공산당(NKP)은 2차 세계대전 후 주요 정당으로 부상했으나 급격히 지지를 잃어 오래 전부터 의회 내 유효정당으로서의 의미를 상실했다. 1945년 득표율 11.9%, 1957년 3.4%, 1969년 1.0%(Heidar 2006, 808).
*** 비사회주의연합명부당이 3.6%를 득표해 5석을 획득했으나 중앙당으로 흡수됨.
자료: 노르웨이 통계청(http://www.ssb.no), 필자 작성

2.3 핀란드

핀란드 의회는 2011년 전까지 연정 참여 정당 이외에 핀란드인당, 스웨덴인당, 기민당 등 소수 정당까지 약 8개의 정당으로 구성되었다. <표 1-6-6>에서 확인할 수 있듯이 핀란드인당은 2011년 선거에서 39석을 획득해 보수당, 사민당

에 이어 제3당이 되었으며 당시 보수−사민 대연정이 구성되자 제1야당의 지위를 획득했다.[9] 1995년 창당 후 1석에 불과했던 의석이 2000년대에 증가하기 시작해 2011년 총선에서 이전 총선대비 약 4.5배 이상 득표율 증가로 핀란드인당은 "빅뱅적 성공(big bang victory)"(Westinen 2013, 123)을 거두었다.

표 1-6-6 **핀란드 의회**(Eduskunta) **선거 결과: 정당득표율 및 의석수**(1983−2015년)

(단위: 득표율 %, 의석수 석)

	1983	1987	1991	1995	1999	2003	2007	2011	2015
핀란드사민당 (SDP)	26.7 (57)	24.1 (56)	22.1 (48)	28.3 (63)	22.9 (51)	24.5 (53)	21.4 (45)	19.1 (42)	16.5 (34)
좌파동맹 (VAS)	13.5 (26)	9.4 (20)	10.1 (19)	11.2 (22)	10.9 (20)	9.9 (19)	8.8 (17)	8.1 (14)	7.1 (12)
녹색당 (VIHR)		4.0 (4)	6.8 (10)	6.5 (9)	7.3 (11)	8.0 (14)	8.5 (15)	7.3 (10)	8.5 (15)
중앙당 (KESK)*	17.6 (38)	17.6 (40)	24.8 (55)	19.8 (44)	22.4 (48)	24.7 (55)	23.1 (51)	15.8 (35)	21.1 (49)
국민연합당 (KOK)	22.1 (44)	23.1 (53)	19.3 (40)	17.9 (39)	21.0 (46)	18.6 (40)	22.3 (50)	20.4 (44)	18.2 (37)
스웨덴인당 (RKP-SFP)	4.6 (10)	5.3 (12)	5.5 (11)	5.1 (11)	5.1 (11)	4.6 (8)	4.6 (9)	4.3 (9)	4.9 (9)
기민당 (KD)	3.0 (3)	2.6 (5)	3.1 (8)	3.0 (7)	4.2 (10)	5.3 (7)	4.9 (7)	4.0 (6)	3.5 (5)
핀란드인당 (Ps)**	9.7 (17)	6.3 (9)	4.8 (7)	1.3 (1)	1.0 (1)	1.6 (3)	4.1 (5)	19.1 (39)	17.7 (38)
기타	2.8 (5)	7.5 (1)	3.5 (2)	7.0 (4)	5.3 (2)	2.9 (1)	2.5 (1)	2 (1)	2.5 (1)
합계	100 (200)	100 (200)	100 (200)	100 (200)	100 (200)	100 (200)	100 (200)	100 (200)	100 (200)

* 1983년 의석은 자유당 포함.

** 1983−1995년까지 핀란드 농민당(SMP) 득표율, 농민당 해체이후 일부가 핀란드인당(Ps) 창당.[10]

자료: 핀란드 통계청 웹사이트(http://www.stat.fi), 필자 작성

9 핀란드인당은 1995년 창당된 신생정당이나 19세기 민족주의적 농민운동에 기원을 둔 핀란드 농민당이 내분으로 해체된 후 일부가 창당한 정당이다. 스스로 핀란드 정당 가운데 가장 최신 정당이자 가장 오래된 정당임을 자처한다 (장선화 2017, 91; https://www.perussuomalaiset.fi/kielisivu/in-english/ 참조)(검색일: 2017.12.11.).

10 Statistics Finland "Appendix table 1. Seats gained by party in Parliamentary elections in 1983-2015" (http://www.stat.fi/ til/evaa/2015/evaa_2015_2015-04-30_tau_001_en.html)(검색일: 2017년 12월 27 일) 참조.

기존 정당에 대한 반감과 반이민·민족주의 정서를 정치적으로 동원하는데 성공한 핀란드인당은 2015년 총선에서는 원내 제2당으로서 중앙당, 국민연합당이 구성한 보수 연정에 참여해 주요 정당으로 지위를 확고히 했다. 핀란드인당은 급진우파적 주장과 거리를 두고 복지국가를 지지하는 중도에 근접한 민족주의 우파로서 정치개혁을 약속하면서 중도 이념성향 유권자와 블루칼라 노동자, 상대적으로 학력이 낮은 남성들로부터 표를 얻었다(장선화 2017, 92–96). 두 차례의 총선에 걸쳐 기존 정당에서 이탈한 지지자들을 확보했음에도 불구하고 고유의 이데올로기, 사회적 기반 등을 갖추지 못하며 기득권 정치 엘리트들에 대한 불만에 기초하고 있어 여전히 이슈 정당(issue party)이자 틈새정당(niche party)의 성격을 탈피하지 못한 한계를 갖고 있다.

핀란드인당이 처한 성공의 딜레마는 중도우파 정당들과 협력 하에 국정을 책임지는 정부당의 역할을 수행함으로써 안정적 연정파트너로서의 입지를 공고히 함과 동시에 대안 정당임을 내세워 유권자들에게 약속한 정치개혁들을 관철해야 하는 이중적 위치에서 기인한다.

 나오며: 북유럽 국가들의 정당체제 지속과 변화

북유럽 국가들은 선진 민주주의 국가 가운데에서도 높은 수준의 복지와 민주주의 정치문화, 지속가능한 경제성장, 양질의 교육환경, 남녀평등 등으로 주목받아왔다. 한국에서는 북유럽 복지모델과 교육시스템에 비해 정당정치에 대한 관심이 상대적으로 적은 편이다. 하지만 사민주의정당의 성장과 더불어 보장된 민주주의적 평등과 보편적 복지체계의 구축, 농민당, 보수당, 자유당 등 중도보수정당들과의 선거 경쟁 및 의회 내 협력을 통해 공고화된 협의제적 의회 정치에 대한 역사적 이해 없이는 북유럽 국가들의 체제적 특성을 파악하기 어렵다.

이 글은 북유럽 합의제 민주주의의 핵심적 구성 요소인 정당체제의 지속과 변화를 살펴보았다. 스웨덴, 노르웨이, 핀란드 등 북유럽 3국에서 제2차 세계대전 이후 공고화된 근대 정당체제의 현재적 변화가 진행 중이다. 이념적 측면에서는 사민주의 좌파의 약화와 민족주의적 우파의 강화가 두드러진다. 핀란드를 제외하고 이념적 스펙트럼 상 사민당의 왼쪽에 위치한 좌파정당들의 선거적 지지가 약화된 반면, 포퓰리스트 우파정당들은 기존 정당들의 정책 실패를 비난하는 한편 반이민과 자국민중심주의 이슈를 정치화하여 성장하고 있다. 둘째, 강력한 사민주의 정당, 안정적 좌파정당, 보수당, 농민당, 자유당 등으로 구성된 다섯 정당 체제가 특징적이었던 근대 북유럽 정당체제에 변화가 진행되어 왔다. 1980년대 녹색당의 진입, 노르웨이와 덴마크에 이은 2000년대 핀란드와 스웨덴에서의 포퓰리스트 우파정당의 급격한 성장으로 전통적 정당에 대한 지지가 약화되고 다당제적 속성이 강화되었다. 셋째, 정당 차원에서는 근대정당과 당원 간 연계에 기초한 대중정당의 특징이 현저히 약화되었다. 전통적 중도 좌, 우파 정당에 대한 유권자들의 정당일체감이 약화됨과 동시에 선거에서 나타나는 정당 지지는 보다 유동적이다.

21세기 북유럽 정당정치의 역동적 변화에도 불구하고 체제적 변화를 단언하기에는 이르다. 의회 내 유효정당 수의 증가, 선거연합의 재편, 정당–유권자 지지 편성의 변화가 정당 재편성을 의미할 수는 있으되 이로서 정당체제가 변화했다고 보기는 어렵기 때문이다. 좌, 우 이념적 균열에 기초하여 구성되는 사회주의블록과 비사회주의(부르주아) 블록 선거연합이 지속되고 있으며 포퓰리스트 우파정당의 급격한 성장과 정부 참여에도 불구하고 정책적 변화가 급격히 나타나지 않는다. 포퓰리스트 우파정당들은 정치적 동원에 성공하였으나 기존 정당들과 구별되는 지속가능한 사회적 지지 기반(이념, 지역, 계층 등)을 형성하지 못하였다. 포퓰리스트 우파 정당의 지속가능성과 연정 참여 지속가능성 여부, 반이민–민족주의 정책의 급진 혹은 온건화 여부에 따라 정당 간 이념적 거리, 정권 교대축의 변화, 정당–유권자 지지 편성의 변화가 뚜렷해질 가능성이 높다.

한편으로 협의제적 의회 질서의 작동과 정당 간 상호작용에 의해 변화의 충격이 완화되고 있다. 2015년 제2당의 위치에 올라선 핀란드인당은 핀란드중앙당, 국민연합당과 연정을 구성했고, 2017년 노르웨이 진보당은 보수당과 연정을 구성함으로써 보다 온건한 책임정당으로서 위치를 공고히 할지 아니면 대안정당으로서 유권자의 요구를 적극적으로 반영할지 딜레마에 처해있다. 스웨덴에서 사민당과 온건당은 스웨덴민주당과 연합을 거부하고 있으며 노르웨이 기민당은 핀란드인당과의 연정구성에 반발해 연정에서 탈퇴했다.

근대적 정당체제의 탈근대적 형태로의 변화는 국가, 정당, 유권자 차원에서의 변화를 반영한다. 하지만 변화는 어느 한 방향으로 지속적으로 나아가는 것이 아니라 근대적 특징의 지속과 변형, 회고적 재현과 새로운 어떤 것의 등장으로 중첩된 현재의 연속에 다름 아니다. 북유럽 정당체제 역시 정치·경제·사회적 변화와 유권자 편성의 변화, 이민 및 난민이슈의 부상, 정당의 역할 및 기능의 변화에도 불구하고 여전히 지속되고 있는 제도적 틀 속에서 점진적 변화가 나타나는 과도기적 상황에 놓여있다고 볼 수 있다.

더 나아가 생각해 보기

1. 북유럽 정당체제는 정당명부식 비례대표제를 통해 소수 정당들이 의회 내에 진입하고 대표된다. 비례대표제는 작동 원리상 득표율과 의석수의 비례성이 높아 "표의 등가성"이 보장되는 선거제도로서 장점을 갖는 동시에 소수정당의 난립으로 정치적 불안정이 높을 위험성이 있는 제도로 소개된다. 하지만 북유럽 정당체제는 높은 안정성과 협의제 민주주의적 의회질서를 유지하고 있다. 북유럽 정당체제를 구성하는 정당들이 이념, 노선, 정책적 차이에도 불구하고 높은 수준의 합의민주주의를 형성, 유지할 수 있었던 원인은 무엇일까?

2. 21세기 EU가 당면한 문제들–지역 내 경제적 격차, 이민자 갈등, 난민문제, 테러 위협–은 북유럽 국가들의 정당정치에도 영향을 미치고 있다. 급진적 우파 정당 혹은 포퓰리스트 우파 정당들의 정치적 성장이 대의민주주의 의회 정치에 위협으로 간주되는 이유는 무엇인가? 사민주의 정당과 보수당과 같은 기존의 주요 정당들이 이들과 정치적으로 연합하는데 주저하는 이유는 무엇일까?

3. 한국에서는 정당과 의회에 대한 유권자의 불신이 높은 편이다. 한국 정당정치를 북유럽 정당정치와 역사적, 제도적, 행태적 측면에서 비교해보자.

참고문헌

김수진. 2007. 『노동지배의 이념과 전략: 스칸디나비아 사회민주주의의 성장과 쇠퇴』. 서울: 백산서당.

박상훈. 2007. "한국의 87년 체제." 최장집 『어떤 민주주의인가』. 서울: 후마니타스.

장선화. 2012. "정보사회 이슈정당의 성장과 지속가능성: 스웨덴 해적당을 중심으로." 국제정치논총, 52(3): 425–445.

_____. 2015. "한국 정당민주주의의 제도적 특징과 개혁 과제: 독일, 영국, 스웨덴과 비교적 관점에서." 『평화연구』 23(1): 47–96.

_____. 2017. "북유럽 포퓰리스트 우파정당의 성장과 정당체제 변화: 스웨덴 민주당과 핀란드인당을 중심으로." 『한국정치학회보』 51(4): 75–100.

Aylott, Nicholas, Magnus Blomgren and Torbjörn Bergman. 2013. *Political Parties in Multi-Level Polities: The Nordic Countries Compared*. Houndmills, Basingstoke, Hampshire: Palgrave Macmillan.

Berglund, Stern and Ulf Lindström. 1987. *The Scandinavian Party System(s)*. Lund: Studentlitteratur.

Dalton, Russell J, David M. Farrell, Ian McAllister. 2013. Political Parties & Democratic Linkage: How Parties Organize Democracy. Oxford: Oxford University.

Dahlström, Carl and Peter Esaiasson. 2011. "the Immigration Issue and Anti-Immigrant Party Success in Sweden 1970–2006: A Deviant Case Analysis." *Party Politics* 19(2): 343–364.

Duverger, Maurice. 1980. "A New Political System Model: Semi-Presidential Government," *European Journal of Political Research* 8(2): 165–187.

ESS Round 8: European Social Survey Round 8 Data. 2016. *Data file edition 1.0. NSD – Norwegian Centre for Research Data*, Norway– Data Archive and distributor of ESS data for ESS ERIC.

Hancock, M. Donald. 2012. "Sweden" In *Politics in Europe*, edited by Christopher J. Carman, Marjorie Castle, David P. Conradt, Raffaella Y. Nanetti, B. Guy Peters, William Safran, and Stephen White. New York: CQ Press.

Heidar, Knut. 2005. "Norwegian Parties and the Party System: Steadfast and Changing," *West European Politics* 28(4): 807–833.

Katz, Richard S. 2005. "The Internal Life of Parties" In *Political Parties in New Europe: Political and Analytical Challenges*, edited by Kurt Richard Luther and Ferdinand Müller-Rommel, 87–118. Oxford: Oxford University Press.

Kirchheimer, Otto. 1966. "The Transformation of the Western European Party Systems" In *Political Parties and Political Development*, edited by Josep LaPalombara and Marion Weiner, 177－200. NJ: Princeton University Press.

Lipset, Martin S. and Stein Rokkan. 1967. "Cleavage Structure, Party Systems, and Voter Alignments: An Introduction." In Lipset, Martin S and Stein Rokkan. eds. *Party Systems and Voter Alignments*: Cross－National Perspectives. New York: Macmillan.

Ministry of Local Government and Modernisation. 2017. "The main features of th norwegian electoral system." www.regjeringen.no/en/dep/kmd/id504/.

Oesch, Daniel. 2008. "Explaining Workers' Support for Right－Wing Populist Parties in Western Europe: Evidence from Austria, Belgium, France, Norway, and Switzerland." *International Political Science Review* 29(3): 349－373.

Oskerson, Maria and Marie Demker. 2015. "Room for Realignment: The Working－Class Sympathy for Sweden Democrats." *Government and Opposition* 50(4): 629－651.

Panebianco, Angelo. 1988. *Political Parties*: Organization and Power. Cambridge: Cambridge University Press

Pempel, T. J. eds. 1990. *Uncommon Democracies: The One－Party Dominant Regimes*. Ithaca: Cornell University Press.

Sartori, Giovanni. 2005. *Parties and Party systems: A Framework for Analysis*. Colchester: ECPR Press.

Statistisk sentralbyrå. 2017. *This is Norway 2017*. What the figures say. https://www.ssb.no/en/befolkning/artikler－og－publikasjoner/_attachment/323659?_ts=15f2f92fcb8

Sundberg, Jan. 1999. "The Finnish Social Democratic Party," In *Social Democratic Parties in the European Union*, edited by Robert Ladrech and Philippe Marliére, 56－63. London: Palgrave Macmillan.

Westinen, Jussi. 2013. "True Finns: A Shock for Stability? Testing the Persistence of Electoral Geography in Volatile Elections," *Scandinavian Political Studies*. 37(2): 123－147.

＿＿＿＿＿. 2015. "Cleavages－Dead and Gone? An Analysis of Cleavage Structure and Party in Comtemporary Finland," *Scandinavian Political Studies*. 38(3): 277－300.

< 웹사이트 >

IDEA http://www.idea.int
스웨덴 통계청 http://www.scb.se
노르웨이 통계청 http://www.ssb.no
핀란드 통계청 http://www.stat.fi

P · A · R · T

2

정치경제

CHAPTER 1

영국의 정치경제:
세계화와 유럽화의 틈바구니에서

안병억

영국은 지리상으로는 유럽대륙에 속하지만 유럽대륙과는 다르다는 정체성을 자주 강조해 왔으며 대륙과는 상이한 복지 모델을 정립했다. 2차대전 후 영국은 전국민 건강보험 NHS(National Health Service)을 중심으로 하는 복지국가의 기틀을 세웠다. 이후 양대 정당인 중도 우파 보수당과 중도 좌파 노동당을 막론하고 일단 여당이 되면 기존 복지체제를 유지하면서 경제성장과 분배를 도모해왔다. 그러나 1979년 취임한 보수당의 마거릿 대처(Margaret Thatcher) 총리는 전후 이러한 합의 체제를 개혁했고 그 뒤를 이은 노동당의 토니 블레어(Tony Blair) 정부도 이를 계승했다. 2016년 6월 23일 영국 유권자들은 유럽연합(EU) 잔류/탈퇴를 묻는 국민투표에서 3.8% 차이로 EU 탈퇴(브렉시트, Brexit)를 결정했다. 영국 정부는 EU 탈퇴가 반세계화가 아니고 오히려 더 넓은 세계와 자유무역을 적극 추진하겠다며 '글로벌 영국'(Global Britain)을 계속하여 대외적으로 역설한다. 하지만 영국 무역의 절반이 가는 EU를 일부러 탈퇴해 유럽화(Europeanization)를[1] 일부 버리고 세계화를 더 추진하겠다는 것은 정책 모순이다. 이 장은 영국의 복지국가 모델, 노사관계의 틀, 대처주의와 이후, 그리고 브렉시트가 영국의 정치경제에 미칠 영향을 분석한다.

Ⅰ 앵글로 색슨 복지국가 모델

190개가 넘는 세계 각 국의 복지국가 체제를 체계적으로 분류하는 일은 쉽지 않다. 덴마크의 정치경제학자 에스핑 앤더슨(Esping-Andersen 1990)이 노동의 탈상

---

1 유럽화는 여러 가지 상이한 의미가 있지만 이 글에서 유럽통합과 같은 의미로 사용한다.

품화(decommodification) 정도를 기준으로 분류한 것이 널리 쓰인다. 자본주의 사회에서 노동력은 하나의 상품으로 노동자는 이를 팔아 생계를 꾸려나갈 수밖에 없다(K. Polanyi 1943).[2] 탈상품화 정도가 높다는 것은 노동자들이 노동력을 팔지 않고도 살 수 있게 국가가 제도적 지원책(복지)을 강구했다는 의미다. 따라서 탈상품화 정도가 가장 높은 것이 선진 복지국가인데 북유럽의 스칸디나비아형(스웨덴, 노르웨이 등)이 여기에 속한다. 그 다음이 조합주의적(보수주의적) 형으로 독일, 오스트리아, 이탈리아, 프랑스가 대표적인 예이다. 영국과 미국은 자유주의적 복지국가형에 속하며 탈상품화 정도가 가장 낮다. 자유주의적 복지국가에서는 국가가 자격심사를 하여 최하위층에 기초 복지를 제공하는 게 특징이다. 가정과 시장이 실패할 경우에만 국가가 개인의 복지를 책임지는 잔여적 복지국가(residual welfare state)의 성격이다.

<표 2-1-1>은 복지국가의 세 가지 모델을 유형화했다.

각 국가가 상이한 발전경로를 겪어 왔기 때문에 같은 유럽 대륙의 국가라도 상이한 복지국가체제를 도입해 유지해왔다. 이런 복지국가를 구성하는 주요 행위자가 근로자와 사용자이다.

표 2-1-1 에스핑 엔더슨의 복지국가 유형

구분	자유주의적 복지국가 (앵글로 색슨 모델)	조합주의적 복지국가	스칸디나비아(사회 민주적) 복지국가
탈상품화 정도	• 공공부조를 활용하며 복지의 초점은 저소득층. 엄격한 심사를 통하여 낙인하는 방식. • 탈상품화 정도가 가장 낮음. • 잔여적 복지국가의 성격	• 사회보험을 주로 활용하여 직업과 계층에 따라 다양한 복지 급여를 제공. 사회적 지위의 차이가 유지되어 탈상품화 정도는 낮은 편임.	• 보편주의 원칙에 따라 취약계층분만 아니라 중간계층까지 복지급여를 포함. 복지의 재분배 기능을 적극 활용해 최저 이상의 평균을 추구. • 탈상품화 정도가 제일 높음.
해당 국가	미국, 영국, 캐나다, 오스트레일리아	독일, 프랑스, 오스트리아 등 유럽대륙 국가	스웨덴, 덴마크, 핀란드 등 스칸디나비아 국가

자료: Esping-Andersen의 글을 참고로 저자가 재정리

---

2 칼 폴라니는 거대한 전환(Great Transformation)에서 상품화 할 수 없는 것을 상품화한 자본주의 체제를 비판했다. 그는 노동과 토지는 원래 상품이 될 수 없는 것인데 사회 체제로부터 유리되어 독립적으로 기능한다는 자율조정적인 시장(self-regulating market)이 이를 초래했다고 규정했다.

Ⅱ 영국 노사관계의 특징: 노사의 위상과 정책관여 점차 축소

2차대전 후 복지국가 체제가 확립되면서 노사는 정부의 정책 결정에 적극 참여했다. 하지만 산업구조가 변하고 정부 정책이 변경되면서 1970년대 말부터 노사의 영향력은 줄어들기 시작했고, 대처 총리가 집권한 1980년대부터 크게 줄어들었다. 대규모 규제완화와 민영화를 특징으로 하는 대처 총리의 정책에서 노사가 설 자리는 급속하게 축소될 수밖에 없었다.

대표적인 게 국가경제발전이사회(NEDC: National Economic Development Council)다. 보수당 총리 해롤드 맥밀런(Harold Macmillan)이 1962년 이 기구를 설립했다. 당시 영국 경제는 서독 및 프랑스 등 유럽대륙 국가들과 비교해 경제성장률도 계속하여 뒤떨어졌다. 이사회에는 노사와 정부 관계자들이 모여 미래 산업 전략을 논의했다. 총리가 주재하고 재무장관 등 관련 부처의 장관들이 참여했다. 원래 정기적으로 월례 모임이었지만 대처 총리가 집권한 후 분기별로 바뀌었고 유명무실해졌다. 작은 정부를 지향했던 '철의 여인'은 이 기구의 역할을 불신했다. 결국 1992년 대처의 후임자인 존 메이저(John Major) 총리 시절에 NEDC는 폐지되었다.

1. 노동조합 조직

노동 조합원의 수가 많을수록 그 조직의 영향력과 정당성이 커진다. 하지만 산업구조의 변화와 함께 노조가 정부 정책에서 차지하는 역할이 줄어들면서 영국의 노조 가입률은 크게 하락해 왔다. 1979년 55%를 차지했던 노조 조직률(조합원수÷임금 근로자)×100)은 2014년 말을 기준으로 25.1%로 하락했다(OECD).[3] 공공부문의 노조 가입률은 50% 정도이지만 민간 기업 분야의 가입률은 13.4%에 불과하다. 또 25세 이하의 근로자는 전체 근로자의 14%를 차지하지만 노조 가입률은 4.7%에 불과하다. 젊은 층의 노조 가입률을 확대하지 않으면 영국 노조 가입자의 고령화는 더 증가할 것이고 노조 조직률도 더 떨어질 것이다. 4차 산업혁명의 시대에 일은 점차 더 쪼개져 모듈화했고 디지털 시대 근무 형태는 전통적인 서비스나 제조업

---

[3] 우리의 노조 가입률은 1999년 11.7%였고 통계가 집계된 2012년 말에 10.1%를 기록했다. 2014년 말 경제협력개발기구(OECD) 회원국의 평균 노조 가입률은 16.7%다. 자세한 내용은 https://stats.oecd.org/Index.aspx?DataSetCode=UN_DEN (2017년 10월 2일 방문). TUC 홈페이지는 https://www.tuc.org.uk/.

과 다르다.

전기와 통신, 광산 및 철도 등 여러 가지 산업별 노조를 총괄하는 최상급 노조 단체는 노동조합전국회의(TUC: Trade Union Congress)다. TUC는 회원 노조의 이익을 대변하며 정부 및 시민사회에 노조의 입장과 이익을 적극 알린다. 아래에 소개되는 사용자단체와 마찬가지로 TUC는 단체교섭에는 참여하지 않는다. 또 이 단체는 회원 노조의 관할권 분쟁을 조정한다(유석현 2004). 영국에서는 복수 노동조합이 인정되기 때문에 한 기업에도 몇 개 노동조합이 조직되어 활동하기도 한다. 보통 통용되는 분쟁 조정 원칙은 과반수의 근로자를 조합원으로 보유한 TUC 산하 노조가 단체교섭을 하는 경우에 이들을 대상으로 회원 유치 활동을 벌여서는 안 된다는 것이다. TUC는 1868년 설립되어 2018년 150주년 기념행사를 성대하게 준비 중이다. 영국은 산업혁명이 최초로 시작된 나라였기에 1825년 노조 설립이 합법화되었다. 또 19세기 중반 산업이 급속하게 발전하면서 노동자들이 급증하자 이들은 선거권을 요구하는 인민헌장(chartism) 운동을 전개하면서 조직화했다(1838년에 인민헌장 초안이 작성됨, Morgan 1984, 443-445).

현재 TUC에는 50개 노조가 회원으로 가입되어 있다. 2016년 말을 기준으로 가입 노조원의 총수는 총 조합원의 90%인 560만 명이다(TUC 2017; BEIS: Department for Business, Energy & Industrial Strategy 2016). 1979년 1300만 명이 노조원이었지만 이후 계속하여 줄어들었다. TUC는 독일의 노동조합총연맹(DGB: Deutscher Gewerksbund)과 다르게 회원 노조를 중앙집권적으로 통제하지 않는다. 회원 노조들은 임금 협상과 노조 활동의 자율성을 보유한다.

2. 사용자 조직

사용자단체의 상위조직은 영국산업연맹(CBI: Confederation of British Industries)이다. 이 단체는 1965년에 설립되었고 19만 개 기업을 대변한다. 회원사 기업은 약 7백만 명 정도를 고용하여 민간 분야의 1/3 정도를 차지한다. 여기에는 자동차 제조 및 판매업, 건설업 등 148개의 사용자 단체가 회원으로 가입해 있다. 1965년 영국 사용자연맹(BEC: British Employers' Confederation), 영국산업협회(FBI: The Federation of British Industries), 영국제조업협회(NABM: The National Association of British Manufacturers)가 CBI로 통폐합되었다.

CBI는 노동조합전국회의와 마찬가지로 단체교섭에 참여하지 않는다. 영국산업연맹은 영향력 행사와 정책 결정에 도움이 되는 통찰력 제공, 정책 결정자 및 재계와의 접촉을 세 가지 주요 업무로 규정한다. 기업과 경제에 영향을 미치는 중요한 정책 결정에 기업의 목소리를 대변하도록 노력하는 게 영향력 행사다. 기업이 투자 계획을 세우고 정책을 결정하는데 도움을 주기 위해 정책 결정자들과 접촉하여 얻은 통찰력을 각종 보고서와 대면 접촉으로 전해준다. 마지막으로 기업과 정부의 각 인사들과 접촉하여 네트워크를 만드는 데 이 단체는 도움을 준다.

노동조합전국회의와 영국산업연맹이 현재 직면한 최대 현안은 브렉시트다. 두 단체 모두 자국의 EU 탈퇴가 경제에 초래하는 손실을 최소화해야 한다고 여긴다. 따라서 이들은 영국에 거주하는 약 300만 명에 이르는 EU 회원국 시민들의 여러 가지 권리를 신속하게 보장하여 이들의 급속한 이탈을 줄여야 한다고 강조한다. 또 EU와 새로운 통상관계를 체결하지 전까지 되도록 기존의 EU 단일시장 접근을 보장하는 과도기가 필요하다고 역설한다. TUC와 CBI는 2017년 9월 말 이런 내용을 담은 공동 성명서를 발표했다(CBI).[4]

 ## 대처주의(Thatcherism)와 복지국가의 개혁

대처주의(Heffeman 2011, 48-50; Jones 1998, 486-487)는 1979년부터 1990년까지 영국 총리로 재직했던 보수당 출신의 마거릿 대처의 경제 및 복지정책 전반을 일컫는다. 대처는 당시 미국 공화당의 로널드 레이건(Ronald Reagan) 대통령과 이념적 동지로 외교정책에서 대소련 강경정책을 실행했다. 두 사람은 또 필요할 경우 정부의 개입과 정부의 적극적인 역할을 주창했던 케인스주의(Keynesianism)를 버리고 신자유주의 개혁을 도입했다. 통화량의 공급을 통제하여 공공지출을 억제하고 균형예산의 실현, 경제성장을 달성하고 물가상승을 통제할 수 있다고 여기는 통화주의가 신자유주의의 기초를 이루고 있다. 이는 정부가 세입과 세수를 바탕으로 한 재정정책을 기틀로 총수요를 관리하는 케인스주의와 대조를 이룬다. 대처

---

4 http://www.cbi.org.uk/news/joint-cbi-tuc-statement-on-citizens-rights-following-4th-round-of-uk-eu-talks/ (2017년 10월 1일 방문).

는 2차대전 후 확립된 복지국가의 틀을 일부 개혁했다. 일부에서는 대처의 업적을 과대평가하여 그가 전후 복지국가 체제를 해체했다고 하지만 일부를 개혁했다고 보는 게 더 정확한 판단이다.

1. 대처 이전의 영국 복지국가 체제

1945년 전후 치러진 총선에서 클레멘트 애틀리(Clement Attlee)가 이끄는 노동당 정부가 집권했다. 노동당 정부는 1951년 총선에서 보수당의 윈스턴 처칠에게 패배하여 물러날 때까지 복지국가의 틀을 확립했다. 노동당 정부는 대규모 국유화와 보편적 복지제도를 확립했다(고세훈 2011, 179-182). 교육법(Education Act)은 만 16살까지 무상으로 공공교육을 받을 권리를 규정했고, 국민보험법(National Insurance Act)은 모든 국민에게 사회적 제 권리를 보장했다. 근무중 다쳤거나 장애인이 되면 이 법이 적용되어 정부의 지원을 받을 수 있었다. 마지막으로 전 국민 무상의료서비스 제공을 내용으로 하는 NHS법이다. 이 세 법이 보편적 복지국가 체제를 뒷받침했다. 이런 복지국가 체제는 2차 대전이 진행 중이던 1942년 발표된 베버리지 보고서(The Beveridge Report)의 권고를 수용했다. 이 보고서는 '요람에서 무덤까지' 보편적 복지국가의 틀 확립을 촉구했다. 이후 보수당과 노동당이 번갈아 집권하였지만 이 틀은 그대로 유지되었다.

그러나 1970년대 서유럽과 미국은 두 차례의 석유파동(1973년과 1979년)으로 심각한 경기침체를 겪게 되었다. 대부분 석유를 수입하던 미국과 영국 등 선진국들은 유가가 3~4배 급등하자 수입 물가 상승으로 물가가 크게 올랐다. 이 와중에 경기가 침체되자 실업자가 늘어나는 스태그플레이션(stagflation)이라는 초유의 위기에 빠졌다. 이런 상황에서 1976년 노동당의 제임스 캘러한(James Callaghan) 정부는 10월 국제통화기금(IMF)으로부터 39억 파운드의 구제금융을 지원 받았다(Roger 2009). IMF는 회원국이 대규모 경상수지의 누적 적자 등 경제적 어려움에 처했을 때 협상을 한 후 구제금융을 제공한다. 당시 영국의 구제금융 액수는 IMF 역사상 최대 규모였다. 노동당의 정부로서는 치욕이었다. 당시 영국 정부는 지원을 받는 조건으로 긴축재정 정책을 약속했다(향후 2년 간 25억 파운드 공공지출 삭감, 통화 공급량의 엄정한 관리). 이런 대규모 공공지출 삭감에 반발한 공공노조는 1978년 11월부터 이듬해 2월까지 임금 인상을 요구하며 대규모 파업에 돌입했다('불만의 겨울'). 결국 이 시위로 의회에서 과반을 차지하지 못했던 노동당 정부가 1979년 3월 말 의회에서 불신임되었고 그 해 5월 보수당의 마거릿 대처가 총리가 되었다.

2. 대처주의

2.1 민영화

2차대전 후 집권한 노동당 정부가 전기와 가스, 철도, 수도 등 주요 기간산업을 국유화한 후 국영기업이 영국 경제에서 차지하는 비중은 계속해 증가했다. 대처 집권 1년차인 1979년 공기업은 영국 국내총생산(GDP)의 10%, 총 투자의 14%, 근로자의 10%를 차지했다(김영세 2007. 227−230). 공기업은 시장이 제공할 수 없는 필수 서비스를 공급하여 경제에 순기능을 했지만 비효율적인 경영으로 국가 재정에 부담이 되었다. 당시 대처 정부는 해마다 30억 파운드를 공기업 운영에 지원했다. 대처는 공기업을 민영화하면 경쟁을 통한 기업의 효율성을 높일 수 있다는 점, 공기업에 대한 정부의 간섭 축소와 규제완화, 공기업 매각에 따른 재정적자 개선을 민영화 목표로 삼았다. 공기업 노조의 반발을 감안하여 대처는 집권 1기부터 3기까지 단계적으로 민영화를 시행했다. 아래 표는 단계별 공기업 민영화를 보여준다.

표 2-1-2 대처 정부의 공기업 민영화 실행 연표

민영화 1단계(1979~1983년)	
대상	소규모 공기업, 민간과 경쟁이 가능한 공기업
방식	주식 매각, 경쟁입찰
기업	British Petroleum (1979~90년), British Aerospace (1981), Cable & Wireless (1982), Associated British Ports (1983) 등
민영화 2단계(1983~1987년)	
목적	공기업 투자 재원 마련, 국가 재정적자 해소
방식	1985년 이전에는 매수제의(takeover bid) 다단계입찰 방식, 이후에는 국민주 방식
기업	British Telecom (1984~93), Enterprise Oil (1985), Sealink (1985), British Gas (1986~93), British Airways (1987)
민영화 3단계(1987~1991년)	
방식	민영화 2단계와 동일한 방식으로 처리
기업	British Airport Authority (1987~89), Rolls Royce (1988), British Steels (1988~90), Water Holding Companies (1989~92) 등

자료: 김영세(2007. 228)

대처 집권 초기에 80여 개가 되었던 공기업 가운데 48개가 민간의 소유로 전환되었다. 이에 따라 공기업 근무자 총수는 175만 명(1980년)에서 1990년대 초 50만 명 정도로 줄어들었다. 대처의 후임자로 1990년 11월에 총리가 된 존 메이저(John Major)도 민영화 정책을 승계했다. 거의 20년 가까이 민영화 정책이 시행되어 성과를 거두었다. 민영화된 기업들이 시장 원리에 따라 효율성과 경쟁력을 높였다. 또 공기업 매각에 따라 정부 재정적자가 개선되었다. 이런 민영화로 얻은 수익 327억 파운드가 대처 집권 시기에 국가 재정 수입에 기여했다. 반면에 민영화의 폐해도 일부 있었다. 민영화된 기업이 특정 분야에서 독점 기업이 된 경우도 있었다. 철도의 경우 각 지역 노선별로 분할되고 선로 관리자와 객차 운영자가 분리되어 그리 효율적으로 운영되지 못했다. 결국 토니 블레어(Tony Blair) 노동당 정부 시절인 2005년 영국 철도는 부분적으로 재국유화되기에 이르렀다.

2.2 노조의 약화

대처는 집권 2기인 1983년 중반부터 노사관계 개혁을 야심차게 추진했다.

대표적인 게 영국탄광노조(National Union of Mineworkers: NUM)와 명운을 건 싸움으로 1984년 3월부터 거의 1년 간 계속되었다(안병억 2016). 대처 정부는 단계적으로 치밀하게 준비하여 탄광노조의 기득권을 순차적으로 빼앗았다. 대처 정부는 치밀한 준비를 마치고 1984년 3월 초 20개 탄광의 폐쇄를 발표했다. 전국탄광노조의 아서 스카길(Arthur Scargill) 위원장은 노조의 투표를 거치지 않고 3월 12일 파업을 단행했다. NUM의 정관에 따르면 파업은 조합원의 비밀투표에서 55% 이상이 찬성을 해야 가능했다. 그러나 이 정도의 찬성을 얻지 못할 것이라고 판단한 노조 지도부는 파업 중인 다른 노조원을 지원할 수 있다는 정관을 활용했다. 이 파업은 이듬 해 3월 8일까지 1년 정도 계속되었다. 당시 일부 언론은 이 싸움을 '아서 왕'과 대처가 영국 경제의 진로를 두고 벌이는 전투라 규정했다. 결국 1년 만에 탄광노조는 대처 정부에 백기를 들었다. 이 파업의 여파로 NUM은 급속하게 세력을 잃었다. 또 파업에 반대했던 중부의 노팅엄셔와 남부 더비셔에서 별도로 탄광노조가 설립되기도 했다. 수익성이 떨어진 탄광은 문을 닫았고, 석탄산업은 점차 민영화의 길을 밟게 되었다.

1985년 최대 노조와의 싸움에서 승리를 바탕으로 대처는 집권 3기에도 계속하여 고용법을 개정하여 조합원에게도 쟁의 행위의 일시적인 중지명령을 요청할 수 있는 권한을 부여했다. 또 노조원들이 노조에 회계열람권도 요청할 수 있었다 (1988년의 고용법). 1년 후 추가 개정에서 여성과 청년층에 대한 근로시간 제한을 철폐했고 근로시간에 노조활동을 하는 데 제한을 두었다. 이런 순차적인 과정을 거쳐 영국의 노동시장은 점차 유연성을 확보하게 되었다.

2.3 감세와 금융규제 완화

신자유주의는 지나친 과세가 근로 의욕을 짓누른다는 인식에서 감세를 정책 우선순위로 둔다. 대처는 이런 신자유주의 논리에 따라 단계적으로 직접세인 소득세와 법인세를 인하했고 반면에 간접세이어서 징수가 용이한 부가가치세는 단계적으로 인상했다. 부자들에게 물리던 최고 근로 소득세율은 1979년 집권 당시 83%에서 60%로 인하되었고 1990년 그가 총리직에서 물러날 때에는 40%로 크게 떨어졌다. 기본 개인 소득세율도 1979년 33%에서 29%(1986년), 25%(1990년) 인하되었다. 식품과 유아용품은 면세였지만 세원을 늘리기 위해 부가세를 부과했다. 집권 이전 부가세 표준세율은 8%, 사치재는 12.5%였지만 1979년 집권 직후 이를 15%로 일괄 인상했다. 1990년 대처가 사임할 당시 부가세는 17.5%로 더 올랐다.

경제학자들의 분석을 보면 감세 정책이 성과를 거둔 것으로 나타났다. 개인 소득세율이 60%에서 40%로 줄어든 계층이 15% 정도 더 많은 시간을 일했다. 또 고소득층에 대한 세율을 무려 43% 포인트 정도 내렸으나 상위 5% 계층의 소득세 납부 비중은 증가했다. 1979년 이들은 전체 소득세 납부액의 24%를 차지했는데 대처가 물러난 이듬해인 1991년 회계 연도는 32%로 늘어났다. 각종 규제완화, 그리고 공기업 지분의 매각으로 돈을 번 중산층 일부가 상위 계층에 편입되어 상위 계층의 납세 비중이 증가했다.

그러나 서민에게 더 큰 부담을 준 부가세 인상은 많은 비판을 받았다. 전체 납부액 가운데 직접세의 비중은 점차 감소했지만 간접세의 비중은 부가세 인상으로 늘어났다. 부자나 가난한 사람이나 모두 담배나 술을 구입할 때 같은 세금을 납부한다. 이 때문에 부가세는 역진적이고 취약 계층에 훨씬 더 많은 부담을 안겨준다. 대처주의가 경제적 불평등의 심화에 기여했다고 비판을 받은 이유도 이런 조세 정책의 개편 때문이다.

금융규제의 대폭적인 완화도 작은 정부라는 맥락에서 실행되었다. 대처는 집권 직후부터 금융자유화를 단행했다. 금리규제, 국제 자금 이동 규제, 해외 금융기관의 진출 규제, 금융기관의 업무 분야 규제 등 금융산업의 각종 규제를 과감하게 풀었다. 영국 경제를 회생시키기 위해서는 자국이 그래도 경쟁력이 있는 금융산업 분야에 집중할 필요가 있었다. 영국의 금융산업은 런던 안의 런던으로 '더시티'(The City)라 불린다. 집권 2기부터 단행할 국영기업의 민영화가 제대로 실행되려면 금융 산업의 규제완화가 사전 조치로 필요했다. 정부가 보유한 주식을 민간에 매각하려면 금융산업의 각종 규제가 철폐되어야 기관 투자가나 일반 시민들도 주식을 손쉽게 매입할 수 있었다.

집권 첫 해인 1979년에 해외 직접투자에 대한 모든 자본통제를 철폐하여 영국 기업들은 금액 여부에 관계없이 투자할 수 있었다. 또 영국 금융기관이나 기업들은 외국의 주식 매입도(포트폴리오 투자) 거의 제한없이 가능했다. 집권 2기인 1986년 금융서비스법(Financial Services Act: FSA)을 비준하여 '빅뱅'이라 불리는 대규모 금융자유화를 실행했다. 주식 중개인 등 특정인들에게만 허용되었던 금융 거래가 영국과 해외 은행들에게도 허용되었다. 일반 상업은행뿐만 아니라 글로벌 투자은행도 이런 거래에 참여하여 영국은 금융 허브로서 입지를 굳건하게 할 수 있었다. 영국 주식시장에 자동화 가격고시가 도입되었고 주식 투자자가 지불하는 고정 수수료가 철회되어 그만큼 주식 거래가 활성화되었다.

이런 '빅뱅'은 2008년 글로벌 경제위기와 직접적으로 연관이 되었다. 대처 정부에서 이 '빅뱅' 정책을 입안하고 실행한 나이젤 로슨(Nigel Lawson, 1983.6~1989.10 재무장관 재직) 전 재무장관은 2010년 2월 초 BBC 프로그램에 출연하여 대규모 금융자유화가 당시엔 의도하지 않았지만 2008년 글로벌 금융위기에 직접적으로 영향을 끼쳤다고 털어 놓았다. 그는 빅뱅 이전에 투자에 신중했던 영국의 투자은행들이 상업은행을 인수합병하여 덩치를 키우고 리스크가 높은 투자를 감행했다고 분석했다.

Ⅳ 대처 이후의 영국 정치경제

1. '뉴 레이버'(New Labour)와 대처주의의 계승

'뉴 레이버'[5]를 기치로 내세운 토니 블레어(Tony Blair)가 1997년 총선에서 압승

---

5 국내에서는 '뉴 레이버'를 신노동당으로 부르곤 하지만 이는 블레어가 내세운 '제3의 길'(The Third Way)이 기존의

하여 노동당은 2010년까지 영국의 집권당이었다. 2007년에 블레어가 총리에서 사퇴하고 재무장관이던 고든 브라운(Gordon Brown)이 총리직을 승계했지만 뉴 레이버는 기본적으로 대처의 복지정책을 많이 수용했다.

토니 블레어는 당수 시절인 1995년 노동당 당헌의 국유화조항(제4조)을 폐기했다. 대처주의의 주요 정책이었던 대규모 민영화로 이 조항은 설령 노동당이 집권한다 해도 유지가 어려웠다. 당시 블레어가 이끄는 노동당은 집권을 위해, 그리고 노동당을 현실에 맞게 변화했음을 보여주기 위해 상징적인 이 조항을 폐기했다.

2차대전 후 대처주의 이전 노동당 복지정책의 핵심은 케인스주의의 수요관리와 베버리지식의 복지공여였다. 반면에 뉴 레이버는 노동 공급 중심의 미시경제전략과 인플레이션을 억제하는 거시경제전략을 선택했다(고세훈 2011, 271-277). 이런 정책기조에서 집권 노동당은 중앙은행인 영란은행(BoE: Bank of England)에 1997년 통화정책의 독립성을 주었다. 이후 BoE는 물가안정을 목표로 통화정책을 추진할 수 있었다. 아울러 노동당 집권 시기에 국내총생산(GDP)대비 공공지출은 대처 집권과 비교해 오히려 줄어들었다. 토니 블레어가 총리로 재직할 시기 이 비율은 평균 39%에 불과했다. 대처 시절에조차 이 비율은 43%, 대처 이전의 1970년대 중후반 제임스 캘러한 노동당 정부 시절에는 45%를 차지했다. 또 비판을 받았던 보수당의 소득세 체제도 유지되었다. 토니 블레어의 정책 중 큰 비판을 받았던 것이 1997년 도입된 대학 등록금이었다. 영국 및 유럽연합(EU) 학생들에게 등록금을 납부하게 했다. 단지 1999년 4월 최저 임금제 도입이 그래도 노동당의 정체성을 일부나마 보여준 정책이었다. 도입 당시 이 임금은 한 시간에 3.60파운드(22세 미만은 3파운드)로 정해졌고 해마다 인상되어 2006년에는 5.35파운드까지 올랐다. 야당인 보수당은 최저 임금이 사용자의 부담을 가중해 고용을 축소한다고 비판했지만 2005년 총선에서 이 공약을 채택하기에 이르렀다(고세훈 2011, 284-285).

2. 보수당-자민당 연립정부(2010~2015)와 정치경제

소선구제가 특징인 영국에서 연립정부는 매우 드문 예다. 2차대전 당시에 보수당과 노동당이 거국 내각 성격의 연립정부를 구성했지만 이는 국가위기를 극복

노동당과 다름을 강조하기 위해 사용한 수사다. 필자가 보기에 노동당의 현대화 정도이지만 이 글에서는 편의상 뉴 레이버로 표기한다.

하기 위해서다. 2010년 총선에서 보수당은 제1당이 되었지만 하원에서 과반을 확보하지 못해 제3정당 이던 자유민주당과 연립정부를 구성했다. 2015년 5월 총선까지 유지된 보수−자민 연립정부는 단일화폐 유로존 경제위기 때문에 긴축정책을 실행했다. 이 때문에 복지는 더욱더 축소되었다.

연립정부는 인구 고령화와 의료 기술의 급속한 발전 때문에 지출 증가가 필요한 NHS는 지출 감축에서 제외하고 물가상승률에 준하는 상승을 약속했다. 그러나 OECD 회원국과 비교해 영국의 건강보험 지출비율은 뒤떨어졌다. 2015년을 기준으로 영국의 건보 지출은 GDP의 9.8%에 그쳤다. 반면에 프랑스는 11%, 독일은 11.1%, 일본은 11.2%를 기록했다(OECD 2016).

연립정부 그리고 2015년 총선에서 과반을 획득해 정권을 차지한 보수당은 계속하여 긴축정책을 실행하여 2016년 회계연도(2016년 4월 1일~2017년 3월 31일)에서 공공부문의 순 대출(총대출에서 상환 등을 제외한 금액)은 GDP의 2.5%에 그쳤다. 2009년 회계연도의 경우 순 대출은 9.9%였다. 즉 경기가 그리 좋지 않은 상황에서 연립정부와 보수당 정부는 지출을 늘려야 하지만 오히려 공공지출을 크게 줄였다.

연립정부가 내세운 '빅 소사이어티'(big society)는 정부가 담당해야 할 복지 서비스를 제3섹터(비영리 민간부문)에 점차 위탁 경영을 특징으로 한다(황기식 2015). 빅 소사이어티는 잔여적 복지국가의 특징을 더 명확하게 드러낸 정책이다.

 브렉시트와 글로벌 영국(Global Britain)

2016년 6월 23일 EU 잔류/탈퇴 국민투표에서 영국 유권자들은 유럽연합 탈퇴를 결정했다. 불필요한 국민투표를 국내정치적 이유에서 치르게 한 당시 데이비드 캐머런(David Cameron) 총리의 책임이 크고 그는 역사에서 영국을 EU에서 탈퇴하게 한 당사자로 기록될 것이다(안병억 2016).

2016년 7월 중순 보수당 당수로 총리가 된 테레사 메이(Theresa May)는 브렉시트 후 자국을 글로벌 브리튼으로 자리매김했다. EU라는 좁은 지역을 벗어나 세계 각국과 자유무역을 더 적극적으로 추진하고 더 과감한 규제완화를 하겠다는 의미다. 그러나 독일이 EU회원국이지만 중국 등 신흥 경제권과 무역을 늘리는 데 아무런 장애물이 없다는 점에서 영국의 이런 주장은 설득력이 부족하다. 2017년 1월 취임한 미국의 도널드 트럼프 대통령이 미국 우선정책을 내세워 자유무역체제를 일부 무너뜨리고 있다. 반면에 EU는 2017년 일본과 자유무역협정(FTA) 합의를 마무리하는 등 자유무역 체제의 선봉으로 나섰다.

영국이 EU 탈퇴 후 교역의 절반 정도가 가는 세계 최대의 단일시장과 무슨 통상관계를 맺을지 여전히 불투명하다. 일부 브렉시트 지지자들이 주장하듯이 1년 미만의 과도기를 두고 EU를 탈퇴하거나 혹은 탈퇴 협상을 마무리하지 못하고 탈퇴할 경우 영국 경제에는 부정적인 영향을 미친다. 미국이나 중국 등과 통상협정 체결은 최소한 몇 년이 걸리고 체결 후 설령 경제적 이득이 발생한다 해도 시간이 필요하다. 경기가 침체할 경우 영국의 복지 서비스는 더 축소될 수밖에 없다. 앞으로 브렉시트 협상의 결과가 영국 복지국가 체제에 영향을 미친다. 일부에서 주장하듯이 영국이 싱가폴처럼 더 과감한 규제완화를 하여 '템즈강의 싱가폴'이 될지 아니면 기존 틀을 유지하면서 일부를 수정할지는 브렉시트 협상 결과에 달려 있다. 세계화의 지역적 대응 체계가 유럽화인데 영국은 이를 대체관계로 보고 결과적으로 세계화를 선택했다. 브렉시트 후 영국의 발전 경로는 이 물음의 대답을 좀 더 선명하게 해줄 것이다.

더 나아가 생각해 보기

1. 에스핑 앤더슨이 제시한 복지국가 체제의 유형을 비교하고 자유주의적 복지국가 체제의 특징을 말하세요.
2. 대처주의의 특징을 설명하고 비판하세요.
3. 브렉시트가 영국의 복지국가체제에 미칠 영향을 논의하세요.

참고문헌

고세훈, 2011. 영국정치와 국가복지: 신(New) 자유주의에서 신(Neo)자유주의로, 집문당.

김영세, 2007. "영국 대처(Thatcher) 정부의 경제정책과 함의," 유럽연구, 25권 3호.

안병억, 2016. "브렉시트의 정치경제학," 의정연구, 의정연구, 49권.

영국사학회 번역, 옥스퍼드 영국사, 1994. 한울.

유현석, 2004. "영국 정치경제의 구조와 흐름." 유럽정치연구회 편, 『유럽정치』, 269 – 298. 서울: 백산서당.

Department for Business, Energy & Industrial Strategy 2016, Trade union membership 2016: statistical bulletin.

Esping – Andersen, G., 1990, The Three World of Welfare Capitalism, Princeton University Press.

Heffernan, R., Philip Cowley, Colin Hay, ed., 2011. Developments in British Politics, London: Palgrave.

Jones, Bill, Andrew Gray, 1998. Politics UK, London: Simon & Schuster.

Lloyd, Thomas, 1993. Empire, Welfare State, Europe: English History 1906 – 1992, 4th edition, Oxford: Oxford University Press.

Marsh, David and Rhodes, R.A.W. (eds.) (1992) Implementing Thatcherite policies: audit of an era, Open University Press. Public Policy & Management.

Morgan, Kenneth, 1984. The Oxford Illustrated History of Britain, Oxford: Oxford University Press.

OECD Health Statistics 2017 (http://www.oecd.org/els/health – systems/health – data.htm 2017년 10월 19일 방문).

Taylor – Gooby, P., 2012. "Root and Branch Restructuring to Achieve Major Cuts: The Social Policy Programme of the 2010 UK Coalition Government", Social Policy Administration, Vol. 46 Issue 1, pp 61 – 82.

CHAPTER 2.
독일모델의 재편과 전환[1]

구춘권[2]

Ⅰ 독일모델: "유럽의 병자"에서 "경제적 슈퍼스타"로

20세기 말 독일은 흔히 "유럽의 병자(sick man of Europe)"로 지칭되었다. 강력한 노동 보호와 관대한 복지국가를 특징으로 한 독일모델이 한계에 도달하면서 엄청난 재편의 압력을 받고 있다는 것이 많은 관찰자들의 일치된 견해였다. 높은 실업률 및 심각한 재정문제와 함께 독일의 성장엔진이 꺼지고 있으며, 이는 막 출범한 공동화폐 유로에도 부정적 영향을 끼칠 것이라 전망되었다. 이와 같은 진단이 과장으로 들리지 않았던 것은, 1990년대 중반 이후 통일의 후유증과 함께 독일모델의 부정적 징후들이 곳곳에서 표출되고 있었기 때문이다. 경제성장은 동력을 잃고 1% 대로 주저앉았다. 실업률은 10%를 넘어 1997년에는 무려 12.7%에 달했다. 전통적으로 강세였던 경상수지조차 1990년대에 들어 줄곧 적자를 기록하고 있었다.

그러나 오늘날 독일은 더 이상 "유럽의 병자"가 아니다. 세계는 오히려 독일을 "경제적 슈퍼스타"로 주목하고 있다. 여러 학자들은 독일의 "고용기적"에 대해서조차 얘기한다. 설령 "고용기적"까지는 아닐지라도 독일의 실업률의 하락은 경제적 저성장과 지구적 금융위기라는 시대적 맥락을 고려하면 실로 놀라운 것이다. 1997년 12.7%를 기록한 실업률은 2005년 13.0%로 정점을 찍은 뒤, 2011년 이후 7% 대로 내려앉았다. 특히 2007/2008년 금융위기가 실업률에 거의 영향을 미치지 않았다는 사실은 주목할 만하다. 2010년 이후 독일의 경제성장은 유로존의 다른

---

1 이 글은 필자의 다음 논문에 기반하고 있음. 구춘권. 2016. "유로자본주의의 형성과 독일모델의 재편." 『한국과국제정치』, 32권 4호, 173-213.

2 영남대학교 정치외교학과 교수, 독일 Philipps-Universität Marburg, 정치학박사.

국가들에 비해 빠르게 회복했다. 실업률의 저하와 경제성장의 회복도 인상적이지만, 독일을 지구적 차원에서 "경제적 슈퍼스타"로 만든 것은 무엇보다 엄청난 무역수지 흑자라고 할 것이다. 2016년 독일의 무역흑자 규모는 무려 2,530억 유로에 달했고, 세계 제2위인 중국을 큰 격차로 따돌렸다. 국내총생산의 8%에 달하는 무역흑자를 내고 있는 나라는 산유국을 제외하고는 독일이 유일하다.

도대체 독일모델에 무슨 일이 일어났는가? 지난 세기 말 "유럽의 병자"는 어떻게 오늘날 "경제적 슈퍼스타"로 변신했는가? 독일은 어떻게 1990년대 중반 이후의 침체를 극복하고 경제적 회복의 길로 들어섰는가? 독일모델은 어떻게 재편되고 전환되었는가? 이 재편과 전환의 과정은 독일모델을 어떻게 변화시켰는가?

일단 독일 내부에 주목한다면 1998년 정권교체가 일어났다. 16년에 걸친 보수·자유연정이 막을 내리고 독일 역사상 처음으로 사민당(SPSD)과 녹색당(die Grünen)의 적녹연정이 출범했다. 적녹연정의 초반기에는 독일모델의 개혁과 관련해 무수히 많은 얘기들이 오가긴 했으나 성과라고 할 만한 것은 거의 없었다. 독일 내부의 주목할 변화는 적녹연정의 후반기인 2002년 이른바 아젠다 2010과 이를 구체화한 하르츠 개혁(Hartz Reform)이 시작되면서 일어났다. 하르츠 개혁의 핵심은 노동시장의 유연화 및 실업·복지급여의 축소를 통한 복지국가의 재편이었기에 많은 사람들은 이 개혁으로부터 독일모델의 변화가 시작되는 것으로 진단했다. 즉 하르츠 개혁이 주목할 유연성을 가져왔으며, 이야말로 오늘날 독일이 누리는 강력한 경쟁력의 기반이라는 주장이다. 독일이 뒤늦게나마 신자유주의적 성격의 노동시장 개혁에 합류했기에 독일모델의 부활이 가능해졌다는 얘기다.

그러나 이러한 주장을 뒷받침하는 경험적 증거는 매우 제한적이다. 독일의 경쟁력 개선이 하르츠 개혁이 가져온 효과인지에 대해서는 이미 많은 반론들이 제출되어 있다. 하르츠 개혁은 미니잡(Minijob)과 미디잡(Midijob) 같은 특히 여성들에게 집중된 저임금 일자리를 확대함으로써 고용률을 높였을지는 몰라도, 이로부터 경쟁력이 개선되었다는 주장은 억지스럽기 때문이다. 21세기에 들어 독일의 노동시장은 확실히 유연해졌고, 이는 의심할 여지없이 경쟁력을 강화하는 데에 기여했다. 그러나 임금억제나 파견노동의 허용, 노동시간 계좌의 도입 등과 같은 유연화 조치는 하르츠 개혁 때문이 아니라 단체협약, 즉 노동조합과의 협상된 타협을 통해서 가능해진 것들이다. 이 협상된 타협, 즉 자본과 노동의 합의는 전후 독일 노사관계의 중요한 특징이기에 여러 학자들은 여기서 경제적 지구화의 시대에도 독일모델이 생존할 수 있는 가능성을 발견했다. 이들은 독일모델의 부활이 신자유주의적 개혁의 결과물이라기보다는 독일이 비교 우위를 지닌 제도적 이점을 적극적으로 활용함으로써 가능해졌다고 판단한다.[3]

전자처럼 독일의 뒤늦은 신자유주의적 개혁의 효과를 강조하든, 아니면 후자처럼 독일 제도들의 비교우위적 이점에 주목하든, 이 논의들의 근본적 한계는 독일모델의 변화를 우선적으로 국민국가적 차원의 문제로 접근한다는 것이다. 이러한 접근은 한 국가의 발전모델을 상당히 독립적이며 안정적으로 바라보는 경향이 있으며, 유럽통합과 같은 중대한 변화를 그저 외적인 변수로 취급하고 있다. 그러나 20세기의 마지막과 21세기의 첫 시작에 역동적으로 전개된 유럽통합, 즉 1992년 단일시장의 완성과 1999년 경제화폐연합의 출범, 그리고 2000년대 금융시장 통합은 독일과 이를 둘러싼 자본주의 공간의 근본적인 재편을 가져왔다. 생산의 차원, 시장의 차원, 화폐의 차원, 나아가 금융의 차원에서도 유로자본주의라는 초국적인 자본주의 공간이 출현하면서 개별국가의 발전모델을 근본적으로 재편하고 재구조화했음을 주목해야 한다. 자본주의 공간의 근본적 재편이라는 심원한 변화를 고려하지 않는 일국적 차원의 접근은, 설령 그 논의가 학문적 세련됨을 갖추었을지라도 현실의 변화를 제대로 반영하지 못할 위험이 크다.

이 글은 21세기에 일어난 독일모델의 변화를 유로자본주의의 형성이라는 자본주의 공간의 근본적인 재편과 연계해 설명하려고 한다. 즉 "유럽의 병자"에서 "경제적 슈퍼스타"로 독일의 변신이 가능해진 이유를 신자유주의적 개혁이나 미시적인 제도의 변화에서 찾기보다는 유럽통합의 심화와 유로자본주의의 출현이라는 거시적인 구조 변화의 연장선 위에서 탐색할 것이다. 21세기 독일모델의 성공은 유로자본주의라는 생산·시장·화폐·금융영역에서 자본주의 공간의 근본적 재편을 논의하지 않고서는 설명될 수 없다. 그리고 바로 이 점을 이해할 때 오늘날 독일모델의 성공과 유로존 주변국들의 위기가 어떤 관련을 맺고 있는지 이

---

3 이러한 주장은 특히 신제도주의자들에 의해 제출되었다. 신제도주의자들은 제도주의적 경로의존성, 즉 제도의 역전에 드는 비용 또는 제도가 부여하는 점증적 이익이 후대 행위자들의 선택을 일정하게 제약함을 주목했다. 예컨대 조정시장경제(CME)가 자유시장경제(LME)로 전환하기 위해서는 새로운 제도들이 채택되어야 하는데, 경로의존성이 야기하는 비용 또는 이익으로 말미암아 기존 제도들의 저항이 발생하고, 따라서 행위자들은 새로운 제도들을 채택하기보다는 기존의 제도들을 변용시키는 적응전략을 택한다는 것이다. 자본주의의 다양성 논쟁을 촉발했던 홀과 소스키스의 유명한 저술은 이러한 관점으로부터 독일모델의 비교우위적 이점으로 ① 촘촘한 비즈니스 네트워크 ② 합의 지향의 의사결정 ③ 고숙련 노동 및 산업별 노조와 직장위원회 ④ 교육과 직업훈련체계 ⑤ 기술이전 및 산업적 혁신을 위한 양질의 제도들의 네트워크를 지적하고 있다(Hall/Soskice 2001, 36-41).

해할 수 있으며, 나아가 독일이 유럽통합에 야기하고 있는 긴장과 딜레마를 포착할 수 있다.

Ⅱ 유로자본주의 – 초국적 자본주의 공간의 형성

1970년대의 정체기, 그리고 1980년대 초반만 해도 "유럽동맥경화증(Eurosklerose)"에 시달리던 유럽통합이 단일유럽의정서(SEA)를 계기로 놀라운 역동성을 얻게 된 것은 경제적 지구화에 대한 대응과 직접적인 관련이 있다. 1980년대 말 슈타츠는 유럽통합의 성격을 "자본증식의 국제화(무역, 투자, 금융관계들)와 국민국가적 시장들의 협소함 및 국민국가의 벽 사이의 모순들"(Statz 1989, 16)을 공동의 경제공간의 창출 및 국가기능의 부분적인 공동체화를 통해 대응하려는 시도라고 파악했다. 당시만 하더라도 아직 지구화라는 개념이 자리를 잡지 않았고, 슈타츠가 얘기한 "자본증식의 국제화"는 오늘날 경제적 지구화를 의미함은 두말할 나위가 없다. 요컨대 1980년대 중반 이후 유럽통합이 새로운 역동성을 얻게 된 배경에는 경제적 지구화를 통해 국민국가적 성장모델의 협소함을 극복하려는 노력이 있었다고 얘기할 수 있다.

그러기에 경제적 지구화, 유럽통합과 유로자본주의의 형성, 그리고 국민국가적 성장모델의 재편은 서로 분리된 과정이 아니라, 밀접히 연계되어 동시에 진행되는 과정으로 이해되어야 한다. 유럽통합을 통해 유로자본주의라는 초국적인 공동의 공간을 창출하려는 노력은 경제적 지구화에 대한 대항이나 균형추가 아니라, 국민국가적 성장모델의 한계를 지구화를 통해 극복하려는 정치경제적 전환과정의 유럽적 모습이다.[4] 즉 유럽에서 경제적 지구화는 유럽적 차원의 대응, 즉 유럽통합을 매개로 진행되었고 유로자본주의라는 지구적 정치경제의 한 영역을 구성하는 초국적 공간을 만들어낸 것이다. 유로자본주의는 1980년대 중반 이후 유럽통합의 세 가지 중요한 프로젝트를 기반으로 해 형성되었다. 단일시장, 단일화폐, 그리고 금융시장 통합이 바로 그것이다.

---

4 따라서 단일시장의 완성이나 공동화폐의 도입에서 유럽의 경제블록화를 찾는 것은 완전히 잘못된 진단이라 할 것이다. 이러한 오판은 대중매체에서 여전히 적지 않게 발견된다.

우선 단일시장은 유로자본주의를 향한 교두보의 역할을 했다. 유럽통합의 성격은 단일시장을 추진하면서 근본적으로 변모한다. 이전의 유럽통합의 경제적 역할이 기본적으로 국민국가 중심의 성장모델을 외부에서 지원하는 것이었다면, 단일시장 프로젝트는 국민국가적 성장모델을 내부로부터 재편하는 새로운 성격의 것이었다. 왜냐하면 단일시장의 창출이란 단순히 시장의 확대만의 문제가 아니라, 시장을 작동시키는 규제를 바꾸고 통일하는 과정을 의미하기 때문이다. 당시 유럽공동체에는 다양한 시장 영역에 회원국의 숫자만큼이나 다양한 규제들을 가지고 있었고, 이는 일종의 비관세장벽의 역할을 했다. 1985년 이전 회원국마다 상이한 기술적 표준들은 약 15만 개 이상으로 추정되었다. 시장은 각 나라의 역사적 전통, 사회적 세력관계, 문화적 독특함에 따라 정치적으로 대단히 상이하게 구성되어 발전해 왔는데, 이제 단일시장 프로젝트는 이를 하나로 통일시키는 야심찬 목표를 제시한 것이다. 만약 협상에 의존했다면 수십 년이 걸렸을지도 모를 이 목표가 실현될 수 있었던 것은 카시스 드 디종(Cassis de Dijon) 판결에 고무 받은 상호인정의 원칙이 단일시장의 구성원리로 관철되었기 때문이다. 과거와 같이 회원국들의 상이한 정책적·법적·기술적 기준을 협상에 의해 통일시키려는 노력 대신 ─건강, 환경, 소비자 보호 영역에서만 최소한의 기준이 합의되었다─, 유럽적 기준이 자리 잡을 때까지 각국의 기준과 표준을 상호 인정하는 방안을 채택한 것이다. 국내시장을 관리하던 개별 국가의 촘촘한 규제망이 규제가 약한 쪽으로 대폭 느슨해진 것은 단일시장이 의도했던 당연한 효과이다. 이와 같은 방식으로 단일시장은 인류 역사상 최대 규모의 탈규제 프로젝트가 된 것이다. 단일시장 프로젝트는 자본과 노동력의 완전히 자유로운 이동을 실현함으로써 생산영역을 대폭 재편하고, 기업 활동의 초국화·유럽화 과정을 결정적으로 가속화시켰다.

단일시장에 이어 유로라는 단일화폐가 도입되면서 유로자본주의는 명실상부한 화폐연합의 단계로 진입했다. 단일화폐를 도입하기로 한 결정은 단일시장 효과의 극대화라는 측면에서 접근할 수도 있지만, 동시에 냉전체제의 종식이라는 세계사적 격변의 결과물이기도 했다. 주지하듯이 1989/90년 동유럽 공산주의 국가들이 급작스레 붕괴하고 독일이 통일되면서 유럽통합은 또 다시 새로운 전기를 맞게 되었다. 20세기 두 차례나 세계전쟁을 일으킨 독일이라는 나라가 정상국가로 복귀했고, 동유럽 포스트공산주의 국가들의 향방 또한 문제였다. 이 새로운 상황에 대한 유럽 정치엘리트들의 선택은 유럽통합을 더욱 심화하고, 동유럽으로 통합을 확대하는 것이었다. 단일시장 이후 유럽통합의 방향을 설정한 1992년 마스트리히트 조약은 단일화폐인 유로를 도입하기로 결정했고, 공동외교와 안보정책은 물론, 사법과 내무 분야에서도 협력을 명시했다. 1999년 경제화폐연합이 출범했고, 2002년 유로가 공식 화폐로 시민들의 손에 쥐어졌다. 공동의 화폐가 도입되면서 화폐적 조절과 금융적 틀이 근본적으로 변화했음은 물론이다. 회원국들은 자국의 중요한 경제 운용 수단이었던 독립적 화폐정책을 포기하고 이를 전적으로 유럽중앙은행에 넘겼다. 경제화폐연합은 정부채권 시장의 개방을 가져왔고, 은행 및 금융기업들의 초국적·유럽적 활동을 대폭 강화했다.

2000년대에 들어 유로자본주의의 형성과 관련해 가장 중요한 프로젝트는 금융시장의 통합이었다. 금융시장 통합은 단일시장과 경제화폐연합을 계승하면서 완성하는 프로젝트로 이해되었다. 통합된 금융시장은 직접투자와 유가증권 투자를 놓고 일어나는 지구적 경쟁에서 유리한 위치를 점하게 함으로써 유로자본주의의 경쟁력을 강화시킬 것으로 기대되었다. 1999년 유럽연합 집행위원회는 42개 영역에서 구체적인 행동계획을 포함하고 있는 금융서비스행동계획을 발표한다. 유럽라운드테이블(ERT)의 선례를 따라 2001년 대규모 금융기업들로 구성된 유럽금융서비스라운드테이블(European Roundtable of Financial Services)이 만들어졌고, 이 조직은 금융서비스행동계획을 구체화하는 지침들의 작성에 큰 영향력을 행사했다. 금융서비스행동계획은 투자서비스지침(ISD)과 자기자본지침(CAD)을 개정했고, 유가증권, 연기금 사업, 주식양도, 결산 및 회계 감사, 주식회사의 정관과 법규, 기업의 인수와 합병 등과 관련해 유럽연합 차원의 조절을 도입했다. 또한 자본시장에 개방적인 연금체계로의 개혁, 투자의 효율적 배치 및 위험자본의 추가적 동원, 기업조직의 개편, 국민국가적 규제체계의 현대화 등이 다양한 지침들을 통해 제시되었다. 단일시장 이후 등장한 유럽연합의 수많은 지침들은 회원국의 성장모델을 탈규제화·자유화·민영화의 방향으로 재편하는 데에 크게 기여했는데, 금융영역의 지침들 또한 유로자본주의의 금융화에 결정적으로 기여했다. 금융서비스행동계획의 지침들은 유럽연합에 새로 가입한 나라들을 제외하고 2007년까지 대부분의 회원국들에서 법률적 또는 비법률적 조치들을 통해 적용을 완료했다.

단일시장이 준비되던 1980년대 중반부터 금융시장의 통합의 완성된 2000년대 중반까지의 약 20년을 후대의 역사가들은 신자유주의적 유럽통합의 황금기로 지칭할 듯하다.[5] 이 시기 유럽통합의 핵심적 목표는 시장의 힘의 재활성화 및 경제와 금융의 경쟁적 재편을 목표로 매우 강력한 조약과 지침들을 유럽연합 차원에서 협상해내고 관철하는 데에 있었다. 주목할 점은 이 조약과 지침들이 헌법적 위상을 지니고 있는 경성법(hard law)의 특징을 가지고 있으며, 사실상 이를 지렛대로 유럽에서 자본주의 공간의 놀라운 재편, 즉 유로자본주의라는 공동의 초국적 경제공간이 형성되었다는 사실이다. 이 초국적 공간은 국민국가적 공간들의 병렬적인 나열이거나 단순한 합이 아니라, 국민국가적 공간들을 연결하고 관통하며 재편함으로써 새롭게 만들어진 공간이다. 유럽통합의 심화 과정은 시장·생산·화폐·금융의 영역에서 기존의 국민국가적 성장모델을 근본적으로 재편하고 재구조화함으로써 유로자본주의라는 새로운 형태의 초국적 자본주의 공간을 발전시킨 것이다. 독일모델의 재편과 전환 역시 이 초국적 자본주의 공간의 형성과 밀접한 관련 속에 진행되었음은 물론이다.

 III 독일모델의 재편과 전환

수출이 경제성장에서 중요한 역할을 하는 나라는 비단 독일만이 아니다. 네덜란드, 벨기에, 오스트리아 같은 독일 주변의 "작은 열린 경제(small open economy)"는 더욱 그럴 것이며, 멀리는 동아시아의 한국이나 대만, 그리고 중국조차도 마찬가지다. 그러나 독일의 수출에서 특히 눈에 띄는 것은 주력 산업이 고품질의 내구 소비재와 자본재(특히 자본재를 만드는 자본재, 예컨대 공작기계)에 특화되어 있다는 점이다. 독일의 주력산업인 자동차, 전기·전자, 기계, 화학 산업은 생산품의 압도적 부분을 해외로 수출하고 있다. 수출은 현재는 물론 과거에도 독일모델의 성장에서 주도적 역할을 한다.

독일의 성공적인 수출은 이 산업분야에서 독일 기업들이 보유한 강력한 경쟁력 때문임은 두말할 나위가 없다. 주지하듯이 자본주의 다양성 이론가들은 이 경쟁력의 배경을 독일모델의 독특한 제도들의 비교우위적 이점에서 찾았다. 예를

---

5 이 황금기 이후 유럽통합은 심각한 시련에 직면하고 있다. 2007/08년 지구적 금융위기의 유로위기로의 전이, 최근 난민문제를 두고 일어난 회원국들의 분열, 2016년 6월 영국의 국민투표에 의한 브렉시트의 결정에 이르기까지 유럽통합은 위기에 위기를 거듭하고 있는 실정이다.

들어 ① 제조업 분야에서 전통적인 가족기업들의 장기적인 경영전략 ② 숙련노동 자들을 만들어내는 효과적인 직업교육체계, 즉 실용적 교육과 기업의 견습공 제 도의 결합 ③ 고용안정성의 제공 및 이에 기반을 둔 숙련노동자들의 생산지식과 노하우의 축적 ④ 협력적이고 합의지향적인 노사관계 ⑤ 산업 전체에 유효한 보 편적 단체협약 ⑥ 기초연구를 지향하는 고등교육과 기업에 실질적 도움을 주는 응용연구 사이의 효율적 분업, 즉 산업적 혁신을 위한 양질의 제도적 네트워크의 존재 ⑦ 대기업들과 은행들 사이의 안정적인 소유관계 ⑧ 특별한 비즈니스 지식 을 갖춘 지방은행들의 존재 등이 독일모델이 갖는 제도적 이점들로 지목되었다 (Hall and Soskice 2001).

이러한 제도들이 유로자본주의의 형성과정에서 어떻게 변용되었는지를 추적 하는 것은 매우 흥미로운 과제이겠지만, 이 글의 주제를 벗어난다. 다만 거시적이 고 구조적인 관점에서 거칠게 얘기한다면, 일부는 여전히 작동하고 있으며, 일부 는 변형되거나 전환되고 있고, 또 일부는 변질되었거나 형체를 알아보기 어렵게 된 것도 있다. 예컨대 직업교육체계나 산업적 혁신의 네트워크는 지속적으로 작 동하고 있을 것이며, 산업적 단체협약이나 합의지향적인 노사관계는 그 기본적 틀은 유지됨에도 불구하고 많은 예외조항이 허용되거나 합의의 목표와 내용이 바 뀌는 방향으로 변형되고 있다. 대기업과 은행들 사이의 안정적 소유관계나 지방 은행의 역할은 급격한 금융화가 진행되면서 그 흔적을 찾기가 쉽지 않은 실정이다.

그런데 이 글이 처음에 던졌던 질문은 과연 이러한 제도들의 적응과 변화만으 로 독일모델의 "유럽의 병자"로부터 "경제적 슈퍼스타"로의 변신을 설명할 수 있 느냐는 것이었다. 이러한 제도들이 전통적으로 독일모델의 경쟁력에 긍정적으로 작용했음은 의심할 여지가 없다. 그러나 독일모델이 다시 부활한 지난 십여 년의 기간 동안 유독 이 제도들이 독일의 경쟁력에 더 결정적으로 기여했다는 증거를 찾기란 쉬운 것이 아니다. 동일한 제도들을 가지고도 독일은 한때 "유럽의 병자" 로 취급 받은 적이 있으며, 이제는 "경제적 슈퍼스타"로 조명 받고 있다. 21세기 독 일모델의 변신을 설명하기 위해서는 제도를 넘어서는 시각이 필요하며, 독일의 경쟁력에 대해서도 미시적인 관점뿐만 아니라 거시적인 관점에서 접근하는 것이 요구된다.

앞에서 우리는 유럽통합의 심화와 더불어 유로자본주의라는 초국적 자본주 의 공간이 형성되었음에 주목했다. 독일이 프랑스와 함께 이 과정에서 쌍두마차 역할을 한 것은 널리 알려져 있다. 아래에서는 유로자본주의라는 초국적 자본주의 공간의 형성과정이 독일모델의 재편에 어떻게 영향을 끼치고 있는지를 ① 생산입지논쟁과 민영화 ② "노동을 위한 동맹"과 하르츠 개혁 ③ 유로존 아래서의 임금억제를 통해 간략하게나마 살펴본다.

1. 생산입지논쟁과 민영화

전후 독일모델은 교역국가(Handelsstaat)에 대한 광범위한 합의와 지향에 기반을 두고 발전해 왔다. 부존자원이 많지 않은 대부분의 나라들이 교역을 통해 국외 자원에 접근하려 시도한다는 점에서 독일의 교역국가적 지향이 특별한 것은 아니다. 그러나 독일의 경우 내수시장의 토대가 될 수 있는 적지 않은 인구를 가졌음에도 불구하고 교역국가에 대한 매우 강력한 정치적·사회적 합의가 존재한다는 사실이 주목할 만하다. 전후 독일 정부의 정책은 상당 부분 교역국가로서 독일의 경쟁력을 강화하는 데에 초점이 맞추어져 있었다. 산업정책은 물론, 화폐정책과 재정정책 역시 독일의 경쟁력을 염두에 두고 시행되었다. 기업의 수출 경쟁력을 지원하기 위해 정부는 물가안정을 강조했으며, 연방은행은 이를 성공적으로 달성하였다. 정부는 적정한 규모의 사회복지 및 노동시장적 지출을 통해 균형재정을 유지함으로써 과도한 재정지출이 야기할 인플레이션의 위험을 차단했다. 물가안정이 유독 강조되었던 것은 브레튼 우즈 체계(Bretton Woods System)와 같은 고정환율 체제에서 경쟁국가보다 낮은 인플레이션을 유지하는 것은 독일 상품의 가격 경쟁력을 높이기 때문이다.[6] 이와 같이 독일 기업의 경쟁력을 강화하고 수출·수입시장을 안정적으로 확보하는 것은 좌·우를 망라해 역대 정부의 가장 중요한 목표이기도 했다.

노사관계 또한 매우 안정적이었다. 기업 및 산업 차원에서는 국가의 개입 없이도 노사 간의 자율적인 협력과 타협이 이루어졌다. 국가 차원에서도 명시적인 제도가 구축되지는 않았지만 노사 간의 이해를 중재하는 정책들이 효과적으로 입법되었다. 노사가 추구했던 개별 목표는 한쪽의 일방적 희생을 요구하지 않는 대칭적 교환의 토대 위에서 달성되었다. 사용자들은 노조의 협력 아래 특히 성공적인 수출을 통해 적절한 이윤을 확보했다. 평화적 노사관계는 기업의 경쟁력에 추가적으로 기여했다. 노동자들의 파업 자제와 협조는 상대적으로 높은 임금을 통

---

6 이러한 전략은 보통 화폐적 중상주의(monetary mercantilism)로 불린다.

해 보상되었다. 산업별로 잘 조직된 노동조합들 덕택에 단체협약은 대부분의 노동자들에게 적용되었고, 그 결과 소득 불평등은 매우 낮은 수준이었다. 노동조합은 교역국가로서 독일모델의 위상에 도전한 적이 없으며, 특히 수출 분야의 경우 상품의 경쟁력 확보에 불가피하다면 임금인상을 자제할 자세도 갖추고 있었다.

교역국가에 대한 전통적 합의는 단일시장이 완성되고 경제화폐연합이 추진되던 1990년대 초반 생산입지논쟁(Standortdebatte)이라는 중요한 시험대를 거치게 된다. 생산입지논쟁은 지구적·유럽적 무한경쟁의 시대에 어떻게 독일의 경쟁력과 생산입지를 유지할 수 있을 것인가라는 자본 측의 공세적인 문제제기로부터 시작했다. 사용자 측은 독일 노동시장의 경직성과 임금 수준, 특히 높은 간접임금에 불만이었고, 경제화폐연합에 적응하기 위한 방안으로 노동시장의 유연화와 임금억제 및 간접임금의 삭감을 요구했다. 언론매체를 통해 지속적으로 전달된 사용자 측의 주장은 유로자본주의라는 새로운 공간에서 독일 생산입지의 미래에 대한 우려를 불러일으키는데 성공하였다. 독일의 쇠퇴는 높은 임금수준 및 정부의 과도한 규제의 결과물로 진단되었고, 경제화폐연합에서 독일의 경쟁력과 생산입지를 유지하기 위해서는 유럽연합의 수준에 맞추어 보다 적극적인 임금억제와 탈규제를 시도해야 한다고 강조했다.

이러한 경쟁력 담론은 독일모델의 재편에서 일종의 나침반 역할을 했다. 단일시장의 실현과 단일화폐의 도입 결정 이전만 하더라도 상상하기 어려운 변화가 독일에서 일어나기 시작했다. 그 가장 극적인 예는 분데스반(Bundesbahn)과 분데스포스트(Bundepost)라는 거대한 두 독점 국영기업의 민영화였다. 철도 영역을 독점하고 있던 분데스반에는 1990년대 초반 48만 2천 명이 일하고 있었다. 우편·정보통신 산업을 독점하고 있었고, 소매은행업에서도 상당한 비중을 차지했던 분데스포스트의 종사자 수는 1980년대 중반 54만 3천 명을 넘었다. 철도·우편·정보통신 영역에서 완전한 독점적 지위를 누리며 국민경제에서 막대한 비중을 차지하던 이 거대한 두 국영기업은 만약 유럽통합이 아니었더라면 민영화가 불가능했거나, 설령 민영화가 되었더라도 매우 험난한 과정을 거쳤을 것임에 분명하다. 민영화에 대한 철도노조와 포스트노조의 반발은 불 보듯 뻔했기 때문이다. 또한 이 영역의 개방과 자유화를 실현하기 위해서는 공공서비스의 제공과 관련해 국가의 책임을 명시한 헌법조차 개정되어야 했고, 이를 위해서는 야당인 사민당의 동의가 필요하기도 했다.

그런데 이 어려운 과제는 유럽연합의 자유화 지침을 거역할 수 없다는 결정적 이유 때문에 커다란 갈등 없이 해결되었다. 역내 철도기업들이 다른 회원국 철도 망을 이용하도록 허용한 1991년의 철도지침, 그리고 철도망에 대한 유럽적 차원의 공동 조절 및 철도기업에 대한 유럽연합 차원의 허가시스템을 도입한 1995년의 철도지침이 발효된 상황에서 독점적 국영기업은 설 자리가 없었다. 정보통신 영역에서도 정보통신 시장의 완전한 개방을 명시한 1994년의 지침, 그리고 우편 영역의 완전한 자유화를 내용으로 한 1997년 포스트서비스 지침이 독점을 해체하고 경쟁체제로 전환시키는 지렛대의 역할을 했다.

1990년대 초반의 생산입지논쟁과 민영화는 독일 노사관계에서 일종의 분기점이 되었다. 대중매체의 적극적 지원을 받은 자본 측의 공세에 노동조합은 설득력 있는 대안을 제시하지 못한 채 확연한 열세 국면으로 들어섰다. 노동조합은 대량실업의 위험에 대해 경고하며 주로 고용유지를 내세우면서 대응했다. 노동시장의 유연화 및 민영화가 야기할 일자리 감소에 대한 우려를 일종의 방어적 담론에 담은 것이다. 그러나 이 고용유지 담론은 거의 호소력을 얻지 못했다. 당시 분데스반과 분데스포스트가 거의 일백만 명에 달하는 인원을 고용하고 있었다는 사실은 많은 관찰자의 눈에 이 두 공기업이 과도하게 비대한 조직으로 비쳐지게 했다. 민영화에 대한 반대는 미래지향적이라기보다는 조직이기주의 또는 기득권의 보전과 같은 과거지향적인 것으로 비난되었음은 물론이다. 요컨대 경쟁력 담론이 대단히 공세적으로 생산입지의 재편과 강화를 경제화폐연합이라는 미래와 연계시켰던 것에 비해, 고용유지 담론은 기본적으로 현상유지를 목표로 했기에 수세에 몰릴 수밖에 없었다. 단일시장에 대한 열정적 지지가 아직 소진되지 않았던 당시의 분위기에서 노동조합의 저항은 시대의 흐름을 거스르는 것으로 쉽게 매도될 수 있었다. 이미 심각한 위기에 빠졌던 독일 노동조합은 생산입지논쟁과 민영화 과정의 지배적 흐름을 막기에는 너무도 열세에 처해 있었던 것이다.

2. "노동을 위한 동맹"과 하르츠 개혁

보수·자유연정 시기인 1995년 말 금속노조 위원장이었던 쯔빅켈(Klaus Zwickel)은 심각한 실업문제에 대응하기 위해 노사정의 협력을 모색한다. 그는 정부와 사용자 측이 대량실업 문제를 해결하기 위해 진지하게 노력할 경우, 노동조합은 반대급부로 실질임금을 동결하고 노동시간의 유연화를 수용할 것임을 제안하였다. 쯔빅켈의 제안은 보수·자유연정에 의해 수용되었고, 1996년 1월 "노동과 생산입지 확보를 위한 동맹(Bündnis für Arbeit und Standortssicherung)"이 출범한다. 노사정은 제1차 "노동을 위한 동맹"을 통해 2000년까지 실업률을 당시의 절반 수준으로 축소한다는 야심찬 목표를 내세웠고, 이를 위해 임금인상을 자제하며 재정적자를 축소할 것을 합의하였다. 그러나 이 합의는 하등의 구속력 있는 조치에 의해 뒷받침되지 않았기에 노사정 각자가 "좋은 의도(Goodwill)"를 표현한 것 이상의 의미가 없었다. 오히려 보수·자유연정은 1996년 4월 시장근본주의적 내용으로 가득 찬 "고용과 성장을 위한 계획"을 연방의회에 제출했고, 해고보호조항 완화 및 병가 시 임금지불조항의 개정 등과 관련해 지속적인 탈규제 정책을 도입하려 시도했다. 이에 대해 노조 측은 거세게 반발했으며, 제1차 동맹은 시작하자마자 사실상 유명무실해지고 말았다.

제2차 "노동을 위한 동맹"은 적녹연정이 출범하고 난 직후였던 1998년 12월 "노동, 직업훈련 및 경쟁력을 위한 동맹(Bündnis für Arbeit, Ausbildung und Wettbewerbsfähigkeit)"이라는 이름으로 출범했다. 두 번째 동맹은 첫 번째 시도에 비해 훨씬 유리한 정치적 조건 아래서 출발했음은 물론이다. 그러나 두 번째 동맹 역시 여덟 차례 회동에도 불구하고 자신의 성과라고 할 만한 결과물을 제출하지 못한 채 흐지부지 해산하고 만다. 적녹연정의 중요한 개혁조치들 중 단 한 건도 동맹의 합의를 거친 것은 없었다. 또한 주목할 점은 시간이 지날수록 동맹이 담아내는 이슈와 정치적 방향이 변질되고 있었다는 사실이다. 즉 첫 번째 회동만 하더라도 적극적 노동시장정책에 대한 노동조합의 요구가 수용되었지만, 그러나 일 년이 경과하면서 동맹의 초점은 임금억제, 간접세의 인하, 정부재정의 공고화에 맞추어져 있었다.

"노동을 위한 동맹"은 설령 그 출발점이 실업문제에 대한 대응이었을지라도, 시간이 지날수록 경제화폐연합에 대비한 독일모델의 재편과 경쟁력의 강화로 의제가 바뀌었다. 특히 임금인상의 억제가 핵심의제였다. 이는 분배중립적인 임금정책으로부터 경쟁지향적인 임금정책으로의 선회를 보여준다고 할 것이다. 자본에 공정한 재분배를 요구하는 것은 이제 타부가 되었고, 반대로 노동조합에게는 임금억제에 대한 강한 책임이 부과되었다.

적녹연정은 2002년 3월 "노동을 위한 동맹"을 제쳐두고 "노동시장의 현대적 서비스(Moderne Dienstleistungen am Arbeitsmarkt)"라는 새로운 위원회를 꾸려 하르츠 개혁을 준비한다. 이 위원회의 총 15명의 위원 중 위원장 하르츠(Peter Hartz)를 포함하여 다수가 사용자 측을 대표했고, 또한 전문가들과 정치인들이 참여했지만, 노동조합에서는 단 두 명이 참가했을 뿐이다. 하르츠 위원회의 보고서는 대량실업의 원인을 무엇보다 개인의 근로의지의 부족, 그리고 국가의 행정영역에서 일자리 중개의 비효율성에서 찾았다. 이 보고서를 관통하는 핵심 아이디어는 국가의 안전장치를 완화시키면 일자리를 찾으려는 실업자의 자발적 이니셔티브가 강화될 것이라는 기대였다. 실업자의 근로의지가 강화된다면 남은 국가의 과제는 이 노동력을 임대노동이나 시간제노동과 같은 형태를 통해서라도 적극적으로 중개하는 것이다.

2003년 1월 1일부터 하르츠 법안은 총 네 단계에 걸쳐 발효되었다. 첫 번째 법안은 실업보조금을 수령하는 기준을 보다 엄격하게 적용했다. 또한 실업보조금과 실업수당이 일반적인 임금과 연계되어 상승하지 않도록 명시했다. 기존의 노동청(Arbeitsamt)은 고용사무소(Agentur für Arbeit)와 개인서비스사무소(Personal–Service–Agentur)로 재편되었다. 개인서비스사무소는 기업에 임대노동을 적극적으로 중개함으로써 노동시장을 활성화할 것으로 기대되었다. 두 번째 법안의 핵심은 유사자영업(Scheinselbständigkeit)에 대한 규제를 대폭 완화함으로써 생존창업을 지원하고, 미니잡(월 소득 400유로 이하) 및 미디잡(월 소득 400~800유로)과 같은 유연한 노동형태를 장려하기 위해 이를 사회보장체계로 통합하는 것이었다. 미니잡과 미디잡은 실업률을 낮추는 방안으로 새로운 의미가 부여되었다. 2004년 1월 1일 발효된 세 번째 하르츠 법안은 기존의 연방노동청(Bundesanstalt für Arbeit)을 연방고용사무소(Bundesagentur für Arbeit)로 불리는 현대적 경영원리에 기반을 둔 서비스기업으로 재편했다. 기존의 연방노동청이 노동정책적 임무와 사회정책적 과제를 동시에 수행했던 것에 비해 새로운 연방고용사무소는 실업자들의 중개 역할만을 전담한다. 2005년 1월 1일 발효된 네 번째 법안은 실업보조금(Arbeitslosenhilfe)과 사회부조(Sozialhilfe)를 "실업급여 Ⅱ(Arbeitslosengeld Ⅱ)"로 통합하여 과거의 실업보조금 수준 이하에서 지급하기로 했다. 기존의 실업급여는 그 지급기한이 절반으로 줄어들어 최대 1년 동안만 받을 수 있는 "실업급여 Ⅰ"로 바뀌었다. "실업급여 Ⅱ"의 수혜에는 가족구성원의 자산 및 수입을 밝히는 등 까다로운 조건이 부과되었고, 어떠한 형태의 노동이라도 받아들이는 것을 전제로 고용사무소에서 지급한다. 네 번째 하르츠 법안은 독일 사회정책 역사상 가장 극적인 노선 전환으로 평가된다.

하르츠 법안은 과거 보수·자유연정 아래서도 시행하기 어려울 것으로 보였던 급진적인 조치들을 담고 있다. 그런데 이러한 성격의 개혁이 독일모델의 경쟁력을 강화하는 데에 직접적으로 기여할 것이라고 기대하는 것은 무리다. 경쟁력의 강화와 저임금 일자리의 확대는 별개의 문제이기 때문이다. 만약 이러한 조치가 경쟁력을 강화한다면, 이는 저임금 일자리의 확대가 평균 임금을 끌어내림으로써 전반적인 임금억제에 기여하는 경우일 것이다. 어쨌든 확실한 것은 하르츠 법안이 발효되고 난 후 실업률이 크게 줄지는 않았다는 사실이다. 2005년과 2006년 실업률은 각각 13.0%와 12.0%로 여전히 높은 수준이다(<표 2-1-4> 참조). 하지만 하르츠 법은 파견 근로를 늘리는 데는 기여했다. 전체 고용에서 파견 근로의 비중은 0.8~0.9% 수준이었는데, 하르츠 법이 도입되면서 2.2%까지 늘어났다.

독일의 실업률이 한 자리 숫자로 내려온 것은 역설적으로 지구적 금융위기의 와중인 2008년부터이다. 대부분의 다른 나라에서 실업률이 늘었던 것에 비해 독일의 실업률이 줄고 있는 것은 다음의 두 가지 상황과 관련이 있다. 첫째, 하르츠 개혁의 뒤늦은 효과라고 할 수 있겠지만 미니잡의 일자리가 늘었다. 2003년 약 550만 명이던 미니잡 종사자 수는 2008년 약 710만 명, 그리고 2012년 약 740만 명까지 증가하였다. 둘째, 금융위기에 직면해 일종의 "일자리 나누기(job sharing)"가 시행되었다. 해고 대신 노동시간 단축을 통해 고용을 유지하는 방안이 도입된 것이다. 연방고용사무소는 노동자의 임금 축소 분의 일정액을 지원하고, 정부는 기업의 사회보장 분담금을 환급하는 제도를 시행했다. 즉 노동시간 단축이나 노동시간 계좌의 도입과 같은 해고를 회피하는 조치를 시행한 덕택에 금융위기에도 불구하고 실업이 증가하지 않았던 것이다.

한편 하르츠 법안의 실업보조금 폐지와 실업급여 수혜기간의 단축은 정부의 적자를 줄여 재정공고화에 기여하려는 시도였음은 물론이다. 이는 당연히 마스트리히트 조약이 요구한 재정적자 및 국가부채 기준과 관련이 있다. 독일 정부의 적자는 국내총생산 대비 2003년 4.07%, 2004년 3.67%, 2005년 3.26%에 달해 마스트리히트 조약이 허용한 3%의 기준을 넘어서고 있었다. 국가채무 역시 국내총생산 대비 2003년 62.92%, 2004년 64.60%, 2005년 66.80%로 마스트리히트 조약의 기준인 60%를 넘었다. 유럽연합의 벌금절차를 회피하기 위해서는 마스트리히트 조약의 기준을 맞추려고 노력한다는 정치적 신호를 보내지 않을 수 없었을 것이다. 따라서 네 번째 하르츠 법안, 즉 독일 사회정책 역사상 가장 극적인 노선 전환은 경제화폐연합과 직접적인 관련이 있는 것으로 보아야 한다.

　　그러나 하르츠 법안의 가장 극적인 효과는 사회복지의 대대적 축소가 야기한 사민당 지지층의 이탈이었다. 하르츠 법안이 단계적으로 발효되면서 사민당은 모든 주선거와 지방선거에서 참패했다. 사민당은 자신의 정치적 아성이었던 노르트라인-베스트팔렌에서조차 기민련에게 패배했고, 연방상원은 보수당 일색으로 변해 갔다. 정치적 지반을 상실한 적녹연정은 임기가 아직 1년이나 남은 2005년 9월 자진 해산의 길을 택한다.

3. 유로존 아래서의 임금억제

　　경제화폐연합의 출범 이후 독일모델의 재편에서 가장 눈에 띄는 것은 놀라운 임금억제이다. 2010년 독일의 실질임금은 2000년에 비해 4.5%가 줄었다(<표 2-1-3> 참조). 이 기간 동안 유로존에서 실질임금이 감소한 나라는 독일이 유일하다. 그렇지 않아도 지구적 경쟁력을 갖춘 독일이 무려 10년 동안 실질임금이 오르지 않았을 뿐 아니라 오히려 줄었다는 사실은, 독일이 "유럽의 병자"로부터 "경제적 슈퍼스타"로 변신할 수 있었던 가장 중요한 이유라고 할 수 있다. 물론 여기서 임금 삭감이 경쟁력을 증가시킨다는 단순한 주장을 하려는 것이 아니다. 일반적인 경우라면 임금 삭감은 국내 수요 부족의 문제를 낳으면서 경제성장의 동력을 누그러뜨릴 수 있다. 또한 대부분의 국가의 경우 임금의 변화보다 환율의 변화가 경쟁력에 더 큰 영향을 끼칠 수 있다. 그러나 독일은 더 이상 위의 범주에 속하는 여타 국가가 아니라, 유로존의 한 국가, 즉 새롭게 형성된 유로자본주의의 중요한 공간에 위치한 국가라는 점에 주목해야 한다.

　　주지하듯이 단일화폐를 사용하는 유로존에서는 자국의 경쟁력을 강화하는 수단으로 환율적응 기제를 더 이상 활용할 수 없다. 보통 무역적자가 커지는 국가라면 이자율을 낮추거나 재정지출을 확대해서라도 자국 화폐의 평가절하를 유도할 것이고, 이는 자국 상품의 가격 경쟁력을 높일 것이다. 그러나 이러한 환율적응 기제는 1999년 경제화폐연합의 출범과 함께 유로존에서는 과거의 얘기가 되었다. 이제 이자율은 독립적인 유럽중앙은행이 결정하며, 재정지출 역시 마스트리히트 조약의 적자기준이 제약하고 있다. 환율적응 기제가 더 이상 작동하지 않는 상황에서 회원국들이 자국의 경쟁력을 강화할 수 있는 유일한 방법은 이른바 내부적 평가절하에 의존하는 것이다. 임금억제를 통해 직접적으로 가격 경쟁력을 높이거나, 또한 재정긴축을 통해 물가안정을 유도함으로써 간접적으로 가격 경쟁력을 확보하는 것이다. 유로존이라는 단일화폐 체제 아래서는 특히 임금억제의 효과가 강력한 것으로 평가된다. 바로 이 때문에 임금정책이 매우 중요해졌고, 마스트리히트 조약 발효 이후 대부분의 회원국들이 임금억제를 노사정 협력의 핵심목표로 설정했던 것이다. <표 2−2−1>에서 볼 수 있듯이 이 임금억제는 역설적으로 가장 강력한 산업적 경쟁력을 지닌 독일에서 가장 성공적으로 수행되었다.

　　2000년대에 들어 독일의 실질임금은 하락했으며, 단위노동비용은 더 큰 폭으로 하락하고 있었다. 2002년에서 2007년 사이 독일의 단위노동비용은 무려 12%가 하락했다. 실질임금과 단위노동비용의 하락은 단일시장과 단일화폐로 구성된 유로자본주의라는 새로운 공간에서 직접적인 경쟁력으로 작용한다. 그렇지 않아도 높은 품질을 인정받는 독일 상품들이 이제 가격 경쟁력까지 갖추게 된 것이다. 특히 유로존의 다른 모든 국가들에서 실질임금이 상승하고 있는 상황에서 독일만 실질임금이 하락하고 있었기에 독일의 경쟁력은 더욱 강화될 수 있었다. 독일의 수출은 가파르게 늘어났고, 흑자 규모 역시 빠르게 커져갔다(<표 2−2−2> 참조).

표 2-2-1 주요 유로존 국가들의 실질임금 변화(2000년 대비 2010년)

(단위: %)

독일	-4.5
오스트리아	2.7
이탈리아	3.8
네덜란드	4.8
벨기에	7.4
스페인	7.5
프랑스	8.6
룩셈부르크	9.3
포르투갈	9.4
아일랜드	15.2
그리스	16.0
핀란드	22.0

자료: Global Wage Report

표 2-2-2 유로존 출범 이후 독일의 경제성장, 수출, 수입, 무역흑자, 실업, 실질평균순임금의 변화(2000~2015)

(단위: 경제성장, 실업, 실질순임금은 %, 수출, 수입, 무역흑자는 10억 유로)

년	2000	2001	2002	2003	2004	2005	2006	2007	2008	2009	2010	2011	2012	2013	2014	2015
경제성장	3.2	1.8	0.0	-0.7	0.7	0.9	3.9	3.4	0.8	-5.6	3.9	3.7	0.7	0.6	1.6	1.5
수출	597	638	651	664	731	786	893	965	984	803	951	1,061	1,092	1,088	1,123	1,196
수입	538	542	518	534	575	628	733	769	805	664	797	902	899	890	910	948
무역흑자	59	95	132	129	156	158	159	195	178	138	154	158	193	197	213	247
실업	10.7	10.3	10.8	11.6	11.7	13.0	12.0	10.1	8.7	9.1	8.6	7.9	7.6	7.7	7.5	7.1
실질평균순임금	0.9	1.4	-0.2	-0.8	0.5	-1.4	-1.7	-1.3	-0.8	-0.2	2.9	0.4	0.6	0.4	1.6	2.3

자료: Statistisches Bundesamt 2016

유로존이 출범하고 난 직후인 2000년 5,970억 유로 정도였던 독일의 수출액은 2015년 무려 1조 1,960억 유로로 두 배가 커졌다. 2000년 28.2%였던 국내총생산 대비 수출액은 2015년 거의 40%에 달함으로써 독일은 전통적인 수출강국을 넘어 이제 수출에 결정적으로 의존하는 나라가 되었다. 무역흑자의 규모는 2000년 590억 유로에서 2015년 2,470억 유로를 넘어섬으로써 무려 네 배가 넘게 커졌다. 단일시장과 단일화폐를 통한 유럽통합의 심화 덕택에 독일은 무역흑자 세계챔피언으로 등극할 수 있었던 것이다. 요컨대 유로자본주의의 형성은 독일이 "유럽의 병자"로부터 "경제적 슈퍼스타"로 도약할 수 있었던 디딤돌이 된 것이다.

그러나 독일의 급격한 무역흑자의 증가는 유로자본주의라는 공간에서 다른 회원국들의 무역적자가 빠르게 증가하는 것과 무관하지 않다. 예컨대 2015년 영국은 독일에 약 510억 유로의 적자를 기록했으며, 이는 영국 전체 무역적자의 3분의 1 규모이다. 프랑스는 독일과의 교역에서 약 360억 유로의 적자를 기록했고, 이는 전체 적자의 절반 이상이다. 2012년 이후 무역흑자를 내고 있는 이탈리아조차 2015년 독일에 대해서는 90억 유로의 적자를 기록했다. 같은 해 오스트리아는 약 210억 유로, 스페인은 약 120억 유로, 덴마크는 약 60억 유로, 벨기에는 약 40억 유로, 그리스는 약 30억 유로, 그리고 포르투갈은 약 20억 유로의 적자를 독일에 대해 기록하고 있다. 원유와 같은 에너지 자원을 수출하거나 또는 체코, 헝가리, 슬로베니아와 같이 독일의 하청기지로 낙점 찍히지 않는 이상, 유럽연합의 거의 모든 국가들이 독일에 적자를 기록하고 있는 실정이다.

물론 독일의 가파른 수출의 팽창과 무역흑자의 확대가 전적으로 유로자본주의 때문이라고 얘기할 수는 없다. 앞에서 우리는 단일시장과 단일화폐와 같은 유럽통합의 심화, 즉 유로자본주의라는 새로운 공동의 공간을 창출하려는 노력이 경제적 지구화를 통해 국민국가적 성장모델의 한계를 극복하려는 정치경제적 전환과정의 유럽적 모습이라는 사실에 주목했다. 이러한 관점에 선다면 독일의 수출이 유럽뿐만 아니라 지구적 차원을 목표로 할 것임은 논리적인 얘기다. 확실히 지구적 수요를 포착하는 독일 기업들의 능력은 매우 출중해 보인다. 유로위기와 더불어 유로자본주의가 침체에 빠지자 독일의 주요 수출 타깃은 미국, 중국, 인도, 브라질 등으로 옮겨 갔다. 2010년 이후 브릭스(BRICS) 국가들은 독일 수출 증가에 약 5분의 1을 기여했다. 독일의 수출품목들이 주로 자본재이거나 수요에 덜 민감한 고급 승용차와 같은 사치재라는 점도 지속적인 수출 확대의 이유일 것이다. 고부가가치 상품에 특화된 수출구조는 거대한 무역흑자의 중요한 요인이기도 하다.

여기서 주목할 점은 유로라는 단일화폐가 독일의 공격적인 수출에 적지 않게 기여하고 있다는 사실이다. 만약 단일화폐가 도입되지 않았더라면 독일과 같은 흑자국의 화폐는 엄청난 평가절상을 경험했을 것이며, 공격적인 수출을 통한 경기회복과 경제성장을 기대하기는 어려웠을 것이다. 유로 덕택에 독일은 실질적인 평가절하라는 외부 효과를 누릴 수 있었으며, 적극적인 수출을 통해 내수 부족을 만회할 수 있었다.

이와는 반대로 독일의 엄청난 무역흑자는 유로존과 유로자본주의 불균형을 증폭시키고 있다. 주지하듯이 단일화폐와 유럽중앙은행의 일괄적인 이자율정책은 흑자국과 적자국의 격차 및 이들이 갖는 특수한 문제를 해결하는 데에 전혀 도움이 되지 않았다. 적자국의 경쟁력을 강화하기 위한 화폐정책은 단일화폐의 상황에서는 애당초 불가능했으며, 재정정책 역시 마스트리히트 조약의 재정적자 기준을 맞춰야 하기 때문에 대폭 제한될 수밖에 없었기 때문이다. 따라서 경쟁력이 취약한 적자국이 선택할 수 있는 보다 쉬운 방안은 흑자국으로부터 채무를 차용하는 것이었다. 2000년대에 진행된 유럽연합의 금융시장 통합이 적자국들의 채무의 조달에 날개를 달아준 격이 되었음은 물론이다.

특히 적자국들의 인플레이션은 유로존의 평균을 상회하고 있었기에 실질이자율은 매우 낮은 수준이었고, 때때로 마이너스 대를 기록하기조차 했다. 2000년에서 2007년까지 유로존의 누적 평균 인플레이션이 19%였던 것에 비해 적자국인 아일랜드, 스페인, 그리스, 포르투갈의 인플레이션은 거의 30%에 달했다. 같은 시기 독일의 인플레이션은 14%에 불과했다. 매우 낮은 실질이자율 때문에 적자국들이 통합된 금융시장으로부터 보다 많은 채무를 차용하려 했음은 당연하다. 이 채무에 의존한 주택건설과 민간소비의 확대는 일단 높은 경제성장을 낳았다. 유로존의 출범 이후 상당 기간 적자국들의 경제성장률은 흑자국들의 성장률을 능가했다. 고용이 증가하고, 실질소득도 늘었지만, 동시에 단위임금비용의 상승이 일어났다. 수출 경쟁력은 갈수록 저하되었고, 수입이 늘어났으며, 경상수지 적자가 빠르게 커져갔다. 적자국과 흑자국의 경쟁력 및 경상수지의 격차라는 유로존의 불균형이 단일화폐의 도입 및 금융시장의 통합과 함께 더욱 악화되고 있었던 것이다.

반면 독일과 같은 흑자국에서는 그 반대의 현상이 일어났다. 흑자국의 인플레이션은 유럽연합의 평균 이하였기 때문에 실질이자율은 상대적으로 높은 수준이었다. 유럽중앙은행의 일괄적인 이자율정책은 적자국과 반대로 흑자국에서는 실물영역을 화폐적으로 옥죄고 있었던 것이다. 따라서 실물경제로의 투자는 지체되었고, 경제성장률은 보잘 것이 없었다. 이자율정책이라는 적응수단을 상실한 독일이 선택할 수 있는 대안은 일종의 내부적 평가절하를 통해 경쟁력을 강화하는 것이었다. 임금억제가 가장 중요한 목표로 설정되고, 강력한 긴축정책이 실행되었다. 독일은 줄곧 내수의 침체에 시달렸지만, 높아진 가격 경쟁력 덕택에 공격적인 수출을 통해 이 침체를 만회할 수 있었던 것이다.

 독일모델의 성과와 딜레마

2000년대 초반까지 "유럽의 병자"로 취급받던 독일이 "경제적 슈퍼스타"로 부상한 배경에는 유럽통합의 심화와 유로자본주의 형성이 있었다. 유로자본주의라는 새로운 공간을 적극 활용해 독일의 기업들은 초국적 생산체인을 재정비하였고, 독일을 고부가가치 산업의 생산입지로 재편하였다. 독일정부는 경제화폐연합이 준비되면서 발효된 유럽연합의 다양한 탈규제 및 자유화 지침들을 적극적인 민영화의 지렛대로 활용하였다. 독일경제의 미래에 대한 자본의 공세적인 문제제기였던 생산입지논쟁에서 노동조합은 확연히 수세에 몰림으로써 반대권력으로서 의미가 퇴색하였다. "노동을 위한 동맹"은 실업문제에 대한 공동대응으로 출발하기는 했지만, 협상의 내용과 목표가 곧 경쟁력 강화로 변질되었다. 하르츠 개혁은 사회복지적 지원의 삭감을 통해 실업자의 근로의지를 강화하고자 했고, 또한 국가의 적극적인 일자리 중재를 통해 대량실업을 해결하려 시도했다. 실업보조금의 폐지와 실업급여 수혜기간의 단축은 정부의 재정공고화에 기여했으며, 이는 마스트리히트 조약이 요구하는 것이기도 했다. 독일은 2000년대 유로존에서 실질임금이 하락한 유일한 나라였으며, 이는 공격적인 수출 및 무역흑자의 급속한 확대에 유리하게 작용했다. 그러나 독일의 성공은 유로존의 불균형에 적지 않게 기여했으며, 이 불균형은 유로위기의 한 원인이 되기도 한다.

그렇다면 독일의 성공과 함께 독일 내부에서는 어떤 변화가 일어났는가? 노동조합이라는 반대권력이 퇴색하면서 일어난 변화는 최소한 노동의 관점에서는 매우 우울해 보인다. 2010년 독일의 저임금 영역은 22.2%로 서유럽에서 가장 크며, 영국의 저임금 영역을 능가하는 실정이다. 특히 서비스 부문이 매우 열악하다. 수출 지향적 산업부문에서는 2010년 이후 어느 정도 실질임금이 상승하고 있지만, 소매업이나 서비스 영역에서는 실질임금 감소 경향이 역전되지 않고 있다. 산업별 단체협약도 극적으로 감소하였다. 단체협약 적용률은 1990년대 초반 70% 정도였지만, 2013년에는 50% 정도로 하락하였다. 2014년 단체협약 적용률은 45%로 더욱 떨어졌다. 즉 독일 노동자의 절반 이상이 단체협약의 보호를 받지 못한다는 얘기다. 이런 상황에서 저임금·비정규직 일자리가 지속적으로 늘어나는 것은 우연이 아니다. 독일모델의 성공의 이면에 노동 권력의 약화와 사회적 양극화가 함께 존재한다면, 이 성공에 대한 평가는 매우 신중해야 할 것이다.

더 나아가 생각해 보기

1. 독일은 어떻게 "유럽의 병자"에서 "경제적 슈퍼스타"로 변신할 수 있었는가?
2. 유로자본주의라는 초국적 자본주의 공간의 형성은 독일모델의 재편에 어떤 영향을 끼쳤는가?
3. 독일모델의 성공과 유로존 불균형의 심화는 어떤 관련이 있는가?

참고문헌

구춘권. 2016. "유로자본주의의 형성과 독일모델의 재편."『한국과국제정치』. 32권 4호, 173-213.

구춘권. 2012. "민영화의 담론·갈등·합의: 독일의 철도·우편·정보통신 영역의 민영화 과정."『한국정치학회보』. 46집 4호, 219-246.

구춘권. 2007. "적녹연정의 유산과 대연정의 개혁프로젝트."『국제정치논총』. 47집 3호, 165-187.

구춘권. 2003. "독일모델의 전환과 사회협약정치의 변화."『한국정치학회보』. 37집 1호, 387-408.

권형기. 2012. "생산의 세계화와 노동의 정치."『국제정치논총』. 52집 1호, 217-245.

김면회. 2004. "독일모델의 생명력: '독일병' 논의에 대한 비판적 접근,"『국제정치논총』. 44집 1호, 327-348.

김인춘. 2015. "자본주의 다양성과 유로체제. 신자유주의적 유럽통합의 경제사회적 결과."『사회과학연구』. 23집 1호, 106-142.

하르트무트 자이페르트. 2015, "독일의 노동시장과 유연성," FES Information Series 2015-01, http://library.fes.de/pdf-files/bueros/seoul/11474.pdf (2017/12/01).

Hall, Peter A. and David Soskice (eds.). 2001. *Varieties of Capitalism. The Institutional Foundations of Comparative Advantage* (Oxford: Oxford University Press).

Unger, Brigitte (ed.). 2015. *The German Model - Seen by its Neighbours* (Westfield, NJ: SE Publishing).

Statz, Albert. 1989. "Die Entwicklung des westeuropäischen Integration." Frank Deppe u. a. (Hrsg.), *1992 - Projekt Europa. Politik und Ökonomie in der europäischen Gemeinschaft* (Köln: Pahl-Rugenstein).

CHAPTER **3.**
프랑스 정치경제: 동향과 과제

손영우 · 심성은

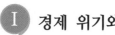 경제 위기와 프랑스 경제

　　프랑스 경제는 미국, 중국, 일본, 독일, 영국에 이어 세계 6위에 해당한다. 2016
년, 영국이 브렉시트를 선언한 뒤 파운드화가 15% 정도 절하되면서 프랑스 경제
는 경제규모 5위로 격상되었다. 프랑스는 1960년대 초반까지 독일, 영국보다 강한
경제력을 자랑했다. 하지만 1960년대 독일이 경제 부흥에 성공하고, 1990년대 영
국이 경제 침체에서 벗어나면서 서유럽 내 경제 3위 국가가 되었다.

　　프랑스 경제는 3차 산업 위주의 산업 구조다. 통계청에 따르면 2014년, 15세
이상의 경제활동인구 중 3차 산업 종사자는 75.7%, 제조업분야 13.9%, 건설분야

그림 2-3-1 **프랑스, 독일, 영국의 GDP 비교**

출처: IMF.

6.6%, 농업분야 2.8%였다. 전반적으로 3차 산업은 계속 성장 중인 반면, 기타 산업은 감소 추세에 있다. 40년 전에 비해 3차 산업 종사자는 22%가 증가했으나 제조업은 약 50%, 농업은 7%, 건설업은 3%가 감소하는 등, 프랑스 산업구조가 3차 산업 위주로 재편되었다. 프랑스는 농업 국가 이미지도 강하다. 하지만 농업종사자는 2.8%로 독일(1.5%)이나 영국(1.4%), 네덜란드(1.2%)보다 조금 더 많으며, 농업 비중이 상대적으로 강한 이탈리아(3.7%), 스페인(4.0%) 보다는 낮은 편이다.

<그림 2-3-2>에서 보듯 프랑스 GDP 성장률은 OECD 평균을 밑돌았다. 1980년 이후 성장률을 비교하면 1983년 이후 OECD 평균치보다 최대 6% 가까이 낮았던 것을 알 수 있다. 통독과 비교하면 프랑스가 남유럽 재정위기 이후 약 2% 정도 성장률이 적었으며, 1980년 이후 영국보다도 낮은 경우가 대부분이었다.

최근 다른 유럽 국가들과 마찬가지로 프랑스 역시 2007년 미국발 금융위기와 2009년 말의 남유럽 재정위기로부터 영향을 받았다. 남유럽 재정위기로 인한 GDP 성장률 하락은 최악을 기록했던 2009년을 기준으로 했을 때 프랑스는 −2.9%를 기록해, 독일 −5.9%, 영국 −4.3%에 비해 상대적으로 충격이 적었다. 반면 2000년대 초반부터 하르츠 개혁을 진행했던 독일과 영국은 재정위기로부터 신속하게 벗어나 성장률 회복과 실업률 감소가 있었던 반면, 프랑스는 경제 개혁이 지연된 데다가 재정위기를 맞은 남유럽 국가들의 주요 채권국이었기 때문에 그 여파를 피해가기 어려웠다(조양현, 8).

그림 2-3-2 프랑스, 독일, 영국, OECD의 GDP 성장률

(단위: %)

출처: OECD.

남부유럽 재정위기의 주요 원인은 과도한 정부부채 누적이었다. 위 그림은 그리스의 정부부채가 지속적으로 누적되어 최근에는 180%에 달했음을 보여준다. 이에 따른 서유럽의 대처는 각기 달랐다. 독일은 정부 부채비율이 60~80% 선에서 유지된 반면, 프랑스는 120%를 넘었다. 프랑스의 실업률 역시 문제로 꼽힌다. 2017년 상반기 프랑스의 실업률은 9.5%로, EU 회원국 평균 7.9%과 OECD 평균 6.0%, 혹은 영국의 4.5%나 독일의 4.0%에 비해 심각한 수준이다. 오히려 프랑스의 실업률은 그리스(22.4%), 스페인(18.2%), 이탈리아(11.5%), 포르투갈(9.7%) 등 남유럽 재정위기의 진원지였던 국가 다음으로 높은 상황이다. 최근에는 GDP 성장률이 증가하고 실업률이 다소 낮아지는 등 점차 경제침체에서 벗어나고 있으나 경기회복 속도는 다른 서유럽 국가에 비해 느린 편이다.

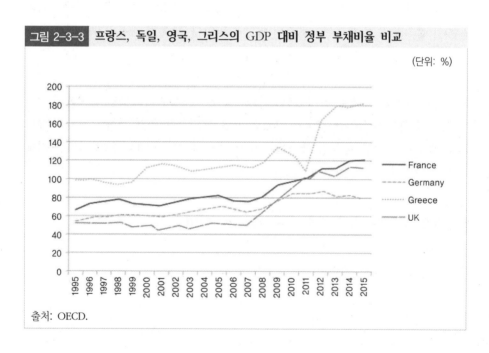

그림 2-3-3 **프랑스, 독일, 영국, 그리스의 GDP 대비 정부 부채비율 비교**

(단위: %)

출처: OECD.

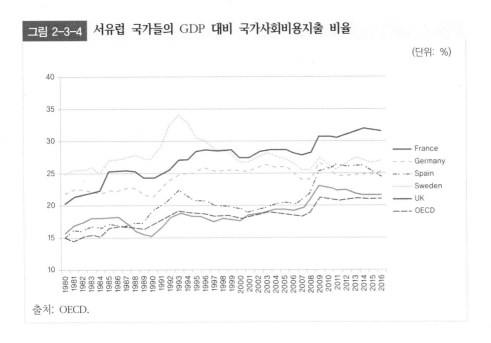

그림 2-3-4 서유럽 국가들의 GDP 대비 국가사회비용지출 비율

출처: OECD.

특기할 만한 것은 남유럽 재정 위기 이후 각국의 사회비용지출 관련 정책 변화다. 독일과 영국은 재정 위기 이후 사회비용지출을 기존 지출액 대비 5~10% 정도 축소한 반면, 프랑스는 오히려 5% 정도 확대했다. 혹자는 프랑스의 가장 높은 GDP 대비 사회비용지출이 현 경제 침체의 원인이라고 지적하지만, 프랑스의 사회비용지출은 이미 체계화되어 있는 사회안전망을 강화함으로써 소비를 유지하고 개인들이 느끼는 재정압박을 완화하는 데 기여했다고 볼 수도 있다.

Ⅱ 프랑스형 국가주도형 경제정책의 쇠퇴

프랑스의 경제정책의 가장 큰 특징은 1940년대부터 1980년까지 국가주도형 경제개혁을 추진했으나 1981년부터 경제개방과 민영화로 전환했다는 것이다. 일명 '프랑스 예외주의(exception française)'라 불렸던 국가주도형 경제개혁은 19세기 말, 경제적 목적으로 실행되었던 통신회사의 국유화와 1930년대 레옹 블룸 정부의 서부철도공사(Compagnie ferroviaire de l'Ouest) 등 철도와 일부 금융의 국유화를 기점으로 시작되었다. 그러나 아직 국유화 정책이 국가의 주요 정책으로 간주되었던 것은 아니었다.

본격적인 국유화는 2차 세계대전 이후 진행되었다. 프랑스 임시정부 대통령이었던 드골은 1940년대 프랑스전기공사(EDF), 프랑스가스공사(GDF), 프랑스석탄공사(CDF) 등의 에너지 관련 공공서비스 기관과 에어프랑스 등 주요교통 관련회사를 국유화했다. 르노(Renault) 등 나치에 협조했던 기업 역시 정부의 영향 하에 들어갔다. 프랑스중앙은행, 크레디 리오네(Crédit Lyonnais), 소시에테 제네랄(Société Générale) 등 은행의 국유화는 프랑스 정부의 자금 조달 수단으로 활용되었다. 공공부문은 계속 확대되어 1947년 공기업 종사자가 1백 20만 명으로 증가하고, 공공부문 생산량이 전체 GNP의 11%에 이르렀다. 프랑스 정부가 생산, 소비, 투자, 금융의 주요 행위자이자 조정자로서 에너지, 교통, 정보통신, 금융부문에 직접적인 영향력을 행사하게 된 것이다(이재승 2004).

국유화 경제개혁은 기초산업에서 점차 중공업분야, 국제무역, 중화학공업, 방송국 등 언론으로 확대되었다. 프랑스는 1946년부터 국가주도의 경제개혁과 다년도 경제계획 실시, 1957년 유럽경제공동체 창설을 통해 경제성장을 이루었다. 국유화는 1958년 5공화국 출범과 함께 드골이 대통령으로 취임하면서 심화되었는데, 점차 직접적인 국유화 보다 정부가 중요 기업활동에 참여하는 경우가 증가했다. 1983년 초에는 공공분야가 최대로 확대되어 경제활동인구 중 1/4이 이 분야에 종사했을 정도였다.

국가주도 경제정책은 1960년대 말부터 변화의 조짐이 보였다. 프랑스는 68혁명과 1973년과 1979년 석유파동을 겪으며 경제 위기에 대처하기 위해 프랑화를 평가절하하고 공공지출을 감소시켰다. 1980년 들어 아시아 등 개발도상국과 미국, 독일이 비약적인 경제발전을 거듭한 것과 달리, 실업률이 8%를 넘어서는 등 프랑스 경제가 침체기로 접어들자 1981년 취임한 미테랑 대통령은 새로운 경제정책을 구상해야만 했다.

이에 따라 양차 세계대전 간전기부터 시작된 국유화 정책이 막을 내리고 민영화가 시작되었다. 1986년 우파의 총선 승리와 프랑스 최초의 동거내각 형성은 국유화 정책 폐기의 첫 발걸음이었다. 1986년 셍－고벵을 시작으로 BNP 파리바 등 금융업의 민영화가 시작되었다. 1988년 미테랑이 재선에 성공하고 동거내각이 막을 내리면서 민영화가 잠시 중단되었으나, 다시 1993년 총선에서 우파가 승리해

두 번째 동거내각이 시작되면서 다시 민영화가 진행되었다.

시라크 총리의 경제개방과 민영화 정책은 1997년의 리오넬 조스펭 사회당 총리로 이어졌다. 민영화 적용 분야는 더욱 늘어나 CIC 등 금융업, 톰슨-CSF 등 제조업, 에어프랑스 등 교통업, TF1 등 방송, 부이그 등 통신회사들이 민영화되었다. 1990년대 후반의 닷컴 버블 위기와 프랑스전기가스공사 등 공공분야 종사들의 저항으로 2000년 초반에는 민영화 속도가 잠시 더뎌지기도 했으나, 이후 시라크 대통령과 올랑드 대통령의 주도 하에 민영화와 경제개방이 지속되었다. 2000년대 초반에는 프랑스텔레콤과 파리와 프랑스 남부를 잇는 고속도로, 프랑스가스공사, 공항 등 기간산업의 자본개방과 일부 민영화까지 실행되었으며, 그 외 크레디 리오네 등 금융업과 지방철도, 화물분야 공기업의 민영화도 점진적으로 가속화되었다(Maggi-Germain 2005). 이로써 프랑스의 국가주도 경제정책은 1981년 이후 민영화와 경제개방으로 전환되었으며, 2000년대 초반에 프랑스의 국유화는 종료되었다는 평가가 등장했다(Culpepper 2004).

1980년대 이후 민영화와 경제개방 결과, 1985년 경제활동인구의 11%였던 공공부문 종사자 수가 2011년, 3.4%로 감소되었으며, 공기업 수 역시 절반으로 줄어들었다. 2013년 말, 정부가 직·간접적으로 관여하는 기업은 총 1,444개였으며, 관련 종사자는 80만 명 선으로 감소했다. 이러한 흐름은 현재까지 이어지고 있으며 최근에는 마누엘 발스 총리 주도 하에 툴루즈공항, 리옹공항의 부분 민영화까지 진행되었다.

프랑스 경제의 정부 주도 정책에서 민영화 정책으로의 변환은 프랑스만의 독특한 상황이 아니었다. 민영화 정책은 1970년대 말 대처와 레이건 정부로부터 시작되어 프랑스, 독일 등 대륙쪽 국가들은 1980년대부터 민영화를 시작했으며 이탈리아, 스페인, 포르투갈, 그리스 등 남유럽 국가들은 1990년대에 민영화가 극대화되었다. 일례로 1997년부터 2004년 사이 전세계적으로 4천 개가 넘는 민영화 작업이 진행되었으며, 서유럽은 민영화 작업의 중심지로 동기간 민영화 작업으로 정부 수입의 절반이 창출되기도 했던 곳이다.

민영화는 유럽의 경우 1995년에 정점을 이루었으며, 이후 점차 감소하는 추세다(Privatization Barometer 2007, 3). 1975년부터 2010년까지 영국, 프랑스, 이탈리아의 민영화 진행으로 인한 정부 수입은 전유럽의 2/3 이상을 차지할 정도였다. 민영화 결과는 국가별로 차이를 보인다. 영국은 민영화 출발지답게 가장 적극적으로 민영화를 실행했으며, 프랑스는 유럽 국가 중 1990년대에는 이탈리아와 2~3위를 다투었으며, 2000년대부터는 1~5위 사이에 위치했다. 그 중 2000년대에는 2004~2006년, 2010년의 경우 유럽 국가 중 민영화 금액 대비 1위를 차지할 정도로 민영화에 적극적이었으나 2000년대 중반부터 프랑스의 민영화 속도가 급격히 감소했다(Privatization Barometer 2004-2016).

프랑스와 독일은 영미권 국가에 비해 주요 기업과 공공기업의 부분민영화 비율이 높은 편이다. 일례로 2016년 기준 프랑스 정부는 르노에 대해 19.7%의 지분을, 프랑스복권공사는 72%, 파리공항은 50.6%, 오랑주 S.A.(전 프랑스텔레콤)은 13.5%, 방위산업체인 텔레스는 26%, 원자력에너지에 관한 아레바는 23.8%를 소유하고 있다. 최근 마크롱 대통령은 공항과 원전시설들을 추가로 민영화해 산업발전기금을 조성할 계획을 세우고 있어 한동안 주춤했던 민영화가 다시 가속화될 것으로 예상된다(Le Figaro 2017).

Ⅲ 유럽공동체와 프랑스 경제정책

국가주도 경제정책에서 민영화와 경제개방으로 전환된 것은 국제 경제상황 변화와 프랑스 정치인의 주도만으로 이루어진 것이 아니었다. 브레턴우즈체제 붕괴 이후 1972년 EEC 회원국들의 자국 환율 방어 목적으로 창설된 스네이크체제, 이를 대체한 1979년의 유럽통화제도(EMS: European Monetary System), 1992년 마스트리히트조약으로 도입된 단일통화 및 공동환율제도 등 유럽공동체의 경제정책도 프랑스 경제정책 전환에 중요한 역할을 했다.

1970년대의 스네이크체제는 각국의 환율변동폭을 최대 2.25%로 고정했기 때문에 프랑스 등 각 국가들은 자유로운 환율정책을 실행하기 어렵게 되었다. 더구나 프랑화는 다른 주요교역국들에 비해 고평가되었기 때문에 큰 폭의 평가절하가 필요했으나, 이것이 불가능해지자 프랑스의 수출경쟁력이 저하되고 경상수지가 날로 악화되었다. 1970년대 석유파동과 투기자본의 공격까지 발생하자 프랑스는 정부지출 감소와 인플레이션을 저지할 방법을 찾아야 했다.

1981년부터 1983년까지 세 번의 평가절하를 단행한 미테랑은 고민 끝에 EMS

체제에 잔류하기로 결정하면서 기존의 국가주도 및 사회주의적 경제정책을 포기하게 되었다. 프랑스는 1986년과 1987년, 두 차례의 추가 환율조정을 실행하는 등, 환율안정, 저인플레이션, 고금리정책을 통해 프랑화를 독일의 마르크와의 대등한 수준으로 유지하는 '강한 프랑화정책(franc fort policy)'을 1990년대 중반까지 유지했다. 이로써 1980년대 후반에는 인플레이션이 크게 하락했으며 영국 등이 EMS를 탈퇴했던 1990년대 중반에는 프랑화 환율이 독일보다 더 안정적인 수준을 기록하게 되었다(이재승 2000). 하지만 강한 프랑화정책은 실업률 증가와 고금리정책으로 인한 기업들의 반발이 촉발되는 부작용을 유발하기도 했다.

1992년과 1997년, 각 회원국의 재정 간 동질성 확보 목적으로 도입된 안정성장협약(Stability and Growth Pact)은 프랑스의 경제정책을 또 한 차례 변화시킨 계기가 되었다. 협약에 따르면 GDP 대비 공공적자와 공공부채를 각각 3%와 GDP 대비 60% 내로 유지해야 하며, 인플레이션과 금리는 전년도에 가장 좋은 결과를 낸 회원국의 평균치에 비해 각각 1.5%와 2% 내로 통제되어야 한다. 이에 따라 통화량 조절이나 이자율 등락폭 결정 등 화폐 및 환율정책에 대한 프랑스 정부의 독립적인 권한이 크게 축소되며, EU에서 합의한 범위 내에서만 정책을 수립, 실행할 수 있게 되었다.

그림 2-3-5 유로화 대비 달러 환율 변동

(단위: 달러/유로화)

출처: 유럽중앙은행.

프랑스 경제는 2002년 1월 1일, 유로화 도입으로 큰 변화를 겪었다. 유로화는 도입 직후에는 1달러에 0.9유로 이하의 가치였으나 점차 평가절상되어 2010년 전후로는 달러보다 더 높아졌다. 유로화 절상은 프랑스의 수출품 가격 상승과 수입품 가격 감소를 야기해 수출감소와 수입증가를 야기하는 등 프랑스 제품의 가격 경쟁력 상실을 가져왔다. 이러한 흐름은 2007년 경제위기 이후 반전되었다. 유로화의 평가절하가 시작되어 2009년 중반부터 2010년 초까지 약 13%가 떨어졌으며 그 이듬해에 다시 10%가 절하되었다. 이는 유로존의 긴축정책과 맥을 같이 하는 것으로 유로존의 GDP 성장률 하락과 인플레이션의 원인이 되었다. 2014년부터 다시 유로화는 22% 정도 하락했다(Bucoudré and Heyer 2016).

이와 같은 유로화 환율 변동은 프랑스 경제에 상당한 영향을 미쳤다. 2013년 2월, 올랑드 대통령의 국회연설에서 보듯 프랑스 정부는 프랑스 경제는 유로화의 평가절하를 기다려온 바 있다(Hollande 2013). 프랑스 국세청은 10%의 유로화 절하가 프랑스 GDP의 0.6% 증대와 3만 명의 추가고용, GDP의 0.2%에 달하는 공공부채 감소를 가져올 것이라 평가했다(Ministère des Finances et des Comptes public, Ministère de l'Economie, de l'Industrie et du Numérique 2013). 유로화 약세는 수출증가와 수입감소로 이어지지만, 동시에 석유 등 에너지 수입품 가격상승을 의미하기도 한다. 그러나 2009년 남유럽 재정위기로 인한 충격으로 인해 유로화 약세의 긍정적인 효과는 미미한 것으로 보인다.

Ⅳ 복지정책: 최고로 많은 공공사회복지지출

경제협력개발기구(OECD)가 발표한 사회복지 지출 데이터베이스(Social Expenditure Database, SOCX)에 따르면, 프랑스는 국내총생산(GDP) 대비 공공사회복지지출(Public social spending) 비중이 31.5%로 세계에서 가장 높다(OECD 2016). 이는 복지국가로 잘 알려진 스웨덴, 노르웨이, 덴마크보다도 지출 규모가 상대적으로 크다. 이 지표는 노인, 건강, 가족, 실업, 장애, 고용, 주택 등 국가가 복지에 지출하는 액수를 총합하여 그 나라의 GDP 규모와 비교한 것으로 국가의 복지 담당수준을 보여준다.

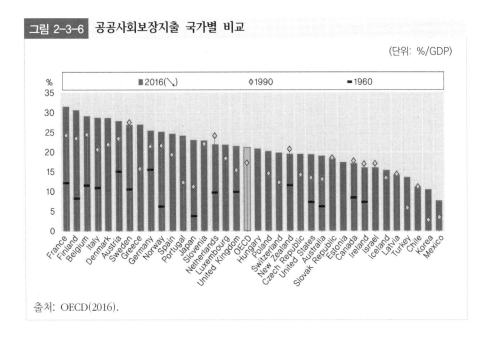

그림 2-3-6 공공사회보장지출 국가별 비교

(단위: %/GDP)

출처: OECD(2016).

물론 이 지표가 해당 국가의 복지국가 수준을 의미하는 것으로는 부족할 수 있다. 이 지표는 공공부문에서의 지출로 민간부분은 제외되고, 지출 비중만을 다루고 있어 세금감면정책 같은 조세·수입 부분은 포함하고 있지 않으며, 또한 지출이 많다고 해서 반드시 그에 따른 결과가 항상 보장되는 것도 아니기 때문이다 (Adema et al. 2014). 그렇지만 OECD에 따르면 공적 사회복지지출 지표는 국가가 담당하는 사회복지지출 수준을 알 수 있는 중요한 자료일 뿐만 아니라, 저소득층이나 빈곤층이 수혜를 받고 있는 현황을 보여주는 중요한 소득재분배 지표 중 하나이다(OECD 2016).

한국은 10.4%로 35개 회원국 중 34위를 차지했다. 1990년도에 비해 4배가 넘는 성장을 2016년에 보이고 있지만, 그럼에도 불구하고 GDP 대비 사회복지지출비용이 OECD 가입국 중 멕시코 다음으로 적다.

복지지출 상황을 영역별로 살펴보면, 표에서처럼 주요 OECD 회원국에서 사회복지지출이 대부분 노령연금과 건강보험에 집중되고 있음을 알 수 있다. 다만, 나라에 따라 스웨덴처럼 장애 영역에 대한 지출이 크거나 일본처럼 노령 부문에 대한 지출이 상대적으로 크다는 특징을 보이기도 한다.

표 2-3-1 영역별 사회지출 현황

(단위: %/GDP)

	프랑스	스웨덴	독일	일본	미국	한국
노인	12.6	9.6	8.3	10.7	6.3	2.5
건강	8.6	6.6	7.9	7.8	8.0	3.9
가족	2.9	3.6	2.2	1.3	0.7	1.1
실업	1.6	0.5	1.0	0.2	0.4	0.3
유족	1.7	0.4	1.9	1.4	0.7	0.2
장애	1.7	4.3	2.1	1.0	1.4	0.6
고용[1]	0.9	1.4	0.7	0.2	0.1	0.5
주택	0.8	0.5	0.6	0.1	0.3	–
기타	0.7	0.7	0.2	0.3	0.9	0.6
합계	31.5	27.6	24.9	23	18.8	9.7[2]

자료: OECD(2016)

1. 소득대체율 높은 퇴직·노령연금 제도

프랑스에선 공무원이나 공기업 노동자가 아닌 민간기업 노동자의 퇴직연금
은 보통 ① 국가에서 관리하는 기본연금(노령연금), ② 직업에 따라 노·사가 운영하
는 보충연금, 그리고 ③ 고용주의 선택에 따른 추가연금 등 세 가지로 구성된다.
연금의 액수는 개인 임금의 평균으로 구해지는 '기준임금'에 납부시간 및 수급개
시연령에 따라 구해지는 '지급률'을 곱해서 정해진다. 이 수준은 기본연금을 통해
기본임금의 25~50%에다가 보충연금을 통해 50~80%에 이르게 되며, 추가연금을
통해 +α를 받게 된다(손영우 2010, 14).

50%에서 80%+α에 이르는 소득대체율은 퇴직자들이 퇴직 후에도 안정적인
상황이 가능케 한다. 하지만, 높은 보장률은 기금부족에 따른 정부 재정부담을 가
져오기도 해, 이에 대해 정부는 '수급개시 연령'을 늦추는 방식으로 개정을 추진하
여 노동자와 퇴직자에 반발을 사곤 했다.

한편, 우리나라 국민연금의 소득대체율은 약 40%로 퇴직자가 다른 재산이 있
거나 민간연금보험에 별도로 가입하지 않았다면 퇴직이전의 생활을 유지하는 것
이 어려운 상황이다.

---

1 능동적 노동시장정책(Active labour market programmes)을 의미함.

2 분야별 지출은 2014년 자료이기 때문에 합계에서 9.7%로 앞의 2016년 자료 10.4%보다 상대적으로 작게 집계되었다.

2. 보장률 높은 의료보험제도, 속지주의 육아·보육 복지정책, 그리고 외국인 들에게도 평등한 복지

프랑스의 의료보험제도는 다음과 같은 특징을 지닌다. 첫째, 전국의 병원은 침대 수를 기준으로 62.2% 이상이 국립이다(DARES 2014). 이는 병원에서 영리적 성격보다는 공공서비스의 경향을 짙게 한다. 둘째, 국민건강보험 보장률이 93.3% (2013년)에 이른다.[3] 셋째, 중증치료에 대한 국가 책임이 높다는 점이다. 이 같은 의료보험제도는 환자의 개별적인 치료비 부담을 덜어 의료복지 수준을 높이지만, 다른 한편으론 의약품 과다소비, 의료재정 부담 등의 과제를 낳기도 한다.

프랑스의 육아·보육정책은 프랑스 영토에서 출생했다면 국적과 상관없이 내국인과 동일하게 출생 및 육아 수당을 지급하는 속지주의원리를 채택하고 있다. 또한, 가입과 보험료 납부를 통해 혜택이 주어지는 의료보험, 실업보장 및 훈련, 퇴직·노령연금 등 사회보장제도는 외국인에게도 개방되어 있고 혜택에 있어 차이가 없다. 나아가 월세보조금이나 주요 보조금은 국적에 상관없이 체류허가를 획득한 모든 거주자의 소득 수준에 따라 제공된다.

 # 35시간의 나라: 짧은 노동시간과 높은 노동생산성

그림에서 보듯이 연평균 노동시간은 프랑스보다 네덜란드와 독일에서 더욱 적다. 하지만 노동시간단축으로 프랑스가 널리 알려진 까닭은 1990년대 말 정부가 39시간에서 35시간으로 법정노동시간을 실업극복정책의 일환으로 급격하게 단축했기 때문이다. 한편, 우리나라는 2000년부터 8년간 노동시간 부문에서 1위를 차지했다가 2008년부터 멕시코에 1위 자리를 두고 다투는 형국이다(김유선 2015).

---

3 같은 해 OECD 평균은 80.5%이고, 한국은 63.1%의 보장률을 나타냈다.

1. 어떻게 가능했는가?

1997년 5월 총선에서 '35시간으로 노동시간 단축'을 공약으로 내세웠던 사회
당은 다수당이 되자 정책을 추진했다.

그 내용은 다음과 같다. 첫째, 2000년 1월 1일부터(규모 20인 이하 기업은 2년 유예)
39시간에서 35시간으로 법정노동시간을 단축한다. 유효노동시간의 기준은 노동
자가 고용주의 처분권 하에 있는지 여부이며, 노동자는 하루에 연속해서 최소 11
시간 이상의 휴식시간을 가져야 한다. 둘째, 기업에 대한 정부의 재정지원은 고용
과 직접 연계됐을 때에 한해 제공된다. 가령, 노동시간단축의 도입과 함께 현 인원
의 6% 이상의 고용을 창출하는 경우, 노동자 1인 당 연 9,000프랑(약 200만원)을 최
대 5년 동안 지원한다. 셋째, 고용효과를 극대화하기 위해 노동시간단축은 기업교
섭을 통해 도입하도록 한다. 단, 사업장에 노조가 없을 경우, 종업원 대표가 산별
노조로부터 위임을 받아 교섭에 참여할 수 있도록 했다.

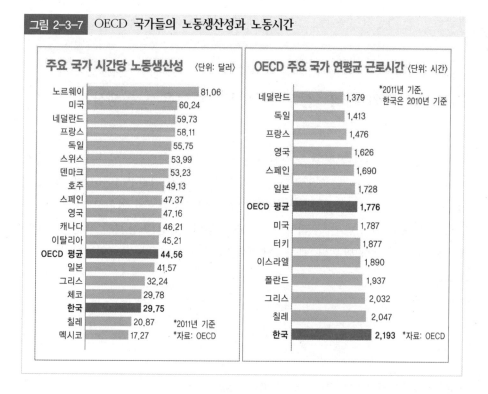

그림 2-3-7 OECD 국가들의 노동생산성과 노동시간

주요 국가 시간당 노동생산성 〈단위: 달러〉

국가	생산성
노르웨이	81.06
미국	60.24
네덜란드	59.73
프랑스	58.11
독일	55.75
스위스	53.99
덴마크	53.23
호주	49.13
스페인	47.37
영국	47.16
캐나다	46.21
이탈리아	45.21
OECD 평균	**44.56**
일본	41.57
그리스	32.24
체코	29.78
한국	**29.75**
칠레	20.87
멕시코	17.27

*2011년 기준
*자료: OECD

OECD 주요 국가 연평균 근로시간 〈단위: 시간〉

국가	시간
네덜란드	1,379
독일	1,413
프랑스	1,476
영국	1,626
스페인	1,690
일본	1,728
OECD 평균	**1,776**
미국	1,787
터키	1,877
이스라엘	1,890
폴란드	1,937
그리스	2,032
칠레	2,047
한국	**2,193**

*2011년 기준,
한국은 2010년 기준
*자료: OECD

하지만 국내외 우려와 반발이 있었다. 세계경제기구 OECD는 '1998년 경제전망'을 통해 노동시간 단축을 하되, 입법을 통한 방법보다는 노사의 자발적인 교섭을 그 방법으로 권고했다. IMF도 '구조적 실업문제를 더욱 악화시킬 수 있다'며 경고했다(L'Année politique 1998, 374). 고용주단체는 1998년 1월에 프랑스 최초로 벌인 고용주 단체 시위를 통해, "고용을 창출하기는커녕 기업경쟁력 악화로 고용을 축소시키는 결과로 이어질 것"이라며 적극적으로 반대했다(손영우 2012, 21).

한편, 5개의 모든 전국노조연맹은 노동시간단축에 적극 찬성했다. 일반적으로 노동자는 노동시간 단축에 대해 이에 따른 임금손실 때문에 적극적이지 않은 태도를 취하는 것으로 알려져 있다. 하지만 1996년 겨울부터 프랑스 전역에서 벌어진 실업자 운동은 여론을 움직였고 이에 대해 노조에선 임금삭감 없는 노동시간 단축을 요구했다. 결국, 이듬해 총선에선 실업문제 해결을 위한 노동시간 단축 정책이 주요 이슈로 떠올랐다. 사회당 정부는 두 차례의 법률 입안을 통해 임금삭감 없는 노동시간 단축을 단행했다.

하지만 문제가 발생하기도 했다. 노동시간단축과 고용창출이 직접적으로 연계되어야 한다는 정부의 원칙은 공공부문으로 오면서 정부의 의해 폐기됐다. 왜냐하면 당시 유럽연합은 공공재정의 건전성을 유지하기 위해 공공재정적자가 연간 GDP의 3%이상을 초래할 수 없고, 공공채무의 총합이 GDP의 60%를 초과할 수 없도록 하는 원칙을 회원국에게 더욱 엄격하게 적용하고자 했기 때문이다. 공무원 증원은 공공재정적자와 직결되는 문제로서 당시 정부보고서에선 1997년 말에 그해 재정적자가 GDP의 3.5~3.7%로 예상했고, 국가채무는 GDP의 57.6~57.8%에 다다를 것이라 경고했다(Bonnet et Nasse 1997). 공공부문 노조는 2000년부터 정부가 원칙을 준수할 것을 요구하며 파업과 시위를 전개했고 정부로선 난감했다.

2. 끝나지 않은 논쟁, 고용에 대한 효과는?

사회당은 애초 공약에서 35시간제도를 통해 70만 개의 새로운 일자리가 창출될 것이라 전망했다. 하지만 1999년 35시간제도에 의한 직접적인 고용창출은 1만 4천개에 지나지 않아 노동시간 단축의 고용창출 효과는 미비한 것으로 보였다(Ministère de l'emploi et de la solidarité 1999). 하지만 같은 기간 35시간제도 밖에서 고용창출은 폭발적이었다. 그림에서 보듯이 1998년부터 경기가 회복되면서 정부가 추진한 청년고용일자리 10만 개를 포함하여 40만 개가 넘는 일자리가 생겨나면서 실업률이 전년도에 비해 4.2%p나 하락하는 기록을 세웠고, 2000년엔 60만 개가 넘는 일자리가 만들어졌다.

　　이러한 결과를 두고 평가는 상반됐다. 35시간제를 추진했던 정부와 이를 지지했던 일부 학자들은 이른바 35시간의 '간접적 효과'라고 주장했다. 이에 반해 35시간제를 반대했던 학자들과 야당은 35시간제도와 관련없는 '경기회복에 따른 효과'라고 일축했다. 만약 35시간 노동제가 없었더라도 당시 경기회복에 따라 동일한 규모의 일자리가 만들어 졌을까, 노동시간단축이 경기회복에 따른 고용창출에 시너지 효과를 미치진 않았을까? 논쟁은 여전히 끝나지 않았다.

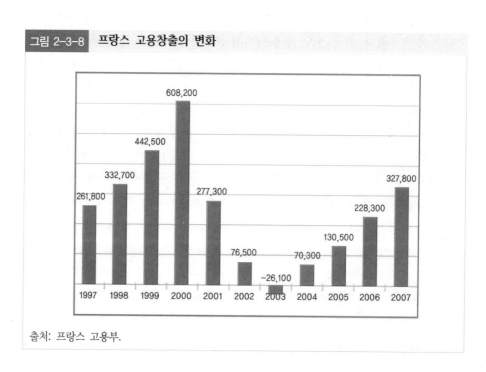

그림 2-3-8　**프랑스 고용창출의 변화**

출처: 프랑스 고용부.

Ⅵ 노사관계: 노조가입률은 낮지만 단체협약 적용률이 높은 나라

2004년 경제협력개발기구(OECD)가 『고용전망(Employment Outlook)』에서 제시했던 아래 그림은 우리에게 프랑스 노사관계에 대한 관심을 불러일으켰다(김유선 2005). 일반적으로 우리나라에선 노동조합가입률이 낮아서 단체협약 적용률이 낮다고 생각했던 통례와는 달리, 아래 그림을 보면 프랑스의 경우 노조가입률은 10% 가량으로 약 12%를 나타내는 우리나라보다 낮지만 단체협약 적용률은 90%로 한국에 비해 압도적으로 높은 수준을 보이고 있다.

노조가입률과 단체협약 적용률은 한 국가의 산업관계를 보여주는 대표적인 지표이다. 노조가입률은 그 나라 노동자들이 얼마나 노동조합에 가입했는가를 측정한 지표로 노조의 힘과 대표성을 보여주는 중요한 자료이다. 아이슬란드, 스웨덴, 핀란드, 덴마크 같은 나라들은 70% 이상의 가입률을 보이고 있는 반면, 미국, 한국, 프랑스의 경우 10% 안팎의 가입률을 보이고 있다. 조직률이 높은 나라는 대부분의 경우 노조가 관리하는 실업보험에 가입하기 위해선 노조에 선가입해야 하는 겐트제도(Ghent system) 같은 노조가입 촉진제도나 의무제를 도입하고 있는 경우가

그림 2-3-9 **노조가입률과 단체협약 적용률 국제 비교**

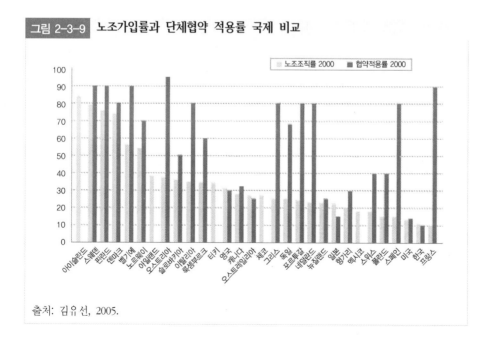

출처: 김유선, 2005.

많다. 이 경우 노조의 역할이 역사적으로 그리고 사회적으로 중요하여 사회보장 제도의 주요 부분을 노·사가 관리하곤 한다.

한편, 단체협약 적용률은 단체협약을 적용받고 있는 노동자의 비율을 의미하는 지표로, 한 국가의 노동조건이 개별적으로 규율되고 있는지 혹은 집단적으로 되고 있는지를 보여준다. 이 차이는 어떠한 결과를 가져올까? 국제노동기구는 단체협약적용률이 국가 내 임금불평등(임금격차) 수준을 설명하는데 중요한 요인으로 협약적용률이 높을수록 임금불평등이 낮아지는 경향을 보인다고 지적한다(ILO 2008, 43). 실제 프랑스, 스웨덴, 핀란드, 네덜란드, 덴마크처럼 협약적용률이 80% 이상인 나라에선 임금불평등이 상대적으로 낮고 헝가리, 영국 같이 협약적용률이 낮은 나라에서 임금불평등이 높은 것으로 나타난다. 특히, 10%로 협약적용률이 매우 낮은 우리나라의 경우 아르헨티나와 태국과 함께 매우 높은 임금불평등 수준을 보인다(OECD 2008, 25). 이와 같은 이유로 ILO는 제91호 단체협약에 관한 권고를 통해, 정부는 교섭관행을 고려하면서 필요하다면 단체협약이 적용되는 범위 내 있는 모든 사용자와 노동자에게 그 협약의 전체 혹은 일부 규정의 적용하기 위해 적합한 조치를 취할 것을 권하고 있다(제5항).

노조가입률과 단체협약적용률은 서로 관련을 갖는다. 다른 제도적인 변수가 없다면 일반적으로 이 두 요소들은 비례관계를 갖는다. 많은 노동자가 노조에 가입하고 있으면 노조가 맺은 단체협약은 당연히 많은 노동자에게 적용된다. 또한 단체협약이 기업 수준보다 넓은 산업이나 지역 수준에서 주로 맺어진다면 더욱 많은 노동자들에게 적용될 수 있으며, 해당 산업이나 지역 노동자들 간의 임금차이는 줄어드는 경향을 갖는다.

1. 노조가입률은 낮은데 단체협약 적용률은 높은 비결, 단체협약효력 확장제도

그렇다면 노조가입률이 낮으면 항상 단체협약이 적용되는 사례도 적을 수밖에 없는가? 프랑스에선 어떻게 노조가입률이 낮은데 단체협약 적용률은 높을 수 있는가? 그 비결은 단체협약효력 확장제도(extension mechanism of collective agreement) 도입에 있다. 이 제도는 1918년 독일에서 처음 도입된 것으로 알려졌는데, 단체협약의 적용범위에 있지만 노조 미가입을 이유로 단체협약 적용에서 제외된 노동자에게까지 그 효력을 확장시키는 제도이다.

앞의 그림에서 노조가입률이 50% 밑임에도 불구하고 협약적용률은 50% 이상을 보이고 있는 프랑스, 스페인, 네덜란드, 포르투갈, 독일, 호주, 룩셈부르크, 오스트리아는 모두 협약효력확장제도를 도입하고 있다. 하지만 프랑스의 유난히 높은 협약적용률에는 독특한 제도가 그 배경에 있다.

2. 프랑스의 협약적용률이 높은 세 가지 이유

프랑스에서 높은 협약적용률을 보이고 있는 이유로 세 가지를 들 수 있다(손영우 2013).

첫째, 산업 중심의 교섭 구조에 있다. 2004년 프랑스통계청(INSEE)에 따르면 단체협약이 적용될 수 있는 전체노동자 중 90.4%가 산업수준의 협약을 적용받고 있고, 산별협약 없이 기업협약 만을 적용받는 경우는 전체 1.9%에 불과하여 기본적으로 대부분의 노동자들이 산별협약을 일차적으로 적용받고 있음을 알 수 있다(Combault 2006). 앞서 언급한 대로 산업 차원에서 협약이 적용될 경우 다수의 노동자가 혜택을 받을 가능성이 높아진다.

둘째, 단체협약 적용에 있어 사용자가 기준이 된다. 단체협약은 노조와 사용자(단체) 간에 맺어진다. 이 때 단체협약의 효력은 노·사 모두를 구속하게 된다. 하지만 실제 적용에 있어선 어느 한쪽을 기준으로 진행된다. 가령, 한국을 비롯한 많은 나라에서처럼 노조를 중심으로 노조에 가입한 노동자에게 적용할 것인가, 아니면 프랑스나 스페인처럼 사용자를 중심으로 협약에 서명한 사용자가 고용한 노동자에게 적용할 것인가의 문제가 제기될 수 있다. 노조의 허용이전에 단체행동권이 먼저 법에서 보장되었던 프랑스의 경우 단체행동에 따른 협약이 사용자를 중심으로 확대 적용되어 왔다. 그렇기 때문에 단체협약 내용의 적용은 노조가입률이 아니라 사용자단체의 조직률과 직접적인 연관을 갖게 된다.

셋째, 독특한 효력확장제도에 있다. 일반적으로 효력확장제도는 하나의 산업이나 지역에서 일부 노동자에게 적용되고 있던 단체협약을 해당 산업이나 지역과 관련된 모든 노동자에게 적용되도록 하는 것, 즉 '협약범위 내 협약미가입사업장'에 대해 적용을 의미한다. 이는 하나의 산업이나 지역 내 노동자들의 노동조건을 평준화한다는 의미와 더불어 사용자에게는 산업 내 경쟁 조건을 균등하게 한다는 의미를 지닌다. 프랑스에선 이에 추가로 협약범위 밖에 있는 사업장이지만 협약이 부재한 경우, 노·사의 요청이나 정부의 직권으로 유사한 산업이나 지역의 단체협약을 적용하는 '협약범위 외 협약미가입사업장' 확장 제도가 있다. 이 제도를 도입한 1971년 법에선 '단체협약이란 노동조건과 사회보장과 관련한 협약'이라고 규정하여 단체협약이 노동조건의 규정뿐만 아니라, 사회보장의 의미를 지닌 것으로 확대된다. 또한 이러한 효력확장제도는 협약적용을 회피하기 위해 사용자가 단체에 가입하지 않거나 노조의 교섭 요구에 대해 해태(懈怠)하는 행동을 방지하는 효과를 지닌다. 이 제도를 도입한지 10년 만에 협약적용률은 1971년 75%에서 1982년 90.4%로 상승한다(Chérioux 2004).

3. 우리나라에서 협약적용률이 낮은 이유

그렇다면 우리나라에는 단체협약 효력확장제도가 있을까? 이에 대해 전문가들의 의견은 나뉜다. 우리나라 '노동조합 및 노동관계 조정법'에선 사업장단위(제35조)와 지역단위(제36조)에서 각각 '동종의 근로자 반수 이상' 혹은 '동종의 근로자 3분의 2 이상'이 하나의 단체협약을 적용받게 될 때 해당 행정관청은 단체협약의 효력을 확장할 수 있다고 규정하고 있다.

하지만 사업장 단위에서 협약이 체결되면 반드시 반수 이상이 아니더라도 흔히 모두에게 적용되기 때문에 사업장 내 효력확장제도는 해외에서 찾아보기 힘들다. 또한 지역단위 확장 역시 산별협약이 더욱 넓은 지역이나 전국적으로 확산될 때 해당지역 사용자들이 단체에 가입하지 않아 적용되지 않는 상황을 극복하기 위한 방책으로, 이 제도는 산별협약이 선행되어야 비로소 의미가 있다. 그런데 사업장 협약이 중심이 되는 우리나라에서 지역단위 확장조항은 그 적용에 있어 대단히 큰 한계를 지니게 된다. 이러한 이유로 실제 적용 가능성이 거의 없는 '실효성이 낮은 명목상 규정'(조용만·박지순 2006, 13)이라는 비판이 존재한다.

결국, 우리나라는 노조조직률이 낮고, 기업별 협약이 중심이며, 효력확장제도가 발달되지 못한 것이 협약적용률이 낮은 이유라 할 수 있다. 우리에게 효력확장제도의 도입 혹은 확대는 날로 심각해지는 정규직과 비정규직 간의 임금격차의 해결모색이나 정체되고 있는 산별교섭 촉진을 위해 고려할 수 있는 정책이다.

더 나아가 생각해 보기

1. 프랑스가 경제 정책을 1980년대 국가 주도에서 정책에서 민영화로 변화시킨 까닭은 무엇인가?
2. 프랑스의 대 유로화 정책에 대한 입장은 어떠했으며, 어떤 변화가 있었는가?
3. 부자에게도 복지가 필요한가? 부자에게는 어떤 복지 혜택이 돌아갈 수 있는가? 유럽의 사례는 이에 대해 무엇을 말해줄 수 있는가?
4. 65세 이상 지하철 노인무료승차, 외국인 거주자에게도 혜택이 주어져야 하는가? 왜 프랑스에서는 외국인에게도 복지혜택을 제공할까?
5. 고용의 효과가 없더라도 노동시간단축 자체가 목표일 순 없는가? 우리나라에서 노동시간을 단축하기 위해선 어떤 과제가 해결되어야 할까?
6. 사회적 대화는 경제 위기를 극복할 수 있는 도구인가? 민주주의의 한 측면으로 그 자체가 목적인가?

참고문헌

김유선 2005. 『한국 노동자의 임금실태와 임금정책』. 후마니타스.

김유선 2015. "연장근로시간 제한의 고용효과". KLSI Issue paper 제12호. 한국노동사회연구소.

김지영 2012. "학술대회발표논문: 세계경제위기에 직면한 프랑스의 법, 정책적 대응", 『법과 정책연구』, 제12권 제4호, 1535－1562.

손영우 2010. "프랑스의 퇴직연금제도 개혁과 퇴직연령 연장". 『국제노동브리프』 2010년 10월호, 13－21.

손영우 2012. "세계화시대, 정부의 정책적 자율성과 노동조합 운동: 프랑스의 노동시간단축 정책 도입사례". 『국제지역연구』 제16권 제4호, 23－52.

손영우 2013. "프랑스에서는 왜 단체협약적용률이 높은가?" 『국제지역연구』 제17권 제4호, 35－68.

이재승 2004. 「프랑스 정치경제의 구조와 흐름」, 『유럽정치』. 백산서당, 167－187.

조양현 2011. 「남유럽 재정위기의 현황, 발생요인 및 시사점」, 『수은해외경제』. 4－9.

조용만·박지순 2006. "노사관계 변화에 따른 단체협약 효력확장제도 연구". 고용노동부.

Culpepper, Pepper D. 2004. "Capitalism, Coordination, and Economic Change: The French Political Economy since 1985", in Culpepper 2004. *Changing France*. Palgrave Mcmillan. 29－49.

Adema et al. 2014. "How much do OECD countries spend on social protection and How redistributive are their tax/benefit systems?". *International Social Security Review*. Vol.67, 1－25.

Bonnet, Jacques et Philippe Nasse 1997. "Rapport sur l'état des finances publiques" Rapport remis au Premier ministre. La documentation française.

Chabanas, Nicole and Vergeau, Eric 1996. "Nationalisations et privatisations depuis 50 ans", *INSEE Première*.

Chérioux, Jean 2004. "Dialogue social et mesures diverses". Rapport de Sénat n° 179.

Combault, Philippe 2006. "La couverture conventionnelle a fortement progressé entre 1997 et 2004". *Premières informations et premières synthèses*. n° 29.2. DARES.

DARES 2014. *Le panorama des établissements de santé*. édition 2014. DARES.

Delivorias, Angelos 2015. "A history of European monetary integration", European Parliament Research Service, Briefing of March 2015.

Ducoudré, Bruno and Eric Heyer 2016. "Quel gain de compétitivité pour la France doit-on attendre de la baisse de l'euro?" in Eric Heyer(edi.). *L'économie française 2017*, Collection Repères, La Découverte.

Hollande, François, *Discours devant le Parlement européen*, 5 February 2013.

ILO 2008. *Global wage report 2008-09, Minimum wages and collective bargaining: Towards policy coherence*. ILO.

Le Figaro (8 December 2017). "Aéroports de Paris : l'Etat prépare la privatisation".

Maggi-Germain, Nicole 2005. 「프랑스 공기업의 최근 변화에 관한 보고서」, 『국제노동브리프』. 35-43.

Ministère de l'emploi et de la solidarité 1999. *La réduction du temps de travail : les enseignements des accords [été 1998 - été 1999]*. La documentation française.

Ministère des Finances et des Comptes Publics, Ministère de l'économie, de l'Industrie et du Numérique (2013). *Rapport économique, social et financier-PLF pour 2014*.

Pedersini, Roberto (1999). "Privatisation and Industrial Relations", *European Observatory of Working Life(EurWORK)*.

Privatization Barometer (2007). "The PB Interim Report".

OECD 1998. *Etudes économiques de l'OCDE: France*. OECD.

OECD 2016. "Social expenditure update 2016: Social spending stays at historically high levels in many OECD countries". OECD.

CHAPTER 4.
글로벌 경제위기 이후
이탈리아 정치경제의 변화

김종법

 서론: 이탈리아 정치경제의 일반적인 특징과 구조

이탈리아라는 국가의 특징을 정치경제적 측면에서 명확하게 정리하는 것은 쉬운 작업이 아니다. 더군다나 정치와 경제 영역이 다양한 요인들에 의해 복잡하게 얽혀 있는 이탈리아의 정치경제 상황을 짧은 지면에 담기에는 필자의 능력 부족을 절감하게 한다. 이러한 한계와 어려움을 감안하여 몇 가지 원칙과 사실을 중심으로 기술할 것이다. 첫 번째 원칙은 이탈리아 정치경제의 속성을 중심으로 분석할 것이다. 두 번째 원칙은 이탈리아의 정치경제를 움직이는 핵심적인 제도를 사회협약의 틀 안에서 설명하고 이를 정치나 사회구조 안에서 기술하고자 한다. 세 번째는 이탈리아 정치경제의 구조가 글로벌경제위기 이후 변화된 정치경제의 환경과 상황에 초점을 맞추어 서술하게 될 것이다.

이러한 세 가지 원칙에 따라 주요 내용을 정리하면 다음과 같이 네 개의 장으로 구성하고자 한다. 첫 번째 장에서는 서술의 기본 원칙과 글의 구성에 대한 내용을 서술할 것이다. 두 번째 장에서는 이탈리아 정치경제의 가장 중요한 특징이자 핵심적인 제도라고 할 수 있는 사회협약에 대한 설명을 중심으로 구성할 것이다. 세 번째 장에서는 글로벌경제위기 이후 변화된 이탈리아 정치경제의 상황과 환경을 경제와 노동정책 변화를 중심으로 서술하고자 한다. 이탈리아의 경우 정치와 노동이 결합되어 국가의 경제정책을 수립하여 운영하고 있는 서유럽 대표 국가의 하나라는 점에서, 한국사회에 부족한 노동 분야에 시사하는 바가 많다고 생각된다. 네 번째 장에서는 이탈리아 정치경제의 독특한 특징을 서규 유럽의 다른 국가들과 비교하여 간략하게 정리하는 것으로 결론에 갈음하고자 한다.

이탈리아는 이미 노동3권뿐만이 아니라 산별협약의 틀 속에서 국가를 중심으로 사용자와 노동자단체들의 코포라티즘적인 체제와 제도가 운영되고 있는 국가이다. 사회적 협약의 기조 아래 산별협약과 기업별협약 등의 제도는 익히 알려져 있다. 그러나 지역 중심의 지역협약 제도는 한국의 경우 한국노총과 민노총이 중심이 되는 사무직과 기업별 노조가 노동자를 대표하는 상황과 비정규직을 비롯한 수많은 일용직 노동자와 자영업자들이 실제로는 지역에 기반하여 노동 활동을 하고 있다는 사실은 한국의 정치경제 구조나 제도에도 적용가능한 시사점이 있을 것이다.

전통적으로 이탈리아 정치경제 구조의 일반적인 특징은 다음과 같은 점을 들 수 있다. 첫째는 정당과 노조 간의 긴밀한 관계를 기반으로 하는 노동과 복지 정책의 연계성이다. 둘째는 대기업보다는 중소기업의 비율이 80%가 넘는 경제구조로 지역 중심의 특화된 전문 산업군을 중심으로 지방이 중심이 되는 경제발전구조라는 점이다. 셋째는 북부를 기반으로 하는 주요산업 지대와 '제3의 이탈리아'라 지칭하는 중부의 산업특화 지대 및 서비스업이나 관광산업이 주를 이루고 있는 남부의 산업지대가 각각 특색을 이루고 조직화 되어 있다는 점이다. 이러한 특징들은 이탈리아의 노동과 복지 및 산업정책 등이 중앙집권적인 정책으로는 큰 효과를 보기 어렵다는 사실을 반증하는 것이기도 한다. 더군다나 다양하고 파편화된 노조의 존재, 불투명하고 부패한 행정시스템, 국외로부터의 불법노동자 이주문제, 유럽통합 문제 등이 겹치면서 이탈리아 정치경제 이해의 어려움을 가중시키고 있다.

Ⅱ 이탈리아 정치경제의 핵심 제도로서 사회협약

1. 이탈리아의 복지제도

선진 자본주의 복지국가들 중에서도 이탈리아는 재정위기와 자원분배의 형평성뿐 아니라 노동 없는 복지의 위기를 첨예하게 겪고 있다. 이미 1980년대 이후 여러 국가들이 복지개혁을 시도했고, 특히 1990년대 이후 유럽대륙모델의 여러 국가들이 '노동 없는 복지'의 위기를 벗어나기 위해 복지모델을 재정의하고 있다. 이탈리아도 1990년대 중반 이후 구조적인 연금개혁을 비롯해서 복지모델의 변화를 시도하고 있다. 그러나 이탈리아 복지제도는 교육과 의료 부문 등을 제외하고는 그다지 효율적이지도 않고, 노동과 연계하기 힘든 구조 속에서 새로운 경제·사회적 변화와 요구에 적절히 대응하지 못하고 있다.

재정위기, 형평성과 효율성 제고에 초점을 두어 이루어진 1990년대 복지개혁은 매우 급진적이고 혁신적인 수단들을 도입했음에도 불구하고 그 효과는 아직 구체적으로 나타나지 않고 있으며 이탈리아에서 복지위기 논쟁은 여전히 치열하다. 이탈리아 복지국가가 직면한 이러한 문제점과 위기는 매우 파편화되고 차별화된 사회보장체제, 왜곡된 자원분배 구조의 제도화, 미로식 구조의 '연금제도'가 초제도화 된 이탈리아식 복지모델에 그 원인이 있다고 할 수 있다.

기존 연구들은 이탈리아의 복지모델을 유럽대륙 복지모델 혹은 남유럽 복지모델로 분류하고 있으나 양 복지 모델의 특성을 일정 부분 공유하고 있는 다소 변형된 모델로 보는 것이 더욱 타당할 것이다.[1] 이탈리아의 복지제도는 유럽대륙 복지모델처럼 가톨릭주의와 가족주의에 기반하고 있으며 북유럽의 보편주의적 복지모델이나 영미형 자유주의적 복지모델에 비해 관대한 사회보험이 발달한 반면, 복지 서비스의 수준은 매우 낮다. 사회보장은 직업범주에 따라 분류되어 있으며 복지혜택은 사회적 지위와 소득수준과 밀접히 연관되어 있다.[2]

그러나 무엇보다 이탈리아 복지제도의 두드러진 특징은 연금제도의 과다와 복지예산에서 연금과 함께 의료 부문이 차지하는 비중이 너무 크다는 점이다. 이탈리아의 경우 사회복지 분야에서 사용되는 예산은 주로 연금(60% 이상), 의료(24%), 생계지원 및 보조(8.1%) 등으로 구성되는데, 그 비율에서 알 수 있듯이 연금 부문이 지나치게 과도하고 복잡한 다층적인 구조를 가지고 있다는 점이다. 연금에 집중되어 있는 복지예산이나 의료 부문의 비중 등을 보면 이탈리아 복지구조가 향후 고령화 사회의 도래가 필연적인 사회적 분위기를 고려할 때, 시급하게 해결해야 하는 문제로 대두되고 있다.

이탈리아 현재의 인구 구성과 인구증가율 및 기타 인구구성비 등을 고려할 때 향후

---

1 이탈리아 복지모델에 대해 자세하게 소개하고 있는 자료로 유용한 것은 다음의 저서들이다. 먼저 유럽대륙형 복지모델로 분류하고 있는 책은 에스핑-앤더슨의 저서이며, 이와는 다르게 남유럽 모델로 분류하고 있는 저서는 페레라의 저서이다. Gøsta Esping-Andersen, *The Three Worlds of Welfare Capitalism* (Cambridge: Polity Press, 1990): Maurizio Ferrera, "Il modello sud-europeo di welfare state," *Rivsita Italiana in Scienza Politica* 1 (1996), pp.67-101.

2 Gøsta Esping-Andersen, "Il welfare state senza lavoro. L'ascesa del familismo nelle politiche sociali dell'Europa continentale," *Stato e Mercato* 45 (1995), pp.347-380.

예산 비중이 더욱 높아질 것으로 전망되는 분야는 의료 및 노령 층에 대한 사회보조 사업이 될 것이다. 2045년 65세 인구 구성은 총 인구의 30%를 초과할 것이며, 80세 이상의 고령 인구도 12%를 넘을 것으로 예상하고 있다. 2009년 현재 인구의 25% 이상이 각종 질병을 비롯한 의료 서비스를 받고 있는데, 이 비율은 총 의료 예산 중 약 70%에 해당하는 비율이다. 따라서 이탈리아 복지정책과 예산상 시급히 해결해야 할 문제는 연금제도의 합리적이고 건전한 재조정이며, 사회적 복지 예산의 재구조화라고 할 수 있다.

그러나 2008년 재집권에 성공한 베를루스코니의 등장 이후 이탈리아 복지제도는 여러 측면에서 새로운 국면에 진입하고 있다. 가장 최근의 주요한 변화는 교육부 장관인 젤미니(Gelmini)의 이름을 따서 제정하여 시행하고 있는 '젤미니법'(교육제도 개혁법)이다. 이 법안의 주요 내용은 주로 국립대학 시스템의 개편과 초등학교 교사 수의 축소 등을 골자로 하고 있다. 특히 국립대학 지원금 중 300억 유로를 3년에 걸쳐 삭감하면서, 국립대학의 사립대학 전환 여부를 경쟁력 강화라는 미명 아래 진행하고 있다. 또한 초등학교 단일교사제를 변경하여 원래 3명이었던 교사 수를 단일 교사로 축소함과 동시에 교사 1인 근무시간을 주당 24시간에서 일반 노동자들의 수준인 35~40시간으로 연장하려고 하는 법안이다.

이 법안으로 인해 교육의 질적 저하와 함께 가장 기본적인 사회 안전망과 교육평등권의 침해를 초래할지도 모르는 사회복지 개악으로 평가를 받고 있다. 서구유럽 국가들 중에서 교육 부문에서 비교적 가장 훌륭한 제도적 정비가 되어있다고 평가를 받고 있는 교육제도에 대한 개편은 이탈리아 사회의 사회안전망 자체의 균열과 해체를 가속화시키며, 고등교육을 통한 사회적 격차의 감소를 기대할 수 없게 한다는 점에서 비판을 받고 있다. 이러한 일련의 사회복지 제도의 변화는 지역과 계층 간의 차이를 더욱 심화시켜 사회 계층 간 차이와 지역 간 차이를 존속시키고 구조적으로 고착화하는 부정적 효과를 내고 있다.

특히 2008년 말부터 시작된 경제 위기는 실업률 증가와 실질 소득 감소 문제 등을 초래하면서 눈에 띠게 사회적 양극화의 불안정성과 구조적 고착화를 가져왔다. 이 문제는 연금 중심의 이탈리아 사회복지 제도의 비합리적이고 취약점을 노출시키면서 사회적으로 절대 빈곤층이 증가하는 현상을 초래하게 되었다. 실제로 최근 몇 년간의 추이를 보면 사회적 양극화의 수준이나 복지 예산의 감소가 두드러지게 나타나고 있다. 빈곤층의 실질소득은 2007년과 2008년을 대비해 보았을 때, 상당히 감소한 것으로 <표 2-4-1>은 제시하고 있다. 이러한 원인에는 무엇보다 물가상승률이 소득 증가분을 상회하는 수준이라는 점과 현물 공여의 성격이 강한 국가의 복지예산이 감소하고 있는 것이 가장 크다고 볼 수 있다. 복지예산의 축소와 규모의 감소는 유럽연합에서 사용하고 있는 복지수준을 나타내는 베버리지 곡선을 통해서도 분명하게 드러난다. 특히 2005년 이후 이탈리아 복지수준은 이전과 비교해서 상당히 축소되거나 규모 자체가 감소했다는 점을 알 수 있다.

　더군다나 이탈리아의 경우에는 지역에 따른 편중과 격차 등에 의해 발생하는 지역 간 복지 수준과 비용의 차별성 역시 구조적인 측면에서의 조정과 정책적 배려가 필요한 부분이다. 주로 남부에 집중되어 있는 빈곤층에 대한 정책적 배려와 지역에 따른 복지정책의 차별화 등도 현재 이탈리아 복지정책에서 개선이 필요한 부분이다. 실제로 북부와 남부

표 2-4-1 빈곤층 실질소득 변동표(2007－2008)

	2007년 빈곤층 소득기준 966.35유로		2008년 환산 2007 소득기준 1,018.90유로		2008년 빈곤층 소득기준 999.67유로	
	가족수	비중(%)	가족수	비중(%)	가족수	비중(%)
Nord	631	5.5	637	5.4	572	4.9
Centro	297	6.4	345	7.2	317	6.7
Mezzogiorno	1,725	22.5	1,944	25.0	1,647	23.8
Italia	2,653	11.1	2,926	12.1	2,737	11.3

자료: istat

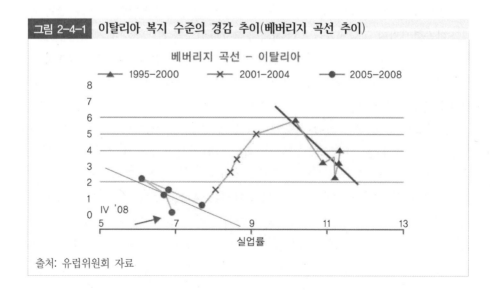

그림 2-4-1 이탈리아 복지 수준의 경감 추이(베버리지 곡선 추이)

출처: 유럽위원회 자료

간 지역 격차는 사회보조(생계나 최저의 사회 안전 비용 등을 포함하는 보조적인 사회보장정책을 위한 비용) 비용에서도 큰 격차를 보이고 있다. 북부의 경우에는 주민 1명당 146 유로의 복지비용을 사용하는 반면, 남부는 1인당 불과 40 유로에 지나지 않는 편차를 보임으로써 남부인들에게 할당되어 사용되어지는 복지예산이 북부인에 비해 상당히 적다는 사실을 알 수 있다. 이는 남부에 더 많은 빈곤층이 존재하고 있으며, 절대 빈곤층의 가구 수 역시 남부에 집중되었다는 사실을 이야기한다(<그림 2-4-2>와 <표 2-4-1> 참조).

이와 같은 특징을 갖고 있는 이탈리아 복지모델은 전체적으로 국가가 주도하면서 비정치적 요소들이 결합된 변형 모델로 분류할 수 있을 것이다. 연금 중심의 비효율적 구조 속에서도 이탈리아 복지 정책은 노동이나 광범위하게 사회적 안전망을 공고하게 구축해 왔던 특징을 나타내고 있다. 그러나 최근의 이탈리아 복지 모델은 베를루스코니라고 하는 언론재벌 출신의 총리가 집권하면서 신자유주의 세계화의 틀 속에서 복지모델이 변화되어 가는 과정에 있다. 그러나 여전히 이탈리아 사회 복지는 사회적 안전망 구축을 국가가 주도하면서, 노조의 일자리 나눔과 보호 정책 노선, 지역을 중심으로 하는 노사정 지역협약 시스템의 존재, 전통적으로 가톨릭 중심의 선교와 구휼 사업 등에 익숙한 사회적 전통 등과 유럽연합의 각종 구조기금 사업의 활성화 등을 통하여 비교적 광범위하게 복지네트워크가 구축되어 있다고 평가할 수 있다.

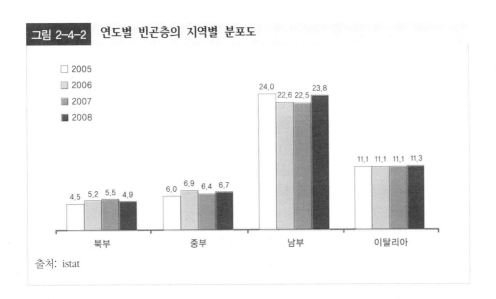

그림 2-4-2 연도별 빈곤층의 지역별 분포도

출처: istat

2. 이탈리아 노동시장의 변화와 현황

2012년은 개혁의 한 해였다. 베를루스코니가 유로존 경제위기의 책임을 지고 총리직에서 물러나자 대통령 조르지오 나폴리타노(Giorgio Napolitano)는 마리오 몬티(Mario Monti)를 후임 총리로 지명했다. 유럽연합 집행위원을 지낸 저명한 경제학자 몬티는 정치인 출신 인사들을 배제하고 각 분야의 전문가들로 정부를 구성하여 사회 각 분야에 걸친 강력한 개혁 정책을 추진했다.

몬티가 추진한 개혁 조치 중 사회적으로 가장 많은 논란을 야기한 것은 '포르네로 법'이라고 불리는 노동시장 개혁안이었다. 개혁안은 해고를 자유롭게 하는 대신 노동시장 진입을 용이하게 하고 실업자에 대한 완충조치들을 시행함으로써 노동시장의 유연성과 안정성을 동시에 도모하는 것을 목적으로 한다. 해고를 용이하게 하기 위해서는 노동자 헌장 18조가 개정되어야만 했고, 이와 같은 시도가 노조와 좌파 정당의 반발에 부딪힌 것은 당연한 일이었다. 이탈리아 최대 노조조직인 Cgil과 산하 금속노조 Fiom은 개혁안이 공개된 직후부터 전국에서 파업과 항의 시위를 벌였고 야당인 민주당(Pd) 역시 반대의 목소리를 냈다.

그러나 6월 28일과 29일 브뤼셀에서 열린 EU 정상회의가 다가오며 분위기가 바뀌었다. 이전부터 EU와 해외 투자자들은 지속적으로 이탈리아에 긴축정책과 노동시장 유연화를 요구해오고 있었다. 몬티로서는 그들이 만족할 만한 수준의 개혁 프로그램을 제시함으로써 자신의 요구를 관철시키고 투자자들의 신뢰를 회복할 필요가 있었다. '포르네로 법'은 정상회의 직전 의회에서 속전속결로 승인되었다. 비판적 입장을 보이던 민주당 당수 베르사니(Bersani)는 개혁안에 찬성표를 던졌고, 3대 노조 중 Cgil을 제외한 Cisl과 Uil은 침묵했다. 그리고 EU 정상회의에서 이탈리아는 유럽기금으로 재정 위기 국가의 채권을 매입해달라는 요구사항을 관철시킬 수 있었다.

'포르네로 법'이 시행되고 난 뒤에도 이탈리아 실업률은 계속 상승하였다. 이탈리아 통계청(Istat)에 따르면 포르네로 법안의 시행 이후 이탈리아의 실업률의 상승세가 지속되고 있다고 발표했다. 이에 따르면 2012년 11월 실업률은 11.1%, 12월에는 11.3%, 그리고 2013년 1월에는 11.7%로 사상 최고치를 기록했다. 그리고 청년 실업률 역시 11월과 12월 37.1%, 올해 1월에는 38.7%로 가파르게 증가하고 있다. 또한 인력서비스업체 Adecco에서 실시한 여론조사는 대다수의 근로자와 취업 희망자들이 '포르네로 법'의 효과에 대해 부정적인 인식을 가지고 있음을 보여준다. 조사에 응한 2,300명의 근로자와 취업 희망자들 중 85%가 '포르네로 법'이 노동시장 진입과 재진입에 긍정적인 영향을 미치지 못했다고 대답했다.

2012년 9월부터 '포르네로 법'의 희생자들이 발생하기 시작하면서 여론은 다시 반전되기 시작했다. 로마 소재 Huawei 그룹, 베르가모 소재의 산업기계제조업체 Scaglia, 로마 소재의 금속기계업체 Luna Serrande와 의료법인 Idi 등에서 잇따라 경영난을 이유로 노동자들이 해고되는 일이 발생했다. 그러자 개혁안에 대해 현상 유지의 태도를 보이던 노조들이 일제히 비판에 나섰다. 3대 노조와 산하의 산별 노조 조직들은 일제히 기업들이 아무런 경제적 이유가 없었음에도 노동자들을 자의적으로 해고했다고 비난하는 한편 해고된 노동자들의 복직과 '포르네로 법'의 폐기를 요구했다. 좌파 정당들 쪽에서도 노동자 헌장 18조에 대한 재개정 요구가 나오기 시작했다. 가장 먼저 민주당의 중요한 연정 파트너인 좌파생태자유당(Sel)이 포르네로의 개혁안을 비판하고 나섰다. 좌파생태자유당은 노동자 헌장 18조의 재개정을 놓고 국민투표를 제안했고, 중도좌파 정당들과 노동조합의 연대를 촉구했다.

2013년 총선 직전 이탈리아 언론들은 '포위된 몬티'라는 표현을 사용했다. 노동시장 관련 이슈는 이번 총선의 가장 중요한 아젠다였고, 이 논의에서 몬티는 철저하게 고립되어 있었다. 개혁 지속의 필요성을 주장하는 몬티에 대해 좌파 정당은 노조와 연대하여 연일 강도 높은 비판을 쏟아냈고, 베를루스코니 전 총리 역시 몬티의 정책을 비판하며 정계에 복귀했다. 이탈리아 국민들은 총선을 통해 개혁 정책에 대한 적대감을 드러냈다. 무엇보다 반개혁 노선을 표방한 베를루스코니의 자유국민당(Pdl) 그리고 베페 그릴로가 이끄는 오성운동(M5s)의 약진이 두드러졌고, 몬티는 상원에서 9.1%, 하원에서 10.6%의 득표에 그치고 말았다.

신자유주의의 도입 이후 노동시장의 변화 양상은 이탈리아나 한국이나 별다를 바가 없다. 경제 위기는 국민들에게 희생의 불가피함을 강조했으며, 양 국가 모두 노동시장 유연화 정책들이 잇따라 시행되었다. 그 결과 이미 비정규직이 정규직의 수를 능가했고 정년의 개념은 사라져 버렸다. 그러나 한국과 달리 이탈리아에는 전통적으로 강력한 노조와 좌파정당이 건재한다. 게다가 이미 10여 년 전 베를루스코니의 신자유주의 노동시장 개혁에 맞서 국민투표를 이끌어내고 노동법 제18조의 개정안을 유예시킨 경험이 있다.

이탈리아에서 노동법 제18조 개정에 대한 논의는 현재진행형이다. 몬티 정부의 노동사회정책부 장관 엘자 포르네로의 '노동은 권리가 아니다'라는 발언을 했는데, 이에 대해 Cgil 총서기장 수잔나 까무쏘는 '노동은 양식이자 존엄'이라는 말로 응답했다는 사실은 적어도 이탈리아에서 노동자 해고와 임금정책이 생존과 인간의 기본 권리로서 갖는 중요성을 나타내는 시금석이 될 것이다.

2013년 현재 포르네로 법안과 관련하여 치열한 논쟁을 벌이고 있는 CGIL, CISL, UIL의 상급노조가 임금정책과 관련하여 통일된 입장을 정리하여 발표한 내용을 보면 다음과 같다.[3]

첫째, 노조는 정부에 그동안 작동하고 있던 전국협약시스템의 안정적이고 신뢰할 만한 수준의 기능 회복을 요구하고 있다. 이는 1993년 협약에 의해 출범한 전국협약위원회(CCNL)가 지나친 신자유주의적 방향 추구에 따른 노동정책의 협의 및 조정 기구의 성격을 잃어버렸다는 점이다. 노조의 첫 번째 요구는 이러한 기능성의 회복이 전제되어야만 협의와 합의라는 사회적 협약의 본래 기능을 되찾을 것으로 보고 있다.

둘째, 전국산별협약이 규정하고 있는 기본 원칙의 준수 및 법적 효력의 재설정 문제이다. 특히 2008년 4년마다 개최되는 전국협약의 개정에 맞추어 이러한 기본 방침의 천명은 어떠한 형태로든 정부의 입장과 이탈리아산업가협회의 입장을 이끌어 낼 수 있을 것이다. 전국협약에서 규정하고 있는 전국 차원과 기업(혹은 지역단위) 차원의 두 단계 협약 수준의 준수가 그것이다. 이를 위해 노동자의 복지와 생산성 효과와 결과에 대한 공유를 위해 국가에서 정부 정책을 통제하고 조절하는 일반성에 기초한 원칙의 준수를 요구하고 있다. 이것이 노동자들의 실질 임금과 소득을 보장하는 주요한 원칙과 기준이 될 것이라고 판단하고 있는 것이다.

셋째, 민간영역과 공공역역에서의 노조 대표성을 강화하고 국가 경제의 주체로서 노조의 법적 지위를 보장하라는 것이다. 국가는 전국노동경제협의회(CNEL)을 통해 국가 경영의 투명성과 예산상의 예측 가능성을 보장함과 동시에 시스템과 조직의 활성화를 위한 제도적이고 법적인 보장을 하라는 점이다.

넷째, 현재 유명무실화되고 있는 생산성 보장과 실질급여 상승을 위해 상여금이나 휴가 기간 급여 지급을 원칙으로 정함으로써 정규직 이외 비정규직의 고용 안정성과 임금보장을 법률적으로 마련하라는 점이다. 특히 비정규직 문제에 대한 국가 차원의 좀 더 정교하고 필수적인 제도적 보완 장치를 마련할 것을 적극적으

3 hppt://www.cgil.it 참조.

로 요구하고 있다.

이외에도 사회적 협약 시스템에서의 '민주주의와 대표성 보장' 문제, '노조의 민주주의 보장', '산별 분류의 노조 대표성에 대한 합의' 등의 원칙을 규정하고 준수할 수 있도록 정부 차원의 노력과 가시적 성과를 촉구하고 있다.

그러나 실제로 이러한 선언적인 수준에서 나타난 노력에도 불구하고 실제로 노동운동이나 노조에 얼마나 큰 실질적인 도움이 될 것인가에 대해서는 전술적인 차원에서 상당히 깊은 고민들이 묻어난다. 결국 노조의 입장에서 임금인상이나 실질임금의 보장 등과 같은 내용을 담보하기 위해서는 국가경제 전방에 대한 보다 실질적이고 전문적인 분석을 통해 대안과 실현가능한 목표 등을 제시하는 방향으로 나아가고 있다. 최근 노동 문제뿐만이 아니라 관련된 국내정치 문제와 연계하여 총파업이나 야당을 비롯한 정당들과의 연대를 통한 정책적 공조에도 상당한 노력을 기울이고 있다.

이에 대한 국제노동계와 EU는 이탈리아 노동정책의 변화를 지속적으로 요구하고 있다. 변화의 핵심적인 내용은 이탈리아 경제가 더욱 생산적이고 경쟁적이며 변화하는 환경에 높은 적응력을 갖기 위해 경직성이 높은 노동시장을 개혁해야 한다는 주장이다. 2014년 현재 적용되고 있는 노동법에 따르면 15인 이상 기업에 종사하는 근로자(이탈리아 전체 고용의 약 50%)에 대해 영구적인 고용계약을 적용하고 있다. 더군다나 해고 근로자는 해고의 부당성을 주장하면서 금전적 보상뿐만 아니라 복직을 요구하는 소송을 제기할 수 있는 등 고용보호가 지나치게 높다는 문제점을 지적하고 있다.

이에 대해 2014년 12월 'Jobs Act'가 채택되었는데, 주요 목적은 고용보호의 합리화와 적극적인 노동시장정책 개선 등을 추진할 수 있는 법적 기반을 마련하는 것이었다. 법안의 주요 내용에는 고용 후 최초 2년만 기본적인 고용보호를 하고 그 이후에는 불공정하게 해고되는 경우 최대 24개월의 임금을 보상하도록 하는 표준적인 새로운 고용계약제도를 도입하였다. 또한 경제적 이유로 해고된 근로자가 금전적 보상을 요구할 수는 있으나 복직을 요구할 수 없도록 제한하는 한편, 현재 지방정부가 담당하는 적극적 노동시장정책을 국가 차원에서 조화롭게 조정하는 역할과 기능을 하는 국가고용청(National Employment Agency)을 신설하였다.

이외에도 제기되는 문제의 하나는 이탈리아 노동시장정책이 직업훈련에 중점을 둔다는 것이었다. 이탈리아의 적극적 노동시장정책은 초점이 직업훈련에 지나치게 집중되어 있다는 점인데, 직업훈련 대상도 너무 넓어 직업이 꼭 필요한 대상으로 범위를 좁힐 필요성이 제기되었다. 특히 장기 실업자나 교육수준이 낮은 근로자, 사회적 약자나 장애인 등을 대상으로 한정할 필요성이 제기되었다.

이탈리아 노동시장 구조에서 한 가지 특이한 사항은 다른 유럽 국가들에 비해 여성의 노동시장참가율이 낮다는 점이다. 이탈리아의 경우 여성의 노동시장참가율은 54.4%로 OECD 평균인 62.6%에 비해 크게 낮은 수준이다. 이러한 원인에는 여성에게 자녀와 노인을 돌볼 것을 요구하는 사회적 분위기의 영향도 있지만, 양질의 보육시설이 매우 제한적인 것도 하나의 원인으로 지적되고 있다.

이에 따라 OECD와 EU에서는 다음과 같은 정책적인 권고를 하고 있다. 첫 번째는 새로운 표준고용계약을 완전히 시행할 필요가 있으며, 예외적으로 재직기간에 따라서만 고용보호가 증가할 수 있도록 하고, 기존 계약에 대해서는 기득권을 유지시킬 필요가 있다는 점을 제시하고 있다. 두 번째는 훈련 프로그램 대상을 가장 필요한 사람들로 제한하고 구직자의 특수한 사정에 따라 맞춤형 구직지원을 제공하는 등 적극적 노동시장정책에서의 공공성을 강화하는 공공지출 구성을 개선할 필요가 있다고 지적하였다. 세 번째는 근로시간의 유연성을 확대하고, 양질의 보육시설을 공급하여 여성의 노동시장참가율을 끌어올릴 수 있도록 적극적인 대책 마련을 주문하였다.

3. 이탈리아 사회적 경제와 사회적 기업

이탈리아의 경우 이와 같은 사회적 기업의 주요 부문은 사회적 협동조합으로 지칭되는 제3부문에서 주로 담당하고 있다. 특히 1990년대에는 지방과 지역을 기반으로 새로운 문화 재단이나 단체 및 자원 활동 조직들이 결합되면서 이탈리아 전역에 수만 개의 단체들이 활동을 강화하는 모습을 보이고 있다. 실제로 이와 같은 내용은 노인과 장애인 보호시설이나 사회적 서비스를 직접 제공하는 영역에서 공공부문(19%와 15.4%)보다 제3부문(81%와 84.6%)의 비율이 훨씬 높다는 점에서도 확연하게 드러난다. 이는 지방정부가 이전에 중앙정부가 담당하던 사회공공서비스 부문과 복지 전반에 걸친 권한을 이양 받았으며, 고용서비스들도 최근에는 지방으로 이전되었기 때문이었다.[4]

---

4 장원봉(2006), 『사회적 경제의 이론과 실제』. 나눔의 집, 178-179.

이탈리아의 경우 이와 같은 사회적 기업의 주요 부문은 사회적 협동조합으로 지칭되는 제3부문에서 주로 담당하고 있다. 특히 1990년대에는 지방과 지역을 기반으로 새로운 문화 재단이나 단체 및 자원 활동 조직들이 결합되면서 이탈리아 전역에 수만 개의 단체들이 활동을 강화하는 모습을 보이고 있다. 실제로 이와 같은 내용은 노인과 장애인 보호시설이나 사회적 서비스를 직접 제공하는 영역에서 공공부문(19%와 15.4%)보다 제3부문(81%와 84.6%)의 비율이 훨씬 높다는 점에서도 확연하게 드러난다. 이는 지방정부가 이전에 중앙정부가 담당하던 사회공공서비스 부문과 복지 전반에 걸친 권한을 이양 받았으며, 고용서비스들도 최근에는 지방으로 이전되었기 때문이었다.[5]

이탈리아에서 사회적 경제와 사회적 기업이 활성화되기에는 입법적인 수준에서 상당한 제도화와 정비가 뒷받침되었다. '사회적으로 유용한 일자리'라는 명칭으로 노동과 복지가 연계되는 개념을 등장시킨 이래 지역을 기반으로 다양한 정책과 법안들이 제도화되었다. '지역사회 서비스 노동', 직업훈련 사업의 향상을 위한 사회적으로 유용한 일자리 정책, 사회보장급여 수여자들의 사회적으로 유용한 활동의 실행 등을 포함하는 1997년 법률 196/97호와 법령 468/97이 그것이다. 또한 1997년에 이탈리아 라보로(Italia Lavoro)라는 주식회사를 설립하기도 했는데, 이는 사회적으로 유용한 일자리를 지속적인 고용 상태로 전환하려는 목적을 가지고 설립된 것이었다. 1998년까지 이탈리아 라보로는 28개의 회사들과 35개의 협동조합을 설립하였으며 2,800명 이상을 고용하고 있다.[6]

또한 1991년에 제정된 '사회적 협동조합에 관한 법 제381호' 역시 이탈리아에서 사회적 기업과 사회적 경제를 활성화하는데 많은 영향을 주었다. 이 법에서 규정한 A와 B 유형의 두 가지 협동조합은 보건과 복지를 하나의 유형으로 묶고 노동시장을 새로이 규정함으로써 포괄적 보장에서 보다 노동지향적인 사회적 기업의 활동을 보장하는 근거를 마련했다. 또한 협동조합의 사적 이익 배분을 금지하지 않음으로써 자유시장경제 체제 안에서의 공공성을 경제이익으로 환원할 수 있는 근거를 마련하였다.

이외에도 1991년의 '자원 활동 조직에 관한 법'이나 2000년 제정된 '사회적 보

5 장원봉(2006), 178-179.

6 Kazepov, Y., S. Sabatinelli. 2002. *Integrated Approaches to Active Welfare and Employment Policies*: Italy. European Foundation for the Improvement of Living and Working Condition.

호개혁법'과 1990년대 중반 설립된 '제3부문 포럼'의 설립 등은 사회적 기업과 사회적 경제의 활성화를 위한 결과물들이었다. 또한 최근에는 전국노동경제위원회(CNEL)의 위원에 제3부문 포럼 조직에 속해 있는 10명의 위원이 포함되었다는 것은 이탈리아에서의 제3부문의 중요성과 노동시장 지형의 변화를 의미하는 것이다. 결국 이와 같은 변화의 흐름은 국가가 주도하는 노동정책이 지방정부가 주도하는 형태로 점차 이전되고 있다는 것을 의미하며, 이는 지역 단위 노동조직과 노동운동이 점차 중요성을 획득해 가는 것으로 이해할 수 있는 것이다.

2000년 이후 이탈리아 정치사회의 변화 속에서 노동시장의 변화가 불가피한 상황 속에서 이러한 변화는 최소한 지역 단위 노동운동의 새로운 방향성을 정립하는데 도움이 주는 것으로 볼 수 있다. 비록 전체적인 면에서 지역 노조가 지역 단위 노동시장과 노동정책에서 주도권을 잡고 활동하고 있지는 못하고 있지만, 주요한 주체로서 지역 단위 경제 영역에서 주요한 역할을 수행하고 있다. 결국 사회적 기업이라는 범주를 확대해보면 노조 역시 지역 단위에서는 주요한 사회적 역할과 기능을 수행하고 있다는 점과 사회적 기업 영역에서 차지하는 비중(약 50%에 달하는 사회적 기업의 구성원 비율)은 지역협약의 주체로서 주요한 역할과 위상을 부여할 수 있다.

특히 이탈리아의 사회적 경제와 사회적 기업이 보다 효율적인 구조 속에서 노동시장의 주체로 자리 잡을 수 있는 것은 지역협약과 연계된 제도화되고 체계적인 운영 시스템일 것이다. 이러한 구조적인 장점은 노동시장의 대내외적 환경이 열악한 한국 노동시장 구조에도 많은 시사점을 제시할 수 있을 것이다. 특히 노동기금이나 고용기금 등을 결합하여 제도를 운영하게 된다면 더 많은 시너지 효과들이 있을 것으로 예상할 수 있기에, 현재 논의되고 있는 기금이나 재단의 활성화를 위해서는 사회적 기업 활성화는 중요한 핵심 정책이 될 것이다.

이탈리아의 경우 전통적으로 사회적 기업과 노동운동의 성장은 이미 앞의 장에서 지적한 바가 있다. 이와 같은 상황에서 중앙정부는 지역발전과 노동정책의 고양이라는 국가적 경제목표 달성을 위해 이에 대한 적절한 대책과 전략 수립에 최선을 다하고 있다는 사실은 유럽사회기금의 활용과 적용 과정이 단순히 기금을 통한 사업 창출이라는 측면에만 머무르지 않고 지역협약과 지역의 노동운동 활성화에도 일정 부분 기여하고 있다는 점을 확인할 수 있다.

4. 지역협약 시스템과 적용 가능성

이탈리아에서 원래 지역협약은 지방과 주정부 차원에서 시작되었던 지역협약이 모델이었다. 특히 지역협약의 원래 목적은 5인에서 10인 정도의 소수 기업이나 2~3명의 종업원이 속해 있는 상점이나 자영업 등을 대상으로 노조 가입이 어려운 노동자를 지역 차원에서 하나로 묶어 노동자의 기본적인 권리 보호 차원에서 시작된 것이었다. 지역협약의 시행근거는 전국 차원의 협약 기준에 의한다. 매년 4년마다 전국차원의 협약 내용이 확정되면 각 지역에서는 산업과 부문별로 노조들은 이를 근거로 하여 지역의 사용자 단체들과 협약의 수준과 구체적 내용들을 결정하게 된다.

전국 단위의 산별협약의 하위 단위로서 기업별 협약과 지역협약은 약간의 차이는 있지만, 내용 면에서 그다지 큰 차이는 없다고 볼 수 있다. 다만 기업이냐 지역이냐의 공간적 배경에서 큰 차이가 있고, 노동자 대표 선출 방식이 지역별로 다소 다르다는 차이가 있지만, 상위 협약인 산별협약의 내용에 법적으로 강제성이 구속된다. 지역(현 또는 시 단위)별 교섭은 사업장 차원(기업별)의 협약내용과 상응하는 부분을 주 내용으로 한다. 15명 이상 사업장에서는 법적으로 RSU가 대표성을 가지기 때문에 교섭을 할 수 있지만, 5~6명 정도의 사업장은 법적으로 RSU의 대표성이 보장되지 않고 있기 때문에 상황과 사정에 따라 결정된다. RSU의 선출은 일반적으로 다음과 같다. FIOM이나 FIM 등의 산별노조에서 요청을 하면 해당 노조가 15인 이상 사업장에 선거 요구를 통보하고, 이후 기업 차원에서 선거위원회가 조직되어 15일간 공고를 거친 뒤, 후보자 등록 15일, 8일간 선거 운동을 거쳐 23일째 투표소집을 한다.

조합원이 아니라도 전체 노동자를 모아서 투표를 하며, 임기는 3년이고 중간에 사임한 경우 같은 방식으로 다시 선출한다. 이렇게 종업원 200명당 3명의 RSU가 만들어지고, 3명의 임금은 기업에서 지불한다. 이들의 활동시간은 종업원 수의 1.5배만큼 주게 된다. 즉, 200명의 사업장에서는 300시간이 주어진다. RSU 조직 사업장은 전체의 40% 정도이다. 그 중 FIOM은 70% 정도(그러나 확인이 불가능하고 다른 노조에서 이야기하는 수치와 차이가 난다)에 진출하고 있다.

이와 같이 도출된 협약의 내용은 산하 사업장이나 해당 기업에서 기본적인 강제적 규범의 성격을 갖는다. 특히 주 40시간의 기준이나 최저임금 등의 핵심 내용에 대한 산별협약은 15인 이하 사업장에서도 지켜지고 있다고 볼 수 있지만, 그 외의 사항은 해당 사업장의 사정에 따라 유동적이기 때문에 확인이 불가능하다. 다만 영세사업장에서 최저기준을 지키지 않을 경우 법에 호소할 수 있는 법적인 효력을 갖기 때문에 정규직 노동자의 경우 영세사업장이라 하더라도 상위 산별 협약의 강제성은 어느 정도 준수되고 있다고 볼 수 있다.

통합적인 지역별 단체협약은 지역적인 차원 그리고 보통 단일 기업 차원에서 이루어진다. 그것은 보다 완성도 높은 노동조합 관계를 만들어 내고, 효율적이고 잘 작동하는 구조와 사적인 영역의 보호를 실현하며, 노동 부문의 운영에 있어 여러 문제들에 대해 더욱 유효적절한 해결책을 모색하기 위한 최종적인 목적을 갖는다. 이는 전국협약에 다른 계약 내용에서 규정하고 있는 사항들을 벗어나거나 연관성이 없는 새로운 사항들을 제시할 수 없다는 것을 의미하며, 현재 전국협약의 계약 조항에 명시된 내용에 따라 그리고 특정하게 다시 한 번 결정된 내용에 따라 구성된다.

 # 이탈리아 노동정책의 한국적 함의

이탈리아의 사회적 타협이나 협약의 틀은 한국 사회와 비교해보았을 때 당장 적용 가능한 제도나 법률로 환원시키기 어려운 사회 환경과 조건이 존재한다. 그러나 노동이라는 인간의 기본 권리를 정치적으로 해석하여 특정 지형에서만 논의하지 않고 있는 이탈리아 노동계의 환경과 조건은 한국 사회가 한번쯤은 돌아 볼 필요가 있다. 더군다나 최근에는 신자유주의 노동정책의 도입에 따른 정치경제적 환경의 변화가 수반되면서 우리 사회에서도 눈여겨 볼 제도나 법안들이 만들어지고 있다. 더군다나 최근의 글로벌 경제위기를 겪으면서 국가부도 사태나 지나친 재정적자 문제 등이 불거지고 있는 이탈리아에서 노동과 복지는 핵심적인 쟁점사항이다. 따라서 이번 항에서는 앞에서 제시한 이탈리아 노동정책과 제도들을 기반으로 한국 사회가 충분히 수렴하거나 적용할 수 있는 제도를 중심으로 몇 가지만 제안하는 것으로 연구의 정책적 함의를 갈음하고자 한다.

가장 먼저 제안할 수 있는 글로벌 차원의 정책은 노동자 개인에게 지급하는 실업급여 형식이 아닌 내수 경제 활성화와 안정적이고 고정적인 일자리 보장을 위한 재정적 지원을 할 수 있는 글로벌 고용펀드(Global jobs fund)나 노동펀드(Labour fund)의 창설을 제의하는 것이다. 이는 기존의 IMF나 세계개발은행 등에서 실시하거나 시행하려고 하는 패키지 프로그램과는 다른 형식과 내용을 포함하는 것이 바람직할 것이며, 노동자를 청산과 구조조정의 대상이 아닌 지속가능한 경제(sustainable economy)의 주체로서 인정하는 것이 먼저 선행되어야 할 것이다.

두 번째는 사회적 안전망에 대한 국가적 차원의 새로운 접근 필요성이다. 국가 안전망의 보장은 효율적인 국가 운영과 사회적 갈등과 혼란을 해소하기 위한 소모적 비용을 감소할 수 있다는 점을 분명히 인식해야 한다는 점이다. 실업급여의 지급이나 실업정책의 해소를 위해 국가가 담보하고 시행해야할 또 다른 사회적 비용의 증가는 기업으로부터 시작된 고용위기가 결국에는 국가의 책임과 역할로 귀결된다는 점에서 고용시장의 악순환이 예상될 수 있는 것이다. 더군다나 사회적 취약 계층과 양극화의 희생양으로 전락함으로써 발생하게 될 사회적 불안의 요인이 된다는 점 역시 그 해결책이 국가에 귀속된다는 점에서 이와 같은 고용과 노동시장의 불안정성은 경제위기 해결이나 국가의 지속적인 성장과 발전에 장애와 걸림돌이 될 것이다. 결국 이를 해결하기 위해 정부가 수많은 간접비용과 지나친 개입에 따른 불합리함을 줄이기 위해서는 사전에 국가가 조정하고 주도할 수 있는 새로운 사회협약 시스템과 사회안정 시스템을 개발할 필요가 있는 것이다.

이를 위해 여기서 제시하고자 하는 제도는 사회적 기업의 활성화와 사회적 양극화 해소를 위한 한국형 지역협약 시스템의 개발이다. 첫째는 사회적 기업의 활성화이다. 유럽의 선진 국가들이 복지와 노동의 새로운 유형 모델을 위한 사회적 기업의 활성화와 투자를 적극적으로 모색하고 있다는 점에 착안하여, 유럽 주요 국가들의 사회적 기업들에 대한 사례 연구를 통한 사회투자정책과 '사회안정화기금(Social Stabilization Fund)'의 조성과 활용에 대해 진지하게 고민하여 연구할 필요성이 존재하는 것이다. 이와 같이 도출된 연구 결과는 사회적 양극화 현상이 심화되고 있는 현재의 한국사회에 직접적으로 활용함으로써 복지와 노동의 복합적 해결에 대한 정책적 함의를 제공하게 될 것이다.

두 번째로 한국사회에 도입할 수 있는 중요한 정책적 함의는 양극화 해결을 위한 제도로서 지역협약 제도의 도입이다. 1997년 IMF 외환위기 이후 한국사회에서는 양극화 현상을 중심으로 한 불평등 해결 문제가 초미의 관심사로 떠오르기 시작했으며, 2008년에 시작된 미국발 세계경제위기는 이를 더욱 부각시키고 있다. 경제위기로 인한 사회양극화 현상은 이제 사회통합 의제의 핵심적 요소가 되었다. 오늘날 양극화의 문제는 비단 한국만의 문제가 아닌 주요 선진국에서도 중요한 화두가 되고 있다. 최근의 양극화는 주로 중산층 소멸현상과 빈곤의 증대에 대한 관심에서 출발하고 있어, 양극화는 "중산층의 와해"와 "빈곤층의 증가"로 이해 될 수 있다. 이러한 양극화의 심화는 신자유주의 구조개혁과 밀접히 관련되어 있다. 신자유주의 정책은 단기적으로 한 사회의 경쟁력과 효율성을 높이지만, 중장기적으로는 계급불평등의 심화와 사회분열을 초래한다. 신자유주의의 물결 속에서 과거에 볼 수 없었던 금융부호와 같은 신흥 부르주아가 탄생하게 되었고, 한편으로는 실업자 증가, 비정규직 급증, 신용불량자 양산 등으로 인해 신빈곤층이 등장하게 되었다.

선진국의 경우 복지국가의 유산이 남아 있기 때문에 신자유주의의 공세 하에서도 상당한 사회적 안전망이 존재하지만 발전국의 경우에는 그 사정은 훨씬 더 나쁠 수밖에 없다. 한국의 경우 복지문제는 수출주도산업화의 와중에 뒷전에 밀려나 있었고, 민주화 이후 임금수준은 크게 개선되었지만 복지프로그램이 확립되기 전에 외환위기를 맞아 IMF에 의한 신자유주의 정책을 추구할 수밖에 없었다. 이러한 신자유주의 정책으로 인해 한국사회는 중산층의 와해와 빈곤층의 증가가 수반되면서 사회분열과 해체를 낳고 있다. 따라서 본 연구는 신자유주의 정책 방향에서 제도적으로나 실질적으로 결여하고 있는 민주적 제도의 보장과 함께 사회적 양극화를 해소할 수 있는 적용 가능한 제도와 정책을 실현하고 보장할 수 있는 사회적 요구와 제도적 필요성에서 출발하고자 한다. 강자와 약자, 부자와 빈자의 분열과 대결의 이분법적 구도 양상으로 치닫고 있는 현재의 한국사회에서 사회 중산층의 강화와 노동 및 복지의 기본적 권리를 실현될 수 있는 새로운 내용과 제도가 필요한 것이다.

한국사회에 있어서 노동과 고용 시장의 문제를 해결함과 동시에 사회적 양극화 문제까지를 아우를 수 있는 해결책은 이와 같은 구체적이고 실질적인 정책과 제도의 실현이 필요하다. '지역협약'과 '사회적 기업'이라는 제도와 정책은 양극화 해소의 대안으로 선택하여, 지역 단위에 기업의 공공성을 강화하는 사회적 기업을 결합함으로써 한국의 다양한 지역의 양극화를 지역적 특성에 맞게 현실과 접목시키고자 하는 것이다. 이를 통해 대립과 분열을 촉발시킬 수 있는 사회적 양극화를 해소하고, 노동과 복지의 원론적인 문제까지 해결함으로써 보다 공고한 한국적 민주주의를 구축하고 지방정치와 지역 중심의 생활정치를 아래에서 실현시키고자 하는 것이다. 노동자와 기업 그리고 지방정부가 하나가 되어 자급자족이 가능한 지역으로 발전시키는 것이야말로 노동과 복지의 통합적 해결이 가능한 것이다.

결론적으로 한국사회에서 노동과 고용시장의 조건과 환경이 선진국들이나 강대국의 그것과는 다르지만, 경제위기에 따른 노동정책의 해결은 사회적 안전망을 강화함과 동시에 지속가능한 양질의 일자리와 조건을 제시하는 것이라 할 수 있을 것이다. 노동정책의 성공이 복지의 해결이나 사회적 양극화의 선결 조건이라는 점을 선진국들의 노동정책에서도 확인할 수 있기 때문에, 노동정책을 단순히 효율성이나 기업의 입장에서 논의해서는 안 될 것이다.

 ## 2012년 이후 노동법 개정을 통한 정치경제적 변화

1. 2012년 몬티 정부의 노동법 개정과 변화

2012년 베를루스코니 정부 이후 새롭게 들어선 몬티 정부는 침체되어 있는 이탈리아 경제회복을 위해 몇 가지 정책과 법안을 추진하였다. 그중에서 가장 주목할 만한 것은 노동법 개정과 관련된 내용이었다. 노동법 개정의 가장 중요한 배경은 두 가지를 들 수 있는데, 하나는 정규직에 대한 엄격한 고용보호로 인해 기업이 신규채용을 주저하면서 대기업 정규직과 나머지 임시직이나 단기계약직 노동자 간의 양극화가 심화되면서 이를 해결할 필요성이 대두되었다는 점이다. 두 번째는 고용보호나 실업급여 측면에서 정규직 노동자와 임시직 노동자 간의 격차가 크고, 더욱이 임시직 노동자의 3년 후 정규직 전환율이 35% 수준에 그치면서 고용시장의 안정성과 비정규직 노동자들의 노동 조건이 열악한 상황을 개선할 필요성이 있었기 때문이었다.

이러한 배경 아래 몬티 정부는 두 가지의 목적 달성을 위한 개정에 착수했다. 가장 먼저 달성하고자 했던 것은 노동시장 자원배분을 효율화하기 위한 개혁의 근거를 마련하기 위한 것이었다. 두 번째는 정규직 고용보호 완화와 실업급여 확대 등을 통하여 노동시장 구조를 정비하는 동시에 청년과 여성과 같은 고용취약계층에 특화된 맞춤형 고용정책을 병행하고자 하는 실용적 목적이었다. 이를 위해 몬티 내각은 두 가지 전략을 수립하였다.

가장 먼저 추진된 것은 2012년 포르네로(Fornero) 의원에 의해 만들어진 포르네로 개혁입법이었다. 이 법안의 주요 내용은 부당해고에 대한 원직복직 제한 등의 규정을 수정 및 부분 폐지하여 지나치게 정규직의 고용 보호를 완화하고, 기간제 노동자를 채용하는 조건을 기업 입장에 맞출 수 있도록 다양한 유인책을 제시하면서 실업급여 대상을 확대한다는 내용이다. 2013년에는 이를 구체적으로 뒷받침하기 위해 청년고용전략을 새로이 수립하였다. 주요 내용은 청년 고용 시 지급하는 장려금을 신설하고 공공부문이나 민간부문 모두 고용 시 제공하는 서비스를 강화하는 세부 정책을 담고 있다.

이러한 입법과 전략을 통해 몬티 정부는 이전과는 다른 노동시장과 사회보장 분야에서의 변화를 추구하고자 했다. 주요한 정책과 세부 내용은 크게 세 가지 분야와 사항이다. 첫째, 임금보상 상한제도 도입으로 내용을 간략하게 정리하면 다음과 같다. 법원에 의한 부당해고 판결로 인해 해고 근로자를 복귀조치 하는 경우, 해고기간 임금보상에 대해 최대 24개월만 보상하게 하는 것을 골자로 삼고 있다. 이는 부당해고를 구제함과 동시에 해고 이후 구제되는 정규직 노동자에 대한 지나친 보호 역시 일정 수준에서 제어하고자 하는 목적이었다.

둘째, 정당해고를 가능하게 한다는 내용이다. 고용주는 중대한 과실에 의한 정당 사유(just reason)와 정당화 사유(justified reason)에 따른 해고가 가능해졌다. 특히 정당 사유에 의한 해고(회사물품 절취, 허위 병가, 범죄 행위 등 직원이 중대한 잘못을 범한 경우) 시는 고용주는 사전 예고 없이 노동자 해고가 가능해졌다. 이는 정규직 해고 요건의 엄격화와 함께 분명한 해고사유를 적시할 경우 해고를 법에 따른 절차 없이 시행할 수 있다는 측면에서 해고자율화의 의미를 갖는다. 다만 이 경우에도 퇴직금을 지불해야 한다는 규정은 논쟁의 소지가 있었다는 점에서 다소 아쉬운 부분이었다. 또한 정당화 사유에 의한 해고(부실한 성과, 경영진의 중요한 지시 불이행, 장비 등에 대한 물적 손실 유발, 기업 구조조정 및 운영상 사유 등) 경우에 고용주는 노동자에게 사전에 고지를 하고 동시에 퇴직금을 지불하면 절차가 종료되는 것도 행정 절차와 소송 등의 비효율성을 제거했다는 점에서 중요한 성과로 평가되었다.

셋째, 집단해고(collective dismissals) 제도를 정비하였다. 이 제도는 고용주가 필요에 따른 인원감축 또는 사업 구조조정 및 폐업 등의 사유로 연속 120일 이내에 최소 5인 이상을 정리 해고(collective redundancy)할 수 있는 제도이다. 특히 15인 이상의 노동자를 고용하고 있는 기업의 고용주는 집단해고와 관련하여 반드시 직장 내 노조와 협의를 해야 하며, 절차에 대해서도 사전에 고지하는 것을 의무로 규정하였다. 또한 집단해고가 법이 허용하는 범위를 벗어났다고 법원이 판결하는 경우에 고용주는 노동자들을 복직시키고 최대 12개월의 보수를 보상하여야 하는 규정을 둠으로써 고의적 해고를 막는 최저장치를 설정하였다.

이와 같은 노동법 개정의 정치경제적인 의미는 작지 않다. 제도적인 개정과 보완의 의미와 함께 침체된 이탈리아 노동시장을 활성화하고자 한다는 의미를 담았다. 이탈리아 노동시장에서 가장 큰 문제로 지적되었던 노동자의 해고 요건을 완화하고, 정당한 해고의 가능성을 법으로 규정함으로써 노동시장 유연화와 연계한 제도를 정비했다는 성과를 내포하고 있다. 몬티 정부의 이와 같은 노동시장 개혁은 2015년 들어선 렌치 정부에 의해 더욱 구체화되었다.

2. 2015년 렌치 정부의 노동법 개정과 변화

몬티 정부에 이어 등장한 렌치 정부는 보다 분명한 노동개혁을 추진하기 위하여 가시적인 정책과 방향을 설정하였다. 특히 브렉시트를 준비 중인 영국과 이탈리아의 재정 적자 증가 등은 렌치 정부로 하여금 노동 개혁을 서두르게 하는 배경이 되었다. 가장 핵심적인 법안이자 정책은 잡스법(Jobs Act)이었다. 이 법안은 2015년 렌지(Renzi) 정부에서 진행하던 노동개혁의 일환으로 도입된 법안이자 렌치 정부 노동정책의 핵심적인 내용을 담고 있다. 특히 미국 오바마 정부의 노동정책을 모델로 하여 입안된 법안으로 노동시장의 유연화와 청년실업 대책 수립 등의 노동 및 사회보장 정책의 전반적인 변화를 예고한 법안이었다.

2015년 3월 7일 발효된 Jobs Act는 렌치 정부의 노동법 개혁 의지를 가늠하는 기준이자 종합 전략의 의미를 담고 있다. 이 법안의 주요 목적은 Jobs Act는 특히 근거 없는 해고나 불법 해고 관련 규정에 대한 재정비였다. 이는 시간과 비용 면에서 효율적인 장외 합의절차를 도입함으로써, 근거 없는 불법 해고에 관련한 원칙의 개정보다는 근거 없는 불법 해고 판정 시 적용되는 구제책 및 배상 방식을 재정비하였다는 사실을 의미한다.

이 중 주목할 만한 주요 변경 내용을 살펴보면 다음과 같다. 첫째, 법률 적용 대상의 이중성이다. 여기서 의미하는 이중성이란 법률 발효 후(즉, 2015년 3월 7일 및 이후) 고용된 정규직 직원(즉, 'dipendenti (quadri, impiegati, operai를 포함) assunti a tempo indeterminato')이나 차후 신규 고용으로 인하여 사업장 규모가 일정 기준을 초과하게 되는 경우(즉, 동일 사업단위 또는 동일 행정구역내 고용 인원이 15인을 초과 또는 사업장 전체 인원이 60명을 초과)에 이에 속하는 직원이나, 시행 후 계약직에서 정규직으로 전환된 직원 및 시행 후 견습직에서 정규직으로 전환된 직원 등이 아닐 시에는 법률 시행 이전의 규정이 적용된다는 점을 명확하게 밝히고 있다.

둘째, 근거 없는 불법 해고의 적용에 대한 세부적 규정을 명확히 하였다. 그 세부 규정을 좀 더 자세히 살펴보면 1) 경제적인 사유로 해고하고자 하였으나 근거가 없다고 판결된 경우에는 해당 직원에 대하여 배상금만 지불하며(즉, 근무 연수별 2달치 급여를 합산한 금액으로, 최저 4개월분에서 최대 24개월분), 따로 복직을 시행할 의무가 없다는 점을 명확히 하였다. 2) 주관적인 사유로 해고하고자 하였으나 불법해고로 판결된 경우, 주된 구제방식이 배상금 지불이나, 혹은 해고 사유에 해당하는 사실 자체가 아예 존재하지 않았다고 판결된 경우에만 복직 시행의 의무가 있다는 점을 밝히고 있다. 특히 후자의 경우 배상금(해고 일부터 복직 일까지 급여에 해당하는 금액(최대 12개월분) 및 사회 보장세)을 지급해야 한다는 점을 명확히 함으로써 노동자의 불안한 해고 사유를 보완하였다. 3) 차별에 근거한 해고 및 특정 사유로 해고 무효 판정받은 경우에는 심각한 불법 해고(예, 구두 해고, 차별 및 보복성 해고, 출산휴가 중 해고)라고 판단될 시 복직 의무가 적용되며, 이에 배상금(해고일자부터 복직일까지의 급여에 해당하며 최소 5개월분)을 추가 지급하여야 한다는 점을 밝히고 있다. 이 경우에 해당 직원은 복직 대신 15개월분 급여에 해당하는 배상금을 택할 선택권이 있다는 점을 함께 규정하였다. 4) 제 3)의 규정 중에 고용 인원이 15명 이하인 사업주의 경우, 보다 낮은 액수의 배상금을 지불할 수 있도록 영세 사업장의 예외 규정(즉, 근무 연수별 2개월 대신 1개월 급여를 합산한 금액으로 최소 2개월분에서 최대 6개월분)을 인정하고 있다는 점 역시 세부 규정 보완을 명확하게 적시했다.

이러한 노동 개혁의 가장 중요한 실질적 효과는 분쟁 절차의 전환을 통한 "신속한" 분쟁합의절차의 도입이 가능해졌다는 사실이다. 신속한 분쟁합의 절차의 내용을 소개하면 다음과 같다. 첫째, 해고 시 사업주는 해고일 기준 60일 이내에 합의 제안 가능(합의금은 근무연수별 1개월분 급여를 합산한 금액으로 최소 2개월분에서 최대 18

개월분)하게 하였다. 둘째, 합의 시 노동자는 해고 관련 일체의 이의 권한을 포기한
다는 점을 명확히 밝혔다. 셋째, 합의금은 면세 대상으로 현금 혹은 수표로 해당
노동자에게 즉시 지급하여야 한다는 실질적 이익을 노동자에게 귀속시켰다.

　2015년 렌치 정부의 노동법 개정은 여러 가지 측면에서 노동시장의 유연화 가
능성을 현실화했다는 효과도 있지만, 이전 법과의 혼용에 따른 혼란 초래 가능성
이 있다는 점에서 다양한 평가가 존재한다. 정리해고를 명확히 함으로써 기업의
구조조정을 법으로 명확하게 규정하고 있다는 점은 경영자 측에서는 환영할 만한
조치이지만, 노동자의 입장에서는 무분별한 정리해고의 가능성을 걱정하지 않을
수 없는 상황이 되었다. 그럼에도 불구하고 Jobs Act 규정 중에서 정리해고 관련
구체적 규정 적용은 이탈리아 노동 시장에 있어 고용 유연화 증대라는 점에서 긍
정적 효과를 예상할 수 있게 하였다. 렌치 정부의 노동개혁은 다양한 논의에도 불
구하고 2016년 12월 4일 국민투표 부결로 인해 제대로 실행되지 못한 채 정착되지
못했다.

　이탈리아의 노동시장과 사회보장제도의 실제 운영상의 문제들은 정치권력의
변화에도 불구하고 제대로 정리되지 못한 측면이 있다. 그러나 여전히 노동정책
이나 사회보장정책의 기본 틀은 노동자와 국민들에게 친화적인 성격을 갖는다.
지속적인 노동시장 유연화 정책이 지속되었음에도 해결하지 못한 몇 가지 쟁점들이
남아있지만, 중요한 사실은 현재까지 그 어느 누구도 만족할 만한 정책적 대안을
제시하지 못하고 있다는 점이다. 노동자와 국민들은 그들 나름대로 연금정책과
고용정책 등에서 불만을 가지고 있으며, 경영자와 자영업자 및 전문직 종사자들
역시 정부정책에 비효율성과 비현실성을 탓하고 있다. 이러한 상황에서 2018년 3월
의 총선은 향후 이탈리아의 정치경제 상황에 대한 다양한 전망을 제시하고 있다.
다음 항에서는 2018년 총선 결과를 통해 2018년 이후의 이탈리아 정치경제를 전
망하고자 한다.

3. 2018년 이탈리아 총선과 정치사회 전망

　2018년 3월 5일에 실시된 이탈리아 총선 결과는 여러 가지 측면에서 이전과는
새로운 양상을 보여주었으며, 전혀 다른 이질적인 정치적 상황을 전개시켰다. 주
요 내용에 대한 의미를 분석해보면 다음과 같다.

첫째, 기성정치의 약화 가능성과 정치적 대안 세력의 부활이다. 특히 집권 여당이었던 민주당의 몰락에 가까운 선거 결과와 오성당의 강세, 과거 세력의 소환과 부활은 이탈리아 정치지형의 변화 가능성을 조심스럽게 예상할 수 있다. 둘째, 정당정치의 성격과 내용이 기존 정치질서와 구조와는 전혀 다른 방향으로 진행되고 있다는 점이다. 과거 계급에 기반한 좌우 이데올로기 정당이 그 중심이었다면, 이번 총선에서는 대중정당과 지역에 기반한 지역주의 정당 및 극우 이데올로기 성향의 정당들이 강세를 보인 선거였다. 셋째, 과거와 현재 그리고 미래가 뒤섞인 정치질서의 혼동이 유럽정치의 변화 흐름과 함께 진행되면서, 이탈리아 정치의 미래가 낙관적이거나 긍정적이지만은 않다는 점이다. 특히 이 문제는 이탈리아 정치 환경이 현재 유럽 국가들이 겪고 있는 난민과 이민 문제, 실업과 경제침체 등과 연계되면서 이탈리아 역시 과거를 소환하고 현재의 이익을 지키기 위한 선택과 미래를 위한 대안까지도 함께 모색하고 있다는 사실과 연계된다.

더군다나 3개월간의 오랜 진통 끝에 5월 31일에 출범한 새로운 내각은 그 성격이나 내용에서 기존 선거의 내각과는 전혀 다른 양상을 보여주었다. 베를루스코니라는 과거의 정치지도자가 이탈리아 정치 무대에 조연의 역할을 하게 된 것이나, 극우분리주의 정당의 부활이 정치권력의 중심에 설 수 있게 된 사실, 그리고 이탈리아 국민들이 끊임없이 기대하고 있는 오성당의 미래를 함께 볼 수 있는 총선결과라는 점에서 과거와 현재 그리고 미래가 공존하는 정치적 의미를 모두 볼 수 있었다. 특히 오성당의 제1당으로서의 지위 확인과 세력 확대는 지지 계층과 직업군 등을 고려할 때, 이탈리아의 미래 정치지형이 어떻게 진행될 것인지에 수많은 궁금증을 불러 일으켰다.

실제로 2018년에 전개되고 있는 수많은 정책 중에서 우선순위를 차지하고 있는 것은 이민 및 난민 정책이다. 이러한 방향은 이러한 정책에 연계되는 노동과 사회보장 정책에도 깊은 영향을 미칠 수 있다는 점에서 향후 지속적인 논쟁을 초래할 가능성이 높다. 또한 국내의 노동과 연금 중심의 정책 순위가 우선적으로 다루어지면서 강도 높은 정치개혁이 함께 진행될 수 있다는 점에서 2018년 이탈리아 총선은 이탈리아의 정치경제 지형을 바꿀 기로가 될 것이다.

더 나아가 생각해 보기

1. 정치권력의 잦은 교체에도 불구하고 이탈리아 복지제도가 비교적 안정적인 이유는 무엇일까?
2. 이탈리아가 세계에서 여전히 노조가입률이 높은 이유는 무엇일까?
3. 중소기업이 강한 이탈리아의 사회적 경제 시스템과는 어떤 상관성이 있을까?
4. 이탈리아 경제위기의 가장 중요한 원인을 순서대로 생각해보시오.

참고문헌

AlmaLaurea. 2008. *Condizione occupazionale dei laureati, XI Indagine 2008*, marzo 2009.

Anastasia B., Mancini M., Trivellato U. 2009, Il sostegno al reddito dei disoccupati: note sullo stato dell'arte. Tra riformismo strisciante, inerzie dell'impianto categoriale e incerti orizzonti di flexicurity in www.venetolavoro.it

Arel. 2009, *Non è più prorogabile la riforma degli ammortizzatori sociali*. Banca d'Italia, Relazione Annuale 2008.

Banca d'Italia. 2009a. *Bollettino economico*, gennaio.

Banca d'Italia. 2009b. *Rapporto sulle tendenze del sistema produttivo italiano*, Occasional papers n.45.

Banca d'Italia. 2009c. Relazione generale sulla situazione economica del paese.

Bassanini A., L. Nunziata e D. Venn. 2008, Job Protection Legislation and Productivity.

Battistin E, Rettore E, Trivellato U. 2005. "Contiamo davvero tutti i disoccupati? Evidenze per l'Italia, 1984−2000", in Contini B, Trivellato U. (2005) *Eppur si muove. Dinamiche e persistenze nel mercato del lavoro italiano*, Il Mulino, Bologna.

Battistin E, Rettore E, Trivellato U. 2005. *Choosing among alternative classification criteria to measure the labour force state*, WP05/18, The Institute for fiscal studies.

Benetti M., Olini G. 2009. *Le misure economiche anticrisi*, Via Po, Febbraio 2009.

Bergonzini C, Del Boca A, Rota P. 2007. *La certezza di una via di uscita*, www.lavoce.info

Berton F, Devicienti F. e Pacelli L. 2007. *Temporary jobs: Port of entry, Trap or just Unobserved heterogeneity?*, LABOR working paper. n.68.

Berton F, Richiardi M, Sacchi S. 2009a. *Chi ha paura dei sussidi di disoccupazione?*, www.lavoce.info

Berton F. 2008. *The (long) run out of unemployment: are temporary jobs the shortest way?*, LABOR working paper n.76.

Berton F., Richiardi M., Sacchi S. 2009b, *Flex−insecurity, dalla flessibilità alla precarietà*, www. lavoce.info

Berton F., Richiardi M., Sacchi S. 2009c, *Indennità ai co.co. pro : un bel gesto che non impegna*, www.lavoce.info

Berton F., Richiardi M., Sacchi S. 2009d, *Quanti sono i lavoratori senza tutele*, www.lavoce.info

Bianchi L. 2009. *La crisi al Sud senza paracadute*, www.lavoce.info

Blangiardo G.C. 2008, *Radoppiata in un anno la presenza di irregolari*, Il Sole 24 Ore, 12 maggio 2008.

Bradbury K. 2006. Measurement of unemployment, *Public policy brief* No.06－2, Federal Reserve Bank of Boston.

Brambilla M., Lo Verso L. 2006, *Percorsi in trasparenza(Immigrati stranieri, mercato del lavoro e servizi per l'impiego)* － Provincia di Milano － Franco Angeli.

Brandolini A, Cipollone P, Viviano E. 2004. *Does the ILO definition capture all unemployment?*, Temi di discussione n.529, Banca d'Italia, Roma

Calcioli R. 2007, *Immigrati e Lavoro: quando il Pil italiano è poliglotta*, Rivista Arel.

Cammelli. 2008, a cura di, *Condizione occupazionale dei laureati*, pre e post riforma. Indagine Almalaurea.

Cammelli A. 2007a. *Dopo la laurea di primo livello*. Indagine. sperimentale sui laureati post－riforma del 2005, AlmaLaurea.

Carone G, Koopman GJ, *Pichelmann K. 2009. Labour market prospects and policies to soften the impact of the financial crisis*, ECFIN Economic Brief, Issue 1, Maggio 2009.

European employment observatory. 2009. *Quarterly reports*, Febbraio 2009.

European Foundation for the Improvement of Living and Working Conditions 2009. *Europe in recession: employment initiatives at company and Member States level, background paper.*

Excelsior 2009. *Prime considerazioni sui dati rilevati.* al 14 aprile 2009.

Ilo. 2009. *Global Employment Trends.*

Ilo. 2009b. *The financial and economic crisis: a decent work response*, Marzo 2009.

Isae. 2009. *Le assunzioni nel 2008 nel settore manifatturiero: tipologie contrattuali, contrattazione integrativa, skills.*

Isfol. 2009. *Rapporto 2008 sulla Formazione Continua Isfol (2009)*, Rapporto Isfol 2008.

Istat. 2009. *L'inserimento professionale dei laureati, anno 2007*, 17 giugno 2009.

Istat. 2009. Bilancio demografico mensile.

Istat. 2009. *Gli stranieri nel mercato del lavoro Istat* (2009).

Istat. 2009. *Rilevazione sulle forze di lavoro (I trimestre 2009) Istat (2009b) Rapporto Annuale 2008.*

Manasse P. 2009. *Regioni in conflitto per i fondi europei*, www.lavoce.info.

Saraceno C. 2009. *Ci sono anche i disoccupati invisibili*, in www.lavoce.info.

Sarzanini F. 2008. *Verso un nuovo decreto flussi per selezionare le 413 mila domande non ammesse*, Il Sole 24 Ore, 23 maggio 2008.

Schinaia G. 2009. *Nell'anno della crisi 250 mila posti in più per gli immigrati*, Il Sole 24 Ore.

Svimez. 2009. *Rapporto Svimez 2009 sull'economia del Mezzogiorno*.

Unioncamere. 2009. *Sistema informativo Excelsior 2009* − Prime considerazioni sui dati rilevati al 14 aprile 2009.

Visco I. 2008. *Invecchiamento della popolazione, immigrazione, crescita economica*, Società Italiana degli Economisti.

CHAPTER 5.
남유럽 정치경제

양오석

I 들어가며

　　2008~2009년 글로벌 금융위기로 타격을 입은 남유럽 국가들은 2010년 재정 (부채)위기를 겪게 된다. 나아가 2010년 남유럽 재정위기 사태 이후 주요 세계 경제 대국들은 성장침체를 경험하였고 시장리스크에 대한 혐오주의가 증가하였다. 문제해결에 나선 남유럽 국가들의 정책적 대응 역시 이들 국가들이 겪은 방향과 동일하게 진행되었으며 이에 거시경제 및 구조적 개혁을 단행하기에 이르렀다. 그결과 남유럽 국가들의 경제 상황은 현재 극적으로 회복세를 보여주고 있다. 이에 이 장에서는 남유럽 국가들이 이행한 개혁의 내용과 함께 이들 국가의 근본적인 경제체제의 모습을 구조적으로 들여다보고자 한다. 구체적으로는 남유럽 국가들의 경제체제가 지닌 특성을 살펴보고, 제도적 특성을 고찰하기 위해 기업하기 좋은 환경을 구성하는 요소들의 모습은 어떤지, 경제정책 불확실성 수준은 어느 정도인지를 고찰하고자 한다. 또한 이러한 제도적 특성에 상응하여 위기를 방지할 수 있는 구조적 방법과 경제성장을 위한 안정화 장치를 어떻게 운영해야 하는지, 그리고 회복을 위한 관리 능력은 어느 정도인지를 평가하고자 한다. 이와 같은 평가 과정을 통해 2010년 재정위기 당시 남유럽 국가들의 상황과 발생요인을 고찰함으로써 옛 경험으로부터 교훈을 학습하고 미래를 준비하는 지혜를 얻고자 한다.

II 남유럽 경제 및 금융체제

2008년 이전 유로존에서는 소버린 리스크 결정요인으로서 거시경제 펀더멘털의 역할을 과소평가하였다. 이론적으로 단기적 경제안정화 장치는 장기 성장회복을 유발하며, 재정 및 통화정책에 관련된 거시경제정책은 구조적 변화를 가져올 때 비로소 성장에 기여할 수 있다. 투자, 수출, 고용 지표는 거시경제 및 구조적 개혁이 성장에 미치는 영향을 이해하는데 필요한 고려 요소들이다.

1. 거시경제 펀더멘털

2008~2009년 이전 GDP 성장률은 낮은 수준으로 상승하였고 금리 스프레드는 하락하면서 신용성장을 자극하였다. 이에 시장은 남유럽 국가들이 낮은 리스크 투자국으로 간주하기에 충분하였다.

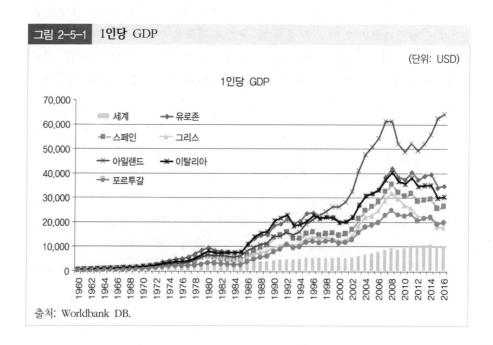

그림 2-5-1 **1인당 GDP**

출처: Worldbank DB.

| 그림 2-5-2 | GDP 성장률 |

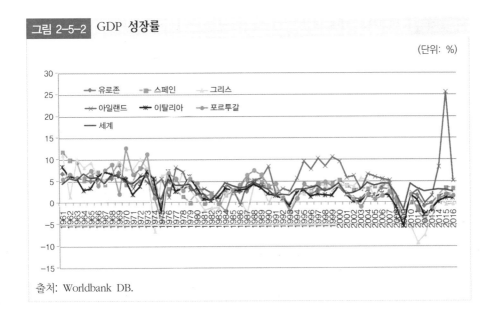

출처: Worldbank DB.

2. 금융시장 발달 수준

금융시장 발달 수준은 주식시장 발전 정도를 보여주는 GDP 대비 상장기업의 시가총액, 금융중개 규모를 나타내는 GDP 대비 국내민간신용 등으로 판단할 수 있다. 글로벌 유동성이 증가하면서 남유럽 금융부문이 성장하였고 민간부문 국내 신용 규모가 아일랜드와 스페인의 경우 약 GDP의 200% 가량 되었고, 포르투갈에 서는 약 170%에 달했다. 금융시장부문 발달 수준이 상대적으로 약했던 그리스는 GDP의 100%에 미치지 못하는 수준을 보였다. 그러나 그리스는 아일랜드, 스페인 과 더불어 GDP 대비 신용 비율 증가율 면에서는 2000~2007년 기간 동안 우세함 을 보여주었다. 오히려 이 부문에서는 포르투갈이 부족함을 보였다. GDP 대비 민 간부채 부문에서 포르투갈은 2000년 당시 다른 남유럽 국가들보다 높은 수준에서 시작하였지만 2014년으로 갈수록 오히려 낮은 신용성장률(GDP 대비 민간부채 비율의 성장률)을 기록하였다.

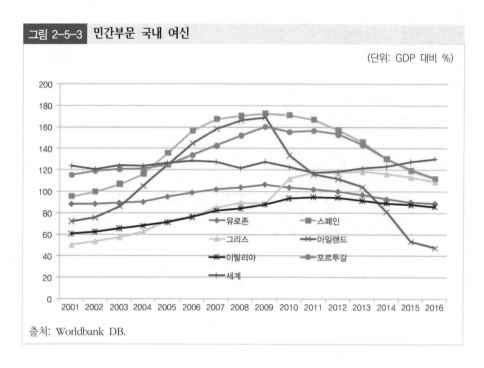

그림 2-5-3 │ 민간부문 국내 여신

(단위: GDP 대비 %)

출처: Worldbank DB.

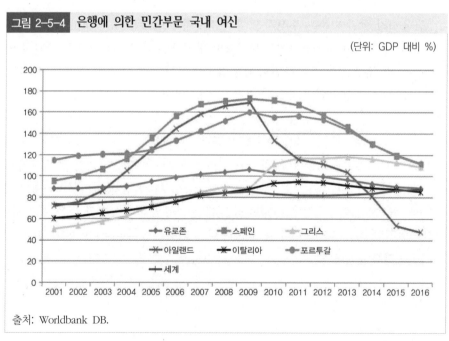

그림 2-5-4 │ 은행에 의한 민간부문 국내 여신

(단위: GDP 대비 %)

출처: Worldbank DB.

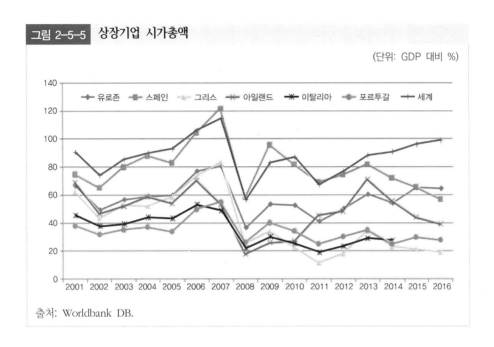

그림 2-5-5 상장기업 시가총액

(단위: GDP 대비 %)

출처: Worldbank DB.

　　GDP 대비 상장기업의 시가총액 규모는 스페인은 세계 수준보다는 다소 낮지만 남유럽 국가들 중 가장 가까운 수준을 유지한 채 흐름을 보이다가 2013년 이후 다소 큰 폭으로 하락세를 보여주었다. 나머지 남유럽 국가들은 스페인을 하회하는 흐름을 지난 20년간 보여주었고, 특히 포르투갈의 시가총액 수준이 가장 낮은 수준으로 시작하였지만 2008~2009년 글로벌 금융위기 이후에는 그리스와 이탈리아 수준을 상회하기 시작했다. 또한 아일랜드는 남유럽 국가들 중 높은 수준으로 시작하였다가 2008년 글로벌 금융위기 시기 최저 수준을 기록한 뒤 이후 빠른 회복세를 보여주었다.

3. 정부 지출 및 재정

　　아일랜드와 스페인은 정부지출과 예산 차원에서 매우 큰 차이를 보여준다. 그리스와 포르투갈 역시 차이가 크다. 2007년 그리스와 포르투갈의 예산 적자 규모가 각각 6.7%와 3%였고, 아일랜드와 스페인은 0.3%와 2%의 예산 흑자를 기록했다. 문제는 정부지출 규모였다. 2000~2008년 기간 동안 아일랜드의 정부지출은 80% 성장세를 보였고 그리스는 40% 정도였다.

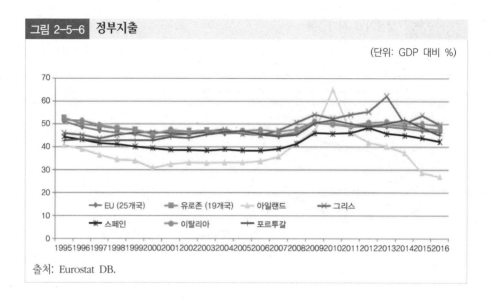

그림 2-5-6　정부지출

(단위: GDP 대비 %)

출처: Eurostat DB.

4. 경상수지와 환율

경상수지 추이를 살펴보면 남유럽 국가 대부분이 적자를 기록해 왔고 2011년 이후 유로존 경상수지가 흑자로 급전환하는 추이를 보인 것과 달리 남유럽 국가들은 여전히 적자를 겨우 벗어나는 수준에 머물렀다.

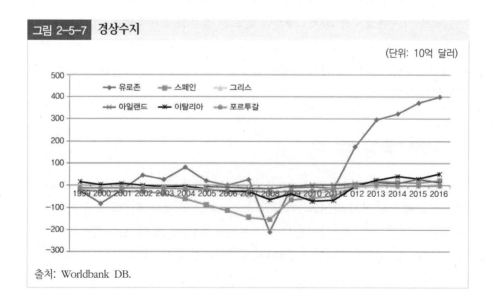

그림 2-5-7　경상수지

(단위: 10억 달러)

출처: Worldbank DB.

그림 2-5-8 **실질실효환율**

(42개 무역 파트너국가들, 소비자물가지수 디플레이터 기준, 2010=100)

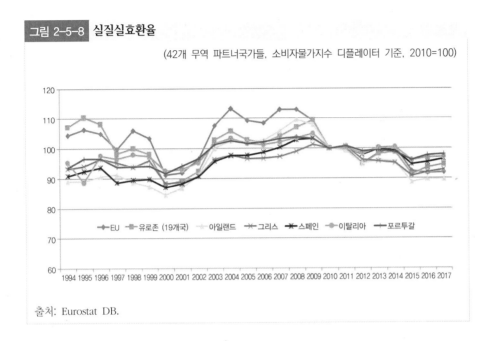

출처: Eurostat DB.

한편 실질실효환율(42개 무역 파트너국가들, 소비자물가지수 디플레이터 기준, 2010＝100) 추이를 살펴보면 아일랜드가 다른 남유럽 국가들보다 낮은 수준에서 시작하여 2008년 글로벌 금융위기 이전까지 급격한 상승세를 보이다가 이후 급락하는 것을 알 수 있다. 모든 남유럽 국가들이 이와 같은 추세를 동일하게 보여주고 있는 가운데 포르투갈의 실질실효환율 수준이 다른 남유럽 국가들을 상회하고 있는 것으로 나타났다.

5. 유로 지역[1] 금융시스템 구조[2]

유럽은 자본시장을 통한 직접금융보다 은행을 통한 간접금융이 발달되어 있다. 유로 지역 비금융부문의 총금융자산에서 예금은 41%로 가장 큰 비중을 차지한다. 반면 증권(주식과 채권)은 29%, 보험은 27%에 불과하다. 비금융부문의 자금조달에서도 은행 대출이 가장 중요한 역할을 차지한다. 유로 지역 비금융부문의 금

---

1 유로화를 사용하는 EU 회원국들을 지칭.

2 이 부분은 필자가 작성한 보고서에서 발췌하였다. 아래 참조. 양우석(2009), "유럽은행의 부실 현황과 향후 전망," 삼성경제연구소 Issue Paper.

융부채 중 은행대출이 61%, 증권이 37%를 차지한다. 미국기업은 자금조달 중 약 20%를 은행차입에 의존하는 반면, 유럽 기업은 80%로 매우 높은 편이다.[3] 미국 등 자본시장이 발달한 국가에 비해 유럽은 은행의 금융중개 기능에 대한 의존도가 높아 실물경제와 은행 건전성 간에 밀접한 상관관계가 있다. 미국계 은행과 달리 유럽의 은행들은 투자자산보다 대출자산 비중이 높고, 특히 기업 관련 자산이 높은 비중을 차지한다. 은행대출 중 기업대출 비중이 43%에 이르고, 보유 증권 중에서 회사채 비중이 27%를 차지한다. 이에 따라 실물경기 침체로 인한 기업 부실이 은행의 자산건전성과 이익에 미치는 충격이 더 강하다. 기업 도산이 은행 손실로 이어지고, 은행 부실은 다시 기업의 자금조달을 어렵게 하는 악순환 고리가 형성된다.

6. 남유럽 은행들의 건전성

일반적으로 은행의 신용 상태는 신용부도스왑(CDS: Credit Default Swap) 프리미엄으로 살펴볼 수 있다. 은행산업의 건전성에 대한 신뢰 부족으로 2009년 8월 이후 유럽 대형은행들의 CDS 프리미엄은 여전히 높은 상태였다. 2009년 6월 ECB가 2010년 중반까지 본격적인 경기 회복이 어렵다는 전망을 내놓으면서 3월 이후 감소하던 CDS 프리미엄이 8월 들어 다소 상승하기도 했다. 2009년 10월 22일 현재 HSBC가 55, BNP Paribas가 58을 기록하는 등 유럽은행들의 CDS 프리미엄은 금융위기 이전 수준(2008년 1월 1일 각각 38, 30)을 상회하였다.

---

3 여기서 언급되는 수치는 2009년 현재 기준 수치들임을 밝혀둔다.

Ⅲ 기업하기 좋은 환경과 남유럽 경제정책 불확실성[4]

남유럽 국가들의 제도적 특징은 '기업하기 좋은 환경' 지수와 '경제정책 불확실성' 지수로 비교해 볼 수 있다.

1. 기업하기 좋은 환경

기업하기 좋은 환경 지수는 190개 국가를 대상으로 하며 순위에 따라 1에서 190으로 측정되며 다섯 가지 지표로 구성된다. 규제 환경의 주요 국면을 보여주며 현지 시장에 진입하려는 기업들이 참조할 만한 지수이다. 이 지수는 창업 규제, 건설 허가, 전기 공급, 자산 등록, 신용 확보, 소액투자자 보호, 세금납부, 국경 간 무역, 계약 이행, 파산문제 해결 등에 관한 규제에 대한 양적 지표를 보여준다. 또한 이 지수가 우수한 국가를 '프론티어'군으로 칭하고 이 프론티어군과의 거리를 측정한 지수로 '프론티어와의 거리(DTF: the distance to frontier)' 지수가 있다. 이 지수는 0에서 100의 값을 갖는다.

기업하기 좋은 환경 지수 차원(2018년)에서 남유럽 국가들은 저조한 편이다. 우선 글로벌 지수로는 그리스를 제외한 나머지 국가들이 평균 40 이하를 기록함으로써 기업하기 좋은 환경 차원에서 긍정적인 신호를 보이고 있다. 그리스 67, 포르투갈 29, 스페인 28, 아일랜드 17, 이탈리아가 46을 기록했다. 이와 달리 독일은 20, 영국은 7을 기록했다. 프론티어와의 거리 차원에서는 그리스가 68.02, 포르투갈이 76.84, 스페인이 77.02, 아일랜드가 79.51, 이탈리아가 72.70을 기록함으로써 독일(79), 영국(82.22)과의 격차가 생각보다 크지 않은 것으로 나타났다.

---

4 이 부분은 필자가 작성한 선행연구 결과물에서 일부 발췌하였다. 아래 참조. 양오석 외(2016), "신흥 경제 터키의 정치, 경제, 사회문화 분야별 불확실성 연구," 대외경제정책연구원 보고서.

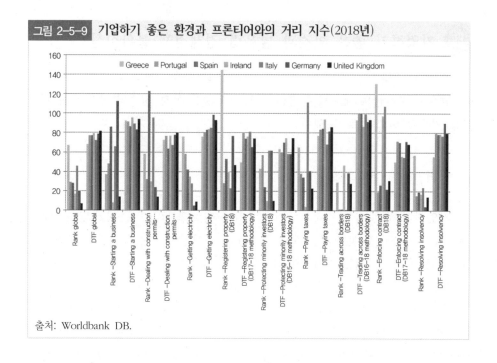

그림 2-5-9 기업하기 좋은 환경과 프론티어와의 거리 지수(2018년)

출처: Worldbank DB.

2. 경제정책 불확실성

불확실성은 사회구성원들에게 잠재적 영향을 미치는 다양한 형태의 위험에 내재되어 있기도 하지만 이들 내재된 불확실성을 해결하기 위해 마련된 기능체계에 의해 추가적으로 발생하기도 한다. 대표적으로 Baker, Bloom and Davis(2015)는 경제전반에 중요한 사건이 발생했을 때 정부의 대응정책이 결정되지 않아 발생하게 되는 불확실성을 두고 경제정책 불확실성 지수(Economic Policy Uncertainty: EPU)라고 명명한다.

시장(가치) 변동성의 대용변수인 VIX 지수는 유럽 대형은행 CDS 프리미엄과 통계적으로 유의한 양(+)의 관계가 나타나 경제 분위기 악화는 은행 신용도에도 부정적 충격을 가하는 것으로 확인되었다. 또한 이탈리아 국채 CDS 스프레드와도 유의한 양(+)의 관계가 나타났고, 경제정책 불확실성(EPU: Economic Policy Uncertainty)과도 동조화 현상을 보이고 있다. VIX 지수는 주식수익률 불확실성을 반영하고, 경제정책 불확실성은 이보다 폭넓은 정책 불확실성을 반영한다.

남유럽 국가들의 경제정책 불확실성 지수는 대체로 글로벌 수준을 상회하고

있다. 일부 국가는 글로벌 수준을 하회하기도 하는데 특히 아일랜드의 경우 경제
정책 불확실성 지수가 글로벌 수준을 하회하는 것으로 시작하였고 2000년대 들어
글로벌 수준을 상회하는 흐름으로 전환되었다. 이탈리아는 글로벌 수준을 상회하
는 수준으로 시작하였고 이후 지속성을 보이다가 2015년 들어 글로벌 수준을 하
회하기 시작하였다. 스페인은 글로벌 수준을 하회하는 수준으로 시작하였지만 곧
상회하기 시작하였고 2008년 이후에는 글로벌 수준과 엎치락 뒤치락 하는 모습을
보이다가 2012년 이후 하회하는 추세로 전환하였다.

그림 2-5-10 **경제정책 불확실성 지수 추이**

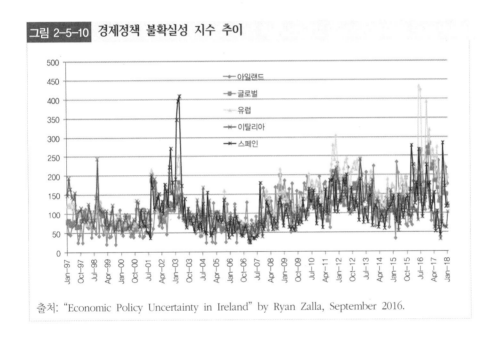

출처: "Economic Policy Uncertainty in Ireland" by Ryan Zalla, September 2016.

Ⅳ 남유럽 재정위기[5]

1. 재정위기 현황

1.1 그리스

2010년 소버린 사태 동안 그리스를 비롯한 남유럽 국가들이 문제아로 대두되었다. 그리스의 경우 심각한 재정적자와 정부부채에 직면하면서 2010년 5월까지 약 200억 유로의 대외채무를 상환해야 하는 처지에 처했었다. 그리스의 재정적자와 정부부채는 모두 유럽연합 27개 회원국 중 최고 수준을 기록했다. 국가부도 가능성을 나타내는 5년 만기 그리스 국채의 CDS 프리미엄(2월 15일 현재 354.3)이 금융위기를 겪고 있는 동유럽 국가들을 상회하였다. 이에 그리스 정부는 EU 회원국들의 압박에서 벗어나고 시장 신뢰를 회복하기 위해 재정안정화 계획을 서둘러 발표하였다. 내용을 살펴보면 재정적자를 2009년 GDP 대비 12.7%에서 2012년 3% 이하로 축소한다는 것이 주요 골자였다. 이를 위해서는 공공부문의 임금 삭감, 연금지급 축소 등 강도 높은 초긴축정책 시행이 불가피했다. 이에 대응해 정부의 긴축정책에 반대하는 공공노조 주도의 전국적 대규모 파업이 발생했다.

1.2 여물통에 빠진 돼지 국가들(PIIGS)

그리스發 재정위기는 다른 유럽 국가로 확산될 가능성도 상존한다. 재정위기는 그리스뿐만 아니라 포르투갈, 이탈리아, 아일랜드, 스페인 등 다른 남유럽 국가들에서도 나타날 가능성이 컸다. 이들 남유럽 국가들은 당초에는 포르투갈, 이탈리아, 그리스, 스페인 등을 종합하여 PIGS로 지칭했으나, 금융위기로 재정이 급격히 악화된 아일랜드를 포함하여 후일 PIIGS로 바뀌었다. 2010년 2월 15일 현재 포르투갈, 아일랜드, 스페인, 이탈리아의 5년 만기 국채의 CDS 프리미엄이 높은 수준을 유지했다.

---

5 이 부분은 필자가 참여한 보고서에서 발췌하였다. 아래 참조. 김득갑 외(2010.), 2.18. "남유럽 재정위기의 현황과 전망," (Issue Paper). 삼성경제연구소.

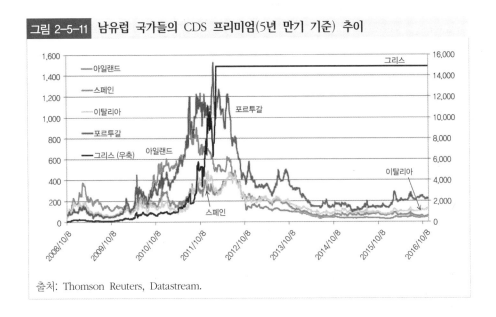

그림 2-5-11 남유럽 국가들의 CDS 프리미엄(5년 만기 기준) 추이

출처: Thomson Reuters, Datastream.

영국과 동유럽 국가 등 재정상태가 취약한 여타 EU 회원국들도 그리스發 재정위기 가능성을 예의주시하였다. 2009년 기준으로 27개 유럽연합 회원국 중 안정성장협약(Stability and Growth Pct)을 충족하는 국가는 6개국뿐이었고, 대부분의 국가가 유럽연합집행위에 자국의 재정적자를 2010~2014년까지 GDP 대비 3% 이하로 낮추기로 약속한 상태였다.

유로지역 회원국인 그리스의 재정위기로 유로화 환율이 하락하고 유럽 증시도 약세를 지속했다. 그리스 재정위기가 악화되면서 유로화의 對달러 환율(2010년 2월 16일 현재 1.377 달러)은 연초 대비 3.9%, 2009년 최고점 대비 9.0% 하락했다. 그리스 주가는 2009년 최고점 대비 35.6% 하락하였으며, 독일 DAX도 최고점 대비 7.5% 하락했다. 헤지펀드 등 투기세력들은 유로화 체제의 안정성에 의구심을 갖기 시작했다.

2. 재정위기 원인

2.1 고질적으로 취약한 정부재정

그리스 등 남유럽 국가들은 금융위기 이전부터 방만한 재정운용과 국가채무 누적으로 재정 부실이 심화되었다. 유럽중앙은행이 관리하는 통화정책과 달리 조세 등 재정정책은 유로지역의 재정 관련 수렴 사안을 제외하고는 대부분 개별 회원국의 고유 권한이다. 2007~2009년 PIIGS 재정적자는 3.9~6.4%로 OECD 선진국 평균(1.6%)을 크게 상회하였다(강성원 외, 2010). 위기 이전에 아일랜드(GDP 대비 평균 34%)와 스페인(45%)은 균형재정 기조를 유지한 반면, 그리스는 107%, 이탈리아는 102%, 포르투갈은 60% 등 나머지 국가들은 재정 부실이 지속되고 있었다.

재정수지 악화로 인한 추가 채권 발행이 재정위기를 더욱 압박했다. PIIGS의 국가채무는 2008~2010년 연 8.6~33.1%로 증가하여 2005~2007년 기간 보다 두 배 이상 빠른 증가세를 기록했다(강성원 외, 2010). 그리스(8.6%), 포르투갈(8.8%)에 비해 스페인(67.5%), 아일랜드(81.3%)가 더 빠르게 증가했다. 부채발행으로 단기 급증한 원리금 상환부담이 재정을 더욱 악화시켰다.

금융위기 대응 과정에서 정부 지출이 확대되어 재정이 더욱 악화되었다. 자본확충, 자산매입, 채무보증 등 구제금융 실시로 정부 지출이 확대되었다. 이탈리아를 제외한 나머지 국가들은 모두 은행산업 구제금융 지원에 따른 대규모 자금 지출로 재정이 악화되었고, 스페인의 경우 당시 저축은행發 금융 불안으로 정부 재정부담이 가중되었다.

또한 고용위기로 사회보장성 지출이 늘어 정부 지출이 확대되었다. 경기침체의 장기화로 PIIGS의 평균 실업률이 상승하였다. 2001년~2009년 7.6%였던 것이 11.3%로 상승하였다. 1995~2007년 기간 동안 스페인(33.1%→33.2%), 이탈리아(34.8%→38.1%), 아일랜드(24.3%→28.3%)는 사회보장성 지출에 큰 변화가 없었던 반면, 그리스(36.4%→42.5%), 포르투갈(27.8%→38.2%)은 큰 폭으로 상승하였다.

2.2 유로화 가입에 따른 정책제약

유로화 가입 이후 형성된 자산버블로 남유럽 국가들은 금융위기의 충격이 더 컸다. 1999년 유로화 가입에 따른 단일금리정책의 적용으로 전통적인 고금리 국가였던 남유럽 국가들이 저금리의 메리트를 향유하였다. 이로 인한 과잉 유동성이 생산 활동에 투자되기보다는 비생산 분야(부동산, 복지 및 공공부문 임금 인상)에 집중 유입되었다. 스페인, 포르투갈, 아일랜드 등은 주택 건설 등 부동산 경기호황을 구가하였고, 그리스는 주력산업인 여행업과 해운 및 선박업의 호황이 지속되었다. 글로벌 금융위기로 인해 대외채무가 많은 남유럽 국가들이 상대적으로 더 큰 충격을 받았다.

유로화 강세로 수출경쟁력이 저하되었다. 유로화 가입 전에는 개별 회원국의 자율적 통화정책 수행으로 경제위기가 오더라도 순응적 대응이 가능했다. 하지만 유로화 가입으로 더 이상 독자적인 대응이 불가능한 가운데 유로화 강세로 인해 수출경쟁력마저 약화되었다. 최근 수년간 유로화 가치가 상승하면서 PIIGS 상품의 가격경쟁력이 크게 약화되었다. 수출경쟁력 약화는 PIIGS의 경제성장의 발목을 잡아 글로벌 금융위기와 경기침체로부터 쉽게 탈출하지 못하는 요인으로 작용하였다.

구조개혁 지연으로 경제적 펀더멘털이 취약하였다. 아일랜드를 제외한 남유럽 국가들은 노동시장의 경직성, 연금 및 복지비용 지출 확대 등으로 위기대응력이 취약했다. 강성 노조와 사회복지를 강조하는 유럽식 자본주의의 속성으로 인해 유연한 위기대응이 어려운 실정이었다. 경상수지 적자가 확대되고 대외채무를 상환할 외화유입은 축소되었다. 2007년 GDP의 4.5%였던 PIIGS 경상수지 적자는 2009년 13.3%로 OECD 선진국 평균(0.8%)을 크게 상회하였다(강성원 외, 2010).

3. 근본적 원인과 해결

남유럽 소버린 사태는 근본적으로 몇 가지 이슈를 통해 원인을 해석해 볼 수 있다. 공공부문과 민간부문 간 연계, 은행부문과 소버린부문 간 연계 등이 그것이다. 각 연계에 대한 세부적 내용을 살펴보면 남유럽 국가의 경제체제가 보여주는 구조적 속성을 보다 깊이있게 이해할 수 있다.

3.1 공공부문과 민간부문 간 연계

공공부문 부채로 위기를 맞이한 그리스와 달리 아일랜드는 급속도로 증가하는 민간부문 부채로 위기를 겪었다. 소버린 위기와 은행 위기가 연계되어 남유럽 국가 가운데 가장 처음으로 아일랜드를 덮쳤고, 아일랜드 정부기관은 예금지급보장으로 은행 문제를 해결하고자 했다. 또한 금융시장을 안정화시키고자 공공재정을 압박하였는데 이후 리스크 프리미엄이 고공행진을 시작했다. 스페인은 민간부문 부채가 재정 위기로 이어졌다는 점에서 아일랜드 사태와 유사하다. 포르투갈은 민간부문과 공공부문이 모두 건전하지 못해 그리스 사태와 아일랜드 사태를 조금씩 닮아 그 중간 유형으로 구분될 수 있다.

3.2 은행부문과 소버린부문 간 연계

남유럽 소버린 사태의 뿌리에는 은행부문 리스크와 소버린 리스크가 서로 연동되어 있다는 사실이 자리잡고 있다. 즉 은행이 대량의 국채를 보유함으로써 소버린과 은행부문 간 연계가 확대되는 구조이다. 따라서 양자 간에는 어느 한쪽에서 시작된 문제가 다른 한쪽의 문제로 전이되는 관계를 보여준다.

3.3 실물부문과 금융부문 간 연계

경제발전 단계에 따라 국가는 금융부문과 실물부문에 대한 선택과 집중 전략을 차별적으로 모색할 필요가 있다. 우선 경제발전 단계가 일정 수준을 넘어선 상태에서는 실물과 금융부문에 동시발생적으로 집중할 필요가 있다. 구체적으로는 물가안정을 기반으로 경제활동 상의 불확실성을 낮추고 적극적인 개방정책으로 실물 및 금융 부문에서 경쟁적인 환경을 제공하는 것이 중요하다(주상영, 2006, 151). 한편 소득수준이 낮은 경제발전 초기 단계에서는 금융부문을 위한 정책적 노력이 한계에 이를 가능성이 크다. 따라서 이 경우에는 실물 부문의 성장에 우선 순위를 두는 것이 더욱 중요하다(주상영, 2006, 151).

 나오며: 남유럽 국가 경제체제의 새로운 도전

남유럽 국가들의 역사적 경험은 단기 안정화 장치가 장기 성장을 가져다주고, 신용리스크에 있어서 공공부채와 민간부채 간 상호연관성이 높고, 금융체제가 미치는 장기적 영향력이 예전보다 더 복잡하게 얽혀 있음을 잘 보여준다. 또한 시장구조와 경제 주체들 간 차이를 고려한 거시경제 정책이 그렇지 못한 정책보다 더 효과적임을 잘 설명해 준다.

2008년 글로벌 금융시장이 붕괴되고 유럽중앙은행이 금융체제를 안정화시키기 위한 조치를 취하면서 유럽 국가들은 경기대책 재정정책을 취하였다. 거시경제정책과 재정정책에 있어서 공통된 문제는 부채를 줄이는 동시에 성장을 자극하는 일이었다. 이에 남유럽 국가들은 확장적 재정정책을 거둬들이는 등 해결책을 모색했지만 역내무역과 글로벌무역이 동시에 하락하고 금융흐름과 성장 역시 하락하면서 곤란에 처해졌다. 유럽연합 차원에서도 디플레이션과 실업률 상승이라는 난제를 만나 고전을 면치 못했고, 유럽중앙은행은 재정 및 통화 기제를 조금씩 바꾸어나가기 시작했다.

　금융위기가 세계경제를 덮치는 일은 역사적으로 주기를 두고 나타나고 있다. 흥미로운 것은 그 주기가 점점 짧아지고 있다는 사실이다. 이제 10년이 채 안되는 주기를 보이며 금융위기가 실물경제를 위협하고 있는데 남유럽 국가와 같이 취약한 구조를 보이는 국가들은 어떤 정책과 제도, 그리고 지혜와 역량을 준비해야만 할까? 그들에게 닥친 과제가 녹록지 않아 보인다.

더 나아가 생각해 보기

1. 다른 유럽 국가들과 달리 남유럽 국가들이 유독 소버린 사태를 겪게 된 원인은 구조적인 것일까? 아니면 한시적인 정책의 실패로 평가할 수 있을까?
2. 공공부문과 민간부문 간 연계성은 예전에 비해 오늘날 그 정도가 매우 커지고 있다. 어느 것이 머리이고 어느 것이 꼬리인지 구분하기가 어려울 정도이다. 이와 같이 동시대 국제정치경제 기제가 보여주는 복잡성은 단순히 국가적 속성의 문제를 넘어서 현실주의, 자유주의, 구성주의 등 국제정치 패러다임으로 어떻게 설명될 수 있을까?
3. 남유럽 소버린 사태를 통해 우리는 재정정책과 통화정책의 중요성을 깨닫게 된다. 유럽연합의 경우 각 회원국들이 권한을 소유하고 있는 국내 정책 범위 가운데 통화정책은 이미 유럽중앙은행의 권한 영역으로 전환되어 있는 상태이다. 다만 재정정책의 경우 여전히 각 회원국의 고유 권한 영역으로 다루어지고 있는데, 소버린 사태를 통해 이에 대한 초국가적 권한의 필요성을 강조하는 목소리가 강해지고 있다. 과연 재정정책과 통화정책은 회원국 수준에서의 고유 권한 영역과 유럽연합이라는 초국가적 수준에서의 고유 권한 영역 가운데 어디에 위치시켜야만 할까?

참고문헌

강성원 외(2010), "국가채무의 재조명," (CEO Information 제742호). 삼성경제연구소.

김득갑 외(2010), 2.18. "남유럽 재정위기의 현황과 전망," (Issue Paper). 삼성경제연구소.

양오석 외(2016), "신흥 경제 터키의 정치, 경제, 사회문화 분야별 불확실성 연구," 대외경제정책
     연구원 보고서.

양오석(2009), "유럽은행의 부실 현황과 향후 전망," 삼성경제연구소 Issue Paper.

주상영(2006), "경제발전과 금융발전: 경제발전단계에 따라 금융발전의 요인이 달라지는가?."
     『금융연구』 금융연구원.

<웹사이트>

세계은행 DB http://www.worldbank.org

유로스타트 DB http://e.europa.eu/eurostat

CHAPTER **6.**
북유럽 복지국가의 정치경제[1]

김인춘

I 사회적 형평성과 경제적 효율성을 양립시킨 북유럽 복지국가

북유럽 국가들은 사회적 형평성과 경제적 효율성을 조화시킨 관대한 보편적 복지국가로 잘 알려져 있다. 세계 최고수준의 복지는 물론, 1인당 국민소득, 민주주의 지수, 혁신과 국가경쟁력, 성평등 및 계급평등, 국민행복도, 투명성 및 청렴도 등 많은 면에서 세계적으로 최상위권을 차지하고 있다. 경제규모는 작지만 각자의 경쟁력으로 혁신을 통해 경제적 강소국의 지위를 유지하고 있다. 북유럽 복지국가는 높은 조세를 기반으로 복지의 범위가 포괄적이고 관대하여 보편적이라는 특징을 갖는다. 무상교육, 거의 무료인 의료서비스, 다양한 공적이전소득, 질 높은 사회서비스, 고용정책, 공공주거 등으로 모두에게 평등한 사회적 기회를 보장하고 이를 통해 사회자본과 양질의 인적자원으로 질적성장을 촉진하는 것이다. 특히, 북유럽 복지국가는 발전 초기부터 공공사회서비스의 중요성을 강조했는데 이는 공공사회서비스의 생산적 기능과 재분배 기능 때문이다. 노동시장 참가와 육아를 동시에 가능하게 하는 공공보육서비스, 적극적 노동시장정책을 통한 노동력의 활용, 인적자본 개발에 대한 강조 등 적극적 복지·노동정책은 경기변동과 세계화에 대한 적응 또한 용이하게 하여 국가 경쟁력에도 기여해왔다.

북유럽 국가들은 복지에 대한 정책적 우선순위가 높고 정부재정에서 차지하는 비중이 크기 때문에 복지정책은 모든 정책의 중심이 되고 있다. 정부정책에서 분배 기능은 고용과 임금으로 대표되는 노동시장에서의 1차 분배, 공적이전소득과 공공소비(public consumption)의 복지정책에 의한 2차 분배 모두에서 성과를 보여

---

1 이 글은 저자가 발표한 논문들을 요약, 정리한 것이다.

왔다. 1차 분배에서는 특히 노사협약 또는 노사정협약이 중요한 역할을 해왔다. 1980년대 들어 신자유주의적 세계화가 본격화되고 1990년대 초 경제위기를 겪으며 노동·복지개혁을 추진하게 되었다. 덴마크는 1980년대부터, 스웨덴은 1990년대에 대대적인 구조개혁을 이루었다. 핀란드는 1990년대 개혁을 추진했지만 보다 근본적인 개혁을 위해 2017년 1월부터 기본소득 실험을 시행하고 있다. 경제위기 없이 비교적 안정적인 노르웨이는 최근 들어 복지개혁을 추진하고 있다. 1990년대는 북유럽 복지국가의 성격이 전환된 시기였는데 통화주의적 경제정책과 재정긴축, 높은 실업 등 노동시장의 변화가 중요한 요인이었다. 연금 및 실업급여 개혁을 통해 일할수록 더 많은 혜택을 받도록 근로인센티브를 강화했다. 보육 및 보살핌, 의료, 교육, 고용서비스 등 주요 공공사회서비스도 개혁과정을 거쳐 왔는데, 서비스의 질을 제고하고 선택의 자유와 접근성을 강화하기 위한 것이었다. 이러한 사회서비스 개혁은 일반적으로 복지(재정)분권화 및 일부 복지민영화로 나타났는데, 그 내용과 성격은 국가마다 다소 차이가 있다. 중요한 것은 사회보험제도는 중앙정부 차원에서 운영되고 사회서비스의 제공은 지방정부(주로 기초지자체)가 책임지고 있다는 점이다. 그 결과, 중앙정부의 엄격한 법적 관리·감독 하에서도 지방정부의 자율성은 높은 편이다.

2008년 미국에서 시작된 글로벌 금융위기로 유럽의 많은 국가들이 심각한 재정위기와 경제위기를 겪어 왔다. 저성장과 고실업의 '뉴 노멀(new normal)' 시대가 되면서 긴축과 복지축소, 사회적 양극화와 불평등 심화가 나타났다. 신자유주의적 세계화 및 화폐통합을 완성한 유럽연합(EU)과 함께 대부분의 유럽 국가들이 자본시장과 노동시장, 경제정책에서 신자유주의적 정책을 도입했기 때문이다. 북유럽 4개국 중 핀란드는 EU 회원국이자 유로존(eurozone) 국가이나 덴마크와 스웨덴은 유로화를 사용하지 않는 EU 회원국이며, 노르웨이는 EU에 가입하지 않았다. 유로존인 핀란드는 다른 북유럽 국가들보다 더 직접적이고 심각한 경제위기를 겪었고, 개방경제인 스웨덴 또한 글로벌 경제위기의 영향을 크게 받았다. 수출중심 경제이며 상당한 대외채권을 보유한 스웨덴은 수출 감소와 실업문제, 해외 자본 투자로 위험에 처한 자국 은행에 대한 재정지원 등의 문제로 단기적으로 어려움을 겪었던 것이다.

북유럽 국가들의 경제규모는 상대적으로 작지만 각자 경쟁력을 가지고 있어 2008년 글로벌 금융위기, 2010년 유로존 재정위기, 현재까지 지속되고 있는 유럽의 경제침체에 적절히 대처해온 것으로 평가받고 있다. 노르웨이는 안정된 경제와 탄탄한 재정 상태로 경제위기의 충격이 크지 않았고 스웨덴과 덴마크는 과거의 구조개혁에 힘입어 경제적 충격을 극복할 수 있었다. 충격이 가장 컸던 핀란드는 경기침체에 따른 높은 실업율의 지속, 빈곤층의 발생, 과다한 국가채무의 증가를 겪었다. 유로(euro)체제가 주요 원인이라는 주장도 있지만 핀란드 경제의 생산성과 경쟁력 저하, 복지제도가 더 큰 문제라는 주장도 있다. 높은 장기실업률의 지속과 막대한 재정부담, 복지제도의 개혁 문제에 직면한 핀란드는 2015년 12월 '기본소득 실험'이라는 매우 급진적인 개혁 방안을 발표했다. 이에 비해 스웨덴은 2008년 경제위기를 빠르게 극복했고 성장률, 재정구조 등에서 매우 양호한 경제 상황을 보여 왔다. 북유럽 국가들은 경제적 어려움에도 여전히 대표적인 복지국가로서 분배정의와 사회통합을 달성하고 있는 것으로 평가되고 있다.

　이 장에서는 스웨덴과 핀란드를 중심으로 복지국가의 발전과 변화를 경제정책과 노동정책을 배경으로 살펴본다. 역사적으로 스웨덴은 앞선 복지국가의 발전을, 핀란드는 다소 늦었지만 급속한 발전을 이루었다. 두 나라 모두 1990년대 초 경제위기를 겪었고 복지제도가 경제위기 극복과 취약계층의 사회적 보호에 중요한 역할을 했다. 또한 스웨덴의 높은 무역의존도, 핀란드의 유로화 채택으로 경제의 개방화와 세계화 수준이 매우 높다. 1990년대 이후 경제위기 과정에서 복지제도의 변화가 나타났고 복지국가의 개혁과 지속가능성을 위한 새로운 시도도 나타나고 있다. 핀란드의 기본소득 실험이 대표적이다. 한국에서 모든 북유럽 국가들에 대한 관심이 높지만 특히 스웨덴과 핀란드에 대한 관심이 크고 여러 면에서 우리에게 더 많은 함의를 줄 것이다.

Ⅱ 북유럽 복지국가의 발전

1. 스웨덴 복지국가의 발전 – 노사 대타협과 정치적 합의

1.1 '인민의 집'과 스웨덴 복지국가

　스웨덴 복지국가의 근간은 1928년 사회민주당 한손(Per–Albin Hansson)당수가 주창한 '인민의 집(Folkhemmet, the People's Home)' 개념에 있다. 국가는 모든 인민이 집과 같은 역할을 함으로써 노동자 및 사회적 약자에 일정 수준의 삶의 질을 보장하고 평등한 사회적 권리를 갖도록 해야 한다는 것이다. 이러한 평등적, 보편적 복지의 사상은 1930년대 이래 지금까지 스웨덴 복지국가의 이념으로 자리 잡고 있다. 사회민주당(이하 사민당) 집권 이전에도 국민연금제도 등 중요한 복지제도가 도입되었지만 사민당이 집권한 1932년 이후 한손(수상재임 1932~1946년)정부는 빈곤추방과 인간적인 삶을 보장하는 정책을 본격적으로 발전시켜 왔다.

평등주의적 보편주의 원칙하에 연금, 가족수당, 의료보험, 산재보험 등이 도입되거나 기존의 제도가 확대되었다. 당시 스웨덴도 대공황의 영향을 받아 실업과 빈곤문제가 심각했는데 적극적 노동시장정책, 주택건설보조금제도, 특별실업보험제도 등의 스웨덴식 뉴딜정책이 시행되었다. 이러한 개혁적인 사회정책의 재원은 소득세, 상속세, 재산세의 누진율을 크게 높임으로써 충당되었다. 사민당 정부가 복지개혁을 추진하는 데에는 당시 정치적으로 강했던 보수적인 농민당과의 연립정부('적녹연정, red-green coalition')가 중요한 역할을 했는데, 사민당의 주요 지지세력이었던 노동계급과 농민당의 주요 지지세력이었던 농민계급의 이익을 동시에 보장하면서 복지개혁을 추진할 수 있었던 것이다. 또한 1938년, 정부의 적극적인 중재로 살츠쉐바덴(Saltsjobaden) 노사대타협이 이루어져 사회 코포라티즘이 제도화된 것도 스웨덴 복지국가가 발전하는데 중요한 기반이 되었다. 자본가계급이 사민당의 복지개혁을 지지하게 되었기 때문이다. 또 다른 중요한 요인은 1870년대부터 급속한 산업화로 자본축적이 이루어져 있었으며, 1차 세계대전에 개입하지 않아 분배를 위한 조세확대와 재정확대가 가능했다는 점이다.

2차 세계대전 후 본격적인 복지국가 발전을 추진했고 1950년대 초에 기본적인 제도가 완성되었다. 1946년 연금개혁을 시작으로 1947년 아동수당법, 1949년 산업재해보상법, 1954년 주택수당법, 1955년에는 병가보험법이 도입됨으로써 보편적인 사회보험제도가 구축되었다. 1955년에는 국민 모두에게 거의 무상의 의료서비스제도가 시작되었고 1959년에는 기초노령연금에 더해 소득연계 보충연금제도가 도입되었다. 정치적으로 강했던 스웨덴 사민당과 노조의 영향력 뿐 아니라 서유럽의 다른 복지국가들에서와 마찬가지로 전후 케인즈주의적 경제정책과 전후 경제호황은 이러한 복지확대와 재정확대를 가능하게 했다. 스웨덴 복지국가는 1960년대에 들어 더욱 발전했고 소득대체가 가능할 정도의 사회급여시스템이 구축되기 시작했다. 1960년대 도입된 주요 사회보장정책은 1962년 장애연금의 자산조사 폐지, 1963년 병가수당 기간 상한제 폐지, 1967년 병가수당 임금대체율 80%, 1964년 실업급여 지급기간 130일에서 150일로 확대, 1968년 아동양육가정 주거보조비, 1969년 기초노령연금에 대한 추가급여 도입(자산조사 조건) 등이다. 1970년대 확대된 주요 정책은 1970년 60세 이상 근로자의 장애연금 자격 완화, 1972년 출산유급휴가제, 1974년 부모보험제와 아버지출산휴가 수당, 1974년 실업 급여기간 300일 확대와 실업부조제도 도입, 1976년 파트타임근로자 연금 도입, 1976년 기초장애연금에 대한 추가급여, 1977년 산업재해 수당 및 연금자격 대폭 확대, 병가수당 임금대체율 90% 등이다.

1970년대까지 사회보험, 공적부조, 공공사회서비스 등 모든 사회복지제도가 완비되었고, 연금을 제외한 사회보험의 소득대체율은 80~90% 수준에 달했다. 이 에 따라 복지지출이 급증했는데 1970~71년 조세개혁으로 누진적 조세를 더욱 강 화하고 사회보장세, 소비세 등 역진적 조세도 강화했다. 사회보험에 대한 고용주 의 부담도 크게 늘렸는데 이러한 높은 증세는 복지국가에 대한 사회적 합의와 국 가에 대한 높은 신뢰로 가능했다. 복지국가의 발전으로 공공부문 고용이 크게 늘 면서 1960년대 중반에 이미 전체 고용에서 차지하는 비중이 20%에 이르게 되었 다. 스웨덴 여성의 높은 노동시장참가율은 이러한 공공부문, 특히 사회서비스 분 야 고용 증가에서 비롯되었다. 복지 및 재정 확대, 높은 조세에도 1960년대까지 스 웨덴은 서유럽에서 뿐 아니라 OECD 내에서도 양호한 경제적 성과를 달성할 수 있었다. 적극적 노동시장정책이라는 제도적 장치를 통해 실업률을 낮추고 복지비 용을 최소화하면서 세입을 극대화하여 포괄적, 보편적 복지체제가 갖는 재정비용 의 문제를 해결했다. 높은 노동비용만큼 노동생산성의 증가를 가져오게 함으로써 기업의 경쟁력을 유지하고 고용을 늘려 복지국가와의 선순환을 이루어냈다. 따라 서 공공부문에 의한 2차 분배 뿐 아니라 노동시장에 의한 1차 분배가 복지국가의 발전에 중요한 역할을 했다. 협력적 노사관계와 정부의 노동정책이 중요한 역할 을 했는데 1930년대부터 중시해온 완전고용정책, 1950년대 중반 이후의 연대임금 정책에 의한 임금조정 등이 시장임금 격차를 축소시켜 사회적 평등과 소득안정에 기여해 온 것이다.

1.2 전후 '렌-마이드너 모델'과 1980년대 '제3의 길'

스웨덴 노동시장은 완전고용정책과 적극적 노동시장정책으로 오랫동안 높은 고용률과 낮은 실업률을 보여왔다. 2차 세계대전 후 경제를 자본집약적 고임금산업으로 발전시켜 1950년대, 60년대 연 7% 이상의 높은 경제성장을 달성했다. 이에 고용도 크게 증가해 실업률은 1~2%로 완전고용 상태를 유지했고 제조업 비중이 매우 높은 고용구조를 갖게 되었다. 1960년대 중반 제조업 고용은 전체 고용의 약 40%를 차지했고, 특히 중화학산업이 전체 제조업 고용의 50%였다. 스웨덴 경제는 19세기 후반부터 수출대기업 중심으로 발전했고, 전후 케인즈주의 시기에 프랑스, 이탈리아, 영국 등 당시 많은 유럽나라들과 달리 국영기업 비중이 매우 낮은 민간 중심의 경제구조를 발전시켰다.

스웨덴은 1938년 살츠쉐바덴 협약으로 상징되는 계급타협에 기초하여 전후 자본주의 황금기에 사회민주당의 주도 하에 사회경제적 평등, 완전고용과 보편적 복지를 구현해 왔다. 경제호황으로 1940년대 말 인플레가 발생하자 1951년 생산직노조총연맹(LO) 소속의 두 경제학자, 요스타 렌(Gösta Rehn)과 루돌프 메이드너(Rudolf Meidner)가 제안한 긴축적 총수요정책, 연대임금정책, 적극적 노동시장정책을 중심으로 한 정책패키지를 제안했다. 이것이 1950년대 말 사민당 정부가 채택한 렌-마이드너 모델로 스웨덴 모델의 기초를 이루고 있다. 인플레 없는 완전고용, 구조개혁과 생산성 제고, 산업합리화를 목표로 했다. 산업 간, 산업 내 임금 격차 축소를 위한 '연대임금정책'을 통해 저임근로자의 임금수준을 높여 생산성이 낮은 한계기업과 사양산업을 퇴출시켰다. 이러한 산업합리화 과정에서 발생한 실업은 성장산업으로의 이동을 촉진하는 '적극적 노동시장정책'으로 고용을 보장했다. 연대임금정책은 고임금근로자에 대한 임금억제 정책이기도 했는데 높은 경제성장 시기에 인플레를 관리하는데 기여했다. 적극적 노동시장정책은 일자리이동 지원, 직업(재)훈련, 이사 지원 등과 같은 노동시장프로그램을 통해 성장산업 및 성장지역으로 양질의 노동력을 공급하는 것이다. 완전고용과 노동력 이동에 기반한 노동시장 유연성이 고임금노동체제를 가능하게 만들었다. 연대임금제도는 노조는 물론 사용자단체(SAF)의 높은 조직률과 노사 중앙조직의 권위와 권한에 기반한 노사협상과 조정으로 가능했다.

2차 세계대전 후 경제적 번영과 함께 복지확대를 추진해 온 스웨덴은 1970년대 오일쇼크로 인한 세계적 경제침체로 어려움을 맞게 되자 재정지출로 산업을 보호하고 고용을 유지했다. 1970년대의 악화된 경제 상황 하에서 복지지출이 급증했고 재정적자를 해결하기 위해 막대한 외채를 조달하게 되었으며 성장과 고용을 촉진하고자 정부의 개입이 커졌다. 이에 더해 임금억제에 대한 노동계급의 불만도 분출되면서 노사관계도 새로운 국면을 맞게 되었다. 정부는 재정을 투입하여 기업의 도산과 실업을 막았지만 물가가 오르고 노사 간 임금교섭도 불안정해져 임금은 지속적으로 상승했다. 1970년대 들어 고용보호법, 공동결정법 등 산업민주주의가 제도화되었고, 노동운동이 급진화되면서 임노동자기금(wage-earners' fund)안 등이 등장했다. 성장률은 낮아졌고 재정적자와 국가채무는 크게 증가했지만 스웨덴의 분배정책과 공공부문 확대는 1970년대와 80년대에도 그대로 이어졌고 1976~1982년 보수연립정부 하에서도 복지축소는 쉽지 않았다. 이러한 상황에서 사회민주당은 경제성장과 고임금·고복지체제를 지속시키기 위해 새로운 방안을 모색했는데 '제3의 길'이 그것이었다.

1980년대 들어 세계화 심화, 유럽통합의 진전 등 대내외적 환경변화로 '제3의 길'이라는 새로운 전략을 채택하여 신자유주의적 경제정책이 도입되었다. 기존의 노사합의 및 노사정 조정, 국가의 정책적 자율성에 기반했던 스웨덴 모델은 더 이상 작동되기 어렵게 되었다. 1970년대의 노사갈등, 1980년대 이후 세계화와 유럽통합으로 임금협상이 탈중앙화되면서 기존의 사회적 합의모델은 크게 약화되었다. 급증한 공공부문 근로자의 조직화 및 영향력 확대, 이에 따른 노노간 이해관계 갈등, 수출기업 중심의 금속산업 노사의 중앙임금협상 포기 및 산별협상 시행, 자본의 생산방식 변화 및 해외 이동 등이 1970년대와 80년대의 변화된 환경이었다. 재정확대에 따른 세금인상은 임금인상으로 이어졌고 강력해진 공공부문 노조가 임금인상을 주도했다. 임금조정메커니즘의 와해와 급격한 임금인상, 이로 인한 인플레, '제3의 길' 노선의 신자유주의적 경제정책에 의한 자본시장 자유화와 신용 확대는 스웨덴 경제를 비정상적으로 과열시켰다. 결국, 1991~93년의 금융위기를 맞았고 고실업과 함께 스웨덴모델은 질적으로 변화하게 되었다. 구제금융을 통한 금융기관의 국유화 등 위기극복프로그램이 실시되었고 대대적인 복지·노동개혁이 추진되었다.

2. 핀란드 복지국가의 발전 – 중도주의와 분배의 정치(사회통합과 국가발전을 위한 복지)

12세기부터 1809년까지 스웨덴 지배하에 있었고 1809년부터 제정 러시아의 대공국이었던 핀란드는 1917년 러시아혁명의 와중에 주권국가로 독립했다. 그러나 독립 직후인 1918년 1월 발생한 좌우파간 유혈내전으로 큰 상처를 입은 핀란드는 보수우파세력의 승리에도 국가적 결속과 사회통합을 위해 내전 직후부터 많은 개혁을 실시했다. 내전 당시 좌파 지지자들이었던 소작농과 진보세력이 요구한 토지개혁(1918년, 1922년 실시)이 대표적이다. 중도주의 정치와 민주주의 가치에 기반하여 1921년 의무교육 도입 등 사회개혁이 이루어졌으며 산업화와 수출로 1930년대 들어 급속한 경제성장이 이루어졌다. 2차 세계대전 중 소련과의 두 차례 전쟁으로 인한 막대한 물적, 인적 손실에도 이념, 계급, 언어분리(핀란드어와 스웨덴어 이중언어정책 채택)라는 사회적 갈등을 극복하고 민주주의와 사회통합을 추구해 왔다.

2차 세계대전 후 핀란드는 스웨덴으로부터 북유럽형 사회보장제도를 도입했지만 축적된 자본의 부족과 정치적 어려움으로 사회보장제도는 제대로 이루어지지 못했다. 그 결과, 다른 유럽 국가들에 비해 늦은 1960년대에 복지제도의 발전이 시작되었다. 1950년대 중반 이후 경제가 성장하고 1960년대 중도좌파 정권이 집권하면서 본격적인 북유럽형 복지가 도입되어 스웨덴과 유사한 보편적, 포괄적 복지제도가 구축되었다. 핀란드는 경제적으로 어려운 시기에 복지제도를 도입했는데 이는 내전 이후 가장 중요한 국가목표였던 사회통합을 위해 분배가 중요했기 때문이다. 모든 핀란드인의 평등과 사회통합에 대한 국민적 열망과 이에 대한 합의가 있었기 때문이다. 1980년대에도 복지는 크게 확대되었다. 다소 낮았던 급여수준이 1980년대 들어 높아졌고 포괄성 측면에서도 다른 북유럽 국가들의 수준에 이르게 되었다. 1970년대 오일쇼크는 핀란드에 큰 영향을 미치지 않았고 우호적인 경제상황으로 복지제도는 1980년대 내내 확대되었다.

핀란드의 기본적인 사회보장제도는 실업, 질병, 노후에 대비한 사회보험제도, 아동수당, 육아수당 등 사회수당제도, 보육에서부터 대학교육까지 무상교육 등 공공사회서비스제도가 시행되고 있다. 높은 조세에 기반한 양질의 공공사회서비스와 경제, 사회, 교육에서의 기본적인 권리를 보장하고 있다. 이로서 사회적 평등 수준이 높아져 소득 격차가 상대적으로 작고 빈곤층이 없는 사회가 되었다. GDP 대비 사회지출은 1980년 19.3%에서 1990년 25.1%로 증가했고 2008년 경제위기 이후 더 늘었다. 고복지와 고조세는 민간기업의 활력과 고용을 축소시키는 부정적 측면이 있을 수 있으나 핀란드는, 1990년대 초반을 제외하면, 2차 세계대전 이후 2000년대 중반까지 지속적인 경제성장을 이루어왔다. 공공부문 확대는 사회서비스 분야의 일자리 창출 효과 뿐 아니라 노동력 제공과 인적자본의 질을 높여 고숙련·지식기반산업의 발전을 촉진했기 때문이다. 분배와 사회통합은 사회자본을 축적하여 사회 전반적으로 높은 신뢰와 투명성은 장기적으로 국가발전에 기여해 왔다.

 ## 1990년대 이후 경제위기와 북유럽 복지국가의 변화

1. 스웨덴의 경제위기와 개혁의 정치경제

1.1 경제위기의 원인과 전개과정

복지국가가 최고조에 달한 1970년대, 오일쇼크로 인한 세계 경제위기가 발생했고 이에 따라 위축된 산업생산과 실업문제를 해결하기 위한 재정지출이 급증했다. 수출경제에 기반한 스웨덴 경제의 대외 환경이 악화되면서 조세수입이 줄고 복지지출이 급증하자 1970년대 말부터 재정적자가 나타나게 되었다. 복지국가의 발전으로 공공부문 근로자가 급격히 늘었고 병가급여, 조기퇴직 등 복지수급자 수도 크게 늘면서 복지국가에 대한 비판도 커져 갔다. 고성장과 완전고용에 기반한 고부담－고복지의 스웨덴 복지모델은 1970년대 이후 변화된 경제 환경에서 과중한 비용부담과 부작용의 문제에 직면하게 된 것이다. 80%가 넘는 높은 한계소득세율은 근로인센티브를 약화시켰고 1970년대 들어 실업과 임금격차가 확대되면서 강력한 누진세에도 불구하고 재분배 효과가 약화되었다. 1976년 집권한 우파정부는 긴축정책과 증세를 실시했으나 경제운용의 실패와 복지 축소에 대한 유권자들의 반발로 1982년 사회민주당이 재집권하게 되었다.

1982년 사회민주당 정부는 복지국가의 지속가능성을 높이기 위한 구조개혁을 시작했는데 연금개혁을 위해 1984년 연금위원회가 설치된 것이 대표적이다. 재정적자를 해소하기 위한 제1순위로 복지지출의 삭감이 현실화되면서 복지국가의 재편이 불가피해졌고 이러한 상황에서 세계화와 유럽통합의 심화는 복지개혁을 가속화시켰다. 한편, 사회민주당 정부는 기존의 경제정책을 포기하고 자본시장 자유화를 핵심으로 하는 신자유주의적 경제정책을 도입했다. 금융권의 막대한 신용 확대, 성장과 완전고용을 위한 공공지출, 기업투자 확대가 이루어지면서 단기적으로 고성장과 고용확대를 가져왔다. 그러나 1980년대의 급격한 자본시장 개방과 신자유주의적 경제정책으로 기존의 관리된 경제모델은 사실상 해체되었고 노사 및 노사정 임금조정도 어려워졌다. 인플레와 부동산시장 활황은 스웨덴 경제의 과열로 이어졌고 결국 거품붕괴로 1990년대 초 금융위기가 초래되었다.

1991~1993년 스웨덴 경제위기는 1930년대 이후 가장 심각했으며 고실업과 금융부문 재정지원으로 심각한 재정위기가 초래되었다. 고성장과 완전고용이 더 이상 가능하지 않게 되면서 재정과 공공부문에 대한 구조조정이 불가피해졌다. 1990년대 들어 EU 가입이 추진되고 1991년 우파가 집권하면서 스웨덴 복지국가는 새로운 상황에 진입하게 되었다. 1990년대 초반은 복지개혁과 조세개혁이 동시에 이루어지면서 스웨덴 복지국가가 근본적으로 변화한 시기였다. 사민당과 우파정부 합의로 이루어진 1991년 조세개혁은 한계소득세와 법인세의 대폭 인하, 과세기반 확대, 조세지출(tax expenditure, 즉, 세금감면제도) 대폭 축소 등 매우 급진적인 것이었다. 문제는 경제위기로 재정지출이 크게 증가된 상황에서 조세수입이 감소하면서 1990년대 초 경제상황을 더욱 악화시키는 예상치 못한 결과를 가져왔고 재정적자는 1993년 GDP의 11.2%를 기록했다. 국가채무 또한 크게 증가하여 1970년대 GDP 대비 30% 수준에서 1994년 82.5%, 1996년 84.4% 늘었다. 재정적자 11%, 국가채무 84%는 EU의 규제기준인 3%, 60%를 크게 상회하는 것으로 당시의 경제위기가 얼마나 심각했는지를 보여준다. EU 가입을 위해서도 재정적자와 국가채무를 줄여야 했고 복지개혁과 재정긴축, 경제회복으로 1990년대 중반 경제위기를 극복하게 된다. 자국 통화가치 하락으로 스웨덴 수출대기업의 경쟁력이 높아지면서 급속한 수출 증가도 중요했다.

1994년 11월 EU가입 국민투표(52.3% 찬성)와 1995년 1월 정식 가입한 후 산업생산성과 경쟁력이 높아졌고 지속적인 개혁과 급여 삭감으로 스웨덴 복지제도는 과거와 다른 성격을 갖게 되었다. 1990년대 이루어진 많은 경제개혁과 복지개혁은 결과적으로 스웨덴 복지모델을 변화시키면서도 지속가능하게 만들었고 개방과 경쟁을 통해 경제적 성과도 높아졌다. 1997년부터 노사 중앙조직의 비공식적 조정과 제조업부문의 3년 단위 노사협상의 진행으로 노사 간 협상 관행이 유지되면서 '새로운 스웨덴모델'이 구축되고 있다. 1994년 재집권한 사민당 정부는 실업률을 낮추기 위해 노조 및 지자체와 함께 새로운 직업훈련프로그램을 시행하여 1990년 중반 이후 노동시장정책은 명목실업률을 낮추는데 성공하고 저물가와 균형재정도 달성했다. 1995년 10.4%의 실업률이 2000년 5.3%로 낮아졌다. 1995년 이후 경제성과는 양호해졌고 2008년 글로벌 금융위기 이후에도 스웨덴은 안정적인 성장을 지속해오고 있다. 스웨덴은 내수부양을 위해 2008년 글로벌 금융위기 이후 세계에서 가장 먼저 2009년 7월부터 2010년 10월까지 마이너스 금리정책을 도입했다. 전통적으로 대외 경쟁력을 자랑해온 기계산업과 화학산업, 새로이 성장한 IT산업을 중심으로 수출이 확대되었고 이를 기반으로 스웨덴경제는 빠르게 회복되었고 견고한 성장세를 유지하게 되었다.

1.2 경제위기 이후 복지개혁과 노동개혁

1990년대 초 경제위기 이후 사회보험의 소득 대체율을 낮추고 공공사회서비스의 효율화와 민영화를 핵심으로 한 복지개혁이 지속적으로 추진되어 왔다. 2000년 사민당 정부는 실업수당 수급자격을 강화하고 장기실업자의 노동시장 편입을 촉진하기 위해 공공부문 임시직 일자리를 알선하고 보조금을 지급하는 플러스잡(Plusjobb) 정책을 도입했다. 특히 2006년 우파연합정부가 집권하면서 복지개혁이 더욱 구체화 되었다. 무엇보다 일하는 사람의 동기부여와 경기부양을 우선하면서 소득세 감면으로 소비촉진을 꾀하였다. 소득세 감면정책은 2007년 근로장려세제(EITC, earned income tax credit) 도입으로 구체화되었는데 근로동기를 강화하여 고용을 높이기 위한 것이다. 중간소득자의 경우 월 1,700크로나(약 24만원)의 근로장려금을 지원했다. EITC는 주로 미국, 영국 등 자유주의 국가들이 저소득근로가구를 대상으로 하는 소득지원제도이지만 스웨덴은 최고 한도 내에서 모든 임금근로자를 대상으로 한다는 점에서 중요하다.

복지의 구조적 문제인 근로의욕 저하 요인을 과감히 축소하고자 병가수당, 실업수당 등의 소득 대체율을 낮추고 직장 복귀를 빠르게 만들었다. 근로의욕을 높임과 동시에 기업 활동과 노동시장 활성화를 촉진하여 복지재원을 확보하고자 하였다. 법인세 인하와 고용지원금 지급, 사용자 사회보장세 축소, 고용지원서비스 강화 등이 그것이다. 임금격차 축소, 여성의 고용증대, 여성의 고급인력우대, 사회 각 분야의 여성비율 증대 등을 통해 사회 각 부분의 경쟁력 높이고 공정하고 상생하는 사회구조를 추진했다. 복지서비스에 대한 개인 및 가족의 선택권과 책임성을 강조하면서 복지에 대한 국가의 책임을 완화하고자 했다. 복지제공 기관의 비효율적 운영, 방만한 경영, 예산낭비 등의 문제를 해결하기 위해 경쟁체제 도입,

분권화 및 민영화 진행, 다양한 선택의 자유, 국가서비스의 슬림화와 효율화를 추진해 왔다. 이러한 개혁 방향은 2010년 우파연합정부의 재집권으로 더욱 구체화되었다.

2008년 글로벌 금융위기 직후 스웨덴 복지정책은 기본적으로 기존의 정책이 지속되었다. 복지예산을 확대하고 1차 국세 상한선 상향 조정으로 중·저소득층의 실질임금 상승을 유도하고 저소득층에게는 연금 세금을 환급했다. 저소득층 지원 제도가 강화되어 2012년 1월부터 저소득층 아동양육가족의 주택수당을 아동 수에 비례해 인상했는데 이는 기존의 보편적 아동수당과 선별적 주택수당에 추가하여 지원하는 저소득층 복지이다. 2012년부터는 빈곤연금생활자의 삶의 질을 위해 주택보조비를 지급하고 있으며 임대 면세기준을 상향 조정하여 저소득층의 소득증대 효과를 가져 오게 했다. 2008년 경제위기 이후 스웨덴은 중산층의 소득안정과 중하층의 소득지원을 확대한 것이다. 2014년 9월 총선에서 '양극화 해소와 국민통합'을 강조한 좌파가 근소하게 이겼지만 사회민주당은 소수정부로 기존의 정책을 대부분 유지하고 있다.

스웨덴 노동시장은 1970년대 공동결정법, 고용보호법 등의 도입으로 노동자 권리보호를 강화했고 단체협상이나 노사정 협의에서 노조의 협상력이 강했다. 그러나 1980년대 들어 중앙임금협상 및 노사정 협의주의의 약화, 세계화와 사민당 정부의 신자유주의적 정책노선 등으로 노조의 힘과 권한은 약화되기 시작했다. 중요한 것은 1950년대 말부터 시행된 렌―마이드너 모델의 적극적 노동시장정책으로 노동시장의 유연성이 어느 정도 확보되었다는 점이다. 중앙임금협상에 의한 임금조정과 연대임금으로 임금유연성도 가능했다는 점이다. 따라서 노동시장의 유연안정성이 이미 제도화되어 있었기에 1980년대 이후 급격한 노동시장 유연화나 탈규제가 나타나지 않았다. 2006년 말 우파정부의 출범과 2008년 글로벌 금융위기로 사용자측이 탈규제를 추진할 수 있었음에도 유연안정성을 지속하면서 EU와 OECD 회원국 중 최고 수준의 고용율과 최저 수준의 장기실업자 비율을 보이고 있다. 기존의 고용보호법은 정규직과 임시직 모두를 보호하며 2002년 도입된 차별금지법은 임시직이나 시간제 노동자들에게 정규직과 같은 근로조건을 보장하여 유연성과 안정성을 달성하고 있다.

2. 세계화, 경제위기, 핀란드 복지국가

2.1 심각한 경제위기에도 유지되는 핀란드 복지국가

핀란드는 2차 세계대전 후 국민적 합의에 기반한 전후 복구와 지속적인 경제성장을 달성했고 1970년대 들어 보편적인 북유럽 복지제도를 구축했다. 전후 국가 주도의 관리된 경제체제는 1980년대 들어 부분적으로 개방되고 자유화되기 시작했다. 경제성장에 따라 임금수준이 높아졌고 1980년대의 신자유주의적 경제정책, 특히 자본시장 자유화와 탈규제는 인플레와 경기팽창을 가져왔다. 이러한 상황에서 1990년대 초 소련의 해체로 핀란드 수출의 20%를 차지하던 소련 시장이 와해되면서 1994년까지 경기침체와 높은 실업률의 경제위기를 맞았다. 1990년대 초 우파정부는 아동양육가족의 소득보장, 노령연금급여, 학비지원을 강화했고 경제위기로 기존의 복지를 유지하면서 복지지출이 크게 증가했다. 이에 일부 사회보장 지출 축소, 노동시장 유연성 확대와 근로인센티브 강화, 국가부채 증가 억제를 추진했다. 1995년 사민당 주도의 '무지개연정'인 리포네(Lippone) 정부(1995-1999)가 구성되어 긴축 대신 실업자 수를 반으로 줄이고 경제성장 촉진을 목표로 했다. 전임 우파정부에서처럼 고실업을 해결하기 위해 노동시장 유연성을 높이고 근로인센티브를 강화하는 한편, 1995년 노조의 지지로 임금, 복지, 연금과 관련한 일련의 사회협약을 체결했다. 1990년대 중반부터 경제가 회복되었고 높은 경제성과와 복지수준으로 사회민주당 주도의 무지개연합은 1999년 총선 후 재집권했으며 노조의 협력으로 2001년 11월 노사정은 연금 및 실업급여 개혁에 합의했다.

핀란드 경제는 위기극복을 위한 사회협약과 함께 노키아를 중심으로 한 IT산업의 급속한 성장, 자국통화의 평가절하에 힘입은 수출 증대로 위기를 극복했다. 투자증가와 낮은 인플레에도 수출중심 성장전략은 실업률을 크게 낮추지는 못했다. 2003년 총선 후 중도당 주도의 중도좌파정부가 수립되어 1990년대 중반부터 이어진 노사정 3자협의와 사회협약을 유지시킬 수 있었다. 새로운 중도좌파정부의 정책목표 또한 고용활성화로 이를 위해 2003~2005년 소득세, 법인세, 간접세(주류세)를 인하했다. 양호한 경제성장으로 근본적인 개혁은 이루어지지 못했고 구조적 실업문제와 높은 복지지출은 지속되었다.

핀란드의 1990년대 초 경제위기는 그 충격이 깊었지만 곧바로 회복될 수 있었다. 1994년 10월 EU가입 국민투표(56.9% 찬성) 후 1995년부터 EU 회원국이 되었고

1999년에는 EU 단일화폐인 유로(euro)를 채택했다. 실업문제는 있었지만 1990년
대 중반부터 2000년대 중반까지 양호한 경제지표와 수출증대가 이어지면서 핀란
드는 보편적 복지의 선진 강소국으로 널리 알려졌다. 이러한 상황에서 2008년 발
생한 글로벌 금융위기와 유로존 재정위기는 개방경제의 소국인 핀란드에 큰 충격
을 주었다. 이에 핀란드는 확장적 재정정책으로 실업 및 사회적 위험으로부터 국
민의 삶을 보장하고 경제를 회복시키고자 했다. 1990년대 초 경제위기에는 자국
통화 마르카의 평가절하가 가능했지만 2008년 경제위기의 심각성과 유로체제로
핀란드는 장기간 고실업과 경기침체를 겪어야 했다. 외부충격과 함께 기존의 고
임금체제와 생산성 하락으로 저성장과 고실업은 2016년까지 지속되었고 국가채
무 증가와 빈곤계층을 발생시켰다. 핀란드는 1990년대의 미약한 복지개혁으로
2008년 이후에도 기존의 관대한 복지정책이 유지되었고, 특히 실업비용이 급격히
증가했다. 그 결과 스웨덴과 마찬가지로 경제위기로 인해 실업부조를 포함하여
취약계층 대상의 선별복지인 공적부조 지출이 크게 증가했다.

　　2008년 글로벌 금융위기와 유럽 재정위기로 공공부문 긴축 문제와 분배 갈등
을 겪게 되자 핀란드 정부는 급격한 복지감축보다 강력한 구조개혁프로그램으로
경쟁력, 노동시장 유연성, 재정지속가능성을 높이는 어려운 개혁을 추진해왔다.
핀란드 경제의 구조개혁 필요성은 수년간 지속적으로 제기되어 왔고 2015년 5월
유하 시필레(Juha Sipilä)정부 출범으로 산업경쟁력 향상과 재정 건전성 회복을 목표
로 노동비용 삭감, 노동시간 연장 등 강력한 노동시장 개혁을 추진하게 되었다. 재
정적자를 해결하기 위해 예산긴축과 구조개혁을 통해 공공지출 삭감도 추진해 왔
다. 핀란드의 GDP 대비 정부지출은 OECD 회원국 중 가장 높은 수준이며 2008년
에서 2014년 사이 경제위기 대응과 고실업 비용으로 10%p 증가했다. 핀란드는
2008년 이후 경제위기를 극복하기 위해 사회협약을 추진해 왔다. 1968년 제도화
된 노사정 사회협약은 근로자를 위한 소득정책 협약의 성격을 지녔는데, 경제위
기 극복을 위해 고임금체제를 조정하려는 시도는 노사갈등을 가져왔다. 핀란드의
사회협약은 코포라티즘적 노사정 3자주의를 특징으로 하고 있으며 강한 노조조
직의 협력이 사회협약 체결에 중요한 전제조건으로 작용해 왔고 합의나 협약은
매우 중요하며 구속력도 갖는다. 노사정 모두 개혁에 대한 공감대가 형성되어
2015년 이후 노동시장 개혁을 위한 노사정 협력과 사회협약이 추진되고 있다. 특
히 노동시장개혁은 핀란드 경제회복에 가장 큰 영향을 미치는 요소로 생산성 및

경쟁력 강화를 위한 핵심 개혁 과제이다.

핀란드 경제침체의 구조적 요인으로는 첫째, 오랫동안 세계 점유율 40%로 1위를 차지했던 핀란드의 대표기업인 노키아의 휴대폰이 2011년부터 경쟁력을 잃기 시작하면서 수출과 고용, 세수에서 큰 손실이 났다는 점이다. 2010년에도 노키아는 핀란드 GDP의 24.6%, 고용의 10%, 수출의 15%를 차지했을 정도로 핀란드 경제에 막대한 영향을 미치고 있었다. 결국 2014년 4월 마이크로소프트(MS)에 휴대폰 사업부가 매각됐고 그 후 많은 IT기업들이 등장했지만 노키아 충격을 모두 흡수하지는 못했다. 둘째, 러시아와의 교역 위축이다. 러시아는 오랫동안 핀란드의 제1 교역국으로 소련 해체 후 양국 간 교역은 1992년 최저수준으로 하락했지만 2000년대 들어 러시아 경제가 급성장하면서 핀란드도 혜택을 받았다. 그러나 2014년 4월 러시아의 크림반도 합병 이후 서방의 제재로 러시아 경제가 위축되면서 핀란드와의 교역도 감소했다. 한편, 글로벌 경쟁심화에 따른 제지 등 핀란드 전통산업이 침체된 것도 또 다른 요인이었다. 핀란드는 교육강국으로 인적자본투자를 많이 했지만 이에 걸맞는 고부가가치 일자리가 부족한 상황이다. 높은 노동비용과 제조업, 특히 ICT 부문과 서비스부문의 경쟁력 약화는 환율효과가 불가능한 유로체제에 더해 수출부진을 지속시켰다.

2.2 고용촉진과 경제활성화를 위한 핀란드의 기본소득 실험

2015년 5월 집권한 중도우파정부는 핀란드 경제를 개혁하고 경쟁력을 높이는 과제를 달성하기 위해 노동개혁과 함께 새로운 전략을 추진해왔다. 높은 실업률은 1990년대부터 장기간 지속되어 왔으며 이러한 고실업에도 요양 등 일부 공공부문의 노동력이 부족한 상황에서 노동개혁의 목표는 고용률을 높이는데 초점이 맞추어져 있다. 성장률, 실업률, 재정적자, 국가채무 등 거의 모든 주요 경제지표가 2008년 글로벌 경제위기 이후 크게 악화되었다. 이러한 상황에서 새 정부의 기본소득 실험(basic income experiment)은 복지제도를 개혁하고 경제활성화를 촉진하려는 배경에서 추진되고 있다.

시필레 정부의 기본소득 실험은 2015년 12월 공식적으로 발표되었다. 핀란드의 기본소득 실험은 세계적으로 국가적 차원에서 처음 실시된다는 점에서 주목된다. 성장과 긴축을 강조하는 중도우파 정부가 전격적으로 추진하는 정책이라는 점에서 기본소득은 복지 확대가 아니라 성장을 위해 불가피하게 복지를 축소시키기 위한 것이라는 평가도 가능하다. 경제적으로 어려움을 겪고 있는 핀란드가 경제·사회적 위기를 극복하기 위해 매우 급진적이고 파격적인 대안을 실행하는 것이다. 2016년 들어 경제가 나아지고 있지만 2015년 3분기 핀란드 GDP는 마이너스 성장률을 보여 유로존에서 최악을 기록했고 실업률도 9.5%를 보였기 때문이다. 핀란드의 경제적 어려움은 산업 및 무역 측면 외에 막대한 사회복지비용도 중요한 원인으로 지목되어 왔다. 핀란드는 GDP 대비 사회복지 지출은 31% 수준으로 OECD 국가 중 프랑스 다음으로 2위를 차지하고 있다. 이는 핀란드 복지지출의 높은 수준을 보여주기도 하지만 GDP 성장이 정체된 가운데 실업급여 등 복지지출이 늘면서 상대적으로 사회복지 비중이 높아진데 기인하기도 하다. 또한 이는 핀란드가 그만큼 사회통합과 평등을 위해 지속적으로 재분배를 실현하고 있다고 볼 수 있다.

보편적이고 포괄적이며 관대한 복지체제를 가지고 있는 핀란드가 기본소득까지 도입한다는 점에서 현지 유럽에서는 물론 한국 내에서도 큰 주목을 받았다. 무조건적으로 모두에게 똑같은 금액의 현금을 지급한다는 점에서 기본소득은 매우 급진적이고 진보적인 성격을 지녔기 때문이다. 또한, 성공한 기업가 출신인 중도우파연합 정부의 시필레 총리가 긴축을 강조하면서 복지 및 노동개혁에 매우 적극적이기 때문이다. 현재 핀란드가 시행하고 있는 기본소득 실험은 말 그대로 '실험'으로 결과에 따라 채택 여부가 결정될 것이기 때문에 정책 채택을 '실험' 결과로 결정한다는 점에서 또 다른 의미가 있다 할 것이다. 실험의 정확한 효과 측정과 한정된 예산의 효율성을 위해 연령과 소득이 중요한 선정기준이 되었는데, 25~58세의 기초실업급여나 노동시장보조금을 수급하는 실업자들을 대상으로 하고 있다. 이는 이 집단이 기본소득의 근로인센티브 효과가 가장 클 것으로 보기 때문이다. 핀란드의 기본소득 실험은 월 560유로의 비과세 부분기본소득(partial basic income)이며, 전국적으로 무작위로 선정된 2,000명의 표적집단을 대상으로 2017년 1월부터 시작되었다. 이들은 강제적으로 월 560유로의 비과세 기본소득을 받게 되며 이들이 받는 기존의 급여를 대체한다. 2018년까지 2년간의 실험이 마무리된 후 2019년에 결과를 평가하게 되는데 그 결과는 2019년 4월에 실시될 총선에서 중요한 쟁점이 될 것으로 보인다. 기본소득이 빈곤, 사회적 배제, 복지관료화를 줄이고, 고용율을 높이는데 기여하는지를 평가하게 될 것이다. 작은 샘플사이즈에 대한 전문가들의 비판도 있지만, 정부는 하나의 실험조건, 즉 소득보장체제에 내포되어 있는 디스인센티브(disincentives, 복지급여 때문에 취업하지 않는다는 것)를 없애면 실업자들이 일을 하게 될 것인가를 보는 것이다. 현재의 제도 하에서는 실업자들이 일자리를 갖게 되면 실업급여가 중단되지만 기본소득제도 하에서는 일을 해서 소득이 발생해도 기본소득은 계속 받을 수 있기 때문이다.

기본소득의 지향은 노동으로부터의 자유, 사회적·생태적 전환의 토대, 보편복지 그 이상의 복지 등과 같이 매우 급진적이다. 그러나 핀란드의 기본소득 실험은 경제성장 촉진과 복지국가 개혁을 위해 도입된 정책방안으로 보다 구체적으로는 기본소득이 근로인센티브를 높여 실업을 줄이는데 효과가 있는지를 측정하고 검증하는 것이다. 현재는 실험단계로 아직 그 결과를 알 수 없으나 단기적으로 고용촉진과 실업축소라는 목표를 달성한다면 핀란드 기본소득의 성공가능성은 높아질 것이다. 기본소득 실험은 기초실업급여와 노동시장보조금을 받는 저소득 실업자의 노동유인이 목적으로 실업 관련 재정지출을 줄이기 위한 것이다. 기본소득 560유로는 현재 실업부조 성격의 기초실업급여 및 노동시장보조금과 비슷한 금액으로 저소득층의 근로인센티브를 높일 것으로 기대되고 있다. 560유로는 기본소득이 최저사회보장급여보다 낮지 않은 수준이어야 한다는데 따른 것으로 현재 핀란드의 기초실업급여는 589유로(싱글기준)이고 공적부조급여는 486유로(싱글기준)이다.

그러나 기본소득 실험이 많은 중요한 의의와 목적이 있음에도 핀란드의 주요 정치인들은 이에 대한 명시적 태도를 보이지 않고 있다. 노조와 일부 사회민주주의자들도 기본소득에 반대하고 있으며 기본소득 실험도 반대하고 있다. 낮은 기본소득으로 인해 저소득 및 빈곤층이 피해를 보게 되며 다수의 핀란드 노동자들이 저임 일자리로 몰리게 되고 노조의 협상력도 약화된다는 것이다. 정당 간 균열은 물론 한 정당 내에서도 찬반이 엇갈리고 있는 실정이다. 현재 집권당인 중도당과 야당인 녹색당과 좌파연합은 찬성하고 있으나 현재 연합정부를 구성하고 있는 국민연합당과 진실한 핀란드인당, 그리고 야당인 사회민주당은 회의적인 입장을 보이고 있다. 따라서 실험 결과가 긍정적으로 나타난다 하더라도 기본소득이 도입된다는 보장은 없으며, 결국 2019년 총선결과가 이를 결정하게 될 것이다. 그만큼 시필레 정부가 시행하고 있는 기본소득 실험의 배경과 동기는 복합적이고 모순적이다. 20여 년 전부터 정치적 좌-우파는 물론 많은 사회집단에 의해 등장한 다양한 기본소득 담론이 사회적으로 각축하고 공존하고 있는 상황에서 실시되고

있는 것이다. 중요한 것은 2008년 경제위기 이후 고실업과 제로성장, 과대한 복지
지출과 재정적자라는 어려운 경제·사회적 환경에서 노동시장 참가를 촉진하기
위한 효과적인 방안을 찾는 것이다. 핀란드 기본소득 실험이 이상적, 규범적 차원
이 아니라 매우 과학적, 현실적 차원에서 이루어지고 있는 것이다.

1990년대 이후 신자유주의적이고 시장중심적 정책, 1995년 핀란드의 EU 가입
과 2002년 유로화 도입, 2008년 글로벌 금융위기 및 유로존 재정위기를 겪으며 핀
란드의 정치·사회세력은 정부정책과 국가전략에 다양한 목소리를 내고 있다.
2008년 이후 핀란드의 장기적 경제침체와 특히 9%가 넘은 높은 실업률이 정치·
사회적 불안정의 주요한 요인이 되어 왔고 경제적 어려움에도 실업과 빈곤을 해
결하기 위해 2007년 새 정부와 2011년 새 정부는 복지지출을 계속 늘려왔다. 일부
사회세력에 의해 경제위기와 사회적 불안정을 초래하는 한 요인으로 지목된 EU
와 유로화에 대한 반대 목소리도 커져왔다. 반EU의 '진실한 핀란드인당'의 정치적
돌풍은 이러한 상황에서 나타났다. 핀란드 민족주의, 경제적 민족주의, 사회적 보
수주의, 우파포퓰리즘, 유럽회의주의라는 이념을 표방하고 사회적 우파이자 경제
적 중도좌파라는 정치적 입장을 강조하는 집권연정 여당인 '진실한 핀란드인당'
은 경제 및 정치·사회적 상황에 따라 그 어떤 위치도 모습도 가질 수 있음을 보여
준다. 국가적 차원의 기본소득 실험은 다양한 배경과 맥락에서 전격적으로 등장
했고 '실험'인 만큼 향후 어떤 형태도 모습도 가질 수 있을 것으로 예상된다.

현재까지의 경제·사회적 배경과 맥락에서 볼 때 핀란드의 기본소득 실험은
'급진적 사회복지제도의 도입'이기보다 '기존 복지수당의 축소와 사회보장체계의
단순화'에 가깝다. 적은 금액의 부분기본소득 대신 관대한 기존급여를 중단한다
는 면에서 조건부(conditional)에 가까우며, 긴축정책과 저임금부문의 노동력 부족
상황을 고려할 때 '강요된' 취업이 될 수 있다. 또한 핀란드 복지국가의 점진적이
고 구조적인 개혁으로 평가될 수 있다. 다만, 기본소득이 핀란드 복지국가를 혁신
하고 지속하기 위한 매우 급진적인 수단이 된다면 그 결과는 궁극적인 복지축소
가 아니라 업그레이드된 보편적 복지국가일 수도 있다. 핀란드의 보편적 사회보
장제도와 높은 복지지출, 견고한 사회적 합의가 이를 뒷받침할 수 있기 때문이다.
또한 현재의 560유로는 실험용일 뿐이며 향후 경제적, 정치사회적 상황에 따라 대
규모의 보편적 기본소득 제도화와 이에 따른 새로운 사회, 즉 사회적 전환(societal
transformation)도 가능할 것이기 때문이다. 기본소득이, 그 지지자들이 주장하듯이,

21세기의 가장 포괄적인 정치적 개혁이라면 이 점에서도 핀란드의 실험은 중요한 의의를 가지게 될 것이다. 그러나 핀란드 정부의 기본소득은 기존체제에 대한 도전이나 급격한 패러다임 변화가 아니라 보편적 사회보장체제 내에서 이루어지는 것이며 근로인센티브를 목적으로 한 실험이라는 점에서 한계가 있다. 2년간의 실험이 끝난 후 핀란드 기본소득의 향방은 핀란드 국민들이 선택하게 될 2019년 총선 결과에 따라 결정될 것이고 기본소득의 향방은 직접적으로 핀란드 복지국가의 성격에도 영향을 미칠 것이다.

북유럽 복지국가의 특징과 함의

북유럽 복지국가는 2차 세계대전 이후 고조세·고지출에 기반한 보편적 복지국가로 사회적 평등과 통합에 기여해 온 것으로 잘 알려져 있다. 그러나 1980년대 이후 세계화와 탈냉전, 이민증가와 다문화, 1990년대 초반 스웨덴과 핀란드의 경제위기로 북유럽 복지국가의 제반 환경은 크게 변화했다. 개방경제인 북유럽 국가들은 신자유주의적 세계화와 유럽통합에 대응하여 시장자유화와 복지·노동개혁을 추진했다. 덴마크(1973년 가입)에 이어 스웨덴과 핀란드가 1995년 유럽연합(EU)에 가입했고 핀란드는 EU 단일통화인 유로를 채택했다. 노르웨이는 현재까지 EU에 가입하지 않고 있다. 북유럽 국가들은 기본적으로 보편적 복지국가를 공유하고 있지만 1990년대 이후 각국의 경제·사회적 환경과 국가전략은 뚜렷한 차이를 보여 왔다. 노르웨이는 개방보다 석유산업에 기반한 막대한 국부펀드의 안정적 관리를 우선하고 있는 반면, 스웨덴은 개방과 경쟁을 강조하고 있다. 덴마크는 노동시장의 유연안정성으로 효율성을 중시하는 반면, 핀란드는 기술 및 교육 혁신을 강조하고 있다. 그러나 북유럽 국가들의 모든 혁신과 개혁 노력은 궁극적으로 복지국가의 지속가능성과 그 기반인 경제적 안정을 목표로 하고 있다. 1990년대 이후 경제위기와 재정문제, 고실업, 노령화 심화, 이민자 등의 문제에 직면하여 지속적인 개혁을 추진해왔고 그 결과 북유럽 복지국가의 관대성이 약화되었지만 포괄적이고 보편적인 북유럽 복지체제는 그 자체가 국가체제이자 정체성이기도 하기 때문이다. 오늘날 북유럽 복지국가가 당면하고 있는 주요 과제는 경제와 실업문제, 소득평등과 사회통합, 노사(정)협력 및 정치적 합의 등이다.

1. 성장과 고용을 위한 경제정책과 복지정책의 중요성

경제와 실업문제를 보면 2016년부터 회복되고 있음을 알 수 있다. <표 2-6-1>를 보면 스웨덴의 성장률과 재정, 고용률이 양호하여 유럽 최고 경제강국인 독일과 유사한 형태를 보이고 있다. 스웨덴은 2007년 EITC제도를 도입하여 강력한 근로인센티브로 고용률을 높여왔다. 노르웨이 또한 안정적인 성장과 높은 고용률, 막대한 재정흑자, 북유럽에서 가장 낮은 실업률을 보이고 있다. 노르웨이는 북유럽국가 중 비교적 낮은 사회지출 수준을 보이는데 재정운용의 안정성과 효율성을 매우 중시하기 때문이다. 덴마크도 비교적 안정적인 경제지표를 보이고 있다. 반면, 핀란드는 2016년 들어 성장과 재정이 다소 회복되었으나 실업률이 높고 고용율이 낮아 노동시장의 문제가 여전히 어려움을 알 수 있다. 핀란드는 1990년대 초 경제위기와 2008년 글로벌 금융위기 및 유로존 재정위기로 큰 타격을 입었다. 2015년에도 마이너스 성장을 할 만큼 오랜 기간 저성장과 고실업의 어려움을 겪었다.

표 2-6-1 북유럽 국가의 주요 거시경제지표

	실질성장율 %, 2016 (2015)	재정적자 2016 (2015)	고용율 %, 2017 Q2	실업율 %, 2017 Q2
핀란드	1.93 (−0.01)	−1.75 (−2.72)	69.6	8.8
스웨덴	3.07 (4.28)	1.15 (0.16)	76.8	6.8
덴마크	1.97 (1.61)	−0.41 (−1.47)	74.0	5.8
노르웨이	1.09 (1.97)	4.00 (6.06)	74.0	4.3
네덜란드	2.15 (2.26)	0.37 (−2.05)	75.7	5.0
독일	1.86 (1.50)	0.82 (0.64)	75.1	3.8
프랑스	1.12 (0.98)	−3.41 (−3.59)	64.8	9.4
영국	1.79 (2.35)	−2.92 (−4.26)	74.2	4.3
EU 28	−	−1.67 (−2.38)	67.6	7.7

자료: https://data.oecd.org/gdp/real-gdp-forecast.htm
https://data.oecd.org/emp/employment-rate.htm
https://data.oecd.org/unemp/unemployment-rate.htm
https://data.oecd.org/gga/general-government-deficit.htm

<표 2-6-2>는 OECD 주요 국가의 GDP 대비 사회지출 비중을 보여주고 있다. 스웨덴, 핀란드, 덴마크의 사회지출 비중이 높고, 그 외 프랑스의 사회지출이 높음을 알 수 있다. 2014년 기준 사회지출 비중은 덴마크 30.1%, 핀란드 31.0%, 스웨덴 28.1%로 높은 수준이며 노르웨이는 22.0%로 OECD 평균 21.6%를 약간 상회하고 있다. 스웨덴은 1990년대와 2000년대의 지속적인 복지개혁으로 GDP 대비 사회지출 비중이 지속적으로 감소해왔다. 이는 사회지출의 축소뿐 아니라 양호한 경제성과로 GDP가 성장한 만큼 상대적으로 사회지출 비중이 낮아진 면도 있다. 스웨덴의 경제성장률은 선진국가 중 최고수준을 보여왔고 고용률도 세계 최고 수준이다. 핀란드의 경우 GDP 성장률이 장기간 침체되고 높은 실업율의 지속으로 재정지출이 크게 늘면서 사회지출 비중이 높게 나타나고 있다. 반면 노르웨이와 스웨덴은 높은 수준의 소득평등과 복지서비스에도 사회지출 비중은 핀란드나 덴마크에 비해 다소 낮다. 스웨덴과 노르웨이의 경제가 매우 양호하기 때문이다. 즉, 높은 사회지출 비중은 그 만큼 복지 지출을 많이 한다는 것을 의미하지만 노르웨이와 같이 사실상 경제위기를 겪지 않고 경제상황이 매우 양호한 상태에서는 복지지출 비중이 다소 낮아도 소득평등이나 복지서비스에 별 문제가 없게 된다. 사회지출의 증가에도 불구하고 많은 유럽 국가들에서 경제위기 및 재정위기로 전반적

표 2-6-2 OECD 주요 국가의 GDP 대비 사회지출

(단위: %)

구 분	1990	1995	2000	2005	2009	2010	2011	2012	2013	2014	2015	2016
스웨덴	30.2	32	28.4	29.1	29.8	28.3	27.6	27.7	28.2	28.1	26.7	27.1
노르웨이	22.3	23.4	21.3	21.6	23.3	23	22.6	21.7	22.0	22.0	23.9	25.1
덴마크	25.1	28.9	26.4	27.7	30.2	30.1	30	30.2	30.2	30.1	28.8	28.7
핀란드	24.1	30.7	24.2	26.2	29.4	29.4	28.6	29.4	30.6	31.0	30.6	30.8
프랑스	25.1	29.3	28.6	30.1	32.1	32.2	32.1	31.5	32.0	31.9	31.7	31.5
독일	21.7	26.6	26.6	27.3	27.8	27.1	26.2	25.4	25.6	25.8	25.0	25.3
네덜란드	25.6	23.8	19.8	20.7	23.2	23.5	23.7	24.1	24.6	24.7	22.3	22.0
일본	11.1	14.1	16.3	18.5	22.4	22.1	–	–	23.1	–	–	–
한국	2.8	3.2	4.8	6.5	9.6	9.2	9.2	9.6	10.2	10.4	10.1	10.4
영국	16.7	19.9	18.6	20.5	24.1	23.7	23.9	23.0	22.5	21.7	21.5	21.5
미국	13.6	15.5	14.5	16	19.2	19.9	19.7	18.7	18.6	19.2	19.0	19.3
OECD	17.6	19.5	18.9	19.7	22.1	22	21.7	21.6	21.7	21.6	21.0	21.0

자료: OECD, Social Expenditure – Aggregated data

으로 사회적 불평등이 심화되는 것으로 나타나고 있다. 일부 북유럽 국가들도 이러한 현상이 나타나기도 하지만 여전히 사회적 평등수준이 높다. 포괄적이고 보편적인 복지가 고용 및 경제와 선순환하기 때문이다. IMF의 2016년 1인당 국민소득을 보면 노르웨이 7만1천 달러, 덴마크 5만3천 달러, 스웨덴 5만2천 달러, 핀란드 4만4천 달러로 매우 높다.

2. 소득평등과 사회통합을 가져오는 복지국가를 위한 조건

OECD의 한 보고서에 의하면 사회적 평등은 경제성과에 기여해 모두에게 혜택이 돌아간다고 한다(OECD 2015). 사회적 불평등은 경제성장에 부정적 영향을 주지만 높은 여성고용과 양질의 일자리는 불평등을 감소시킨다는 것이다. 평등친화적이고(equality-friendly) 성장친화적인(growth-friendly) 정책 패키지로 여성의 참여, 고용증대, 양질의 일자리, 기술 및 교육, 조세와 공적소득이전 정책을 강조하고 있다. 북유럽 복지국가의 전후 사회·경제정책은 바로 이러한 정책들에 초점을 맞추었고 그 결과 성장과 분배의 선순환을 이루어왔다. 1990년대 이후 경제적 어려움을 겪고 다양한 개혁을 해왔지만 이러한 정책들의 핵심 요소는 계속 강조되어 왔다. 북유럽 국가들의 높은 고용률은 여성의 노동시장 참여로 가능해 왔다.

<표 2-6-3>을 보면 북유럽 국가들의 가처분소득 지니계수는 매우 양호하지만 국가 간 차이도 나타나고 있다. 핀란드와 노르웨이는 지니계수의 변화가 없어

표 2-6-3 노르딕 국가들의 지니계수(×100)

	2004	2005	2006	2007	2008	2009	2010	2011	2012	2013	2014	2015	2016
핀란드	25.5	26.0	25.9	26.2	26.3	25.9	25.4	25.8	25.9	25.4	25.6	25.2	25.4
스웨덴	23.0	23.4	24.0	23.4	24.0	24.8	24.1	24.4	24.8	24.9	25.4	25.2	27.6
덴마크	23.9	23.9	23.7	25.2	25.1	26.9	26.9	26.6	26.5	26.8	27.7	27.4	27.7
노르웨이	25.2	28.2	29.2	23.7	25.1	24.1	23.6	22.9	22.5	22.7	23.5	23.9	25.0
네덜란드	–	–	26.4	27.6	27.6	27.2	25.5	25.8	25.4	25.1	26.2	26.7	26.9
독일	–	26.1	26.8	30.4	30.2	29.1	29.3	29.0	28.3	29.7	30.7	30.1	29.5
프랑스	–	–	27.3	26.6	29.8	29.9	29.8	30.8	30.5	30.1	29.2	29.2	29.3
영국			32.5	32.6	33.9	32.4	32.9	33.0	31.3	30.2	31.6	32.4	31.5
EU 27	–	30.6	30.3	30.6	30.9	30.5	30.5	30.8	30.4	30.5	30.9	31.0	30.8

자료: Gini coefficient of equivalised disposable income

http://ec.europa.eu/eurostat/tgm/table.do?tab=table&init=1&language=en&pcode=tessi190&plugin=1

소득평등의 약화가 나타나지 않은 반면, 스웨덴과 덴마크는 소득평등에 나빠졌음을 알 수 있다. 핀란드는 어려운 경제적 조건에서도 소득평등과 사회통합이라는 국가적 목표를 포기하지 않았고, 노르웨이 또한 소득평등을 중시하지만 양호한 경제상황 및 재정여건은 지속적인 분배에 기여했다. 덴마크는 1980년대부터 노동개혁을 추진했고 스웨덴과 함께 시장자유화에 적극적이었다. 또한 덴마크와 스웨덴의 경우, 1980년대 이후 난민 및 이민의 급격한 유입과 이들의 불안정한 노동시장 상황이 소득평등을 약화시킨 한 요인이라 할 것이다. 2008년 이후 핀란드가 경제적 어려움을 장기간 겪었지만 북유럽 복지국가는 여전히 성장과 분배를 달성하고 있으며, 핀란드를 대표적으로 포괄적이고 보편적인 복지국가에 대한 사회적, 정치적 합의는 여전히 매우 견고하다.

더 나아가 생각해 보기

1. 한국은 어떤 복지국가를 할 수 있고, 해야 한다고 생각하는가?
2. 한국의 강한 조세저항은 왜 발생하고 어떻게 약화시킬 수 있을 것인가?
3. 한국에서 복지확대가 경제적 효율성과 사회적 형평성을 달성할 수 있는 조건은 무엇일까?

참고문헌

김인춘. 2007.『스웨덴 모델, 독점자본과 복지국가의 공존』삼성경제연구소.

_____. 2013.『북유럽 국가들의 복지재정제도 연구』서울: 한국지방세연구원.

_____. 2016. "핀란드 복지국가와 기본소득 실험: 배경, 맥락, 의의"『스칸디나비아 연구』제18
호 한국스칸디나비아학회.

_____. 2017. "20세기 핀란드의 사회적 분리와 정치적 통합 – '사회적인 것'의 민주주의적 구성
과 '정치계획'"『스칸디나비아 연구』제20호 한국스칸디나비아학회.

신광영. 2015.『스웨덴 사회민주주의 – 노동, 복지와 정치』한울아카데미.

신정완. 2012.『복지자본주의냐 민주적 사회주의냐 – 임노동자기금논쟁과 스웨덴 사회민주주의』
사회평론.

_____. 2014.『복지국가의 철학』인간과복지.

옌뉘 안데르손 저, 박형준 역, 신정완 감수. 2014.『경제성장과 사회보장 사이에서 – 스웨덴 사
민주의, 변화의 궤적』(원제 Between Growth And Security, 2006) 책세상.

장선화. 2016. "스웨덴 노동시장 갈등과 노사정 협력체제의 지속과 변화".『스칸디나비아 연구』.
17: 89–138.

조돈문. 2015. "스웨덴의 간접고용 사회적 규제와 '관리된 유연성': 파견업 단체협약을 중심으
로".『산업노동연구』. 18(2): 299–326.

키스 반 커스버겐, 바바라 비스 저, 남찬섭 역 2017.『복지국가 개혁의 도전과 응전 – 복지국가
정치의 비교연구』(원제 *Comparative Welfare State Politics: Development, Opportunities,
and Reform*, 2014) 나눔의 집.

Bergh, Andreas, 2011 "The Rise, Fall and Revival of the Swedish Welfare State: What are
the policy lessons from Sweden?" IFN Working Paper No. 873, Research Institute
of Industrial Economics.

Klaus Schubert, Paloma de Villota, Johanna Kuhlmann (eds.) 2016 *Challenges to European
Welfare Systems* Springer.

Jäntti, Markus, Juho Saari and Juhana Vartiainen 2005 *Growth and Equity in Finland*
Washington, DC: World Bank.

Kela. 2015. *From Idea to Experiment – Report on Universal Basic Income Experiment in
Finland* Helsinki: Kela.

OECD 2015 *In It Together: Why Less Inequality Benefits All*, May 2015.

부록

권장 도서

신정완. 2014.『복지국가의 철학』인간과복지.

엔뉘 안데르손 저, 박형준 역, 신정완 감수. 2014.『경제성장과 사회보장 사이에서 —
스웨덴 사민주의, 변화의 궤적』(원제 *Between Growth And Security*, 2006)
책세상.

키스 반 커스버겐, 바바라 비스 저, 남찬섭 역. 2017.『복지국가 개혁의 도전과 응전 —
복지국가정치의 비교연구』(원제 *Comparative Welfare State Politics: Develop-
ment, Opportunities, and Reform*, 2014) 나눔의 집.

용어 설명

임노동자기금(wage-earners' fund)

임노동자기금은 1976년 스웨덴생산직노조총연맹(LO)총회에서 LO소속 경제
학자 마이드너에 의해 마이드너보고서(Meidner report)가 발표되면서 논쟁이 시작되
었다. 임노동자기금안에 따르면 근로자 50 또는 100인 이상 기업은 연간이윤의
20%를 신주의 발행으로 노조가 관리하는 임노동자기금에 적립하도록 하는 것이
다. 이윤이 높은 기업일수록 신주 발생이 증가하여 소유의 이전이 촉진되어 새로
운 형태의 집단소유 자본이 되는 것이다. 당시 스웨덴 수출대기업은 사회민주당
의 정책으로 막대한 이윤을 축적하고 있었기 때문에 부의 집중을 막고 이들 기업
의 지나친 임금상승보다 전체 근로자의 임금연대를 강화해야 한다는 주장이다.
기금은 노조와 근로자의 경영참여 강화, 노동에의 재분배, 중소기업 지원 등으로
활용된다는 것이다. 임노동자기금의 성격은 이미 1950년대에 도입된 스웨덴의 투
자기금제도, 보충연금제도의 강제적인 공공저축이 공공투자자본으로 활용된 것
처럼 사회화된 투자자본의 한 형태였지만 기업소유구조를 바꿀 수도 있다는 점에
서 매우 급진적이었다. 자본가의 경영권과 소유권을 보장했던 1938년 살트쉐바덴

계급타협에 반하는 것이었다. 우파 및 자본세력의 반발, 공공부문노조의 비협조와 사회민주당 내의 이견으로 이 방안은 결국 실패했다. 1984년 사회민주당 정부는 크게 완화된 마이드너플랜을 도입했지만 1992년 우파정부에 의해 폐지되었다.

EITC(earned income tax credit)

근로장려세제로 불리는 EITC는 미국, 영국 등 주로 자유주의 국가들이 채택한 저소득층 소득지원제도이다. EITC는 기본소득 모델의 하나인 '마이너스소득세(negative income tax)'에서 비롯된 것으로 정해진 최저생계비보다 적게 버는 사람들에게 그 차액을 국가보조금으로 메워주는 것이다. 소득이 일정금액 이하인 사람들에게 가구별 근로소득수준에 따라 산정된 근로장려금을 세금환급의 형태로 지급하여 근로빈곤층의 근로유인을 제고하고 실질소득을 지원하기 위한 근로연계형 소득지원제도이다. 일정구간에서는 근로소득이 많을수록 지급되는 근로장려금도 많아진다. 한국에서는 2009년 도입되었는데 2008년 소득을 기준으로 부부합산 연간총소득이 1,700만 원 미만인 가구에 대해 근로장려금이 최대 120만 원까지 지급되었다. 스웨덴은 2007년 도입했는데 모든 근로계층을 대상으로 하지만 근로장려금의 한계가 설정되어 있다.

기본소득(basic income, BI)

기본소득이란 자산조사나 근로의무 조건 없이 모든 개인에게 보편적으로 지급하는 무조건적이고 정기적인 현금지급을 말한다. 기본소득의 특징은 '정기적(periodic)', '현금지급(cash payment)', '개인적(individual)', '보편적(universal)', '무조건적(unconditional)'이다. 이러한 기본소득은 사회적 낙인효과를 없애고, '복지 덫(welfare trap)'이나 '관료 덫(bureaucracy trap)'을 막을 수 있고, 행정비용이 적게 든다는 이점이 있다. 물론 재정부담, 도덕적 해이, 근로회피 등의 부정적 관점도 있다. 기존의 관대한 보편적 복지제도가 축소될 수 있다는 점에서 노조나 좌파정당이 반대하기도 한다. AI 시대에 일자리 감소 등 새로운 환경의 도래로 테슬라의 엘론 머스크, 페이스북의 마크 저커버그 등 기본소득을 주장하는 실리콘밸리의 자본가들도 있다. 기본소득은 완전기본소득(full basic income)과 부분기본소득(partical basic income)이 가능한데 완전기본소득의 경우 기본소득 수준이 거의 모든 보험기반 사회급여를 대체할 수 있을 만큼 높은 수준이다. 이 경우 연금을 비롯하여 대부분의 소득지원제도는 폐지된다. 부분기본소득은 거의 모든 기본보장급여 수준만 대체되는 것이다. 이 경우 소득연계연금, 소득연계실업급여 등과 같은 보험기반 사회급여는 유지되지만 기본보장급여('basic security' benefits)인 공적부조, 기초연금, 실업부조 등은 폐지된다. 핀란드의 경우 현재 실업부조와 노동시장지원금을 대체하는 부분기본소득을 실험 중이다.

유용한 사이트

기본소득지구네트워크(The Basic Income Earth Network, BIEN)
>   http://basicincome.org/

핀란드 기본소득 실험 주관 기관 Kela(the Social Insurance Institution of Finland)
>   http://www.kela.fi/web/en

스웨덴 생산직노조총연맹(LO)
>   http://www.lo.se/english/startpage

P·A·R·T

3

사회문화

CHAPTER 1.
영국 문화정책에 나타난 다양성(diversity)과 우수성(excellence)

김새미[1]

I 문화예술 개입에 대한 영국정부의 기준

영국의 문화정책은 국가가 지원하되 간섭하지 않는, 이른바 '팔길이 정책 (Arm's length policy)'으로 알려져 있다. 문화예술 영역에 있어 정치적 중립성을 보장하는 동시에, 전문성을 존중하는 체계이다. 영국에서 예술가의 활동은 자유롭게 허용되며, 정책과 예산배분은 해당 분야 전문가에게 위임되므로 전문성과 독립성을 동시에 담보할 수 있다. 이처럼 오랜 기간 영국은 '작은 정부'의 문화정책을 지향해왔기 때문에 그동안 영국 정부는 문화정책에서 주도적인 역할보다는 매개자로서의 역할에 충실했다. 정부는 문화 전문가로 구성된 다양한 기관들을 지원하면서도, 일정부분 이들과 거리를 두면서 정치적 간섭을 최소화했다. 이는 중앙집권적 성격을 갖는 프랑스, 분권화된 지원구조를 표방한 독일의 문화정책들과 뚜렷하게 대비되는 특징이다.

문화정책을 추진하는 방식은 문화에 대한 인식, 정치체제나 주요 정당의 정강에 따라 다를 수 있다. 문화예술 분야의 공적이익(public interest)을 근거로 하는 국가의 개입문제, 그에 따른 국가의 기능과 역할 문제, 문화정책과 관련된 행정체제, 제도, 기능 등[2] 정부가 문화예술의 영역에서 하는 일련의 행위를 문화정책에서 다룬다.[3] 따라서 문화정책은 정부가 암묵적으로 지지하는 가치를 표상하거나 지원하는 다양한 유형과 수준의 정치적 산물이다. 다음에서는 통시적인 고찰을 통해

---

1 『EU연구』 제46호(2017)에 실린 필자의 논문을 수정함.

2 홍기원, "문화정책 연구에 대한 학문분야로서의 정체성 탐구", 『문화정책논총』, 21,2 (2009) p.90, p.93.

3 Margaret J. Wyszomirski, "Controversies in Arts Policymaking", *Public Policy and the Arts*, Westview Press, (1982) pp.21-34.

영국 문화정책의 종합적 특징을 고찰한다. 문화정책에 내제된 가치들을 통해 영국만이 갖는 고유한 철학을 이해한다.

Ⅱ 영국에서의 문화예술의 가치와 이념적 배경

영국의 문화연구가 윌리엄스(Raymond Williams)는 「문화와 사회(Culture and Society)」에서 문화를 인류의 지성과 심미적인 발달의 산물로 보는 동시에 시대의 총체적인 생활양식으로 물질적, 지적, 정신적인 모두를 총칭하는 삶의 전 영역이라고 정의했다. 테일러(Edward B. Tylor)도 문화에 대해 지식, 신념, 예술, 도덕, 법률, 관습, 풍속 등 사회의 구성원으로서 인간이 취득한 모든 능력과 습관을 포함하는 복합적인 총체라 여겼다. 이처럼, 문화는 사회 안에서 학습된 행위나 생활양식, 사회적 유산과 같이 사회구성원들이 공유하는 가치관, 태도, 관습 등 광의적 차원에서 정의될 수 있다. 광의의 해석에 따른다면, 문화는 국가의 정체성을 형성하는 중요한 구성 요소가 된다.

윌리엄스의 정의에 따르면 문화는 국민적 정체성을 구성하고 역사를 연결하는 역할을 수행하고 있으며, 다양한 교육적 가치를 수행한다. 문화를 통해 내적 가치관을 확립함으로써 성숙된 개인으로 성장할 수 있고, 소외계층이나 청소년을 대상으로 하는 문화예술 활동은 치유의 효과로 나타나기도 한다. 즉, 사회의 안정과 질서유지에 도움을 주는 사회적 가치를 내재하고 있다. 이와 같이 정부는 문화예술이 갖는 내재적, 외재적 가치에 의미를 두고 사회를 보다 바람직한 방향으로 이끌기 위해 문화예술 영역에 관여하게 된다.

관여의 형태는 다양하게 나타나지만, 일반적으로 문화예술 영역에 지원한다고 하면, 작품을 만드는 생산자인 예술가에게 공적지원을 한다고 인식한다.[4] 사회적으로 인정을 받은 예술가들에 대한 지원, 즉 문화예술의 내재적 가치에 중점을 두고 문화예술의 질, 수준을 높이는 데 초점을 맞출 수도 있고, 예술가 지원 범위

---

4 David Cwi, "Challenging Cultural Institutions to Make a Profit: Emerging Decisions for Nonprofit Providers,"in W.S. Hendon & J.L. Shanahan (eds)., *Economics of Cultural Decisons*, (Cambridge, MA: ABT Books, 1983).; Kevin V. Mulchay and Richard Swaim, *Public Policy and the Arts*, (Westview Press, 1982); M. Wyszomirski, op.cit.

를 확대하여 향유의 측면에서 지원할 수도 있다. 소득 수준이 낮은 계층에게 문화
예술 활동 참여기회를 부여하는 형평성의 문제와 예술 소비를 확대하고 보급하기
위해 전문가와 애호가 사이에 차별을 두지 않는, 참여와 경험에 초점을 두는 점도
국가지원에서 중요하게 다루어진다. 이는 문화를 기본적 권리로 인식하고 민주적
가치에 입각해 개인의 권리를 보장하려는 것이다. 이처럼 개입의 형태는 여러 방
식으로 표현될 수 있으나, 주로 문화예술의 질적 수준을 향상하거나 문화의 형평
성과 다양한 가치의 효용성 확대라는 측면에 주안점을 두고 시행해 왔다.

영국의 경우, '우수성'과 '대중적인 것, 접근성 혹은 다양성'이라는 특징으로
표현되었는데, 순수예술을 보호하고 질적 가치를 옹호하려는 입장과 문화예술의
민주적 가치를 보호하려는 입장으로 나타났다. 그러나 이들 간의 균형을 이루지
않고 초기부터 상당기간 '우수성' 지원으로 쏠림현상을 나타냈다.

자유주의자들은 개인의 자유와 평등이라는 원칙에 입각해서 문화를 바라보
았다. 때문에 벤담(Jeremy Bentham)은 The Rationale of Reward에서 문화 간 위계질
서를 부정하였고, 밀(John Stuart Mill)도 문화적 차별(cultural discrimination)은 비논리적
이고 정당하지 못한 것으로 보았다. 그럼에도 이들은 효율적인 역량 실현을 위해
특정 엘리트주의를 옹호하면서, 정부가 시민들 대다수의 문화적 선택에 개입할
근거가 없다고 보았다.[5] 구딘(Robert Goodin)도 이를 지지하며 시민들은 필요한 전
문성을 갖추지 못하고 있기 때문에 좋은 판단을 내릴 수 없다고 주장했다.[6] 베리
(Brian Barry)도 문화예술을 지원하는 유일한 정당성은 우수성을 장려(promotion of
excellence)하는 데 있다고 보았다. 일반 개인이 향유로서 즐기는 예술이나 상업성
을 추구하는 예술은 지원할 수 없고, 순수예술의 가치를 높이는 예술가에게 집중
되어야 한다고 주장했다.[7]

이에 따라 영국에서는 예술작품을 보호해야하는 지극히 좋은 것, 타인을 교화
할 수 있는 최상의 것으로 인식하고 있었고, 예술작품은 예술가의 개인 활동의 결
과물로 보고 있었기 때문에 정부차원의 계획과 간섭은 불필요하다고 보았다. 이
는 예술위원회 초대 회장을 역임한 케인즈(John M. Keynes)를 통해서도 명확히 드러
난다.

---

5 John Street, *op.cit.*, p.387

6 Robert Goodin, "Liberalism and the best-judge principle", *Political Studies* Vol.38, No.2. (1990)

7 Brian Barry, *Culture and Equality*. (Cambridge: Polity, 2001)

"국가의 예술지원은 조용히 시작되었다. 아주 영국적으로 비공식적으로 소박하게 절반만 완성된 형태로. 예술가들은 그 본성상 개인적이고 자유롭고 타인에 의해 구속받지 않고 획일화되거나 통제가 불가능한 사람들이다. 예술가들은 예술적 영감에 따라 움직이며 그 누구의 말도 따르지 않는다."[8]

반면, 구조주의자들은 문화가 개인이라는 존재와 분리될 수 없으며, 공동체의 구속력을 갖는다고 보았다. 파레크(Bhikhu Parekh)는 우수성에 대한 중요도를 인지하면서도 문화의 우수성은 절대적 가치가 아니기 때문에 사회와 조화를 이루며 다른 가치관들과 균형 있게 추구되어야 한다고 주장했다. 또한 예술 작품에 정치적 의미를 부여해야 하는 점을 주장함으로써 사회적 가치에 대한 중요성을 강조했다. 공화주의자들도 개인을 사회적 창조물로 간주하면서, 사람들의 존재를 개인 그 자체로가 아닌 사회적 맥락 속에서 이해 가능하다고 보았다.[9] 이들은 예술가와 시민 모두 문화예술 활동의 참여(engagement)를 통해 도덕적 과정(moralizing process)을 성취할 수 있다고 보았다.[10] 즉, 문화예술의 사회적 가치를 수반하고 확대하는데 관심을 두었다고 볼 수 있다.

이처럼 자유주의와 우수성을 내세우는 주된 기류 가운데서도 대중들의 사회적 참여와 가치를 중시하는 기류가 형성되고 있었다. 이에 대해 쇼(R. Shaw)는 『예술과 민중(Arts and the People)』에서 공공 지원을 가능하게 하는 예술은 전통적으로 미적(aesthetic)의 의미를 갖는 고급문화를 의미하는 것이었지만, 최고의 예술을 더 많은 이들에게 확대시키는 것도 영국사회에 중요한 가치로 자리매김했다고 지적한다. 이는 일반인에게 고급문화를 향유할 수 있는 기회, 접근성을 제공하는 것으로써 나타났는데, 이러한 접근성의 가치는 순수 문화예술에 대해 대중이 체험하고 이해할 수 있는 확대의 기회로 받아들여졌다.[11] 예를 들어 오페라를 접하기 어려운 대중들에게 오페라를 향유할 수 있는 기회가 부여되는 등 초기에는 '문화의

---

8 John M. Keynes, "The Arts Council: its policy and hopes", M. Wallinger and M Warnock (eds), Art for All? Their Policies and Our Culture, (London: Peer, 2000); 홍기원, 『문화정책의 유형화를 통한 비교연구』, (서울: 한국문화관광정책연구원, 2006), p.101.

9 Parekh Bhikhu. "Barry and the dangers of Liberalism" in P.Kelly (eds) Multiculturalism reconsidered (Cambridge: Polity, 2002)

10 Michael Sandel, Public Philosophy: essays on morality in politics, (Cambridge, MA: Harvard University Press, 2005)

11 Sir Roy.Shaw, The arts and the People, (Cape: London, 1987)

민주화(Democratization of Culture)' 차원에서 시행되었다. 실제로 1946년 대영예술위원회 설립목적에는 '고급예술(fine arts exclusively)'에 대한 지식과 이해, 창작활동을 발전시키고 고급예술에 대한 대중의 접근성을 제시한다고 명시되었으나, 1967년 왕립헌장이 개정되면서 이전의 '고급예술'에 대한 표현은 '예술(arts)'로 수정되어 지원대상이 커뮤니티 아트, 대안예술로 확장되었음을 알 수 있다.[12] 이후 1960년대 후반에 나타난 반전운동 및 대안운동과 함께 영국사회는 다양한 문화예술을 인정하고, 예술가에 대해서도 기존의 제한된 예술가에서 벗어나 일반인들도 문화예술을 생산할 수 있는 주체로 인식하는 분위기로 변화하여 갔다. 이와 같은 '문화민주주의(Cultural Democracy)' 사상은 단순히 접근성을 확장시키는데서 탈피하여 유럽연합의 문화적 가치와 맞물려 '다양성'의 가치로 확대되었다. 유럽연합은 공동체 차원의 공동의 문화인식 장려와 시민들 간의 결속을 강화하고자 다양성의 담론을 확장시켰고, 실제로 1990년대 이후, 많은 문화정책 프로그램에 경제적 지원을 시행하였는데, 이러한 가치가 국내 다른 정치적 가치와 맞물리면서 '다양성'의 개념으로 가시화되었다.[13] 다음 장에서는 역사적인 관점에서 영국의 문화정책의 전개과정을 살펴보고자 한다.

 영국의 문화예술 공공지원에 대한 역사적 고찰

1. 초기 영국 문화정책의 성립과 원칙

영국의 문화예술정책은 제2차 세계대전 이후 발전하기 시작했다. 전쟁을 겪으면서 국가 역할의 중요성이 대두되고 공공정책에 대한 인식이 높아지면서 문화예술 측면에서도 정부가 관심을 두어야 하는 일은 무엇인지 논의가 형성되었다. 전쟁으로 피폐해진 국민들에게 삶의 희망을 주어야 한다는 인식이 확산되었고, 고용의 문제도 대두되었다. 이에 따라 예술가들에게 고용기회를 높이고 국민들의

---

12 Antony Beck, "The Impact of Thatcherism on the Arts Council", *Parliamentary Affairs*, Vol. 42, No.3, (1989), p.362; 한국문화관광연구원 『주요국 문화예술정책 최근 동향과 행정체계 분석연구』 (한국문화관광연구원, 2016), p.17. 재인용.

13 Tuuli Lahdesmaki, "Rhetoric of unity and cultural diversity in the making European cultural identity", *International Journal of Cultural Policy*, Vol.18, No.1, (2012), p.63.

문화예술 참여를 증진시키는 목적으로 음악예술진흥위원회(the Council for the Encouragement of Music and the Arts)를 설립하였다.[14] 당시 음악예술진흥위원회의 슬로건은 "최대 다수에게 최고의 것을(The Best for the Most)"이었는데, 개인이 풍요로운 삶을 영위하기 위해서 예술을 체험해야 한다는 의식에 기반하였다.[15] 이로써 음악가들은 전장의 군인이나 문화예술을 체험하기 어려웠던 지방 소도시에 찾아가 음악회, 공연 등의 예술 활동을 하였고, 이전 귀족들이 전유하던 문화예술, 즉 연극, 음악, 미술 등이 대중들의 일상생활로 편입될 수 있는 기회로 전환되었다.[16] 이처럼 국민을 대상으로 복지차원에서 시행된 활동은 긍정적인 평가에 따라 1946년 음악예술진흥위원회는 예술위원회(Arts Council)로 개편되었는데, 이로써 영국정부가 문화예술에 대해 본격적인 기준과 지원개념을 갖기 시작했다고 볼 수 있다.[17]

예술위원회이 중심이 되어 진행된 특징은 '팔길이 원칙', '매개자 모델'로 불리며 영국 문화정책의 근간으로 자리 잡았다. 팔길이 원칙은 문화예술정책을 결정하고 실행하는데 있어 중앙정부가 개입을 제한하고 거리를 둔다는 의미이다. 즉, 실질적인 정책과 지원 내역은 전문가들로 이루어진 예술위원회 혹은 공공 기관, 비영리기관이 진행하며, 정부는 가능한 한 예술분야에 개입하지 않는다. 이러한 특징은 예술위원회 설립 당시와 초기 운영 성격과 밀접한 연관이 있다. 크게 세 가지 내용으로 요약할 수 있는데 이를 통해 영국 문화정책의 특징을 세밀하게 이해할 수 있다.

2. 영국 예술위원회의 성격과 특징

전후에서 1970년대까지 초기 예술위원회가 갖는 첫 번째 성격은 예술위원회는 정부의 개입에서 독립적인 반면, 엘리트 중심의 특정 계급을 표현할 수 있는 구조를 갖고 있다는 점이다. 팔길이 원칙은 '법적인 제도'가 아니라 일종의 관례로,

---

14 Rod Fisher and Carla Figueira, *Compendium of Cultural Policies and Trends in Europe*, (Country Profile United Kingdom, 2011).

15 윌리엄 베버리지(William Beveridge) 보고서에 따르면 풍요로운 삶을 위해서 영국정부는 개인이 누려야 하는 의료, 군사, 교육과 같은 기본영역을 국가가 지원해야 한다고 밝히고 있다. 다수는 이를 현재의 복지개념으로 판단한다. 양혜원, 『OECD 주요 국가의 문화예산 비교연구』 (한국문화관광연구원, 2011), p.88.

16 Sara Selwood, "Evolving Cultural Policy in England: the individual communities and Well-being." Seoul Art Space International Symposium, (2012. 11.1.) p.161.

17 1946년의 정식명칭은 대영예술위원회(Arts Council of Great Britain: ACGB)이다.

이와 관련된 공식적 규정이 존재하지 않는다. 예를 들어 예술위원회의 목적, 조직, 운영을 명시하고 있는 왕실헌장에 따르면, '예술위원회는 영구적 기관으로 반드시 해당 목적 안에서 자금이 사용되어야 하며 위원회는 재무부에서 임명한다.'는 규정에 그친다. 이러한 거리두기 원칙은 정책 참여자들의 '비공식적 합의에 기반한 관례 또는 규칙'으로 볼 수 있다.[18] 또한 관례로 적용된다는 것은 정책참여자들의 비공식적 합의가 중요하게 작용하고 있음을 고려해 볼 수 있으며, 행위자들 상호간의 이해가 높을 것을 예상할 수 있다. 더구나 정책참여자들이 대다수 중간계급(middle class) 이상 사회문화적 환경을 공유했기 때문에 사회 네트워크에 소속된 엘리트들에 의해 대다수의 문화예술정책이 결정되었다고 판단된다.[19]

두 번째 성격은 초기 국민들을 대상으로 했던 음악예술진흥위원회와 달리, 예술위원회는 수혜 대상을 전문 집단에 국한시키고 있다는 점이다. 정부의 지원금을 받고 문화예술을 장려하는 역할은 이전과 동일하다고 볼 수 있으나 공공지원 대상 범위를 일반 대중이 아닌 문화예술 전문 집단으로 전환했다는 차이점이 있다. 이는 예술위원회 설립 목적에서 고급예술에 대한 지식과 이해, 창작 실무를 발전시키는 점, 이들의 접근성을 높여야 한다고 명시한 점에서 명확히 드러난다.[20] 이는 앞에서도 언급했듯이, 영국 사회에 파급된 문화예술에 대한 인식은 기본적으로 문화의 향유는 중산층 이상이 가능하다는 전제가 깔려있으며, 문화예술은 지극히 개인적이고 우수한 작업이라는 사고가 바탕이 되었다. 1860년대 아놀드(Matthew Arnold)가 순수예술만이 정신적 고양(uplifting effect)이 가능하다고 보고 문화예술의 범주를 순수예술에 국한지어 분류했던 것처럼, 영국 사회에서 대중들의 문화는 오랜 시간 교화의 대상으로 구분되었다. 1960년대 윌슨 노동당 정부 때, "예술을 위한 정책: 첫 번째 단계(A Policy for the Arts: The First Steps)"라는 정부 문서에서 예술이 대중의 일상적 생활에 스며들어야 한다는 점을 언급하면서, 문명사회에서 예술의 중요성을 강조하기도 했다. 이처럼 윌리엄스나 1960년대 이후 버밍엄 학파에 의해 문화 민주화를 실현하려는 노력이 관찰되기도 했으나, 일반적으로 통용되는 문화에 대한 인식은 고급문화 영역이었다.

---

18 홍기원, *op, cit.,* p.98.

19 Lee, H.K. *Reinventing the non-profit theatre: a study of growth of educational work in British non-profit theatres from the 1990s to the preset.* Centre for Cultural Policy Studies; University of Warwick, 2003.

20 A. Sinclair, *Arts and Cultures: the History of the 50 years of the Arts council of Great Britain,* (London: Sinclair-Stevenson, 1995).

세 번째 성격으로는 예술정책이 복지정책의 큰 틀에서 태동하기는 했으나 구체적으로 어떻게 지원하고 진행할 지에 대한 구체적인 내용은 부재했다고 볼 수 있다. 영국 사회 전반에서는 문화예술은 고급예술이 우수하고 보존되어야 하는 대상이지만, 예술작품은 개인 활동의 극대화된 결과로 국가는 이를 존중해야 한다는 시각을 가지고 있었다. 실제로 1968년부터 1972년까지 예술위원회 위원장을 역임한 굿맨(Arnold Goodman)은 문화예술에 대한 정부 차원의 공식적 정책 수립에 반대했다. 문화예술 활동을 진행하는데 국가가 간섭하고 개입하는 것은 정치적으로나 사회적으로도 옳지 않을 뿐 아니라 우수성을 저해할 수 있다는 것이다.[21] 이러한 이유로 공식적이며 거시적인 문화정책이 필요성하다고 여기지 않았을 뿐만 아니라 당시 문화정책의 비중이 교육정책이나 의료정책에 비해 중요도가 낮았기 때문에 일관된 정책 틀을 고려하기도 어려웠다.

종합해 볼 때, 예술위원회가 중심이 되는 전후부터 1960년대까지 영국의 문화정책은 중앙정부가 주도하는 문화정책이 아닌, 예술가 개인에 대한 지원을 중심으로 시행되었고, 특정 계급의 이해관계에 따라 결정되었다고 볼 수 있다. 고급문화예술을 향유하는 계층이나 이를 발전시키는 전문가 집단을 문화정책의 수혜를 받는 대상으로 범주화시킬 수 있으며, 이들의 활동과 참여를 장려하는 정책이므로 일반 대중은 정책대상으로 고려되지 않았다. 이에 따라 국가로부터 받은 자금을 배분할 때도 지방보다는 대도시 위주의 주요 예술기관에 집중되었고, 문화정책의 결정방식도 특정 이해집단이 중심이 된, 비민주적 절차에 가까웠다.[22]

3. 문화예술정책 기조의 변화, 1980~90년대

1979년 대처 정부(보수당)에서는 문화예술 분야의 공공지출의 축소와 효율성, 시장의 역할을 강조했고 예술위원회 책임성도 보다 강조했다. 문화정책에 있어 예술위원회를 중심으로 팔길이 정책을 펴는 기본 원칙은 변하지 않았지만 예술위원회는 이전 보다 엄격한 기준으로 공적자금을 사용했다. 또한 정부의 예술지원을 축소하거나 철수하여 기업 후원과 민간 자본으로 대체되었다. 즉, 문화예술 분

---

21 Shaw, *op.cit.* p.53.

22 N.M. Pearson, *The state and the visual Arts: A Discussion of State Intervention in the Visual Arts in Britain 1760-1981*, (Milton Keynes: Open University. 1982). p.68-69.

야에서도 기업화, 시장 원칙이 주도되게 되었다. 이러한 변화로 예술위원회는 문화예술 경제성의 가치에 관심을 두었다. 보고서 The Glory of the Garden(1985)에서는 기업경영 운영평가 지표 제시와 다양한 수입 확보 등이 강조되었고,[23] 마이어스코프(Myerscough)의 "영국 문화예술의 중요성(Economic Importance of the Arts in Britain, 1988)"은 관광산업과 연관 산업들 간의 지표를 통해 글래스고 유럽문화수도 행사가 글래스고 지역경제에 활성화에 긍정적 영향을 미쳤음을 증명했다.[24] 또한, 예술위원회가 문화예술에 대한 정책에 책임성이 이전보다 높아졌기 때문에 정책결정과 집행에도 이전보다 적극적으로 관여하며 효율성을 강조했다.

메이저 보수당 정부 때는 1992년 문화정책을 총괄하는 국가문화유산부(Department of National Heritage, DNH) 설립을 통해 처음으로 예술, 박물관, 도서관, 유산, 매체, 스포츠, 관광 분야를 통합하였고, 문화예술 관련 업무가 단일화되었다. 이전 문화예술정책은 예술도서관청에서 박물관과 도서관을 중심으로 맡아 진행했다. 방송은 내무부에서 관할하였고 스포츠는 교육부, 문화유적은 환경부, 영화 미술품 수출은 통상 산업부로 분산되어 있었다. 즉, 문화예술을 담당하는 정식 부처가 설립됨으로써 문화정책은 하나의 선상에서 본격적으로 논의하게 되었고 보다 강력해졌다. 기본방향은 여전히 예술위원회였지만 내부적으로는 복권기금의 정책지침을 마련하거나 정책을 참고할 수 있는 문건을 제작하는 등의 시도를 통하여 거시적인 수준에서 문화정책을 통제하려는 경향을 보였다.[25] 또한 1994년 주요 자금원을 일반 대중이 구매한 복권의 수익으로 문화예술을 지원하는 복권기금(National Lottery Fund) 정책을 마련함으로써 문화정책의 대상 범주를 대중으로 보다 확장시켰다. 결과적으로 예술위원회는 복권기금을 사용하기 위해 정부에서 정한 기준을 따라야 했으므로 이전보다 정부의 역할이 강화되면서 문화부는 정책 목표를 예술위원회와 예술단체에 강제할 수 있는 권한을 갖게 되었다.

1990년대에 영국의 문화정책은 기존의 팔길이 원칙은 고수되나 과거 무조건적 지원에서 책임성이 뒷받침되는 지원을 요구하였다. 구체적인 목표나 결과에 대한 감독을 강화하기 시작했고 시장성의 논리로 민영화에서 사용되는 시스템이

23 전병태, "팔길이 원칙, 문화 민주주의, 창조적 산업: 전후 영국의 예술진흥 정책 개관", 『문화예술』, (2007, 겨울), p.91.

24 John Myerscough, *The economic importance of the arts in Britain*, (Policy Studies Institute: London, 1988)

25 홍기원, *op. cit.*, p.105.

도입되었다. 전체적인 정책의 틀을 제공함으로써 문화예술 관련 공공기관들에게 정책지침을 제공하며, 이들에 대한 감독 의무를 부여하였다.

4. 블레어 신노동당 정부

1970년대 후반부터 제조업이 쇠퇴하면서 기존 경제 질서는 지식과 서비스를 기반으로 하는 고부가가치 산업으로 전환되었다. 특히 이전 노동당 정부가 집권하는 동안, 철강을 중심으로 하는 영국의 제조업은 소멸될 만큼 산업구조에서 차지하는 비율이 낮아졌다. 21세기 지식사회로 진입하게 되면서 블레어 정부에서는 영국의 경제불황을 극복하고 과거 산업구조를 타계하고자 방송, 음반, 광고, 금융보험 등 서비스 산업에 집중하게 되었다. 이에 대한 방안으로 영국정부는 문화정책에 대한 투자와 관심을 높이게 되었고, 문화예술의 사회적 효과에 관심을 집중하면서, 범죄, 사회통합, 보건 등 다양한 사회문제와 연계에도 노력을 기울였다.

중앙정부 차원에서 문화유산부를 문화미디어스포츠부(Department for Culture, Media and Sport, DCMS)로 개편하고 지원기관을 통폐합하면서, 문화정책을 국가의 주요정책 과제로 설정했다. 과거 도서관과 문화유산 유적지와 왕실 등은 국가 문화유산 관련 정책을 주로 다루었지만, 조직 개편 이후 예술, 방송매체, 체육, 밀레니엄, 예술, 건축, 창작산업, 도서관, 박물관, 미술관, 창조산업에서 관광에 이르기까지 광범위한 영역으로 관여 범위를 확장했으며, 중앙정부가 개별 정책 목표 달성을 위해 개입하고자 했다.

국가 개입 확대로 예산도 대폭 증액되었다. 이러한 예산은 정부의 보조금 및 복권기금으로 마련되는데, 노동당의 집권 기간 동안 DCMS 예산은 98% 증액되었으며, 예술위원회에 대한 지원은 125%, 박물관에 대한 지원은 95% 증가했다. 블레어 총리는 이를 예술과 박물관들의 '황금기(golden age)'를 조성했다고 주장한다.[26] 또한 예술위원회 예산도 1946년 7백만이던 예산에 비해 2009년 5만3천3백만 파운드로 증액했으며, 2008년부터 2011년까지 3년 남짓 되는 가량 동안 16억 파운드(한화 2조7천 억)로 증가했다.[27]

국민이 혜택을 직접 누릴 수 있도록 국가가 문화정책에 직접 개입하게 되었

---

26 Sara Selwood, *op. cit.,* p.155.

27 Marc Sidwell, *The Arts Council: Managed to Death,* (London: Social Affairs Unit, 2009)

고, 이는 예술을 지원하는 중요한 기준이 되었다. 또한 공적지원을 받는 수혜대상자들은 정부와 연계된 대상과 협약에 의거해 정책을 진행하게 되었고, 지원을 받는 책임을 수행하기 위해 각종 지원 계약서, 성과지표 등 수혜 기관에 대한 모니터링과 평가가 도입되었다. 특히 뚜렷한 목표치를 제시함으로써 공공지원에 대한 객관성을 높이고자 하였다.

결과적으로 1997년 이후의 신노동당 정부는 이전과 달리 광범위한 정책 목표를 제안하거나 관련 분야의 조직을 재구성함으로써 문화정책의 세부 내역에도 적극적으로 개입하고 있음을 알 수 있다. 영국 문화정책의 대상과 방향에도 변화가 감지되는데, 이전의 정책이 고급예술 혹은 전문가를 수혜대상으로 영국 문화의 우수성(excellence)을 알리는 데 중점을 두었다면, 블레어 정권에 들어서는 대상이 일반 대중으로 확대되고 이들의 문화적 접근성(access) 증진에 초점을 두는 방향으로 전이되고 있다. 그러나 지원을 받기 위해 예술작품 혹은 창작보다는 행정적 문제에 집중하게 된다는 비판과 문화예술에 대한 질적 수준을 저해한다는 주장이 제기되면서, 정책을 재고해야 한다는 목소리도 나오고 있다.[28] 종합해 볼 때, 이전과 달리 예술위원회의 권위가 매우 쇠퇴했음을 알 수 있다. 시드웰(Mirc Sidwell)은 예술위원회가 정치적 가치에 흔들리며 기존의 팔길이 원칙과 상반되는 정책을 펴는 것에 대해 근본적 개혁을 주장한다. 지원체계의 한계, 홍보비와 인건비와 같은 예술 외적인 비용 소모 등을 지적하며 지역예술위원회와 같은 새로운 체제 도입을 역설하며 예술위원회에 대한 불신을 표명한 것이다.

블레어가 창조산업에 집중한 것은 영국 노동자들의 상황변화와도 관계가 깊다. 제조업 하락은 노동자의 비율도 낮아졌다는 것을 의미한다. 노동자 규모약화는 노조가입률의 약화로 연결되며 이는 노동당의 정치적 성격변화에도 영향을 주었다. 블레어는 노동시장 문제 해결에 대한 접근법으로 노사 간 타협보다는 지식 생산적 요소를 강조하여, 다른 산업에 비해 기본비용은 적게 들지만 가시화되는 효과가 높은 창조산업을 추구했다고 볼 수 있다.[29] 창조산업은 아이디어가 중심이 된다는 점에서 소자본으로 10명 이하 소규모 형태로도 창업이 가능하며, 개인의 창조성을 강조함으로써 당시 영국의 고질적인 문제였던 조직적인 노동조합의 파

---

28 George McKay, "Community Arts and Music, Community Media", 2010.
   http://usir.salford.ac.uk/2813/1/Howley_03_ed_with_McKay_comments.pdf (2014.10.1. 검색)

29 김윤태, "영국의 경제정책과 고용정책: 제3의 길의 신화와 실제", 『농향과 전망』, 64호 (2005). p.58.

업과 폭동을 방지할 수 있다는 장점이 있었다. 더욱이 대처정부의 공적자금 축소로 경제적 타개책을 찾던 문화예술계로서도 새로운 성장 동력으로 문화적용법에 긍정적 태도를 보이게 된 것이다.[30]

"창조산업 계획안(Creative Industries Mapping Document)"에 따르면, 창조산업은 "개인의 창의성, 기술, 재능, 산업, 지적 재산의 활용과 생산을 통해 고용과 부를 창출할 수 있는 잠재력을 가진 산업"으로, 광고, 건축, 공예, 디자인, 패션, 미술, 게임, 음악, 공연예술, 출판, 소프트웨어, 미디어 산업 등이 포함된다. 블레어 정부에서 창조산업은 원활히 추진하기 위해 창조적 산업 분야에 대한 정책입안과 집행 책임자를 동일하게 시행함으로써 정책조정을 높였고, 총리실을 비롯하여 영국 다양한 부처의 전문가와 공무원, 문화예술 전문가와 산업계 인사들이 참여한 테스크포스(Creative Industries Task Force)를 구성하여 정책을 추진하도록 했다. 또한 국립과학기술예술기금(the National Endowment for Science, Technology and the Arts)을 설립하여 제도적으로 창조산업이 활성화될 수 있는 기반을 마련했다.[31] 이처럼 정부는 문화 영역을 세분화하고 다양화해서 다각적인 접근이 가능하도록 비전을 제시했는데, 이를 고려하면, 창조경제는 단순히 문화예술영역의 확장이 아닌 영국 국가 발전 방안의 하나임을 이해할 수 있다.

또한 문화예술이 갖는 사회적 가치의 역할과 효과를 강조하였다. 접근성을 확대시키는 방향으로 전개되었다. 문화다양성을 통해 소외계층과 배제된 영역을 문화예술로 유인하고 다양한 사회적 문제와 연관시켜 영국 전역에 문화예술의 비중과 역할을 높이는 결과를 낳았다.

블레어 신노동당 정부는 문화예술의 의미를 세분화하여 그 범위를 확대하였다. 이는 다양한 부처에 기회를 부여하여 결과적으로 접근성을 높이고 복지 수준을 제고하려는 의도이며, 이를 위해 문화예술 교육에 집중했다. 또한 인종적 소수자들에 대한 포괄적 수용과 소외계층에 대한 포용을 시도함으로써 문화다양성 가치를 통한 사회통합과 결속을 추구했다. 그러나 문화예술 담론의 과잉생산은 심

---

30 김새미, "영국 창조경제의 개념 변화 및 정책 고찰", 『문화와 정치』, 1권 2호, (2012), p.101.

31 창조산업에는 막대한 자금이 투여되는 만큼 다양한 보고서를 통해 창조산업의 경제적 효과를 수치화하는 작업도 수행됐다. "Staying Ahead: The Economic Performance of the UK's Creative Industries(2007)"에서는 2005년 영국 국내총생산의 7.3 퍼센트를 차지한다. / 1997~2005년 창조산업의 연평균 성장률은 6 퍼센트로 동일 기간 경제 성장률 3퍼센트에 비해 두 배에 이른다. / 2005년 전체 수출에 4.5 퍼센트를 차지한다. / 2006년 총 고용효과가 190만에 가깝다. / 2007년 창조산업 사업체 수는 영국 전체의 7.3 퍼센트를 차지한다. 등의 경제적 근거를 다량으로 제시한다.

미적 가치라는 본질적인 의미가 잘못 해석되면서, 오히려 다수로부터의 거부감을 양산하는 결과를 초래했다.

5. 캐머런 연합/보수당 정부

캐머런 정부는 예술의 본질적인 가치로의 회귀를 주장했다. 이전 문화예술영역에서 발생한 사회적 가치 남용을 비판하며 관련부서 축소와 예산 철폐를 단행했다. 영화진흥원(UK Film Council), 도서관 자문위원회(Advisory Council on Libraries), 출판도서 자문패널(Legal Deposit Advisory Panel) 등 19개 문화예술기관이 폐지됐으며, 영화지원 관련 업무는 영국영상원(the British Film Institute)으로, 박물관, 도서관 관련 업무는 예술위원회로 조정되어 행정기관과 절차가 간소화되었다.[32] 또한, 문화예술영역에서도 정부의존도를 낮추고 지역민이 자발적으로 주도하는 '빅 소사이어티(Big Society)'를 주요 정책개념으로 제시했다. 지역커뮤니티를 강화하고 사회적 기업의 공공서비스, 기부와 같은 형태의 사회적 행동을 통해 궁극적으로 삶의 질을 향상하는 빅 소사이어티를 이루려면 각 구성원들은 신뢰로 연결되어 있어야 하며, 이와 같은 유대감은 개인주의적이지 않고 남을 배려하고 책임감 있게 행동할 때, 발생된다.[33] 또한 무너진 사회(broken society)를 다시 일으키기 위해서는 사회정의가 살아있어야 하며, 적극적이면서도 자발적인 참여를 통해 형성되어야 하므로 사회적 가치를 중시하고 이전과 달리 시민들에게 더 많은 권한이 부여된 사회가 된다.[34] 이는 윤리도덕적 가치를 중시하는 이면에는 정부가 제공하는 공공적인 복지 측면이 감소하고 삶의 질을 개선시키는 방법으로써 시민 공동체 의식을 부과하는 것이다.[35] 이러한 정책기조 이면에는 '더 나은 삶'으로 변화하는데 있어

---

32 Simon Rogers, "Arts Council cuts listed: get the data", 2011.
http://www.theguardian.com/news/datablog/2011/mar/30/arts-council-cuts-list-funding
(2015.4.18. 검색); 최진우, 『외국의 문화관광정책 및 행정체계 연구』, (한국문화관광연구원, 2010)

33 2005년 보수당 대표 선거에서 공공서비스 부문의 정책이 큰 호응을 얻으면서 개발된 것으로, 당시 분열되어 있던 보수당 내부를 포용하고 당의 결속 유지하는 기조를 형성하면서 시작되었다고 평가받는다(홍석민 2014).

34 Building the Big Society.
https://www.gov.uk/government/uploads/system/uploads/attachment_data/file/78979/building-big
-society_0.pdf (2015.4.27. 검색)

35 그러나 캐머런의 빅소사이어티 정책에 대해 어떠한 청사진이나 종합계획을 가지고 있지 못하고 있다. 특히 막대한 예산 삭감 정책을 보며, 공공지출과 사회복지에 대한 지출을 규모 축소를 진행하기 위한 하나의 담론을 양산한 것이라고 비판하기도 했다. Anna Coote, "Economics real wealth means well-being", NEF, 2012.; Vanessa Bartlett,

변화의 주체는 개인이고 국가는 보완적인 역할을 하게 된다는 정책원리가 담겨져
있다. 개인들에게 책임을 부과하고 국가가 환경을 구축하는 것은 부수적 수단이
라는 점이다. "연합정부(The Coalition: our programme for government)"에 따르면 '복지적
안녕과 행복을 높이는 것은 국가(Big State)가 아니라, 바로 빅 소사이어티(Big Society)'
라고 명시하고 있다. 이는 경제 위기에서 공공자금의 축소를 정당화하는 이데올
로기 역할을 한다고 볼 수 있다. 이러한 점에서 빅소사이어티 담론은 문화예술분
야를 포함한 공공영역 전반에 국가의 역할과 책임을 축소하고, 이를 고착화하는
기제로 작동할 수 있다.[36]

이와 같은 정책기조 하에서의 문화영역 비중은 그리 크지 않다. 시민 자발적
참여를 통한 사회정의 실현과 공공선, 이를 실천함으로써 빈곤 감소를 실현하는
것이 중요하게 여겨지므로 문화는 부차적인 것으로 취급될 수 있다. 따라서 전반
적인 문화예술정책에 대한 관심은 축소되었고 삶의 질을 높이기 위한 방안으로서
의 접근성 차원에서 고려해 볼 수 있다. 실제로 캐머런 정부의 국정운영서에 따르
면 이전 노동당 정부와는 달리 문화예술 분야에 대한 언급이 박물관 무료입장을
유지하겠다는 정도에 그치고 있다.[37] 이는 '삶의 질'을 높이기 위한 소양으로서의
문화 접근이다.

시민들의 예술 참여를 독려하기 위해서는 '우수한 예술을 생산하는 예술가들
의 역할이 중요하다'고 강조하고 있는데, 예술가의 질적 차등을 둠으로써 이들을
선택적으로 지원하겠다는 의도가 내포되어 있다. 이처럼 캐머런 정부는 시민들의
삶의 질을 고양하기 위해, 성숙한 윤리를 지닌 시민을 배양하는 차원에서 시민들
을 위한 문화예술정책을 시행하였고, 보다 우수한 문화예술작품과 활동이 결과적
으로 시민들의 감상과 참여를 장려하므로 문화예술 정책의 방향을 '우수성'에 고
착시키고 있다.

즉, 캐머런 보수당 정부에 들어와서는 기존의 문화예술과 연계된 다양한 정책
과 사업들을 축소시켰다. 영국 문화예술의 근원적 가치에 초점을 맞춰 영국 문화

"In the big society, not all art is equal", the Guardian
http://www.theguardian.com/culture/culture-cuts-blog/2011/jul/14/big-society-art-cuts
(2015.4.23. 검색)

36 최보연, "창의교육에서 문화교육으로", 『문화경제연구』, 18권 1호 (2015).

37 HM Government "The Coalition: our programme for government."
https://www.gov.uk/government/uploads/system/uploads/attachment_data/file/78977/coalition_pr
ogramme_for_government.pdf (2015.4.10. 검색)

의 우수성을 알리는데 주력했고 진행방식에 있어서도 시민들의 자발적 참여를 중시했다. 결과적으로 문화예술정책이 크게 위축되고 접근성이 약화되는 결과를 낳았다. 특히 이전 정부와 달리 다양성의 가치와 타문화에 대한 포용성을 배제하고 과거 대영제국이 누렸던 문화적 자긍심을 높이는 정책에 치중한 점은 다른 이들과의 공생을 추구하는 거리가 있으며, 2016년 결정된 브렉시트의 정서적 배경으로도 작용될 수 있다고 판단된다.

Ⅳ 소결: 영국에서 나타난 문화예술정책과 정치적 연관성

문화예술이 국가의 경쟁력을 높이는 요소로 등장하고 사회적 가치가 중시됨에 따라 각국은 문화예술에 대해 정책적으로 어떻게 대응할 것인지 고민했다. 영국은 풍부한 문화유산과 고유의 철학을 바탕으로 독특한 문화정책 체계를 형성하여 왔다. 시대별 맥락에 따라 살펴보니, 영국의 문화예술 정책은 독립성과 전문성을 중시하는 '팔길이 원칙'을 기본 골자로 삼고 있지만, 점차적으로 정부의 관여정도가 증가하는 경향을 보인다. 문화예술 지원에 있어 공공성을 강조함으로써 문화예술이 정부와 동떨어진 독립 영역이 아님을 명시하고 있다.

웨인 파슨스(W. Parsons)는 정책이란 "정치적 목적들의 집합체"이며, "정책에서 활용되는 용어와 수사는 그 자체로 해당 정책의 정당성을 획득하기 위한 효과적인 장치"로 작동한다고 주장한다. 이는 곧 공공영역에서의 정책변동은 그들이 추구하는 정치철학과 긴밀히 연동된다는 것을 의미한다.[38] 이러한 관점에서 볼 때, 정책을 진행함에 있어 집권당의 성격과 기조가 발현되는 것은 당연할 것이다. 그럼에도 문화예술이 갖는 공공성의 특성을 볼 때, 정치적 역학구도에서 어느 정도 독립된 상태로 존재해야 하는가에 대한 타당성과 접점은 필요하다고 본다.

---

38 최보연, *op. cit.*, p.84.

더 나아가 생각해 보기

1. 각 나라마다 고유한 철학과 가치를 기반으로 문화예술 정책을 시행하고 있다. 글로벌 경제와 세계화 현상이 강하게 나타나면서 영국정부가 문화예술 정책에 있어 부과하는 기준과 범위는 무엇인가?
2. 영국의 팔길이 정책은 독일 연방주의 하에서의 문화예술 정책과 국가주도 중심의 프랑스와 어떠한 차이가 있으며 철학적 배경은 무엇인가?
3. 문화 공급자인 예술가 보호를 우선해야 하는가 아니면 사회적 소외계층을 먼저 포용해야 하는가?

참고문헌

김새미. 2012. "영국 창조경제의 개념 변화 및 정책 고찰".『문화와 정치』, 1권 2호.

김윤태. 2005. "영국의 경제정책과 고용정책: 제3의 길의 신화와 실제".『동향과 전망』, 64호.

김정수. 2010.『문화행정론』. 서울: 집문당.

양혜원. 2011.『OECD 주요 국가의 문화예산 비교연구』. 한국문화관광연구원.

전병태. 2007. "팔길이 원칙, 문화 민주주의, 창조적 산업: 전후 영국의 예술진흥 정책 개관".『문화예술』.

정광렬. 2010. "영국의 정권 교체와 문화정책의 변화".『동향분석』. 한국문화관광연구원, 11호.

정명주. 2011. "영국 기부촉진을 위한 영국의 기부녹서와 문화예술계의 반응".『동향분석』. 한국문화관광연구원, 14호.

정종은. 2013. "영국 창조산업 정책의 부상".『문화정책논총』, 27권 1호, pp.122-145.

정홍익·이종열·박광국·주효진. 2008.『문화행정론』. 서울: 대영문화사.

양현미·김세훈. 1999.『영국의 문화정책.』서울: 한국문화관광연구원.

예술경영지원센터. "기부? NO, 기업과 예술단체 협력사업", http://webzine.gokams.or.kr/01_issue/01_01_veiw.asp?c_idx=52&idx=52 (검색일: 2015.4.23.)

최보연·김병주. 2013. "학교문화예술교육 활성화를 위한 방향성과 과제: 영국의 사례를 통한 시사점".『한국초등교육』. 24권 4호, pp.259-280.

최보연. 2015. "창의교육에서 문화교육으로".『문화경제연구』, 18권 1호.

최진우. 2010.『외국의 문화관광정책 및 행정체계 연구』. 한국문화관광연구원.

한국문화관광연구원. 2016.『주요국 문화예술정책 최근 동향과 행정체계 분석연구』한국문화관광연구원.

한승준·박치성. 2012. "문화예술지원 거버넌스 체계에 관한 비교 연구: 영국, 프랑스, 한국 사례를 중심으로".『행정논총』. 50권 2호, pp.257-291.

황기식. 2014. "영국 빅 소사이어티 정책에 대한 이론적 고찰과 실천적 평가".『EU연구』. 39호.

홍기원. 2006.『문화정책의 유형화를 통한 비교연구.』서울: 한국문화관광정책연구원.

_____. 2009. "문화정책 연구에 대한 학문분야로서의 정체성 탐구".『문화정책논총』. 제21권 2호, pp.89-104.

홍종열. 2012. "창조경제 시대의 문화산업과 지역문화정책",『문화산업연구』, 12권 2호.

콘텐츠진흥원 유럽사무소. 2009. "유럽 주요 3개국 문화산업정책 분석". 서울: 콘텐츠진흥원.

Artx Index 2013. http://www.theguardian.com/culture-professionals-network/culture-professionals-blog/2013/dec/05/arts-index-2013-download-nca (2015.4.24. 검색)

Barry, Brian. 2001. Culture and Equality. Cambridge: Polity.

Bartlett, Vanessa. "In the big society, not all art is equal". the Guardian http://www.theguardian.com/culture/culture−cuts−blog/2011/jul/14/big−society −art−cuts (2015.4. 23. 검색)

Beck, Antony. 1989. "The Impact of Thatcherism on the Arts Council". Parliamentary Affairs. Vol. 42 No.3.

"Citizenship Survey". http://webarchive.nationalarchives.gov.uk/20120919132719/ http:/www.communities.gov.uk/documents/statistics/pdf/1547056.pdf (2015.4.15. 검색)

Cwi, David. 1983. "Challenging Cultural Institutions to Make a Profit: Emerging Decisions for Nonprofit Providers,"in W.S. Hendon & J.L. Shanahan (eds)., Economics of Cultural Decisons, Cambridge,MA: ABT Books.

Coote, Anna. 2012. "Economics real wealth means well−being" NEF.

Fisher, Rod. and Figueira, Carla. 2011. Compendium of Cultural Policies and Trends in Europe. Country Profile United Kingdom.

DCMS, Cultural Education. https://www.gov.uk/government/uploads/system/uploads/attach ment_ data/file/226569/Cultural−Education.pdf (2015.4.8. 검색)

Elsom, J. 1979. The Arts: Change and Choice. London: Liberal Publication Department.

"Giving". https://www.gov.uk/government/uploads/system/uploads/attachment_data/file/ 78906/Giving−Green−Paper.pdf (2015.4.15. 검색)

Goodin, Robert. 1990. "Liberalism and the best−judge principle". Political Studies Vol.38, No.2., pp.181−195.

HM Government "The Coalition: our programme for government." https://www.gov.uk/government/uploads/system/uploads/attachment_data/file/78 977/coalition_programme_for_government.pdf (2015.4.10. 검색)

HM Government, "White paper". https://www.gov.uk/government/uploads/system/uploads/ attachment_data/file/78915/giving−white−paper2.pdf (2015.4.15. 검색)

Knell, J. Taylor, M. 2011. Arts Funding, Austerity and the Big Society. London: Royal Society of the Arts.

Lahdesmaki, Tuuli. 2012. "Rhetoric of unity and cultural diversity in the making European cultural identity". International Journal of Cultural Policy. Vol.18, No.1, pp.59−75.

Lee, H.K. 2003. Reinventing the non−profit theatre: a study of growth of educational work in British non−profit theatres from the 1990s to the preset. Centre for Cultural Policy Studies; University of Warwick.

Looseley, David. 2011. "Notions of popular culture in ultural policy: a comparative history of France and Britain." International Journal of Cultural Policy, 17−4.

DCMS. 2008. Creative Britain: New Talents for the New Economy. DCMS; UK.

McKay, George. 2010. "Community Arts and Music, Community Media—Cultural politics and policy in Britain since the 1960s"

http://usir.salford.ac.uk/2813/1/Howley_03_ed_with_McKay_comments.pdf (2014.10.1. 검색)

Pearson, N.M. 1982. The state and the visual Arts: A Discussion of State Intervention in the Visual Arts in Britain 1760—1981. Milton Keynes: Open University.

Mulchay, Kevin V. and Swaim, Richard. 1982. Public Policy and the Arts. Westview Press.

Myerscough, John. 1988. The economic importance of the arts in Britain. Policy Studies Institute: London.

Parekh, Bhikhu. 2002. "Barry and the dangers of Liberalism". P.Kelly. (eds.). Multiculturalism Reconsidered Cambridge: Polity, pp.133—150.

Rogers, Simon. "Arts Council cuts listed: get the data". 2011.

http://www.theguardian.com/news/datablog/2011/mar/30/arts—council—cuts—list—funding (2015.4.18. 검색)

Sidwell, Marc. 2009. The Arts Council: Managed to Death. London: Social Affairs Unit.

Sinclair, A. 1995. Arts and Cultures: the History of the 50 years of the Arts council of Great Britain. London: Sinclair—Stevenson.

Selwood, Sara. 2012. "Evolving Cultural Policy in England: the individual communities and Well—being." Seoul Art Space International Symposium.

Shaw, Sir Roy. 1987. The arts and the People. Cape: London.

Street, John. 2011. "The popular, the diverse and the excellent: Political values and UK cultural policy". International Journal of Cultural Policy Vol17. No. 4, pp.380—399.

Wyszomirski, Margaret J. 1982. "Controversies in Arts Policymaking". Public Policy and the Arts. Westview Press, pp.21—34.

CHAPTER **2.**
독일 통일과 사회 통합[1]

송태수

Ⅰ 들어가는 말

독일 통일은 동구유럽의 변화라는 커다란 역사적 전환 속에서 갑작스레 진행
됨에 따라 정책적 '기회의 창'이 상당히 제한적인 조건에서 진행되었다. 동독 현실
사회주의체제의 시장경제체제로의 변화는 동독주민들에게는 매우 커다란 영향
을 미치는 것이었다. 동서독의 통일과 이후 사회문화적 통합 과정은 ‒ 특히 동독
주민에게는 ‒ 인간을 "경제적 존재"로 보는 자본주의적 삶의 양식이 인간을 "공
동체적 존재"로 보는 사회주의적 삶의 양식을 대체하는 과정이었던 것이다(전성우
1994). 통일과 동시에 빠른 속도로 진행된 유럽통합과 세계화의 과정에서 독일은
'재분배사회'에서 '경쟁사회'로 변화하고 있었고(Piedersdorfer & Rhie 2000), 동독주민
은 서독 제도와 그 작동방식에 적응·변화해가야 했다.

통일은 격변의 과정이었고 동독인들에게 이중삼중의 적응 압력은 매우 힘들
게 다가왔다. 이러한 상황은 여론조사에서도 확인된다. 1990년 통일 당시 동독인
들은 전반적인 통합에 대해 매우 낙관적인 기대로 가득 차 있었다. 그러나 사회통
합은 매우 더디게 진행되는 것을 확인하게 된다. 예를 들어 통일 직후 독일의 경제
통합과 내적통합에 소요되는 기간에 관한 여론조사에 따르면, 6~8년이면 동서독
간 경제격차가 해소되고 내적통합이 가능할 것으로 전망했었다. 그러나 이러한
흥분된 기대는 통일 후 몇 년이 지나고 안정을 찾으면서 현실적으로 변하였다. 통
일 5년 후인 1996년 설문조사에 따르면 경제통합에 14년 그리고 내적통합에 24년

---

1 『안보개발국가를 넘어 평화복지국가로 ‒ 독일의 경험과 한국의 과제』(이병천·윤홍식·구갑우 엮음 / 참여사회연구소
기획, 사회평론, 2016)에 실린 필자의 논문 "독일 경제통합과 한반도에 주는 함의"를 축약 및 수정함.

이 소요될 것이라는 입장을 보였다. 내적통합에 필요한 시간에 대한 기대는 해가 갈수록 더 어렵게 느껴져, 통일 후 15년이 지난 2006년 조사에서는 여전히 22년이 더 소요될 것이라는 의견을 보이고 있다. 많은 동독인들이 장기화된 실업 및 경제적 어려움을 겪기 시작하던 1996년 경제통합에 14년이 더 필요할 것이라던 입장은, 그 10년이 지난 2006년에는 오히려 17년으로 더 늘었다. 경제적 통합과 내적통합을 위해서는 한 세대를 훌쩍 넘는 40여 년이 소요될 것이라고 응답하고 있을 정도였다.[2]

통일 후 독일의 사회통합은 기본적으로 한 쪽 사회가 일방적으로 변화·적응해야 하는 과정으로 진행되었다. 이로 인해 통합과정이 매우 폭력적 방식으로 진행될 수 있었다. 그리고 실제로 한편으로는 상당히 폭력적인 상황이 유발되기도 하였다. 예를 들어 이전의 현실사회주의체제 동독에서는 경험하지 않았던 실업을 처음 경험했는데, 그 수준이 매우 심각한 수준이어서, 15% 이상의 고실업이 15년 이상 지속되었다. 공식실업률이 15~20%에 이르렀는데, 이는 약 30% 이상의 실질 실업률을 의미하는 것이다. 그 결과 실제 일자리를 찾은 대다수 구동독 주민은 자신의 학력이나 이수한 직업훈련을 서독인에 비해 낮은 정도만 인정받을 수 있을 뿐이었다.

그런가 하면 통일 15년 후 독일의 수상은, 서독 출신 정치인이 아니라, 동독 출신 여성정치인 앙겔라 메르켈이 선출되었다. 그녀는 독일 제국 성립 이후 최초로 연방 수상직에 오른 최초의 여성이기도 하다. 그런가 하면 2012년 3월 구동독 인권운동가 출신 요아힘 가우크는 통일 독일의 제11대 대통령으로 선출되었다.

아래에서는 통일과정의 특징을 간략하게 살펴보고(Ⅱ), 체제전환 과정의 격변성에도 불구하고 평화적 이행이 가능했던 역사적 배경으로 프로이센제국과 이후 바이마르공화국에서의 노동기본권 보장, 사회국가 원리 수립 및 그에 따른 사회보험의 제도화를 살펴본다(Ⅲ). 그리고 바이마르공화국의 경험을 역사적 전거로 하여 동독과 서독의 헌법 및 사회보장 관련 법제화의 차이와 동질성을 비교적으로 살펴보고(Ⅳ), 마지막으로 그 의미를 정리하는 것으로 한다(Ⅴ).

---

2 본 조사는 통일 당시 작센 주의 학생 약 400명을 대상으로 1987년부터 종단으로 의식변화를 조사한 자료에 근거한다. Peter Förster가 조사책임자로 수행해왔으며, 2007년 발간되었다(Förster 2007). Sächische Langsschnittstudie 로 약칭되기도 한다.

Ⅱ 통일과정과 서독 주도의 세계시장경제에의 급격한 통합

　　동독과 서독은 한반도의 분단국 남북한과 유사하면서도 사뭇 달랐다. 한편으로 철저히 단절 내지 '배제'하는가 하면, 다른 한편으로는 서로 숙명적인 경쟁상대자로 인지·현상되고 있었다. 이런 점에서 상당히 유사했다. 분단체제 하에서 동서독은 서로 치열한 체제경쟁의 조건 속에서 각 체제의 우월성을 입증하려 노력할 수밖에 없었다. 하지만 무엇보다 결정적으로 한반도와 달랐던 점은, 동서독이 물리적으로 분단되어 장벽을 쌓고 있었지만, 이를 뛰어 넘어 상대 지역 주민의 실생활을 잘 들여다보고 있었다는 점이다. 동독 영토 내에 한 중앙에 위치하고 있는 서베를린이 비록 4미터 높이의 콘크리트 장벽으로 에워싸여 차단돼 있었지만, 동서독 주민들은 서로 상대 지역에서 일반 주민들의 삶의 내용과 수준을 거의 대부분 실시간으로 보고 있었다. 동독주민의 상당수는 서독 TV를 － 비록 컬러로는 아닐지라도 － 시청하고 있었던 것으로 조사되고, 서독주민들은 아무런 문제없이 동독의 TV채널을 볼 수 있는 '멀티시스템 TV'를 구입할 수 있었다. 즉, 동독과 서독 주민들은 라디오나 TV매체를 통해서 상대 체제를 잘 보고 있었다. 서베를린이 동독의 한 가운데 위치한 조건에서 방해전파를 송출할 수 없었던 동독의 경우, 상당히 광범한 지역에서는 서독 공중파 TV－채널을 볼 수 있었던 것이다. 서독 TV 가시청 지역 주민들은 동독 TV－채널을 거의 보지 않고 오히려 서독 TV－채널을 더 많이 보았던 것으로 조사된다.

　　갈등을 영원히 억누를 수 없는 상태에서, 동·서독 내 각각의 갈등 통제양식과 대응수단은 정권 안정의 지표일 수밖에 없었다. 갈등을 흡수하거나 그것을 해소하는 통로를 제공하는 데 성공할 경우 그 정권은 안정적인 상태에 있다고 하겠다.

표 3-2-1　동독 주민의 동독 TV채널 시청률

"얼마나 자주 동독 TV채널을 시청하였는가?"에 대한 응답	서독 TV 가시청 지역	서독 TV 불가시청 지역
거의 매일 혹은 자주	10 %	49 %
때때로	18 %	28 %
매우 드물게 혹은 전혀 안 봄	72 %	23 %

반대로 그것에 실패할수록 내부적 저항이 강해지고 결국 혁명에 의해 정권이 붕괴될 위험도 더 커진다. 이런 의미에서 "베를린 장벽이 없을 때는 그 개방된 경계가 동독의 집권당인 사회주의통일당(SED)의 정치적 지배의 안정요인이었다. 그러나 1961년 장벽이 세워진 이후 동독정권은 내부적 계획에 의해 체계적으로 안정된 상태를 대치하지 않으면 안 되었다."고 파악한 다렌도르프(R. Dahrendorf 1986)의 지적은 타당하다.

서로 배제하면서도 서로 규정하고 규정당하는 관계에 있던 동독과 서독은 노동권 보호와 삶의 수준·질을 드러내는 복지체제의 내용과 수준에서 서로 경쟁 상태에 있을 수밖에 없었다. 상대 지역의 일상과 뉴스를 서로 들여다볼 수 있던 조건에서 동서독은 주민대중의 삶의 기본적 요구를 충족시켜주어 내부적 계획에 따라 체계적으로 안정된 상태를 유지해야 했다. 경쟁적인 동서독 체제에서 복지는 이런 측면에서 매우 중요한 것이었다. 그 내용적 측면(영역별 복지제도 기본이념)이나 그 운영과 관련한 부분에서 분단 이전의 독일인이 공통의 역사로 경험한 바이마르공화국 사회복지체제는 매우 훌륭한 전거(reference)가 되었다. 동독과 서독은 상대국 복지체제의 체계와 내용 및 질적 수준에 비해 뒤지지 않는 상태를 유지하려 노력하였고, 그 전거는 바이마르공화국 체제였던 것이다. 즉, 일정 측면에서 폭력적으로 진행된 체제전환 과정에도 불구하고 평화적 이행과 사회통합이 실현될 수 있었던 배경은 무엇보다도 노동대중과 주민의 인격적 존엄 유지와 안정적 삶을 가능케 하는 독일 '사회국가'(복지국가의 다른 표현)에서 찾아야 할 것이다.

서독 사회보험제도의 이식에도 불구하고 동독 주민들의 반발이 심하지 않았으며, 통독 후 체제전환 과정에서 주민들이 봉착한 개인적 위기상황에도 불구하고 극단적인 저항이 자제된 채 사회통합이 견지될 수 있었던 것은, 동독과 서독 사회보험체제의 형식적 차이에도 불구하고 내용적 유사성 때문이다. 통일 이후 통합과정에서 어려움은 형식적 차별성을 극복하기 위한 과도적 경과과정을 어떻게 거칠 것인가의 문제였다. 2차 대전 이후 동독과 서독 사회보험체제는 그 전거를 바이마르공화국 헌법과 사회보험제도에서 갖고 있었고, 따라서 각 제도의 내용적인 부분에서 공통적이었다.

바이마르공화국의 노동기본권과 사회국가

1. 노동기본권과 사회법

바이마르공화국의 사회정책과 사회법 논의의 출발은 독일제국에서 19세기 중반 급격하게 표출된 노동운동과 자유주의적 민주주의 운동의 분출을 계기로 한다. 이후 바이마르공화국 사회개혁의 실현과 노동자보호 정책의 진전은 바로 당시의 노동운동과 자유주의적 민주주의 운동에 대한 대응으로 출현한 사회적 보수주의, 사회적 자유주의 및 국가사회주의 등 다양한 정치적 입장의 결정물이라 할수 있다.

19세기 초 산업화 및 도시화와 더불어 빈곤층이 광범위하게 형성되고 그에 수반한 문제들은 산업사회 이전의 전통적 생활방식에 커다란 변화를 초래했다. 즉, 전통적 가족제도가 해체되고, 수공업과 농촌에 고유했던 고용주와 피고용인 간의 생활공동체적 성격이 붕괴되고, 산업부문에서 재해가 많이 발생하고, 경기변동에 의해 주기적으로 대량실업이 발생하는 등, 이전에 경험하지 못했던 커다란 변화가 초래되었다. 도시를 중심으로 노동계급이 형성되면서 사회적으로 나타난 변화와 문제들은 더 이상 개인의 의지나 성실함으로 극복할 수 있는 성질의 것이 아니라는 인식이 점차 확산되었다. "이러한 인식의 변화는 당대의 문제를 전(前)산업화 시기부터 써오던 '대량빈곤(Pauperismus)'으로 지칭하던 것 대신 점차 '사회문제'라고 지칭하는 것에서 일정 정도 드러난다고 할 수 있다."(신명훈 2014, 45)

1844년 쉴레지엔 직공봉기와 1848년 혁명이 발생하는 것을 계기로 도시 노동자들의 빈곤은 더 이상 '개인적 빈곤'의 문제가 아니라, '사회문제'로 받아들이고 해결책이 모색돼야 한다는 인식의 전환이 이루어졌다. 그리고 이들의 빈곤 문제를 해결하기 위한 다양한 해결책의 제시와 시도가 이어졌다. 이러한 문제를 해결하기 위해서 사회적 영역에서의 개혁은 이제 피할 수 없는 것으로 인식되었고, 이로부터 사회개혁에 대한 요구가 도출되었다. 보수주의나 자유주의 모두 혁명의 예방과 기존체제의 수호라고 하는 동기에서 사회개혁의 필요성을 인정했다. 1848년 3월 혁명과 1861년 진보당의 출현, 1871년 제국의 통일에도 불구하고 1872년 한 해만 무려 10만 명 이상의 참가자를 기록한 파업운동이 일어났고, 1874년에 수십 명의 노동당 지도부가 구속되고 추방당하였다. 1875년 노동당과 노동자연맹은 독일사회주의노동당(스스로 사회민주당이라고 칭함; 이하 사회민주당)으로 통합되었고, 마침내 1878년에는 사회민주주의(이하, 사민주의) 운동에 재갈을 물리기 위해 이른 바 사회주의자법이 비스마르크에 의해 제안되었다. 비스마르크는 1881년 한 언론과의 인터뷰에서 다음과 같이 밝히고 있다.

> "우리가 세입(稅入)을 불안정한 생활 때문에 국가에 적대하는 우리 노동자들의 미래를 보장하기 위해 지출한다면, 그것이 곧 우리 자신의 미래를 보장하는 동시에 우리 자신을 위한 훌륭한 투자가 되는 것이다. 이로써 우리는 50년 내에, 아니 어찌 보면 10년 안에도 닥칠 수 있는 혁명을 사전에 예방할 수 있게 된다."(Bismarck, 1881.1.21.)

문제는 누가 어떤 방식으로 사회개혁을 이루어낼 것인가 였고, 여기서 핵심적 관건이 되는 것은 "국가의 역할"에 관한 것이었다. '혁명위험의 발원지'인 노동의 문제에 국가가 어떤 방식으로 얼마만큼 개입할 수 있는가에 대해서는 상이한 생각을 가지고 있을 뿐이었다.

19세기 중반부터 제시되기 시작한 노동기본권과 사회정책적 요구는 기본적으로 자유주의적 민주주의자들에 의해서 개념화하고 제도화하였다. 노동자 보호정책이 제도화되는 진전은 1890년 비스마르크의 실각 이후 상공부장관 베를렙쉬(Freiherr von Berlepsch) 주도하에 이른바 '신노선(Neuer Kurs)' 시기에 이루어졌다. 로만(Theodor Lohmann)[3]의 주도하에 이루어진 1891년의 영업령 개정을 통해 13세 이하 아동노동금지, 일요일 노동금지, 20인 이상 사업장의 노동규약 제정 의무, 노동자위원회 설치, 공장감독관제 확대 등의 조항이 도입됨으로써 사회민주당과 중앙당, 사회개혁 진영이 요구했던 노동자 보호조치들의 일부가 실현되었다. 사회민주당이 가장 중요하게 여겼던 성인노동자의 표준노동일은 관철되지 못했지만, 노동자의 동등한 권리를 어느 정도 인정한 노동자위원회나 노동규약 제정, 그리고 공장감독관제의 실질적인 확대는 노동자보호에 있어 중요한 진일보였다. 사용자가 노동자를 대등한 권리를 가진 당사자로 인정하고 노와 사 이해갈등 당사자 간 조정

---

3 로만은 비스마르크의 측근의 한 명으로 오랫 동안 프로이센 상공부에서 사회정책 보고서를 담당하였지만, 비스마르크의 국가사회주의와는 다른 입장을 견지하여 국가가 간접 지원하고 사회세력이 자발적 동기에 의해 참여하도록 하는 '조정(調停)하는 노동정치(versöhnende Arbeiterpolitik)'를 구상하였던 것으로 평가된다. 의료보험법을 정초하였고 '사회왕정'(나아가 사회국가 원리) 개념을 정립한 슈타인(L. v. Stein)을 사숙하였다.

적 노사관계를 발전시킬 수 있는 영업법원(Gewerbegericht)과 상업법원(Kaufmannsgericht) 관련법이 1890년에 제정되고, 1901년과 1904년에 확대되어 중요한 진전이 이루어 졌다.

2. 사회국가

사회국가 개념의 기원이랄 수 있는 '사회왕정(soziales Königtum)' 개념이 제시된 것은 19세기 중엽 독일제국 사회문제에 대한 다양한 입장 중의 하나로, 슈타인 (Lorenz von Stein)으로부터 기원한다. 슈타인은, 상당수의 보수주의자들이 지지하고 있던 산업화 이전의 전통적인 방식으로 문제를 해결하고자 하는 시도와 달리, 노동계급의 형성이라는 변화한 환경 속에서 사회문제의 해결책으로 '사회왕정'을 제시했다. 즉, 독일제국 군주가 사회개혁의 주도권을 행사함으로써 자유주의의 정치적 도전을 제압하고 노동자들의 충성을 확보해야 한다는 입장이었다. 슈타인은 사회왕정의 이념과 전망을 정치하게 제시하면서 사회국가 원리를 정립하였다.

"슈타인은 프랑스의 역사발전을 분석하면서, 구시대의 신분제 사회가 프랑스혁명과 인권선언을 계기로 개인적 자유와 법 앞에서의 평등을 특징으로 하는 정치적 민주주의 사회로 전환하였다고 보았다. 하지만 산업사회의 발전과 함께 부와 권력이 한쪽으로 쏠리면서 자본가 계급과 프롤레타리아 계급 사이의 갈등이 증폭되고, 개인의 동등한 자유와 평등을 전제로 한 정치적 민주주의는 '사회적 민주주의(soziale Demokratie)'로 전환할 수밖에 없다고 분석하였다. 그가 생각한 사회적 민주주의는 계급사회가 내전에 빠지는 사태를 피하기 위해 갈등조정을 제도화하는 미래의 사회구성을 의미했다. (...) 슈타인은, 이러한 역할을 부여받은 국가는 "자신의 힘을 가지고 국가에 속한 모든 사람들의 경제적이고 사회적인 진보를 촉진시켜야 하는데, 그 이유는 한 사람의 발전이 다른 사람의 발전의 전제이자 결과이기 때문이고, 이러한 점에서 우리는 사회국가에 대해 이야기하고 있는 것이다."라고 말함으로써 처음으로 사회 내 계급 간 차이를 극복하고 공공의 복지를 증진시키는 임무가 부여된 사회국가의 원리를 제시하였다."(신명훈 2014, 49−50)

　　슈타인의 논의는 비단 보수주의자뿐 아니라 자유주의자, 심지어 일부 사회주의자에 이르기까지 광범하게 영향을 끼쳤으며, 독일 복지국가 이념의 발전에 있어 중요한 분기점이 되었다. 즉, 1840년대 이후의 정치적 격동과 사회문제 첨예화 시기의 문제를 해결하기 위해서는 적극적인 역할을 통해서 사회 내 계급 간 차이를 극복하고 공공의 복지를 증진시키는 임무가 부여된 '사회국가'의 역할이 필요하다는 입장이다.

3. 바이마르공화국 헌법과 사회국가

　　비스마르크 이후 사회보험제도의 원칙(예를 들어, 노사 반반 부담의 기여 및 자치행정관리 등)과 1차 대전 동안 생성된 사회정책·보험제도들(예를 들어 노사임금협약을 임금정책제도로 인정하는 것, 공장공동결정제 및 임금협상 조정절차 도입 등)이 1919년 제정된 바이마르공화국 헌법에 계승되었다. 바이마르공화국 헌법은 임금노동자에 대한 특별한 보호 필요성과 관련, 법제정에 관한 내용과 이른바 경제민주화 관련 내용을 제2장 제5절 '경제생활'에서 체계적으로 법인하고 있다. 우선 무엇보다도 경제생활의 질서는 개인에게 인간적인 존엄의 보장을 목적으로 하여 정의의 원칙에 적합하여야 하며, 개인의 경제상의 자유는 이러한 한계 내에서 보장된다(제151조 제1항)고 명시하고 있다. 그리고 소유권은 '권리'와 동시에 그 '의무'도 포함하는 것으로, "소유권의 행사는 공공의 복리에 적합하여야 한다."(제153조 제3항)고 하여, 그 한계도 정하고 있다.

　　노동력에 대해서는 제국의 특별한 보호와 관련 입법을 명시하고 있으며, 노동력을 보호하기 위한 통일적 노동법 제정과 관련하여 특별히 노동자 및 임금노동자의 결사의 자유가 헌법에 명시되었고 그 활동이 보장되었다. 뿐만 아니라 임금 및 노동조건의 규율과 관련한 제도의 작동에서 노사 간 동등한 지위에서 협상할 수 있도록 하며, 공장평의회(Betriebsrat), 지역노동자평의회 및 제국 차원의 노동자평의회에서 노동자의 대표성을 보장하도록 하고 있다. 1920년에는 공장평의회법이 제정되었고, 1923년에는 임금협약 및 노동시간 조정제도 관련 시행령이 발효되었다.

제165조 【노사의 동등권, 노동자평의회, 경제평의회】
① 생산직 및 사무직 노동자는 경영자와의 공동체 속에서 동등한 자격으로 임금과 노동조건을 규율하고 전체경제에서의 생산력 향상에 함께 기여하는 권한을 갖는다. 양측의 조직과 이들간의 노동조건에 대한 합의는 존중되어야 한다.
② 생산직 및 사무직 노동자는 자신의 사회경제적 이익을 실현하기 위한 법률적 대표기구로서 사업장노동자평의회(Enterprise Workers' Councils), 경제영역별로 조직된 지역노동자평의회(District Workers' Councils), 그리고 제국노동자평의회(Reich Workers' Council)를 보유한다.
③ 경제 전체의 임무를 완수하고 사회화를 위한 법률들을 시행하기 위해 지역노동자평의회와 제국노동자평의회는 경영자의 대표기구 및 지역경제평의회와 제국경제평의회에 참가한 그 밖의 국민집단들과 함께 협력한다. 지역경제평의회와 제국경제평의회는 모든 중요 직업집단들이 사회ㆍ경제적 중요성에 상응하여 대표될 수 있는 조직을 지녀야 한다.(이하 ④~⑦항 생략)

바이마르공화국 헌법은 임금노동자의 기본권 및 사회권 보장 외에 포괄적인 사회보험을 국가적 사무로 정하고 있다. 그 결과 1919년 헌법 제161조에 전국민적 수준에서의 포괄적 '보험제도의 창설'을 명시하고 있다. 이러한 포괄적인 보험은 생(生)의 길흉화복의 부침에 대비한 조치로 이해되었다. 바이마르 헌법 제2장 제5절은 당시 익숙하지 않았던 권리, 즉 '사회권'(제162조)을 규정하면서 이를 국제법규로 제정할 것까지 적시하고 있다. 이에 따르면 "제국은 모든 노동계층이 최소한도로 일반적인 사회적 권리를 얻을 수 있도록 국제법규로서 노동자의 법률관계를 정하는 것을 지지한다."는 것이다.

 ## 바이마르 헌법과 제2차 대전 후 동·서독 헌법

구서독과 구동독의 사회보험은 모두 독일제국에서 형성되기 시작하여 체계화 된 바이마르공화국의 사회보험제도에 그 연원을 갖고 있었다. 그러나 양 지역의 상이한 정치체제로 인하여 조직, 급부, 보험가입 대상 등에서는 상이한 방식으로 발전해 왔던 것이다. 하지만 사회보험 각 분야의 상이한 운영 방식에도 불구하고, 사회보험의 근원적 취지가 거의 대동소이하며 내용적으로 큰 차별성을 보이지 않았기 때문에 통일 이후 짧은 시간 내에 커다란 문제를 드러내지 않고 통합될 수 있었다.

　　분단체제 하 동서독은 서로 치열한 체제경쟁의 조건 속에서 각 체제의 우월성을 입증하려 노력하였던 바, 특히 노동권 보호와 복지경쟁은 체제경쟁의 매우 중요한 분야가 될 수밖에 없는 상태였다. 이러한 조건에서 동독은 일찍이 종전 직후 1946년부터 사회주의체제의 정당성을 입증하기 위해 노동대중의 권익보호와 인민대중의 노동권 및 생존권 보장을 국가적 사무로 헌법에 명시하는 등의 노력을 하는가 하면, 서독은 정부수립 후 의회 첫 회기부터 복지제도 관련법을 통과시켰다. 이러한 과정에서 동서독 양국은 상당히 근대적인 사회보장제도가 도입되었던 바이마르공화국 헌법에서부터 그 전거(references)를 끌어오는가 하면, 제도적인 측면에서도 그 역사적 경험이 중요한 근거가 되었던 것이다.

1. 동독

1.1 바이마르헌법과 1949년의 동독 헌법

　　동독 국가의 법적 기초가 잡히는 것은 1949년 발효된 헌법에서부터였다. 동독은 1949.10.7. 헌법을 제정·발효시키고, 독일민주공화국(DDR)을 선포하였는데, 이 헌법의 제정 작업은 서독과의 통일을 상정한 채로 1946년부터 시작되었다. 분단을 예상하지 않았던 동독 헌법 제1조 제1항에 "독일은 분단될 수 없는 단일의 민주공화국으로, 독일 주(州: Länder) 영토 위에 건립된다."고 선포하였다. 1949년 구동독의 헌법 제정에서 주목되는 점은, 이 헌법이 기본적으로 바이마르헌법의 사회권과 관련 내용을 계승하였다는 점이다. 바이마르공화국은 당대에 보기 드물게 사회권(social rights)을 헌법에 법인하고 있었고, 동독 헌법에서 국민 기본권으로서 노동권 및 사회권의 도입 등은 바이마르공화국 헌법에서 그 전거를 찾을 수 있는 것이다.

　　1949년 동독의 헌법은 연방제와 법치주의를 규정한 의회민주주의 국가조직 원리에 근거하고 있어, 서독의 내독성에서 발간한 『동독 핸드북』조차도 1949년 동독 헌법을 "연방주의와 법치국가적 특성을 갖는 의회주의-민주주의 체제의 구조적 요소 내지 구조적 원칙"을 드러냈다고 평가하고 있을 정도였다(BMIB 1985, 1410). 동독의 성립 과정에서 권력구조와 특성을 결정하게 된 1949년 헌법은 1919년 바이마르 헌법의 공화국 정신을 이어받은 것이다. 즉, 독일은 - 동독이든 서독

이든 무관하게 − 가까운 독일 역사, 즉 바이마르공화국에서 근대헌법의 역사적 경험을 갖고 있었기 때문이다. 독일은 1848년 프랑크푸르트 헌법 이외에도 1919년에는 자유권과 사회권이 잘 발달된 바이마르 헌법을 갖고 있었고, 이러한 경험이 독일인에게 헌법제정 과정에서 커다란 영향을 미친 것이다.

동독의 초대 수상 그로테볼(O. Grottewohl)은 1949년 제정헌법을 투표에 부치기 위해 작성한 포고문에서 이러한 정황을 명확히 밝히고 있다 : "우리는 이 헌법의 제정에서 낯선 전형(典刑)이나 선례를 따르지 않았다. 우리에게는 오직 하나의 장인 · 스승이 있기 때문이다. 즉, 우리의 역사가 그것이다. 우리 역사는 풍부한 경험을 갖고 있으며, 실패와 실망도 충분히 경험한 것이다. 우리의 역사에서 좋고 건강한 것은 살아남도록 해서, 더 나은 미래를 위해 활성화되도록 해야 한다"(Grottewohl 1949).

바이마르 헌법의 영향은 국가의 권력구조에 관련된 조항만 아니라 헌법상 기본권 내용에서 특히 동독 헌법제정에 크게 영향을 미쳤다. "동독 헌법상의 기본권 규정이 전부 직접적 효력을 가진 것은 아닐지라도 1919년의 Weimar 헌법의 전통을 이어 받아 상당한 자유권보장과 생존권보장이 이루어지고 있었다"(김철수 1997, 463). 나치의 역사만을 괄호 속에 넣는다면, 1949년 동독 제헌헌법은 바이마르 헌법에서 연속되는 헌법체제라고 할 수 있다. 동독의 1949년 10월 헌법에는 1919년 바이마르 헌법의 연속선상에서 국가에 의한 사회보험제도들이 대부분 복원되었다.

1.2 사회보장체제의 체계와 내용

1949년 동독 헌법은 제6~18조에 국민의 권리조항을 열거하고 있는데, 15조에서는 노동에 대한 권리와 생계유지의 보장을 기본권으로 보장하고 있으며, 제16조는 모든 노동대중에게 휴식, 유급 연차휴가, 병가 및 노령 시 수급권이 보장된다고 명시하고 있다. 국가가 경제에 개입하여 이를 적극 조정하는 것, 즉 사회주의 경제체제 유지의 본질은 전국민에게 일자리와 생계수단을 제공하기 위한 것이다. 따라서 "국민에게 적정한 일자리를 제공할 수 없을 경우, 생계를 위한 구호물이 제공돼야 한다"(제15조 2항 3문). 이 조문은 1949년 헌법에서만 아니라, 이미 사회주의통일당(SED)이 1946년 8월 10일과 11월 14일 제안한 헌법초안에도 적시돼 있었다. 국가는 국민의 생계유지에 필수적인 생필품을 제공할 의무가 부과되어 있는 것이다. 국가의 국민에 대한 이러한 의무는 일찍이 바이마르헌법에서의 사회보장의 전통에 덧붙여 사회주의체제의 기본적 이념을 실현하기 위한 내용으로 추가된 것이다.

헌법적 권리로서 보장되었던 노동권과 기본생계 수급권, 병가·노령 시 수급권 및 휴식·휴가의 권리 외에 1949년 헌법 제17조와 제18조는 노동대중에게 노동조합과 직장평의회라는 대변구조가 보장되며 노동조건에 대한 적정 수준의 보장 및 여성·청소년 노동 보호 관련 내용이 적시돼 있다.

동독의 사회보험체계는 기본적으로 바이마르공화국에서 설치·유지되어왔던 제도의 연장선상에서 이해된다. 헌법 제19~29조는 경제생활 관련 규정(Ⅱ절. 경제질서)으로 제반 계급·계층별 경제생활 보장과 인격적 품위 유지의 조건에 대해 열거하고 있는데, 제19조는 사회적 정의에 조응하며 인격적 존엄성 보장을 국가사무로 정하고 있다. 제30~40조는 가족과 모성 및 청소년 보호 관련 조항을 담고 있다(Ⅲ절. 가족과 모성). 동독의 헌법체계가 바이마르공화국 헌법체계와 많은 유사성을 보이고 있는 것을 확인할 수 있다.

구동독의 사회보험제도는 의료보험, 연금보험, 상해보험 등이 하나로 통합되어 단일한 통합사회보험(Einheitsversicherung)으로 되었으며, 동독의 노동자들은 이처럼 단일한 통합사회보험에 의무적으로 가입하도록 되어 있었다. 자유노동조합총연맹(FDGB: 자유노총) 조합원들은 노무직 보험이나 사무직 보험에 가입하였다. 협동농장의 농민과 수공업자 및 기타 자영업자들은 국영 보험기관에 가입했다. 사회보험의 운영 책임은 바이마르공화국에서와 마찬가지로 노동대중을 대표하는 조직 자유노총에 부여되었다. 다양하게 분권화된 직종·직능조직에 의해서 운영되던 바이마르공화국에서와 달리 자유노총이라는 단일조직에 의해 관장되는 일원적인 통합보험체제였다.

헌법에 노동권과 사회권을 기본권으로 보장하는 것 외에, 노동법(Arbeitsgesetzbuch: AGB)에서는 모든 노동자와 경영자(일자리제공자) 각인에게 부과된 노동법적 규정들을 명시하고 있었고, 국가조직에 의해 이들에게 부여된 권리, 책임, 의무들이 시행령 등에 규정돼 있었다. 모성보호법, 노동보호시행령(ASVO), 노동보호시행규칙(ASAO)과 그 중 여성·청소년노동보호조항, 노동보호 및 화재보호 시행규칙(ABAO), 사고(산재)보험, 산별단체협약규정(RKV), 기업별단체협약규정(BKV) 등을 예로 들 수 있다.

2. 서독 : 사회적 시장경제

2.1 사회적 시장경제에서 사회국가적 시장경제로

2차 대전 후 독일의 경제사정은 매우 어려워서 상당수 주민들이 심각한 궁핍 상황에 처할 정도였다. 나치정부 하 전시경제를 경험한 다수 국민들에게 시장경제의 결과는 심화되는 결핍의 만성화였다. 그런 경험으로부터 사람들이 기억할 수 있었던 시장경제란 무엇보다도 세계경제 위기와 불황의 시장경제였다. 이런 상황과 경험으로부터 사람들이 시장경제 질서에 대해 회의적 입장을 가졌던 것은 놀라운 일이 아니다. 전후 다수의 사람들은 당장 일상생활의 궁핍과 파괴 상황을 극복하기 위해서라도 국가의 통제경제에 계속 의존해야만 한다고 생각했다. 다수의 열렬한 자유 신봉자조차도 배급·분배경제에서 시장경제로 넘어가는 과도기적인 어려운 과정으로 보았고, 대부분 우선은 국가계획경제를 포기할 수 없다고 믿을 정도였다. 경제는 바닥으로 치달았고, 생산은 급격하게 위축되었다. 무엇보다도 식료품과 주거가 부족했고, 이에 더해서 병에 걸릴 위험이 커졌다. 1948년 화폐개혁을 통해서야 비로소 화폐의 가치가 회복되기 시작했고, 전후 복구경제가 서서히 출발할 수 있었다.

지속적인 국가의 경제에 대한 영향력의 행사가 필요하다는 인식의 배경으로는 경제적 어려움 외에 대기업의 나치─독재 지원과 같은 선례가 재발되지 않도록 막기 위해서 대부분 정당에 공통적으로 합치된 인식이었다는 점이 추가로 지적될 수 있다. 그러했기 때문에 1947년 2월 노르트라인─베스트팔렌 주(州) 기독교민주연합(CDU: 이하 기민연)의 '아알렌(Aalen) 강령'에서는 특히나 석탄산업 및 철광업을 사회화하려 했고, 화폐, 은행 및 보험업을 강하게 통제하려는 대안이 제시됐다. 그러나 서독 점령 3국 중 특히 미국은 이런 접근 방법을 강력히 반대하였는데, 이는 소비에트에 대항하는 보루를 구축할 목적 때문이었다. 대신에 당시의 결핍경제 상황을 극복하기 위한 해결책으로 사회적 시장경제라는 역사적 타협물이 도출되었다(스첼 2013, 115). 일찍이 19세기 중엽 슈타인에 의해 제출되었던 '사회국가' 개념을 역사적으로 선취하고 있던 독일에서 사회적 시장경제는 오히려 자연스러운 귀결이었다고 하겠다. 이러한 국가에 의한 경제통제적 기본입장은 1949년 7월 15일의 뒤셀도르프 기본초안에서 처음으로 검토되었다. 에첼(Franz Etzel)의 주도하에 기민연(CDU)의 강령작업위원회에 의해서 기초된 신강령에서 처음으로 사회적 시장경제에의 길이 열렸고 정책 방향이 그쪽으로 선회하게 되었다.

　　사회적 시장경제는 전후 서독 사회에서 다양한 모습으로 실현되어, 한편으로, 보수주의적 이해방식으로서 오르도(질서)자유주의의 사회적 시장경제와, 다른 한편으로, 진보적 이해방식으로서 사민당의 사회적 시장경제로 구분할 수 있다. 전자는 시기적으로 전후 1950/60년대 아데나워(기민당) 정부 기간 동안, 그리고 후자는 브란트(사민당) 수상 이후 사민당 정부 기간에 실현되었다(민경식·송태수, 2012).

2.2 바이마르공화국과 제2차 세계대전 후 서독의 사회보험체계

　　서독 헌법에 자리 잡은 사회적 연방국가 개념과 경제체제 관련 논쟁에서 정립된 사회적 시장경제 개념은 19세기 중반 슈타인(L. v. Stein)이 정초한 사회국가 원리와 많은 차이를 보이지 않는다. 서독의 2차 대전 후 국가 정체성 형성 과정에서 바이마르공화국은 가장 중심적인 역사적 전거(reference)였던 것이다. 한편으로, 이러한 바이마르공화국의 역사적 전거와 더불어 다른 한편으로, 동독에 세워진 사회주의체제와의 경쟁관계가 그 배경으로 이해되어야 한다. 동독과 서독은 서로 배제하면서도 서로 규정하고 규정되는 관계에 있었기 때문이다.

　　전후 재건된 독일의 복지체제는 국가적인 수준에서의 복지체계가 등장하던 비스마르크 수상 집권기 1880년대와 그 후에 창설된 것이다. 보험에 골간을 둔 시스템으로서 분권화된 복지체제의 구조는 (공적 보조금과 연동돼) 기본적으로 현재까지 변함없이 이어져 오는 것이다. 즉, 의료보험법(1883), 산업재해보험(1884), 연금(1889), 실업보험(1927), 수공업자 법정사회보험(1939) 등이 2차 대전 이전에 이미 법제화하여 체계를 갖추고 있었고, 이러한 사회보험체계는 전후 서독 사회보험체계 수립의 전거가 되었다.

　　1949~56년 동안 재건사업이 진행되는 와중에 서독에서는 무엇보다 사회보험제도의 재건·복원이 전면적으로 추진되었다. 바이마르공화국의 사회보험제도는, 비록 물질적 가치의 효용적 측면에서 한계를 드러내기는 했을지언정, 나치 제3제국 동안에도 유지되었다. 서독지역에 진주한 미·영·불 연합군도 이러한 사회보험제에 의한 분배제도는 손대지 않고 그대로 남겨두었는데, 왜냐하면 이 제도가 나치에 의해서가 아니라 그 이전에 확립된 것이었기 때문이다. 사회보험제도에서는 다양한 보험기구·체계들, 다양한 직업군에 따라 구분되는 보험체계, 실업보험의 연방고용청 형태로의 취업알선조직 및 실업보험체계 등이 신속히 복원되

었다. 그리고 사회보험의 부담을 조정하기 위한 부담조정법이 제정되고, 모든 보험분야에 자치관리제가 재도입되어 노동자와 사용자 동수에 의한 운영이 자리 잡았다. 이러한 사회정책 관련 입법은 신속하게 이루어져 아데나워(K. Adenauer) 수상정부 첫 회기 동안에 의회를 통과하였으며, 무엇보다도 사회보험 가입자 범위가 크게 확대되었다. 이에 따라 이미 1950년에 GDP 대비 사회보험의 비중이 약 15%에 이르렀다.

전후의 특수 상황에 대응하여 정부는 1950년에는 연방원호법을 제정하여 전쟁희생자를 지원하기 시작했고, 이와 동시에 대규모 사회주택이 건설되었다. 이어서 1952년에는 전쟁난민과 외국으로부터 추방돼 독일로 귀환한 자, 미망인 및 고아 등에 대한 지원 제도, 그리고 1953년에는 중증상해(傷害)법이 제정되었다. 사회복지 급여가 이들의 곤궁상태를 서서히 완화해주기 시작했다.

이어 1957~61년 동안에 연금법 개정(1957년)과 농민노령보험(1957년) 및 연방사회부조법(1961년) 등의 제정이 이루어졌다. 연방사회부조법은 1924년 제정된 사회부조법을 정비한 것으로, 모든 국민을 존엄한 인격체로 보호하는 것이 국가의 의무로 부각됨으로써 보험원칙, 사회부조원칙과 구휼 사이의 간극을 메우는 입법이 이루어졌다(Pilz 2004, 35). 이러한 사회부조법의 입법 조치는 더 나아가 실질적인 의미에서 임금의 최저수준을 결정하는 것을 의미하기도 했다. 즉, 사회부조법에 따른 지원 수준 이상의 임금에서만 일에 대한 동기가 부여된다는 점에서 일종의 최저임금의 기능을 하게 된 것이다.

사회안전망의 전통적 제도인 연금보험, 의료보험, 재해보험 및 실업보험은 사회국가의 핵심요소, 사회국가원칙의 실현이 함축적으로 표현되는 틀이다. 서독의 사회보험제도는 연금보험, 의료보험, 실업보험, 산재보험 등으로 나누어져 각각 상이한 보험기관에 의해 운영되어 왔으며, 1995년부터 간병보험이 도입됨으로써 통독 후 독일의 사회보험은 5대 보험으로 되어 있다. 산재보험의 경우에만 고용주가 보험료를 100% 부담하고, 나머지는 고용주와 임금노동자가 절반씩 부담한다.

서독의 연금보험은 노무직 연금보험, 사무직 연금보험, 광부연금보험, 농민연금보험, 공무원 연금보험 등 직종·업별로 나누어져 있다. 그리고 연금 생활자의 생활수준이 일정하게 유지될 수 있도록 연금지급액을 동종 노동자의 임금 및 봉급 수준에 연동시켜 매년 조정하고 있다. 보통 45년간 보험료 납부실적이 있는 연금수급자는 동종 평균임금의 약 70%를 연금으로 받는다.

의료보험은 지역의료보험, 직장의료보험, 농민의료보험, 어민의료보험, 광부의료보험 등으로 나누어져 있다. 그리고 고소득자는 사(私)보험에 가입할 수 있지만, 이것은 예외적이다. 연금생활자와 실업자의 의료보험료는 연금보험기관과 실업보험공단에서 직접 납부한다.

산재보험은 노동재해나 직업병을 예방할 뿐만 아니라 사고 발생 시 피해자에게 노동능력 회복과 재취업을 보장하고, 그 가족들의 생계유지를 위해 보험금을 지급한다.

실업보험은 직업상담, 소개, 훈련, 고용창출 등 적극적인 고용촉진 기능과 더불어 실업수당, 실업보조금 지급을 통한 실업자 생활보장 기능을 가지고 있다. 실업보험의 재원은 노동자와 고용주가 각각 절반씩 부담하고 보험료 수입과 연방정부의 보조금으로 충당된다.

간병보험은 그동안 의료보험법이나 사회부조법에 근거해 시행되었지만 1995년부터는 개호보험법에 따라 시행되고 있다. 사회보험 외에 중요한 사회보장제도로서 사회부조와 원호제도가 있으며, 기타 자녀수당, 질병수당, 주택수당 등이 있다. 또한 서독은 원호법에 따라 전쟁희생자와 그 유족들, 병역의무 수행으로 인한 상해 자들을 부양해 왔지만, 동독에는 이 같은 법률이 없었다.

'사회적 연방국가' 서독 법원의 판결이나 정치 결정에서는 일종의 광범한 콘센서스가 형성돼 있었는데, 이에 따르면 생계유지를 위한 최소한의 생계수단의 보장은 사회국가의 기본적 책무라는 것이다. 이에 따르면, 연금수준을 개인의 최종 (세후)순소득의 절반 이하 수준으로까지 낮춘다든가 혹은 생명 부지에 꼭 필요함에도 불구하고 의약품이 너무 비싸서 의료보험이 지원할 수 없다면, 이는 '사회적'이지 못한 것이고 사회국가원칙에 위배된다는 것이다.

Ⓥ 맺음말

통일 후 변화되어가는 모든 환경은 구동독 지역 주민들에게는 쉽지 않은 '변신'의 과정을 의미했다. 통일 이후 엄격한 시장주의에 따른 민영화 및 기업구조조정 정책에 따라 실업률 20%라는 고실업 상태가 지속되는 것을 정부는 방치할 수 없었다. 사회국가 독일에서 1인의 실업자가 발생하면, 이는 실업자 훈련 및 구제·부양 등의 사회비용 유발을 의미하는 것이다. 1991년 초 메킨지의 보고서에 따르면 일자리 하나가 없어질 때 발생하는 국민경제적 비용은 26~30만DM(1DM=약 500원)으로 추정된 바 있다(McKinsey & Company 1991, 16-17). 따라서 정부는 구동독지역 기업 민영화 시 매수기업 선정에서 가장 중요한 기준의 하나로 '일정 기간 동안 유지해줄 일자리 규모'를 선택했다. 사회보험체제가 국가로 하여금 적극적 고용창출 정책을 펼 수밖에 없도록 추동하는 배경이다. 실업이냐 고용이냐의 문제와 관련하여 사회국가는 직접적인 이해당사자가 되는 것이다. 효능 측면에서도 적극적 고용창출 정책이 오히려 저비용·고효율의 정책옵션이 되는 것이다. 이렇게 안정적으로 창출되는 일자리야말로 사회보험체제의 유지를 가능하게 하는 것이고, 사회보험의 지속가능성이 보장되는 것이다. 그리고 이러한 사회국가야말로 평화적인 통일 이후 사회통합의 배경이었던 것을 앞에서 확인했다.

　　서로 배제하면서도 서로 규정하고 규정당하는 관계에 있던 동독과 서독은 노동권 보호와 삶의 수준·질을 드러내는 사회보험체제의 내용과 수준에서 서로 경쟁 상태에 있었는데, 실제 그 기원은 통일된 프로이센제국으로부터 바이마르공화국을 거치면서 정립된 것들의 연속이었던 것이다. 그러하기 때문에 상대 지역의 일상과 뉴스를 들여다볼 수 있던 조건에서도 동서독은 각기 내적 안정성을 유지하여올 수 있었다. 이러한 바이마르공화국에서의 공통적 역사경험을 토대로 형성된 노동기본권과 사회보험의 원리를 담아낸 서독의 사회국가성은 통일 이후 평화적 체제전환과 사회통합을 가능케 한 것이다. 즉, 일정 측면에서 폭력적으로 진행된 체제전환 과정에도 불구하고 사회통합이라는 목표를 유지한 채 평화적 이행을 가능케 했던 것은 무엇보다도 독일을 '노동사회'로 특징지었으며, 노동대중과 주민의 인격적 존엄 유지와 안정적 삶을 가능케 하는 독일 사회국가성에서 찾아야할 것이다.

더 나아가 생각해 보기

1. 독일 역사에서 사회정책의 발전 과정에는 '역설적인 측면'이 있다는 지적이 있다. 즉, 독일에서 사회정책 도입의 "근본적 의도는 시민권의 확립에 있었던 것이 아니라 국민이 타율적 상태에 있도록 하는 데 있었다." 사회정책은 국가의 주도에 의한 것으로 추진되었으며, 그 원리적 측면에서 복지국가 내지 '국가사회주의'의 원리에 따른 것이었다. "독일의 사회정책은 항상 국민들을 계도하는 일에 지나친 반면 시민의 인격의 자율성을 존중하는 면은 미흡했던 것이다."(다렌도르프 1967; 1986년 번역) 다렌도르프의 주장은 타당한가? 현재도 그러한가?

2. 독일 통일과정에서 사회 통합의 이면에는 다른 요인들도 많이 있을 것이다. 어떠한 요인들을 꼽을 수 있을까?

참고문헌

김철수. 1997. "東獨憲法과 統獨憲法."『미국헌법연구』8권.

다렌도르프, 랄프(1967) (이종수 역). 1986.『분단독일의 정치사회학』. 한길사.

민경식·송태수. 2012. 독일 연방헌법(Grundgesetz)과 사회적 시장경제 질서.『중앙법학』(제14집 4호).

박근갑. 2009.『복지국가 만들기 – 독일 사회민주주의의 기원』. 문학과지성사.

송태수. 2005. 독일정치문화. 김승렬 외,『분단의 두 얼굴 — 테마로 읽는 독일과 한반도 비교사』. 역사비평사.

송태수. 2000. 통독 과정에서 신탁청에 의한 사유화 정책과 그 대안."『한국정치학회보』(제34집 4호).

송태수. 2015. "독일의 정치제도와 통일." 윤영관·강원택 (엮음).『통일한국의 정치제도』. 늘품플러스.

스첼, 기외르기. 2013. "복지와 통합 – 분단국가는 어떻게 복지국가를 인식하고 통합에 기여했나." 윤홍식 엮음 (참여사회연구소 기획).『평화복지국가』. 이매진.

신명훈. 2014. "독일 복지국가 담론의 역사 — 독일제국 사회정책과 근대적 국민국가로의 길."『독일연구』(27).

임홍배·송태수·정병기. 2012.『기초자료로 본 독일통일 20년』. 서울대학교출판문화원.

전성우. 1994. "사회통합의 관점에서 본 독일통일."『역비논단』(1994, 겨울호). pp.262–284.

통일부–2.1. 2010.『독일의 통일·통합 정책 연구』(제2권 부처·지방정부 연구; 2.1. 총리실).

Piedersdorfer, A. & S.–U. Rhie. 2000. "Deutschland 10 Jahre nach der Wiedervereinigung Leistungs– oder Umverteilungsstaat."「독일어문학」제11집.

Akerlof, George A. & Andrew K. Rose et al. 1991. "East Germany in From the Cold: The Economic Aftermath of the Currency Union", In *Brookings Papers on Economic Activity*, 1991, No. 1.

Bayerische Landeszentrale für politische Bildungsarbeit (Hrsg.). 30 *Jahre Bundesrepublik Deutschland*, Band: Auf dem Weg zur Republik 1945 bis 1947, Band: Das Entscheidungsjahr 1948, Band: Gründung des neuen Staates 1949, Nr. A61–A63, München 1978, 1979 und 1981.

BMIB (Bundesminsterium für innerdeutsche Beziehungen) (Hg.). 1985. *DDR–Handbuch* Bd.2. Köln.

Gespräch mit dem Journalisten Moritz Busch am 21. Januar 1881 in Berlin. In : O. v.

Bismarck, *Werke in Auswahl VI.*

Grottewohl, Otto. 1949. Über 'Die Verfassung der Deutschen Demokratischen Republik' (http://www.documentarchiv.de/ddr/1949/grotewohl_ddr−verfassung. html).

Hesse, Konrad, 1999. *Grundzüge des Verfassungsrechts der Bundesrepublik Deutschland.* Heidelberg.

Ipsen, Jörn. 2001. *Staatsrecht I, Staatsorganisationsrecht.* Neuwied.

IWH. 2009. Wirtschaft im Wandel 2009/10 (20 *Jahre Deutsche Einheit*).

McKinsey & Company. 1991. *Überlegungen zur kurzfristigen Stabilisierung und langfristigen Steigerung der Wirtschaft in den neuen Bundesländern.* April 1991.

Pilz, Frank, 2004. *Der Sozialstaat. Ausbau−Kontroversen−Umbau,* BZpB.

Ritter, Gerhard A., 1989. Der *Sozialstaat. Entstehung und Entwicklung im internationalen Vergleich,* München.

Strauß, F. J., 1982. Soziale Marktwirtschaft 1949 bis 1969. In : *Politische Studien,* Heft 265, 33. Jg., München 1982.

Von Berlepsch, H.−J. 1987. *"Neuer Kurs" im Kaiserreich? Die Arbeiterpolitik des Freiherrn von Berlepsch 1890 bis 1896.* Bonn 1987.

Von Stein, Lorenz. 1876. *Gegenwart und Zukunft der Rechts− und Staatswissenschaften Deutschlands* (Stuttgart, 1876).

Willing, Matthias. 2008. *Sozialistische Wohlfahrt. Die staatliche Sozialfürsorge in der Sowjetischen Besatzungszone und der DDR (1945−1990).* Mohr Siebeck.

CHAPTER 3.
'그랑제콜'의 정치사회학:
'국가귀족'의 문화적 자본과 권력 재생산

윤석준

 들어가며

2017년 상반기에 치러진 프랑스 대선과 총선 결과는 전 세계의 이목을 집중시켰다. 4-5월에 실시된 대선에서는 선출직 경험이 전무했던 만 39세의 엠마누엘 마크롱(Emmanuel Macron) 후보가 당선되었고, 이어 6월에 실시된 총선에서는 마크롱의 전진하는 공화국(이하 전진당)이라는 신생정당이 하원의회의 52%를 차지하는 압도적인 승리를 거두었기 때문이다. 마크롱 대통령은 그가 대선을 1년 앞두고 시작했던 시민운동을 토대로 전진당을 창당하고 좌파도 아니고 우파도 아니라(ni gauche, ni droite)는 탈이데올로기적 정체성을 내세워 전통적으로 좌/우파 구도에 익숙한 프랑스 유권자들의 지지를 이끌어냈다는 점에서 주목을 받았다.

특히, 마크롱과 같이 30대라는 젊은 나이에 장관을 역임하고 대통령까지 하는 일이 어떻게 프랑스에서는 가능할 수 있는지, 그리고 창당한지 1년도 되지 않는 신생정당이 총선에서 압도적인 다수 의석을 확보하는 일이 어떻게 신생 민주주의 국가도 아닌 프랑스에서 가능한지 궁금해하는 경우가 많다. 이러한 물음에 적절한 해답을 찾기 위해 반드시 필요한 프랑스 사회의 이해 지점들 중 하나가 바로 마크롱과 그의 핵심 참모들이 졸업한 '그랑제콜(les Grandes Écoles)'이다. 일반적으로 프랑스 사회를 읽어내는 여러 방법들과 주제들이 있을 수 있지만, 그 중에서도 프랑스에만 있는 독특한 고등교육제도인 그랑제콜에 대한 이해는 오늘날 프랑스 정치를 이해하는 데 필수적인 요소라 할 수 있다.

흔히 '대학 위의 대학'이라고도 불리는 그랑제콜은 프랑스 사회의 소수 정예 엘리트 양성을 위한 고등교육제도로서, 역사적으로는 나폴레옹 시대부터 존재해

오면서 오늘날 국립대학과 함께 고등교육의 중요한 한 축을 담당하고 있다. 그런데 문제는 오늘날 프랑스 정치, 행정, 경제 분야의 핵심 주요 인사들이 대부분 그랑제콜 출신들이고, 그 중에서도 최상위 그랑제콜 몇 곳의 출신들이 프랑스 공직은 물론 민간의 주요 요직들을 과점하고 있다는 점에 있다. 특히, 프랑스 고등교육제도에서 평등의 원칙이 강조되는 국립대학과는 달리 그랑제콜은 입학 과정에서부터 경쟁의 원칙이 강조되는데, 이것이 사실상 '세습적 능력주의'라는 형용모순적 현상을 결과적으로 가져오고 있기 때문이다.

이 글에서는 프랑스 사회에 대한 심도 깊은 이해를 위하여 우선 프랑스 고등교육제도라는 큰 틀 안에서 그랑제콜 시스템에 대한 역사적 및 제도적 이해를 제공하고, 이를 토대로 하여 그랑제콜 시스템에 대해서 학자들이 제기해온 정치사회학적인 문제의식들을 '그랑제콜의 사회학(la sociologie des grandes écoles)'에서의 문화적 자본에 대한 논의를 중심으로 살펴보고자 한다. 특히, 그 중에서도 그랑제콜 연구에서 가장 선도적인 성과를 냈던 피에르 부르디외(Pierre Bourdieu)의 연구성과들을 통해서 문화적 자본이 정치경제적 세습을 가져오는 사회적 동학을 살펴보고자 한다. 그리고 이러한 프랑스 사회에 대한 이해가 한국을 포함한 다른 사회의 이해에 주는 함의를 모색해보고자 한다.

Ⅱ 프랑스 고등교육제도에서 '그랑제콜'이란?

1. '국립대'와 '그랑제콜'이 병존하는 프랑스 고등교육제도의 특징

프랑스의 고등교육제도는 사실상 무상으로 교육을 받을 수 있는 국립대학을 중심으로 국내에 소개되어 왔다. 그러나 이것은 한편으로는 맞고, 다른 한편으로는 틀린 이야기이다. 프랑스 대학교는 대부분 국립인데, 국립대에 등록하면 일반적으로 고액의 학비는 없고 매년 소액의 등록금만 내면 된다. 하지만 이는 프랑스 고등교육제도의 반쪽만을 말한 것이다. 프랑스 고등교육제도는 대학교와 그랑제콜로 이원화되어 있기 때문이다. 다른 서구 국가들의 국립과 사립의 이원화와는 다른 체계인데, 군이 국립과 사립의 틀을 프랑스에 적용하면 프랑스에서 대학은 대부분 국립이지만 그랑제콜은 사립·국립·공립이 공존한다.

국내에서 프랑스 고등교육에 대해 이야기할 때 평등을 강조하는 사람은 프랑스 국립대학의 낮은 학비만을, 반대로 경쟁을 강조하는 사람은 프랑스 국립대학의 경쟁력 저하만을 강조하면서 각각 아전인수 격으로 한국사회에 주는 시사점을 찾는 경향이 있다. 그러나 프랑스 고등교육제도에서 대학교와 그랑제콜의 양 축을 함께 바라보지 않고서는 프랑스 사회를 제대로 이해하기도 어렵고, 당연히 그 함의점을 논하는 것도 의미가 퇴색된다. 무엇보다도 프랑스에서는 국립대학과 그랑제콜이 서로 상반된 역할을 수행하면서, '평등'과 '경쟁' 혹은 '국가'와 '시장'이라는 교육에 대한 상이한 인식과 수요를 한 사회 안에서 소화해낸다는 점에 주목해야 한다.

2. 국립대학, 무상교육으로 평등 교육권 보장

프랑스에서 대학교, 특히 그 중 다수를 차지하는 국립대학은 공화국 시민이라면 누구나 향유할 수 있는 교육권이 실현되는 '평등'이 살아 숨쉬는 공간이다. 12세기 무렵 이탈리아의 볼로냐에 이어 서구에서 두 번째로 프랑스 파리에서 대학교육이 태동했는데, 68혁명 이후 서열화한 프랑스 국립대학 구조가 해체되고 오늘날의 평준화된 국립대학 체제를 갖추게 된다. 해마다 고등학교 졸업생 70만여 명이 대학입학자격시험인 '바칼로레아'에 응시해 이 중 대략 90%인 약 63만여 명이 합격하게 된다. 이들은 국립대학에 진학할 수 있는 자격과 권리를 갖는데, 2017년 기준으로 전국 90여 개 국립대학들 중 1순위부터 24순위까지 지망해서 이 선호도를 고려해 학부과정을 이수할 학교가 배정된다.

국립대학에서는 사실상 무상교육 원칙이 적용된다. 학생은 고액의 학비 부담 없이, 학위 과정에 따라 연 174유로(약 21만원)에서 564유로(약 68만원)의 등록금을 낸다. 그러나 실제 프랑스 국립대학 재학생 1명에게 들어가는 평균 교육비는 7,840유로(약 930만원)다. 학생이 부담하는 등록금은 대학 운영에 필요한 경비의 약 3%에 불과하고, 나머지는 모두 국가가 부담한다. 프랑스는 국립대학 학비뿐 아니라 학업 기간 중 학생으로서의 삶도 상당 부분 국가가 책임진다. 가정형편이 어려우면 국가 장학금을 받을 수 있는데, 지급 기준은 우수한 성적이 아니라 경제적 약자인지의 여부다. 대학 식당과 기숙사는 국가가 직접 운영해서, 민간 위탁으로 인한 가격 상승을 예방해 대학생들의 생활고를 덜어준다.

3. 그랑제콜, 가정형편 따라 학비 차등화

반면, 그랑제콜은 프랑스 사회의 엘리트를 양성하기 위해 '평등'보다는 '경쟁'이라는 가치에 기반해 운영된다. 프랑스 철학자 피에르 부르디외가 '국가 귀족' 양산 공간으로 해석한 그랑제콜은 나폴레옹 시절 정부와 공기업에 필요한 핵심 인재들을 양성하기 위해 공학·행정·경영 분야의 소수정예 교육기관으로 설립한 것이 모태가 되었다. 해마다 고등학교 졸업생 70만여 명 중 우수한 성적의 학생 3만 8천여 명이 '프레파'라고 부르는 그랑제콜 진학 준비반에 들어가고, 이곳에서 1~2년 동안 집중적으로 그랑제콜 입학시험을 준비한 뒤 이 중 2만 8천여 명이 그랑제콜에 최종 진학하게 된다. 그랑제콜은 국립대학과 달리 상당히 서열화 되어 있어 분야별 최상위권 그랑제콜에 진학하려는 경쟁이 치열하다.

그랑제콜은 국립대학과 달리 일반적으로 무상교육 원칙이 적용되지 않는다. 일부 국립 그랑제콜은 국립대학 학비와 비슷하기도 하지만, 대부분의 사립 및 공립 그랑제콜은 최소 4천유로(약 480만원)에서 최고 3만유로(약 3,600만원)까지 학비를 낸다. 고액의 학비를 부과하는 그랑제콜이라도 부모의 소득수준에 따라 학비를 달리 낸다는 점에 주목해야 한다. 같은 그랑제콜을 다니더라도 부모의 연소득이나 재산에 따라 학생들이 내는 학비가 달라지는 경우가 많다. 그래서, 국립대학의 1인당 평균 교육비는 7,840유로(약 960만원)이지만, 그랑제콜의 1인당 평균 교육비는 2만유로(약 2,400만원)에 이른다. 이와 같은 그랑제콜의 1인당 평균 교육비는 경제협력개발기구(OECD)의 통계상 미국 대학에서의 1인당 평균 교육비보다 더 높다.

4. 국가의 적극적 역할이 전제된 평등과 경쟁의 병존적 구조

이처럼, 프랑스 고등교육제도의 가장 큰 특징은 국립대학에 의해 평등의 가치가 실현되고, 그랑제콜에 의해 경쟁의 가치가 실현되는 병존적 구조라는 점이다. 고등교육 정책에서 평등과 경쟁을 양자택일 문제로 바라보는 것이 아니라, 두 개의 사회적 수요를 모두 만족시킬 수 있게 병존하는 방식으로 운영한다. 단, 여기에는 최고 수준의 교육보다는 최대 다수의 교육이라는 본연의 사명에 충실한 국립대학의 존재가 전제된다. 그래서 프랑스 국립대학이 미국 사립대학과의 대학 순위 경쟁에서 뒤처진다고 이런 모델의 실패를 지적하는 국내 일부 언론들의 지적은 무의미하다. 이러한 주장은 버스나 지하철을 타보니 자가용의 편안함이 없다며 '대중교통은 실패했다'고 말하는 논리와 다를 바 없다.

Ⅲ 프랑스 그랑제콜 출신들의 정치권력과 경제권력 과점

1. 프랑스 정치 권력을 과점하는 그랑제콜 출신들

프랑스의 그랑제콜 출신들은 프랑스의 정치 및 경제 권력의 핵심을 과점하고 있다. 프랑스 제5공화국에서 대통령을 역임하거나 재임 중인 8명 중 그랑제콜에서 수학했던 사람은 총 7명이었다. 그리고 그들 중에서 6명은 경영, 공학, 정치/행정 분야에서 각각 최상위로 평가 받는 4개 그랑제콜(HEC, X, Sciences Po, ENA)에서 수학한 사람들이었고, 특히 이 중 5명은 정치 분야 그랑제콜인 파리정치대학(Sciences Po) 출신이었다. 그리고 프랑스의 좌파 정권/정당, 우파 정권/정당에 관계없이 장관들이나 국회의원들에서도 그랑제콜 출신들의 비중은 늘 50%를 상회해왔고, 특히 그 중에서도 다수는 이들 최상이 4개의 그랑제콜 출신들이 과점 해왔다. 프랑스의 기성정치구도를 전복시키며 '정치혁명'이라고 불리며 화려하게 등장한 마크롱 대통령과 주요 참모진들 중 다수도 역시 이 분류에 포함된다.

이들 중에서도 경영학, 공학, 정치학 분야의 최상위 그랑제콜(HEC, X, Sciences Po) 중 하나와 국립행정학교(ENA)를 함께 수학한 인사들이 매년 약 50~80여명 정도 배출되는데, 이들에게 집중되는 권력은 프랑스 사회가 이들 그랑제콜을 앙드레 말로(André Malraux)의 소설 제목인《왕도로 가는 길》(La voie royale)에 빗대어 부르게 된 배경이 된다. 이들 중 다수는 졸업 이후 프랑스 사회에서 '왕도로 가는 길'이라 불릴 만큼 아주 특별한 엘리트 코스를 걷게 되는데, 그들 중 일부는 20대에 국영기업 임원을 맡기도 하고, 30대에 정부 부처 장관직을 맡기도 한다. 또한, 과거에는 다수가 공직으로 진출해서 행정부의 고위관료나 입법부의 정치인으로 성장해왔지만, 오늘날에는 공직은 물론 민간 영역에도 활발하게 진출하고 있다. 그래서 최근에는 이 소수의 그랑제콜 출신들이 프랑스의 정치권력은 물론 경제 권력도 점차 과점하고 있는 상황이다.

2. 프랑스 경제 권력을 과점하는 그랑제콜 출신들

프랑스의 사회학자 프랑수와 사비에 뒤두에(François-Xavier Dudouet)와 역사학자 에르베 졸리(Hervé Joly)는 프랑스의 대표적인 주가지수인 CAC40에 포함되어 있는 40여 개의 주요 기업들에서 일하는 900여 명의 고위 임원들 중에서 그랑제콜 출신들이 과연 얼마나 되는지를 연구해보았다(Dudouet and Joly 2010). 그 결과, 이들 중 무려 84%가 그랑제콜 출신들이었고, 그 중에서도 46%가 경영, 공학, 정치, 행정 분야 최상위 4개 그랑제콜(HEC, X, Sciences Po, ENA) 출신들인 것으로 나타났다. 이는 매년 70만 명의 동년배들 중에서 약 4%만 그랑제콜에 진학할 기회가 주어지고, 그 중에서도 이 최상위 그랑제콜들에는 약 0.2%만 입학할 수 있다는 점을 고려할 때 이들이 인구대비로 지나치게 과잉대표되는 경향을 보여주고 있다.

이와 같은 프랑스의 상황은 이웃 유럽 국가인 영국의 상황과 비교해보면 더욱 의미가 명확해진다. 영국의 교육재단인 서튼 트러스트(Sutton Trust)는 영국의 주요 기업 경영인들 중에서 '옥스브리지(Oxbridge)', 즉 옥스포드 대학과 케임브리지 대학 출신들이 얼마나 되는지를 정기적으로 조사해오고 있는데, 1987년에는 이들이 67%를 점유했었지만 2015년에는 31%를 차지해서 지속적으로 그 비중이 하락해 온 것으로 나타났다(Kirby 2016). 영국의 컨설팅 기업인 로버트할프(Robert Half)도 영국의 대표 주가지수인 FTSE100에 포함되어 있는 100대 기업들을 대상으로 서튼 트러스트와 비슷한 조사를 실시하는데, 이에 따르면 이들 주요 기업들에서 '옥스브리지' 출신 임원들이 차지하는 비중은 2012년 21%에 불과했으며, 2013년에는 15%로 역시 지속적으로 하락 추세인 것으로 나타났다(Robert Half 2013).

3. 형식적 능력주의에 기반한 실질적 세습주의

프랑스의 문제는 자유, '평등', 박애의 나라에서 단순히 이러한 소수 엘리트층의 정치 및 경제 권력의 과점 현상이 심화되고 있다는 것에 머무르지 않는다. 그보다 더 중요한 문제는 그랑제콜이라는 프랑스만의 독특한 이 고등교육 시스템이 정치 및 경제 권력의 핵심적인 '세습' 기제로 작동하는 측면이 있다는 점이다. 그랑제콜이라는 '왕도로 가는 길'이 표면적으로는 공정한 그랑제콜 입학시험이 있기 때문에 능력주의에 기반해 있는 것처럼 보이지만, 그랑제콜에 입학한 학생들의 다수는 프랑스 사회에서 정치 및 경제적 권력을 가진 부모들의 자녀들이고, 평범한 노동자나 저소득층 자녀들은 소수에 불과하고 이마저도 지속적으로 감소하고 있기 때문이다. 이는 그랑제콜 입학 시험이 형식적으로는 능력주의에 기반해 있지만, 실질적으로는 세습주의에 기반해 있다는 비판의 근거가 되고는 한다.

프랑스의 일부 학자들은 이러한 형식적 능력주의에 기반한 실질적 세습주의의 동학이 단순히 경제적 기제보다는 문화적 기제를 통해서 작동하고 있다는 점에 주목한다. 단순히 경제적 권력으로서 자산을 상속해주거나 정치적 권력으로서 영향력을 행사하고 인맥을 활용하는 직접적인 전달이 아니라, 문화적 기제를 통해서 학교라는 공간을 매개로 하여 간접적으로 사회에서의 권력이 세습된다는 것이다. 즉, 자녀에게 간접적으로 체화된 문화적 능력이 그랑제콜이라는 고등교육 시스템을 매개로 하여 형식적 능력주의에 기반한 실질적 세습주의가 가능하도록 그 핵심기제로 작동하고 있는데, 이것은 단순히 부모가 직접적으로 전달해줄 수 있는 경제적 및 정치적 능력만으로는 넘어설 수 없는 것이다. 그랑제콜의 문제가 우리나라나 영미권의 명문대 혹은 학벌 문제와 본질적으로 차이가 나는 것은 바로 이러한 지점에서이다.

Ⅳ 문화적 자본을 통한 정치적 및 경제적 권력의 세습

1. 부르디외의 문화적 자본

프랑스에는 이와 같은 논의를 오랫동안 학문적으로 발전시켜온 '그랑제콜의 사회학(la sociologie des grandes écoles)'이라는 연구분야가 존재한다. 이는 다른 나라의 정치학이나 사회학에서는 볼 수 없는 프랑스만의 유일무이(sui generis)한 연구분야로서, 프랑스에만 존재하는 이 그랑제콜로 인해 파생되는 정치, 사회, 경제적 동학을 주요 연구 대상으로 삼고 있다. 주로 1960~1970년대에 피에르 부르디외(Pierre Bourdieu), 장-클로드 파스롱(Jean-Claude Passeron), 모니크 드 생-마르탱(Monique de Saint-Martin)과 같은 학자들이 선도적으로 수행한 연구들에 기반해 있는데, 지금도 정치학, 사회학, 역사학 분야의 다양한 연구자들에 의해 그 학술적 흐름이 이어지고 있다. 하지만 그 누구보다도 그랑제콜 연구에서 가장 큰 학문적 상상력을 잉태해 준 학자는 단연 피에르 부르디외라는 점에는 이론의 여지가 없다.

부르디외는 파스롱과 함께 쓴 <상속자들(Les Héritiers, 1964)>과 <재생산(La reproduction, 1970)>이라는 저서를 통해서 그랑제콜에 내재해 있는 정치사회적 동학을 찾아 나서기 시작한다(Passeron and Bourdieu 1964; Passeron and Bourdieu 1970). 그는 프랑스 사회의 계급적 질서가 완전히 철폐되지 않고 일종의 문화적 형태나 문화적 매개를 통해서 여전히 유지되고 있고, 그러한 문화적 측면의 핵심에는 교육이 있다고 주장한다. 즉, 프랑스 사회에서 일종의 구질서가 완전히 해소되지 않고 지속적으로 재생산되는 동학은 바로 이러한 교육을 실체적으로 구성하는 학교에 있다고 본 것이다. 그는 학생 부모의 직업에 따른 학교 내 학업 성취도의 차이가 단순히 경제력, 즉 '경제적 자본(le capital économique)'에 의해서가 아니라 '문화적 자본(le capital culturel)'과 '사회적 자본(le capital social)'의 차이로 인해 발생하는 것임을 주장한다.

부르디외는 학교의 시험과 평가 과정에서 단순히 지식이나 기술만이 중요하게 고려되는 것이 아니라, 문화적이고 사회적인 역량이 바탕이 된 태도, 표현양식, 어휘사용 등의 역량들이 상당히 중요하게 영향을 미친다는 사실에 주목한다. 그런데, 이와 같은 역량은 학교보다는 주로 가정과 사회에서 습득되는 것이기에 특정한 사회 계층 혹은 계급의 학생들은 이미 상당히 유리한 조건을 갖게 된다. 결국, 학교라는 공간에서는 특정한 사회 계층 혹은 계급 문화가 다른 사회 계층 혹은 계급 문화가 만나는 과정과 결과로서의 '문화접변(l'acculturation)'이 요구된다. 그런데, 이러한 문화접변이 동등한 관계에서 상호작용으로 작동하는 것이 아니라, 상류계층 혹은 지배계급의 문화에 일종의 우월함을 전제하고 여기서 배제된 계층이나 계급의 학생들에게 이를 일방적으로 부과시키는 형태로 작용하고 있다는 것이다.

'자본'의 세 가지 양상

- 경제적 자본(le capital économique)은 화폐로의 전환이 가능한 개인의 자산과 소득으로 구성된다.
- 사회적 자본(le capital social)은 개인이 필요시 동원하거나 활용할 수 있는 가족적 및 사회적 인간관계의 연결망을 의미한다.
- 문화적 자본(le capital culturel)은 언어능력, 예술역량, 학위 등 개인이 지니고 있는 다양한 문화적 역량을 의미한다.

부르디외는 이러한 측면에서 사실상 학교를 '상징적 폭력(la violence symbolique)'이 작동하고 있는 공간으로 해석한다. 그는 학교가 상류계층이나 지배계급의 문화는 합리적인 반면 이들과는 다른 중하류 계층이나 피지배 계급의 문화는 비합리적이라는 담론과 인식을 내재화시키는 역할을 수행하고 있다고 본다. 그리고 그 사회의 비지배적인 구성원들에게 지배적인 구성원들의 문화 체득을 구조적으로 부과하는 것 자체가 궁극적으로는 사회의 지배관계도 규정한다는 것이라고 주장한다. 그러므로 학교는 표면적으로는 독립성과 중립성이라는 일종의 환상에 기반해있지만 실질적으로는 기존의 질서를 재생산하는 원리에 충실할 뿐이며, 이는 학교가 궁극적으로는 사회적 불평등을 해소하기는커녕 오히려 사회적 불평등을 증가시키는 곳으로 작동하고 있다는 주장으로 나아간다.

2. 그랑제콜, 그리고 아비투스

부르디외의 이러한 문제의식은 <구별짓기(La Distinction, 1979)>와 <문화적 자본의 세 가지 양태(Les trois états du capital culturel, 1979)>를 통해서 보다 정밀해진다. 그는 문화적 자본을 체화된 문화적 자본(le capital culturel à l'état incorporé), 객관화된 문화적 자본(le capital culturel à l'état objectivé), 제도화된 문화적 자본(le capital culturel à l'état institutionnalisé)으로 분류한다(Bourdieu 1979a; Bourdieu 1979b). 그가 문화적 자본을 이렇게 분류한 것은 단순히 문화적 자본이 사회적 불평등의 재생산에 어떠한 동학으로 작동하고 있는가를 드러내 보이기 위한 것도 있지만, 그와 동시에 경제적 자본과 문화적 자본의 본질적 차이를 통해서 경제적 자본을 통한 세습보다는 문화적 자본이 정치적 및 경제적 권력의 재생산 혹은 그 결과로서의 불평등이라는 문제의 본질일 수 있다는 점을 보여주기 위함이기도 하다.

부르디외에게 '체화된 문화적 자본'이란 교양, 세련됨, 품위, 화법, 미적감각, 패션감각, 미각 등과 같이 주로 유년기와 청소년기를 거치는 성장 과정에서 한 개인의 가정을 중심으로 체화되는 것으로, 경제적 자본이 직접적으로 전달될 수 있는 것과는 달리 이것은 체화를 통해서 간접적으로 이전되는 특성을 지닌다. 그리고 '객관화된 문화적 자본'은 예술작품, 악기, 고서적 등과 같이 물질적으로는 경제적 자본에 기반해 있지만, 체화된 문화적 자본을 지니고 있어야만 실질적으로 문화적 자본으로서의 의미를 가질 수 있는 것을 말한다. 마지막으로, '제도화된 문화적 자본'은 명문 고등교육기관의 학위나 의사 및 변호사와 같은 전문직 자격증과 같이 노동시장에서 그 상대적인 희소성 때문에 그 가치를 인정받는 것으로, 이러한 제도화된 문화적 자본은 경제적 자본으로 전환되는 특성을 가지게 된다.

부르디외는 이러한 논의를 바탕으로 <국가귀족(La Noblesse d'État, 1989)>에서 다양한 통계적 실증자료들에 근거해서 그랑제콜의 문제를 본격적으로 다루게 된다. 그는 이 책에서 프랑스 사회가 최상위 그랑제콜(HEC, X, Sciences Po, ENA)을 매개로 하여 부모 세대의 정치적 및 경제적 권력이 자녀 세대로 세습되고 있다고 주장한다. 그랑제콜의 입학 및 졸업시험은 구두 시험의 비중이 상당히 높은 편이고 그들은 각 학교에 맞는 특화된 자질을 평가하게 되는데, 이 과정에서 특정 계층의 문화자본을 바탕으로 그랑제콜의 교육과정에 적합하게 사회적으로 구조화되고 내재화된 성향 체계인 아비투스(habitus)를 지닌 학생들이 형식적인 능력주의에 기반한 시험을 통해서 선택되어진다는 것이다. 그리하여 부르디외는 그랑제콜이 문화자본의 '상속자'들에게 학위라는 이 시대의 '귀족의 작위'를 부여해줌으로써 이러한 사회적 '재생산'을 정당화시켜주는 기능을 수행하고 있다고 본다.

'문화적 자본'의 세 가지 양태

- 체화된 문화적 자본(le capital culturel à l'état incorporé)은 교양, 세련됨, 품위, 화법, 미적감각, 패션감각, 미각 등 주로 가정 및 사회에서 아동 및 청소년기 성장 과정을 통해서 체화되는 것이다.
- 객관화된 문화적 자본(le capital culturel à l'état objectivé)은 예술작품, 악기, 과학장비, 고서적 등 경제적 자본으로 치환이 가능한 문화자본으로, 이것은 체화된 문화자본을 소유한 사람에게만 문화적 자본으로서의 의미를 갖게 된다.
- 제도화된 문화적 자본(le capital culturel à l'état institutionnalisé)은 명문 고등교육기관 학위, 전문직 자격증 등과 같이 노동 시장에서 상대적 희소성에 기반한 가치를 인정받고, 이를 통해서 문화적 자본은 경제적 자본으로 전환된다.

Ⅴ **나가며**

프랑스의 그랑제콜은 국립대학과 함께 프랑스 고등교육제도를 구성하는 두 개의 축들 중 하나를 구성하고 있다. 국립대학이 공화국 시민들의 기본권의 일부로서 교육에 대한 권리를 보장해주기 위해서 '평등'의 가치에 기반해 존재한다면, 그랑제콜은 정치 및 경제 분야의 소수 엘리트들의 양성을 통한 사회적 수월성 제고를 위해서 '경쟁'의 가치에 기반해 운영되어 왔다. 그러나 그랑제콜은 교육이 기회의 사다리로서 평등에 기여할 수 있다는 일반적인 통념과는 배치되는 결과를 프랑스 사회에서 보여주고 있다. 단순히 경제적 자본이 아니라 문화적 자본이 요구되는 최상위 소수 그랑제콜들의 학위를 통해서 기존의 사회적 질서를 재생산하는 기능을 수행하고 있는 것이다. 이처럼 프랑스 사회의 그랑제콜에 대한 이해는 오늘날 프랑스 정치, 경제, 사회를 이해하는 데 중요한 단초를 제공해준다.

2017년 프랑스 정치권을 뒤흔든 정치신인 엠마누엘 마크롱의 정치혁명도 사실 그가 파리정치대학(Sciences Po)과 국립행정학교(ENA)라는 최상위 그랑제콜들에서 수학한 프랑스 사회 내에서 자타가 공인하는 소수 정예의 엘리트인, 소위 '국가귀족'이었기에 가능한 측면이 있었다. 프랑스 사회는 이러한 그랑제콜 출신들에 의한 정치적 및 경제적 권력의 과점현상에 대해서 단순히 비판보다는 다소 양가적인 태도를 견지하고 있다. 프랑스 하원의회 선거가 끝나고 나면 주요 언론들은 그랑제콜 출신들이 얼마나 진출했는지에 대한 통계치를 보여주면서, 프랑스 인구구성에서 소수인 이들이 의회에서 과잉대표되는 현상에 대해 우려하는 목소리가 높다(Lebègue and Walter 2008). 그러나 다른 한편 최상위 그랑제콜 출신들이 20대부터 국가나 기업에서 중책을 맡아 일하는 것에 대해서 그들은 그럴만한 능력이 있기 때문에 문제될 게 없다는 시선 또한 적지 않다.

프랑스 그랑제콜은 국립대학과 함께 프랑스의 고등교육제도라는 커다란 구도 안에서 그 의미를 이해할 필요가 있다. 그랑제콜이 프랑스 공화국 역사에서 오랜 기간 동안 유지되었고 또 지속적으로 발전할 수 있었던 배경에는 프랑스의 고등교육제도에서 국립대학과의 상호 역할 분담을 통해서 그랑제콜이 병존하는 형태의 장점 또한 적지 않았기 때문이다. 국립대학이 공화국 시민들의 고등교육에 대한 기본권을 보장해오며 평등의 가치를 수호할 수 있었던 것은 그랑제콜과의 역할분담 덕분에 가능한 측면이 있다. 그리고 사회적 재생산에 대한 일각의 우려에 대해서 일부 그랑제콜들은 문화적 자본이 중요하게 작동하는 전통적인 그랑제콜 입학시험 이외에도 바칼로레아 성적을 통해서 입학할 수 있도록 입시 전형을 다양화하고, 소외받는 지역의 고등학교 학생들에 대해서 일종의 기회균등전형을 시행하는 등 이러한 사회적 비판을 제한적이나마 수용하고 있다.

더 나아가 생각해 보기

1. 프랑스의 그랑제콜과 한국의 명문대 학벌의 근본적인 차이는 무엇일까?
2. 프랑스 사회가 그랑제콜 시스템을 유지하는 이유는 무엇일까?
3. 교육은 불평등 완화에 기여할 수 있을까?

　　프랑스 고등교육제도에 대해 소개하는 이 부분은 필자가 2011년 7월 Economy Insight에 게재한 "국가 역할 바탕, 평등-경쟁 병존: 국립대－그랑제콜의 조화 이룬 프랑스"라는 원고를 발전시킨 것이다.

　　니콜라 사르코지(Nicolas Sarkozy) 대통령만 유일하게 그랑제콜 졸업자가 아니었지만, 사실 그도 파리정치대학(Sciences Po)에서 수학은 했었으나 다만 낙제하여 졸업은 하지 못했다.

　　파리경영대학(Ecole des Hautes Etudes Commerciales de Paris: HEC), 에콜폴리테크닉(École Polytechnique: X), 파리정치대학(Institut d'études politiques de Paris: Sciences Po), 국립행정학교(École nationale d'administration: ENA)는 각각 경영학, 공학, 정치학, 행정학 분야를 대표하는 최고의 그랑제콜들이다. 이 중에서 HEC, X, Sciences Po는 학부, 석사, 박사 과정을 모두 운영하고 있지만, ENA는 입학시험이 사실상 소수 정예의 엘리트 고위 공무원 후보생을 선발하는 고등 행정고시의 역할을 하기 때문에 다른 그랑제콜들과는 달리 일종의 행정연수원적인 성격이 강하다. 2017년 기준으로, ENA의 입학생들 중 대부분(82%)은 Sciences Po 재학생 및 졸업생들이 차지하고 있다.

참고문헌

윤석준. 2011. "국가 역할 바탕, 평등—경쟁 병존: 국립대—그랑제콜의 조화 이룬 프랑스."『Economy Insight』15호, 24—26.

조홍식. 2014. "프랑스 엘리트 고등교육의 역사사회학: 시앙스포(Sciences Po)를 중심으로."『유럽연구』32집 3호, 133—57.

Bourdieu, Pierre. 1979a. *La Distinction: Critique sociale du jugement*. Paris: Les Editions de Minuit.

Bourdieu, Pierre. 1979b. "Les trois états du capital culturel." *Actes de la Recherche en Sciences Sociales* 30 (1), 3—6.

Dudouet, François—Xavier, and Hervé Joly. 2010. "Les dirigeants français du cac 40 : entre élitisme scolaire et passage par l'État, Abstract." *Sociologies pratiques*, No. 21, 35—47.

Kirby, Philip. 2016. "Leading People 2016 — the Educational Backgrounds of the UK Professional Elite." Sutton Trust.

Lebègue, Thomas, and Emmanuelle Walter. 2008. *Grandes écoles: La fin d'une exception française*. Paris: Calmann—Lévy.

Passeron, Jean—Claude, and Pierre Bourdieu. 1964. *Les héritiers: Les étudiants et la culture*. Paris: Les Editions de Minuit.

Passeron, Jean—Claude, and Pierre Bourdieu. 1970. *La Reproduction: Éléments pour une théorie du système d'enseignement*. Paris: Editions de Minuit.

Robert Half. 2013. "Finance Skills Are the Fastest Route to the Top of FTSE 100 Companies." Robert Half. May 7, 2013. https://www.roberthalf.co.uk/press/finance—skills—are—fastest—route—top—ftse—100—companies. (2017년 12월 31일 검색)

CHAPTER 4

역사발전의 과정을 통해 본
이탈리아 사회와 문화

임동현

  이탈리아는 고대 로마 문명의 발상지이자 르네상스의 기원 그리고 가톨릭의 본산으로 문화적인 영역에서 유럽을 선도하는 국가 중 하나이다. 그럼에도 불구하고 오늘날 이탈리아의 사회는 다른 유럽 국가들과 대비되는 특징을 지닌 것으로 인식된다. 이탈리아의 지역주의와 남부문제 및 최근의 외국인 혐오 현상, 가톨릭 문화로부터 기원하는 가족주의의 전통 그리고 후견인주의와 이로부터 비롯되는 사회적 부패에 이르기까지 오늘날 이탈리아 사회를 특징짓는 문화적 요소들을 기존의 연구들을 토대로 재구성해보는 한편 이를 이탈리아만의 독특한 역사발전의 과정과 연결시켜 설명하는 것이 이 장에서 다루게 될 핵심 문제이다.

I 지역주의와 남부문제

  이탈리아 전체를 아우르는 단일한 정체성을 추출해내는 것은 불가능한 일이다. 역사의 발전 과정에서 단일한 국가 정체성의 형성이 미약했던 반면 지역주의의 전통이 강하게 유지되었기 때문이다. 따라서 오늘날 대다수의 학자들은 사회학자 아르날도 바냐스코(Arnaldo Bagnasco) 선도를 따라 이탈리아를 세 지역으로 구분하여 설명하고 있다. 첫째는 토리노(Torino), 밀라노(Milano), 제노바(Genova)를 잇는 삼각형의 산업 지대로 이탈리아 반도 북서부에 해당한다. 이 지역은 독일, 프랑스, 스위스 등 알프스 이북의 국가들과 일찍부터 교류를 시작했고 적지 않은 문화적 영향을 받았다. 둘째는 메초조르노(Mezzogiorno)라 불리는 이탈리아 반도 남부 지역으로 로마 이남의 대륙 그리고 시칠리아(Sicilia)와 사르데냐(Sardegna)를 비롯한 도서로 이루어진 지역이다. 셋째는 이탈리아 반도 중부와 동북부 지역으로 움브리아(Umbria), 토스카나(Toscana), 에밀리아-로마냐(Emilia-Romagna), 베네토(Veneto), 프리울리-베네치아-줄리아(Friuli-Venezia-Giulia) 주를 포함한다. 바냐스코의 구분은 사회·경제적 조건을 기준으로 한 것이다. 그러나 문화적 요소들을 기준으로 본다면 이로부터 다시 수많은 하위 범주들이 생겨나게 된다.

유럽의 다른 국가와 마찬가지로 오늘날의 이탈리아인들은 세 가지 차원의 정체성을 갖는다. 첫째는 초국가적 정체성(supranational identity)으로 유럽인으로서 갖는 동질감이다. 둘째는 국가적 정체성(national identity)으로 이탈리아인으로서 갖는 동질감이다. 그리고 셋째는 지역적 정체성(regional identity)으로 자신이 태어난 지역에 대해 갖는 소속감이다. 이탈리아의 경우 지역적 정체성은 주(regione), 현(provincia) 그리고 시(comune) 단위로 다층적으로 형성되어 있는데, 이것이 초국가적 정체성과 국가적 정체성을 압도하는 특징을 보인다. 예를 들어 토스카나 주 피사 현 폰테데라 시에서 태어난 이탈리아인은 세 가지의 지역적 정체성을 갖는다. 때로는 한 도시 안에서도 여러 구역으로 구분되기도 한다. 이러한 이탈리아인들의 지역적 정체성을 잘 보여주는 용어가 교회의 종탑을 가리키는 캄파닐레(campanile)에서 유래한 캄파닐리즈모(campanilismo)이다. 로마 제국 말기에 그리스도교가 전파되면서 각 도시에는 가톨릭교회와 교회의 종탑들이 세워졌고 종탑의 소리가 닿는 곳까지가 이탈리아인들의 생활 반경이었다.

캄파닐리즈모로 대변되는 고향에 대한 이탈리아인들의 강한 애착은 종종 많은 경우 외부의 문화에 대한 배타적인 태도로 나타난다. 오늘날 이탈리아는 유럽에서 외국인 혐오가 가장 심한 나라 가운데 하나이다. 영국의 일간지 가디언은 2013년 이탈리아 최초의 콩고 출신 국민통합부 장관 세실 키안주(Cécile Kyenge)에 대한 인종차별 사건을 다루며 다음과 같이 단언했다. "인종차별이 일상인 곳 …… 이곳에서 인종차별은 좌우와 노소, 지역을 가리지 않는다." 제국주의 시대의 식민지로부터 이민자를 받아들이기 시작하여 이미 이민 3세대와 4세대가 존재하는 다른 유럽 국가들과 비교해 이탈리아에서는 이민자의 유입이 비교적 최근의 현상이라는 것 또한 원인 가운데 하나이다. 2차 세계대전까지만 해도 이탈리아는 이민을 떠나는 나라, 즉 노동력 수입국이 아닌 수출국이었다. 2차 세계대전 이후에는 빈곤한 남부에서 산업화된 북부로 일자리를 찾아 이주하는 내부 이민이 두드러졌고, 1960년대의 급속한 경제성장을 바탕으로 1970년대부터 외부로부터의 노동력

유입이 본격적으로 이뤄지기 시작했다. 이탈리아는 이민자와 그들의 문화를 아직 받아들이지 못하고 있다. 이와 관련하여 2015년에 발행된 미국의 여론조사 기관인 퓨 리서치 센터(Pew Research Center)의 조사에 따르면 이탈리아는 유럽 국가들 가운데 무슬림과 집시에 대해 가장 적대적으로 인식하는 국가였다.

이민자에 관한 최근의 입법들 역시 이러한 국민적 정서를 그대로 반영하고 있다. 이탈리아는 1980년대까지 이민자 유입을 사실상 방관했다. 80년대 후반 이민자의 법적 권리 보장과 사회정책 실시를 통해 이민 노동 인력을 합법적인 테두리로 끌어들이려는 시도가 있었지만, 간단한 신고 절차만 거치면 쉽게 체류허가가 발급됐고 불법 체류자에 대한 특별한 제재조치 역시 시행되지 않았다. 이후 1990년의 마르텔리(Martelli) 법을 기점으로 이탈리아는 이민자 체류허가 발급과 갱신에

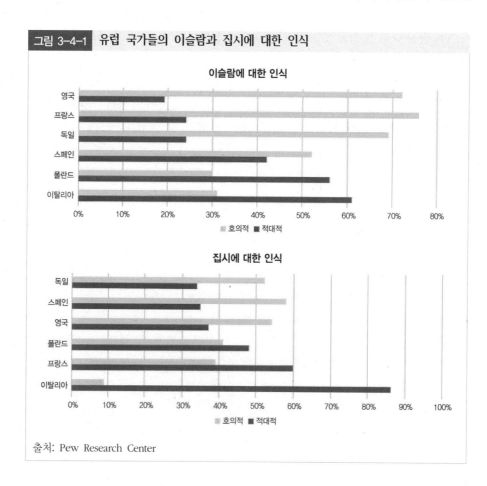

그림 3-4-1 유럽 국가들의 이슬람과 집시에 대한 인식

출처: Pew Research Center

보다 까다로운 기준을 도입했으며, 1998년의 투르코·나폴리타노(Turco–Napolitano) 법을 거쳐 2002년의 보씨·피니(Bossi–Fini) 법에 이르기까지 이민자 규제 일변도로 흘러 왔다. 특히 보씨·피니 법은 이민자의 기본 인권을 제한한다는 점 때문에 국제기구로부터 폐지 권고를 받아온 법안이다. 법 시행과 동시에 임시직 노동자와 시간제 노동자는 더 이상 체류허가를 받을 수 없게 됐으며, 체류허가를 신청한 모든 외국인에게 열 손가락 지문 날인이 의무화되었다. 또 불법 체류자를 고용한 업주나 이들에게 집을 빌려준 소유자 역시 처벌의 대상이 되었다. '람페두사의 비극'이 발생했던 원인 역시 여기에 있다. 2013년 람페두사(Lampedusa)에서 아프리카 난민이 탄 배가 전복됐을 때 인근을 지나던 선박들이 즉각적으로 구조에 나서는 것을 망설였던 것은 보씨·피니(Bossi–Fini)법이 불법 체류자의 상륙을 돕는 행위를 범죄로 규정했기 때문이었다.

　이러한 이탈리아의 지역주의 전통은 역사 발전의 특수성으로부터 비롯된다. 이와 관련하여 무엇보다 근대 국가 이탈리아의 형성은 비교적 최근의 일이라는 점이 간과되어서는 안 된다. 476년 게르만족 용병대장 오도아케르에 의해 서로마 제국이 멸망한 이후 1861년 민족부흥운동(리소르지멘토, risorgimento)의 결과로 이탈리아 왕국(Regno d'Italia)의 성립되기 전까지 이탈리아는 단 한 차례도 통일국가를 형성하지 못한 채 여러 도시국가들로 분열되어 있었다. 1861년 이전 "이탈리아"라는 용어는 알프스 이남의 반도를 가리키는 지리적인 용어이거나 혹은 알프스 이북의 문명에 대하여 고대 로마 제국의 후예들이 가지고 있던 문화적 우월감의 표현에 지나지 않았다. 후자의 경우 이탈리아 반도의 통일을 부르짖던 마키아벨리(Niccolò Machiavelli)가 『군주론』(Il Principe)에서 인용했던 인문주의자 페트라르카(Francesco Petrarca)의 시 「나의 이탈리아」(Italia mia)를 통해 잘 드러난다.

> *뛰어난 덕으로 폭정에 맞서니*
> *무기를 손에 들면*
> *싸움은 순식간에 끝나리라!*
> *옛날 로마인의 용기가*
> *이탈리아인 가슴에 살아있기에!*

어쨌든 약 1,400년 동안 서로 다른 국가에 속해 살아오던 사람들이 어느 한 순간 갑자기 이탈리아인이 될 수는 없는 노릇이었다. 게다가 이탈리아의 통일은 공화주의를 주창했던 당대의 많은 이탈리아 지식인들의 열망과는 반대로 피에몬테의 사보이아 왕가를 중심으로 이루어졌고 이에 따라 정치적 통일은 이루었으되 정서적 통일은 요원한 상태에 놓이게 되었다. 민족부흥운동 시기 토리노(Torino) 출신의 정치가이자 저술가였던 마시모 다젤리오(Massimo d'Azeglio)의 말대로 "이탈리아를 만들었으니 이제 이탈리아인들을 만드는 것이 다음 차례"였다. 따라서 통일 이후 이탈리아 왕국은 교육, 징병, 선거 등을 통해 이탈리아 국민 만들기 작업에 돌입하지만 오늘날의 상황에 비추어 본다면 이 작업이 성공을 거두었다고 말하기는 어려워 보인다.

전통적인 지역주의에 남부문제(Questione meridionale)가 더해지며 상황은 더욱 복잡해진다. 남부문제란 캄파니아(Campania), 아브루초(Abruzzo), 바실리카타(Basilicata), 풀리아(Puglia), 칼라브리아(Calabria) 그리고 시칠리아(Sicilia)와 사르데냐(Sardegna)를 포함하는 이탈리아 남부의 경제적, 사회적, 제도적 후진성을 의미한다. 특히 경제적으로 이탈리아 남부의 GDP는 이탈리아 전체의 약 20%에 불과한 반면 실업률은 이탈리아 전체의 약 70%를 차지한다. 또한 이 지역은 전통적으로 블랙마켓이 발달되어 있으며 소득 수준이 낮고 빈곤층의 비율이 높다. 남부문제를 설명하는 전통적인 학설로는 다음 두 가지가 있는데, 첫 번째는 이중구조론으로 남부와 북부의 고유한 조건과 역사적 경험의 차이가 원인이라는 주장이다. 서로마 제국의 멸망 이후 이탈리아 반도의 중부와 북부에서는 꼬무네(comune)라고 불리는 상공업 기반 자치도시가 발달했던 반면 남부는 1139년 나폴리 공국(Ducato di Napoli)이 노르만 출신의 팔레르모 왕 루제로(Ruggero il Normanno)에게 양도된 이후 계속해서 외국 왕조의 지배를 받았다. 이에 따라 근대까지도 봉건적 사회, 경제 구조가 지속되었던 반면 자본주의의 발달은 저해되었다. 따라서 이중구조론의 입장을 지지하는 연구자들은 오늘날 남부와 북부의 차이가 통일 이전부터 존재해왔으며 북부 중심으로 통일로 인해 이러한 구조가 고착화되었다고 주장한다.

두 번째는 내부식민지론이다. 오늘날 북부와 남부의 격차가 이탈리아 통일과 통일 이후의 산업과 과정에서 북부가 남부를 착취하는 구조로 인해 비롯되었다는 주장이다. 다시 말해 사보이아 왕가 치하의 사르데냐－피에몬테 왕국을 중심으로 통일이 이루어지며 북부 중심의 산업화가 이루어졌고 이 과정에서 북부의 산업자본가들이 남부를 제국주의적으로 착취하며 남부의 저개발이 심화되었다는 것이다.

표 3-4-1	남부 이탈리아를 지배했던 외국 왕조들
1130년	노르만인들이 시칠리아 왕국 건설
1194년-1224년	신성로마제국
1224년-1441년	프랑스 앙주 왕가
1441년-1714년	스페인 아라곤 왕가
1714년-1734년	오스트리아 합스부르크 왕가
1734년-1861년	스페인 부르봉 왕가

　북부 분리주의정당인 레가 노르드(Lega Nord)는 상술한 남부문제의 산물이라고 볼 수 있다. 이탈리아 정부는 1950년대 남부의 저개발에 대한 해결책으로 남부기금(Cassa per il Mezzogiorno)를 조성하여 북부의 기간산업을 남부로 이전하려는 정책을 추진하게 된다. 그러나 남부기금은 비효율적인 운영에 1970년대 석유파동이 겹치며 실패했고 이후 남부에 대한 정부의 지원은 복지와 소득 수준을 높여주는 직접 지원의 형태로 바뀌게 되었다. 그러나 이는 남부를 북부 산업의 소비시장으로 만드는 결과를 낳았을 뿐이다. 이탈리아 전체 인구의 45%를 차지하는 북부인들이 세금의 70%를 부담하는 상황이 지속되었고 이러한 배경 속에서 북부 분리주의 운동이 태동하게 된다. 1991년 파비아(Pavia) 대학에서 의학을 전공했으며 1987년부터 상원의원을 지냈던 정치가 움베르토 보씨(Umberto Bossi)에 의해 창당된 레가 노르드는 초기에는 남부와 북부의 인종적, 문화적 차별성을 강조하며 북부의 완전한 독립을 주장했다. 비록 오늘날에는 완전한 독립에 대한 주장은 연방제에 대한 주장으로 후퇴했지만 다른 한편으로 남부 이탈리아에 대한 배타성이 비유럽의 이민자들에게로 확대되는 경향을 보인다. 최근에는 신생정당 오성당(Movimento 5 Stelle)와 연합하여 이탈리아 내의 유로회의주의를 주도하고 있다.

 ## 가톨릭 문화와 가족주의의 전통

　이탈리아 반도에 그리스도교가 처음으로 전파된 것은 로마 제국의 초대 황제 아우구스투스 치하에서였다. 그리스도교는 3세기에 이르러 다른 경쟁종교들을 물리치고 교세를 크게 확장했고 마침내 380년 테오도시우스 황제의 칙령으로 로

마제국의 국교가 되었다. 이후 오늘날까지 그리스도교는 이탈리아 반도에서 단한 차례도 종교적, 문화적 헤게모니를 잃지 않았다. 476년 서로마 제국은 멸망하였지만 그리스도교는 유럽사의 새로운 주인공이 된 게르만과의 제휴를 통해 살아남았다. 프랑크 왕국의 피핀 2세가 제휴의 대가로 영토를 기증함에 따라 중세 내내 로마 교황은 교황령 국가 안에서의 세속 군주이자 유럽인들의 정신세계를 지배하는 종교 지도자로서 막강한 영향력을 행사했다. 16세기 마르틴 루터에 의해 촉발된 종교개혁과 그에 대한 대응으로 일어난 반종교개혁은 종교적, 문화적으로 유럽을 반으로 갈라놓았고 이로 인해 이탈리아 반도에서 알프스 이북의 프로테스탄트와 구별되는 가톨릭으로서의 종교적, 문화적 정체성을 고착화시켰다. 이후 리소르지멘토(Risorgimento) 시기 교황령 국가는 이탈리아의 민족주의자들에 의해 통일을 가로막는 주범으로 인식되었고 결국 1970년 통일 이탈리아 왕국의 군대가 로마를 함락시킴에 따라 교황령 국가는 대부분의 영토를 상실하고 바티칸 시국으로 축소되었다. 그러나 영토의 상실이 곧 종교적이고 문화적인 영역에서의 영향력 상실을 의미하는 것은 아니었다. 1929년 교황 비오 11세와 이탈리아 수상 무솔리니(Benito Mussolini) 사이에 라테라노 조약(Patti lateranensi)이 체결됨으로써 가톨릭 교회가 이탈리아 안에서 전통적으로 누려오던 특권들은 그대로 인정되었고 이에 더해 초등교육과 중등교육에서 가톨릭교회가 행사하는 영향력은 더욱 확대되었다.

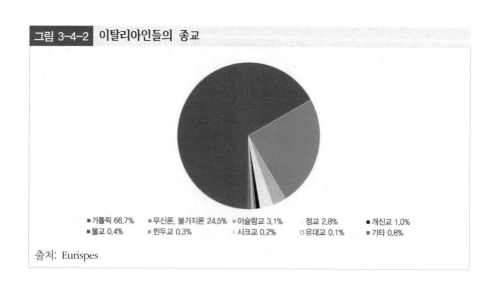

그림 3-4-2 이탈리아인들의 종교

■ 가톨릭 66.7%   ■ 무신론, 불가지론 24.5%   ■ 이슬람교 3.1%   정교 2.8%   ■ 개신교 1.0%
■ 불교 0.4%   ■ 힌두교 0.3%   시크교 0.2%   □ 유대교 0.1%   ■ 기타 0.8%

출처: Eurispes

이탈리아의 민간 연구재단 에우리스페스(Eurispes)의 조사에 따르면 2016년 기준 이탈리아 총 인구 대비 가톨릭 신자의 비율은 66.7%에 이른다. 2006년의 조사 결과와 대비해 볼 때 21.1% 포인트가 감소한 수치이지만 그럼에도 불구하고 다른 종교들이나 그리스도교의 다른 종파들을 압도한다. 최근 무신론자와 불가지론자들의 수가 크게 증가하며 총 인구 대비 가톨릭 신자의 비율이 계속해서 줄어들고 있는 것이 사실이지만 여전히 이탈리아에서 가톨릭은 막대한 영향력을 행사하고 있다. 그러나 이를 순수하게 종교적인 차원으로만 이해해서는 곤란하다. 스스로를 가톨릭 신자라고 응답했던 이들 가운데 실제로 종교의식에 참여하는 이들은 2006년 기준으로 36.0% 그리고 2016년 기준으로 25.4%에 불과했다. 결국 이탈리아에서 가톨릭 신앙은 종교적인 것이 아닌 문화적인 것에 가깝다. 신자이든 아니든 이탈리아인들은 관혼상제를 포함한 삶의 모든 순간을 가톨릭의 예식과 함께한다. 태어나자마자 세례성사를 받는 인구의 비율은 86.8% 그리고 결혼을 할 때 혼인성사를 받는 인구의 비율은 85.3%로 스스로 가톨릭 신자라고 응답한 이들의 비율 66.7%를 훨씬 상회한다. 따라서 오늘날 이탈리아의 사회와 문화를 특징짓는 많은 요소들이 가톨릭으로부터 비롯된 것은 놀라운 일이 아니다. 특히 가족주의(familismo)가 그러하다.

이탈리아 가톨릭 신자들의 행동양식은 민간 전통문화의 요소들을 적지 않게 포함하고 있다. 그들은 행운을 부르는 물건이나 부적들을 몸에 지니고 다니며 저주를 피하기 위해 성소와 성상을 찾아다니며 기도한다. 그 밖에 일상생활에서 여러 가지 미신적인 믿음을 신봉하기도 한다. 이는 초기 그리스도교가 전파되는 과정에서 나타났던 다신교 문화와의 "습합"이라는 현상으로부터 유래한다. 그리스도교가 전파되기 시작하던 아우구스투스 황제 치하의 로마 제국에는 다신교 문화의 전통이 뿌리 깊게 존재하고 있었다. 그리스도교의 전파와 확산이 이전 다신교 전통의 완전한 소멸을 의미하는 것은 아니었다. 3세기와 4세기의 가톨릭교부들은 그리스도교 세계와 다신교 세계의 문화적 투쟁이라는 맥락에서 그리스−로마의 전통을 평가절하 하는 동시에 이에 대한 유대−그리스도교 전통의 우월성을 입증하려 했지만, 이와 별개로 로마의 민중들은 기존에 존재하던 다신교 문화 전통의 연장선상에서 그리스도교 신앙을 받아들였다. 예를 들면 그리스도교의 신은 그리스의 제우스 혹은 로마의 주피터의 이미지로 수용되었고 그리스도교 축일의 대부분이 다신교 축제의 기념일을 대신하거나 교체하는 방식으로 형성되었다. 그리고 다신교의 여러 신들에 대한 숭배는 그리스도교의 성인과 순교자 숭배로 대체되었다. 이탈리아에서 성모 마리아에 대한 숭배가 지극한 것은 바로 그것이 고대 농경사회에서 중요한 기능을 수행했던 대지모신(大地母神, magna mater) 신앙과 결합되었기 때문이다.

미국의 경영학자 개논(Martin J. Gannon)의 선도를 따르는 오늘날의 많은 연구자들은 이탈리아의 가족주의의 기원을 대지모신 신앙과 성모 마리아 숭배로 설명하고 있다. 고대 농경사회의 이탈리아인들은 땅을 만물이 생성되는 근원으로 이해했고 이를 가정 안에서 어머니의 역할과 동일시했다. 그리스도교의 전파 이래 이탈리아인들의 집단적 무의식 속에서 어머니의 이미지는 성모 마리아로 치환되었고 가톨릭 문화가 지배하는 이탈리아 사회에서 어머니를 중심으로 한 가족 구성원 사이의 유대가 가장 중요한 사회적 가치 가운데 하나로 자리매김했다.

학술적인 의미에서 가족주의라는 용어를 최초로 사용했던 최초의 인물은 미국의 정치학자 에드워드 밴필드(Edward C. Banfield)였다. 1954년에서 1955년 사이 바실리카타(Basilicata) 주의 몬테그라노(Montegrano)라는 시골 마을에 체류하며 이 지역 농부들의 행동양식을 연구했던 밴필드는 1958년 출판된 『낙후된 사회의 도덕적 기초』(The Moral Basis of a Backward Society)라는 저서에서 몬테그라노 지역의 낙후성이 핵가족의 이해관계를 초월하는 공동의 선을 위해 함께 행동하는 능력의 결핍으로부터 기인한다는 결론에 이르렀고 이를 '무도덕적 가족주의'(amoral familism)이라는 용어로 정의했다. 밴필드의 이론은 연구자들 사이에 많은 논쟁을 불러일으켰다. 그러나 이탈리아로 귀화한 영국 출신의 역사가 파올로 긴스보르(Paolo Ginzborg)는 1994년 이탈리아 현대사를 다룬 저서에서 밴필드의 이론을 수용하여 정의 가족주의가 이탈리아 사회 운영의 커다란 원칙임을 주장했다. 그는 혈연과 지연에 기초한 이탈리아의 가부장 제도를 가족주의라고 정의했고 그 원인을 국가나 사회에 대한 응집력이 약했던 이탈리아의 역사적 경험에서 찾았다. 이탈리아인들은 전통적으로 국가나 사회에 대한 불신을 통해 우리라는 결속의 단위를 가족으로부터 찾아왔다는 것이다.

오늘날 이탈리아인의 자아 정체성은 가족으로부터 나오며 사회의 조직과 운용방식 역시 가족 공동체를 모델로 구성되어 있다. 이탈리아의 경제와 산업구조가 다른 유럽 국가들과 분명하게 구분되는 특징을 지니는 것은 바로 이 때문이다. 특히 1980년대 이탈리아 경제의 부흥을 이끌었던 중소기업의 조직과 운영구조에

서 이러한 모델의 예를 찾을 수 있다. 전후 이탈리아는 1950년대부터 1960년대까
지 '경제기적'이라고 불릴 정도로 눈부신 성장을 이루었다. 이 시기에는 북부 산업
지대에 위치한 대기업 중심의 경제발전이 이루어졌다. 전체 산업구조의 약 40%를
차지했던 농업을 제외하면 밀라노, 토리노, 제노바와 그 주변 도시들에서 발달한
자동차, 철강, 화학 등 중화학 공업이 중심이 되었다. 산업이 북부를 중심으로 발
달함에 따라 남부로부터 값싼 노동력이 유입되며 제품 경쟁력이 제고된 것이 이
시기 경제발전의 주요 요인 가운데 하나였다. 이후 1970년대의 석유파동과 정치
적 혼란으로 인해 침체기를 겪은 이탈리아 경제는 1983년부터 다시 급속도의 외
적 성장을 이루어내게 된다. 이 '두 번째 경제기적'의 주역들이 바로 가족을 인적
단위로 하는 경영방식을 도입한 중북부의 소규모 기업들이었다. 이 기업들의 운
영방식은 가족관계에서 나타나는 특징들을 그대로 보여준다.

　　우선 가내수공업의 형태에서 출발한 이탈리아의 중소기업들은 대부분의 경
우 소유와 경영이 분리되어 있지 않다. 기업의 소유주가 곧 최고경영자이다. 최고
경영자는 가족 내의 전제적 아버지와 같이 카리스마적 리더십으로 조직을 이끌어
가며 대부분의 의사결정은 상부에서 하부로 하달된다. 이러한 의사결정구조는 가
톨릭의 문화 전통과도 밀접한 연관을 갖고 있다. 가톨릭교회는 교황을 정점으로
하여 추기경, 대주교, 주교, 신부로 이어지는 계서제(hierarchy)에 기반을 둔 중앙집
권형 조직이며 이탈리아 사회를 특징짓는 계서에 대한 존중은 바로 이로부터 유
래한다. 고용은 흔히 인적인 유대관계를 통해 이루어지는 경우가 많다. 전문교육
기관에서 배출한 인력을 조달하기보다는 유대관계를 통해 확보된 인력에게 견습
을 통해 기술을 습득하게 하는 방식이 일반적이다. 기업의 중앙관리자들 역시 최
고경영자와 인적관계에 있는 경우가 많다. 재원조달방식 역시 마찬가지이다. 이
탈리아의 중소기업들은 혈연과 지연을 통해 금융기관, 유통회사 및 행정기관과
인적 유대관계를 맺고 있다. 전반적으로 이탈리아의 중소기업들은 견제와 균형의
원리에 의한 민주적 사회원리보다는 가족주의에서 유래하는 구성원들 간의 상호
의존과 의무감에 기초하여 운영되고 있다. 이러한 운영방식이 단지 기업에만 국
한되는 것은 아니다. 건설과 방송 그리고 금융업에 진출하여 성공한 신흥 자본가
베를루스코니(Silvio Berlusconi)는 1994년 포르차 이탈리아(Forza Italia)라는 정당을 출
범시켰다. 그는 자신이 소유하고 있던 기업의 인물들을 정당의 요직에 기용함으
로써 민주적 요구와는 동떨어진 제왕적인 정당 시스템을 구축했고 이러한 체제가

선거운동의 과정에서 큰 효율을 발휘함으로써 1994년 총선에서 큰 성공을 거둘 수 있었다.

 ## Ⅲ 후견인주의와 사회적 부패

후견인주의(clientelismo)는 가족주의와 더불어 이탈리아 사회를 특징짓는 중요한 작동원리 가운데 하나이다. 후견인주의는 공공행정의 영역에서 영향력 있는 인물이 교환의 논리(logica dello scambio)라는 상호호혜의 원칙에 기초하여 그럴만한 자격과 위치에 있지 아니한 자에게 자원이나 이익을 자의적으로 배분하고 특권을 수여하는 행위를 가리키며 고대 로마 사회의 관행으로부터 유래한다. 고대 로마의 클리엔스(cliens), 즉 자유민이나 해방노예로 구성된 피호민(被護民)들은 사회적으로 불리한 조건에 있는 자들로 권력을 가진 귀족들, 즉 파트로누스(patronus)라 불리는 보호자에게 의지하였다. 그러나 클리엔스와 파트로누스가 일방적인 지배와 예속의 관계에 있었던 것은 아니었다. 오히려 상호부조의 관계에 가까웠다. 파트로누스는 자신의 클리엔스에게 경제적 원조를 제공했지만 파트로누스가 재정적 어려움에 빠졌을 때에는 클리엔스들이 파트로누스를 경제적으로 후원하는 일도 있었다. 클리엔스가 어떤 사업을 시작할 경우 파트로누스는 자신의 인적 관계를 활용해 그 사업이 성공하도록 배려해 주었으며 파트로누스가 공직에 입후보할 경우 클리엔스들은 그에게 표를 던졌다.

후견인주의는 가족주의와는 구별된다. 가족주의가 친인척 관계의 범위 내에서 보호와 편파적 이득을 제공하는 관행이라면 후견인주의는 가족주의가 사회 공적인 영역으로 확장된 형태라고도 볼 수 있을 것이다. 오늘날 이탈리아에서는 개인과 정치인, 정치인과 정당, 정당과 정부 그리고 중앙정부와 지방정부의 관계 등에 후견인주의의 원칙이 강하게 작용하고 있다. 후견인주의가 언제나 법률의 위반을 동반하는 것은 아니지만 사회적 평등 혹은 윤리적인 차원의 정의에 대한 위반을 동반하는 것은 분명하다. 후견인주의는 이탈리아의 부패를 야기하는 주된 원인이자 능력주의 사회를 가로막는 장애요인으로 인식되고 있다. 오늘날 부패는 이탈리아 사회의 모든 영역에서 일종의 관행이자 정치적 행태로 나타나고 있다.

NGO 단체 국제투명성기구(Transparency International)가 발표한 2016년 국가별 부패 인식지수(Corruption Perceptions Index)에서 이탈리아는 총 조사대상 176개국 가운데 60위에 위치하고 있는데, 이는 그리스와 더불어 유럽 주요국가들 가운데 최하위에 해당한다.

오늘날의 사회과학 연구에서 후견인주의는 전후 이탈리아에서 나타났던 기형적인 민주주의 발전 과정을 가리키는 용어로도 사용된다. 오늘날의 역사가들은 공통적으로 19세기의 이탈리아 농촌 지역에서 지방 유력인사들을 중심으로 하는 후견인주의의 형태가 널리 확산되어 있었다는데 의견을 같이 하고 있다. 이들은 중앙의 정치권력과 농촌의 인구를 연결하는 끈이었고 이를 통해 농부와 토지 소유주 사이의 중개자 역할을 수행했다. 1950년대가 되면 이들 지방 유력인사들의 역할을 정당이 대체하게 된다. 이 시기부터 정치인과 유권자 사이의 관계에서 후견인주의가 확산되기 시작했는데 정치인은 득표의 대가로 유권자들의 경제적인 이익과 특권을 약속하는 형태로 나타났다.

표 3-4-2 2016년 국가별 부패인식지수

국가	순위	2016	2015	2014	2013	2012
덴마크	1	90	91	92	91	90
핀란드	3	89	90	89	89	89
스웨덴	4	88	89	87	89	88
노르웨이	6	85	88	86	86	85
네덜란드	8	83	84	83	83	84
독일	10	81	81	79	78	79
영국	10	81	81	78	76	74
벨기에	15	77	77	76	75	75
오스트리아	17	75	76	72	69	69
아일랜드	19	73	75	74	72	69
프랑스	23	69	70	69	71	71
폴란드	29	62	63	61	60	58
포르투갈	29	62	64	63	62	63
스페인	41	58	58	60	59	65
이탈리아	60	47	44	43	43	42
그리스	69	44	46	43	40	36

자료: 국제투명성기구(Transparency International)

특히 1950년대 중반 이후 토스카나 출신의 정치인 아민토레 판파니(Amintore Fanfani)가 기독교민주당(Democrazia cristiana, 이하 기민당)을 이끌던 시기는 이탈리아 후견인주의의 절정기로 평가된다. 전후 공산당(Partito comunista italiano)과의 사상적 대립이 극심한 상황에서 기민당은 수단과 방법을 가리지 않고 집권 가능한 수의 득표를 올릴 필요가 있었고, 득표를 위해 후견인주의의 관행을 적극적으로 활용했다. 전후 이탈리아 정계에 불법적인 정치자금과 매관매직 그리고 국가 용역의 낙찰이나 선거의 입후보자 확정 등과 관련된 불법거래가 하나의 관행처럼 굳어지게 만들었던 가장 중요한 원인들 가운데 하나가 바로 정당을 매개로 하는 후견인주의였다.

이탈리아 정계에 폭넓게 뿌리내리고 있던 부정부패의 관행은 마니 풀리테(Mani pulite)라 불리는 부정부패 척결운동을 통해 세상에 드러나게 되었다. 1992년 국가용역의 수주를 위해 사회당에 정치자금을 대던 어느 청소용역업체가 밀라노 지검에 사회당을 고발하는 사건이 발생했다. 비리의 끈이 정치권 전반에 걸쳐 있다는 사실을 인지한 밀라노 검찰은 수사의 대상을 당시의 연립여당이던 기민당과 사회당으로 확대했다. 밀라노 지검 소속 안토니오 디 피에트로(Antonio di Pietro)를 포함한 3인의 검사는 1년 동안 약 3,000여 명의 정치인과 관료들 그리고 기업인들을 조사했다. 그 가운데에는 5인의 전직 수상들이 포함되어 있었다. 당시 권력의 최정점에 있던 사회당의 크락시(Bettino Craxi)는 27년형을 선고받고 튀니지로 정치적 망명을 택했다. 이 과정에서 기민당의 전 총리 안드레오티(Giulio Andreotti)와 마피아 사이의 유착관계가 드러나기도 했다. 마니 풀리테는 이탈리아 정치의 지형도를 일거에 바꾸어 놓았다. 기민당과 사회당의 연립정권을 붕괴시킨 것은 물론 공산당을 포함하는 3당 체제의 몰락을 가져왔다. 이탈리아의 정당 체제는 포르차 이탈리아(Forza Italia)와 레가 노르드를 중심으로 하는 우파 연합과 좌익 민주당(Partito democratico della sinistra) 중심의 좌파 연합의 경쟁하는 구도로 재편되었다. 결국 1994년 총선거에서 포르차 이탈리아가 하원 630석 가운데 366석을 차지했고 포르차 이탈리아의 당수였던 베를루스코니(Silvio Berlusconi)가 총리로 선출되었다.

이와 더불어 이탈리아의 역사가 트란팔리아(N. Tranfaglia)에 의해 이론화된 미디어 포퓰리즘이라는 새로운 유형의 정치문화가 등장했다. 베를루스코니는 1960년대 건설업을 모태시작으로 하여 80년대 이후 미디어 관련 산업과 금융업에 진출하여 세계적인 자본가로 성장한 인물이다. 베를루스코니는 롬바르디아(Lombardia)

를 포함한 이탈리아 북부 지역에 송출되는 지방 방송을 시작으로 크락시 정부와의 후견인 관계를 이용하여 자신의 미디어 사업을 크게 확장시킬 수 있었다. 1984년 크락시 정부는 전국적 방송 시스템을 갖춘 지역 방송사들의 전국방송을 가능케 하는 내용의 방송법 개정안을 입안하였고 1990년에는 상업방송의 여러 제약들을 완화시키는 것을 골자로 하는 맘미(Mammi) 법안을 통과시킴으로써 베를루스코니 소유의 방송국들이 전국적인 네트워크와 규모를 구축하는데 결정적인 역할을 수행했다. 이로 인해 지방의 기업가였던 베를루스코니는 메디아셋의 공중파 3개 채널과 다수의 케이블 및 위성 채널을 소유하는 미디어 재벌로 성장했고 총리 재직 시절에는 이탈리아 국영방송 RAI에도 영향력을 행사했다. 오늘날 베르루스코니는 미디어그룹 핀인베스트의 소유자로서 국내 신문과 방송의 대부분을 장악하고 있다.

베를루스코니는 미디어를 통해 자신의 인격과 이미지를 만들었다. 다시 말해 청렴하고 능력 있는 기업가의 이미지와 참신하고 도덕적이며 친근한 정치 지도자의 이미지를 대중에게 각인시키는 것을 주된 홍보 전략으로 택해왔다는 것이다. 1996년부터 집권을 시작한 좌파연정이 이와 같은 정치문화적 변화에 적응하지 못했던 것이 바로 2001년 총선에서 패배하게 된 주요 원인 가운데 하나였다. 반면 베를루스코니는 집권 여당의 능력 부족과 분열로부터 얻은 반사이익을 방송과 언론을 통한 이미지 정치로 집약하는데 성공하였고 결국 2001년 총선에서 재집권을 달성할 수 있었다. 그러나 마니 풀리테로 인한 기존 정치 질서의 와해와 미디어 포퓰리즘이라는 새로운 정치 문화의 등장이 곧 후견인주의의 소멸을 의미하는 것은 아니었다. 실제로 포르차 이탈리아나 좌익 민주당이 내세웠던 비례대표 의원들의 대다수는 92년 이전의 기민당이나 사회당과 연관된 인물들이었다. 베를루스코니 자신을 포함하여 경제사범 전력이 있던 인물들과 마니 풀리테 수사에서 기소되었던 인물들이 후보자 명단에 대거 포함되었고 마니 풀리테에 의해 정치적 사형선고를 받았던 2세들과 더불어 베를루스코니가 기소되었던 수많은 재판에서 그를 변호했던 변호인단 역시 명단에 이름을 올렸다. 비례대표로 당선된 90명의 국회의원 가운데 총 34명은 베를루스코니 혹은 베를루스코니 소유의 기업과 연관된 인물들이었다. 이러한 점에서 1992년 이전 기민당의 후견인주의는 포르차 이탈리아의 등장과 함께 베를루스코니를 중심으로 하는 '단일 후견인주의'(Clientelismo singolare) 혹은 '보스 정치'(Politica di Boss)라는 새로운 관계로 전환되었다고 보는 견해는 타당하다.

더 나아가 생각해 보기

1. 이탈리아 사회에 만연한 부패가 쉽게 근절되지 않는 까닭은 무엇인가?
2. 이탈리아의 지역주의와 한국의 영호남 지역갈등이 갖는 유사점과 차이점은 무엇인가?
3. 유럽통합의 심화와 함께 유럽연합은 유럽 공동의 정체성 형성을 위한 노력을 계속해왔다. 이탈리아 특유의 지역 정체성은 유럽 정체성과 공존할 수 있는가?

참고문헌

김시홍, 2000, "이탈리아의 가족문화,"『국제지역연구』4권 4호. 147－165.

김정하, 1998, "이탈리아의 성인숭배문화,"『서유럽 연구』4호, 167－202.

김종법, 2012,『현대 이탈리아 정치사회: 굴절과 미완성의 역사와 문화』, 바오.

김종법, 2012,『천의 얼굴을 가진 이탈리아: 유럽 문화 정체성의 기원과 이해를 위한 이탈리아 20개주 이야기』, 학민사.

노명환, 2002, "역사를 통해 본 이탈리아 기업문화 특징,"『EU연구』10호, 103－127.

장문석, "이탈리아 만들기, 이탈리아인 만들기－리소르지멘토와 미완의 국민형성－,"『역사비평』 53호, 220－242.

Bagnasco Arnaldo, 1977, *Tre Italie. La problematica territoriale dello sviluppo italiano*, Bologna: Il Mulino.

Banfield Edward C., 1958, *Moral Basis of a Backward Society*, Glencoe－Illinois: Free Press.

Cameron Rondo & Neal Larry, 1989, *Storia economica del mondo, Dalla preistoria ad oggi*, Bologna: il Mulino.

Ciaschini Maurizio, Romagnoli Gian Cesare ed., 2011, *L'economia italiana: metodi di analisi , misurazione e nodi strutturali. Studi per Guido M. Rey*, Milano: Franco Angeli.

Gannon Martin J., 2001, *Understanding Global Cultures. Metaphorical Journeys through 23 Nations*, London: New Delhi.

Garziano Luigi, 1975, *Clientelismo e mutamento politico*, Torino: Rosenberg & Sellier.

Ginsborg Paolo, 1994, *Stato dell'Italia*, Milano: Mondadori.

Maraffi Marco, 1995, "Forza Italia", Gianfranco Pasquino ed., *La Politica italiana. Dizionario critico 1945－1995*, Roma－Bari: Laterza.

Mignone Mario. 1998, *Italy Today: At the Crossroads of the NewMillennium*. New York: Peter Lang Pub.

Mole John, 1992, *Mind Your Manner: Managing Business Cultures in Europe*, London: N. Brealey Pub.

Momigliano Arnaldo, 1963, "Pagan and Christian Historiography in the Fourth Century A.D.," *The Conflict between Paganism and Christianity in the Fourth Century*, Oxford: Claredon.

Putnam Robert, Leonardi R & Nanetti R, 1992, *Making Democracy Work: Civic Traditions in Modern Italy*, Princeton－New Jersey: Princeton University Press.

Tranfaglia Nicola, 2003, *La transizione italiana*, Torino: Garzanti.

CHAPTER 5.
다문화의 도전과 사회통합:
영국, 프랑스, 미국 비교 연구[1]

김남국

 I **서론: 다문화의 도전과 사회통합**

오늘날 세계를 휩쓰는 지구화의 물결은 이념과 계급에서 비롯되는 전통적인 균열구조를 대체할 새로운 갈등을 불러오고 있다. 이른바 인종과 종교, 그리고 문화에 근거한 새로운 소수자의 등장은 개별 국민국가 내부의 국민적 단일성을 위협하는 여러 유형의 갈등을 가져온다. 하나의 정치공동체가 서로 다른 인종과 종교, 지역에 근거한 이질적인 문화의 도전에 직면하였을 때, 가장 중요한 문제는 어떻게 민주주의에 필요한 사회적 연대와 정치적 대표의 문제를 해결하면서 다수와 소수가 함께 합의할 수 있는 사회구성의 원리를 모색해 나가는가이다(김남국 2005a, 100–101; Kim 2008, 185–192). 서구세계는 지난 200여 년의 국민국가 경험이 보여주듯이 민족을 바탕으로 한 동질적인 문화와 역사적 경험의 공유를 통해 대내적인 사회통합과 정치적 정당성의 확보에 성공해 왔다. 그러나 20세기말의 자유주의의 승리는 자본과 노동의 세계화에 따른 불가피한 이주노동자와 난민의 발생, 그리고 인종과 문화의 이동을 함께 가져왔다. 오늘날 국민국가의 경계를 중심으로 그 안팎에서 벌어지는 이질적인 문화의 충돌은 이미 해결된 것으로 보이던 사회통합과 정치적 정당성의 문제를 다시금 사회의 전면에 제기하고 있다(김남국 2005a, 87–88).

이 장에서는 유럽의 전통적인 국민국가인 프랑스와 영국, 그리고 이민의 역사로 이루어진 미국 등 세 나라의 사례를 통해 이질적인 문화의 도전에 대응하는 각국의 서로 다른 정책들이 어떤 원칙에 근거해 있으며, 그 원칙들이 규범이론의 입

---

1 이 장은 『유럽연구』 28권 3호(2010)에 게재되었던 논문을 수정하여 재수록한 것이며 이 논문은 2011년 한국유럽학회가 편집한 책 『유럽의 사회통합과 사회정책』(2011)에 수록된 바 있다.

장에서 어떻게 정당화 될 수 있는가를 살펴보고자 한다. 이 세 나라는 다음 절의 연구 분석틀에서 볼 수 있듯이 국민국가 형성과정에서 보여준 시민권 형성의 전통과 사회 통합의 방법이라는 두 요소를 교차시켜 도출해 낸 각 유형의 대표적인 국가들이다. 이들 나라들은 새로운 문화의 유입에 따라 점점 다양해지는 소수집단과 다수집단 사이의 사회적 갈등을 어떻게 조정하느냐는 과제를 안고 있다. 이 문제는 다시 첫째, 어떤 원칙에 근거해 다수와 소수를 포용함으로써 사회적 연대를 증진시키고, 둘째, 동시에 대표의 문제를 공정하게 해소함으로써 민주주의를 발전시켜 나가느냐는 두 가지 과제로 요약될 수 있다. 영국과 프랑스, 그리고 미국은 문화적 생존과 사회적 인정의 문제를 둘러싸고 벌어지는 이와 같은 갈등을 해결하려는 노력에서 매우 상이한 접근을 보여준다. 예컨대, 헤드스카프 착용을 둘러싼 논쟁에서 프랑스의 대응이나(박단 2005; Bowen 2007), 살만 루시디의 책 판매금지를 둘러싼 영국의 대응(Modood 1990, 143–160; Parekh 1990, 695–709), 그리고 적극적 차별시정 정책이나 공립학교에서의 기도문제를 둘러싼 미국의 대응은(Anderson 2004) 각각 그 나라의 다문화주의 정책을 다루는 원칙들이 상이함을 보여주는 좋은 예들이다.

이러한 사례들에 대한 분석은 다양한 시각에서 이루어 질 수 있지만 이 장에서는 특히 각국의 다문화 정책의 형성 배경에 고유하게 자리 잡고 있는 정치사상의 전통에 주목하여, 프랑스의 사례를 공화주의 가치에의 흡수와 동화(republican civic assimilation)로, 미국의 경우를 자유방임주의적 선의의 묵인(libertarian benign neglect)으로, 그리고 영국의 예를 자유주의적 심의 다문화주의(liberal deliberative multiculturalism)로 이름 붙여 설명하고자 한다.[2] 지금까지 서구사회의 다문화 정책과 사회통합 정책 연구에서 공공정책의 일반적인 비교와 그 정책의 정당성에 대한 사상적인 해석을 결합시킨 시도는 많지 않았다. 다문화 정책에 대한 정치사상적인 접근은 정책을 둘러싼 공공영역에서의 아이디어와 담론들이 어떻게 정책결정자들의 선택의 범위를 규정짓고, 사회적 합의의 공간을 제약함으로써 특정 정책결과를 가능하게 만드는 구조적인 틀로써 작용하는가를 보여준다. 다시 말하자면, 다문화주의 정

---

2 미국의 현실을 'benign neglect'라는 개념으로 설명한 학자는 Nathan Glazer로서 1975년에 그의 책 *Affirmative Discrimination: Ethnic Inequality and Public Policy* (Cambridge: Harvard University Press, 1975)에서 처음 사용한 것으로 알려져 있다. 영국을 설명하는 심의 다문화주의라는 개념은 필자의 박사학위논문 및 일반 논문(김남국 2004, 2005, Kim 2011)과 책(Nam-Kook Kim, 2011)에서 처음 사용되었다. 프랑스를 설명하는 공화주의적 흡수동화는 Brubaker(1992) 등이 대표적으로 썼다.

책에 대한 사상적인 접근은 각국이 자신들의 정책을 정당화하는 이론적인 기반을 규명하고, 그 논리의 강점과 약점을 추적함으로써 각국의 정책에 대해 보다 근본적인 이해를 가능하게 하는 것이다.

그러나 정책과 사건에 대해 정치인이나 학자, 언론 등이 보여주는 공공영역에서의 담론은 사건을 더 생생하게 이해할 수 있게 해주고 사건의 주체로서 인간의 지위를 분명하게 해주는 장점이 있지만, 주관성에 대한 천착은 항상 선입견과 왜곡의 가능성을 안고 있다. 따라서 필자는 사건이나 논쟁에서 서로 반대되는 주요 의견을 동시에 고려함으로써 각각의 의견에 대해 객관적인 위치를 부여하고, 이를 통해 전체적인 사건과 논쟁의 개요를 파악할 수 있도록 노력한다. 즉, 각국의 다문화 정책의 역사에서 주요 사건이나 논쟁, 인권법과 이민법, 국적법의 개정을 둘러싼 논쟁, 소수집단의 문화적 권리에 대한 인정 여부를 둘러싼 논쟁 등을 통해 각국의 정책들이 일관되게 갖는 원칙들을 찾아내고, 이를 사상적 맥락에서 해석하여 그 원칙들이 어떻게 이론적으로 정당화 될 수 있는지, 그 과정에서 어떤 장점과 한계를 갖는지 궁극적으로 고찰하고자 한다.

구조로서 전통이 갖는 규정력과 행위자로서 정책결정자의 자율적인 판단을 동시에 고려하는 일반적인 비교의 틀을 통해 다문화 사회로의 이행과정을 분석하고 그 정당성을 정치사상적으로 추적하는 일은 흥미로운 작업이다. 이 장의 II와 III에서는 소기의 연구목적을 달성하기 위한 3국 비교의 틀을 어떻게 만들 수 있는 가에 초점을 맞춰 시론적인 논의를 진행한다. 다문화주의 이행의 3단계 모델이나 다문화 정책을 결정하는 구조와 수준별 행위자, 시민권의 전통과 사회통합을 변수로 본 각국의 다문화주의 지형 등이 필자가 제시하는 이론 틀이고, IV에서는 이 틀에 근거하여 영국, 프랑스, 미국 세 나라를 비교한 기초적인 연구결과를 소개하기로 한다.

II 세 나라 비교연구를 위한 기초적인 분석 틀

다문화주의는 동질적인 전통적 국민국가가 다양한 소수의 등장과 함께 다원화되어 가는 과정을 가리키는 서술적 의미로 쓰이기도 하고, 현대사회에서 사회적 소수의 정체성을 존중하는 문제가 중요하다는 점을 인정하면서 공공영역에서 이들의 지위를 보호하기 위한 각종 차별시정 정책의 시행을 지지하는 규범적 의미로 쓰이기도 한다(김남국 2008, 344-346). 또한 규범적 의미로 다문화주의를 사용할 때 다문화 공존과 다문화주의를 구분하기도 한다. 다문화 공존은 규범적인 원칙의 유무보다는 공존의 양상에 초점을 맞춰 낮은 수준의 다문화 이행단계를 논의할 때 주로 쓰인다. 이 분류에 따르면 오늘날 지구화의 세례를 받고 있는 거의 모든 국민국가는 서술적인 의미에서 다문화사회로 이행하고 있다고 말할 수 있다. 다문화주의가 서로 다른 문화집단이 각자의 문화가 갖는 가치와 원칙을 존중하면서 평화롭게 공존하는 것을 이상으로 생각한다면 이 단계에서 한발자국 더 나아간 융합에 초점을 맞추는 혼종(hybrid)에 관한 논의도 있다. 혼종은 서로 다른 두 문화가 만나 제3의 새로운 문화를 만들어 내는 것을 뜻한다. 혼종의 논의에서는 혼종화의 결과 생겨나는 창조성이 긍정적인 점으로 평가되는 반면 문화집단 사이의 불평등한 권력관계가 혼종의 이면에서 여전히 관철되고 있을 수 있다는 부정적인 평가가 있다(Canclini 1995; Young 1995; Bhabha 2004; 하이브리드컬처연구소 편 2008). 이런 점에서 서로 다른 문화집단이 일정한 규범적 원칙을 중심으로 평등하게 공존하는 다문화주의 논의는 여전히 의미를 갖고 있다(Kymlicka 2007; Parekh 2000; Benhabib 2002).

오늘날 서구사회에서는 문화적 소수가 자신들의 인종, 문화, 종교적 차이를 공공영역에서 인정받기 위해 전투적으로 투쟁하고 있고 극우집단은 유럽고유의 전통문화를 지킬 권리를 주장하며 반 이민, 반 다문화적 선전을 통해 선거에서 승리함으로써 지방정부의 공식적인 의사결정 과정에 참여하고 있다(Ignazi 2006). 최근 서구에서 일어나는 대규모 소요사태는 대부분 문화적 갈등을 중심으로 일어난다. 문화적 갈등이 발생할 때 각국 정부는 그 사회에서 역사적으로 형성된 나름의 원칙을 갖고 문화적 소수의 주장에 대응하거나 다수와 소수 사이의 갈등에 개입한다. 그러나 민족적 소수집단(national minority)과 문화인종적 소수집단(ethnic minority), 그리고 원주민(indigenous people) 등으로 나누어지는 다양한 소수집단의 서로 다른 요구는 사회통합의 문제에 대한 국가의 대응을 어렵게 만든다(Kimlicka·He 2005).

다수와 소수가 합의할 수 있는 어떤 원칙에 근거해 사회통합을 이뤄 내느냐 여부는 하나의 정치공동체를 유지하는데 핵심적인 문제이다. 이 문제는 단순히 소수의 권리를 보장해야 한다는 규범적인 차원의 투쟁이나 다수의 권리가 관철되어야 한다는 기득권의 보호 차원을 넘어선다. 인간의 존엄성과 개별성을 고양시켜 인권 담론을 보편적인 수준으로 끌어올린 근대 국민국가는 사회적 연대와 정치적 정당성의 문제를 해결했기 때문에 역사발전에 긍정적인 기여가 가능했다. 즉, 민주주의는 다수와 소수를 묶어 주는 사회적 연대를 전제해야 하고 이 연대를 바탕으로 정치적 정당성의 문제를 해결해야 한다. 이러한 차원에서 보자면 근대 국민국가는 민족을 중심으로 안과 밖을 구분하는 경계를 뚜렷하게 만듦으로써 연대와 대표의 문제를 동시에 해결했다고 볼 수 있다. 그러나 통합과 정당성의 긍정적 기여보다 배제와 차별의 의미가 더 강하게 드러나면서 국민국가의 경계는 부정적인 평가를 받기 시작한다.

이 장에서 살펴보고자 하는 영국, 프랑스, 미국 등 세 나라는 <그림 3-5-1>에서 보듯이 각국이 채택하고 있는 시민권 형성의 전통과 사회통합의 형태를 교차시켜 유형을 만든 다음, 각 유형에 속하는 대표적인 국가를 선정한 것이다. 시민권을 부여하는 전통은 영토를 기준으로 하는 속지주의(jus soli)와 부모의 국적여부를 기준으로 하는 혈통주의(jus sanguineness)로 나눌 수 있고, 통합의 유형은 차별적 배제와 적극적인 다문화주의로 나눌 수 있다. 속지주의와 다문화주의, 혈통주의와 차별적 배제는 서로 선택적 친화력을 갖는다. 두 흐름의 중간에 최근 각국에서 중요하게 등장하기 시작하는 거주지주의와 동화 정책을 추가하였다.

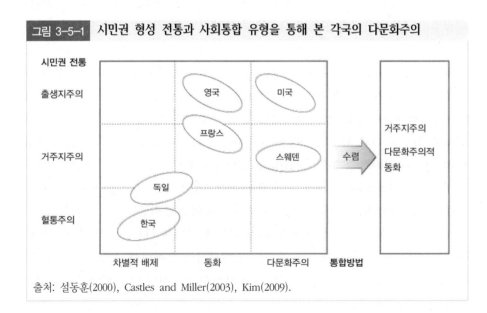

그림 3-5-1 시민권 형성 전통과 사회통합 유형을 통해 본 각국의 다문화주의

출처: 설동훈(2000), Castles and Miller(2003), Kim(2009).

시민권 형성의 전통에서 한국과 독일은 속인주의 또는 혈연주의를 기반으로 정책을 수립하고 사회통합 전략에서 상대적으로 차별과 배제의 경향을 보여 왔다. 그러나 한국의 정책들은 최근 들어 과거보다 다문화주의를 지지하는 쪽으로 이동하고 있고 독일 역시 마찬가지의 변화를 보여 주고 있다. 영국과 프랑스는 속지주의 전통을 존중하면서 전통적인 문화로의 동화 모델에 가까운 모습을 보여 왔다. 그러나 최근에는 무조건적인 속지주의 전통에서 벗어나 시민권 부여에 따르는 제한 규정을 늘리고 있는 추세이고, 통합의 방법을 둘러싸고도 영국이 상대적으로 다문화주의에 가까운 모습을 보인다면 프랑스는 동화 쪽으로 이동하는 모습을 보여주고 있다. 미국과 스웨덴은 속지주의와 다문화주의를 표방하는 대표적인 나라들이다. 그러나 이들 나라들도 9/11테러 이후에는 적극적인 속지주의와 다문화주의 유형에서 조금씩 후퇴하는 양상을 보인다. 그림에서 타원형의 위치는 이러한 수렴의 경향을 나타낸 것이고 각 유형에 속한 2개의 국가 중 위쪽에 있는 나라는 상대적으로 사회중심의 전통을 가진 나라들, 아래쪽은 국가중심의 전통을 보여주는 나라들이다.

<그림 3-5-1>의 오른쪽에 표시된 긴 네모는 각국에서 최근 보여지는 점진적인 변화의 내용을 거주지주의와 다문화적 동화라는 수렴현상으로 정리한 것이다. 즉 혈통주의 또는 속인주의 전통을 가진 나라들은 점점 과거의 폐쇄적인 전통으로부터 벗어나 일정기간이 지난 체류자에게 시민권을 부여하는 거주지주의를 따르는 모습을 보이고 있고, 출생지주의 또는 속지주의 전통의 나라들 역시 과거의 개방적인 태도보다는 점점 더 규제적인 입법을 통해 거주지주의로 이동하는 모습을 보인다. 사회통합의 방법에서도 차별적 배제를 강조했던 국가는 동화로 이동하고 있고 적극적인 다문화주의를 추진했던 나라 역시 동화의 방향으로 상대적인 후퇴를 보이고 있다. 다문화주의적 동화란 시민통합과 차별금지를 통해 소수집단을 배려하지만 궁극적으로 동화를 강조하는 방향으로 이론과 담론, 정책측면에서 변화하고 있는 서구사회의 최근 경향을 표현한 것이다.[3]

<그림 3-5-2>는 세 나라의 다문화주의가 서로 다른 양상을 보이는 원인을 비교 분석하기 위해 정책방향과 강도에 영향을 미치는 구조적 요인과 수준별 행위자를 종합하여 생각해 낸 분석틀이다. 보통 다문화주의 발전에 가장 큰 영향

---

3 이 절에서 제시하는 〈그림 3-5-1〉과 〈그림 3-5-2〉는 영문으로 발표한 필자의 2009년 논문(Kim 2009)에서 한국을 분석하기 위해 사용한 바 있다. 이 그림들은 다문화 사회를 분석하기 위한 기초적인 틀로서 서구 국가를 설명하는데도 유용할 수 있다고 생각한다. 그림을 약간 수정했고 분석틀을 설명하는 내용은 대폭 수정 보완했다.

을 미치는 요소는 사회적 소수가 문화적 권리를 요구하는 강도와 이 요구를 받아들일 것인가를 놓고 보여 주는 정부의 태도라고 말한다. 그러나 이 두 요소는 가장 직접적인 변수들임에도 불구하고 각국의 정책 방향을 완벽하게 설명하지는 못한다. 개별 국가의 다문화주의 채택 여부와 그 방향을 종합적으로 설명하기 위해서는 사회적 소수와 정부라는 대표적인 행위자를 고려해야 하지만 동시에 역사 문화적으로 형성된 사회의 구조적인 요인도 고찰되어야 한다. 구조적 요인 가운데 가장 중요한 것은 지구화의 조류가운데 해당 국가가 어느 지점에 위치하고 있느냐는 것이다. 예컨대, 세계적인 자본의 흐름과 국제적인 분업 및 노동력 공급의 사슬 속에서 어떤 국가는 노동 수입국일 수 있고, 어떤 국가는 노동 송출국일 수 있으며, 어떤 국가는 자본 유입국이고 어떤 국가는 자본 수출국일 수 있다. 여기에 덧붙여 그 나라의 경제상황과 인종 및 종교구성도 중요한 구조적 요인이 된다. 이 모든 상황들이 개별 국가의 다문화 정책을 규정짓는 역사적, 문화적 전통을 구성하고, 이 전통 가운데서 사회문제를 해결하기 위해 해당 국가가 그동안 보여왔던 국가 개입의 범위와 정도 역시 중요한 구조적 변수가 된다.

행위자의 선택은 이러한 구조적 요인의 바탕 위에서 이루어진다. 구조는 행위자의 선택을 제한하고, 행위자의 전략에 따라 구조 역시 장기적으로 변화한다. 행위자는 다시 지역과 국가, 국제라는 세 수준으로 나누어 볼 수 있다. 다문화 현상을

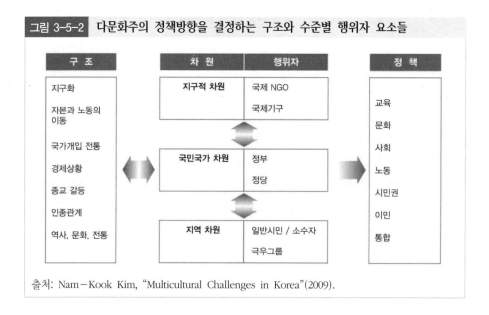

그림 3-5-2 다문화주의 정책방향을 결정하는 구조와 수준별 행위자 요소들

구 조	차 원	행위자	정 책
지구화	지구적 차원	국제 NGO 국제기구	교육
자본과 노동의 이동			문화
국가개입 전통	국민국가 차원	정부 정당	사회
경제상황			노동
종교 갈등			시민권
인종관계	지역 차원	일반시민 / 소수자 극우그룹	이민
역사, 문화, 전통			통합

출처: Nam-Kook Kim, "Multicultural Challenges in Korea"(2009).

둘러싼 갈등과 화합은 지역수준에서 가장 첨예하게 드러난다. 날마다의 생활이 이루어지는 이웃에서 이민자 그룹과 극우세력은 충돌하거나 화해하고 일반시민들의 지지를 얻기 위해 전력투구한다. NGO단체로 조직된 시민들은 이 상황에서 적극적으로 개입하지만 대다수의 일반시민들은 폭력적인 갈등의 표출에 이르지 않는 한 소극적인 태도로 지켜본다. 그러나 일반시민의 태도는 궁극적으로 사회적 소수의 요구를 받아들인 것인지, 받아들인다면 어떤 방식으로 어느 선까지 받아들인 것인지를 결정하는데 가장 큰 영향을 미치는 변수가 된다.

　지역수준에서 다양한 행위자들의 활동은 국가수준에서 정당에 의해 대표되고 정부의 정책결정과정에서 최종적인 내용을 갖는 다문화주의 정책으로 나타난다. 물론 정부 내부에서도 각 부처간 입장 차이에 따른 갈등과 경쟁이 있기 때문에 국가의 대응이 단일한 입장으로부터 유래한 것이라고 볼 수는 없다. 국가 수준의 정책결정도 지역과 국가 수준의 상호관계에서 끝나는 것이 아니라 국제수준에서 국제기구와 국제NGO의 감시와 견제를 받는 가운데 이루어진다. 국제인권단체들은 개별국가의 인권상황에 대해 통계와 사례를 통해 모니터하고 그 결과를 공개함으로써 끊임없이 다문화 정책의 방향 결정에 압력을 행사한다. 국제기구들 역시 개별국가가 지켜야 할 국제적 기준을 제시하고 그 이행을 감시함으로써 다문화 정책 방향에 영향을 미친다. 이처럼 지역과 국가, 국제 수준에서 이루어지는 행위자의 활동과 선택에 대해 역동적으로 고찰하고, 이를 규정짓는 구조에 대한 고찰이 동시에 진행되어야 각국의 다문화주의 현실에 대한 종합적인 이해와 서로 다른 정책방향에 대한 비교분석이 가능해 진다. 이 장에서는 이와 같이 복합적인 다문화 정책의 결정 요소들이 존재한다는 점을 전제하고 그 가운데 사회적 구조 차원에서 국가개입의 전통과 역사적 배경, 행위자 차원에서 사회적 소수의 요구와 정부의 대응, 그리고 정책 분야에서 특별히 사회통합 정책에 초점을 맞춰서 논의를 진행한다.

세 나라 비교연구를 위한 이론적 시각

구조와 행위자의 상호작용 속에 형성된 각국의 다문화주의가 어떤 발전의 단계에 속하는 지 하나의 비교 기준을 통해 분석할 수 있을까? 다문화주의 발전 단계를 비교 분석하는 틀은 다문화주의에 관한 논의 가운데 가장 덜 주목 받고 있는 분야이다. 아마도 욥케(2004)가 제시한 공식적 다문화주의(official multiculturalism)와 실질적 다문화주의(de facto multiculturalism), 밴팅과 킴리카(2006)가 제시하는 문화적 권리의 세 가지 다른 종류와 그 내용들, 설동훈(2000)이나 캐슬과 밀러(2003)가 제시하는 시민권 전통과 통합 방식에 따른 다문화국가 분류 정도가 체계적으로 다문화주의의 이행모습과 내용을 구분하는 분석틀일 것이다. 욥케는 국가가 공식적으로 다문화주의를 표명한 호주, 뉴질랜드, 캐나다 등을 공식적 다문화주의 국가로, 기타 서유럽의 국가들을 국가의 공식적인 표명 없이 수동적으로 사실상 다문화주의 정책을 시행하고 있는 실질적 다문화주의 국가로 본다. 킴리카는 문화적 권리를 문화인종적 소수(ethnic minority)의 다문화의 권리, 민족적 소수(national minority)의 대표의 권리, 원주민(indigenous people)의 자치의 권리 등으로 나눈 바 있다. 설동훈과 캐슬, 밀러 등은 앞 절에서 필자가 수정 제시한 것처럼 시민권의 전통과 사회통합의 방식을 조합하여 각국의 현재 위치를 파악하는 모형을 제안했다. 필자는 여기에서 다문화주의 발전의 단계를 비교 분석할 수 있는 하나의 틀로서 첫째, 관용의 단계, 둘째, 비차별의 제도화 단계, 셋째, 본격적인 다문화주의 단계로 이루어진 다문화 이행의 3단계 모델을 제시하고 이를 통해 영국과 프랑스, 미국 등 3개국의 다문화주의 발전단계를 비교 설명하고자 한다. 각국의 설명을 통해 보이겠지만 이 세 단계가 반드시 순차적으로 나타나거나 배타적으로 진행되는 것은 아니다.[4]

〈그림 3-5-3〉에서 필자가 생각하는 첫 번째 관용의 단계는 다문화 사회로의 이행에 직면한 대부분의 사회가 보여주는 첫 단계의 대응이다. 관용은 나와 다

---

4 다문화 이행의 3단계 발전모델은 필자가 2006년 발표한 글(김남국 2006)에서 영국과 프랑스 등 서구나라들을 비교분석하기 위해 먼저 생각해 냈고 당시에는 도표가 아닌 설명의 형태로 간단하게 제시했었다. 이후 라즈, 킴리카, 블라히 등의 논의를 참고하여 더 구체적인 내용을 담은 틀로 만들어 한국을 분석한 필자의 논문(Kim 2009)에서 현재 상태의 〈그림 3-5-3〉처럼 만들어 사용한 바 있다. 본문의 각 단계에 대한 설명은 필자의 영어논문과 일정 부분 중복된다. 필자는 이 발전모델이 모든 것을 다 포괄하여 설명할 수 는 없지만 한국뿐 아니라 서구국가들을 비교 분석하는데 하나의 기준을 제시할 수 있다고 생각한다.

른 문화가 공존할 수 있는 능력을 의미하는 개념으로서 다문화 사회의 중요한 덕목이다. 관용은 미디어의 역할과 교육 및 사회화 과정을 통해 향상될 수 있다. 그러나 본질적으로 관용은 다수가 소수의 다름을 사회의 평화를 위해 너그러운 마음으로 참아 주는 것을 뜻하는 사적 영역의 덕목이다. 즉, 다수 중심의 평화가 깨지지 않는 한 참아 준다는 의미에서 관용은 중요한 덕목이지만, 그와 같은 인내는 다수의 필요와 판단에 따라 언제든지 자의적으로 멈출 수 있다는 한계를 갖고 있다. 개인적 덕목으로서 관용은 근본적으로 사회적 다수와 소수 사이의 권력관계가 해체되거나 역전되지 않은 상황을 전제하고 있다. 또한 공적 영역에서 법에 의해 강제할 수 없고 처벌이 불가능하다. 이런 한계에도 불구하고 관용은 다문화 이행의 모든 단계에서 필수적인 덕목임에 틀림없다.

두 번째 단계는 비차별의 법제화이다. 이 단계는 개인적 덕목인 관용에 의존하던 대응에서 한 발자국 더 나아가 불법과 처벌의 구체적인 지침을 법을 통해 제도화함으로써 강제력을 높인 것이다. 다수에 의한 소수의 차별은 때로는 인종혐오를 드러내는 말이나 전단, 인터넷 등에 쓰인 표현(expressive)의 형태로, 또는 특정 자격시험이나 취직, 가게, 집을 구하는 일 등에서 접근(access)을 방해하는 형태의 차별로, 더욱 심하게는 소수자에게 인종차별적인 동기에서 직접 폭력을 행사하는 물리적(physical)인 형태로 나타나기도 한다. 이러한 차별의 양상을 구체적으로 법제화하여 가중 처벌하는 것은 임의적 덕목이었던 관용보다 한 단계 더 진전된 다문화의 도전에 대한 사회의 대응이다. 그러나 아직 이 단계까지도 사회적 다수와

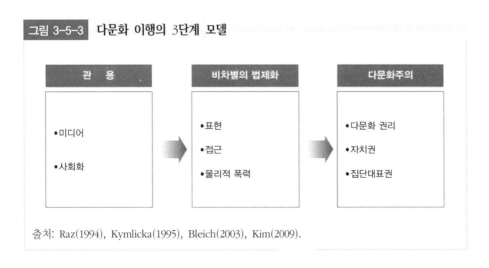

그림 3-5-3 다문화 이행의 3단계 모델

관 용	비차별의 법제화	다문화주의
•미디어 •사회화	•표현 •접근 •물리적 폭력	•다문화 권리 •자치권 •집단대표권

출처: Raz(1994), Kymlicka(1995), Bleich(2003), Kim(2009).

소수 사이의 권력관계는 역전되거나 해체되지 않는다. 법제화 역시 소수의 투쟁에서 시작하지만 다수의 동의와 묵인을 전제로 해야 가능하기 때문이다.

세 번째 단계는 본격적인 다문화주의 단계로서 비차별의 법제화 단계에서 한 발자국 더 나아가 정책적으로 문화적 권리를 지원하는 단계이다. 다문화주의는 단순히 단일문화에서 다양한 문화로 변화해 가는 사회의 현상을 가리키는 가치중립적 용어로 쓰일 수도 있고, 소수의 권리를 적극적으로 보호해야 한다는 규범적 의미로 쓰일 수도 있다. 후자의 입장에서 보면, 다문화주의란 사회적 소수집단의 정체성과 문화적 이해를 공공영역에서 적극적으로 인정하려는 정책으로 정의할 수 있다. 경제나 복지차원의 재분배보다는 문화적 권리와 문화적 생존의 공식적 인정을 중요하게 생각하는 이러한 접근에서는 사회적 소수의 보호를 위해 예외적인 소수집단 우대 정책을 만드는 일, 소수집단의 문화적 표현을 공공영역에서 인정하는 일, 중앙정부나 지방정부 차원에서 집단 대표나 집단적 자치의 권리를 허용하는 일 등이 사회통합을 위해 중요한 문제가 된다. 이 단계는 다수중심으로 설정된 힘 관계의 근본적인 변화를 수반해야 한다는 점에서 주류사회의 기존 제도와 법의 틀 안에서 큰 양보 없이 실현 가능했던 관용 및 비차별의 법제화 단계와 구별된다. 구체적인 다문화 정책의 내용들은 킴리카의 제안처럼 민족적 소수, 문화인종적 소수, 그리고 원주민에 따라 각각 집단대표의 권리, 다문화의 권리, 그리고 자치의 권리 등 다른 종류의 권리를 생각할 수 있다(Banting · Kymlicka 2006, 49-91).

다문화사회로의 진입은 새로운 구성원과 기존의 시민들이 함께 동의할 수 있는 사회통합의 원칙에 대한 이론 작업을 필요로 한다. 즉 점차 다원화되는 사회에서 사회적 다수와 사회적 소수, 또는 기존의 시민들과 새로운 이주자들이 함께 공존할 수 있는 사회구성의 원칙을 찾는 일은 다문화의 도전에 직면한 사회가 광범위한 토론과 성찰을 통해 풀어나가야 할 중요한 과제이다. 다문화 이행의 3단계 모델은 각국이 처한 다문화의 현실에서 어떤 정책에 우선을 두어야 할지를 가늠해 볼 수 있게 하고, 사회적 다수와 소수 사이의 갈등과 협력이 어떤 수준에서 어느 정도로 진행되고 있는가를 국가별로 비교 분석할 수 있는 하나의 기준을 제공하고 있다.

세 나라 비교연구의 기초적 분석 결과

그렇다면 영국과 프랑스, 그리고 미국의 다문화 정책과 사회통합 정책은 관용, 비차별의 제도화, 그리고 본격적인 다문화주의 시행이라는 3단계에 비춰볼 때 어떤 모습을 보이고 있을까? 다문화 이행의 3단계 모델을 통해 각국의 모습을 비교하면 이제까지와는 다른 세 나라에 대한 이해를 도출해 낼 수 있을까? 이 절에서는 다문화 이행의 3단계 모델을 일관되게 적용하여 영국, 프랑스, 그리고 미국의 다문화적 현실의 변화에 대해 설명하기로 한다. 각 단계는 사회적 구조 차원에서 역사적 배경과 국가 개입의 전통, 행위자의 차원에서 사회적 소수의 문화적 권리 요구 정도와 정부의 대응을 고려하여 진행한다. 즉, 자유주의적 심의다문화주의는 영국의 역사적인 자유주의 전통과 심의에 중점을 두는 사회적 소수 및 정부라는 행위자의 모습에 초점을 맞춘 것이고, 공화주의적 시민동화주의나 자유방임주의적 선의의 묵인 역시 프랑스와 미국의 역사적 전통이라는 구조와 사회적 소수 및 정부의 정책에 초점을 맞춘 것이다. 각국의 전통에 대한 정치사상적 해석은 자유주의, 자유방임주의, 공화주의가 보여주는 개인의 자유와 사회의 책임, 그리고 국가 개입의 범위라는 세 가지 기준을 중심으로 분류하여 각국의 사례 해석에 적용하였다.[5] 이러한 적용을 통해 영국의 경우 국가중립성과 최소주의 전략, 프랑스의 경우 시민의 덕목과 문화적 일체성, 그리고 미국의 경우 탈정치화와 개인 자유 우선의 원칙을 강조하는 전통에 주목하고자 한다.

1. 영국의 자유주의적 심의 다문화주의: 국가중립성과 최소주의 전략

자유주의 전통에서 개인의 자유에 대한 정의는 외부의 강제로부터 자유로운 개인의 선택을 보장하는 것을 의미하는 소극적 자유가 주를 이룬다. 자유주의 사회의 개인들은 대부분의 경우 사적 영역에 머물면서 개인적인 삶을 살다가 시민으로서 의무가 요구되는 때에만 공적 영역에 나아가 시민이 된다. 즉, 자유주의를

---

5 이 절에서 설명하는 세 가지 사상적 전통, 즉 자유주의, 자유방임주의, 그리고 공화주의에서 개인의 자유와 사회의 책임, 그리고 국가개입의 범주에 대한 논의는 필자의 논문 "경계와 시민"(2005)과 "다문화 시대의 시민"(2005)에서 자세하게 다루고 있다. 이어지는 각 소절의 사상적 전통에 대한 논의는 두 논문의 논의를 바탕으로 간략하게 재구성한 다음 이를 영국과 프랑스, 그리고 미국의 현실 해석에 적용한 것이다.

지지하는 많은 이론가들은 이 다원화 된 세계에서 개인들이 합의할 수 있는 시민으로서의 의무는 매우 단순하고 얕을 수밖에 없기 때문에 개인은 오직 공공영역에 관한 일에서만 시민의 역할을 요구 받는다고 본다. 나아가서 시민의 개념이 소속감을 강조하는 국가 정체성과 큰 관련이 없다고 주장한다. 오히려 자유주의 전통은 국민국가의 경계를 넘어서는 보편적인 원칙들, 즉 법의 지배, 표현의 자유, 관용의 원칙, 그리고 국민의 동의에 기초한 정부 등 누구나 받아들일 수 있는 최소한의 가치를 중심으로 한 사회적 연대의 모색에 더 주력해 왔다.

자유주의 전통은 또한 국가의 역할에 대해 사회의 갈등을 공정하게 타결하려는 중립적인 조정자로 전제한다. 이와 같은 입장에서 보면 소수문화 집단에 대한 동화 정책은 국가가 중립성의 의무를 위반해가면서 기존의 다수문화 집단에 대해 단지 크다는 이유만으로 소수문화를 흡수할 수 있는 정당성을 부여하고 있는 셈이 된다. 동시에 소수 집단에게 특별한 지위를 부여하여 보호하는 것 역시 어떤 집단은 인정하고 어떤 집단은 배제할 것인가에 대해 국가가 취해야 하는 중립적 위치를 벗어나 자의적 판단 가능성을 열어 놓고 있다. 즉, 자유주의 입장에서 바라본 다문화주의는 구성원의 평등, 자유주의적 중립성, 그리고 자의적 판단의 배제라는 세 가지 주요 자유주의 원칙과의 갈등을 안고 있다.

자유주의 전통은 사회의 책임에 대해 점차 인정하는 방향으로 진화해 왔다. 롤즈에 따르면 소득과 부의 분배가 역사적, 사회적 행운에 의하여 이루어지는 것을 허용할 이유가 없는 것과 마찬가지로 타고난 자산의 유무에 의해 소득과 부의 분배가 이루어지는 것도 허용할 이유가 없으며 더욱이 기회균등의 원칙은 가족제도가 존재하는 한 불완전하게 이루어질 수밖에 없다. 천부적 능력이 계발되고 성숙되는 정도는 모든 종류의 사회적 조건과 계급에 영향을 받는다. 또한 가치 있는 존재가 되고자 하는 의욕 그 자체까지도 가정 및 사회적 조건에 의존한다. 실제 비슷한 능력을 가진 사람들에게 완전하게 동등한 기회를 보장한다는 것은 불가능하다. 따라서 우리는 이 사실을 시인하고 천부적인 운이 가져오는 자의적인 영향을 완화시키는 원칙을 채택해야 한다. 그 결과 자유주의는 개인이 혼자 대응할 수 없는 비선택적 운과 구조적 불평등의 문제를 사회책임을 통해 해소하고자 노력해 왔다(롤즈 저, 황경식 역 2005, 111-122).

영국을 자유주의적 심의다문화주의라고 부르는 것은 영국사회가 보여주는 국가중립성의 원칙과 최소주의적 접근의 특징을 염두에 둔 것이다. 영국은 현대

사회에 보편적인 정교분리원칙과 다르게 성공회를 국교로 갖고 있고 국가를 상징적으로 대표하는 왕이 성공회 수장을 겸하고 있다. 동시에 영국은 소수문화 집단이나 종교집단의 특별한 지위도 인정하고 있다(Milbank 2009, 268–281). 그러나 다문화의 도전에 따른 구체적인 사회통합의 수행은 실제 사건이 일어나고 서로 다른 문화가 직접 만나는 지역차원의 기구나 조직에 맡김으로써 국가는 거의 개입하지 않는다(정희라 2007, 1–27). 특정한 정치사상의 가치를 중심으로 일목요연하게 정리되지 않는 영국 현실은 아마도 합리적 대화와 상호존중이라는 자유주의적 원칙 위에서 모든 세력들의 이해를 타협시켜 왔다는 설명이 가장 적절할 것이다. 이 점에서 영국의 현실을 심의 다문화주의라고 부를 수 있고 이런 타협의 전통과 최소주의적 전략은 영국에서 전국 단위의 극우파의 세력이 미미한 이유가 되기도 한다.

그렇다면 관용의 관점에서 영국의 심의 다문화주의는 어떻게 평가할 수 있을까? 앞의 논의에서 관용은 어느 시점에서나 중요한 덕목이지만 법적 구속력이 없는 개인적 덕목이므로 사회여론이 바뀌고 다수의 의견이 변함에 따라 언제든지 철회될 수 있다는 점을 지적하였다. 영국의 심의다문화주의는 적어도 다수와 소수가 합의만 한다면 무슨 내용이든 담을 수 있는 유연한 그릇임에 틀림없다. 그러나 모든 이론의 흐름들을 아우르는 영국의 이처럼 유연한 접근은 뚜렷한 원칙에 의존하기 보다는 정세의 변화에 민감하고 세력관계에 쉽게 영향 받는다는 점에서 단점이 될 수도 있다. 특히 성문법에 의해 일일이 규정된 권리를 따르기보다는 보이지 않는 사회의 규범과 관습이 지배하는 불문법의 나라에서 관용은 더 쉽게 여론에 의해 영향 받을 수 있다. 영국사회가 새로운 이주자들과 그들의 문화에 대해 보여준 관용의 수준은 역사의 주요 사건들을 계기로 변화해왔다.

적어도 1962년 최초의 이민법이 제정되기 전까지 모든 대영제국의 신민은 인종과 문화, 종교, 국적에 상관없이 누구나 영국에 입국할 수 있고 정착할 수 있었다. 아시아와 카리브 해로부터 이민이 본격화하고 더 강화된 이민 정책이 시행된 이후에도 영연방 국가로부터 유입된 이민자들은 영국 내에서 일정한 시간을 거주한 이후 영연방 국가의 시민 자격으로 영국에서의 정치적 권리를 인정받았다. 따라서 정치적 대표의 문제는 쉽게 해결되었고 소수 집단의 문화적 정체성 역시 대영제국의 긍정적인 유산으로 생각하여 그 권리를 보장함으로써 문화갈등의 여지를 줄여 왔다. 그러나 1958년에 런던 교외 노팅힐에서 전후 최초의 인종폭동이 일어나면서 영국의 관용 정신은 시험대에 오르기 시작하고 그 결과는 1962년의 첫

이민법 제정으로 이어졌다. 이 사태에서 소요를 처음 일으킨 가해자는 백인 노동자들이었고, 피해자는 주로 카리브해 지역에서 이민 온 흑인 노동자들이었다(Kim, 2005, 135–139).

　이후 1960년대 후반부터 이민을 주요 정치적 의제로 삼아 선거에 이용하려는 에녹 파월 등 보수당 의원들의 반 이민 선동이 시작되었다. 1971년 이민법은 이러한 반 이민 선동과 석유위기 상황에 영향 받아 사실상 카리브해와 아시아의 연영방 국가로부터 미숙련 노동자의 이민을 중단하는 조치를 포함시켰고 가족 재결합의 가능성 정도만을 남겨두었다. 1970년대 후반에서 1980년대 초반에는 이미 슬럼화된 도심지역에서 흑인청소년들과 백인 경찰들의 대치가 방화와 파괴를 동반한 채 폭동으로 번지는 상황이 지속적으로 발생하였다. 이 시기의 충돌은 흑인들이 중심이 되어 먼저 시작한 누적된 분노의 폭발이었고 이러한 상황은 1948년 국적법 이후 인정해 오던 과거 영국 식민지 국가 출신의 시민권 조항을 삭제함으로써 대영제국의 유산과 정식으로 결별하는 1981년 국적법 개정으로 이어졌다(Kim 2010, 208–235).

　2001년 5월에는 중서부 공업지대인 리버풀과 맨체스터 지역 북부에 위치한 작은 도시 올담에서 시작되어 곧 리즈, 번리, 브래드포드로 번져나간 소요사태가 일어났고 2005년 7월에는 52명이 죽고 700여 명의 사상자를 낸 런던 지하철 테러가 발생했다. 2001년의 소요는 아시아인들에 의해 시작된 최초의 인종폭동이라는 점에서 새로운 현상이었고 2005년 테러는 영국에서 나고 자란 영국 국적의 무슬림들이 일으킨 테러라는 점에서 영국사회에 충격을 주었다. 9/11테러를 전후한 일련의 사건들에 의해 일어난 영국사회의 변화는 2002년과 2006년에 개정된 '이민과 망명 및 국적에 관한 법'에 반영되어 있다. 2002년 법은 시민권 테스트와 시민권 의식을 규정하였고, 2006년 법은 입국을 거부당한 외국인이 항소할 수 있는 권한을 축소했다. 이 법은 또한 지문 등을 포함한 생체정보를 이민국이 요구할 수 있으며, 이민자가 시민권을 취득한 경우라도 공공이익을 위해 필요하다면 내무장관의 명령에 의해 시민권을 박탈할 수 있는 조항을 추가했다.

　1988년의 루시디 사건과 2000년의 파레크 보고서를 둘러싼 논쟁은 영국이 생각하는 관용의 정도를 추론해 볼 수 있는 중요한 사건들이다(김남국 2004, 341–362). 루시디의 저서『악마의 시』에 대해 이슬람의 예언자 마호메드를 모욕하고 있는 것으로 본 영국의 무슬림들은 이 책을 출판 금지 시켜줄 것과 신성모독법에 의해 루시디를 처벌해 줄 것을 요구한 바 있다. 영국이 보여준 정부 차원의 대응은 루시디와 영국의 무슬림 모두 의사표현의 자유를 갖고 있고 그 표현의 자유를 행사하는 방법이 평화로운 공공질서 유지라는 법의 원칙을 벗어나지 않는 한 정부는 개입하지 않는다는 것이었다. 신성모독법에 의한 루시디의 처벌도 원래 기독교를 모독한 범죄를 처벌하는 것을 목적으로 했던 이 법의 개정이 쉽지 않고, 끊임없는 소송을 불러 일으킬 수 있는 일에 정부가 개입할 수 없으며, 어떤 종교는 보호하고 어떤 종교는 보호하지 않기로 판단하는 일이 쉽지 않기 때문에 불가능하다는 것이었다.

2000년 파레크 보고서가 미래 다문화인종 국가로서 영국의 모습을 다양한 공동체들이 평등하게 공존할 것으로 예상하고, 국가는 이처럼 다양한 공동체 가운데 하나의 공동체일 뿐인 것으로 묘사하자 영국의 많은 언론들은 영국적 특징(Britishness)의 해체를 우려하며 반격에 나섰다. 결국 국민의 세금으로 영국을 분열시키려는 시도라는 반격에 밀려 파레크가 위원회의 뜻이 잘못 전달되었다며 사과하는 사태가 벌어졌다(Parekh 2000, 40-56). 대처정부의 내무장관이었던 허드는 국가는 관용의 덕목을 시민들에게 법으로 강제할 수 없다고 주장한 바 있다. 영국사회가 사회적 소수에 대해 관용하는 정도는 국가 중립성과 최소주의 전략아래서 여론의 방향에 따라 부침하고 있지만 이러한 부침이 보이지 않는 규범과 관습이 지배하는 불문법의 나라에서 반드시 사회적 소수에게 유리한 것만은 아니다 (Capdevila · Callaghan 2008, 1-16).

그렇다면 비차별의 법제화라는 차원에서 본다면 영국은 전후 어떤 발전을 이룩했을까? 영국의 심의다문화주의가 문제 상황을 고려하고 당사자들의 이해관계가 충분히 대표되는 가운데 대화와 토론을 통해 타협을 모색하는 실용주의적 접근을 추구한다는 점은 앞서 설명한 바 있다. 영국의 문화적 갈등이 사람들의 눈에 덜 띄는 이유도 문제를 당사자 중심의 지역 차원에 국한시키면서 전국 차원의 단일 원칙에 따른 일관된 접근 시도를 아예 지양한다는 데 있다. 그러나 전국차원으로 문제가 비화되는 것을 막는다고 해서 그 안건 자체가 중요하다는 것을 영국정부가 부인한 적은 없다. 즉 영국정부는 새로운 안건은 받아들이되 그 안건과 결부된 새로운 사회세력이 등장하는 것을 막아 왔다고 보는 게 정확하다. 특히, 보수, 노동 양당은 자신들의 이념의 날개를 좌우로 더 넓히거나 중도로 이동하는 방식을 통해 어떻게든 사회적 소수에 의해 제기되는 문제들에 대답해 왔다. 그 대표적

인 근거 가운데 하나가 영국이 1965년 유럽국가 가운데 최초로 인종관계법을 제
정했다는 사실이다. 1965년의 법은 피부색깔이나 인종, 국적에 따른 표현에서의
차별에 초점을 맞춰 처벌을 규정했지만 그 내용은 형사처벌이 아니라 민사 배상
에 관한 것이었다. 1968년에 개정된 인종관계법은 접근에서의 차별, 즉 고용과 집
을 구하는 일에서 차별 금지를 포함시켰고, 1976년에 개정된 법은 인종평등위원
회(Commission for Racial Equality)를 출범시키면서 교육과 공공부문까지 포함한 영역
에서 직접적, 간접적 차별 금지를 명문화 하였다. 동시에 고용이나 직업훈련, 노조,
전문직업집단에서 과소 대표된 문화인종집단에 대한 적극적 대우(positive action)를
규정하였다(Ruhs · Anderson 2010, 195 - 211).

1983년 버밍햄의 파크그로브 학교에서 일어난 사건(Mandla vs. Dowell - Lee)은
1976년에 개정된 인종관계법과 직접 연관되어 있다. 이 사건에서 교장이 시크교
도 학생에게 터번 착용 금지를 명령하자 상원은 이 명령이 1976년 인종관계법이
금지한 간접적 차별에 해당한다고 판결하였다. 또한 터번이 학교생활의 근본적
목적을 달성하는데 방해가 되지 않기 때문에 착용하는 것이 무방하다고 판단하였
다. 1989년의 고용관계법 역시 공사장에서 시크교도가 헬멧 대신 터번을 착용하
는 것을 허용하였다. 그 대신 사고가 일어났을 때 보상내용은 헬멧을 착용했다면
어느 정도 다쳤을 것인가를 산정하여 액수를 정한다는 제한을 두었다. 이 판결에
대해 영국정부는 어떤 대응도 한 적이 없다. 즉, 터번이나 헤드스카프 착용에 관한
전국 차원의 규칙을 영국정부가 나서서 정하려는 시도 자체를 하지 않았고, 설사
헤드스카프 착용을 둘러싼 문제가 생긴다고 하더라도 당사자들의 합의로 결정하
라고 맡겨놓았다. 그 결과 법원은 터번이 학교의 본래 목적을 달성하는데 방해가
되지 않는다는 판결을 내렸고 결국 모든 학교는 각자 나름의 복장 규정에 문화적
해석을 덧붙인 독특한 복장이 가능해 졌다. 이러한 상황은 평등의 관점에서 보면
어수선해 보일 수 있지만, 실정법과 논리보다는 대화와 판단을 중요시하는 영국
의 보통법과 의회주의 전통에서 보면 이상한 일이 아닐 수 있다.

1993년에 런던 동남부 교외의 버스정거장에서 흑인 로렌스를 살해한 것으로
의심받던 다수의 백인 청소년들이 무혐의로 풀려난 사건을 재조사한 1999년의 맥
퍼슨 보고서는 영국사회에 자리잡고 있는 제도적 인종차별(institutional racism)에 관
해 언급하였다. 무지나 선입견, 낙인찍기 등을 통해 소수 문화인종에 속한 사람들
에게 정당한 서비스를 제공하는데 실패한 제도의 한계를 의미하는 이 논쟁 이후

영국정부는 2000년에 기존의 인종관계법을 개정한 바 있다. 새로운 법은 인종차별에 대해 공공기관의 더 강력한 대처와 공적 임무를 수행하는 사적 기관들, 즉 병원, 학교, 지방의회, 주택회사, 지역개발기구 등이 적극적인 차별금지 정책과 인종관계 증진에 기여할 것을 규정하였다. 나아가 2006년 제정된 '인종과 종교혐오 금지에 관한 법'은 종교혐오를 불러일으키는 선동에 대해 처벌할 것을 규정하고 있다. 이러한 영국의 정책들은 차별금지와 사회통합을 위해 영국정부가 단지 중립적조정자에 머물지 않고 적극적인 역할을 해왔다는 사실을 보여준다. 다시 말하자면 영국은 사회적 소수와 관련된 사건이 있을 때마다 그 사건을 계기로 제도적 장치를 마련하는데 유럽에서 가장 앞선 성취를 보여왔다(최동주 2009, 104-106).

그렇다면 관용과 비차별의 법제화 단계를 지나 본격적인 다문화의 단계에서 영국은 문화적 권리의 인정에 어떤 모습을 보여 왔을까? 영국은 역사속에서 전쟁이나 조약을 통해 강제적으로 병합된 스코틀랜드, 웨일스, 북아일랜드 등의 민족적 소수집단이 있고, 바하마, 자메이카 등에서 자발적으로 이민 온 카리브해 흑인과 인디아, 파키스탄, 방글라데시 등에서 이민 온 아시아인들로 이루어진 문화인종적 소수가 있다. 스코틀랜드와 웨일스는 1999년 실시한 국민투표를 통해 자치의 권리를 인정받았는데 스코틀랜드는 런던의회가 정한 세금의 비율을 조정할 수 있는 권한을 가진 의회(Scottish Parliament)를 인정받았고, 웨일스는 행정자치 권한에 집중된 의회(Wales Assembly)를 인정받았다(Aughey 2001). 이들 소수 민족 집단은 지역이나 전국적 차원에서 자신들의 고유 언어에 대한 공식적인 지위를 부여 받고 있고, 소수언어 사용 학교나 미디어에 공적인 재정을 지원받으며, 국제회의나 기구, 스포츠 시합 등에 자신들의 민족을 대표하여 출전할 수 있다.

소수 문화인종 집단들도 대영제국의 유산과 영연방 체제 아래서 이중국적을 허용 받았고 소수 문화인종의 문화활동을 위한 재정 지원을 받으며 약 7,000여 개의 종교적 교육기관이 지방정부의 재정 지원 아래 운영되고 있다. 1997년까지 영국에서 성공회와 가톨릭, 감리교, 유대교의 학교는 공공예산의 지원을 받을 수 있었지만, 이슬람과 유대정교, 모르몬 등의 학교는 지원을 받을 수 없었다. 그러나 1998년 인권법과 2000년 인종관계법의 개정과 더불어 모든 종교 학교들이 지방정부의 재정지원을 받을 수 있게 되었다. 2010년 현재 38개의 유대교 학교, 11개의 무슬림 학교, 4개의 시크교 학교, 1개의 그리스정교 학교, 1개의 힌두학교, 1개의 퀘이커 학교, 1개의 제칠일 안식일 교회 학교 등이 지방정부의 재정지원을 받고 있다.[6] 이외에도 영국은 미디어에서 소수인종의 출연을 보장하고 있고 법에 의해 자유로운 복장이나 종교행위를 보장하고 있으며 1976년 인종관계법 이래 불리한 이민자 집단을 위한 적극적 차별 시정(positive action) 정책을 시행하고 있다. 이처럼 국가차원에서 다문화정책의 원칙을 공식적으로 천명하지 않던 영국에서 의외로 소수 민족이나 소수 문화인종을 위한 구체적인 정책들이 많이 시행되고 있음을 알 수 있다. 이 점이 대화와 타협을 중시하면서 유연성을 특징으로 하는 영국의 심의 다문화주의의 장점이지만 공정성이라는 측면에서 보면 누구는 포함시키고 누구는 포함시키지 않는가에 대한 논리적 일관성의 부족과 문화적 권리의 부여과정에서 생기는 선정의 자의성 문제 때문에 항상 비판에 노출되어 있다. 영국 역시 9/11테러 이후 영국적인 특징의 강화를 통해 통합을 강조하고 다양한 문화적 권리에 대한 인정이 분리주의를 조장하는 것이 아님을 강조하는 세계적 추세를 보여주고 있다. 그럼에도 불구하고 영국은 유럽국가들 가운데 인종주의적 테러나 극우그룹의 활동이 가장 낮은 비율로 발생하고 있고 이런 이유로 다문화의 도전에 직면하여 사회통합에 성공적인 사례로 이야기 된다(김용찬 2007, 148-151).

2. 프랑스의 공화주의적 시민 동화주의: 시민의 덕목과 문화적 일체성

공화주의 전통은 시민의 자유와 사회의 책임, 그리고 국가의 역할에 대해 자유주의 및 자유방임주의 전통과 다른 입장을 보여준다. 공화주의에서 개인은 자신이 속한 정치공동체의 시민으로서 공공활동에의 적극적인 참여를 통해 스스로의 자유를 완성시킨다고 본다. 따라서 개인은 사적 영역에 머무르기 보다는 정치공동체의 시민으로서 소속감을 갖고 연대와 헌신, 애국 등의 덕목을 통해 공동체의 발전에 기여할 것을 요구 받는다. 공화주의의 개인은 공동체의 환경에서 벗어난 추상적인 자아가 아니라 공동체의 역사와 전통에 의해 규정 받는 자아이다. 이와 같은 개인은 외부의 강제에 의해 간섭 받지 않을 소극적 자유를 목표로 하는 자유주의적 개인과는 다르다. 즉, 외부의 간섭으로부터 자유로울 소극적 자유를 추구하는 동안 자신이 서 있는 공동체의 토대 자체가 무너질 수 있고 공동체의 유지가 어려운 상황에서 개인의 자유를 논할 수는 없는 것이다.

---

6 지방정부 재정지원을 받는 종교학교 통계 http://www.teachernet.gov.uk/wholeschool/faithschools(2010. 11.28. 검색).

공화주의 전통에서 국가는 정치과정의 중요한 참여자로서 정치공동체가 지향하는 가치들을 보호하고 육성하기 위해 적극 개입해야 하는 것으로 상정된다. 자유주의에서 상정하는 중립적인 조정자로서 국가와는 달리 정치공동체의 역할을 중요시하는 공화주의 전통은 국가가 뚜렷한 목표를 갖고 시민들을 교육시키고 사회화 시키는 역할을 수행하는 주체가 될 것을 요구하는 것이다. 이와 같은 과정을 통해 형성된 국가정체성은 시민들 사이의 소속감과 연대를 증진시키고 시민들 사이의 일체감이 곧 사회정의와 민주주의 실현을 위해 긍정적인 역할을 한다고 평가된다.

공화주의 전통은 시민과 국가의 직접적인 관계를 전제하기 때문에 이 둘 사이를 매개하는 사회의 역할은 제한적이다. 즉, 공화국에 충성하는 시민의 헌신이 중간집단에 의해 분산되거나 왜곡되는 것을 막기 위해 인종이나 종교, 문화에 의해 구획되는 중간집단의 존재는 인정하지 않았다. 이와 같은 입장은 정치공동체 사이의 경계에 중요한 의미를 부여하게 되고 따라서 공동체 밖으로부터 새로운 문화적 유입에 대해 상대적으로 폐쇄적이고 소수문화 집단에 대한 인정에서도 소극적인 태도를 보여준다. 또한 문화적 생존을 요구하는 소수 문화인종 집단의 다양한 목소리에 대해 공화주의의 가치와 원칙으로 차별 없이 평등하게 대우할 때 가장 정의로운 사회가 구현된다고 믿는다. 즉, 공화주의의 일관된 원칙이 다문화주의가 갖는 자의성의 함정에 빠지지 않고 소수집단을 평등하게 대우하는 지름길이라고 보는 것이다.

다문화의 도전에 대응하는 프랑스의 사회통합 유형을 공화주의적 시민동화주의라고 부르는 것은 프랑스가 혁명 이래 자유, 평등, 박애, 세속주의, 애국주의 등으로 이루어진 공화주의 이념을 소수 문화인종의 요구에 대응하는 원칙으로 삼아 왔다는 것을 뜻한다. 프랑스는 1989년 이후 지속된 헤드스카프 논쟁과 2004년 종교적 상징물의 착용 금지법 제정에서 볼 수 있듯이 공공영역에서 자신의 종교적 정체성을 드러내는 것을 금지해왔고 그러한 시도를 프랑스 사회를 지탱하는 세속주의에 대한 중대한 위협으로 간주해 왔다(Bowen 2007, 63–152). 즉, 인종, 문화, 종교적 정체성의 표현을 인정함으로써 사회가 파편화되는 것보다는 공화주의 원칙을 중심으로 단일한 공화국을 유지하는 것이 사회적 소수에게 더 나은 평등의 기회를 제공할 수 있다고 보는 것이다. 프랑스 공화주의자에게 공공영역에서의 문화적 정체성의 인정은 원시적 부족주의와 종교적 신념의 싸움으로 점철되었던 중세의 암흑시대로 회귀하는 것을 의미한다. 중세의 종교전쟁을 공적 영역과 사적 영역의 분리를 통한 세속주의 원칙으로 해결했다고 믿는 프랑스 공화주의자들에게 인종, 종교, 문화 등의 개인적 및 집단적 정체성을 공공영역에서 드러낼 수 있게 하는 다문화주의의 수용은 중세의 전철을 다시 밟으려는 어리석은 시도인 것이다(김남국 2006, 12). 프랑스는 1960년대의 미국이 바로 이러한 길을 가고 있다고 생각했고 인종과 문화, 종교에 따라 파편화 되어 가는 미국 모델을 따라 가서는 안된다고 주장해 왔다.

프랑스가 자랑하는 관용의 전통은 이처럼 공화주의 원칙에 대한 존중을 전제로 한 관용이기 때문에 공화주의 원칙에 의문을 제기하며 도전하는 소수 집단에게는 적용되지 않는다. 따라서 프랑스의 관용 전통은 뚜렷이 다른 두 얼굴을 갖는다. 이 추상적인 통합의 원칙은 공화주의 정신과 공화주의적 제도가 충실하게 구현되고 있을 때에는 긍정적인 힘을 발휘하지만 만약 인종주의적 차별과 배제가 엄연하게 존재하고 있는 상황에서 문화적 정체성의 드러냄까지 억압받게 되면 소수집단에게는 최악의 상황이 된다(엄한진 2007, 253–286). 프랑스는 1915년에 유럽에서 가장 먼저 적대국 출신의 이민자가 취득한 프랑스 시민권을 박탈하는 법을 제정한 적이 있고 석유위기 직후인 1974년부터 미숙련 이민을 엄격히 제한한 바 있다. 1993년의 파스쿠아법은 1891년 국적법이래 지속되어 온 속지주의 원칙에 근거한 프랑스 시민권 부여 전통을 제한하여 프랑스에서 태어난 외국인의 경우 자동적인 시민권 취득이 보장되는 것이 아니라 18세가 되었을 때 시민권 취득의사를 밝히고 그때로부터 이전 5년 동안 프랑스에 거주했어야 하며 이 시기 동안 범죄기록이 없을 것 등을 요구하였다.

공화주의 원칙에 따라 중간집단을 허용하지 않는 프랑스의 전통은1791년 르샤플리에법에 규정된 이후 1884년 발덱루소법에 의해 노조활동을 허용함으로써 완화되었지만 사회적 소수집단에게는 1981년에서야 문화나 인종, 종교에 따라 결사를 형성할 수 있는 자유를 허용하였다. 이미 프랑스는 1970년대 후반에 리용 등에서 인종 소요를 경험해 왔고, 1983년에는 인종차별 철폐와 폭력 추방을 기원하면서 10만여 명의 무슬림과 프랑스 시민들이 마르세유에서 파리까지 이르는 길을 행진하는 시위가 있었다. 1990년의 보정블랑 폭동, 1995년 발푸레 폭동 등은 마그레브 청소년들과 경찰의 충돌을 계기로 시작되어 이민자들의 소외와 분노가 폭발한 전형적인 인종폭동이었다. 같은 유형의 소요로 2005년 10월부터 약 한달 간 프랑스 전역에서 일어난 폭동은 68 이후 최대 규모의 소요로 기록되었다. 9/11테러 이후 서구사회의 전반적인 보수회귀 분위기 속에서 2005년 소요는 프랑스 사회의 반 이민자, 반 무슬림 정서를 강화 시키는 계기가 되었다(Ossman-Terrio 2006, 5-21). 이러한 일련의 폭동과 1980년대 후반에 시작된 헤드스카프 논쟁을 거치면서 프랑스는 1990년 고위통합위원회를 설치하여 이민자들의 통합문제를 다루기 시작하였다.

9/11 테러와 2005년 소요사태 이후 프랑스 사회의 분위기 변화는 다양한 입법에 반영되어 있다. 프랑스는 2003년에 불법이민 근절에 초점을 맞추는 이민법을 제정한 바 있고, 2006년에는 선택적 이민을 강조하는 '이민과 통합에 관한 법률'을 제정한 바 있다. 이 법은 자신의 능력과 재능에 의해 의미 있고 지속적인 방식으로 프랑스의 경제적 발전에 참여할 수 있는 사람을 이민자로서 우대하는 것이다. 또한 이 법은 시민권 취득 조건을 강화하여 프랑스인과 결혼한 외국인의 경우 국적 취득 기간을 2년에서 4년으로 연장하였으며, 이주노동자가 자신의 가족을 프랑스로 데려오기 위해 필요한 기간을 12개월에서 18개월로 늘렸다. 2007년에는 앞의 두 법을 통합하여 일명 오르트페법으로 불리는 '이민통제, 동화, 망명에 관한 법'을 제정하였고 이 법을 집행할 '이민, 통합, 국가정체성 및 개발연대부'를 정부부처로 신설하였다(박선희 2010, 202). 이와 같은 현실의 변화는 프랑스에서 관용의 수준이 그 원칙적인 주장과는 다르게 제한적인 방향으로 변화해 왔으며 최근에는 공화주의가 차별과 배제를 위한 정치적 동원의 근거로 사용된다는 비판의 원인이 되기도 한다(박선희 2010, 208). 즉 프랑스의 무슬림들은 종교적 선의 구현을 중요하게 생각하는 자신들의 생활방식을 공화주의의 세속주의 원칙이 부정하고 있기 때문에 근본적인 갈등을 안게 되고, 프랑스가 이 세속 근본주의를 고집하는 한 소수집단을 관용하기 보다는 그들의 사회적 통합을 불가능하게 만드는 배제의 결과를 가져온다는 비판을 제기한다.

프랑스의 다문화 정책을 비차별의 제도화라는 차원에서 보면 인종차별과 관련된 범죄에 대해 별도의 입법을 통해 처벌하기 보다는 기존 민법이나 형법의 틀을 적용하여 해결하려는 공화주의의 영향이 나타난다. 프랑스는 보편적인 공화국의 제도와 형법 이외에 인종갈등과 인권침해를 시정하기 위해 새로운 국가기구를 설립하거나 인종차별 금지법을 제정하는 등 특별기구와 특별법을 제정하는 데 소극적이었다. 특히 인구조사에서 인종이나 종교에 따른 통계를 허용하지 않는 엄격함은 1940년대 비시정권 아래서 유태인들을 색출해 강제수용소로 보냈던 과거의 부정적인 역사적 경험도 중요하게 자리잡고 있다. 2006년에는 가시적인 소수(visible minority)라는 간접적인 용어를 써서 사회조사에 사용하려 하였으나 정부에 의해 최종적으로 채택되지 않았다(김복래 2009, 221). 그러나 프랑스의 공화주의 전통이 반드시 예외적인 입법을 불가능하게 하는 것은 아니다. 예컨대, 프랑스는 1972년에 플레벤법(Pleven Law)을 제정하여 인종차별적인 표현을 금지한 바 있고 1990년 게조법(Gayssot Law)에서는 유태인의 학살 사실을 부정하는 경우 처벌하는 것을 규정하기도 하였다(Lieberman 2001, 32−59).

또한 프랑스 정부는 1998년 이후 각종 공공 및 민간기관들과 인종차별 금지협정을 체결하고 '통합과 차별 금지 지원기금'(FASILD)을 통해 재정을 지원한다. 협정 체결 기관들은 자체적으로 인종차별 금지를 전담하는 부서를 만들고 인종차별 현황을 조사하며 인종차별 금지 전문가를 양성해야 한다. 2001년에는 '차별 금지에 관한 법'을 제정하여 고용을 포함한 차별에 대해서 시민단체도 피해자를 대신하여 법원에 고발할 수 있도록 하였으며 차별행위에 대한 사실 여부 증명의 책임을 가해자에게 부과 하였고 인종차별에 관해 증언한 사람은 처벌이나 해고의 위협으로부터 보호를 받을 수 있도록 규정하였다. 2005년에는 '차별금지와 평등증진을 위한 고위기구'(HALDE)를 설치하였고 2006년에 제정된 '기회균등법'은 일반적인 청년실업 문제를 포함하여 소수 집단의 고용 기회 강화 등을 규정하고 있다(한승준 2008, 478−479).

세 번째 단계인 다문화주의 단계는 공공영역에서 사회적 소수의 예외적 지위를 인정하고 예산지원을 통해 집단자치, 집단대표, 다문화의 권리 등을 보장하는 것인데, 프랑스에서 이러한 정책사례를 찾아보기는 힘들다. 프랑스는 알제리, 모로코, 튀니지 등 마그레브 지역에서 온 아랍인과 베트남에서 온 아시안, 세네갈 등에서 온 아프리카인 등의 소수 문화인종이 있고, 알사스, 바스크, 브리타뉴, 프로방스, 코르시카 등의 소수민족이 있다. 프랑스는 이들 소수민족의 언어나 문화의 보존에 소극적이었으며 2000년 조스팽 정부가 코르시카를 위한 점진적인 자치 계획을 발표하였지만 2003년 코르시카 주민투표에서 자치확대 계획이 부결됨에 따라 코르시카는 여전히 프랑스의 26개 행정지역가운데 하나로 남아 있다. 프랑스는 항상 헌법 1조의 분리 불가능한 단일한 공화국을 근거로 프랑스가 인종이나 종교에 기반한 공동체로 분열되는 것을 막고 공화주의를 바탕으로 한 통일된 정치

공동체를 유지하고자 했다.

프랑스에서 문화집단 사이의 갈등이 국가적인 차원의 논쟁으로 빠르게 비화하고 전세계의 이목을 집중시키는 데에는 이른바 공화주의 원칙에 근거해 다문화의 도전에 대응하려는 프랑스 정부의 일관된 원칙이 한 원인으로 자리잡고 있다. 이러한 상황은 극우집단과 이민자 집단 모두에게 자신들의 의사를 표현하고 세력을 넓힐 수 있는 공개적인 기회와 구조를 제공한다. 그 결과 오늘날 프랑스는 전국 차원의 소수 문화인종 집단 조직이 유럽에서 가장 많고, 이에 맞서는 전국차원의 극우정당 활동 역시 유럽에서 가장 활발하다. 공화주의의 분명한 원칙은 논리적으로 명쾌한 결론을 보여주지만 문화적 생존을 요구하는 사회적 소수는 자신들의 필요가 무시되는 현실에 불만을 가질 수 있다. 공화주의가 성공적인 다문화의 대응방식이 되기 위해서는 공화주의적 원칙들이 현실에서 확실하게 지켜지면서 공정하게 작동하고 있어야 한다. 만약, 공화주의적 제도와 정신이 쇠퇴하고 평등한 시민으로서의 대우가 보장되지 않는 가운데, 문화적 생존의 요구까지 무시된다면 소수 문화인종 집단에게 이런 사회는 아무런 장점이 없는 최악의 경우가 될 것이다(김남국 2006, 12–14). 최근 사르코지 시대의 공화주의 현실에 대한 평가는 프랑스 사회의 전반적인 우경화 분위기 속에 초기의 개방적인 특징보다는 소수집단에게 불리한 차별과 배제의 특징이 두드러진다는 평가를 받고 있다.

3. 미국의 자유방임주의적 선의의 묵인: 탈정치화와 개인자유 우선의 원칙

자유방임주의 전통에서 개인의 자유와 사회의 책임, 국가 개입의 범위는 공화주의 전통과는 큰 차이를 보인다. 자유방임주의에서 가장 우선시 되는 덕목은 개인의 자유로운 선택의 권리이다. 개인은 외부의 어떤 간섭도 없이 자신이 원하는 것을 선택할 수 있을 때 비로소 자유롭다고 말할 수 있다. 따라서 자유방임주의 전통에서 볼 때 정치공동체를 전제하는 시민권은 그 자체로서 의미 있는 개념이 아니다. 이 전통의 이론가들은 시민의 개념에서 정치적인 의미를 제거하고 가능한 많은 공공영역을 사적 영역으로 바꿔서 개인의 권리를 방해하는 외부의 간섭을 줄이려고 시도 해 왔다. 즉, 개인은 자신들의 힘으로 해결할 수 없는 공동의 문제가 생겨서 논의를 해야 할 때만 잠시 공공영역의 시민으로서 참여한 다음 바로 사적 영역의 개인으로 돌아간다.

　　자유방임주의의 세계에서 국가의 역할은 개인들의 자발적 계약을 보호하는 최소한의 수준으로 국한된다. 자유방임주의자가 무정부주의자들처럼 국가의 역할을 전면적으로 부정하는 것은 아니지만 오직 필요할 때만 그 역할과 개입을 최소한으로 인정한다. 만약 국가의 적극적 역할이 있다면 그것은 개인의 자유를 증진시키기 위한 일과 관련된 것이어야 하고 세금을 통한 재분배도 오직 개인의 자유를 보호하기 위해 쓰는 것일 때만 동의할 수 있다. 이렇게 보면 사실 국가는 치안을 유지하기 위한 자치 조직과 큰 차이가 없다. 따라서 자유방임주의 전통에서 국가의 경계가 갖는 의미는 개인의 사유재산을 표시한 울타리와 도덕적인 중요성에서 별 다른 차이가 없다. 즉, 나라 사이의 국경과 이웃 사이의 울타리는 똑같은 정도의 중요성을 가지고서 존재하기 때문에 이민이 그렇게 중요한 사회문제가 될 이유는 없는 것이다.

　　자유방임주의 전통에서는 사회의 역할 역시 최대한 배제하고 개인의 선택에 최고의 가치를 두기 때문에 이러한 입장은 다문화주의를 지지하는 강력한 논리를 제공해 줄 수 있다. 왜냐하면, 자유방임주의의 가치 다원주의 입장은 국민국가의 전통을 이미 선점하고 있는 다수 집단의 문화나 새로운 집단의 문화 모두 동등한 중요성을 갖는 개인들의 생활양식일 뿐이며 그 이상의 의미는 없는 것으로 간주하기 때문이다. 사회와 국가의 역할을 부정하거나 최소화하면서 모든 공공의 관계로부터 벗어나 탈 정치화한 개인들은 시장에서 만나 자율적인 조정 과정을 거친다. 서로 다른 문화도 평등한 조건으로 시장에서 만날 수 있다. 그러나 이 만남에서 서로 다른 문화 집단 사이에 관철되고 있는 비대칭적인 권력 관계를 무시할 수는 없다. 즉 자유롭다고 생각되는 개인도 다수 문화 집단이 제시하는 규범을 준거로 하여 개인의 가치와 원칙을 설정하고 이를 내면화 하여 구체적인 선택을 하는 경우가 많은 것이다.

　　미국은 상대적으로 동질적이었던 유럽의 국민국가와 달리 출범 초기부터 다양한 이민의 역사로 이루어져 왔다. 이민의 주요 세력이 달라짐에 따라 초기 영국인들이 중심을 이루던 앵글로 아메리카 시기를 거쳐 유럽인들이 주류를 이루던 유럽 아메리카 시대, 아시아와 남미로부터 본격적인 이민과 함께 시작된 다문화주의 시대, 그리고 최근에는 문화집단 사이의 경계를 넘어서는 초민족 아메리카(post ethnic America) 시대라는 담론을 선보이면서 나아가고 있다(Hollinger 1995, 105– 130; Lind 1995, 17–138). 미국은 적어도 미국식 법의 지배를 존중하는 한, 개별 소수

인종들이 가져 오는 문화의 이질성이 미국문화에 풍요로움을 더해 준다는 이유로 묵인해 왔다. 즉, 미국을 대표하는 자유방임주의의 전통은 공적 영역과 사적 영역 모든 부문에서 문화적 정체성의 표현에 대한 선의의 묵인을 통해 개인 또는 집단 간의 문화 갈등을 최소화하고, 궁극적으로 개인의 상상력을 해방시킴으로써 생산력의 극대화를 추구해 왔다.

이와 같은 미국의 다문화 정책과 사회통합 정책을 관용의 차원에서 살펴보면 역시 국제정세와 국내 분위기의 변화에 따라 그 수준이 부침하고 있음을 알 수 있다. 영국인이나 유럽인들이 미국으로 이민을 오던 시기에 미국은 상대적으로 개방적인 모습을 보였다. 그러나 1882년 중국인 배제법을 통해 중국인의 이민을 금지했고, 1907년 일본과의 신사협약을 통해 일본인의 이민을 사실상 중단시켰다. 1924년에 이민법을 제정하였지만 국적별로 일정인원을 할당하면서 아시아인들은 여전히 배제하였다. 미국은 1924년에 모든 아메리카 원주민에게 별도의 법 제정을 통해 시민권을 부여하였다. 중국을 비롯한 아시아인의 이민이 정식으로 재개된 것은 1952년의 이민법을 통해서였고, 1965년 이민법이 국가별 할당제를 철폐함으로써 본격적인 아시아와 남미로부터 이민이 시작되었다. 미국경제의 호조와 남미와 아시아계의 이민이 제공하는 노동력이 긍정적인 평가를 받던 1990년 이민법의 경우에는 문화다원성을 장려하는 다양성 비자 프로그램을 통해 추첨으로 이민의 기회를 부여하기도 하였다. 적어도 이 시기에 미국은 다양한 국적과 계층의 사람들에게 이민기회를 부여함으로써 미국사회의 문화다양성을 증진시키고 일자리를 창출하며 기존 이민자의 가족 재결합 문제를 해결하려는 적극적인 정책을 시행하였다.

그러나 1992년 캘리포니아의 폭동은 자유방임의 원칙아래 개인의 선택권을 존중하고 선의의 묵인을 통해 탈정치화를 추구하는 사회통합 정책이 미국사회에 내재하는 문화집단 사이의 불평등한 권력관계의 모순을 극복하지 못한 한계를 분명하게 드러내었다. 흑인들은 백인 경찰로 대표되는 구조적 차별에 대해 분노를 폭발시켰고 흑인과 한국인, 그리고 남미계 이민자들은 자신들끼리 서로를 공격하고 희생양을 찾으면서 책임을 전가하는 양상을 보여 주었다. 이 사건 이후 1994년에 캘리포니아 주는 주민 투표를 통해 불법이민자의 의료혜택과 교육혜택을 축소하는 안건 187조를 통과시켰지만 이 안건이 법률로 입안되어 최종 통과되던 1996년에 이르면 원래의 강경하던 내용은 많이 완화되어 있었다. 1996년 클린턴은 사회복지 정책에서 무조건적인 혜택의 부여가 아니라 노동의 기회를 주고 그에 따른 개인의 책임을 묻고자 하는 방향으로 복지법을 개정한 바 있다. 소수 문화인종으로 이루어진 이민자들을 겨냥하여 가장 큰 영향을 미친 법은 9/11테러 직후 2001년에 제정된 애국법(Patriot Act)일 것이다. 이 법은 테러 방지를 위한 수사목적으로 시민의 기본권을 제한할 수 있게 규정하면서 테러 용의자를 구치하고 수상한 단체를 감시할 수 있으며 용의자의 사무실과 집에 대한 수색이 가능하고 변호사의 접근을 거부할 수 있는 권한을 규정했다.

1965년 이민법 개정 이후 이민정책과 불법이민에 대한 대처 등에서 영국이나 프랑스와 비교되는 미국의 가장 큰 특징은 직접 이해가 걸린 고용주나 이들의 이익을 대표하는 의원들로 이루어진 이익집단의 정치에 의해 그 정책의 강도와 방향이 결정된다는 점이다(Joppke 1999, 54-61). 욥케는 이 현상을 왜 자유주의국가는 원하지 않는 이민을 받아 들일 수밖에 없는가라는 질문으로 바꾼 다음 이익집단의 정치 때문이라고 답한 바 있다(Joppke 1999, 266-293). 미국사회의 점진적인 변화는 1960년대 인종의 도가니(melting pot)에서 1990년대 아메리칸 모자이크(American mosaic)로 바뀐 다문화 정책의 개념에 반영되어 있다. 이 개념은 미국문화로의 완전한 동화에서 자신의 문화를 보존한 채 서로 공존하는 다문화의 이상을 설명하고 있다. 그러나 다양한 문화의 공존을 주장하는 가운데서도 자유, 평등, 민주주의, 개인주의, 인권, 법치, 사유재산의 원칙 등으로 이루어진 미국적 신조(American creed)에 대한 강조는 계속되고 있고 관용의 수준을 현저하게 낮춘 2001년의 애국법은 역설적이게도 이 미국적 신조가 표방하는 원칙과의 모순을 드러낸다(Huntington 2004; Lipset 1997).

비차별의 제도화라는 차원에서 미국은 세계 어느 나라보다도 복잡한 사회 문제 해결을 위해 많은 노력을 기울여 왔고 긍정적 정책들을 선보여 왔다. 남북 간 내전을 통해 해방된 흑인노예의 시민권, 투표권 등의 지위는 1865년부터 1870년 사이에 수정된 헌법 13, 14, 15조에 명시되었다. 그러나 현실적인 흑백분리와 차별은 계속되었고 1896년 대법원의 플레시 대 퍼거슨 사건(Plessy v. Ferguson) 판결은 '분리하되 평등하게'(separate but equal)라는 원칙 아래 철도 등의 사적 사업 분야에서 루이지애나 인종분리법이 합헌임을 결정하였다. 이 결정은 1954년 브라운 대 교육위원회(Brown v. Board of Education) 판결에서 대법원이 '인종적으로 분리된 모든 교육기관은 그 자체로 불평등하다'고 보고 인종분리가 수정 헌법 14조의 평등한 보호 조항을 위반한 것이라고 판결함으로써 뒤집혔다. 브라운 판결 이후 10여 년 동안 계속된 시민들의 투쟁은 1964년 민권법의 제정으로 완성되었다. 1964년 민권법은 학교와 직장에서 인종분리를 금지하고 소수인종의 투표권을 보장했으며 뒤이어 출범한 1965년의 고용평등위원회(Equal Employment Opportunity Commission)는 민권법의 제7장에 근거해 고용과 직장에서 적극적 차별시정 정책(affirmative action)을 본격적으로 시행하기 시작했다. 이 법은 기업주들에게 인종과 성 기준의 고용 보고서를 의무적으로 제출하게 함으로써 영향력을 발휘했다(Anderson 2004, 1–48).[7]

적극적 차별시정 정책은 처음에는 고용분야에 집중되었지만 점차 학교에서 인종을 기준으로 학생을 선발할 수 있느냐의 문제로 초점을 옮겨 갔다. 이 정책은 역사적으로 누적된 불리한 기회를 보상하고 사회의 다원성을 확보하는 것이 그 자체로써 사회발전에 긍정적인 역할을 한다는 두 가지 이유에서 지지되었다. 그러나 이 정책의 시행으로 인해 자신들이 역차별을 당했다고 주장하는 사람들이 주기적으로 소송을 통해 이 정책의 정당성에 의문을 제기하였다. 1978년 버클리 대학의 소송(Bakke v. California Board of Regent)과 2004년 미시간 대학의 소송(Gratz v. U. of Michigan, Grutter v. U. of Michigan) 등이 대표적인 사례이다. 전국적인 논쟁을 불러일으키며 대법원까지 올라간 2004년의 소송은 다양성이 미국의 절대적인 이해라는 원칙아래 적극적 차별 시정 정책이 헌법에 위배되지 않는다는 판결로 끝났다. 즉, 대학입학에 요구되는 다양한 다른 기준과 함께 인종에 대한 고려도 개인의 입학 사정에 참고할 수 있지만 일정한 할당인원과 무조건적인 점수를 사전에 일괄 배정하는 것은 허락되지 않는다고 판결한 것이다(Perry 2007; Chaves 1998). 적극적 차별 시정 정책은 어느 사회, 어떤 시기에나 보편적으로 적용될 수 있는 정책은 아니다. 다시 말하자면 특정한 역사적 조건 아래서 다원적인 사회를 달성하기 위해 시민들이 합의했을 경우에만 시행 가능한 정책이기 때문에 그 정당성에 의문을 제기하는 사람들의 도전이 계속될 수 있다.

그렇다면 미국은 상대적으로 잘 정비된 비차별의 법제화를 넘어서 어떤 문화적 권리를 소수집단에게 부여하고 있을까? 사실 자유방임주의적 선의의 묵인이라는 미국의 다문화 정책과 사회통합 정책의 특징은 다문화의 권리 부여라는 차원에서 볼 때 가장 잘 드러나고 있다. 미국은 정교분리의 원칙을 수정 헌법 1조에

---

7 Terry Anderson은 자신의 책에서 적극적 차별 시정정책이 1930년대의 루스벨트 정부와 1950년대 트루먼 정부 시절에 이미 시작된 것으로 본다.

명시해 놓았고 원칙적으로 공공영역에서 특정 인종이나 종교적 정체성에 근거한 의례를 못하게 하지만 실제에서는 심각한 경우가 아니고서는 그냥 묵인하고 지나치는 경우가 많다. 문화 다양성의 긍정적인 역할을 기대하면서 특정 종교의 축제일을 허가하고 전통복장의 착용에 간섭하지 않으며 종교단체에 세금 면제 혜택을 주고 심지어는 지방정부가 종교단체에 재정보조를 하기도 한다. 이중국적도 적대국의 장교로 복무하지 않는 한 특별한 제한 없이 허용되며 아메리칸 원주민에게 보호구역과 지원금을 제공한다. 그러나 중앙정부나 지방정부의 무간섭에도 불구하고 정교 분리의 원칙을 확인하기 위한 시민단체의 소송들은 주기적으로 제기되고 있다. 공립학교의 바우처(voucher) 운영이나 학교에서의 기도 문제, 국가 복지예산의 종교단체 배분 과정의 문제를 지적하는 소송이 대표적 사례들이다. 2000년의 대법원 판례(Santa Fe Independent School Dist. v. Doe)는 학교 스포츠 시합에 앞서 학생들을 모아놓고 기도를 하는 것이 정교 분리를 규정한 헌법에 위배되는 것으로 판결하였고, 2006년 대법원 판례(Kevin and Julia Anderson v. Durham School)는 메인주의 원고 학생들이 공립학교에 진학하는 대신 그 수업료(voucher)를 갖고 종교 교육기관에 등록하는 것에 대해 정교분리를 규정한 헌법에 위배되는 것으로 판결하였다.

미국은 9/11테러 이후 2003년 국토방위부를 정부 부처로 신설했고 2004년 '국경보안 및 입국비자 개선법'을 제정하여 미국에 입국하는 모든 외국인의 신체정보를 수집하고 있다. 이후 2007년까지 진행된 이민법 개정논의는 문화 다양성의 증진과 이익집단의 정치에 중점이 있던 1965년 이후 이민에 관한 논의와는 다르게 안보 차원과 개인 능력을 기준으로 그 중점이 이동하고 있음을 보여준다. 민족, 언어, 종교, 피부색 등 개인의 문화적 정체성을 결정 짓는 요소들을 배제한 채 개인의 교육수준, 전문직 종사 여부, 영어구사 여부 등 개인의 능력을 중심으로 이민허가 여부를 결정한다는 것은 문화 다원주의로부터 후퇴를 의미하며 한편으로 프랑스식 공화주의 원칙을 연상시킨다(유성진 외 2007, 159-166). 자유방임주의의 개인우선 원칙과 탈정치화는 개인의 해방이라는 차원에서 공감할 수 있는 급진적인 프로젝트이지만 어떤 문화집단에도 속하지 못하고 급속하게 주변화 되어 사라져가는 개인들이 늘어가는 현실, 그리고 원자화된 개인들 사이에 보이지 않게 지속되고 있는 구조적 차별은 미국의 사회통합과 다문화정책이 해결해야 할 중요한 과제가 되고 있다.

결론: 경로 의존성과 일반적 수렴현상

지금까지 논의는 영국, 프랑스, 미국을 교차 분석하는 일반적인 비교의 틀을 제시하고 각국이 보여주는 다문화 정책의 역사적, 사상적 기원과 함께 정책결정자의 자율적 판단을 고려하여 세 나라의 다문화 상황에 대한 이해와 분석을 시도한 것이다. 특히 Ⅳ에서는 세 나라가 보여주는 정책의 모습들이 어떤 역사적 구조 및 사상적 기원을 갖는지에 대해 관용과 비차별의 법제화, 본격적인 다문화의 3단계로 나누어 살펴 보았다. 이처럼 국민국가가 보여주는 현재의 다문화 정책 및 사회통합 정책이 자신들이 걸어온 역사적, 문화적 전통의 규정 아래 있다는 점을 강조한 연구를 역사제도주의적 접근이라고 부를 수 있다. 많은 학자들이 이와 같은 역사제도주의 시각에서 비가시적인 가치와 원칙들로 이루어진 사회 문화적 전통이 어떻게 현재의 정책을 만들어 냈는가와 초기의 투자비용 때문에 새로운 정책을 채택하기 쉽지 않은 경로의존성(path dependency)의 개념 등을 중심으로 논의를 진행시켜 왔다(Brubaker 1992; Favel 1998; Hansen 2002; Kastroyano 2002). 필자의 작업은 이러한 논의의 연장선상에서 개별국가뿐만 아니라 서로 다른 나라를 비교할 수 있는 몇 가지 틀을 제시하고, 그 틀 아래 어떤 분석이 가능한 가를 모색한 것이고 여기에 정치사상적인 해석을 결합시키고자 한 것이다. 이 작업은 공공정책에 반영된 철학적 흐름을 파악하고 그 사회에 고유한 정치사상적 해석을 덧붙인다는 점에서 넓은 의미에서 역사제도주의 시각을 따르고 있다고 말할 수 있다.

그러나 최근 들어 이민과 시민권 문제를 둘러싼 다문화 정책 및 사회통합 정책에서 대부분의 국가들이 비슷한 방향으로 수렴하는 현상을 보인다는 주장들이 등장하고 있다. 예컨대, 욥케는 네덜란드와 프랑스, 그리고 독일을 비교한 연구에서 세 나라가 모두 기존의 다문화정책보다는 시민통합(civic integration)과 차별금지(antidiscrimination)라는 두 가지 개념으로 묶일 수 있는 비슷한 정책을 채택하고 있다고 주장한 바 있다(Joppke 2007, 243-273). 시민통합의 차원에서 네덜란드는 1998년 이민자 통합법(1998 Newcomer Integration Law)을 통해 이민자들은 600시간의 네덜란드어 수업을 포함하여 12개월에 이르는 사회통합 수업에 참석해야 한다는 점을 규정하였다. 프랑스도 2003년 이민자 통합법(2003 Welcome and Integration Contract)에서 프랑스어와 역사에 대한 지식을 강조하고 500시간의 수업참여를 의무로 규정했고 독일 역시 2004년 이민법(2004 Immigration Law)에서 독일어와 역사에 대한 충분한 지식습득을 권리이자 의무로 규정하였다.

이와 같은 시민통합 정책과 함께 네덜란드, 프랑스, 독일은 이미 입국한 이민자들에게 가해지는 차별에 대해 강력하게 처벌하는 차별금지 정책을 동시에 채택하고 있다. 차별금지 정책의 강화 차원에서 네덜란드는 1994년에 제정된 평등대우법을 유럽연합의 지침을 반영하는 방향으로 2004년에 개정하여 소수집단의 고용비율을 높이는 방법을 강구하였다. 프랑스는 2001년 입법에서 유럽연합 지침이 규정한 최소한의 범주를 넘어서 적극적으로 차별금지를 수용하였고 독일 역시 2006년 유럽연합 지침을 수용한 평등대우법을 제정하였다. 바꿔 말하자면, 각국은 차별금지와 시민통합의 강화라는 정책을 통해 불법이민을 철저히 차단하는 대신 이미 입국한 이민자들에게는 강력한 통합이 필요하다는 의사를 드러내고 있는 것이다. 여기에서 이와 같은 변화를 가져온 주요 변수로 주목되는 것은 9/11테러 이후 보수적으로 변화한 서구의 여론과 유럽연합의 역할이다. 유럽연합(EU)은 2000년에 제정하여 2003년까지 각국이 채택할 것을 요구한 유럽연합 인종지침(2000 EU Race Directive)을 통해 각국의 차별금지 정책 강화에 영향을 미쳤고 유럽연합의 공동 이민 정책을 조율함으로써 불법이민을 배제하는 공동정책을 입안하는 데 영향을 미치고 있다(Albrecht 2002, 1–22; Chou 2009, 541–559).

영국과 독일을 비교 분석한 한국학자의 연구 역시 이주 노동자 정책에서 영국과 독일이 공히 저숙련 노동자와 고숙련 노동자를 구분하고 서로 다른 권리와 통제를 두 부류의 노동자에 각각 부과하는 정책을 채택하고 있다고 주장한다(김용찬 2008). 즉, 영국은 원래 저숙련 노동자 충원 정책이 독립적으로 존재하지 않았지만 이미 1990년대부터 계절노동자 고용을 중심으로 임시 이주노동자 프로그램을 발전시켜 온 독일의 전례를 따라 2000년대부터 노동허가제에 기초한 임시이주노동자 프로그램을 시행하기 시작했고, 반면 고숙련 이주노동자의 경우 영국이 1990년대 중반부터 개별 프로그램을 실행해 왔는데 독일은 영국의 전례를 따라 2000년대 들어와서 정책시행에 들어가기 시작했다고 본다. 또 다른 한국학자 역시 2000년대 이후 세계의 이민정책이 확대와 포섭의 방향으로 수렴되고 있으며 한국의 경우도 1980년대 후반부터 시작된 초기의 수립단계를 지나 2004년 고용허가제, 2007년 방문취업제 및 재한 외국인 처우 기본법의 시행으로 확대와 포섭의 수렴현상을 보이고 있다고 주장한다(이혜경 2008, 104–137). 물론 욥케의 주장이 다문화정책에 초점을 맞춘 것이라면 한국학자들의 연구는 그 전단계인 이민에 초점을 맞춘 것이라서 서로 다른 단계에서의 수렴을 이야기 하고 있지만 이민정책과 다문화정책의 긴밀한 관계를 생각하면 두 논의는 연속성을 가진다.

이러한 수렴논의는 최근 세계흐름의 한 특징을 잘 보여주는 장점을 갖고 있다. 그러나 이 주장은 정책이 변화하는 조건으로서 사회문화적 구조와 행위자의 동기를 과도하게 일반화시키는 문제점도 보여주고 있다. 즉, 국민국가의 경계 안에서 구조가 갖게 되는 우연성과 정책결정자가 갖게 되는 자율성을 지나치게 과소평가하는 것이다. 예컨대, 영국과 프랑스, 미국 세 나라 모두에 무슬림 이민자들이 거주하고 있지만 프랑스가 겪고 있는 것과 같은 헤드스카프 사건이 영국과 미국에서 일어나지는 않는다. 프랑스에서 불법화되어 있는 공공영역에서의 히잡이나 부르카, 키파, 십자가 등의 종교상징물은 영국과 미국에서는 누구도 신경 쓰지 않거나 선의로 묵인하는 장식물일 뿐이다. 적극적 차별 시정 정책은 미국에서 이미 1960년대에 시작되었지만 영국에서는 1970년대에 유사한 정책이 채택되기 시작했고 프랑스는 아직 이 정책의 채택에 반대하고 있다. 프랑스는 여전히 공화주의적 통합 원칙의 유효성을 믿으며 미국에서 보이는 것과 같은 문화갈등에 따른 사회의 파편화를 염려하고 있다. 또한 영국처럼 성공회라는 국교가 존재하면서 종교에 대한 정부지원이 자연스러운 상황을 프랑스와 미국에서는 찾아볼 수 없다. 프랑스는 보편적인 공화주의 제도와 법으로 모든 문화인종 갈등을 포괄적으로 다룰 수 있다고 믿고 있기 때문에 공식 인구통계에서도 문화인종 관련 사항을 묻지 않는다. 이러한 차이들은 아직도 국민국가의 다문화 및 사회통합 정책이 서로 다른 문화와 역사적 경험을 바탕으로 독특한 궤적을 그리고 있으며 그 차이가 쉽게 사라지지 않을 것이라는 점을 보여준다.

수렴과 분화 논의에서 더욱 중요한 점은 이민자를 선별하여 제한하고 불법이민을 차단하는 대신 이미 거주하고 있는 이민자들에게 차별금지를 강조하고 통합을 강화하는 최근의 흐름이 사실은 1970년대 초반 석유위기 이후 영국과 프랑스가 이미 취해왔던 정책이라고 볼 수 있다는 점이다. 두 나라는 1970년대 초반 이민법의 개정을 통해 사실상 미숙련 노동자의 이민을 종료시켰고 가족재결합의 가능성만을 남겨둔 바 있다. 그리고 이민을 강력하게 억제하는 대신 엄격한 이민통제에 대한 정당성을 높이기 위해 이미 거주하고 있는 이민자에 대한 차별금지와 복지혜택의 증진을 통한 사회통합에 노력을 기울였다. 그럼에도 불구하고 두 나라가 그 후 30년 넘게 걸어 온 길은 전혀 다르다. 결국 차별금지와 시민통합을 강조하는 비슷한 환경의 제약 아래서 무엇이 이들 나라의 모습을 다르게 만들었는가에 대한 질문은 여전히 중요한 것이다.

이 장의 시도처럼 영국을 자유주의적 심의다문화주의라는 이름 아래 이해하는 것이나 프랑스를 공화주의적 시민동화주의라는 이름으로 이해하는 것, 미국을 자유방임주의적 선의의 묵인이라는 틀 아래 이해하는 것은 아이디어와 담론들이 어떻게 정책결정자의 선택 범위를 제한하고 사회적 합의의 공간을 제약함으로써 일정한 방향의 정책을 만들어 내는 구조적인 틀로써 작용하는가를 보여준다. 바꿔 말하자면, 다문화주의 정책과 사회통합 정책에 대한 제도주의적 접근과 사상적인 접근의 결합은 각국이 걸어온 길 가운데 어떤 역사적 전통이 초기 비용으로 남아 이후의 경로를 제한하고 있는가에 관한 설명을 제공해 주는 것이다. 또한 그러한 정책을 정당화하는 각국의 이론적인 기반이 무엇인지, 그리고 그 논리의 강점과 약점은 무엇인지를 보여줌으로써 각국의 정책에 대해 더 근본적인 이해를 가능하게 만든다.

물론 각국을 설명하는 이러한 개념들이 현실에서는 다른 모든 접근을 배제하는 것이 아니고 때로는 자기모순적으로 중첩되어 나타난다는 점도 인정해야 한다 (김복래 2009, 216). 또한 오늘날 일반적으로 진행되고 있는 전지구화 과정은 각국 사이의 유사성을 증가시킴으로써 구조가 갖는 우연성을 줄어들게 만들고 정책결정자가 갖는 자율성의 폭을 좁히고 있다는 점도 인정해야 한다. 결국 행위자의 선택의 변화는 구조에 영향을 미치고 구조와 행위자의 상호작용 가운데 각국의 정책은 자신들이 걸어온 과거의 경험을 재해석하면서 일정한 분야에서의 수렴과 지속적인 분화를 동시에 경험해 갈 것이다. 이러한 상황에서 우리는 유사성과 상이성을 추적하는 뚜렷한 목적과 과학적인 방법을 가지고 비교 작업을 수행함으로써 우리의 경험을 해석하고 정책을 설정하는데 도움을 얻을 수 있다.

이 장은 국가 간 비교분석을 위한 틀과 이론적 논의를 개괄적으로 다룬 시론으로서 각 세부 주제에 따라 개별 국가를 분석하는 연구는 오랜 시간이 걸리는 방대한 작업이 될 것이다. 그러나 현재의 논의에 내용을 채우는 작업을 계속해 나간다면 영국과 프랑스, 그리고 미국의 비교 연구는 우리의 현실에 크게 세 가지 차원에서 시사점을 줄 수 있다. 첫째, 현실정책의 차원에서 각국의 서로 다른 원칙들에 대한 근본적이고 체계적인 이해는 우리 사회의 지역이나, 세대, 종교, 이념 갈등을 해결하는데 좋은 사례를 제공해 줄 수 있고 한국의 다문화 정책의 수립과 평가에 중요한 지표를 제공해 줄 수 있다. 둘째, 사회적 차원에서 그 동안 다름에의 권리나 차이의 인정 등 슬로건의 수준에 머물러 왔던 다문화주의 담론에 깊이 있는 이론적 토대를 제공함으로써 우리 사회의 다문화주의 담론의 활성화에 기여할 수 있다. 셋째, 학문적 차원에서 고전적인 정치이론 연구주제 이외에 문화를 중심으로 한 이론의 흐름을 고찰함으로써 문헌해석과 역사비평을 넘어서 정치사상 연구의 다원화와 지평 확대에 기여할 수 있다.

더 나아가 생각해 보기

1. 다양한 문화의 공존은 상대적으로 동질적인 사회에서 기능했던 정의의 원칙에 어떤 변화를 가져올까?
2. 유럽연합은 유럽 각국의 다문화 이행이 일정한 수렴현상을 보여 주는데 어떤 역할을 하고 있을까?
3. 후기지구화 시대의 도래와 4차 산업혁명은 다문화 이행에 어떤 영향을 미칠까?
4. 다문화주의 관점에서 유럽의 변화와 아시아의 변화를 비교해 보자.

참고문헌

김기석. 2010. "G20국가의 외국인 이주 노동자 문제와 다문화 정책," G20 모니터링 사업단 연구
　　　보고서.

김남국. 2004. "영국과 프랑스에서 정치와 종교: 루시디 사건과 헤드스카프 논쟁을 중심으로." 『국
　　　제정치논총』 44권 4호.

_____. 2005a. "심의다문화주의: 문화적 권리와 문화적 생존," 『한국정치학회보』 39권 1호.

_____. 2005b. "경계와 시민: 국민국가의 국경통제는 정당한가?" 『한국과 국제정치』 25권 2호.

_____. 2005c. "다문화시대의 시민: 한국사회에 대한 시론." 『국제정치논총』 45권 4호.

_____. 2006. "유럽에서 다문화의 도전과 대응," 『국회도서관보』 제43권 5호.

_____. 2007. "유럽연합의 인권정책: 전쟁, 난민, 그리고 정체성," 『EU학연구』 제12권 2호.

_____. 2008. "한국에서 다문화주의 논의의 수용과 전개," 『경제화 사회』 제80호.

김민정. 2007. "공화주의적 동화정책의 성공과 실패," 『세계지역연구논총』 25권 3호.

김복래. 2009. "프랑스, 영국, 미국의 다문화주의에 대한 비교 고찰," 『유럽연구』 제27권 1호.

김용찬. 2006. "EU의 정책분석: 유럽연합의 인권정책," 민족연구 제26권.

_____. 2007. "영국의 다문화주의 담론과 정책," 『민족연구』 제30권.

_____. 2008. "외국인 노동력 국제이주 정책의 수렴경향과 원인에 관한 연구: 영국과 독일 사례
　　　연구," 『유럽연구』 제26권 2호.

김시홍. 2003. "유럽연합 시민권과 정체성의 사회적 차원," 『유럽연구』 제18권.

박　단. 2005. 『프랑스의 문화전쟁』. 서울: 책세상.

_____. 2006. "2005년 프랑스 '소요사태'와 무슬림 이민자 통합문제," 『프랑스사 연구』 14권.

박선희. 2010. "프랑스 이민정책과 사르코지(2002－2006)," 『국제정치논총』 50권 2호.

설동훈. 2000. 『노동력의 국제이동』 서울: 서울대학교 출판부.

엄한진. 2007. "프랑스 이민통합 모델의 위기와 이민문제의 정치화: 2005년 '프랑스 도시외곽지
　　　역 소요사태'를 중심으로," 『한국사회학』 41권 3호.

유성진·김희강·손병권. 2007. "2007년 미국 이민법 개정 논쟁: 과정과 함의 그리고 미국의 다원
　　　주의," 『미국학논집』 39권 3호.

이종서. 2010. " EU의 공동이민 망명 정책: 초국적 대응 프로그램의 배경과 한계," 『유럽연구』
　　　제28권 1호.

이종원. 2004. "EU 사회정책 패러다임 변화와 사회적 시민권," 『유럽연구』 제19권.

이혜경. 2008. "한국이민 정책의 수렴현상," 『한국사회학』 제42집 2호.

장승진. 2010. "다문화주의에 대한 한국인들의 태도," 『한국정치학회보』 43집 3호.

정희라. 2007. "영국의 자유방임식 다문화주의", 『이화사학연구』 제35집.

존 롤스 지음, 황경식 역. 2005.『정의론』서울: 이학사.

최동주. 2009. "영국의 이민관련 제도와 다문화 사회통합을 위한 정책,"『다문화사회연구』제2권 1호.

하이브리드컬쳐연구소 편. 2008.『하이브리드컬쳐』서울: 커뮤니케이션북스.

한승준. 2008. "프랑스 동화주의 다문화정책의 위기와 재편에 관한 연구,"『한국행정학보』제42권 3호.

홍지영·고상두. 2008. "공화국 시각에서 본 반 이슬람 정서,"『한국정치학회보』42집 1호.

홍태영. 2005. "프랑스 공화주의모델의 형성: 제 3공화국과 민주주의의 공고화(1885-1940),"『한국정치학회보』제39집 (3)호.

Albrecht, H.-J., 2002. "Fortress Europe?-controlling illegal immigration." *European Journal of Crime, Criminal Law and Criminal Justice* 10, 1-22.

Anderson, T.H., 2004. *The pursuit of fairness: A history of affirmative action.* Oxford University Press.

Aughey, A., 2001. *Nationalism, devolution, and the challenge to the United Kingdom State.* Pluto Pr.

Banting, K., Kymlicka, W., 2006. *Multiculturalism and the Welfare State.* OUP Oxford.

Benhabib, S., 2002. *The claims of culture.* Princeton University Press.

Bhabha, H., 2004. *The location of culture.* 1994. London and New York: Routledge 5-6.

Bleich, E., 2003. *Race politics in Britain and.* Cambridge University Press.

Bowen, J.R., 2007. *Why the French don't like headscarves: Islam, the state, and public space.* Princeton University Press.

Brubaker, R., 1992. *Citizenship and nationhood in France and Germany.* Harvard University Press.

Canclini, N.G., 1995. *Hybrid cultures: Strategies for entering and leaving modernity.* U of Minnesota Press.

Capdevila, R., Callaghan, J.E., 2008. "It's not racist. It's common sense". A critical analysis of political discourse around asylum and immigration in the UK. *Journal of Community & Applied Social Psychology* 18, 1-16.

Castles, S., Miller, M.J., 2003. *The Age of Migration,* New York. Guilford Press.

Chavez, L., 1998. *The color bind.* Univ of California Press.

Chou, M.-H., 2009. "The European security agenda and the 'external dimension' of EU asylum and migration cooperation". *Perspectives on European Politics and Society* 10, 541-559.

Favell, A., 1998. *Philosophies of Integration:* London: Macmillan.

Glazer, N., 1975. *Affirmative discrimination: Ethnic inequality and public policy*. Harvard University Press.

Hansen, R., 2002. *Citizenship and immigration in postwar Britain*. Oxford University Press, USA.

Hollinger, D.A., 1995. *Postethnic America*. N.Y.: Basic Books.

Huntington, S.P., 2004. *Who are we?: The challenges to America's national identity*. Simon and Schuster.

Ignazi, P., 2006. *Extreme right parties in Western Europe*. Oxford University Press.

Joppke, C., 2007. "Transformation of immigrant integration: Civic integration and antidiscrimination in the Netherlands, France, and Germany". *World politics* 59, 243-273.

_____, 2004. "Ethnic diversity and the state". *The British Journal of Sociology* 55, 451-463.

_____, 1999. *Immigration and the nation-state: the United States, Germany, and Great Britain*. Oxford: Oxford University Press.

_____, 1998. "Why liberal states accept unwanted immigration". *World politics* 50, 266-293.

Kastoryano, R., 2002. *Negotiating identities*. Princeton University Press.

Kim, N.-K., 2014. "Multicultural challenges in Korea: The current stage and a prospect". *International Migration* 52, 100-121.

_____, 2011a. *Deliberative Multiculturalism in Britain*. Oxford: Peter Lang.

_____, 2011b. "Deliberative multiculturalism in New Labour's Britain". *Citizenship studies* 15, 125-144.

_____, 2010. "Revisiting new right citizenship discourse in Thatcher's Britain". *Ethnicities* 10, 208-235.

_____, 2008. "Consensus democracy as an alternative model in Korean politics". *Korea Journal* 48, 181-213.

_____, 2005. "Ethnic violence and ethnic cooperation in New Labour's Britain". *Korean Political Science Review* 39, 133-152.

Kymlicka, W., 2007. *Multicultural odyssey*. Oxford: Oxford University Press.

_____, 1995. *Multicultural citizenship*. Oxford.

Kymlicka, W., He, B., 2005. *Multiculturalism in Asia*. Oxford University Press on Demand.

Lieberman, R., 2001. "A Tale of Two Countries: The Politics of Color Blindness in France and the United States". *French Politics, Culture & Society* 19, 32-59.

Lind, M., 1995. *The Next American Nation*. N.Y.: The Free Press

Lipset, S.M., 1997. *American exceptionalism: A double-edged sword.* WW Norton & Company.

Marshall, T.H., 1950. *Citizenship and social class.* Cambridge.

Milbank, J., 2009. "Multiculturalism in Britain and the Political Identity of Europe". *International Journal for the Study of the Christian Church* 9, 268-281.

Moddod, T., 1990. "British Asian and Muslims and the Rushdie affair". *The Political Quarterly* 61, 143-160.

Ossman, S., Terrio, S., 2006. "The French riots: questioning spaces of surveillance and sovereignty". *International Migration* 44, 5-21.

Parekh, B., 2000. *Rethinking multiculturalism.* Cambridge: Harvard University Press.

_____, 1990. "The Rushdie affair: research agenda for political philosophy". *Political studies* 38, 695-709.

_____, 2000. *The future of multi-ethnic Britain.* London: Profile Books.

Perry, B.A., 2007. *The Michigan affirmative action cases.* Univ Pr of Kansas.

Raz, J., 1994. *Ethics in the public domain.* Oxford: Clarendon Press.

Ruhs, M., Anderson, B., 2010. "Semi-compliance and illegality in migrant labour markets: an analysis of migrants, employers and the state in the UK". *Population, space and place* 16, 195-211.

Young, R.J., 1995. *Colonial desire: Hybridity in theory, culture and race.* Routledge.

EU의 도전과 미래

CHAPTER **1.**
유럽연합의 난민정책[1]

박선희

Ⅰ 유럽의 도전: 급증하는 난민[2]유입 문제

유럽이 최근에 직면한 가장 큰 도전은 대규모 난민유입이다. 지구 곳곳에서 발생하는 내전과 분쟁뿐만 아니라 2012년 이후 심화된 시리아 내전으로 서유럽으로의 난민 유입이 급증하고 있다. 유럽이 난민위기를 겪은 것은 이번이 처음이 아니다. 냉전직후 중동부 유럽으로부터의 난민 유입이 있었다. 특히 1992년 유고내전의 발발로 인해 70만 명(아래 <그림 4-1-1> 참조)에 가까운 대규모 난민 유입은 난민 문제를 개별국가 차원이 아닌 유럽연합 공동으로 해결할 필요성을 제기하였다. 1998년 코소보 전쟁은 다시금 난민문제에 대한 EU공동 해결책에 박차를 가하게 되는 계기가 되었다.

하지만 시리아 내전으로 인한 난민 유입사태는 이전의 유입규모와는 비교할 수 없는 2차 세계대전이래 최악의 난민 유입사태로 일컬어진다. 난민 규모는 엄청난 규모로 늘어나 <표 4-1-1>에 의하면 2015년에 1,322,825명으로 최고를 기록하였으며 2016년에는 1,260,910명을 기록하였다.

---

1 본 장의 일부 내용은 박선희(2016) "프랑스의 난민정책: EU 공동난민정책의 영향을 중심으로" 『EU연구』 42호에서 발췌, 수정 및 보완하였음을 밝힌다.

2 불법유입민(illegal border-crosser)이 난민지위를 신청(Asylum application)하여 지위를 부여 받으면 비로소 난민(refugee)으로 인정된다. 하지만 이글에서는 편의상 이들을 모두 '난민'이라 통칭하여 사용한다.

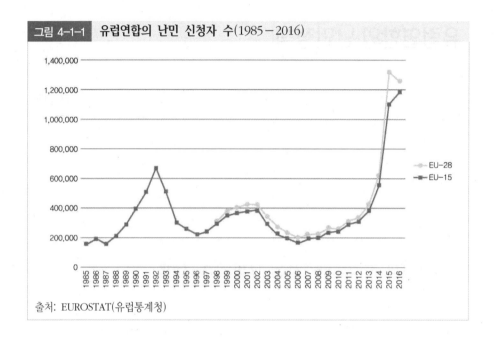

그림 4-1-1 유럽연합의 난민 신청자 수(1985-2016)

출처: EUROSTAT(유럽통계청)

아래의 <표 4-1-1>을 보면 미국과 캐나다에 유입되는 난민 수에 비해 평균적으로 4배 가까이 더 많은 난민이 유럽연합으로 유입된 다는 것을 알 수 있다. 이와 같은 차이가 발생하는 원인은 일차적으로 난민 발생지역(이 시기는 시리아 내전)과의 지리적 근접성과 접근상의 용이함에서 찾아 볼 수 있다. 지중해로(동부, 중부, 서부)와 발칸을 건너는 육로는 아프리카와 중동지역으로부터 유입되는 난민의 주요 통로가 되고 있다. 또 다른 이유는 서유럽이 난민 보호를 위한 국제적 차원의 책임을 처음 제기한 국가를 다수 포함하고 있다는 점을 감안할 수 있다. 서유럽 국가의 경우 기본적 난민 보호권에 대한 개념을 형성하는데 있어 지대한 영향을 미쳤다. 그렇다면 2차대전 이후 최악의 난민 유입사태에 유럽은 어떻게 대처하고 있나? 유럽사회는 인도주의적 난민정책을 위한 국제사회의 압력을 받으면서, 또 다른 한편에서는 이질적 문화의 대규모 유입을 경계해 난민 수용을 억제하라는 요구를 내부로부터 받고 있다. 유럽연합은 이와 같이 모순된 두 요구 사이에서 어떤 방향을 선택하고 있는가?

표 4-1-1	2012 – 2014년 난민 신청자 수		
	2012	**2013**	**2104**
EU(28개국)	301,000	396,800	570,800
미국/캐나다	98,900	94,800	134,600

자료: UNHCR Asylum Trends(2014. 8)

 Ⅱ EU차원의 공동난민정책의 출범: 암스테르담 조약

　　난민정책은 경제적 이해관계에 초점을 맞춰 경제통합에 주력했던 유럽통합
의 초기단계에서는 EU차원의 논의 대상이 되지 못했다. 난민문제를 EU차원에서
논의하기 시작한 배경으로는 내부적으로 공동시장 구축을 통해 유럽이 통합에 가
시적 진전을 보인 이후이며 외부적 요인으로는 냉전체제 와해로 인한 구조적 변
화를 꼽을 수 있다. 이와 같은 내·외부적 요인으로 인하여 EU는 경제분야 이외 전
통적으로 개별국가차원에서 다뤄왔던 영역까지 점차 포괄하게 되었다. 난민 문제
가 EU차원에서 논의의 대상이 된 것은 마스트리히트 조약으로, 이 조약은 세 번째
기둥 안에 이민·난민문제를 포함하였다. 하지만 EU공동난민체제(Common European
Asylum System: CEAS)가 출범된 것은 암스테르담(Amsterdam) 조약에서다.

　　한편 다른 방식의 설명도 유효하다. 그것은 유럽연합이 통합되는 수순으로 이
해하는 것이다. 예컨대 상품의 자유로운 이동을 보장하는 공동시장의 완성과 화
폐통합 이후, 유럽통합의 그 다음 단계는 사람들의 자유로운 이동을 보장할 수 있
는 자유·안보·사법지역(Area of Freedom, Security and Justice: AFSJ) 형성이 목표였다. 즉
역내공동구역에서의 사람의 안전한 이동을 보장하기 위해서 역외로부터 유입되
는 난민에 대한 공동정책이 필요하게 된 것이다. 암스테르담 조약이 이민·난민문
제를 첫 번째 기둥으로 편입시킨 것은 유럽역내 지역 간 인적교류를 안전하게 보
장하기 위한 목표와 긴밀하게 맞물려 있다.

　　1997년에 발효된 암스테르담 조약은 마스트리히트 조약에서 세 번째 기둥에
속해 있던 이민·난민정책을 첫 번째 기둥, 즉 공동체적 방식(Community method)으
로 운용될 수 있도록 했다. 더 엄밀히 말하면 유럽의 난민정책은 유럽연합과 개별
국가 간 공유권한(shared competence)에 속하게 되었다. 이는 유럽연합차원의 공동

정책과 개별국가의 정책 자율성의 권한 병행이 이뤄진다는 것을 의미한다. 즉 EU 개별 국가의 주권적 난민정책이 여전히 중요하지만 개별국가의 난민정책이 EU공동난민정책의 큰 틀의 영향을 받는다는 것을 의미한다. 외교·안보분야의 결정방식이 여전히 정부간적인 형태에 의해서 이뤄진다는 점을 염두할 때 이민·난민정책의 공동체화(communitarization)는 괄목할 만한 진전으로 볼 수 있다. 1990년대 초 유고내전으로부터 1998년 코소보 내전과 2003년 이라크 전쟁은 EU공동의 난민체제를 빠르게 진척시키는 촉매제가 되었다.

유럽공동난민정책(CEAS)의 출범(1999년)은 EU차원에서 난민관련 법규를 제정할 수 있다는 것을 의미한다. EU 모든 국가가 비슷한 수준으로 난민을 보호할 수 있도록 난민에게 기본적으로 주어져야할 권한 등을 규정(Regulation)과 지침(Directive)의 형태로 제정하였다. CEAS의 출범 이후 합의에 이른 EU난민 관련 대표 법규는 다음과 같다.

하지만 EU가 하나의 공동체로서 난민문제에 대한 조율된 대응방식을 내놓는 경우는 난민의 기본권 강화보다는 유럽역내로 난민의 유입을 통제할 때 더 두드러져 보인다. EU의 이민·난민정책을 조금 더 깊이 들여다보면 이 분야 전반에 대

표 4-1-2 대표적 EU난민 법규

난민관련 규정(Regulation 및 지침(Directive)	제목	개정
2001/55/EC 지침	• 난민 임시보호 지침	
2003/9/EC 지침 일명 수용(Reception)지침	• 난민 신청자의 수용기준과 관련된 최소 기준 설정 지침	2013/33/EU
2003/343/EC 규정 일명 더블린 II 규정	• 제3국 국민이 회원국가에 접수한 난민신청 심사 책임 국가를 지정하는 기준 및 방식을 정하는 규정	2013/32/EU (일명 더블린 III 규정)
2004/83/EC 지침 일명 자격 (Qualification) 지침	• 난민 또는 그 외 이유로 국제 보호가 필요한 사람 또는 난민으로서의 제3국민 또는 무국적자의 지위와 최소자격 기준 및 혜택 내용에 관한 지침	2011/95/EU
2005/85/EC 지침	• 난민의 최소 보호를 보장하는 망명 절차 지침	
2006/86/EC 지침	• 가족재결합 권리	
2008/115/ EC 지침 일명 송환지침 (Return Directive)	• 제3국 불법체류자의 송환에 대한 회원국 내 공동 기준과 절차에 관한 지침	

한 공동체화가 진행되고 있다기보다는 선별적인 한 부분,[3] 즉 불법유입민 수를 통제하는 데에 초점이 맞춰져 있음을 알 수 있기 때문이다. EU가 이민·난민정책의 공동체화를 다른 외교·안보 분야보다 빠르게 추진한 것은 무엇보다 불법유입민 차단을 위한 이민통제정책을 마련하기 위한 것이다. 위의 <표 4-1-1>에서 보듯이 냉전의 와해로 중·동부유럽국가에서 유입된 난민신청자의 급증은 비록 정부 간 협력방식에 그치긴 했지만 마스트리히트 조약을 통해서 이민·난민정책이 EU차원에서 논의될 수 있는 계기가 되었다. 이처럼 90년대 초 유고내전은 EU의 이민·난민정책의 공동체화를 빠르게 진척시키는 촉매제가 되었다. 이어 1998년도의 코소보 내전이후 난민신청자의 수는 계속해서 증가하지만 2003년 이라크전쟁이 발발하기도 전인 2002년을 기점으로 EU로 유입되는 난민 수가 감소되는데, 이는 99년도부터 발효된 암스테르담 조약이 EU의 이민·난민정책에 있어 지속적인 억제 정책을 펼친 결과로 볼 수 있다. 암스테르담 조약 63조 3항(b)는 5년 내에 "불법이민 불법거주(illegal immigration and illegal residence)" 억제를 위한 조치가 취해질 것이라고 적고 있다. 자유·안보·사법지역 공고화를 위한 첫 번째 5개년 계획인 템페레(Tampere) 프로그램(1999-2004)이 이민통제정책에 초점을 맞추고 있는 이유가 여기 있다.

Ⅲ EU협력체제의 구조적 한계: 더블린 체제(Dublin system)

베를린 장벽이 무너진 이듬해인 1990년에 오늘날의 EU 난민협력체제의 기본틀을 구축하는 더블린 체제의 첫 단추인 더블린 협약(Dublin Convention)이 체결되었다. 이는 난민이 EU회원국에 도착하여 난민신청을 냈을 때, 이를 접수할 책임이 어느 국가에 있는지에 대한 회원국 공동의 규정을 명시하는 것을 목표로 한다. 하지만 난민문제에 대한 공정하고 효율적인 관리를 목표로 한 공동난민 정책은 오

---

3 EU공동난민체제(CEAS)는 있으나 EU공동이민정책은 없다. 이는 이민정책의 경우 불법과 합법이민을 뚜렷하게 구분하여 합법적 이민의 경우 여전히 개별국가의 재량에 맡기고 있기 때문이다. EU는 불법이민 통제정책 이외에는 공동체화를 달가워하지 않아 라베넥스(Lavenex)는 이를 두고 '머뭇거리는 공동체화(Communitarization with Hesitation)'라고 표현한 바 있다. '머뭇거리는 공동체'라는 특성은 유럽공동난민정책에도 동일하게 해석될 수 있다. 즉 유럽공동난민체제의 출범에도 불구하고 난민정책에 대한 권한에 의해 여전히 개별국가의 권한이 크게 작용된다.

히려 문제를 키우고 있다.

더블린 체제가 제3국민이 EU 역내에 도착하여 여러 회원국에 난민신청을 요구하는 것을 방지하여 소위 '난민쇼핑(venue shopping)' 행태를 효과적으로 방지한다는 측면에서 고안되었다면 이로 인해 파생된 문제점도 상당하다. 더블린 협약에 의거한다면 목적지 국가로의 진입에 성공한 난민일지라도 EU내에 경유지 국가가 있다는 것이 확인되면(또는 경유지 국가가 안전한 제3국이라서 그곳에서 난민 신청이 가능하다고 판단되면) 이전의 경유지 국가로 되돌아 가야하기 때문이다. 따라서 더블린 협약에 의하면 이미 목적지 국가 유입에 성공한 난민을 경유지 국가로 이송할 수 있도록 정하고 있으며 이는 경유지 국가가 난민신청접수 책임을 부담해야 한다는 것을 의미한다.

그런데 경유지 국가는 대부분 EU 국경접경 국가나 해안에 위치한 EU 국가로 EU 회원국 중 다섯 개 나라가 2014년 전체 EU 국가 난민신청의 72%를 담당해야 하는 부담을 안고 있다. 이는 EU가 구축한 난민협력 체제의 기본틀이 그들이 의도했던 바 즉 고통분담(burden sharing)의 원칙과 달리 난민 수용 부담이 불균형적으로 해안접경국가와 EU 국경접경국가에 집중되는 결과를 초래했음을 보여준다.

국경지역과 해안지역 국가의 난민 부담 문제는 1997년도에 비준된 더블린 협약의 두 차례의 개정(2003년 더블린 규정 II, 2013년 더블린 규정 III)에도 불구하고 개선되지 않았다. 더블린 협약은 2003년 더블린 규정(Dublin Regulation)으로 대체되는데 이는 지문비교 시스템인 유로덱(European Dactyloscpic System for Comparison of fingerprints of asylum seekers: EURODAC) 시스템을 통해 불법적으로 난민지위를 남용하려는 사람들을 효과적으로 확인하려는데 더 초점이 맞춰져 있다. 2013년 더블린 III 규정은 난민의 가족재결합 요건 강화 및 난민신청자 처우 개선 사항을 담고 있지만 EU 국가 내의 불균형적인 난민부담은 시정되지 않았다. 더블린 규정은 오히려 난민신청자가 밀집된 경유지로 이송됨으로 난민 수용 심사 기간이 길어지고 난민신청자가 향유할 수 있는 법리적 권한과 복지혜택을 누릴 수 없는 상황을 초래했다. 바로 이러한 문제점 때문에 더블린 체제의 근본적인 개혁의 목소리가 커지고 있다.

더블린 규정에 이의를 제기하던 EU국경지역 국가인 헝가리[4]와 체코는 2015년 최악의 난민위기로 더 이상 더블린 규정을 준수할 수 없음을 공표했다.[5] 2015

---

[4] 헝가리는 2015년 6월 일방적으로 더블린 규정 적용을 중지한 바 있다.

[5] European Council of Refugee and Exile, "Hungary reverses suspension of Dublin Regulation". Weekly Bulletin (June 26, 2015). http://ecre.org/component/content/article/70-weekly-bulletin-articles/1112-hungary-reverses-suspension-of-dublin-regulation.html (2016년 1월 10일 검색).

년 난민위기에 대해서 "열린 문 정책(open door policy)"이라는 인도주의적 해법을 제안했던 독일 메르켈(Merkel) 총리는 헝가리와 체코와는 반대의 이유로 더블린 규정의 중지를 결정한 바 있다. 시리아 내전을 피해 유럽으로 건너온 시리아 난민에 대해서 그들이 독일이 아닌 다른 나라를 경유하여 유럽연합의 역내로 진입했다 해도 경유지로 이송하지 않고 독일 내에서의 난민신청을 허용할 것이다. 이는 경유지 국가의 불균형적 난민 부담을 경감하지 못한 더블린 규정의 내재적 문제점을 단적으로 드러낸 것이다. 경유지 국가에서의 난민의 보호위기는 심히 심각하다. 그리스 경우 난민자격 승인율은 1심에서 1%를 넘지 못한다. 이는 2008년 유럽의 평균 난민지위 승인율이 25%에서 36% 사이였다는 점과 비교한다면[6] 얼마나 열악한 상황인지 짐작할 수 있다.

EU 난민정책의 외재화 경향: 난민의 보호위기

한편 난민의 대표적 경유지 국가인 이탈리아와 그리스를 포함하는 EU 회원국은 난민 부담을 덜기 위한 방편으로 재입국협정(Readmission Agreement)을 적극 활용하고 있다. 비단 이탈리아와 그리스만이 아니라 아래의 <그림 4-1-2>에서 살펴볼 수 있듯이 대부분의 EU국가는 재입국협정을 매우 적극적으로 사용하고 있다.

재입국협정이란 EU 역내에 대규모로 유입되는 난민이나 불법 이민자를 출발지나 경유지로 돌려보내기 위해 EU와 제3국가의 상호의무를 규정한 협정을 의미한다. EU 국가는 제3국과 맺은 '재입국협정' 카드를 사용해 난민을 다시 출발지로 돌려보낼 수 있다. 이는 난민 출신 국가뿐만 아니라 이들이 통과한 경유 국가에게도 재수용의 부담을 지우는 것이다. 일반적인 추방은 출신지(경유지) 국가의 비협력적 태도로 절차적 어려움이 생길 수 있지만, 재입국협정은 상호 의무를 수용하기로 한 약속을 전제로 시행됨으로 역외 추방을 용이하게 할 수 있다. 재입국이라는 용어는 이송(deportation)처럼 추방(expulsion)의 범주에 속하는 용어인 것이다. 따라서 재입국협정이란 합법적이 아니라고 판단된 외국인을 국외로 신속히 이동시

---

6 Gina Clayton, "Asylum Seekers in Europe: M.S.S v. Belgium and Greece", *Human Rights Law Review*, Vol.11, No.4 (2011), p./60.

키기에 효과적인 수단인 셈이다.

　EU가 맺은 대표적 재입국협정 사례로는 유럽으로 유입되는 난민의 중요한 경유지 국가인 터키와의 협정을 들 수 있다. EU는 터키와의 비자 면제 조건으로 재입국협정 협상에 착수했으며 터키는 재입국협정이 부담이 되지만 비자 면제 조건과 재정지원을 대가로 합의에 이를 수 있었다. 유럽이 난민의 대량유입을 막기 위한 방편으로 2016년 3월 18일 터키와 맺은 난민합의(Migration Deal)는 이러한 논의의 연장선상에서 이해할 수 있다. 문제는 터키의 난민보호정책에 신뢰를 가질 수 없다는 점에 있다. 터키가 재입국협정에 의해 유입된 이주민에 대해서 보호가 필요한 난민인지 경제적 이주민인지 여부에 대해 공정한 심사를 할지는 의구심이 들 수밖에 없다. 더욱이 터키를 통해 유럽으로 유입되는 사람들은 시리아, 아프가니스탄, 이란, 이라크, 소말리아처럼 내전 중이라 인권이 제대로 보호되지 않는 국가 출신이 다수라는 점에서 난민의 본국 송환이 가져올 위험에 대한 우려가 크다. 터키와의 재입국협정 체결과 난민합의는 EU의 난민정책이 박해받는 사람에 대한 보호가 우선순위가 아니라는 것을 여실히 보여주는 사례이다. 더욱이 재입국협정은 제네바 난민협약(Geneva Convention on the Protection of refugees)의 핵심 조항인 '강제송환금지 조항(제33조)'에 위배된다.

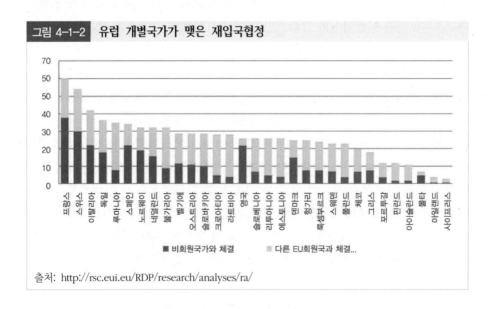

그림 4-1-2 유럽 개별국가가 맺은 재입국협정

■ 비회원국가와 체결　　　■ 다른 EU회원국과 체결...

출처: http://rsc.eui.eu/RDP/research/analyses/ra/

EU의 재입국협정은 목적지 국가가 감당해야 하는 난민보호책임을 경유지 국가와 출발지 국가에 전가하고 있다. EU는 난민의 개념이 처음 발생한 곳으로 난민을 보호하기 위한 제네바 난민협약과 같은 국제적 책임을 처음 제기한 곳이었다. 하지만 오늘날 EU는 난민의 보호책임을 EU회원국보다 난민 기준이 취약한 역외 국가에게 전가시키는 경향을 보이고 있다. EU공동난민정책의 기본축인 더블린 시스템 설계의 구조적 문제점에서 비롯된 책임전가 방식이 재입국협정을 통해서 재생산되며 이로 인해 난민보호책임에 대한 문제가 심각하다. 2004년도에 설립된 유럽연합 회원국의 역외국경운영협력기구인 일명 유럽국경관리청(FRONTEX)이 2016년도에 유럽국경해안경비대(European Border and Coast Guard)로 그 명칭이 전환된 것도 이러한 경향의 연장선상에서 이해될 수 있다. 불법유입민의 증가로 국경관리에 대한 요구가 증가하면서 유럽국경해안경비대의 역할이 강화되었고 그 성격에서도 국경관리원의 구성에 있어 민간인과 함께 군인을 참여시키는 준군사적 접근방식을 도입하는 문제점을 드러냈다. 이는 난민문제를 인도주의적 문제로 풀어가려는 노력보다는 안보를 위협하는 요인으로 간주하고 있음을 확연히 보여준다. 국경통제를 강화하는 유럽국경해안경비대의 역할과 EU내 유입을 희망하는 난민의 안전과 인권보장은 어떻게 양립 가능할까? 오늘날 EU앞에 놓인 도전이 난민위기인지 아니면 난민에 대한 보호책임 위기인지 되묻지 않을 수 없다.

더 나아가 생각해 보기

1. EU는 미국과 캐나다에 유입되는 난민 수보다 훨씬 더 많은 난민을 수용하였다. 이와 같은 차이가 발생한 원인은 무엇일까?
2. EU는 인권기준이 가장 높은 나라라는 명성에 걸맞은 정책을 펼치고 있나? 인권향상에 있어 예전과 같은 리더십을 발휘할 수 있나?
3. EU는 감당할 수 없을 만큼 많은 난민을 수용하고 있나?
4. EU난민협력체제의 기본틀인 더블린 체제는 여전히 유효한가?
5. 유럽사회는 인도주의적 난민정책을 위한 국제사회의 압력을 받으면서, 또 다른 한편에서는 이질적 문화의 대규모 유입을 경계해 난민 수용을 억제하라는 요구를 내부로부터 받고 있다. 유럽연합은 이와 같이 모순된 두 요구 사이에서 어떤 방향을 선택하고 있는가?

참고문헌

김남국. 2007. "유럽연합(EU)의 인권정책: 전쟁, 난민 그리고 정체성."『EU학 연구』. 제 12권 2호.

박선희. 2011. "EU의 공동이민망명정책의 외재화와 그 문제점."『유럽연구』. 제 29권 1호.

_____. 2016. "프랑스의 난민정책: EU공동난민정책의 영향을 중심으로."『EU연구』42호.

_____. 2017 "유럽연합-터키 관계와 EU 이주 난민정책 외재화의 문제점."『국제지역연구』제 21권 1호.

심성은. 2016. "EU의 송환지침과 프랑스 및 독일의 이민법 개정."『유럽연구』34권 2호.

송병준. 2013. "유럽연합의 망명정책: 보편적 인권보호 혹은 규제 강화를 위한 유럽적 해결."『EU연구』34호.

안병억. 2016. "유럽연합 난민정책의 대내외적 변화: 2015년 난민위기를 중심으로."『민족연구』68호.

오정은. 2014. "유로수르(EUROSUR) 출범의 의의와 전망."『IOM 이민정책연구원 이슈브리프』2014 -01.

이종서. 2010. "EU의 공동이민·망명정책: 초국적 대응 프로그램의 배경과 한계."『유럽연구』. 제28권 1호.

이하영. 2014. "유럽의 재입국협약과 초국가 상호의존: 난민수용 책임을 둘러싼 민감성과 취약성 연구." 이화여자대학교 석사학위 논문.

최진우. 2016. "난민위기와 유럽통합."『문화와 정치』3권 1호.

Brinkmann, Gisbert. 2004. "The immigration and Asylum Agenda." *European Law Journal*. Vol. 10, No. 2.

Cassarino Jean-Pierre (ed.). 2007. *Unbalanced Reciprocities: Cooperation on Readmission in the Euro-Mediterranean Area*. Washington: Middle East Institute.

Clayton, Gina. 2011. "Asylum Seekers in Europe: M.S.S v. Belgium and Greece". *Human Rights Law Review*. Vol. 11, No. 4.

Council of Europe(Rapporteur: Nicoletti, Michele). 2014. "After Dublin - the urgent need for a real European Asylum System". Committee on Migration, Refugees and Displaced Persons, Parliamentary Assembly, Reference 4043.

_____. "Hungary reverses suspension of Dublin Regulation". Weekly Bulletin (June 26, 2015).

http://ecre.org/component/content/article/70-weekly-bulletin-articles/1112-

hungary—reverses—suspension—of—dublin—regulation.html

European Commission. 2007. "Green Paper on the future Common European Asylum System." Com(2007) 301 final.

_____. 2011. "Evaluation of EU Readmission Agreements." COM(2011) 76 final (February 23, 2011).

_____. 2015. "A European Agenda on Migration." Com(2015) 240 final (May 13, 2015).

_____. 2015. DGS — Migration and Home Affairs (December 17, 2015). http://ec.europa.eu/dgs/home—affairs/what—we—do/policies/irregular—migration—return—policy/index_en.htm

Lavenex, Sandra. 2010. "Justice and Home Affairs: Communitarization with Hesitation." Wallace, Helen, Pollack Ma가 A., Young Alasdair R.(eds.), *Policy—Making in the European Union.* Oxford: Oxford University Press, Sixth Edition.

Thielemann, Eiko R., 2004. "Why Asylum Policy Harmonisation Undermines Refugee Burden—Sharing." *European Journal of Migration and Law* Vol. 6.

United Nations High Commissioner for Refugees. 2015. *UNHCR Asylum Trends 2014: Levels and Trends in Industrialized Countries.*

CHAPTER 2

유럽연합의 환경정치

정하윤

    유럽의 국가들은 환경문제 해결을 위한 정책 개발과 이행을 선도하고 있다. 기후변화와 같은 전 지구 차원의 환경문제뿐만 아니라 수질, 대기오염, 폐기물 관리 등 다양한 환경문제를 공동으로 다루고 해결책을 모색한다. 특히 유럽연합이 창설된 이후 환경문제가 공동체 차원의 부담 혹은 책임으로 간주되면서, 공동으로 관리되고 해결책이 모색되고 있다. 본 장에서는 유럽연합을 중심으로 유럽 환경정치의 역사, 주요 행위자들, 환경정책의 원칙과 규범, 환경정책의 주요 사례, 유럽연합의 전 지구 차원의 환경 리더십을 논의한다.[1]

I 유럽 환경정치의 역사

    유럽은 대규모의 산업화를 겪은 최초의 대륙이다. 18세기 중엽부터 시작된 산업혁명을 통해 영국을 비롯한 유럽 국가들은 경제강국으로 발전하였고, 근대사회 성립에 결정적인 영향을 미쳤다. 산업혁명을 통해 유럽 국가들은 경제성장, 사회 발전을 이룩할 수 있었지만, 동시에 환경오염의 부작용이 발생하였다. 산업혁명 당시 영국에서는 석탄을 주 연료원으로 사용함에 따라 석탄 사용으로 인한 연기가 정제되지 않은 채 대기 중으로 배출되었다. 배출된 연기가 대기로 확산되지 못

---

1 본 장의 일부 내용은 정하윤(2018) "제12장 선진국의 환경정치," 신범식 외, 『지구 환경정치의 이해』, 사회평론, 정하윤(2013) "유럽연합의 기후변화 리더십에 대한 연구," 『국제정치논총』 53(3)에서 발췌, 수정 및 부연하였음을 밝힌다.

하고 지면에 정체함에 따라 런던에는 스모그 현상이 나타났다. 대기오염뿐만 아니라 템즈강에는 정화되지 않은 산업폐수와 생활하수가 흘러들어 수질오염도 심각한 수준으로 나타났다. 가장 발전된 도시였던 런던의 시민들은 환경오염으로 피해를 입었는데, 대기오염으로 인한 호흡장애, 질식, 폐질환 등으로 인하여 약 8,000여 명이 목숨을 잃었고, 강물을 식수로 이용하였던 시민들 사이에서는 콜레라가 유행하여 약 3만 5천 명 이상이 피해를 입었다.

20세기에 들어 유럽의 산업화 과정과 경제발전은 국제 상품 및 서비스 시장으로의 심화된 통합을 진전시켰다. 비용이 많이 드는 유럽식 사회복지 국가들을 만드는 데 경제적 토대를 제공할 수 있었다. 유럽의 경제적, 사회적 진전은 주목할 만한 것이었지만, 이는 유럽 환경악화와 자원남용을 초래하였다.[2] 사회 각 분야에서 배출되는 유독가스, 폐수, 쓰레기 등은 대기, 토양, 하천오염을 유발하였다. 당시의 유럽 국가들은 화석연료를 주에너지원으로 사용하다보니 이산화탄소 배출량이 증가하였고, 대기오염뿐만 아니라 산성비, 산림파괴까지 초래하였다.

경제성장의 대가인 환경오염이 인간의 건강에 치명적 영향을 지니고 있다는 것이 증명됨에 따라 유럽 국가들에서는 점차 환경정책이 발달하게 되었다. 특히 환경문제가 한 국가의 대응으로 해결될 수 있는 문제가 아닌 국경을 넘어서는 문제라는 인식이 확산됨에 따라 유럽연합 차원에서의 공동대응이 이루어지게 되었다.

유럽경제공동체(EEC) 성립 당시에는 환경정책을 우선순위로 다루지 않았다. 1957년 로마조약에는 환경이라는 단어가 명시적으로 언급되지도 않았다. 유럽경제공동체는 경제성장을 향상시킴과 동시에 제1차, 제2차 세계대전으로 부서진 국가들 간 정치적 유대를 재구축하기 위한 정부 간 합의로 간주되었다. 도입된 소수의 환경조치들은 화학 라벨링(chemical labelling)과 같은 경제 아젠다에만 반영되었다. 그러나 라인강, 북해, 지중해의 수자원 오염은 점차 심각해졌고, 도시 지역 대기질도 악화되었다. 1970년대 초반까지 유럽 차원의 공동 대응을 통해서만 국경을 넘어서는 환경악화를 다룰 수 있음이 명백해졌고, 유럽연합으로의 통합이 진전되면서 환경이 주요 아젠다로 자리잡게 되었다.[3]

---

2 독일(당시 서독)의 경우, 1967년 라인란드-팔츠(Rheinland-Pfalz)주 라인강변에 위치한 브라우바흐(Braubach)에서 약 80t/d(톤 당 하루 처리량)의 인산이 라인강에 유입되었는데, 1970년에는 1일 150톤으로 증가하였다고 한다.

3 1960-1970년대는 국제사회에서 환경에 대한 관심이 커졌던 시기였다. 1960년대 초 미국에서 출간된 레이첼 카슨(Rachel Carson)의 『침묵의 봄(Silent Spring)』은 전 세계에 환경에 대한 인식을 확산시켰고, 1972년 최초로 환경을

　　1971년 유럽공동체의 위원회는 환경오염을 다룰 정책에 대한 보고서를 출간하였고, 이를 통해 환경규제에 대한 최초의 합의가 이루어졌다. 보고서에는 '환경보존과 개선은 이제부터 유럽공동체의 핵심 임무 중 하나'임이 명시되었다. 1972년 파리 정상회의(Paris Summit)에서는 환경문제에 대한 기본정신이 구체화되었는데, '경제성장 그 자체가 공동체의 목표가 아니며, 경제성장은 삶의 질 개선 및 환경보존과 병행되어야 한다'는 공동선언문이 채택되었다. 또한 1972년 유엔인간환경회의(UNCHE)는 유럽연합 차원의 환경 프로그램 구성에 영향을 미쳤다. 위원회는 회원국들의 지지와 이사회의 지침을 받아 1973년 제1차 환경실천계획(Environmental Action Programme, EAP)을 도입하기에 이르렀다. 또한 위원회는 환경총국(Directorate-General Environment)의 전신이 되는 환경 및 소비자보호 서비스(Environment and Consumer Protection Service)도 구축하였다.

　　환경실천계획 성립 이후 다양한 범위의 조치가 도입되면서 정책의 점진적인 연방화가 이루어지기 시작하였다. 연료의 유황, 식음을 위한 표층수, 목욕수, 폐기물 관리 등을 포함하는 지침(Directives)이 도입됨에 따라 환경정책은 국가 중심의 '자치(self-rule)'에서 '공유된 규칙(shared rule)'으로 전환되었다. 이전의 유럽공동체의 환경적 대응이 각 국가들의 환경정책을 조화시키는 데 중점을 두었다면, 이후부터는 공동체 차원에서 새로운 환경정책이 수립되기 시작하였다.

　　1980년대 들어 유럽단일의정서 채택을 통한 공동시장형성 논의가 진행되면서, 유럽연합 차원의 환경 관련 정책의 입법화가 더욱 진전되었다. 공동체 차원에서 환경정책을 수행하기 위한 유럽연합의 권한이 강화되면서 환경 공동체가 확대되었다. 300개 이상의 환경조치가 입법화되었고, 환경정책 집행의 효율성을 위한 구체적 정책 수단도 제도화되었다. 수질, 대기오염, 폐기물관리, 소음, 자연보호 등 거의 대부분의 환경문제에 대한 공동대응이 가능해졌다.

　　현재 유럽연합의 환경정책은 연합 기구들에 의한 정책의 규범화과정을 거쳐 수립되며 이 규범은 회원국과 회원국 국민에게 직접적 효력을 지닌다. 유럽연합 공동정책분야 중 환경과 에너지 정책은 유럽연합과 회원국이 정책결정권을 공유하고 있는 분야(Concurrent or Shared Competence)이며, 환경이슈가 지닌 초국가적 특성으로 인하여 유럽연합 차원의 결정권이 강한 편이다. 유럽연합 조약들이 채택되

다룬 국제회의였던 유엔인간환경회의에서는 산성비 문제가 심각하게 논의되었다. 1972년 자원고갈로 인한 인류문명의 붕괴를 경고한 로마클럽의 「성장의 한계」 보고서 역시 환경을 정치적 의제로 다루고, 환경정책을 결정하는 데 영향을 미쳤다.

표 4-2-1	유럽연합 조약과 환경 관련 조항
로마조약(1957)	• 공동체의 생활 및 작업환경 관련 조항에서 초기 환경문제를 다룸
단일유럽의정서 (1986)	• 공동체의 임무로서의 환경이슈를 인식, 환경정책 채택을 위한 명백한 법적 근거 마련 • 환경정책결정에 있어 이사회와의 협력 절차를 통한 유럽의회 참여의 확대
마스트리히트 조약 (1992)	• 유럽연합 세 개의 기둥(three-pillar) 중 환경 이슈는 첫 번째 기둥에 포함 • 이사회의 가중다수결이 대부분의 환경정책영역으로 확대
암스테르담 조약 (1997)	• 지속가능발전(sustainable development) 개념의 포함 및 환경정책 통합 책임을 강화 • 추가적인 환경 및 공공보건 영역에까지 공동결정절차의 범위 및 이용을 확대 함으로써 유럽의회에 더욱 많은 권한을 더욱 부여함
리스본 조약(2009)	• 세 수준의 권한 체제를 구축하였는데, 환경은 공동권한(shared competence) 영역에 포함 • 이사회와 유럽의회 간 환경정책결정을 위한 일반입법절차 구축

자료: Selin and VanDeveer(2015, 32-33)에서 발췌 및 요약.

면서 유럽연합의 제도는 점차 환경정책 입안에 대한 권한을 증대시켰고, 이는 다
수의 정책결정 권한이 회원국에서 연합체로 이전함을 의미한다. <표 4-2-1>
은 유럽연합 조약에 명시된 환경 관련 내용을 정리한 것이다.

Ⅱ 유럽 환경정치의 주요 행위자들

유럽의 환경정치는 다양한 이해관계와 시각을 지닌 다수의 행위자들 간의 상
호작용과 의사결정과 관련되어 있다. 여기에는 국가정부, 유럽연합 주요부, 환경
단체, 녹색정당, 지방정부 및 도시 등이 포함된다.

1. 국가 정부

유럽 국가들은 지리적 조건, 환경상태, 경제발전 정도에 따라 환경문제에 대해 상이한 입장을 지니고 있다. 지리적 위치 관점에서 보면 농업이 주요 산업인 남유럽 국가들은 토양침식과 산불이, 공업이 주요 산업인 북유럽 국가들은 산업폐기물, 산성비문제가 가장 심각한 문제이다. 국가 재정의 관점에서 보면 독일, 프랑스 등 선진국은 하수 처리 정화 등과 같은 값비싼 환경기술을 도입하여 환경의 일정 수준을 유지하는 반면, 지중해 국가들, 동유럽 등은 환경의 질 향상은 경제발전에 비해 우선순위가 아니다.

이러한 유럽 국가들의 지리, 경제, 환경상태의 차이로 인하여, 정책에 있어서도 서로 다른 접근법, 방향, 이행이 나타났다. 독일은 높은 인구밀도, 고도의 산업화, 주변국의 높은 환경적 영향으로 환경정치가 발전하였고, 네덜란드 역시 강과 운하의 수질오염, 국민들의 높은 의식으로 환경정치에 우선권을 부여하였다. 한편 프랑스는 인구 및 산업구조, 사회학적으로 접근하는 농업과 환경으로 인하여 이중적 태도를 보였다. 이탈리아는 남부의 농업지대, 북부의 공업지대의 차이 때문에 통합되고 일관된 환경정책을 수립하지 못하였다.[4] 대체로 환경에 관심이 높은 국가는 네덜란드, 덴마크, 독일, 오스트리아, 스웨덴, 다음 수준으로 프랑스, 벨기에, 이탈리아, 룩셈부르크, 핀란드, 관심이 낮은 국가는 그리스, 영국, 아일랜드, 포르투갈, 스페인, 동유럽으로 구분된다고 한다(손기웅 외 2015).

그러나 대기, 하천, 해양오염 등 초국가적 환경문제가 심각해지고, 유럽통합이 진전됨에 따라 환경문제에 대한 공동정책 수립의 필요성이 높아지게 되었다. 유럽연합 내에서 회원국 정부들은 회원국내 환경정책의 이해관계와 상호 선호도를 공동체에 전달하며, 유럽 차원의 결정을 국가 차원에서 수용해야 하는 의무를 수행하고, 이 과정에서 발생하는 갈등과 긴장관계를 최소화하는 역할을 담당한다. 또한 회원국 정부들은 학습과 역할분담을 통해 국가와 초국가기구사이의 권한과 역할이 상충되지 않도록 이해와 조정, 협력에 중점을 두고 있다(박채복 2011).

---

4 산성비 문제에 있어서도 국가마다 서로 다른 정책결정이 이루어졌다. 산성비로 인한 산림파괴 문제에 있어 독일은 비용과 기술의 관점에서 대기오염 정화를 위해 산업계의 탈황·탈질소 시설 설치, 자동차 배기가스 정화장치 장착, 배출가스 기준을 마련하였다. 영국은 지역 환경오염 정도를 측정하고 배출기준이 초과했을 경우 오염자에 대한 처벌 조치를 마련하였다. 알프스 산림파괴의 직접적 영향을 받는 오스트리아는 자동차 배기가스 정화장치, 무연 벤진이 즉각 도입되었다. 스칸디나비아 국가들은 산성비를 국내보다는 인근 국가에서 유입된 문제로 보았다(손기웅 외 2015).

2. 유럽연합 주요부

유럽연합의 환경 관련 의사결정과정에서는 집행위원회, 유럽이사회, 유럽의회 등이 주요 행위자로 참여한다. 초국가적 성격을 지닌 집행위원회가 환경정책에 관한 입법 발의와 진행을 담당하며 대외적으로 유럽연합을 대표하고 전지구적 환경문제에 대한 협상도 수행한다. 제도적으로 환경정책에 대해서는 집행위원회와 회원국들이 공동 권한을 지니며, 유럽이사회에서 제한된 다수결 투표에 의해 결정이 이루어진다.

유럽연합 집행위원회의 환경에 대한 권한은 단일유럽의정서 채택 이후 환경 정책의 공동체화 과정이 진전됨에 따라 확대되었다. 집행위원회는 1973년 이후 7차례 갱신된 환경실천계획을 통해 환경정책을 수립하고, 환경규범 및 조치를 취하는 데 중요한 역할을 수행한다. 환경문제를 전담하는 환경총국(DG XI)을 집행위 산하에 설치하였으며, 환경 관련 예산도 증대시켰다. 집행위는 유럽환경청(European Environment Agency)과 협력단체인 유럽환경정보관찰네트워크(European Environment Information and Observation Network)를 통해 과학 정보를 수집하고, 회원국의 환경보호를 위해 필요한 정보를 제공하며, 환경정책 수립을 위한 데이터베이스를 구축하는 역할을 담당한다(박채복 2011).

유럽이사회에서는 각국의 환경장관들이 모여 유럽 차원의 환경정책을 결정한다. 유럽이사회의 결정과정에서 회원국들은 서로 다른 환경 관련 인식을 공유하고 학습과정을 통해 유럽 차원의 환경규범을 만들어 가는데, 이들의 선호, 우선순위는 유럽 전체 환경규범과 지침 설정에 영향을 미친다. 또한 이사회는 공동체 방식을 발전시키면서 각 회원국의 다양한 이해관계를 조정하고 합의하는 과정을 통해 회원국들을 매개하여 유럽차원의 공동 목표를 추진할 수 있도록 결정하는데 핵심 역할을 담당한다(박채복 2011).

유럽의회는 유럽통합이 진전되는 과정에서 협력 및 공동결정절차를 통해 공동 결정권이 강화되었는데, 협조절차와 공동결정절차를 통해 환경지침 결정과정에 개입이 가능하다. 또한 유럽의회는 다양한 정책네트워크를 통해 행위자 사이의 연계를 강화하였다. 이 과정에서 의회는 공식적 행위자뿐만 아니라 비공식적 행위자, 이익집단들과의 네트워크를 공고화함으로써 민주성을 높이는 데 기여한다(박채복 2011). 유럽의회는 1989년 차량배출기준정책 결정과정에서 이사회가 결정했던 초안보다 더욱 강화된 내용을 채택하도록 압력을 가하였고, 9년 후 공동결정절차를 통해 차량 배출정책을 강화하는 데 성공하였다. 또한 2005년 유럽의회는 기후변화 대응과 관련하여 전 지구 평균 온도 섭씨 2℃ 상승을 제한한다는 목표를 산업화된 국가들에 대한 구체적인 목표치로 전환시키는 결의안을 통과시킬 때 핵심 역할을 담당하였다.

3. 환경운동과 환경단체

　유럽에서는 전통적인 자연보호운동뿐만 아니라 정치적 생태주의 운동과 반핵운동이 모두 발달하였다. 19세기의 전통적 자연보호운동은 근대화가 진행되는 과정에서 자연을 보존하고자 하는 움직임으로, 조류보호운동 등으로 진행되었다. 본격적인 환경운동은 1960년대 말부터 발전하였다. 유럽인들이 중시하는 가치가 물질주의에서 탈물질주의(post materialism)로 변화함에 따라 신사회운동이 등장하였다. 환경운동 역시 이러한 흐름 속에서 활발하게 진행되었고, 특히 원전 반대 인간띠 시위와 같은 반핵운동은 독일, 프랑스를 비롯한 다수의 유럽 국가들에서 발생하였고, 이들의 원자력발전소 폐지 주장은 국가 원자력 정책 결정에도 영향을 미쳤다.

　환경운동뿐만 아니라 유럽에는 다수의 환경단체가 활동하고 있다. 특히 유럽연합 수준에서 활발하게 활동하는 단체들로 '그린 9개 그룹(Green 9 Group)'이 있는데, 여기에는 유럽 기후행동네트워크(Climate Action Networ), 유럽환경사무국(European Environmental Bureau), EPH 환경네트워크(EPH Environmental Network), 유럽 운송·환경연합(European Federation for Transport and Environment), 지구의 친구들(Friends of Earth), 그린피스(Greenpeace), 국제 자연의 친구(International Friends of Nature), WWF 유럽정책사무소(WWF European Policy Office)이 포함된다. 이들은 유럽연합 의사결정의 자문지위를 획득하였고, 그린피스를 제외하고 위원회로부터 활동 자금을 지원받고 있다.

　유럽의 환경단체들이 국가정부와 위원회로부터 자금을 지원받음에 따라 결과적으로 회원 기부금에 덜 의존하게 되었고, 기업과 소비활동의 변화를 요구하는 환경 캠페인에 더욱 신속하게 착수하는 것이 가능하였다. 또한 유럽 환경단체들은 녹색당을 통해 정치에 직접적으로 영향력을 행사하면서 효과를 거둘 수 있었고, 참여민주주의, 사회적 형평성, 생태주의 등 광범위한 사회변화를 이끄는 데에도 기여하였다.

4. 녹색정당

1960~1970년대 유럽에서 활발하였던 환경, 반핵운동은 범계급적, 범사회적이었고, 사회적 가치 변화를 추구하였다. 이러한 신사회운동의 가치를 포용하면서 정치제도화된 것이 녹색당이다. 유럽 다수의 국가들에서 창당된 녹색당은 대부분 기성 정당이 중요하게 생각하지 않았던 생태주의, 비폭력, 사회적 책임 등을 핵심 의제로 삼았고, 권력획득보다는 정치운동을 통해 사회적 가치 변화를 추구하였다. 녹색당의 새로운 가치는 젊은 층을 비롯한 많은 사람들의 지지를 획득함에 따라 의회에 진출하였고 연립정부의 파트너가 되기도 하였다.

그 중에서도 독일의 녹색당인 '동맹90/녹색당(Bündnis90/Die Grünen)'은 가장 규모가 크고 오래된 녹색정당이다. 독일 녹색당은 '반(反)정당의 정당'을 표방하면서 사회운동에서 정치제도화되었고, 환경을 근간으로 한 새로운 정치적 의제들을 제시하면서 지지를 확보하였다. 1998년과 2002년 사회민주당과 연립정부(적녹연정)를 통해 정부의 한 축을 담당하였고, 일부 주정부와 도시에서는 집권당이 되기도 하였다. 독일 녹색당 외에도 네덜란드의 De Groenen, 프랑스의 Le Verts 등도 정당으로서 성과를 거두었다.

유럽 의회 차원에서도 녹색당은 의석을 획득하면서 정책결정에 영향력을 행사하였다. 1999년 유럽의회 선거에서 녹색당－자유동맹(European Green Parties－European Free Alliance)이 36개 의석을 차지한 이후 꾸준히 의석을 획득하였다. 2004년에는 유럽의회 선거에서 의석 확대를 목표로 한 '유럽녹색당(European Green Party, EGP)'이 공식 출범되었다. 유럽녹색당은 '좀 더 포용력 있고, 좀 더 사회적, 생태친화적, 민주적인 유럽연합 건설'을 지향하고 탈핵과 유전자조작식품 거부를 위한 공동운동을 펼치기로 서약하였다. 2014년 유럽의회 선거에서는 녹색당이 50석을 획득하여 유럽연합 차원의 환경정책 결정과정에 참여하고 있다.

5. 지방정부와 도시

환경정치에서 최근 중요하게 부각된 행위자로 지방정부와 도시를 들 수 있다. 지방정부는 환경정책의 집행기관으로서 역할을 담당하였지만, 지역 현안과 주민 생활에 밀접하다는 점에서 환경정치의 주요 행위자라고 할 수 있다. 특히 도시는 전 지구 온실가스의 약 70% 이상을 배출하고, 대기와 수질오염의 주범이라는 점에서 환경에 미치는 영향이 크기 때문에, 도시의 주도적 활동은 환경문제를 해결하는 데 기여할 수 있다.[5]

1991년 알프스 지역에 걸쳐있는 7개 국가들이 체결한 알파인 협정(Alpine Agreement)은 중앙과 지방정부가 수평적 협력시스템을 통해 공동으로 정책을 진행한 사례이다. 알프스 지역의 환경보존, 지역개발, 산업인프라, 관광자원 개발 등 다양한 사회경제적 이슈가 얽힌 문제를 해결함에 있어 지방정부의 이해관계가 더 크게 반영되었다(송병준 2006).

유럽 도시 간 네트워크인 유로시티즈(EUROCITIES)에서도 환경은 주요 협력 아젠다이다. 유로시티즈에는 런던, 파리와 같은 대도시뿐만 아니라 소도시들도 회원으로 참여하고 있으며, 정책·제도·인력 교류, 기술이전과 같은 네트워킹 활동을 통해 지속가능한 에너지, 청정 대기, 녹색도시를 만드는 데 협력하고 있다. 이 외에도 1990년 창설된 에너지 도시(Energy Cities)는 30개국 1,000개의 도시들이 참여하는 연합체로서 지속가능한 에너지 문제에 대해 도시를 대변하고 있으며, 같은 해 창설된 기후동맹(Climate Alliance)은 18개국 1,600개의 지방정부와 도시들이 참여하여 온실가스 배출을 근본적으로 감축하는 목표를 설정하고 정책을 고안하고 있다.

 유럽연합의 환경정책

1. 기본 원칙

유럽연합의 모든 정책결정은 조약, 규정, 지침, 결정 등의 법적 절차를 통해 이루어지는데, 유럽연합법은 그 특성상 개별국가의 경우와 다르게 직접 효력과 우위의 원칙에 의한 새로운 법질서를 형성하는 성격을 지니고 있다. 단일유럽의 정서에서는 환경조치를 회원국의 만장일치를 통해 이루어질 수 있도록 규정하였

---

5 오스트롬(Ostrom 2010) 등은 환경 거버넌스 및 네트워크는 작은 규모(Scale)에서의 상호작용일수록 공유자원을 둘러싼 행위자들 간의 집합행동의 딜레마를 완화해 줄 수 있는 해결책이 마련될 가능성이 높다고 주장한다. 기후변화나 월경성 오염 문제 등 전 지구 환경문제 대부분은 개인, 가정, 작은 집단, 기업, 지방정부 및 중앙정부 등의 하부 단위에서 발생한 행위들의 누적적 결과이기 때문에 동일한 문제라도 규모를 작게 하여 접근했을 때 행위자들 간의 신뢰를 높이고 거래비용을 줄이는 등 문제를 해결할 수 있는 유리한 조건이 조성될 가능성이 높다는 것이다.

지만, 마스트리히트 조약에서는 가중다수결제를 도입하였고, 유럽의회가 더 많은 권한을 지니는 공동결정절차를 규정하였다.

유럽연합의 주요 조약들에는 환경의 주요 원칙들이 명시되어 있다. 이 중 일부는 구속력을 지니지만, 대체로 일반적인 정책목표로 구성되어 있다. 주요 원칙은 다음과 같다(이종원 외 2006).

- 오염자 부담의 원칙(polluters pays principle): 비용이 사회 전체에 부과되기 보다는 오염자가 문제를 다루는 비용을 지불해야 한다. 이 원칙은 '생산자 책임 원칙'으로도 불린다.
- 지속가능발전: 1987년 이후 환경정책의 핵심이 된 개념으로 신중하고 합리적인 자연자원의 이용, 경제활동의 균형되고 지속가능한 발전 등이 핵심 내용이다.
- 고도의 보호원칙(high level of protection principle): 건강, 안전, 환경 및 소비자보호 정책결정은 가능한 한 가장 높은 수준의 보호를 목표로 해야 한다.
- 예방(prevention): 문제를 방지하는 것은 문제를 사후에 개선하는 것보다 비용 효율적이고 효과적이다.
- 근접의 원칙(proximity principle): 환경피해가 하부로 내려가기 전 원천에서 우선적으로 교정되어야 한다.
- 통합(integration): 환경문제들이 부문별 정책, 예를 들어, 에너지, 운송, 농업 등과 같은 부문별 정책들로부터 발생하므로, 환경문제들은 이들 분야의 정책결정과정으로 통합되거나 '주류화 되어야' 한다.
- 예외의 원칙: 가중다수결제에 의해 환경에 관한 입법이 성립되면 모든 회원국은 이를 준수해야 하지만, 경제 빈국의 경우 예외 혹은 유예 가능성이 있다.
- 보충성(subsidiarity): 유럽연합은 조치들이 국가 혹은 하부 수준에서 효과적이지 않거나 효율적이지 않을 경우에만 행동을 고려해야 한다는 원칙이다.
- 비례의 원칙: 공동체의 어떠한 조치도 목표를 수행하는 데 필요한 이상으로 사용되지 않는다.
- 사전예방(precaution): 독일 환경정책결정에서 비롯된 것으로, 인과관계에 대한 과학적 증거가 나오기 전이라도 환경을 해친다는 의심이 있다면 조치가 취해져야 한다는 것이다. 예방 원칙을 일부 측면 강화하였다.
- 세이프가드 원칙: 각 회원국이 비경제적, 환경적 이유로 그리고 공동체의 조

사절차를 조건으로 유럽연합 환경법보다 더 강한 환경조치를 취할 수 있다.
- 과학적, 기술적 자료의 고려
- 편익 − 비용 계산
- 국제기준준수 원칙

2. 전개 과정

유럽연합의 통합이 진전되면서 환경과 지속가능발전 이슈는 통합 아젠다의 핵심 부분이 되었다. 이는 유럽연합의 권한을 상승시킬 정당성의 근거를 제공하였고, 환경 이슈들을 상위정치 영역으로 들어서게 만들었다. 그러나 환경과 지속가능성은 보건과 안보, 자연/생태 보호, 전반적인 삶의 질, 미래 세대의 권리와 필요성, 사람들이 원하는 사회, 공동체, 발전 유형에 대한 논쟁 등 다면적 요소가 포함된 역동적 개념이기 때문에, 의미에 대한 광범위한 합의를 도출함에 있어 단일한 방식으로 규정될 수 없었다. 그럼에도, 마스트리히트 조약 등에 명시된 환경의 기본 원칙과 정책 목표에 근거하여 7차례 작성된 환경실천계획(EAP)을 통해 실질적 정책과 조치가 이루어질 수 있었다. 환경실천계획은 집행위원회가 제안하고 유럽의회와 이사회에서 입법과정을 거쳐 공식적이고, 강제성을 동반한 법적 문서이다. 이를 통해 환경과 지속가능발전 주제를 확인하고, 각 시기마다 다양한 수준의 목표를 추진하였다.

1973년 파리 정상회의 이후 도입된 제 1차 환경실천계획(1973−1976)은 공동체의 환경정책결정의 근간이 될 기본 목표와 원칙 및 개요를 설정하였고, 제 2차 환경실천계획(1977−1981)에서는 오염 및 공해감소, 국제적 참여와 같은 다수의 1차 환경실천계획의 우선순위를 지속시켰다. 제 3차 환경실천계획(1982−1986)은 환경정책이 공동시장에 영향을 미치는 서로 다른 국가 기준을 조화시키는 것 이상으로 나아가야 하며, 환경보호가 공동체의 근본 목표로 간주되어야 한다는 점이 제시되었다. 제 4차 환경실천계획(1987−1992)은 체르노빌 원전사고 이후 수립됨에 따라 다수의 환경영역을 다루면서, 유럽연합의 더욱 확고하고 적극적인 역할이 강조되었다. 제 5차 환경실천계획(1993−2000)부터는 실천적인 면이 부각되었는데, 유럽 및 전 지구 관점에서 지속가능발전의 필요성이 제시되었다. 제 6차 환경실천계획(2002−2012)은 기후변화, 자연 및 생물다양성, 환경 및 보건과 삶의 질, 자연자

원 및 폐기물의 4개의 긴급 조치가 필요한 우선순위 영역을 설정하였다. 제 7차 환
경실천계획(2013-2020)은 환경정책 도전들을 유럽과 전 지구의 더욱 지속가능한
발전의 필요성 관점에서 고안하였다.

현재까지 환경실천계획의 목표를 충족하기 위한 법적 조치들이 공식화되면
서, 유럽연합 내에는 약 500개 이상의 개별 정책 수단을 통해 주요 환경 이슈들이
다루어지고 있다. 이 중 200개 정도는 회원국과 시민들에게 실질적 효력을 발휘하
는 법규와 지침이라고 할 수 있다.

표 4-2-2 유럽연합의 환경실천계획(EAP)의 전개

1차 EAP (1973-76)	• 세 범주의 조치에 중점을 둠. ① 오염과 공해의 감소 및 예방, ② 환경 및 삶의 환경 증진, ③ 환경을 다루는 국제조직에 참여 • 과학 지식 및 방법론을 구축하고, 회원국들 간 규제 기준을 조화하는 데 주요 관심을 두었음
2차 EAP (1977-81)	• 토지, 환경 및 자연자원의 손상을 입히지 않는 이용과 합리적인 관리에 중점을 둠 • 환경문제 인식과 시민교육 증진의 중요성을 강조
3차 EAP (1982-86)	• 오염예방 및 감소; 토지, 환경 및 자연자원의 보호 및 합리적 관리; 국제수준에서의 조치를 포함한 초기 EAP에서 확인된 영역들을 확장시킴
4차 EAP (1987-92)	• 단일유럽의정서에서의 환경 이슈들에 대한 더 확대된 관심에 부합하도록 광범위한 영역에 중점을 두었고, 더욱 야심찬 언어를 사용함 • 대기오염, 담수 및 해양, 화학물질, 생명공학, 소음, 원자력 안전, 환경자원의 관리, 국제적 조치와 같은 다수의 이슈 영역들에 대한 새로운 관심 • 기존 환경법의 더 나은 이행의 필요성에 대한 강조
5차 EAP (1993-2000)	• 브룬트란트 보고서와 회원국 국가계획의 상당한 영향으로, '지속가능성을 향하여(Toward Sustainability)'의 제목을 사용하였고, 유럽 및 전 지구 지속가능발전의 필요성의 관점에서 고안 • 유럽연합이 목표 설정을 개발하고, 이행의 목표를 다루어야 할 산업, 에너지, 운송, 농업, 관광의 5개 핵심 분야를 확인함 • 규제정책을 설정하고 개선함에 있어 산업계와 시민의 더 많은 참여를 통한 의사결정의 파트너십과 자문 포럼의 중요성을 강조
6차 EAP (2002-12)	• '환경 2010: 우리의 미래, 우리의 선택(Environment 2010: Our Future, Our Choice)'의 제목을 통해 4개의 긴급한 조치가 필요한 우선순위 영역을 설정: 기후변화, 자연 및 생물다양성, 환경 및 보건과 삶의 질, 자연자원 및 폐기물

6차 EAP **(2002-12)**	• 법을 개정하고 확대할 7개의 주요 주제 전략을 개요: 대기오염, 토양보호, 농약사용, 해양환경, 쓰레기 방지 및 재활용, 자연자원의 지속가능한 이용, 도시 환경 • 더욱 효과적인 법의 이행 및 집행, 더 발달된 환경정책 통합, 더 많은 정책수단의 혼합적 이용, 더욱 광범위한 공공 및 사적부문의 참여 등이 포함된 개선된 조치를 위한 주요 수단들을 논의
7차 EAP **(2013-20)**	• '우리 지구의 한계 속에서 잘 사는 법(Living Well, Within the Limits of Our Planet)'의 제목을 통해, 환경정책 도전들을 유럽과 전 지구의 더욱 지속가능한 발전의 필요성 관점에서 고안함 • 사람들이 지구의 생태적 한계 내에서 잘 살아가고, 자연자원이 지속가능하게 관리되며, 생물다양성이 보호 및 복원되고, 사회가 복원력이 있으며, 저탄소 성장이 자원 이용으로부터 분리된 2050년을 위한 장기적 비전을 제시함 • 3개의 핵심 목표를 설정. ① 자연 자원을 보호하고, 보존하며, 향상시킴, ② 자원 효율적, 친환경, 경쟁력 있는 저탄소 경제를 구축함, ③ 시민들의 건강 및 웰빙에 가해지는 환경 관련 압력과 위험으로부터 보호함 • 설정된 목표를 달성하기 위한 4개의 핵심 방식을 논의. ① 법 이행을 개선, ② 환경 관련 지식을 증진하고, 정책을 위한 증거 기초를 확대, ③ 환경 및 기후 정책을 위한 더욱 확대되고 현명한 투자, ④ 환경적 필요 및 고려의 다른 정책 영역으로의 완전한 통합 • 2개의 수평적 정책 목표를 개요. ① 도시를 더욱 지속가능하게 만들고, ② EU가 국제 환경 및 기후 도전을 더욱 효과적으로 다룰 수 있도록 도움

자료: Selin and VanDeveer (2015, 36-37).

3. 주요 환경정책 사례

3.1 대기오염 정책

대기의 질과 관련하여 공동체가 제정한 첫 번째 규정은 자동차 배기가스와 관련된 것이었다. 유럽공동체는 1970년 지침을 통해 농기계를 제외한 중량 400kg 이상, 50km/h 이상의 가솔린 엔진 차량에서 배출되는 일산화탄소와 불연소 탄화수소에 대한 배기가스 기준을 설정하였다. 1980년에는 산성비로 인한 피해가 심화됨에 따라 의무적인 대기오염 기준치를 규정한 지침을 도입하였다. 유럽공동체는 이 지침을 통해 이산화황과 미세물질(매연)에 대한 '강제규제 수치'와 '지침 수치'를 설정하고 회원국들로 하여금 목표치를 준수하도록 권고하였다. 1980년대 중반에는 산업용 공장의 가동으로부터 생겨나는 대기오염에 대한 조치를 마련하였는데, 이는 공장에 대한 기본적 가동 사항과 산업계가 경영 시 준수해야 할 사항들에 대한 프레임워크 제시를 통해 이루어졌다. 1988년에는 공동체 차원에서 산성비를 야기하는 주요 오염원들을 원천 차단하기 위하여 큰 규모의 연소공장을 규제하기 시작하였다. 이를 통해 정유공장이나 화력발전소에서 배출되는 이산화황, 산화질소, 분진 등이 규제되었다.

1990년대 유럽연합 차원에서의 회원국 간 서로 다른 기준의 조정 문제, 효율성 문제가 제기됨에 따라, 1996년 집행위원회는 대기의 질을 통제하기 위한 프레임워크 지침을 채택하였다. 이 지침에서는 작업장을 제외한 모든 대기의 질을 다루었고, 대기의 좋은 질 유지, 대기오염 통제 목표의 설정, 국가별 대기 질 측정을 위한 프로그램들의 조화를 목표로 설정하였다. 목표 달성을 위하여 이산화황, 납, 이산화질소, 오존 등 유럽연합 내에서 폭넓게 적용할 수 있는 규제 기준을 설정하였고, 평가를 위한 기준과 통일된 방식을 채택하였으며, 그 결과를 공표하도록 하였다(정홍열 2005).

3.2 폐기물처리

1970년대까지 유럽 국가들은 폐기물처리를 지방의 업무로 간주하여 국가 차원이나 공동체 차원에서 다루지 않았다. 폐기물 매립으로 인한 토양, 수질오염이 발생하면서 1975년 공동체는 폐유 지침을 채택하였다. 이 지침에서는 폐유를 연소하기보다 재생하는 처리 과정을 권고하였고, 폐유 처리 기업들의 면허증 발급을 규정하였다. 같은 해 폐기물 처리에 대한 프레임워크를 통해 폐기물의 개념, 종류, 관리에 대한 일반적인 규제 조항들을 정하여 국가별로 상이한 폐기물 처리 수단들을 조화시키고자 하였다.

1978년 유럽공동체는 유독성 있고 위험한 폐기물에 대한 폭넓은 통제 지침을 마련하였다. 유독성, 위험폐기물에 대한 더욱 엄격한 규제를 명시하였고, 회원국에서 특정 유독성 폐기물 생산을 줄이고, 효율적인 가공처리와 재생을 권고하였으며, 폐기물의 안전한 처리를 보장할 것을 명시하였다. 또한 제3국으로 폐기물을 선적할 때는 제3국의 동의를 받도록 하였고, 수출국은 환경과 민간에 위험을 주지 않고 처리할 수 있는 적절한 기술을 보유하고 있는가를 검토하도록 하였다.

1980년대 유해 폐기물의 국가 간 이동이 국제적 쟁점으로 등장하면서, 1984년 공동체 차원의 새로운 지침이 마련되었다. 여기서는 '사전에 통보된 승인(Prior Informed Consent)' 절차의 강제적 제도가 도입되었다. 이 제도는 국가 간 이동하는

폐기물을 가지고 있는 사업자는 원산지, 경로, 내용물, 폐기물 양에 대한 상세한
정보를 해당 국가 관련 기관에 제출해야 하며, 경로국가나 최종목적지 국가에 통
보해야 한다는 내용을 포함하였다.

1989년 유해폐기물의 국가간 이동 및 처리에 관한 바젤 협약(Basel Convention)
채택 이후, 유럽공동체는 자신의 폐기물은 스스로 관리한다는 자급자족 원칙을
도입하였다. 폐기물을 재생, 처리, 운송하는 자에게 적용되는 허가 및 등록 사항을
정의하였고, 폐기물 처리 기업들은 정기적 검사를 받도록 하였다. 1993년에는 유
럽연합 내에서 혹은 외부로 처분이나 회수를 위해 이동하는 폐기물이나 유해 폐
기물을 통제하고 감시하기 위한 다수의 제도들을 도입하였다. 여기서는 재생 혹
은 최종 처분 여부, 수입국, 재생 가능한 폐기물의 유형 등을 구체화하여 규정하였
다(정홍열 2005).

3.3 에코라벨(Eco-Label)

1993년에 시작된 유럽연합의 환경마크인 에코라벨은 강제규격이 아닌 자율
규격으로서 자사 제품에 마크 부착을 원하는 업체가 집행위원회에 신청하는 경
우, 일정한 기준을 준수하였는지 여부를 검사하여 준수한 제품에 대해 라벨을 부
여하는 제도이다. 기준을 준수하였다 할지라도 모두 부여하지 않으며, 기부착 제
품이 시장에서 점유율 20%를 넘는 경우 더 이상 부여하지 않는다. 즉 '희귀성' 원
칙을 도입하여 소비자들에게 이 마크를 부착한 경우 친환경 상품임을 알리려는
것이다. 에코라벨은 상품뿐만 아니라 서비스에도 적용된다.

에코라벨 기준이 제정된 품목에는 청소용품, 식기세척기 세제, 주방세제, 세
탁용 세제, 식기세척기, 전구, 휴대용 컴퓨터, 냉동고, TV, 청소기, 세탁기, 복사용
지, 화장지, 매트리스, 신발, 섬유, 관광편의시설 서비스 등이 포함된다(이종원 외
2006).

3.4 배출권거래제(Emission Trading System, ETS)

2001년 유럽연합은 기후변화 대응을 위한 온실가스 감축 목표 달성을 위하여
세계 최초의 공적이고 강제적인 온실가스 배출권거래제를 도입하였다. 2003년 유
럽연합은 온실가스배출인증 거래시스템에 관한 지침을 제정하여 공식적인 역내
배출권 시장을 창출하기 위한 법적 장치를 마련하였고, 2005년부터 제1단계를 출

범시켰다. 유럽연합 배출권거래제 기준에 해당하는 배출시설은 강제적으로 거래제에 참여해야 했는데, 적용 대상에는 20MW 이상 규모의 연소 설비, 석유정제와 같은 에너지 부문과 제철, 광물, 펄프 등의 산업부문이 포함되었다. 운영방식으로는 배출총량거래제(cap-and-trade) 방식이 채택되었다.

유럽 배출권거래제는 제1(2005-2007), 제2(2008-2012), 제3(2013-2020)단계를 거쳐 제4(2021-2030)단계의 계획까지 마련되었다. 제3단계에서는 2020년까지 2005년 대비 21% 온실가스 감축을 목표로 설정하였고, 항공부문을 포함한 다수의 배출원과 온실가스를 통합하여 배출 허용량(emission allowances)의 국가 경매에 있어서의 점진적 증가를 명시하였다. 또한 유럽연합의 28개 회원국들 외에 노르웨이, 리히텐슈타인과 같은 다른 국가들도 거래에 포함시켰다. 제3단계까지 교토의정서 체제의 발리행동계획에 근거하였다면, 2021년부터 시작되는 제4단계는 파리협정에 근거한 배출권거래 체제로 전환된다.

유럽연합은 시장기능 활성화를 통해 온실가스 감축목표 달성을 위하여 배출권거래제를 이행하였다. 그러나 배출권 과잉 할당과 무상 할당이 발생하면서, 배출권 거래가격 급락, 전기가격 인상으로 인한 소비자에게의 비용 전가 등 배출권거래제의 불확실성 문제가 제기되기도 하였다.

 ## 전 지구 차원의 환경 쟁점화와 유럽연합의 리더십

유럽연합의 환경정치과정은 다양한 행위자들이 참여하는 다층적 거버넌스(multi-level governance)를 기반으로 하며, 유럽연합의 환경법은 한 회원국이 다른 회원국의 산업뿐만 아니라 다른 유형의 활동에 의해 영향을 받게 되는 초국경 문제들을 다루기 위하여 채택된다. 또한 유럽연합은 회원국 국가 내 하부 이슈들을 통제하는 데에도 권한을 발휘한다. 이는 모든 회원국들에 적용 가능한 최소한의 보호 기준을 유럽연합이 마련해야 한다는 믿음에 근거한 것이다.

이와 같이 유럽연합 차원에서 이루어졌던 환경정치 경험을 기반으로 하여, 현재 유럽연합은 전 지구 차원에서 환경 리더십을 발휘하고 있다. 기후변화를 비롯한 오존층 파괴, 생물다양성 보호, 화학 및 폐기물의 이동 등이 전 지구적 환경 쟁점으로 등장하면서 환경공동체로서의 유럽연합은 다른 국가들의 협력과 국제적 협약 도출을 이끄는 리더 역할을 담당하였다. 또한 유럽연합은 전 지구적 기후변화 문제에 있어서도 다른 국가들에 비해 높은 수준의 감축 목표를 설정하였고, 무역 관련 환경규제도 강화하였다. 회원국의 서로 다른 이해관계, 파편화되고 분산된 제도 등에도 불구하고 유럽연합이 전 지구 차원에서 환경적 리더십을 발휘하는 이유는 무엇인가?

우선 유럽연합의 다층적 거버넌스 구조는 정책합의를 복잡하게 만드는 요인이기도 하지만, 제한 없고 경쟁적 구조는 오히려 경쟁적 리더십을 창출하면서 환경보호 옹호자들이 우선순위와 관심사를 정책 논쟁의 장으로 도입시킬 수 있었던 여러 통로들을 열어 놓았다. 유럽연합 내에 환경정책에 대한 다수의 거부권 행사자(veto players)들이 존재함에도 불구하고, 유럽 정부들은 미국에 비해 훨씬 더 적은 국내 제약에 직면하게 된다. 예를 들어, 의회민주주의 체제와 비례대표 선거제도를 지닌 국가들에서 의회는 미국 의회에 비해 훨씬 약한 행정부 권한에 대한 견제력을 지닌다. 게다가 유럽의 조합주의 전통은 관료 기관에 국가 의회보다 더 많은 특권을 부여할 수 있다.

관념적(idea) 측면에서 유럽의 환경형평성에 대한 인식 역시 복지와 연계됨으로써 유럽연합의 환경적 책임을 강화시켰다.[6] 유럽에서는 공적 개입이 환경의 올바른 상태를 보장하고, 환경 보호가 시장의 힘에 맡겨져서는 안 된다는 일종의 합의가 존재한다. 환경정책의 근간이 되는 과학에 있어서도, 경제 이론에 근거한 접근법들보다는 자연과학, 철학, 종교학, 사회과학 등이 통합된 접근법이 여론 및 정치적 의견을 형성하는데 기여한다. 즉 유럽인들에게는 돈으로 살 수 없는 환경 자산이 존재하며, 미래 세대를 포함하여 전체로서 사회를 위한 이익을 고려해야 한다는 인식이 확산되어 있다.

국가의 이익을 중시하는 회원국 정부 역시 환경문제 해결을 위한 공동 정책을 마련하는데 협력하였다. 유럽연합 환경정책 결정과정에서 회원국들 간 경쟁 리더십이 발생하였고, 이는 상호 강화하는 방식으로 지속되었다. 또한 높은 환경 규제 기준을 설정한 회원국의 정책결정자는 경제적 경쟁력을 유지하고자 낮은 조건을

---

6 유럽의 환경형평성(environmental equity)은 환경정책과 사회정책의 연계 틀에서 이해되며, 정책의 사회적 영향과 환경정책의 분배효과에 주목한다. 유럽에서 환경형평성이란 환경자원의 유한성과 희소성, 불균등성 특성에 근거하여 환경정책으로 인하여 발생하는 소득역진적인 분배효과 완화, 환경서비스와 천연자원에의 접근, 건강과 안전, 도시화와 공간적 발전, 환경과 고용, 참여와 환경교육 등의 형평성으로 해석된다.

요구하는 회원국들에게 야심찬 기준을 채택하도록 압력을 가하였다.

이와 같이 유럽연합의 다층적 거버넌스 구조는 행위자들 간 경쟁적 리더십을 창출하였고, 유럽의 제도와 관념은 이를 강화시키는데 기여했다고 볼 수 있다(정하윤 2018).

더 나아가 생각해 보기

1. 유럽에서 환경정책이 발달하게 된 이유는 무엇인가?
2. 유럽연합의 환경정치에 영향을 미치는 행위자들의 이해관계, 관념, 제도는 무엇인가? 유럽의 환경정치는 이들 요인과 어떻게 관련성을 지니는가?
3. 유럽연합은 어떻게 회원국들의 서로 다른 환경에 대한 이해관계와 환경정책들을 조정하였는가?
4. 유럽연합의 환경정책 결정과정이 합의적으로 진행되는 이유는 무엇인가?
5. 왜 유럽에서 환경운동이 활발하였고, 녹색당이 의회에 진출할 수 있었는가?

참고문헌

김미자. 2008. "유럽연합의 환경행동프로그램 분석."『국제정치연구』11(1).

박채복. 2011. "제도화된 정책네트워크와 정책선택: 유럽연합의 환경정책을 중심으로."『한독사회과학논총』21(4).

손기웅 외. 2015.『'그린데탕트' 실천전략: 환경공동체 및 경제공동체 동시 형성 방안』통일연구원.

송병준. 2006. "유럽연합의 환경정책과 알파인 협정 – 중앙 – 지방 – 비정부기구간 수평적 협력 과정."『EU연구』제18호.

이종원 외. 2006.『유럽연합과 유럽 주요국의 환경정책 비교연구』환경부 연구용역보고서.

정하윤. 2013. "유럽연합의 기후변화 리더십에 대한 연구."『국제정치논총』53(3).

_____. 2018. "선진국의 환경정치," 신범식 외,『지구 환경정치의 이해』사회평론.

정홍열. 2005. "유럽연합의 부문별 환경정책에 대한 일고."『유럽연구』제 22호.

Cass, Loren R. 2007. *The Failures of American and European Climate Policy: International Norms, Domestic Politics, and Unachievable Commitments. State* University of New York Press.

Desai, Uday. ed. 2002. *Environmental Politics and Policy in Industrialized Countries.* The MIT Press.

Eckersley, Robyn. 2004. *The Green State: Rethinking Democracy and Sovereignty.* The MIT Press.

Jahn, Detlef. 2016. *The Politics of Environmental Performance: Institutions and Preferences in Industrialized Democracies.* Cambridge University Press.

Selin, Henrik and Stacy D. VanDeveer. 2015. *European Union and Environmental Governance.* Routledge.

Vig, Norman J. and Michael Gebert Faure ed. 2004. *Green Giants?: Environmental Policies of the United States and the European Union.* The MIT Press.

CHAPTER **3.**
유럽연합의 시청각정책[1]

윤성원

 I 시청각정책의 등장배경

　디지털 기술의 발전은 디지털 혁명을 일으키면서 독립적으로 시청각물의 생산 및 유통을 관할하는 시청각정책은 오늘날 유럽연합의 문화정책 중에서도 핵심적인 부분을 차지하는 정책 분야로 등장하고 있다. 디지털 기술의 발달로 인쇄 매체와 방송 매체 간의 경계가 모호해지고 온라인상에서 서로 융·복합되면서 시청각물의 생산과 유통에 대한 관리는 경제성장과 일자리 창출에 있어서 매우 중요한 역할을 하게 되었다. 유럽연합은 이러한 시대적 상황을 반영하여 문화의 여러 분야 중에서도 시청각분야에 가장 큰 규모의 예산을 지원하고 있다.

　시청각정책이 구체적인 프로그램으로 실행된 것은 1990년대부터지만 앞서 기술한 문화정책과 마찬가지로 시청각분야에 관한 공동체 차원의 논의는 이미 1970~80년대부터 있어왔다. 다만 차이가 있다면 앞서 언급된 문화정책 보다 훨씬 구체적으로 논의가 진행되어 왔다는 점이다. 이는 시청각분야가 문화영역 중에서도 경제성장과 일자리 창출과 직접적으로 연결되는 분야로 간주되었기 때문인 것으로 여겨진다. 당시 공동체는 1970년대의 유럽동맥경화증(Eurosclerosis)을 극복하고 유럽단일시장 건설이라는 새로운 통합에의 동인(動因)이 논의되고 있던 시기였다. 이에 따라 단일 시장을 성공적으로 구축하기 위해서 유럽시민들의 공동체에 대해 가지는 공동의 소속감 내지 유럽정체성을 형성하는 것이 중요한 이슈가 되었다. 1977년 집행위원회가 작성한 "문화영역에서의 강한 공동체 차원의 조치(Community Action in the Cultural Sector)" 정책제안서(communication)에서는 유럽차원에

1 이 장은 2014년 정부(교육부)의 재원으로 한국연구재단의 지원을 받아 수행된 연구임(NRF-2014S1A5A8014664).

서 사회·문화적 활동을 증진시키기 위한 목적으로서의 방송의 역할을 강조하고 있다. 대중매체는 교육 여부나 소득 수준에 관계없이 누구나 접하는 것인 만큼, 방송물을 유럽차원에서 공감대를 형성할 수 있도록 제작하는 것이 중요함을 강조하였다. 방송물의 제작 및 공동제작과 구매, 그리고 관련 종사자 교류와 관련한 제반 문제들과 방송콘텐츠 내용에 관한 이슈들을 다룰 수 있는 공동 연구를 추진할 것을 제안하고 있다(CEC 1977, 25).

1982년 집행위원회가 작성한 "문화영역에서의 보다 강한 공동체 차원의 조치(Stronger Community Action in the Cultural Sector)" 정책제안서는 1977년 정책제안서를 실행 5주년을 평가하면서 유럽차원에서 시청각정책이 나아가야 할 방향을 강조한 내용의 보고서이다. 여기에서 집행위원회는 시청각정책의 지향점을 다음과 같이 강조한 바 있다: "유럽 시청각정책이 추구하는 목표는 매체들 간의 소모적인 경쟁을 지양하고 공동으로 유럽문화를 전파하도록 유도함으로써 모든 회원국이 공동체 내에서나 국제사회에서 모두 합법적인 장소(시청각정책을 적법하게 실행하고 있는 나라)임을 확인시켜주는 데 있다"(CEC 1982, 17). 유럽차원의 공동의 소속감 형성에 대한 필요성은 시청각분야에 대한 공동체 차원의 개입을 정당화시키는 하나의 명분이 되었다. 집행위원회는 유럽문화의 전파와 확산을 공동의 TV 채널을 구축함으로써 가능하다고 보았다. 유럽의회에 제출한 보고서에서는 유럽채널을 구축하는 것이 필요함을 제안하면서, 화면과 정보를 공동체 차원에서 공유함으로써 유럽시민들 간에 상호 이해의 폭을 넓히면서 공동의 문화적, 사회적 정체(政體)를 형성하는 데 필요한 공동의 소속감을 형성하는 매우 효과적인 방법이라고 역설하였다(CEC 1983b, 22). 또한 집행위원회는 별도의 제안서를 통해 공동제작에 대해서도 입장을 밝혔다(CEC 1985b). 회원국 간에 영화와 TV 방송물을 공동 제작할 경우 전체 제작비의 60%를 지원하는 것을 골자로 하고 있다.

그러나 집행위원회의 적극적인 태도에 반해 회원국의 입장은 상반된 입장을 보였다. 기본적으로 회원국들은 문화영역은 국가별 고유한 영역이라고 여겼기 때문에 시청각영역이 경제성장과 일자리 창출을 가져올 수 있는 분야라 하더라도 일국의 문화콘텐츠를 공동체 차원에서 관여하는 것은 국가 고유의 문화 정체성에 저해되는 것이라고 보았다. 앞서 집행위원회가 제안한 유럽채널 설립에 관해서는 오랜 시간 회원국 간 이견 대립이 있은 후 1985년에 집행위원회와 네덜란드 정부, 그리고 몇몇 방송국의 지원으로 가까스로 공동채널을 설립·운영했다. 그러나 불과 1년 만에 공동채널은 재정상의 이유로 운영이 중단되었다(Yuzurihara 2004, 209). 영화 및 방송물 공동제작에 관해서도 마찬가지로 영국, 독일, 덴마크 등 회원국들의 거센 반발을 받아 실행되지 못했다(Theiler 2001).

공동체와 회원국 간의 시청각분야에 관한 입장 차이는 1989년 '국경 없는 TV에 관한 지침(TVWF: Television Without Frontiers Directive)'을 통해 일단락되었다. TVWF 지침은 시청각분야에 대해 가지는 회원국 정부 차원의 정책 권한 중 일부가 초국가 차원으로 이양되는 계기가 되었다(고주현 2015, 86). TVWF가 등장하는 데에는 당시의 대외적인 국제경제 환경 또한 영향을 미쳤다. 1980년대 중후반은 우루과이 라운드(Uruguay Round)가 한참 전개되고 있을 시점이었다. 1945년 무역과 관세에 관한 일반협정(GATT) 체제가 출범했을 당시 자유화를 위한 국제무역 논의의 대상은 상품무역으로 국한되었다. 따라서 문화적 상품은 자유화의 논의 대상에서 배제되었다. 그러다가 이후 수십 년 간 서비스 분야 교역이 괄목할 정도로 증가함에 따라 1986년 우루과이 라운드를 공식적으로 출범시킨 푼타 델 에스테(Punta del Este) 선언에서는 시청각분야도 서비스무역의 대상으로 시장 개방을 위한 협상 대상에 포함됨을 공표했다. 이는 영화 및 텔레비전 등의 방송물의 생산과 유통 시장이 개방되기를 원했던 미국의 압력으로 이루어진 것이었다.

시청각분야는 미국 경기 활성화에 전략적으로 매우 중요한 산업분야였다. 세계대전을 계기로 시청각산업은 미국과 유럽에서 상반된 성장세를 기록했다. 미국은 1차 대전 이후부터 수직적 결합을 통해 메이저 영화사들을 중심으로 할리우드 중심의 독과점 시스템을 구축해 갈 수 있었던 반면, 전장(戰場)이 되었던 유럽은 전반적으로 큰 쇠퇴를 경험했다. 프랑스에서는 빠테(Pathé)와 고몽(Gaumont)과 같은 거대 영화사들이 사업을 축소하기 시작하면서 영화 제작에 대한 투자가 급격히 감소했으며, 투자를 한다고 하더라도 배급이나 상영에 집중되었다. 거대 영화사들이 사업을 축소하면서 틈새시장을 메꾸기 위해 군소제작자들이 등장하였지만 이들이 할리우드 대형 영화사들을 대적하기엔 역부족이었다. 이러한 상황에서 전후 다시 증가하기 시작한 국내 영화 수요를 감당하기에는 한계가 있었다. 이에 증가하는 소비자 니즈를 충족시키고자 유럽에서는 이미 미국영화가 급격히 수입되고 있었다(고주현 2010, 82).

우루과이 라운드 참가국 중 특히 유럽은 시청각분야를 협상의제에 포함하는 것에 극렬히 반대했다. 시장이 개방되면 유럽단일시장은 미국 시청각 상품의 가장 큰 수출 시장이 될 것이었으므로 시청각산업 분야에서 침체기를 겪고 있던 유럽공동체 회원국들은 공동으로 이 사태를 해결하고자 협력했다. 특히 할리우드 영화산업의 유럽시장진입을 일종의 미국의 '문화제국주의(cultural imperialism)'로 보았던 자크 랭(Jack Lang) 프랑스 문화장관은 회원국 각국의 문화 다양성을 인정하는 것이야말로 이러한 세계화의 부작용과 문화 단일화를 방지하는 길이라고 주장하며 강경하게 반대했다(Danan 2000). 프랑스의 이러한 입장은 다른 회원국들과도 공감대를 형성하였다. 유럽의회 또한 이러한 입장을 공유하여 유럽문화의 발전과 보호에 저해될 수 있는 양보도 해서는 안 된다는 취지의 결의문(Resolution C255/183)을 채택하여 집행위원회에 전달하였고, 집행위원회는 유럽의회와 공동체 회원국들의 입장을 반영하여 GATT 협상에서 시청각분야를 제외할 것을 요청하였다. 시청각산업이 국제적으로 경쟁력을 갖추기 위해서는 시장 메커니즘 속에서 자생력을 도출하도록 해야 한다는 시장주의자적 시각을 견지하고 있던 미국 측 협상단과는 끝까지 이견을 좁히지 못하는 상황에서 미국과 EU 어느 쪽도 우월한 입장을 가지지 못한 채 협상은 종료되었다(Palmer 1996). 구체적인 합의를 도출하지 못한 협상 결과는 추후 협상에서도 언제든지 다시 논의될 수 있는 여지를 남겼지만 한편 일련의 협상 과정에서 공동체는 자연스럽게 회원국 개별국가에서 논의되던 문화적 담론을 국가차원에서 초국가차원으로 끌어올리는 결과도 가져왔다.

Ⅱ 시청각정책의 발전과정

1. 공동체 차원의 주요 규제 틀: TVWF, AVMS

1.1 Television Without Frontiers Directive(TVWF)

공동체 차원에서 만든 대표적인 시청각정책 관련 규제는 앞서 언급한 바 있는 '국경 없는 TV에 관한 지침(TVWF)'이라고 할 수 있다. 이 지침은 1989년 처음 마련되었으며 이후 2007년도에 개정되었다. 공동체 지침은 회원국 모두에게 구속력이 있으며, 회원국은 이 지침을 수용하기 위해 각 국마다 이미 존재하고 있는 관련 규정들을 수정해야 하는 의무를 가진다. TVWF는 크게 다음의 다섯 가지 측면에서 공동체 회원국들이 준수해야 하는 사항을 규정하고 있다(Council Directive 89/552/EEC).

첫째는 원산지원칙(Country of Origin principle)이다. 이 원칙에 의하면 방송물은 송출하는 국가의 규제 및 관련 법률에 준하여 제작되며 다른 회원국은 이에 관여하지 않는다. 공동체 차원에서 이에 관해 명문화함으로써 방송물 제작에 관한 한 공동체가 각 회원국의 다양성을 인정한다는 것을 의미하며 동시에 공동체와 각 회원국 간의 권한의 접점을 명확히 한다는 것을 의미하기도 한다.

둘째, 유럽할당제(European quota)이다. 이는 크게 방송 시간에 관한 할당과 제작비에 대한 할당으로 구분할 수 있다. 뉴스, 스포츠 경기, 광고 시간을 제외한 방송 시간의 10% 이상과 전체 방송물 제작비의 10% 이상을 외주 제작사가 제작한 유럽 방송물을 방영하고 지원하는 데에 할애해야 한다(제4조 및 제5조). 그리고 각 회원국은 이에 관한 준수 여부를 자체적으로 확인하여 2년마다 한 번씩 집행위원회에 보고서를 제출할 의무가 있다.

셋째, TV광고 및 심의와 관련된 부분이다. 광고시간은 일일 총 방영시간의 15%를 넘지 않아야 하며, 1시간 당 최대 20%를 넘지 않아야 한다. 담배 및 의약품 광고는 금하며 음주광고 또한 일정 기준을 충족할 경우에만 제한적으로 허용한다(제15조 및 제18조).

넷째, 미성년자 보호 차원에서 사회의 미풍양속을 저해하는 음란성이나 폭력성을 포함한 방송물은 각 회원국 차원에서 제재 조치를 취하도록 하였으며, 종교, 국적, 인종, 성별 등의 차별에 관한 내용 또한 금지하도록 규정하였다(제22조).

마지막으로, 정확하지 않거나 부적절한 내용의 방송으로 인해 소비자가 피해를 입었을 경우 해당 매체에 문제제기를 할 수 있는 조항도 마련하였다(제23조). 그 후 이 TVWF 지침은 1997년에 개정되었다.

1997년 지침은 기술발전으로 디지털 TV 보급이 일반화되면서 기존의 지침으로 다루지 못하던 부분까지 포함하기 위해 개정된 것으로 네 가지 측면에서 기존의 지침 내용을 보완 또는 강화하였다. 첫째, 관할권 원칙(principle of jurisdiction)이 다시 한 번 확인되었다. 이 원칙은 앞서 언급된 원산지 원칙과 맥을 같이 하는 것으로 방송물 내용에 관한 규제는 방송국 본사가 위치해 있는 회원국의 규정에 따른다는 내용이다. 둘째, 스포츠 경기와 같이 사회적으로 중요한 이벤트에 관한 방송은 회원국 간 시청제한을 두지 않고 유럽 전역에 무가시청이 가능토록 하였다. 셋째, TV광고에 관한 규정이 보완되었다. 특히 TV홈쇼핑 광고의 경우 상품 판매창을 최소 15분 이상 띄울 것과 하루에 최대 3개 판매창, 그리고 광고 시간은 3시간

을 넘지 않을 것을 규정하였다. 넷째, 미성년자 보호 규정이 강화되었다. 유럽전역
으로 미성년자 시청 제한이 필요한 방송물 방영시 사전에 시각적, 청각적으로 알
림효과를 넣어 미성년자의 시청 제한을 분명하게 명시하도록 하였다.[2]

1.2 Audiovisual Media Service Directive(AVMS)

이후 디지털 기술 발전에 따른 미디어 융합 등 매체 환경의 변화와 이에 따른
소비자들의 시청 방식 등의 변화를 반영하여 2007년 새로운 지침이 만들어졌다.
'시청각미디어 서비스 지침(AVMS: Audiovisual Media Service Directive)'으로 명명된 이 지
침은 1989년과 1997년 지침을 수정·보완하였다(Directive 2007/65/EC). 여기서 주목
할 사항은 크게 다섯 가지이다.

첫째, 원산지 원칙이 세분화되었다. 방송물 내용 규제는 앞서 TVWF 지침에서
언급한대로 방송물 송출 국가의 규제를 받게 되어 있는데, AVMS 지침에서는 이
원칙을 세분화하고 있다. 기본적으로 프로그램 편집에 관한 결정이 이루어지는
본사가 위치한 회원국의 규제를 받는 것이 원칙이지만, 만일 본사가 제3국에 설립
되고 공동체 회원국과 연계하여 방송을 하는 경우는 상당한 정도의 업무가 해당
회원국에서 이루어지고 있다는 전제 하에 그 회원국 규정에 따르는 것으로 규정
하였다(제2조 3항).

둘째, 시청각 미디어 서비스 실명제이다. 이는 TVWF 지침에서는 명시되지 않
았던 신설 조항으로, 시청각 미디어물의 관할권을 확실하게 표시한다는 취지하에
해당 방송물 공급업자의 이름과 주소, 이메일, 홈페이지 등을 미디어물에 명확하
게 표시할 것을 규정하였다(제ⅡA장).

셋째, 주문형(on-demand) 미디어 서비스에 관한 규정이 신설되었다. 새로운
형태의 미디어 매체가 등장하여 시청자 스스로가 프로그램을 선택하여 시청할 수
있게 됨에 따라 주문형 미디어 서비스에 대한 수요가 증가하였다. 이에 따른 신설
규정에 의하면, 주문형 시청각 미디어 서비스가 유럽 방송물(European work) 제작을
장려하고 소비자로 하여금 이에 대해 손쉽게 접속할 수 있는 방법으로 제공되어
야 한다. 또한 회원국은 이에 관한 이행 사항을 4년 마다 한 번씩 집행위원회에 보
고서 형식으로 제출할 의무가 있다. 유럽 방송물에 대한 구체적인 할당 비율은 명
시되어 있지 않으나 회원국들은 급증하는 온라인 방송 플랫폼 수요에 대해 선제

적으로 대처하여 유럽 미디어물을 지속적으로 방송하거나 시청자들이 손쉽게 접속할 수 있도록 조처할 의무를 가지게 되었다. 유럽 방송물에 관한 정의 또한 1989년 TVWF 지침에서 규정한 개념보다 훨씬 확대되었다. 기존 지침에서 유럽 미디어물은 회원국에서 제작되었거나 유럽 내 비회원국 내에서 제작되었어도 유럽평의회(Council of Europe)의 '국경을 초월하는 TV에 관한 유럽협약(European Convention on Transfrontier Television)'에 준하여 제작된 미디어물을 의미했다(Council Directive 89/552/EEC 제6조). AVMS 지침에서는 제3국과의 공동제작물도 유럽 미디어물로 간주할 것을 명시하였다. 공동제작의 범위는 실제로 제작을 함께 한 경우 뿐 아니라 제작을 함께 하지 않고 회원국 제작사가 감독만 한 경우에도 이에 해당된다. 특히 공동체가 제3국과 협정을 체결하였을 경우 이 협정에 의거하여 제작한 미디어물은 유럽 미디어물로 간주함을 명시하였다.

넷째, TV 광고 및 TV 쇼핑에 관한 규제이다. 이에 관한 규제는 TVWF 지침에 비해 다소 완화되었다. TVWF 지침에서 15%로 제한하던 광고시간을 AVMS 지침에서는 20%로 상향 조정하였다. 또한 영화와 뉴스, 어린이 프로그램에도 광고 삽입이 가능하도록 허용하였다. 다만, 종교 프로그램의 광고는 허용 대상에서 제외하였다. 쇼핑을 위한 광고창은 중단 없이 15분까지 띄울 수 있도록 허용했다.

다섯째, 회원국 내 규제 기관 간의 협력에 관한 규정을 신설했다. 특히 집행위원회는 매 3년 마다 미디어 기술 발전과 시청각산업의 경쟁력, 그리고 회원국별 미디어 문식력(media literacy)의 수준에 근거하여 AVMS 지침의 실행 정도에 대한 보고서를 제출하도록 하였다. 이 보고서에는 미디어 TV 광고에 대한 양적, 질적 평가 현황 및 어린이 프로그램 내 광고에 대한 적절성 등을 평가한 결과도 포함해야 하며, 유럽의회, 이사회, 그리고 공동체 내의 주요 자문기구인 유럽경제사회위원회(European Economic and Social Committee)에 제출하여야 한다.

이렇듯 시청각분야에 관한 규정은 기본적으로 각 회원국별 관련 규정을 준수하도록 하되, 공동체 차원의 지침을 통해 회원국 간의 다양한 규정이 조화되도록 했다. 전반적으로 공동체 지침은 시청각분야의 시장성을 허용하는 방향으로 수정되어 왔다. 미성년자에 대한 보호를 강화시키는 반면, 광고 규제를 완화하여 시청각 미디어의 상업적 교류 증진을 꾀했다. 또한 제3국과의 협력 및 공동제작에 관한 규정들을 대거 신설하여 해외 시장으로 눈을 돌리는 계기를 마련했다. 이는 한－EU FTA의 일부를 구성하고 있는 문화협력의정서에서 시청각 공동제작 진흥에 관한 조항을 마련한 것과 같은 맥락으로 여겨진다.

2. 주요 시청각프로그램: MEDIA Programme Series

유럽연합에서 운영하고 있는 시청각정책 프로그램은 MEDIA Programme 시리즈가 대표적이다. 연도별로 정리해 보면 다음과 같으며 각 프로그램의 운영 내용과 특징, 효과에 관해 프로그램별로 순차적으로 소개한다.

실행 기간	프로그램	예산
1991-1995	MEDIA Programme	€ 2억
1996-2000	MEDIA II Programme	€ 3억 1,000만
2001-2006	MEDIA Plus Programme	€ 4억 5,360만
	MEDIA Training Programme	€ 5,940만
2007-2013	MEDIA 2007 Programme	€ 7억 5,500만
2011-2013	MEDIA Mundus Programme	€ 1,500만
2014-2020	Creative Europe	€ 14억 6,270만

자료: 각 프로그램별 유럽연합의 공식문서 참조 및 재구성

2.1 MEDIA Programme

MEDIA Programme 시리즈의 첫 프로그램으로 1991년에 설립된 MEDIA Programme은 1980년대 중반 시청각분야를 우루과이 라운드의 협상 대상으로 포함할 것인가에 대해 회원국 간에 논쟁하던 배경 속에서 등장하였다. 유럽은 프랑스의 강경한 태도와 주도적 조처에 힘입어 GATT 협상 시 미국에 대항하여 시청각분야를 협상 대상에서 제외할 것을 강하게 요청한 바 있다. 그러나 그 내면을 살펴보면 회원국 간에도 의견 차이가 있었던 것이 사실이다.

프랑스는 미국의 문화제국주의를 내세우며 문화주권을 지켜야 한다는 입장을 고수했고, 따라서 문화를 콘텐츠로 한 시청각물은 여타 상품처럼 교역 대상이 될 수 없다고 주장했다. 이에 반해 영국은 시장주의 입장을 견지했다. 전체 교역시장에서 차지하는 시청각분야의 비중이 크지 않은 만큼, 시장의 논리에 맡겨서 영화산업의 경쟁력을 키우는 계기로 삼아야 한다는 것이 영국 입장의 핵심이었다 (Palmer 1996, 29). 그러나 어떤 입장이었든지 간에 유럽 시청각산업 전반이 경쟁력을

잃고 있었던 것은 사실이었기 때문에 공동체 차원에서 시청각산업 육성책을 마련하기에 이르렀고 그 결과물이 바로 MEDIA Programme이었다. MEDIA Programme 도입을 결정한 이사회 결정 문서를 보면, 유럽연합이 유럽 시청각산업의 문제점을 어떻게 진단하고 있는지를 알 수 있다. 크게 세 가지 점에서 문제점이 있는 것으로 판단하고 있다: 해당 업체의 영세성, 범 유럽 차원 유통 및 배급망 부족, 공동체 차원의 지원 부족(Council Decision 90/685/EEC). 이에 유럽연합은 MEDIA Programme 도입을 통해 다음의 목표를 달성하고자 하였다:

- 시청각 산업의 새로운 성장 동력 마련
- 유럽 영세 업체들의 경쟁력 제고
- 교류 활성화를 통한 범(凡) 유럽 배급망 구축
- 세계 시장에서의 유럽 업체 시장 점유율 제고
- 생산 및 유통에 관한 유럽 기술력 활용 극대화
- 시청각 산업의 유관 분야 간 상호 연계성 강화
- 회원국 시청각 산업 지원 정책 보완
- 역내 단일시장 최대한 활용

이러한 목표들은 침체되어 있던 시청각 산업을 육성하기 위해 공동체 차원에서 마련한 전방위 개혁안이었다. 이를 위해 유럽연합은 MEDIA Programme이 실행되는 1991년부터 1995년 기간 동안의 예산으로 2억 유로를 배정하였다. 유럽연합이 역점을 두기로 한 주요 지원 사업 분야와 각 분야별 배정한 예산 규모는 다음과 같다:

지원 사업 분야	예산 규모
• 유통 배급망 확충 사업 　– 영화 배급망 확충 사업 지원 　– 비디오 카세트 형식으로 제작한 유럽 영화 및 프로그램의 역내 유통망 확충 지원 　– 더빙/자막 지원 　– 독립제작사 작품 배급 지원	8,500만 유로
• 제작 환경 개선 　– 사전제작(pre-production) 지원 　– 애니메이션 산업구조 개편(제작사 간 네트워크 형성, 종사자들 역량 강화, 파일럿 작품 지원)	7,500만 유로

지원 사업 분야	예산 규모
– 프로그램 제작시 유럽 기술력 활용 – 아카이브 구축	
• 재정 투자 장려책 – 투자 유치 위한 시스템 마련	1,000만 유로
• 제작자 경영능력 개선 – 단일유럽시장 출범 대비 신진제작자의 역량 강화 지원(European Audiovisual Entrepreneurs: EAVE) – 효율적인 기업체 운영 위한 역량 강화 프로그램 개발	1,500만 유로
•영세 제작업자 및 지리적/언어적 제약 지역의 제작업자 지원	1,500만 유로
총합	2억 유로

자료: Council Decision 90/685/EEC 참고하여 저자 작성

　범(凡) 유럽 유통망을 구축하고 종사자들의 역량을 강화하며 투자 유치를 장려하여 궁극적으로는 유럽 시청각산업의 경쟁력을 갖추자는 것이 골자이다. 주목할 점은 유럽연합 차원에서 초국가산업화를 하기 보다는 개별 회원국이 기존의 문제점들을 자체적으로 보완하여 궁극적으로는 유럽 업체들이 경쟁력을 갖추어 나가도록 유도하였다는 점이다. 각 지원 사업 영역별로 실행 프로그램을 마련하였고, 공모를 통해 제안서를 받아 심사하여 지원여부를 결정하였다. 그러나 선정되더라도 제안 사업의 예산안 전체를 집행위원회가 지원하는 것이 아니라 최대 해당 사업비의 50%를 지원하는 것으로 가이드라인을 제시했다(Council Decision 90/685/EEC, 제6조). 이는 선정업체들이 자칫 도덕적 해이에 빠질 수 있는 우려를 방지하기 위한 조처로 여겨진다.

　MEDIA Programme 실행 결과 각 지원 사업 분야별로 세부적인 운영 프로그램이 도입되었다. 총 19개 프로그램이 생겨났고, 2만여 개의 업체들이 이들 운영 프로그램에 참여하였다.

분야	세부 프로그램/관련 기관	활동 내용
유통, 전시 및 홍보	EFDO(European Film Distribution Office)	역내 영화 배급 지원 기관
	MEDIA Theatres	유럽영화 역내 홍보
	Europa Cinemas	
	EVE(European Video Area)	비디오테이프 형태로 유럽영화 제작 및 유통 지원
	BABEL(Broadcasting Across the Barriers of European Language)	더빙 및 자막 지원
	EURO-AIM(European Association for an Independent Productions Market)	주요 영화제에 독립 영화제작자들의 참가 지원 및 이들을 위한 특별 영화제 개최
	GRECO(European grouping for the circulation of works)	독립영화제작자들의 작품 TV 방영 지원
	EFA(European Film Academy)	유럽영화 진흥 협회
제작 여건 개선	SCRIPT(European Script Fund)	대본 및 사전제작 단계 지원
	DOCUMENTARY	
	SOURCES(Stimulating Outstanding Resources for Creative European Screenwriting)	유럽 작가 대상, 대본 작성 역량 강화 훈련 지원
	CARTOON	애니메이션 제작 및 전문 인력 훈련 지원
	MEDIA Investment Club	방송물 제작시 첨단 기술 접목 지원 (고화질, 디지털, 대화형TV 등)
	MAP-TV(Memory-Archives-Programme)	TV 방송물 아카이브화
	Lumiere	영화 작품 아카이브화
투자 장려	EMG(Euro Media Guarantees)	투자자들의 위험 분산 지원
교육 및 훈련	EAVE(European Audiovisual Entrepreneurs)	신진제작자 대상 기업 운영 교육 · 훈련
	MBS(Media Business School)	맞춤형 기업 운영 교육 · 훈련
소규모 회원국 지원	SCALE(Small countries improve their audiovisual level in Europe)	제작, 유통, 재원 조달, 역량 강화 훈련 등에 대한 포괄적 지원

자료: Council Decision 90/685/EEC 참고하여 저자 작성

이 프로그램에서 주목할 만한 부분은 소규모 회원국 지원 사업이다. 특히 지역적, 언어적 제약으로 산업 경쟁력이 떨어지는 소규모 국가들을 대상으로 한 SCALE 프로그램은 '적극적 우대조치(positive discrimination)' 원칙을 적용한 대표적인

프로그램이다. 적극적 우대조치의 원칙은 후속 프로그램에도 지속적으로 유지되고 있다는 점에서 주목할 만하다. 또한 업계 종사자들 간의 역내 네트워크망을 구축하기 위해 도입된 MEDIA Desk 제도도 주목할 만하다. 이 제도는 각 회원국 혹은 희망 지역마다 'MEDIA Desk' 또는 'Antennae'라고 불리는 정보 센터를 설립·운영하는 제도이다. 이 센터는 MEDIA Programme 지원 사업에 관한 홍보와 함께 업계 종사자들에게 시청각정책에 관한 전문적인 정보도 제공하는 역할을 한다. MEDIA Desk 제도 또한 후속 프로그램에서 더욱 확대되어 오늘에까지 이르고 있다.

집행위원회가 작성한 MEDIA Programme 실행 평가 보고서에 따르면, 시청각 산업을 육성하는 데 있어서는 이 Programme이 일정 부분 긍정적인 역할을 한 것으로 평가되었다. 그러나 너무 다양한 분야에 걸쳐 골고루 지원하다보니 집중 지원과 육성이 필요한 분야에는 오히려 지원이 부족하다는 업계 종사자들의 의견이 있었다. 이에 급변하는 국제 시장 환경과 역내 단일시장 환경에 부응하여 경쟁력을 갖추기 위해 시급히 지원할 분야를 집중적으로 우선 지원할 것을 제안하였다. 또한 전체 지원 예산 규모도 확대할 필요성도 제안하였다(CEC 1993, 14). 이러한 제안사항들이 반영되어 1996년부터 MEDIA Ⅱ Programme이 실행되었다.

2.2 MEDIA Ⅱ Programme

2000년까지 5년간 운영된 MEDIA Ⅱ Programme은 MEDIA Programme보다 한층 더 시청각산업의 경쟁력 강화에 역점을 두었다. 우선 전체 예산 규모를 MEDIA Programme의 예산 규모보다 55% 만큼 확대하여 1996~2000년 기간 동안 총 3억 천만 유로를 지원했다. 지원 분야는 다음의 세 가지 분야에 집중하여 지원하였다:

- 전문 인력 양성
- 제작 사업 개발
- 유통/배급망 구축

첫 번째의 전문 인력 양성 분야는 세계 시장에서 유럽의 전문 인력들이 경쟁력을 유지하는 목적으로 지원하는 분야로, 이전의 MEDIA Programme에서 운영한 EAVE, MBS 프로그램의 맥을 계속 이어나갔다. 교육내용은 크게 산업체 경영, 신기술 교육, 대본 작성 기술 등의 주제로 구성되었으며, 1996~1998년 기간 동안 이미 2천 여 명이 이 프로그램에 참가한 것으로 집계되었다(CEC, 1999a: 5). 두 번째의 제작 사업 개발은 재정 및 기술 지원을 통해서 유럽 시장 및 세계시장에서 제작활동을 활발히 추진해 갈 수 있도록 지원하는 사업 분야이다. 1996~1998년 기간 동안 823건에 달하는 제작 사업을 지원하였다. 또한 같은 기간 동안 429개 지원 업체 중에 97개 업체를 선정하여 업체의 비즈니스 역량 강화 사업을 지원하였다. 마지막으로 유통/배급망 구축 분야는 MEDIA II Programme이 가장 역점을 두고 있는 분야로 가장 많은 예산(59%)이 투입된 분야이기도 하다. 이 분야는 유럽영화 및 방송물이 유럽 역내 뿐 아니라 세계적으로도 널리 배급되기 위한 목적으로 지원하는 분야이다. 영화 배급망 구축에 가장 역점을 두지만 여타 방송물의 유통망 확충도 목표로 하고 있다. 유통/배급망 구축 분야는 영화 배급, 영화 네트워크 구축, TV 방송물 유통, 비디오물 유통, 홍보 등의 다섯 가지 소분야로 나뉘어 운영되었고, 이 중 영화 배급 분야가 가장 많은 예산을 지원받았다.

영화 배급 활성화와 관련해 주목할 만한 제도는 '자동지원(automatic support)' 제도와 '선택지원(selective support)' 제도이다. 자동지원 제도는 자국 이외의 유럽영화를 상영할 경우 판매된 티켓 수에 비례하여 장려금을 지원하는 제도이고, 선택지원 제도는 세 개 회원국의 세 개 이상 유통업체가 컨소시엄을 구성하여 자국 이외의 유럽영화를 유통/배급할 경우 심사하여 지원하는 제도이다(BIPE 2001, 138). MEDIA II Programme 운영 결과, 대규모 프로젝트를 운영하거나 인지도가 높은 업체 및 전문가들이 상대적으로 많은 수혜를 받은 것으로 평가되었으며, 특히 자동지원 제도는 역내 유럽영화 보급 활성화에 커다란 기여를 한 것으로 평가되었다(CEC 1999a).

2.3 MEDIA Plus Programme / MEDIA Training Programme

2000년 MEDIA II Programme이 종료된 후 MEDIA Plus Programme과 MEDIA Training Programme이 그 뒤를 이었다. 2001년부터 2006년까지 운영된 이들 프로그램은 유럽연합이 공동체 차원의 목표로 삼았던 '정보화 사회(Information Society) 구축'이라는 커다란 아젠다와 연계되어 실행되었다. 전 세계적으로 디지털 기술의 급격한 발전으로 새로운 콘텐츠와 서비스를 개발할 필요성이 높아졌다. 유럽에서만도 디지털 기술의 보급으로 TV 채널수가 1995년 대비 1998년 기준 3배나 증가했으며, 유럽인들은 하루 평균 205분을 TV 시청에 소비하고 있었다. 그러나 정작 유럽 콘텐츠 산업의 경쟁력이 현저히 부족하고 구조적 문제점 또한 완전히 개선되지 않은 상황에서 디지털 시대의 경쟁력 제고는 매우 중요한 화두가 되었다(CEC 1999b, 3). 아직까지 회원국 별로 분산되어 있는 시장을 공동체 단일시장 차원으로 끌어올려 시청각산업을 통한 경제적 부가가치를 증가시키는 것이 후속 미디어 정책 프로그램이 해결해야 할 과제였다. 유럽연합은 여러 과제들을 크게 두 가지—교육/훈련 측면과 산업적 측면—로 구분하여 각각에 대해 별도의 프로그램을 운영하였다. 교육/훈련에 관한 지원은 MEDIA Training Programme를 통해 이루어졌고, 산업적인 지원은 MEDIA Plus Programme을 통해 지원하였다.

　　MEDIA Training Programme은 디지털 기술을 활용한 작품 제작 역량 육성, 기업체 경영 능력 배양, 대본 작성 기술 훈련을 목표로 하여 관련 사업을 선정하여 지원하는 프로그램이다. 처음에 5천만 유로에 해당되는 예산을 배정받았으나 실제 집행은 추가 확보된 예산을 포함하여 2001년에서 2006년 기간 동안 5천 940만 유로를 집행하였다(Decision No 163/2001/EC; Corrigendum to Decision No 846/2004/EC). MEDIA Plus Programme은 크게 세 가지 분야—제작, 유통/배급, 홍보—에 대해 지원하는 사업이다. 각 분야별 지원 목적은 다음과 같다: 제작과 관련해서는 영세 사업자 및 독립제작자들의 작품 경쟁력을 강화하기 위한 목적으로 지원하며, 유통은 역내 유럽영화 및 디지털 작품 유통을 활성화하고, 언어적 다양성을 존중하는 것을 목적으로 지원한다. 홍보는 영화제 및 시청각 작품 콘테스트 등에 출품을 장려함으로써 유럽 작품을 널리 홍보하는 것을 목표로 한다. MEDIA Plus Programme 에는 같은 기간 동안 총 4억 5,360만 유로가 집행되었다(Council Decision 2000/821/EC; Corrigendum to Decision No 845/2004/EC).

　　이들 프로그램 운영 결과, 전반적으로 긍정적인 효과를 가져 온 것으로 평가되고 있다. 평가기관인 Euréval(2007)의 보고서에 따르면, '유럽 내 관련 종사자 간의 네트워킹 구축', '역내 유럽 영화 홍보', '역내 국가 간 유통 거래 활성화' 부분에서 가장 긍정적인 효과를 가져왔다고 평가되었다. 세계 시청각산업 시장에서 유럽업체들의 경쟁력이 제고된 것도 주목할 만한 결과이다. 또한 소외지역 및 비회원국들을 대상으로 지원하는 적극적 우대조치의 폭을 확대한 것은 이 프로그램 운영 기간 동안 유럽연합에 가입한 신규 회원국들이 유럽 시청각 시장에 빠르게 정착하는 데에 기여한 것으로 보인다.[3] MEDIA Desks에 관해서는 보다 많은 국가

---

3 2004년 5월 1일자로 10개 중동부 유럽 국가들이 유럽연합에 정식 회원국으로 가입하였다: 체코공화국, 에스토니아, 헝가리, 라트비아, 리투아니아, 폴란드, 슬로바키아, 슬로베니아, 사이프러스, 몰타. 이로써 기존의 EU-15는 EU-25로 확대되었다.

로 확산되었다는 점에서는 긍정적으로 평가하고 있으나, 보다 장기적인 관점에서 체계적인 활동 계획을 세울 필요성이 대두되었고 유럽연합과 회원국 간의 이원적인 구조를 다변화시켜 회원국 간의 네트워크가 공고해지도록 유도할 필요가 있다는 점이 지적되었다.

2.4 MEDIA 2007 Programme / MEDIA Mundus Programme

MEDIA 2007 Programme은 2006년에 종료된 MEDIA Plus Programme과 MEDIA Training Programme의 후속으로 도입된 프로그램이다. 디지털 기술혁신으로 인해 3D 영화 및 고화질 DVD가 등장했으며 TV는 전통적인 선형 플랫폼(linear platform) 형식에서 벗어나 소비자가 원하는 콘텐츠를 선택하여 시청할 수 있게 되었다. 인터넷은 소셜 네트워킹 서비스와 결합하여 유통 플랫폼으로서의 기능도 수행하게 되었다. 이런 환경에서 도입된 MEDIA 2007 Programme은 기존의 MEDIA 정책들을 검토하고 시대적 환경에 맞게 보완하여 도입된 프로그램이었다. 기존의 프로그램들은 공통적으로 유럽연합이 문화정책을 공동체 영역으로 편입시키면서 강조된 '보충성의 원칙(principle of subsidiarity)'[4]에 준하여 시청각 콘텐츠 자체의 제작(main production)에 관해 직접적으로 지원하기 보다는 사전제작(pre-production) 또는 후반제작(post-production) 과정에 해당되는 콘텐츠 개발, 유통/배급, 홍보 종사자들의 역량 강화 훈련 및 교육에 중점을 두어 왔다. MEDIA 2007 Programme은 기존에 실행되어 왔던 사전제작과 후반제작 관련 지원 내용들을 통합하여 효율적으로 운영·관리하고자 한 점이 특징적이다. 이를 통해 추구하고자 한 목표는 크게 세 가지이다:

- 유럽영화 및 시청각물을 잘 보존하여 유럽시민들로 하여금 문화적 다양성을 손쉽게 접할 수 있도록 유도
- 유럽시청각물에 대한 역내 유통 활성화
- 세계 시장에서 유럽 시청각산업 경쟁력 강화

이와 같은 목표를 달성하기 위해 MEDIA 2007 Programme은 네 가지 영역에 집중적으로 지원하였다—창조성 계발, 영세업체 제작 구조 강화, 회원국 간의 제

---

4 보충성의 원칙은 업무를 추진함에 있어서 공동체 차원에서 수행할 때 더 큰 효과가 있는 경우가 아니라면 기본적으로 각 회원국이 자체적으로 추진하도록 일임하는 원칙을 말한다.

작 역량 불균형 해소, 디지털 시장개척. 2007년부터 2013년까지 실행된 본 프로그램에는 7억 5,500만 유로가 지원되었다(Decision No 1718/2006/EC). 이는 전년도까지 운영된 MEDIA Plus Programme과 MEDIA Training Programme의 총 예산인 5억 1,300만 유로보다 약 50% 증가된 금액이다. MEDIA 2007 Programme에서 주목할 만한 또 다른 점은 연계 및 교류의 대상을 확대시키고 구체적으로 명문화하였다는 점이다. 유럽 내에서는 EU 신규회원국(불가리아, 루마니아 포함)[5] 뿐만 아니라 EEA에 속하는 EFTA 회원국,[6] 그리고 서발칸지역 국가들까지 지원 대상을 확대했다. 뿐만 아니라, EU와 개별적으로 협력관계를 체결한 유럽 이외 제3국가들 또한 본 프로그램 참여가 가능토록 하였다. EU가 제3국가와의 시청각 교류 및 협력에 대한 관심은 이때부터 본격적으로 가시화되기 시작한 것으로 보인다. 실제로 2011년부터 2013년 기간 동안 유럽연합은 제3국과의 시청각 교류 및 협력 활성화를 주 내용으로 하는 MEDIA Mundus Programme을 실행하였다. MEDIA 2007 Programme이 역내 시청각 산업의 경쟁력 강화를 초점으로 둔다면 MEDIA Mundus Programme은 세계 속에서 제3국과 협력, 교류함으로써 유럽 시청각산업의 위상을 강화하고 시장점유율을 높이는 것을 목표로 하였다. 이 프로그램 운영을 위해 1,500만 유로의 예산이 별도로 지원되었다(Decision No 1718/2006/EC).

이들 프로그램은 앞에서 기술한 Culture 2007 Programme과 함께 2013년까지 운영되었다. 집행위원회는 동 시기에 운영된 이들 프로그램에 대해 종합적으로 평가하면서 1990년대부터 지속적으로 운영해 온 문화 및 시청각 프로그램이 어떠한 효과를 가져왔는지를 살펴보았다. 문화 프로그램 하에서는 해마다 평균 5,700만 유로가 투입되었는데, 2011년 현재 매년 2만여 명의 관련 종사자들이 교육·훈련을 통한 전문 기술 연마와 창조적 일자리 창출 등을 통해 세계적 커리어를 쌓아가는 데 많은 도움을 받아 온 것으로 평가되고 있다. 또한 매년 1,000여 곳의 문화단체가 전 세계 파트너십 구축을 통해 해외 교류의 기회를 넓혀가고 있으며 이를 통해 해외 공동 제작, 네트워킹, 새로운 일자리 개척 등의 긍정적인 효과를 얻고 있다. 유럽 시민들은 매년 번역되는 500여 권의 문학작품을 포함하여 수 천 권의

5 불가리아와 루마니아는 2007년 1월 1일자로 유럽연합의 정식 회원국이 되었다. 이후 2013년 크로아티아 또한 유럽연합에 가입함으로써 기존의 EU-25는 EU-28로 확대되었다. 그러나 추후 영국의 유럽연합 탈퇴가 완료되면 EU-28은 EU-27로 축소될 것이다.

6 이에 해당되는 국가는 아이슬란드, 노르웨이, 리히텐슈타인이 있다. 스위스는 EFTA 회원국이나 EEA에는 속하지 않는다.

문학작품들을 직간접적으로 접함으로써 문화의 다양성에 대한 이해를 넓히고 있다(European Commission 2011, 3).

해마다 평균 1억 유로의 예산이 투입된 미디어 프로그램 또한 두 가지 측면에서 긍정적인 효과를 가져 온 것으로 평가되었다. 첫째, 전반적으로 유럽 시청각산업의 경쟁력을 높였다는 점이다. MEDIA Programme 이후 지속적으로 지원되어 온 교육·훈련 사업은 업계종사자들의 전문성을 강화시켰으며 작품의 수준 또한 향상시켰다. 해마다 약 1,800명의 제작자, 배급업자 및 작가 등이 교육·훈련을 받았으며 이들 간의 연계망도 활발히 구축되었다. 작품 개발 지원 사업을 통해 매년 400여 편의 수준 높은 작품들이 제작되었으며, 해외 네트워킹 지원 사업을 통해서는 해외 공동제작의 비중이 증가하여 1989년 26%에서 2009년 34%에 이르렀다. 또한 MEDIA Programme의 지원을 통해 형성된 EAVE, ACE[7], Cartoon은 꾸준히 확대되어 오늘날 유럽 시청각산업을 대표하는 전문가 네트워킹의 위상을 가지고 있다.

둘째, 역내 유통/배급이 활성화되었다는 점이다. 프로그램이 도입되기 전인 1989년과 MEDIA 2007 Programme이 운영 중인 2009년을 비교해 볼 때, 유럽 내 영화관에서 상영되는 유럽영화의 비율이 36%에서 54%로 크게 증가했음을 볼 수 있다. MEDIA Programme 지원 하에 유럽영화 홍보 장려의 목적으로 도입된 Europa Cinema는 이후 지속적으로 확대되어 십 년 만에 32개국 2,000곳 이상의 영화관을 아우르는 대표적인 시네마 네트워크로 성장했다. 이들 영화관이 유럽영화 전체 개봉관의 20% 이상을 차지하고 있다는 점에서 역내 유럽영화 배급망 구축은 큰 성과를 가져왔다고 할 수 있다(European Commission 2011, 4-5; Euréval 2010). 그러나 시청각업체의 영세성에 따른 자금 부족과 문화적·언어적 다양성으로 인한 유럽시장 확대의 한계는 여전히 해결해야 할 문제로 지적되고 있다. 이러한 문제점을 통합적으로 다루기 위해 유럽연합은 Culture 2007 Programme, MEDIA 2007 Programme, MEDIA Mundus Programme을 통합한 Creative Europe을 도입하였으며 2014년부터 2020년까지 운영 중에 있다.

MEDIA 2007 Programme 지원을 받은 사업 중에 성공적인 사례로 평가받고 있는 사례는 18건이며, 사업 내용은 다음과 같다:

7 Association des Cinémathèques Européennes(Association of European Film Archives and Cinematheques)의 약자로 MEDIA Programme에서 지원받아 Lumière(영화 아카이브 사업)를 실행하였다.

분야	프로젝트명	개요	참여국	지원년도	지원액(유로)
협력 사업	Beyond Front@: Bridging New Territories	대도시와 소도시 간의 무용을 통한 예술적 교류 사업	슬로베니아, 오스트리아, 크로아티아, 헝가리, 영국	2012-2014	200,000
	Community Oriented Art and Social Transformation	이주민 집단과 정착국 간의 화합과 소통을 위한 예술적 교류 사업	영국, 네덜란드, 폴란드, 독일	2011-2013	168,215
	European Conflict Archaeological Landscape Reappropriation	양차대전에 대한 문화적 단상에 관한 보존 사업	이탈리아, 노르웨이, 영국, 덴마크	2012-2014	198,898
	Van den vos (About Reynard the Fox)	13세기 동물시를 현대적으로 재해석하여 멀티미디어를 활용한 뮤지컬 공연 제작 사업	오스트리아, 프랑스, 네덜란드, 벨기에, 독일	2013-2014	N/A
	moussem.eu 2012-13	공동의 정체성에 기반을 둔 예술가들의 초국가교류 사업	벨기에, 네덜란드, 프랑스, 영국, 스웨덴, 세르비아	2012-2014	200,000
	European Prospects	유럽 사진작가들 간의 사진 전시 사업	프랑스, 리투아니아, 독일, 영국	2013-2015	N/A
	Design and advanced materials as a driver of European innovation	온라인 플랫폼을 활용한 디자인 협력사업	스페인, 체코, 덴마크	2012-2013	200,000
	Archaeological Resources in Cultural Heritage, a European Standard	문화유산에 관한 보존 및 디지털화 사업	독일, 벨기에, 체코, 영국, 아이슬란드, 네덜란드, 스웨덴	2012-2014	161,827
	"PUPPET NOMAD ACADEMY III"	노년층 대상 인형극 제작 및 공연 참여 사업	슬로베니아, 크로아티아, 벨기에, 슬로바키아, 에스토니아, 헝가리, 보스니아-헤르체고비나, 세르비아	2012-2014	199,990
	Kaunas Biennial TEXTILE'11: REWIND-PLAY-FORWARD	시각예술의 현대무용으로 재구성 사업	리투아니아, 독일, 포르투갈, 에스토니아	2011-2012	200,000

분야	프로젝트명	개요	참여국	지원년도	지원액(유로)
협력 사업	Young Europe 2: Multilingual Creation and Education in Theatre	청소년 대상 연극예술교육 프로그램 운영 사업	프랑스, 사이프러스, 헝가리, 독일, 핀란드, 노르웨이, 슬로바키아	2011-2013	N/A
	Curators Network	신진 큐레이터 간의 교류 지원 사업	스페인, 체코, 헝가리, 폴란드, 루마니아	2011-2013	N/A
다년간 협력 사업	(PLATFORM 11+) - ARTISTIC DISCOVERIES IN EUROPEAN SCHOOLYARDS	중고등학교 및 대학교들 간의 교류 사업 (연극 공동제작, 교육/훈련 이수, 연극제 참가 등)	노르웨이, 핀란드, 헝가리, 영국, 네덜란드, 체코, 이탈리아, 포르투갈, 에스토니아, 슬로바키아, 독일	2009-2013	N/A
	ENBACH	바로크 시대 문화예술 보존 사업 (연구, 정보교류, 관련 단체 조직 및 운영 등)	이탈리아, 스페인, 독일, 프랑스, 폴란드, 오스트리아	2009-2014	N/A
	VOICE - Vision on Innovation for Choral music in Europe	유럽 청소년 합창단 (VOICE) 운영 사업	독일, 오스트리아, 벨기에, 사이프러스, 체코, 프랑스, 스페인, 헝가리, 이탈리아, 스웨덴, 영국	2012-2015	1,192,000
	Jardin d'Europe	현대무용 공동제작 및 창의 교육 실시 사업	오스트리아	2008-2013	N/A
	Departs: Practices for an Integrated Development of European Contemporary Dance	일반인에 대한 현대무용에 대한 인식을 제고하기 위한 전문가와의 교류 사업	벨기에, 독일, 네덜란드, 핀란드, 포르투갈, 헝가리, 프랑스, 터키, 스웨덴	2009-2014	N/A
제3국 협력 사업	LPM - LIVE PERFORMERS MEETING(XIII - XIV Edition)	제3국과의 시각 및 행위 예술가 교류 사업	이탈리아, 헝가리, 오스트리아, 그리스, 남아공	2012-2014	200,000

자료: http://ec.europa.eu/programmes/creative-europe/projects/에서 재구성

2.5 Creative Europe

앞 장에서 기술한대로 Creative Europe은 Culture Programme 2007−2013, MEDIA 2007 Programme, MEDIA Mundus Programme을 통합한 프로그램이다. '창조성'이라는 화두 안에 세 가지 프로그램을 통합적으로 관리하여 각각의 프로그램을 통해 궁극적으로 '경쟁력 있는 유럽'이 되는 것을 목표로 하고 있음을 알 수 있다. 실제로 Creative Europe이 지향하는 전반적인 목표는 유럽 문화와 언어적 다양성을 널리 알리고, 문화 창조적 영역에서 경쟁력을 갖추는 것이다. 그리고 이것을 보다 구체화한 목표는 다음과 같다:

- 관련 종사자들의 상호교류와 공동제작을 통해 제작물을 널리 유통시켜 보다 많은 문화소비자들이 향유할 수 있도록 한다.
- 영세 기업체들이 지속적으로 제작활동에 힘쓸 수 있도록 지속적인 지원방안을 마련한다.
- 회원국 간 정책 협력을 통해 공동체 차원의 정책개발과 신사업 모델 개발에 힘쓴다(Regulation No 1295/2013).

이러한 목표 하에 세 가지 세부 프로그램(sub−programme)을 운영하고 있다. 각각 문화 프로그램, 시청각 프로그램, 교류 프로그램으로 사실상 이전 프로그램의 맥락에서 크게 벗어나지 않은 채 운영되고 있음을 알 수 있다. 예산은 기존 Culture Programme 2007−2013(4억 유로), MEDIA 2007 Programme(7억 5,500만 유로), MEDIA Mundus Programme(1,500만 유로) 예산의 총합인 11억 7,000만 유로에서 18%를 증액한 14억 6,270만 유로를 배정하였다. 세부 프로그램별로는 시청각 프로그램에 8억 1,900만 유로(56%), 문화 프로그램에 4억 5,300만 유로(31%) 이상을 집행하도록 명시하였으며, 교류 프로그램의 경우는 최대 집행 가능한 예산 규모가 1억 9,000만 유로(13%)이다(Regulation No 1295/2013). 각 세부 프로그램의 내용에 관해서는 앞 장에 기술되어 있다.

이 프로그램이 기존의 프로그램과 구별되는 점은 크게 세 가지이다. 첫째, 프로그램 지원 대상과 연계 범위를 획기적으로 확대하였다. 지원 받을 수 있는 대상을 기존의 회원국과 후보국에서 잠재 후보국(potential candidate)에 까지 확대하였다. 또한 EFTA 국가 중 EEA의 회원국이 아닌 이유로 제외되었던 스위스도 추가되었다. 이전 프로그램이 서발칸 지역까지 지원 대상에 포함했었던 반면, 이 프로그램은 근린정책(European Neighbourhood Policy)의 대상에 해당되는 유럽의 동쪽과 남쪽 지역까지 확대하였다. 이는 동쪽으로는 러시아 접경 지역과 남쪽으로는 북아프리카 지역까지 포함하는 것이다. 이는 유럽 시청각산업의 위상과 영향력을 제고하기 위한 방법으로 여겨진다. 둘째, 해외시장 개척에 대한 강한 의지를 반영하였다. 이 프로그램 도입을 결정한 EU 규정문은 그 어느 때보다도 해외 공동제작, 해외 유통, 해외 마케팅에 관한 언급을 매우 구체적으로 제시하고 있음을 알 수 있다. 디지털 기술을 활용하여 공동 작업이 가능하다면 누구와도 적극적으로 협력할 의지가 있음을 반영한다. 또한 기본적으로 본 프로그램의 지원을 통해 유럽영화를 해외 시장에 유통시키고 반대로 해외 영화를 유럽 시장 내에 유통시키는 것을 장려하고는 있지만, 보다 실질적으로는 해외 공동 제작을 기반으로 한 유통 활성화를 염두에 두고 있다. 공동제작시 상호 시장 진입이 상대적으로 용이할 것이므로 현실적인 의미에서 해외 공동제작과 연계한 해외 유통 활성화를 강조하고 있다. 만일 해외 공동제작과 해외 유통이 활성화된다면 해외 마케팅 또한 자연스레 활성화 될 것이다. 셋째, 신 소비시장을 제시하였다. 디지털 기술은 필연적으로 새로운 소비 시장 개척을 필요로 한다. 해외 공동제작을 통해 디지털 환경에 상대적으로 익숙한 어린이와 청년층이 향유할 수 있는 제작물을 널리 공유하고자 하는 점은 중장기적인 관점에서 이들을 주요 소비시장으로 삼겠다는 의지를 반영한 것으로 보인다.

유럽연합이 운영해 온 문화 및 시청각 프로그램들을 살펴보면 몇 가지 특징을 가지고 있다. 가장 큰 특징은 지속성이다. 유럽연합의 예산 편성 기한과 맞물려 대개 7년 단위로 프로그램을 재편해왔으나 전체 맥락은 일관성 있게 유지되어 왔다. 특히 초기 도입된 프로그램에서 지원을 받아 성공적으로 운영이 된 경우는 후속 프로그램에서도 지속적으로 지원을 하였다. Europa Cinema, EVE, ACE, Cartoon 등의 지원 사업은 계속적으로 확대되어 오늘날 유럽 시청각 분야의 중요한 부분을 차지하고 있다. 소외받기 쉬운 회원국들을 대상으로 취한 '적극적 우대조치' 또한 MEDIA Programme에서부터 도입되어 지속적으로 확대되어 왔다. 그 결과 프로그램 운영 내내 지원 예산의 일정 부분은 여러 가지 제약 조건들로 인해 제작역량을 키우기 어려운 환경에 있는 제작자들에게 지원되었다. MEDIA Desks 또한 MEDIA Programme에서 도입된 정보 공유 센터로, 지속적인 지원을 통해 그 수가 증가하고 역할 또한 전문화되었다. Creative Europe 프로그램 운영 하에서는 Creative Europe Desks로 불리고 있다. 또 다른 특징은 인적 자원에 대한 지속적인 교육 투자이다. 인적 자원에 대한 교육·훈련은 프로그램 도입 초기부터 지속적으로 이어져 왔다. 때로는 지원 분야의 한 분야로, 때로는 별도의 독립된 프로그램 형식으로 지원을 하였으며 그것이 단기간에 가시적인 성과로 나타나지는 않더라도 내실 있는 전문성 강화와 네트워킹 확대로 이어졌다. 유럽 자체 전문 인력들의 역량 강화를 바탕으로 유럽연합은 이제 공동체 차원에서 해외시장으로 눈을 돌리고 있다. 특히 Creative Europe에서 영세 업체들을 대상으로 지속적이고 안정적으로 지원하기 위한 목적으로 지원제도(Guarantee Facility)를 마련한 것은 우리에게도 시사하는 바가 크다고 하겠다.

더 나아가 생각해 보기

1. 유럽연합이 정의하는 문화의 의미는 일반적인 개념과는 어떻게 다른가?
2. 유럽연합 내에서 시청각정책이 등장하게 된 배경은 무엇인가?
3. 시청각정책은 어떠한 양상으로 변화되어 왔는가?
4. 시청각정책은 유럽연합의 대외관계 전략에서 어떻게 활용되고 있는가?
5. 한-EU 문화협력의정서를 통해 도입된 양국 간 시청각물 공동제작 지원정책은 유럽연합의 시청각 정책에 대한 현재의 방향과 어떻게 연계되어 있는가?

참고문헌

고주현. 2010. "영상산업정책의 유럽화: 초국가적 정책네트워크의 정치." 『EU연구』 제26호. 73–115.

_____. 2015. "EU 미디어 다양성 정책: 유럽통합의 원동력 혹은 또 다른 규제?" 『문화와 정치』 제2권 제2호. 81–99.

윤성원·박성훈. 2013. "시청각분야를 중심으로 본 한–EU 문화협력현황과 『한–EU 문화협력의 정서』의 역할." 『EU학 연구』 제18권 제1호. 81–110.

_____. 2017. "문화정책." 이무성 편. 『통합과 갈등의 유럽연합』, 343–373. 서울: 높이깊이.

Barnett, Clive. 2001. "Culture, policy, and subsidiarity in the European Union: from symbolic identity to the governmentalisation of culture." Political Geography 20, 405–426.

BIPE. 2001. Final evaluation of the MEDIA II Programme: Final Report. A BIPE Report for the European Commission.

Cogliandro, GiannaLia. 2001. "European Cities of Culture for the Year 2000: A wealth of urban cultures for celebrating the turn of the century." Final Report, European Commission.

Commission of the European Communities (CEC). 1976. European Union Report by Leo Tindermans. Prime Minister of Belgium to the Council, Bulletin of the European Communities, Supplement 1/76.

_____. 1977. Community Action in the Cultural Sector. Commission Communication to the Council, COM(77) 560 final, Bulletin of the European Communities, Supplement 6/77.

_____. 1982. Stronger Community Action in the Cultural Sector. Communication to Parliament and the Council, COM(82) 590final.

_____. 1983a. Solemn Declaration on European Union. Bulletin of the European Communities, 6/83.

_____. 1983b. Interim Report, Realities and Tendencies in European Television: Perspectives and Options. COM(83) 229 final.

_____. 1985a. A People's Europe, Reports from the ad hoc Committee. Bulletin of the European Communities, Supplement 7/85.

_____. 1985b. Proposal for a Council Regulation on a Community Aid Scheme for Non−documentary Cinema and Television Co−productions. COM(85) 174 final.

_____. 1987. "A fresh boost for culture in the European Community," Commission communication to the Council and Parliament to be transmitted in December 1987. COM(87) 603 final.

_____. 1993. Commission Communication on Evaluation of the Action Programme to Promote the Development of the European Audiovisual Industry (MEDIA) (1991−1995). COM(93) 364 final.

_____. 1999a. Commission Report on the results obtained under the MEDIA II programme from 1.1.96−30.6.98. COM(99) 91 final.

_____. 1999b. A proposal for a programme in support of the audiovisual industry (MEDIA Plus—2001−2005). Communication from the Council, the European Parliament, the Economic and Social Committee and the Committee of the Regions, COM(1999) 658 final.

_____. 2004. Report on the implementation of the Community programmes Kaleidoscope, Ariane and Raphael. COM(2004) 33 final.

_____. 2007. A European agenda for culture in a globalizing world, Communication from the Commission to the European Parliament, the Council, the European Economic and Social Committee and the Committee of the Regions. COM(2007) 242 final.

Corrigendum to Decision No 845/2004/EC of the European Parliament and of the Council of 29 April 2004 amending Decision No 163/2001/EC on the implementation of a training programme for professionals in the European audiovisual programme industry (MEDIA Training) (2001−2005).

Corrigendum to Decision No 846/2004/EC of the European Parliament and of the Council of 29 April 2004 amending Council decision 2000/821/EC on the implementation of a programme to encourage the development, distribution and promotion of European audiovisual works (MEDIA Plus—Development, Distribution and Promotion) (2001−2005).

Council Decision 90/685/EEC of 21 December 1990 concerning the implementation of an action programme to promote the development of the European audiovisual industry (Media) (1991 to 1995).

Council Decision 2000/821/EC of 20 December 2000 on the implementation of a programme to encourage the development, distribution and promotion of European audiovisual works (MEDIA Plus—Development, Distribution and Promotion) (2001—2005).

Council Directive 89/552/EEC of 3 October 1989 on the coordination of certain provisions laid down by Law, Regulation or Administrative Action in Member States concerning the pursuit of television broadcasting activities.

Council of the European Union, 2008. Council Conclusions on the promotion of cultural diversity and intercultural dialogue in the external relations of the Union and its Member States, 2905th Education, Youth and Culture Council meeting.

Danan, Martine. 2000. "French Cinema in the Era of Media Capitalism." Media, Culture and Society 22, No.3, 355—364.

Decision No 719/96/EC establishing a programme to support artistic and cultural activities having a European dimension (Kaleidoscope).

Decision No 2085/97/EC of the European Parliament and of the Council of 6 October 1997 establishing a programme of support, including translation, in the field of books and reading (Ariane).

Decision No 2228/97/EC of the European Parliament and of the Council of 13 October 1997 establishing a Community action programme in the field of cultural heritage (the Raphael programme), Official Journal of the European Communities L305, 08/11/97. 31—38.

Decision No 477/1999/EC of the European Parliament and of the Council of 22 February 1999 amending Decision No 719/96/EC establishing a programme to support artistic and cultural activities having a European dimension (Kaleidoscope).

Decision No 508/2000/EC of the European Parliament and of the Council of 14 February 2000 establishing the Culture 2000 programme, Official Journal of the European Communities L63, 10/03/2000.

Decision No 163/2001/EC of the European Parliament and of the Council of 19 January 2001 on the implementation of a training programme for professionals in the European audiovisual programme industry (MEDIA—Training) (2001—2005).

Decision No 1718/2006/EC of the European Parliament and of the Council of 15 November 2006 concerning the implementation of a programme of support for the European audiovisual sector (MEDIA 2007).

Decision No 1903/2006/EC of the European Parliament and of the Council of 12 December 2006 establishing the Culture Programme (2007—2013).

Directive 2007/65/EC of the European Parliament and of the Council of 11 December

2007 amending Council Directive 89/552/EEC on the coordination of certain provisions laid down by law, regulation or administrative action in Member States concerning the pursuit of television broadcasting activities.

ECORYS. 2010. "Interim Evaluation of the Culture Programme 2007−2013." (http://ec.europa.eu/dgs/education_culture/more_info/evaluations/docs/culture/culture2010_en.pdf)

_____. 2008. "Final External Evaluation of the Culture 2000 programme (2000−2006)—Framework Contract of Evaluation, Impact Assessment and Related Services: A Final Report for the Directorate General Education & Culture of the European Commission." c3345/January 2008. Available from: (http://ec.europa.eu/dgs/education_culture/more_info /evaluations/docs/culture/culture2000_en.pdf)

Education, Audiovisual and Culture Executive Agency(EACEA). 2013. Culture Programme 2007−2013. Available from: (http://eacea.ec.europa.eu/culture/programme/about_culture_en.php)

_____. 2015. Culture Programme. Available from: (http://eacea.ec.europa.eu/culture/index_en.php)

_____. 2016. Creative Europe. Available from: (http://eacea.ec.europa.eu/creative−europe_en)

Euréval. 2007. Final Evaluation of the MEDIA Plus and MEDIA Training Programmes. Centre européen d'expertise en évaluation.

_____. 2010. Interim Evaluation of MEDIA 2007: Final Report. Centre européen d'expertise en évaluation.

European Commission. 2010. "EUROPE 2020: A strategy for smart, sustainable and inclusive growth." Communication from the Commission, COM(2010) 2020 final.

_____. 2011. Executive Summary of the Impact Assessments Accompanying the document Regulation of the European Parliament and the Council establishing a Creative Europe Framework Programme. Commission Staff Working Paper, SEC (2011) 1400 final.

Loisen, Jan. 2014. "Mainstreaming Culture in EU External Relations through Protocols on Cultural Cooperation: Fostering or Faltering Cultural Diversity?" Karen Donders, Caroline Pauwels and Jan Loisen, eds. The Palgrave Handbook of European Media Policy. Palgrave.

Palmer, Michael. 1996. "GATT and Culture: A View from France." Hans Mommaas, Cas Smithuijsen and Annemoon van Hemel, eds. Trading Culture: GATT, European Cultural Policies and the Transatlantic Market. Amsterdam: Boekman Foundation.

Regulation (EU) No 1295/2013 of the European Parliament and of the Council of 11 December 2013 establishing the Creative Europe Programme (2014 to 2020) and repealing Decisions No 1718/2006/EC, No 1855/2006/EC and No 1041/2009/EC.

Resolution of the Ministers responsible for Cultural Affairs, meeting within the Council, of 13 June 1985 concerning the annual event 'European City of Culture'. Official Journal C153.

Resolution of the Cultural Aspects of GATT, Official Journal C255, 20 September 1993.

Theiler, Tobias. 2001. "Why the European Union failed to Europeanize its audiovisual policy." Lars−Erik Cederman, ed. Constructing Europe's Identity: The External Dimension. Boulder: Lynne Reinner Publishers.

Weiler, Alexander. 1999. The Constitution of Europe. Cambridge: Cambridge University Press.

Yuzurihara, Mizue. 2004. "The Cultural Policies of the European Union: Problems and Prospects of Cultural Integration." Unpublished PhD dissertation. London School of Economics and Political Science.

부록

권장 도서

고주현. 2013. 『유럽연합의 문화정책과 유럽통합』 성진미디어.

김규찬. 2016. 『한-EU 문화협력위원회 핵심의제 개발연구』 한국문화관광연구원.

박성훈·윤성원·김장호. 2008. 『EU 문화정책의 유럽통합에 대한 파급효과와 동아시아
　　통합에 대한 시사점: 유럽문화수도 프로그램의 사례연구를 중심으로』 SNU-
　　KIEP EU 센터 시리즈 08-03, 대외경제정책연구원.

윤성원. 2017. "문화정책." 이무성 편. 『통합과 갈등의 유럽연합』, 343-373. 서울: 높이
　　깊이.

CHAPTER **4.**
유럽연합의 ODA정책[1]

안상욱

 UN 차원의 ODA 논의 발전과 EU

전 세계 차원에서 ODA가 본격적으로 논의되기 시작한 것은 1968년 세계은행 맥나마라 총재가 국제개발위원회를 창설하면서 부터였다. 그리고 1969년 10월 세계은행, IMF 연간 총회에 국제개발위원회는 「개발을 위한 파트너십(Partners in Development)」이라는 보고서를 제출하였고 GNP의 0.7%를 공적개발원조로 제공한다는 목표와 차관의 공여조건 등에 관한 권고사항을 제시하였다. 1981년 1월 UN 총회에서 '제3차 UN개발 10년 계획'이 결의되었고, 이 결의문에서 선진국에 대해서는 GNP의 0.7%에 상당하는 공적개발원조의 제공이 목표로 제시되면서 공적개발원조에 대한 논의가 UN차원으로 확대되었다. 전 세계 차원의 개발원조의 중요성은 2001년 UN의 천년개발목표(MDGs: Millennium Development Goals) 발표를 통해 다시 한번 부각되었다. 전 세계차원의 빈곤을 해결하기 위한 MDGs 달성을 위해 2002년 3월 '개발재원에 관한 몬테레이 회의'가 개최되었고, 몬테레이 회의결과 MDGs 달성을 위한 선진국과 개도국 간 상호서약을 담은 '몬테레이 컨센서스(Monterrey Consensus)'가 도출되었다. 몬테레이 회의결과 선진국들이 2015년까지 GDP의 0.7%까지 ODA제공을 확대해야한다는 권고안이 만들어졌다.

현재까지 EU는 전 세계 ODA를 주도하고 있다. 전 세계 ODA 지출에서 EU 및 EU회원국은 2016년 기준으로 OECD 개발원조위원회(DAC: Development Assistance Committee)의 ODA 전체 지출 수준의 68%[2]를 지출하고 있다. 2016년 기준으로 EU회

---

1 『중소연구』 제36권 제1호(2012)에 실린 필자의 논문 "EU회원국 및 중국의 ODA관계 비교연구"와 『국제지역연구』 제15권 제2호(2011)에 실린 필지의 논문 "EU의 ODA 정책과 무역징책: 보완성과 모순성"을 수성함.

원국 중 스웨덴은 국민총소득(GNI: Gross National Income) 대비 0.94%, 덴마크는 0.75%, 독일은 0.70%, 영국은 0.70%를 ODA로 지출하면서, 몬테레이 컨센서스에서 권고한 GDP대비 0.7%의 ODA지출목표를 달성하고 있다.

2016년 기준으로 OECD DAC회원국이며 EU회원국인 대부분의 국가들이 일본의 ODA/GNI 수준인 0.20%와 미국의 ODA/GNI 수준인 0.18%를 상회하고 있다. 이는 EU에서 회원국 차원의 노력과 공동체 차원의 노력이 있어왔음을 의미한다.

또한 1993년 11월 1일 마스트리히트 조약이 발효되면서, EU는 공동체 차원의 ODA 제공이라는 측면에서 법률적인 기반을 갖게 되었다. 마스트리히트 조약의 177조는 EU가 개발도상국에서 지속가능한 경제–사회발전을 지원할 것을 강조하고 있다. 이에 따라 EU기구는 EU회원국과 별도로 직접적인 ODA지원을 하고 있으며, 그 규모도 일본의 ODA지원을 상회하고 있다.

반면에 EU회원국 사이에 ODA/GNI비중에 큰 차이가 있으며, 일부 EU회원국에서는 ODA지출이 감소하기도 하였다. 또한 UN차원에서 2002년 도출된 몬테레이 컨센서스에 대한 추가 조치로, OECD 개발원조위원회(DAC)에 속해있는 EU회원국이 2015년까지 GNI 대비 0.7%까지 ODA를 증액하자는 2005년의 EU차원의 합의는 거의 지켜지지 못하고 있다.

 OECD DAC회원국 ODA 중 EU의 높은 비중

EU 및 EU회원국은 전 세계 ODA를 선도하고 있다. 2016년 OECD DAC회원국이 1426억 19백만 달러의 ODA를 제공한 가운데, OECD DAC회원국 중 EU회원국이 813억 8백만 달러의 ODA를 제공하였다. 이는 OECD DAC회원국의 ODA의 57%가 OECD DAC의 EU회원국에서 지출되었음을 의미하는 것이다.

---

2 European Commission. 2017. "Publication of figures on 2016 Official Development Assistance." http://europa.eu/rapid/press-release_MEMO-17-949_en.htm (2017.9.25. 검색).

표 4-4-1 ODA 현황

DAC 회원국	2016 백만 USD	ODA/GNI %	2015 백만 USD	ODA/GNI %	2016 백만 USD	2015-2016 변화 (%)
	current		current		2015 가격과 환율	
호주	3,025	0.25	3,494	0.29	3,050	-12.7
오스트리아	1,583	0.41	1,324	0.35	1,566	18.3
벨기에	2,306	0.49	1,904	0.42	2,277	19.6
캐나다	3,962	0.26	4,277	0.28	4,089	-4.4
체코	261	0.14	199	0.12	257	29.3
덴마크	2,372	0.75	2,566	0.85	2,370	-7.6
핀란드	1,057	0.44	1,288	0.55	1,047	-18.7
프랑스	9,501	0.38	9,039	0.37	9,457	4.6
독일	24,670	0.70	17,940	0.52	24,408	36.1
그리스	264	0.14	239	0.12	265	10.8
헝가리	155	0.13	156	0.13	156	0.5
아이슬란드	50	0.25	40	0.24	44	11.6
아일랜드	802	0.33	718	0.32	804	11.9
이탈리아	4,856	0.26	4,003	0.22	4 813	20.2
일본	10,368	0.20	9,203	0.20	9,287	0.9
한국	1,965	0.14	1,915	0.14	1,980	3.4
룩셈부르크	384	1.00	363	0.95	391	7.7
네덜란드	4,988	0.65	5,726	0.75	4,976	-13.1
뉴질랜드	438	0.25	442	0.27	430	-2.5
노르웨이	4,352	1.11	4,278	1.05	4,610	7.8
폴란드	603	0.13	441	0.10	629	42.6
포르투갈	340	0.17	308	0.16	336	8.9
슬로바키아	107	0.12	85	0.10	108	26.8
슬로베니아	80	0.18	63	0.15	79	25.3
스페인	4,096	0.33	1,397	0.12	4,082	192.3
스웨덴	4,870	0.94	7,089	1.40	4,884	-31.1
스위스	3,563	0.54	3,529	0.51	3,679	4.2
영국	18,013	0.70	18,545	0.70	20,095	8.4
미국	33,589	0.18	30,986	0.17	33,160	7.0
DAC회원국 총액	142,619	0.32	131,555	0.30	143,329	8.9

	2016 백만 USD	ODA/GNI %	2015 백만 USD	ODA/GNI %	2016 백만 USD	2015-2016 변화 (%)
평균 (ODA/GNI)		0.40		0.40		
EU 기구	15,737	–	13,670	–	15,625	14.3
DAC-EU 회원국	81,308	0.51	73,392	0.47	83,000	13.1
G7 국가	104,958	0.29	93,993	0.27	105,308	12.0
비-G7 국가	37,661	0.40	37,562	0.41	38,020	1.2
비-DAC 회원국						
크로아티아	41	0.07	51	0.09	41	-20.2
에스토니아	44	0.19	34	0.15	43	27.8
이스라엘	220	0.07	198	0.07	214	8.1
라트비아	28	0.10	23	0.09	28	19.2
리투아니아	58	0.14	48	0.12	58	19.9
몰타	20	0.20	17	0.17	21	24.6
루마니아	198	0.11	158	0.09	200	26.2
러시아	1,023	0.08	1,161	0.09	1,057	-9.0
터키	6,182	0.79	3,919	0.50	6,421	63.8
아랍 에미리트	4,146	1.12	4,381	1.18	4,174	-4.7

자료: OECD. 2017. "ODA 2016 Detailed Summary."
https://www.oecd.org/dac/financing-sustainable-development/development-finance-data/ODA-2016-detailed-summary.pdf(2017.9.25. 검색).

　　마스트리히트 조약이 발효된 1993년 이후 EU는 ODA관련정책에서 조율을 강화하고 있으며, 이와 같은 상황이 EU회원국이 의욕적으로 ODA 정책을 운용하는 데 기여하고 있다. EU의 ODA관련 조율기능의 사례로 EU 차원의 공동목표 설정을 들 수 있다. EU의 공동목표 설정의 사례로 2002년 선진국과 개발도상국간의 '몬테레이 컨센서스(Monterrey Consensus)'에 대한 EU 차원의 후속조치를 마련한 것을 들 수 있다.

　　2001년 UN은 천년개발목표(MDGs) 발표를 통해 국제사회가 당면한 8가지 과제와 동 과제의 해결시한(2015년)을 제시하였고 2002년 3월 '개발재원에 관한 몬테레이 회의'에서 UN은 MDGs 달성을 위한 다양한 개발재원을 논의하였다. 몬테레이 회의결과 MDGs 달성을 위한 선진국과 개도국간 상호서약을 담은 '몬테레이 컨센서스(Monterrey Consensus)'를 도출하였으며, ODA 확대·무역증진·국내재원조달 등 다양한 재원조달방안이 논의되었다. 몬테레이 컨센서스는 또한 ODA가 MDGs 달성에 핵심적인 역할을 수행할 것이라고 평가하고, 선진국들의 ODA 규모를 GNP 대비 0.7%까지 확대할 것을 촉구하였다.[3]

몬테레이 컨센서스는 ODA가 MDGs 달성에 핵심적인 역할을 수행할 것이라고 평가하고, 선진국들의 ODA 규모를 GNP 대비 0.7%까지 확대할 것을 촉구하였다. EU는 몬테레이 컨센서스를 이행하기 위하여 우선 2006년까지 GNI 대비 0.39%까지 ODA 제공을 늘리는 조치를 취할 것에 합의하였다. 이는 UN이 제시한 목표치인 0.7%에 다가가기 위한 중간단계로서의 목표로 볼 수 있다.

EU는 2005년 추가조치에 합의하였는데, 이는 OECD 개발원조위원회(DAC)에 속해있는 EU회원국이 2015년까지 GNI 대비 0.7%까지 ODA를 늘리며, 2010년까지 중간단계의 목표치로 GNI대비 0.56%까지 ODA를 늘리기로 한 것이다.

OECD 개발원조 위원회 소속 국가 중 2006년에는 ODA/GNI에 대한 EU의 목표를 10개국이, 2010년에는 2008년부터 시작된 경제위기의 여파로 6개국이 목표를 달성하였다. 또한 <표 4-4-1>에서 보는 바와 같이, 2015년까지 GNI대비 ODA비중을 0.7%까지 늘리도록 한 EU의 목표를 달성한 국가는 영국, 덴마크, 룩셈부르크, 독일, 스웨덴에 불과하였다.

몬테레이 컨센서스가 제시한 ODA/GNI대비 0.7%의 목표치에 유엔차원의 논의의 배경은 다음과 같다. 1968년 8월 당시 세계은행 맥나마라 총재의 위탁에 의해 전 캐나다 수상 피어슨을 위원장으로 국제개발위원회가 만들어졌다. 1969년

표 4-4-2 ODI/GNI목표 이행 EU회원국

2006년 ODA/GNI 목표(0.39이상)	2010년 ODA/GNI 목표(0.56이상)
벨기에, 덴마크, 아일랜드, 프랑스, 룩셈부르크, 네덜란드, 오스트리아, 핀란드, 스웨덴, 영국	벨기에, 덴마크, 룩셈부르크, 네덜란드, 스웨덴, 영국

자료: EUROSTAT. "EU회원국의 ODI/GNI목표 준수현황."
http://epp.eurostat.ec.europa.eu/statistics_explained/index.php?title=File:Official_development_assistance,_1998-2008.PNG&filetimestamp=20100419080757 (2017.10.28. 검색).

3 KOICA, http://www.koica.go.kr/devaid/dictionary/1243055_1685.html (2017.10.20. 검색).

10월 세계은행, IMF 연간 총회에 제출된 피어슨 보고서「개발을 위한 파트너십 (Partners in Development)」은 공적개발원조란 무엇인가에 관해 논의했고, GNP의 0.7%를 공적개발원조로 제공할 것과 차관의 공여조건 등에 관한 목표를 권고하고 하였다(한국국제협력단 2008, 56).

이후 1970년 UN의 틴버겐 보고서는 개발도상국 전체의 연평균 성장률을 최소한 6%로 할 것과 선진국 GNP의 0.7%를 공적개발원조로 공여할 것 등 개발에서 구체적 목표와 원조의 규모를 제시하였다(한국국제협력단 2008, 58).

1981년 1월 UN총회에서 정식 결의된 제 3차 UN개발 10년 계획은 개발도상국의 연평균 경제성장률 7%, 1인당 GDP성장률 4.5%를 목표로 정했으며, 선진국에 대해서는 GNP의 0.7%에 상당하는 공적개발원조의 제공을 목표로 제시하였다(한국국제협력단 2008, 62).

Ⅲ 과거 식민지를 대상으로 한 유럽공동체의 초창기 개발협력정책

EU국가들의 옛 식민지였던 ACP(African, Caribbean and Pacific Group of States: 아프리카, 카리브해, 태평양국가)국가들과 개발협력프로그램을 발전시켜왔다.

EU가 ACP국가들과 개발협력프로그램을 발전시킨 계기는 1957년 로마조약 체결까지 거슬러 올라간다. 유럽국가 간의 공동시장 창출을 지향한 "로마조약" 체결당시 6개회원국 중 룩셈부르크를 제외한 나머지 회원국이 식민지를 갖고 있었다. 공산품의 판매지와 원료공급지로서 이들 식민지가 필요했던 프랑스와 벨기에는 유럽공동체의 공통대외관세를 식민지 국가에 다른 외부 교역대상국과 똑같이 적용하는데 반대하였다. 프랑스와 벨기에는 다른 회원국을 설득하여 로마조약 3조 K항에 6개 유럽공동체 회원국과 이들 국가의 해외식민지(the overseas countries) 및 대외부속영토(the overseas territories)간의 무역을 확대하고 상호 경제−사회 발전을 증진하기 위해 "연합(Association)"을 만든다는 규정을 포함하였다. 로마조약의 131조에서 136조에 해당하는 로마조약 4장의 제목은 "해외식민지와 대외부속영토와의 연합(Association of the overseas countries and territories)이었고, 여기서 "연합 (Association)"에 관련한 세부규정이 명시되었다. 로마조약 133조는 이들 국가의 수출품에 대한

EU의 관세를 철폐하고, 이들 국가들도 EU국가로 부터의 수입품에 대한 관세를 점진적으로 철폐한다는 내용을 담고 있었다. 그러나 로마조약 133조에서 이들 국가들이 발전과 산업화, 재정수입에 필요하다면 EU상품에 대해 철폐한 관세를 다시 거둘 수 있다는 조항이 삽입되어 있었다. 이는 특정 개발도상국의 재정운용에서 관세가 차지하는 비중의 중요성을 감안한 것이다.

로마조약을 통해서 식민지 국가 및 대외부속영토에 무역특혜를 제공했던 유럽공동체는 또한 이들 국가에 개발원조금을 지원할 목적으로 "유럽개발기금(EDF: European Development Fund)"를 창설하였다. 이와 같이 EU의 과거식민지 국가 및 대외부속영토에 대한 자금지원과 무역정책은 로마조약이라는 같은 조약의 틀 안에서

표 4-4-3 ACP 국가와 개발협력 프로그램

1963년	야운데 1차 협약 (Yaoundé I)	베냉 - 부르키나파소 - 부룬디 - 카메룬 - 중앙아프리카 공화국 - 차드 - 콩고(브라자빌) - 콩고(킨샤사) - 코트디브아르 - 가봉 - 마다가스카르 - 말리 - 모리타니 - 니제르 - 르완다 - 세네갈 - 소말리아 - 토고
1969년	야운데 2차 협약 (Yaoundé II)	케냐 - 탄자니아 - 우간다
1975년	로메 1차 협약 (Lomé I)	바하마 - 바베이도스 - 보츠와나 - 에티오피아 - 피지 - 감비아 - 가봉 - 그레나다 - 기니 - 기니비사우 - 가이아나 - 자메이카 - 레소토 - 라이베리아 - 말라위 - 모리셔스 - 나이지리아 - 사모아 - 시에라리온 - 수단 - 스와질란드 - 통가 - 트리니다드 토바고 - 잠비아
1979년	로메 2차 협약 (Lomé II)	카보베르데 - 코모로스 - 지부티 - 도미니카 - 키리바시 - 파푸아뉴기니 - 세인트루시아 - 쌍토메프린시페 - 세이셸 - 솔로몬 군도 - 수리남 - 투발루
1984년	로메 3차 협약 (Lomé III)	앙골라 - 안티구아 바부다 - 벨리즈 - 도미니카 공화국 - 모잠비크 - 세인트 킷츠 네비스 연방 - 세인트빈센트 그레나딘- 바누아투 - 짐바브웨
1990년	로메 4차 협약 (Lomé IV)	적도 기니 - 아이티
1995년	로메 5차 협약 (Lomé V)	에리트레아 - 나미비아 - 남아프리카 공화국
2000년	코토누 협약 (Cotonou)	쿡 제도 - 먀살 군도 - 미크로네시아 연방공화국 - 나우루 - 니우에 - 팔라우

자료: European Commission. "ACP국가와의 개발협력 프로그램."
http://ec.europa.cu/curopeaid/where/acp/overview/lome-convention/lomeevolution_en.htm (2017.9.1. 검색.)

시작되었다.

　유럽공동체 회원국의 식민지가 독립함에 따라 로마조약으로는 이들 국가에 대한 무역특혜 및 개발원조금을 지급할 수 없게 되었고, 프랑스와 벨기에로부터 독립한 18개 국가들이 유럽공동체와 협상을 전개하여 1963년 야운데(Yaoundé) 1차 협약을 체결하였다. 야운데 협약을 통해 이들 국가는 유럽공동체 회원국 시장에 대한 접근성과 개발원조금 그리고 EDF와 유럽투자 은행(EIB: European Investment Bank)을 통한 자금지원을 보장받았다. 그러나 야운데 협약에서 과거 식민지 국가들은 공산품에 관련해서는 무관세로 유럽공동체 시장에 수출을 허락받았지만, 이들 국가의 주요 수출품이었던 농산물에 대한 혜택은 유럽공동체 국가의 농민보호를 이유로 엄격하게 제한되었다. 또한 공산품 수출의 무관세 혜택에 대한 반대급부로 유럽공동체 회원국의 수출에도 상응하는 특혜를 제공해야 했다. 야운데 협약은 1969년에 케냐, 탄자니아, 우간다를 포함하여 확대되었다.

　1973년 영국이 유럽공동체에 회원국으로 가입하자 영국의 과거 식민지 국가로 협약을 확대할 필요성이 제기되어, 1975년에 로메(Lomé)협약이 체결되었다. 기존의 야운데협약이 상호호혜적(reciprocal) 원칙 아래 무역특혜가 제공되어 과거 식민지국가가 유럽시장 접근을 위해 유럽공동체에 상응하는 시장개방을 했어야 되었던 것과는 달리, 로메협약은 유럽공동체 차원의 일방적인(non-reciprocal) 특혜제공 원칙이 적용되어, ACP 국가들의 상품이 유럽공동체 시장에서 무관세로 수입되지만 ACP국가들이 유럽공동체 국가에 무역특혜를 제공할지의 여부는 ACP국가의 결정에 맡기게 되었다. 또한 과거 식민지 국가들의 주요 수출품이 1차 생산품이라는 것을 고려하여 ACP국가들에서 수출 농산물의 가격이 하락하거나 생산량이 감소할 때 ACP국가들에게 보상금을 지급하는 "농산물 소득 안정화제도(STABEX: Stabilization of Export Earnings of Agricultural Products)"를 실시하였다. ACP 국가들이 STABEX를 통해 지원금을 받을 수 있는 조건은 상품군이 ACP 국가 무역에서 최고 7.5% 이상(최빈곤국, 내륙국가, 도서국가는 2.5%)을 차지하고 해당 상품의 수출 수입이 4.5%(최빈곤국은 1%) 줄어들었을 때 가능하다. 1979년 체결된 2차 로메협약에서는 "광산물 보상 개발제도(SYSMIN, System for Safeguarding and Developing Mineral Production)"가 도입되었다. SYSMIN을 받을 수 있는 조건은 특정 광물이 총수출에서 차지하는 비중이 15% 이상(최빈곤국, 내륙국, 도서국가 10% 이상), 광산물 생산량 또는 무역이 10% 이상 감소한 경우이다.

표 4-4-4 EU기구와 EU회원국의 ODA 지원국(2008년, 총지출 기준, 경상달러)

1	이라크	4,755,484,137
2	아프가니스탄	1,453,430,105
3	팔레스타인	1,316,955,630
4	중국	1,313,095,628
5	인도	1,298,016,771
6	에티오피아	1,169,059,030
7	모로코	1,054,393,140
8	모잠비크	1,041,037,941
9	터키	1,033,483,832
10	탄자니아	1,019,345,012
11	카메룬	938,508,082
12	수단	902,371,460
13	콩고	896,870,994
14	베트남	840,280,781
15	인도네시아	838,323,461
16	우간다	755,390,573
17	방글라데시	706,268,828
18	이집트	698,200,139
19	세르비아	666,808,631
20	리비아	664,512,580

자료: European Commission. "EU기구와 EU회원국의 ODA 수원국."
https://euaidexplorer.ec.europa.eu/DevelopmentAtlas.do (2017.11.1. 검색).

　　로메협약은 2000년 코토누(Cotonou) 협약으로 대체되었다. 코토누 협약에서 가장 큰 변화를 가져온 것이 무역에 관련된 것이었다. 기존의 로메협약에서 보장된 ACP국가의 EU시장에 대한 특혜적 접근은 1995년 WTO출범이후, WTO 규정에 맞게 개정이 되어야 했다. 이를 위해 ACP국가들의 EU시장에 대한 특혜적 접근방식은 자유무역협정으로 대체되어야 했으며 기존의 일반적인 무역특혜제도는 2008년까지 존속되었다. 또한 코토누 협약을 통해 EDF 자금의 ACP 지원프로그램이 단순화되었고, 전통적인 경제개발에 대한 자금 지원뿐만 아니라 자연재해나 전쟁과 같은 인적재해에 대해서도 지원이 가능하게 되었다.

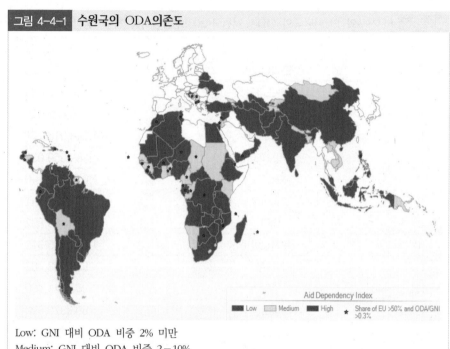

그림 4-4-1 수원국의 ODA의존도

Low: GNI 대비 ODA 비중 2% 미만
Medium: GNI 대비 ODA 비중 2-10%
High: GNI 대비 ODA 비중 10% 이상
☆: EU ODA 비중이 50%를 넘으면서 GNI 대비 ODA 비중이 0.3% 이상인 국가
출처: European Commission http://fs2-2010.bbj.it/# (2011.5.1. 검색).

<그림 4-4-1>에서 볼 수 있듯이, ACP국가에 대한 특혜무역제도가 존속되었던 2008년 EU의 20대 ODA 수원국 중 에티오피아, 탄자니아, 모잠비크, 카메룬, 수단, 콩고, 우간다 등이 ACP국가이다.

또한 <그림 4-4-2>에서도 볼 수 있듯이 ACP국가들의 대부분은 높은 EU ODA의존성(☆로 표시된 국가)을 보이고 있다. 대 EU 무역의존도에 있어서도, <그림 4-4-4>에서 볼 수 있듯이, 코토누협정이 체결된 다음 해인 2001년 대부분의 ACP국가는 EU에 대해 높은 무역의존도를 보였다. 그러나 2008년 이후 ACP국가에 대한 일방적인 무역특혜의 중지에 따라, 다른 개발도상국과 EU와의 무역이 발전하였고 ACP국가의 대 EU무역의존도는 감소추세에 있다. 이를 통해 ACP국가에서 EU의 기존 특혜무역협정이 얼마나 중요한 역할의 중요성을 하였는지를 가늠할 수 있다.

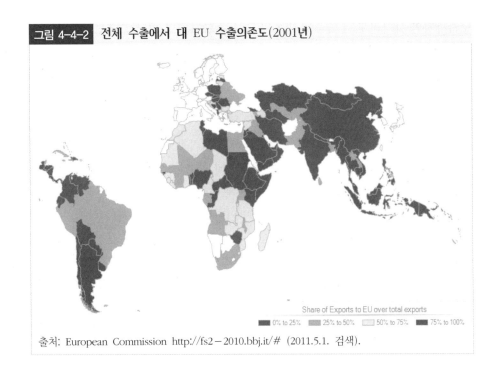

그림 4-4-2 전체 수출에서 대 EU 수출의존도(2001년)

Share of Exports to EU over total exports
■ 0% to 25% ■ 25% to 50% □ 50% to 75% ■ 75% to 100%

출처: European Commission http://fs2−2010.bbj.it/# (2011.5.1. 검색).

이처럼 EU와 ACP 국가의 관계에서 보았을 때, 2008년 이후 EU의 ACP국가에 대한 일방적인 무역특혜가 중지될 때까지, EU의 개발협력정책과 무역정책은 같은 협정의 틀에서 실행되며 보완관계에 있었고, 이를 통해 ACP국가는 EU로부터 무역특혜를 통한 시장접근성을 확보하였고, EDF나 EIB를 통해 개발원조금을 지원받을 수 있었다.

Ⅳ EU 개발원조 지원체계의 발전

EU가 과거 EU회원국의 식민지였던 ACP국가에 대한 지원과는 별도로 국제적인 차원에서 공적개발원조 정책에 관심을 기울이기 시작한 것은 1962년 OECD가 설립되면서부터였다. 1962년에 유럽경제협력기구(OEEC 1947~61년)를 계승하여 OECD가 창립되었다. OECD에서는 유럽이라는 지역적 경계를 탈피하여 미국 및 일본 등에 개방하고 또 개발원조를 취지로 함으로써 부국(富國)클럽으로 출발하였다.

당시까지만 하더라도 개도국에 대한 원조를 전담하였던 미국은 유럽경제가 회복되면서 유럽과 함께 분담할 것을 요구하였던 것이다. 전반적으로 초기 EU의 원조정책은 과거 식민지국가들에 대한 일방적인 지원에서부터 비롯되었고 1980년대 중반까지만 해도 아프리카 지역이 중심이 된 ACP 지역에 집중되었다. 그 후 대내외적 여건의 변화를 거치면서 EU는 명분, 목표 및 실리 등을 고려하여 세계 전략 수립의 차원에서 점차 대상지역을 다변화하기 시작했다(김명섭 외 2012, 76-77).

또한 단일유럽의정서와 마스트리히트 조약 등을 통해서 EU의 시장통합이 진전되면서 공동체 차원의 정책들이 한층 더 발전하기 시작하였다. 초창기 유럽공동체 예산에서 공동 원조부문의 비중은 미미하였다. 유럽공동체는 단지 각 회원국이 기여한 EDF를 주로 운영하는 수준에 머물렀다. 시장통합이 진전되고 다양한 공동정책이 도입되면서 사정은 달라졌고 여기에 맞추어 정책의 일관성을 유지할 필요성은 물론 역내 시장왜곡(market distortions)이나 비효율을 제거하기 위해서도 회원국간 원조정책에 대한 조정은 불가피해졌다. 이 문제는 EU와 회원국 간 권한배분이라는 근본적인 과제로 이어지기도 했다(김명섭 외 2012, 76-77).

다음으로 EU의 원조대상지역 추이를 보면 EU의 순차적인 확대와 깊은 관련을 갖는 것을 알 수 있다. EU 출범 초기 일부 아프리카 지역에 국한하였던 ODA는 영국의 유럽공동체 가입을 계기로 동부 아프리카 지역은 물론 태평양 및 카리브 지역으로 그 대상이 확대되었고 ACP 지역이라는 명칭이 등장했다. 1980년대 중반 스페인 및 포르투갈이 EU에 가입하면서 중남미 제국에 대한 EU의 원조정책이 체계를 갖추기 시작했다. 이와는 달리 중·동유럽의 EU 가입을 위한 준비기간은 EU의 원조정책에서 한 때 커다란 전환기를 이루었다. 이들 국가에 대한 원조는 '공동체'를 형성하는 동반자에 대한 지원의 성격을 띠며 유럽 내 사회주의의 소멸과 함께 1990년대 초부터 PHARE 계획, 유럽재건개발은행(EBRD) 및 각종 구조조정기금의 설립을 비롯해서 대규모의 원조가 집행되었다. 이와 병행하여 이 시기에 지중해 연안국가들 및 러시아를 비롯한 일부 유라시아 국가들에도 유럽인근정책(European Neighborhood Policy)을 통하여 체계적인 지원이 시행되기 시작했다. 한편 EU의 아시아 지역에 대한 원조는 중남미 제국의 경우와 마찬가지로 1980년대 초까지만 해도 최빈곤국에 대한 식량 및 긴급상황에 대한 구호의 수준을 넘지 못하였다. 당시 원조규모는 연간 5억~10억 유로 정도에 머물렀다. 1988년에 이르러 EU는 최초로 ALA(아시아·라틴아메리카)라는 제목으로 EU 원조예산에 이 두 지역을 포함시켰다.

EU가 아시아 지역에 대해 관심을 갖기 시작한 것은 이 지역이 한국을 비롯한 일부 국가들의 급속한 성장과 공업화를 통해서 세계의 한 성장 축으로 등장하면서부터 이다. 주지하다시피 ASEM 정상회의가 출범하였고 EU는 1994년 최초로 「아시아 전략」을 발표하기에 이르렀으며 일부 ASEAN 지역을 비롯해서 체계적으로 원조의 제공이 본격화하기 시작한 것도 이때부터이다(김명섭 외 2012, 78-79).

2000년 UN MDGs(Millennium Development Goals)가 채택되면서, EU는 개발원조정책의 대대적인 개혁을 추진하여, EU집행위에 집중되어 있었던 대외원조 관리 권한을 수원국 현지에 소재한 유럽원조협력사무소로 이관하였고, 비구속성(untied) 원조를 제공함으로써 원조 효율성 제고하였으며, 대외원조 전담 수행 기구인 유럽원조청(Europe Aid Cooperation Office) 창설하였다.

또한 EU차원에서 공적개발원조의 조율을 강화할 필요성이 대두되었다. 2005년에 채택된 '개발에 관한 유럽합의(ECD: European Consensus on Development)'이전에 자국의 정책기조에 따라서만 공적개발원조정책을 운영하여, EU내에서 공적개발원조는 분명한 목표나 일관성이 없이 추진되었다. 2005년에 채택된 '개발에 관한 유럽합의(ECD: European Consensus on Development)'는 EU집행위원회의 회원국의 개발원조 정책 조율의 역할을 강화하였다. '유럽합의'는 유럽공동체 사상 최초로 회원국 정부를 대표하는 EU이사회, 유럽의회 및 EU집행위원회가 참석한 3자 정상회의에서 공동선언의 형태로 2005년에 채택되었다(김명섭 외 2012, 92-93).

개발에 관한 유럽합의는 빈곤을 퇴치하고 보다 공정한 세계를 만들려는 EU의 희망이 담겨있다. 개발에 관한 유럽합의에서 EU와 EU회원국 차원의 개발원조의 가치, 목표, 원칙 등이 규정되었다. 빈곤퇴치를 위해서, EU 모든 회원국이 참여하고 있는 UN MDGs를 2015년까지 달성하는 것이 강조되었다. 개발에 관한 유럽합의에서 공동 개발정책의 수행방향과 대상부문을 설정하고 있다. 빈곤 감소(Poverty reduction), 민주적 가치에 기반을 둔 발전, 개발도상국 발전에 대한 개발도상국 스스로의 책임 등이 강조되었다. 또한 개발에 관한 유럽합의는 EU 및 회원국은 개발조건을 충족시킨다면 수원국의 필요와 여건에 맞추어 가능한 한 예산지원을 늘리고 무상을 전제로 최빈국에 우선을 둘 것임을 밝힌다. 또 EU는 결과와 성과지향적 접근을 강조한다(김명섭 외 2012, 93-94).

2009년 12월에 발효된 리스본조약에 따라서, EU 대외관계청(EEAS)이 설립되어 기존의 대외관계총국(DG-RELEX)이 폐지되고 대외관계총국이 수행하던 대부분의 역할이 EU 대외관계청으로 이관되었다. EEAS 설립 전까지 EU의 대외관계 업무는 EU집행위 대외관계총국(DG-RELEX)이 담당했으며, 개발협력 분야의 경우 개발총국(DG Development), 인도적지원총국(ECHO), 유럽원조청(EuropeAid Cooperation Office)과 협조하여 대외정책을 결정 및 집행하였다. 2011년 기존의 유럽원조청과 집행위 개발총국(DG-DEV: Directorate General for Development and Relations with ACP States)이 현재의 개발총국(DG-DEVCO: Directorate General for International Cooperation and Development) 으로 통합되고, 통합된 개발총국은 원조정책의 수립과 이행을 모두 맡게 되었다.

EU의 2014-2020년 예산계획상 9개의 개발협력 관련 기금이 설치되어 있다. 지역별 기금으로 개발협력기금(DCI: Development Cooperation Instrument), 유럽개발기금(EDF: European Development Fund), EU가입 후보국 지원기금(IPA: Instrument for Pre-accession Assistance) II, 유럽인근국 지원기금(ENI: European Neighbourhood Instrument) 및 그린란드 기금(IfG: Instrument for Greenland) 설치하였다.

주제별 기금으로 민주주의 · 인권 기금(EIDHR: European Instrument for Democracy and Human Rights), 평화 · 안정기금(ICSP: Instrument Contributing to Stability and Peace), 파트너십기금(PI: Partnership Instrument) 및 핵안전협력기금(INSC: Instrument for Nuclear Safety Cooperation)을 설치하였다. 앞에서 언급한 기금이외에 2014-2020 예산계획상 EU 는 매년 10억 유로, 총 66억 유로의 인도적 지원 예산을 집행할 예정이다.

인도적 지원은 EU집행위 인도지원총국(DG-ECHO: Directorate-General for Humanitarian Aid and Civil Protection)이 담당하고 있으며, 관련 재원은 EU의 정규예산에서 집행되지만, 유사시에는 집행위가 예산당국(의회, 이사회)에 긴급원조를 위한 예비비(EU Emergency Aid Reserve)를 요청한다.[4]

EU는 '2030 지속가능개발의제'의 형성에 적극 참여했으며, '2030 개발의제'에 포함된 17개 지속가능개발목표(Sustainable Development Goals) 및 169개 세부목표(Targets)를 이행하려고 계획하고 있다. 다만, 이들 목표의 범위가 방대하고 포괄적이어서 구체 이행계획을 수립하는 데에는 상당한 시일이 소요될 것으로 예상되며, 이행 일정 및 수준도 각 회원국별로 상이할 것으로 예상된다. 또한 EU는 '2030 개발의제'의 일정(time frame)에 따라 ODA/GNI 비율 0.7% 목표를 달성할 수 있도록

4 주벨기에대사관. "EU의 대외원조정책 추진 현황."
http://bel.mofa.go.kr/webmodule/htsboard/template/read/new_korboardread.jsp?typeID=15&boardid=10423&seqno=1197095&c=&t=&pagenum=1&tableName=TYPE_LEGATION&pc=&dc=&wc=&lu=&vu=&iu=&du= (2017.10.1. 검색).

노력하고 있다. 특히, 2015-2030년간 GNI의 0.2%를 최빈개도국(Least Developed Countries)에 지원할 계획을 가지고 있다. 다른 한편에서 EU의 개도국 대상 특혜관세제도(GSP: Generalized Scheme of Preferences) 및 GSP+(노동권, 환경 및 거버넌스 관련 국제 협약(27개)을 비준하고 이를 효과적으로 이행하고 있는 개도국에게 GSP보다 더 큰 관세혜택을 부여하는 제도로 현재 아르메니아, 볼리비아, 코스타리카, 엘살바도르, 조지아, 몽골 등 13개 국가가 수혜를 받고 있다) 제도는 매우 포괄적이고 접근성이 뛰어나며, 이를 통해 많은 개도국들이 무관세, 무쿼터 시장접근 혜택을 받고 있다. 특혜관세제도를 비롯한 EU의 각종 최빈 개도국 지원정책에 힘입어 최빈개도국의 對EU 수출은 연간 350억 유로 수준에 이르고 있다. 그리고 환경 및 기후 변화 대응 측면에서도 EU는 선도적 역할을 지속해 나가고 있기 때문에, 개발재원의 20%, 즉 2020년까지 약 140억 유로를 기후변화 대응 관련 목표 달성에 투입할 예정이다.

 EU 개발원조 지원현황

EU ODA는 2015년 기준으로 40,638,724,934달러가 지출되었다. EU ODA의 가장 큰 수혜를 받은 국가는 터키, 인도, 아프가니스탄, 모로코, 시리아, 중국, 에티오피아, 남아프리카공화국, 파키스탄, 콜롬비아 등의 국가였다.

<표 4-4-5>의 자료에서 볼 수 있듯이, 2008년에는 이라크가 EU기구 및 EU회원국 ODA의 최대 수원국이었다. 반면에 2015년 통계에서는 터키가 EU기구 및 EU회원국 ODA의 최대 수원국이 되었다. EU의 ODA정책에서 최빈 개도국에 대한 지원이 강조되고 있지만, 인도, 터키, 중국, 브라질 등 최빈 개도국으로 볼 수 없는 국가에도 상당규모의 개발원조가 이루어졌다. EU기구 및 EU회원국 전체 개발원조의 9.5%가 브릭스 국가인 중국, 인도, 브라질에 지원되었다.

2015년 EU가 최빈개도국에 지원한 공적개발원조는 158억 유로였다. 이는 EU GNI의 0.11%에 해당한다. 이미 4개 EU회원국은 2015-2030년간 GNI의 0.2%를 최빈개도국(Least Developed Countries)에 지원한다는 EU의 목표를 달성하였다. 룩셈부르크(0.40%), 스웨덴(0.29%), 영국(0.23%), 덴마크(0.20%)가 여기에 해당한다.

표 4-4-5 EU기구와 EU회원국의 ODA 수원국(2015년, 총지출 기준, 경상달러)

1	터키	2,961,256,803
2	인도	1,908,473,062
3	아프가니스탄	1,427,618,129
4	모로코	1,222,068,271
5	시리아	1,126,950,842
6	중국	1,113,798,474
7	에티오피아	1,024,328,405
8	남아프리카공화국	961,413,671
9	파키스탄	897,025,119
10	콜롬비아	883,512,997
11	브라질	866,068,967
12	팔레스타인	838,987,152
13	우크라이나	834,510,018
14	탄자니아	797,421,799
15	케냐	764,053,067
16	콩고	751,674,433
17	인도네시아	717,665,160
18	튀니지	694,461,255
19	모잠비크	661,864,746
20	남수단	650,792,147
----	----	----
	전 세계	40,638,724,934

자료: European Commission. "EU기구와 EU회원국의 ODA 수원국."
https://euaidexplorer.ec.europa.eu/DevelopmentAtlas.do (2017.11.1. 검색).

| 그림 4-4-3 | OECD DAC 전체 ODA에서 각 회원국의 차지하는 비중(2015년) |

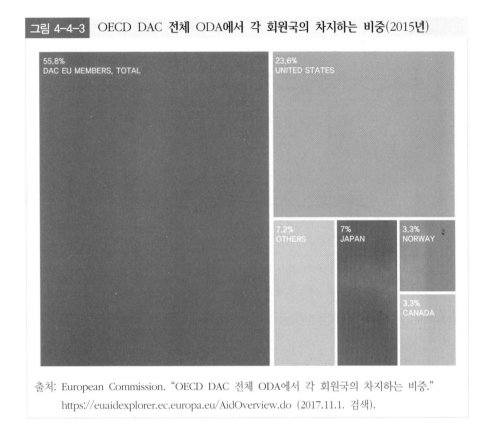

출처: European Commission. "OECD DAC 전체 ODA에서 각 회원국의 차지하는 비중."
https://euaidexplorer.ec.europa.eu/AidOverview.do (2017.11.1. 검색).

<그림 4-4-3>에서 보는 바와 같이 OECD DAC회원국의 ODA중 EU 및 EU 회원국이 차지하는 비중이 55.8%였다. OECD DAC회원국의 ODA비중에서 미국이 차지하는 비중이 23.6%, 일본이 7%였으며, 노르웨이가 3.3%, 캐나다가 3.3%였고, 나머지 OECD DAC 회원국이 7.2%였다.

<그림 4-4-4>에서 보는 바와 같이 2006년부터 2015년까지 10년간 EU차원의 ODA는 일정하게 유지되었다. 반면에 OECD DAC회원국 전체의 ODA는 2014년까지 가파르게 증가하다가 현재 감소추세에 있다.

EU집행위원회, 유럽투자은행(European Investment Bank), 유럽개발기금(European Development Fund)가 제공한 ODA는 10년 간 거의 일정한 수준을 유지하였다.

EU의 OECD DAC회원국의 ODA는 꾸준하게 증가추세에 있었다. 이와 같이 전 세계 경기변동에도 불구하고 EU차원의 ODA는 비교적 안정적으로 운영되었다.

| 그림 4-4-4 | 지난 10년 간 ODA변화(기간: 2006-2015년, USD(십억), OECD) |

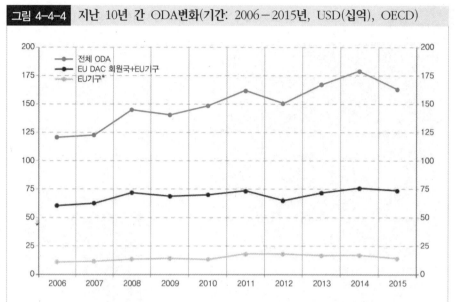

*EU기구: EU집행위원회, 유럽투자은행(EIB: European Investment Bank), 유럽개발기금(European
Development Fund)

출처: European Commission. "ODA." https://euaidexplorer.ec.europa.eu/AidOverview.do (2017.
11.1. 검색).

| 그림 4-4-5 | EU ODA의 전 세계 지원현황(2015년, 백만 USD) |

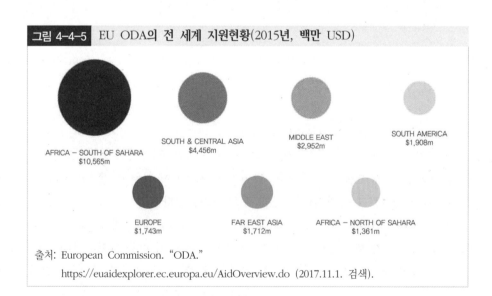

출처: European Commission. "ODA."
https://euaidexplorer.ec.europa.eu/AidOverview.do (2017.11.1. 검색).

<그림 4-4-5>에서 볼 수 있듯이 EU 공적개발원조의 가장 큰 수혜를 받은 지역은 사하라 사막 이남 지역의 아프리카였다. 두 번째로 큰 수혜를 받은 지역은 남부 및 중앙아시아 지역이었다.

EU는 전 세계 공적개발원조를 선도하고 있고, 그 규모에서 OECD DAC 전체 ODA의 50% 이상을 EU DAC회원국이 제공하고 있다. 또한 EU는 마스트리히트 조약과 리스본 조약을 거치면서 공동체 차원의 공적개발원조 조율 기능을 강화하였다. 또한 EU는 공적개발원조의 최빈 개도국 우선 지원 등의 ODA아젠다를 적극 추진하고 있다. 그러나 EU ODA에서 관계를 강화할 필요가 있는 신흥국에 대한 ODA도 현재 상당한 부분을 차지하고 있다.

더 나아가 생각해 보기

1. UN차원의 ODA에 대한 논의와 EU의 대응은 무엇인가?
2. EU가 공동체기구차원에서 ODA를 제공할 수 있는 법률적 배경은 무엇인가?
3. EU회원국 및 EU기구가 전 세계 ODA에서 차지하는 위상은 무엇인가?
4. EU회원국의 ODA제공에서 규모와 지원 지역별로 어떠한 차이가 있는가?

참고문헌

김종섭·박명호·이영섭·김종법·박선희·정재원·이은석·김희연. 2012. 『유럽의 ODA정책과 한·유럽 개발협력』. 서울: KOICA.

안상욱. 2011. "EU ODA 정책과 무역정책: 보완성과 모순성." 『국제지역연구』 제15권 제2호, 69-92.

_____. 2012. "EU 회원국 및 중국의 ODA관계 비교연구." 『중소연구』 제36권 제1호, 79-110.

한국국제협력단. 2008. 『국제개발협력의 이해』. 서울: 한울아카데미.

European Commission. 2009. *EU 2009 Report on Policy coherence for Development, Commission Staff Working Document Accompanying the Report from the Commission to the Council, SEC (2009), 1137 final*. Brussels: European Commission.

_____. 2009. *Policy Coherence for Development—Establishing the policy framework for a whole-of-the-Union approach, Communication from the Commission to the Council, the European Parliament, the European Economic and Social Committee and the Committee of the Regions, COM (2009) 458 final*. Brussels: European Commission.

Fraser, Cameron. 2009. "The EU Model of Integration—Relevance Elsewhere?" *Jean Monnet/Robert Schuman Paper Series* 5, No. 37, 1-12.

Frisch, Dieter. 2008. *The European Union's Development Policy. ECDPM Policy Management Report* 15. Maastricht: ECDPM.

Gates, Scott and Anke Hoeffer. 2008. "Global Aid Allocation: Are Nordic Donors Different?" *The Centre for the Study of African Economies Working Paper Series* 34, 1-34.

Ihara, Ryusuke and Iwahashi, Roki. 2008. "Attracting foreign investment: Optimal ODA policy with trade liberalization." *Journal of International Trade and Development* 16, No. 2, 193-211.

Jora, Silviu. 2009. *ODA as a Soft Power Instrument, SNU-KIEP EU Centre Research Series* 90-01. Seoul: Seoul National University.

Lawler, Peter. 2007. "Janus-Faced Solidarity: Danish Internationalism Reconsidered." *Cooperation and Conflict* 42, No. 1, 101-126.

Lum, Thomas. 2009. Fisher, Hannah. Gomez-Granger, Julissa. and Leland, Anne. *China's*

Foreign Aid Activities in Africa, Latin America, and Southeast Asia. Washington D.C.: Congressional Research Service.

Martin, Holland. 2002. *The European Union and the Third World.* London: Palgrave.

Maizels, A. and Nissanke, M. K. 1984 "Motivations for Aid to Developing Countries." *World Development* 12, 879−900.

Noel, Alain and Jean−Philippe Therien. 1995. "From Domestic to International Justice: the Welfare state and foreign Aid." *International Organization* 49. No. 3, 523−553.

OECD. 2007. *Review of the Development Cooperation Policies and Programmes of the European Community, Secretariat Report,* DCD/DAC/ AR(2007)2/EC/PART2/ FINAL. Paris: OECD.

_____. 2008. *The Paris Declaration on Aid Effectiveness and the Accra Agenda for Action.* Paris: OECD.

_____. 2009. *Policy coherence for Development−Lessons Learned, Policy Brief.*

_____. 2009. *Development Cooperation Report 2009: OECD Journal on Development* 10, Issue. 1. Paris: OECD.

Smith, Karen E. 1998. "The Use of Political Conditionality in the EU's relations with Third Countries: How Effective ?" *European Foreign Affairs Review* 3, No. 2, 253−274.

Tulmets, Elsa. 2007. "Can the Discourse on "Soft Power." Help the EU to Bridge its capability−Expectations Gap?" *European Political Economy Review* 7, 195−226.

Waever, Ole. 1992. "Nordic Nostalgia: Northern Europe after the Cold War." *International Affairs* 68, No. 1, 77−102.

Zanger, Sabine C. 2000. "Good Governance and European Aid: The Impact of Political conditionality." *European Union Politics* 1, 293−317.

CHAPTER 5

유럽연합의 산업정책과 경제발전

김득갑

Ⅰ 유럽 산업정책의 역사

산업 경쟁력을 강화하기 위한 국가의 정책과 정부의 적절한 역할이 무엇인 지는 지난 수십 년 동안 치열한 논쟁거리였다. 시간이 지남에 따라 몇 가지 접근방식으로 정리되고 있는데, 학자들은 산업정책 사고의 진화를 분석하여 단계별로 주요 특징을 찾아냈다.

유럽의 산업정책은 2차 세계대전 종전 이래로 1950년대 ~1970년대 말, 1980년대 초반 ~ 2000년대 초, 그리고 2000년대 초반 ~ 현재까지 모두 세 단계로 나눌 수 있다. 유럽의 산업정책은 제품시장 개입정책에서 자유방임정책으로 진화하고, 그리고 다시 시스템을 구축하고 조율을 촉진하는 중간형 개입정책으로 변했다. 물론 상황이 국가마다 다를 수 있고 일부 정책 결정은 때때로 일반적인 정책 흐름과 상충될 수도 있다. 일부 산업의 경우 주류 사고에서 벗어난 특정 정책을 요구할 수도 있다. 하지만 큰 틀에서 정책 흐름은 어느 정도 일반화가 가능하다.

1. 적극적인 산업지원 정책(1950년대~ 1970년대 말)

유럽 산업정책 사고의 첫 번째 단계는 정부의 적극적인 산업지원 정책이다. 이 당시 산업화는 국가가 추구해야 하는 가장 중요한 임무 중 하나로 여겨졌다. 이론적 근거는 2차 세계대전으로 인한 엄청난 피해였다. 정부 주도로 산업생산을 서둘러 복원하여 경제적 피해를 조기에 복구해야 했던 상황이었다. 정부는 연구개발 보조금, 특혜 정부구매, 국가 대표기업(national champions) 육성 및 합병 장려 등 다양한 수단을 동원하였다. 프랑스와 독일의 석탄과 철강을 공동으로 관리하는 유럽석탄철강공동체(European Coal and Steel Community: ECSC)가 회원국의 생활수준 향상, 고용 창출 및 경제성장 확대에 기여한다는 목표를 가지고 1951년 파리에서 출범하였다. 이는 유럽 산업정책의 효시로 볼 수 있다. 석탄과 강철은 당시 경제활동에 필수적인 것으로 간주되었으며, 전기 및 철도 산업과 함께 정부로부터 가장 많은 지원을 받았다. 또한 많은 기업들이 국유화되었으며 수입관세와 쿼터는 국내기업, 특히 유치산업을 보호하기 위해 도입되었다. 1956년에 서명된 로마조약에는 산업정책과 관련된 어떤 조항도 포함되어 있지 않았다.

EU 차원에서 일부 변화가 없었던 것은 아니지만, 비슷한 논리가 1960년대와 1970년대까지 이어졌다. 미국의 기술 및 생산 수준을 따라 잡아야 한다는 목적 때문에 유럽 정부의 산업정책은 나름대로 정당성을 지녔다. 미국의 진보를 염두에 두고 EU 회원국들은 과학기술 연구에 힘을 모으기 위한 논의를 시작했다. 기술협력은 초기 단계에 있었지만 여러 협력 프로젝트가 1970년대 초반부터 EU집행위의 자금 지원을 받기 시작했다.

유럽의 하이테크산업에 대한 미국의 투자 확대에 반대하기 위해 1970년 EU집행위가 처음으로 유럽기업의 창설을 제안하였다. 정부의 적극적인 개입과 EU집행위의 강력한 산업정책을 뒷받침해준 또 다른 요인은 1973~74년의 오일쇼크와 이로 인한 제조업, 특히 철강산업에 대한 타격이었다. EU집행위는 유럽석탄철강공동체(ECSC)를 통해 이전에 확보한 권한을 바탕으로 엄격한 가격통제를 실시할 수 있었다.

2. 자유방임형 정책(1980년대 초반~2000년대 초반)

하지만 유럽 국가들의 적극적인 산업정책은 1970년대 말에 중단되었다. 정부는 시장실패(market failures)의 위험에 특별한 주의를 기울였지만, 정부실패(government failures)와 관련된 위험에는 크게 관심을 기울이지 않았다. 그 결과 민간투자 위축, 재정 악화 등 부작용이 나타났다. 이에 따라 유럽 국가들은 1980년대 초반에 산업정책을 반대 방향으로 돌렸다. 이러한 정책은 2000년대 초반까지 지속되었는데, 무역자유화, 국영기업 민영화, 경쟁과 시장의 힘에 의존하는 자유방임 산업정책의 시작이었다. 일부 학자들은 이 당시의 규제완화 및 자유화 정책이 2008년 글로벌 금융위기의 주된 원인 중 하나로 작용했다고 주장하고 있다. 레이건 대통령과 대처 수상이 지지하는 자유시장 이데올로기와 자유방임주의 정책에 따라 정부 개입을 최소화하여 '좁은 범위의 시장실패(예: 교육 및 인프라)'에만 정부가 개입하였다. 이에 따라 특정산업 지원 대신 수평적 지원조치(horizontal measures)에 역점을 두고 산업 특화(industrial specialisation)도 시장의 힘에 맡기다 보니 경제 부문 간에 불균형이 발생하였다. 또한 실업 증가와 높은 인플레이션으로 인한 어려운 경제상황은 정부로 하여금 통화정책 안정, 인플레이션 인하, 공공지출 억제를 목표로 하는 정책에 집중하도록 하였다. 이 당시의 가장 좋은 예는 대처 집권 하의 영국으로, 자유방임 산업정책은 이후 보수당 정부까지 이어진다. 독일과 프랑스에서도 시간과 강도에 약간 차이가 있을지언정 유사한 정책이 시행되었는데, 영국과 같은 수준은 아니지만 일련의 민영화 프로그램이 추진되었다.

이 시기에 EU 차원에서 더 많은 경제통합이 이루어졌는데, 시장원리에 의존하는 주요 정책들이 시행되었다. 시장통합이 이루어진 중요한 계기는 1986년 유럽단일시장법(EU Single Act of 1986)이었는데, 이는 비관세 장벽을 제거하고 국경 간 무역 및 역내 경쟁을 촉진하는 조치였다. 정부가 이전에 보호해왔던 통신시장은 경쟁에 개방되었고 정부보조금에 대한 통제를 강화하기 위한 EU 법안이 새로 도입되었다. 다시 말해 이 시기에 EU 경쟁정책이 강화되어 산업정책의 중심으로 자리 잡게 되었다. 유럽단일시장 법안과 병행하여 EU가 자금을 지원하는 많은 프로그램이 개발되어 연구 분야에서 보다 많은 회원국 간 협력이 추진되었다. 그 목적은 기술혁신에서 일본과 미국과 같은 경쟁자를 따라잡기 위해 회원국 간 산업협력을 촉진하는 것이었다. 따라서 EU 기금들은 자금을 조성하고 유럽 전역에 있는 회사, 대학, 연구기관을 모으는 것을 목표로 했다. 그러나 EU 이니셔티브의 성과는 야망에 부응하지 못했다. 유럽단일시장법(Single European Act)은 이동전화기 회사와 같은 일부 특정 산업의 경쟁력을 강화시켰지만, 국가 간 및 회사 간 협력을 촉진하는 데는 별다른 성과를 거두지 못했다. 유럽의 산업구조는 크게 변하지 못한 채 과거 수십 년 전과 매우 유사한 상태로 존재하였다. 또한 연구프로그램은 중요한 상업적 성과로 나타나지 않았다.

3. 중간형 산업정책(시스템적 접근방식)(2000년대 초반~현재)

그동안의 산업정책의 성과가 혼재되어 있는 가운데, 미국과 같은 전통적인 경쟁자뿐만 아니라 신흥 경제국과의 경쟁이 갈수록 심화되고, 중국과 같은 국가로 저부가가치 노동 집약적인 생산뿐만 아니라 고부가가치 제조업에서 아웃소싱이 증가함에 따라 산업정책의 사고가 다시 변했다. 2000년대 초반에 제 3단계의 산업정책이 시작되었는데, 이는 전통적인 개입주의 전략과 1980년대와 1990년대의 자유방임정책의 중간 형태로 특징지을 수 있다.

이러한 중간 형태의 산업정책은 정부가 조정자 역할을 수행하고 특정 산업을 목표로 하기보다 전반적인 혁신을 촉진하고 유럽 전역에 확산되기 시작한 시장실패 대신 '시스템적 실패(systemic failures)'를 수정하는 데 초점을 맞춰야 한다는 신념에 근거한다. 이 시스템적 접근방식에 따르면 시스템은 기업의 성장과 산업 발전에 장애가 되지 않아야 한다. 이를 위해 정부는 지원 기관은 물론 경쟁, 혁신 및 산업 변화에 도움이 되는 광범위한 수평 정책(horizontal policies)을 제공해야 한다. 일부 학자들은 이 접근법을 '소프트' 산업정책으로 특징짓는데, 그 목표는 개별 경제주체들 사이에 보다 긴밀한 협력을 가능하도록 하는 것이다. 이 이론적 근거는 지금까지 주류적 사고를 형성하고 있다.

이 시스템적 접근방식은 정부가 특정 산업에 재정 지원하는 것을 막지 못했지만, 정부 개입이 보다 전략적으로 이루어지고, 단일 기업에 대한 지원에서 벗어나 산업 활동과 기술개발에 더 집중하도록 하였다. 이 이론적 근거는 정책 입안자들 사이에 여전히 우위를 점하고 있지만, 경제 및 금융위기로 인해 약간 수정되었다. 실제로 특정 산업에 대한 지원이 위기의 충격으로 크게 강화되었으며, 경제위기로 직격탄을 맞은 분야의 수요를 촉진하기 위한 예외적 조치로 제공되거나 또는 제조거점의 이전에 나선 기업들을 정부가 재정 지원하기도 하였다. 이 접근방식은 제조업의 일정 부분은 경제 회복에 필수적이며 서비스 부문과 산업의 균형을 맞추기 위해 정부 지원정책이 필요하다는 믿음에 기반을 두고 있다.

EU 차원에서 추진된 많은 정책들은 산업정책 기조의 변화를 반영하고 있는데, 제조업에 대한 관심의 부활과 자유시장 이데올로기의 수정을 확인해준다. 이 중에서도 재산업화 전략(re-industrialsation strategy)의 필요성과 2020년 GDP 대비 제조업 비중 20% 목표 설정, 첨단기술 지원, 그리고 정부보조금 정책의 현대화를 강조하는 EU집행위의 정책을 주목할 필요가 있다.

지금까지 유럽의 산업정책 사고가 시간이 경과함에 따라 여러 단계를 걸쳐 진화했음을 살펴보았다. 1973~74년의 오일쇼크, 주요 선진국과의 기술 격차, 신흥 경제국과의 경쟁 심화 또는 2008년부터 시작된 경제 및 금융위기와 같은 사태는 유럽의 산업정책의 사고를 변화시키는 데 중요한 역할을 하였다. 또한 우리는 구체적인 정책 시행도 각 시기의 경제사상의 진화를 따르는 경향이 있음을 알 수 있다.

이러한 관찰에도 불구하고 일부 학자들은 유럽의 산업정책이 근본적으로 잘 바뀌지 않는다고 주장한다. 이는 특히 EU 차원의 산업정책에 있어서 더 타당성을 지닌다. 예를 들어, 여러 EU 국가들이 생산공정에 참여하여 '유럽 성공사례'로 높이 평가되는 에어버스(Airbus) 협력모델은 다른 산업 분야에서 아직 재현되지 않고 있다. 항공기 분야는 높은 자본 집약도와 국가 간 협력을 촉진하는 '규모의 경제'를 포함하고 있어 확실히 특이한 특징을 지니고 있다. 하지만 이러한 예외적 특성을 인정한다 하더라도, 다른 산업에서도 정치적 의지가 강하다면 얼마든지 이러한 협력 모델은 구현이 가능할 것이다.

또한, 유럽의 산업정책은 처한 환경보다 덜 급진적으로 변화한다는 사실을 인식해야 한다. 다시 말해, 유럽의 산업은 수십 년 전과는 완전히 다른 도전에 직면해 있으나, 산업정책은 여전히 기존의 틀을 크게 벗어나지 못하고 있다. 실제로 경제통합 노력과 자원(특히 연구 분야에서)을 한 곳으로 집중하려는 여러 시도에도 불구하고 산업정책은 여전히 국가 정책에 의해 주도되고 있다. 이러한 배경과 유럽의 산업이 직면한 문제의 심각성을 고려할 때, 회원국간 협력이 실질적으로 이루어지는 새로운 산업정책이 필요한 시점이다.

4. 유럽 협력을 통한 산업정책

유럽 산업정책은 변화가 시급한 상황으로 현재 직면한 문제를 해결할 수 있도록 적절하게 수립되어야 한다. 산업정책 사고의 변화는 주로 (특정 목표를 겨냥하거나 수평적 조치를 통한) 정부개입의 본질과 관련되거나 시장의 힘과 가장 잘 상호작용하는 방법에 초점을 두었다. 이러한 측면을 고려하는 것이 중요하지만, 개별 국가 전략의 제한된 범위를 넘어서 EU의 역할을 재검토하기 위해 EU 산업정책의 다층적 지배구조에 대해 생각해봐야 할 시점이 되었다.

EU집행위의 최근 정책은 유럽 제조업의 생산을 확대하고 산업 경쟁력을 향상시키기 위한 노력을 강화할 필요성을 강조하고 있다. 이를 위해 EU집행위는 EU 회원국들에게 산업정책에 있어서 총체적인 접근방식을 취하고 모든 정책 분야에서 산업 경쟁력을 중시하도록 전략 수정을 주문하고 있다.

하지만 이러한 요구는 불행히도 새로운 것이 아니다. 과거에 너무 많이 들었기 때문에 '유럽 산업르네상스'와 같은 인기 있는 문구를 사용하더라도 실제 효과에 의문이 드는 게 사실이다. 야심적인 수사학만으로 충분하지 않으며 이제는 과거와 달리 구체적인 행동으로 옮겨져야 한다. 그러나 현실은 유럽의 접근방식이 경로 의존적이라는 사실을 보여준다. EU 차원의 산업정책에 할당된 예산은 매우 제한적이다. EU예산의 16.5% 만이 2007~2013년에 혁신정책에 배정되었고, 2011년 EU의 연구개발 지출액은 EU 전체 GDP의 약 2%에 불과하다.

또한 EU 산업정책의 지배구조는 역사적으로 존재해 왔지만 매우 취약하다. EU는 산업정책에 대한 분명한 권한을 부여받지 못했으며, 산업 변화를 주도하는 조치들은 다른 정책 수단들 즉, 역내시장 규정이나 경쟁정책과 무역정책, 또는 회원국 간 협의 및 조정을 허용하는 느슨한 수단들에 의존해왔다. 이러한 취약한 지배구조는 EU에 보다 강력한 정책수단을 부여하는 것을 회원국들이 반대했기 때문이다. 그 결과 이러한 지배구조는 EU와 회원국 간 갈등을 조장하고 EU와 회원국들이 서로를 견제하는 프레임워크로 작용하였다. 취약한 지배구조로 인해 EU 집행위와 회원국 차원의 전략적 우선순위가 서로 일치하지 않아 기대효과를 반감시켰다. 연구에 따르면, EU 차원에서 제시된 6가지 우선순위 행동강령이 회원국 차원의 산업화 로드맵(re-industrialsation roadmap)에 반드시 채택되지 않은 것으로 파악되고 있다. 이로 인해 투자가 분산되고 정부 간 조율이 이루어지지 않았다. EU 산업정책이 성공하려면 EU 차원과 거버넌스 수준에서 우선순위가 조율되어 규모의 경제를 실현할 수 있는 투자가 이루어져야 한다.

이러한 갈등을 극복하고 노력과 자원이 낭비되는 것을 피하고 유럽 산업이 EU 단일시장의 혜택을 충분히 누릴 수 있으려면 유럽은 보다 협업적인 접근방식과 더 나은 EU 강점을 최적화한 기반 위에서 본격적인 전략이 필요하다.

경쟁정책과 산업정책, 그리고 개별 회원국의 이익과 EU 전체 이익이 서로 상충적인 목표라는 지배적인 사고는 한계를 지닐 수밖에 없다. EU 산업이 당면한 도전이 너무 커서 기존의 정책 경로로는 해결할 수 없다. EU 경제, 특히 유로존의 강한 상호 의존성과 견고한 산업 기반을 갖춘 EU 회원국이 경제위기에서 보다 강한 복원력을 보였다는 사실은 강한 산업 기반을 지닌 균형 잡힌 경제를 EU 전역에 확산시킬 필요성이 있음을 확인시켜 주었다. 이러한 목표는 보다 큰 수준의 협력과 조율, 실질적인 EU 권한이 없이는 실현되기 어렵다.

유럽의 협력은 시장 경쟁을 약화시켜서는 안 되지만, 역외국에 대한 유럽의 비교우위를 강화하기 위해 시행되어야 한다. 회원국 간, 산업 간, 민간과 공공부문 간 등 모든 측면의 협력을 고려해야 한다. 유럽은 고도로 숙련된 노동력과 비교적 잘 관리된 공공기관, 그리고 5억 인구의 단일시장 등 많은 자산을 보유하고 있다.

공통 목표를 향해 모든 이해당사자들을 한 방향으로 나아가게 한다는 것이 얼마나 어려운지를 역사는 잘 보여주고 있다. 이 때문에 산업정책에서 유럽의 협력을 이끌어내는 것은 확실한 패러다임의 변화를 필요로 한다. 지금까지 국가 이익은 EU 전체 이익보다 항상 우선시되어 왔다. 그러나 현재 유럽 산업이 직면한 도전의 강도와 급격한 기술 변화, 강력한 글로벌 경쟁자들의 부상을 감안할 때 EU로서는 협력 외에는 다른 대안이 없다. '뭉치면 살고 흩어지면 죽는다'는 격언이 유럽에 들어맞는 상황이다.

Ⅱ EU 산업의 현주소

1. 구조개혁 지연으로 유럽 경제모델은 한계를 노출

EU경제라 하더라도 회원국마다 각기 다른 특징을 지니고 있다. 유로지역을 대표하는 독일과 프랑스도 세부 경제시스템은 상이하다. 독일은 사회적 시장경제 (Social Market Capitalism)의 색채가, 프랑스는 국가자본주의(State Capitalism)의 색채가 강하다. 양국의 경제발전수준과 경제구조가 유사하지만 각기 특수한 역사적 배경을 바탕으로 자본주의가 발전해왔기 때문에 세부적으로는 다를 수밖에 없다.

독일은 1948년부터 자유경쟁원칙을 중시하면서도 사회주의 정책 성향이 강한 사회적 시장경제를 표방해왔다. 시장내 자유경쟁을 보장하면서도 국민 복지를 이유로 정부가 시장경제에 직·간접적으로 개입하고 있다. 특히 사회복지를 위한 의료산업 등 사회정책 관련 분야에서 국가가 조정 및 통제 역할을 적극 수행하고 있다. 독일의 사회적 시장경제는 자유경쟁이 원칙이지만 사회주의적 요소가 경제 전반에 남아 있어 일각에서는 시장 변화에 신속히 대응하지 못한다는 비판을 제기하기도 한다. 1990년대 들어 독일 정부는 실업 문제가 최대 난제로 등장하자 이를 해결하고자 노동시장 유연화를 적극 추진하였다. 특히 2003년부터는 하르츠 개혁을 통해 노동시장 규제완화와 유연성 제고 정책을 추진하여 경제위기에 선제적으로 대응할 수 있는 체제를 갖추었다.

반면 프랑스의 국가자본주의는 중앙집권화된 국가체제에 자본주의 특징이 결합되어 형성되었다. 영국과 마찬가지로 프랑스에서는 부르주아 중심의 민족국가와 17세기 후반의 콜베르티즘(Colbertism)으로 대표되는 자본주의가 결합하며 발전하였다. 프랑스는 지리적으로 유럽의 중심부에 위치해 상대적으로 전쟁이 잦았고, 이는 권력집중화와 관료체제의 발전을 촉진하는 결과를 낳았다. 프랑스는 중앙집권의 틀을 제일 먼저, 가장 완벽하게 완성한 국가라 할 수 있다. 프랑스의 국가주의가 경제 분야로 본격 확산된 것은 1930년대 중반부터 1940년대에 이르는 기간이었다. 1936년에는 1차 국영화(철도, 은행 등)를 단행했으며, 제2차 세계대전 이후에는 제2차 국영화와 자본주의적 경제계획을 추진하여 혼합경제의 골격을 갖추었다. 17세기부터 시작된 프랑스의 국가자본주의는 정부의 주도적 역할을 강조한다. 국가 엘리트들은 정부예산을 동원해 전략산업을 육성하고 이들을 국책사업으로 발전시켰다.

신자유주의를 바탕으로 1980년대 초부터 강력한 구조조정을 단행했던 미국과 영국은 유럽대륙 국가들보다 더 역동적이고 성장잠재력이 큰 경제를 발전시켰다. 미국은 레이건 행정부 당시부터 제조업과 서비스업 등 경제 전 분야에 걸쳐 규제완화에 나섰다. 이 기간 중 미국 기업들은 리엔지니어링, 아웃소싱, 다운사이징, M&A 등을 통해 구조조정을 단행하였다. 그 결과 미국 경제는 1990년대 들어 유연한 노동시장, 낮은 인건비, 높은 생산성 등을 통해 제조업의 경쟁력 회복, 대규모 고용 증가, 낮은 실업률 등의 경제적 성과를 거둘 수 있었다. 이는 2000년대 들어 IT산업이 급성장하는 데 토대로 작용하였다.

영국도 1980년대 초 대처 총리의 개혁정책에 힘입어 경제구조를 시장경제체제로 과감히 전환하였다. 각종 규제를 완화하고 세금 부담을 완화함으로써 기업활동을 촉진하고, 노사안정과 규제완화를 통해 유연한 노동시장을 만드는 데 성공하였다. 이를 바탕으로 영국 기업들은 다운사이징, 핵심역량 강화, 의사결정 단계 축소, 분권화 등을 통해 경영합리화를 단행하였다. 이러한 구조조정 결과 영국 경제는 1990년대 들어 지속적으로 성장하며 실업 문제 해결에도 성공할 수 있었다.

유럽대륙 국가들도 1993년 단일시장 출범을 준비하는 과정에서 규제완화와

전 세계 제조업의 순위 변동(전 세계 제조업 총부가가치에서 차지하는 비중)

Rank	1980	1990	2000	2010
1	United States	United States	United States	United States
2	Germany	Japan	Japan	China
3	Japan	Germany	Germany	Japan
4	United Kingdom	Italy	China	Germany
5	France	United Kingdom	United Kingdom	Italy
6	Italy	France	Italy	Brazil
7	China	China	France	South Korea
8	Brazil	Brazil	South Korea	France
9	Spain	Spain	Canada	United Kingdom
10	Canada	Canada	Mexico	India
11	Mexico	South Korea1	Spain	Russia2
12	Australia	Mexico	Brazil	Mexico
13	Netherlands	Turkey	Taiwan	Indonesia2
14	Argentina	India	India	Spain
15	India	Taiwan	Turkey	Canada

1 South Korea ranked 25 in 1980.
2 In 2000, Indonesia ranked 20 and Russia ranked 21.
NOTE: Based on IHS Global Insight database sample of 75 economies, of which 28 are developed and 47 are developing.
  Manufacturing here is calculated top down from the IHS Global Insight aggregate; there might be discrepancy with bottom-up calculations elsewhere.
SOURCE: IHS Global Insight; McKinsey Global Institute analysis

경쟁체제 도입에 나섰다. 그러나 규제완화는 미국보다 훨씬 느린 속도로 진행되었다. 국가주권과 무관한 상품 및 서비스분야에서는 시장통합을 통한 경쟁원리 도입이 활발히 이루어졌으나 국가주권과 직결되고 경제체제의 근간이 되는 노동시장과 사회복지(연금제도 등) 분야에서는 구조개혁이 지지부진하였다. 그 결과 미국 경제와 EU 경제는 1980~1990년대에 성장과 고용 측면에서 상황이 역전되었다. 1980년대까지만 하더라도 저성장과 제조업의 경쟁력 약화로 고전하던 미국 경제가 1990년대에는 신경제(New Economy)로 거듭날 수 있었다. 그러나 EU 경제는 구조개혁이 지연되면서 1990년대 들어 활력을 잃고 저성장과 고실업으로 고전하게 되었다. 더욱이 2000년대 들어 대부분의 EU 국가들은 파괴적 기술혁신이 주도하는 디지털경제의 확산에 신속히 대응하지 못해 글로벌 경쟁에서 밀리고 있는 상황이다.

2. 경직된 노동시장과 불리한 노동비용

독일과 프랑스 등 EU 국가들의 노동시장은 미국이나 영국에 비해 유연성이 떨어진다는 평가를 받는다. 노동시간, 노동계약, 고용보호(해고 제한), 임금결정메커니즘 등 거의 모든 측면에서 미국과 영국에 비해 EU 국가들은 경직적이다. 노동시장의 경직성은 유럽식 사회주의 시장경제 체제에 기인한다. 경직된 노동시장으로 인해 제조업의 고용 감소가 서비스 부문의 고용 증가로 상쇄되지 못하고 있다. 이 때문에 그동안 유럽 노동시장의 개혁 필요성이 지속적으로 제기되었다.

EU 국가들은 저임금 개도국들의 약진은 물론 단일시장 완성 및 EMU 출범으로 내부 경쟁 압력에 노출되어 있다. 따라서 대·내외적인 경쟁에 효율적으로 대처하고 서비스 산업의 고용창출을 위해서는 노동시장의 개혁이 필수적이다. 하지만, 산업 경쟁력을 결정하는 주요 요소 중 하나인 노동비용을 국가별로 비교해보면 EU 국가들의 경쟁력이 왜 약화되었는지를 알 수 있다. 금융위기 이후 최근 수년간 유럽 국가들의 노동비용 상승률이 하락했으나 임금 수준은 미국에 비해 여전히 높다. 미국 노동통계청에 따르면, 2012년 유로지역 제조업의 시간당 임금은 미국보다 16% 높고, 독일(28%), 프랑스(11%) 등 주요국들도 미국을 상회하는 것으로 나타났다. EU는 오랜 사회계약(social contract)으로 인해 임금구조가 매우 경직되어 있다. 따라서 유럽 기업들의 경쟁력 제고를 위해서는 노동비용 부담을 근본적으로 줄일 수 있도록 노동시장과 사회복지제도의 개혁이 필요하다.

3. 전통 제조업에 대한 높은 의존도

한 국가의 산업경쟁력은 대내외 환경 변화에 대한 적응력이 좌우한다 해도 과언이 아니다. 글로벌 경쟁력을 유지하려면 기존의 경쟁우위를 극대화하고 새로운 사업기회에 자원을 신속히 재배치하는 능력을 갖출 필요가 있다. 이런 맥락에서 EU 국가들의 산업정책과 산업계의 대응 속도는 경쟁국에 비해 느리다.

2000년대 들어 세계경제의 성장은 전통 제조업보다 새로운 고부가가치 산업이 주도하고 있다. 이런 추세로 볼 때 EU의 산업구조는 불리한 편이다. EU는 대체로 시장이 성숙해 있고 부가가치가 낮은 기계, 금속, 식품 등 중후장대 산업이나 전통 산업에서 비교우위를 보이는 반면, 정보통신기술(ICT), 사무기기 등 급성장하는 첨단기술 분야에서는 열세에 놓여 있다. 실제로 2000년대 들어 미국 제조업은 지속 성장한 반면, 유럽의 제조업은 성장률이 둔화되었다. 유럽 제조업체들은 세계시장에서 그런대로 무역흑자와 시장점유율을 유지해왔으나 생산과 고용에서는 모두 저조한 성과를 보였다. 유럽 제조업의 부진은 하강 곡선을 그리는 경기 사이클에 기인하기도 하지만 근본적으로는 구조적 취약성에서 비롯된다. 신경제를 구가 중인 미국은 기술 집약 업종이 30% 이상을 차지하는 데 반해 EU는 전통 제조업이 4분의 1을 차지하고 있다.

4. ICT 산업의 비중 저하

현재 정보통신기술(ICT)은 한 국가의 혁신과 경제성장, 고용창출의 동인(動因)이다. ICT는 경제뿐만 아니라 일상생활까지 변화시키고 있으며, 이러한 현상은 앞으로 더욱 가속화될 전망이다. ICT는 한때 전문가들의 전유물이었으나, 이제는 경제·사회 모든 분야에 영향을 주는 보편화된 기술이 되었다. 우리는 이를 '디지털 경제(Digital Economy)' 혹은 '디지털혁명(Digital Revolution)'이라 부른다. 전통 오프라인 경제의 성장세가 둔화되는 가운데 인터넷을 기반으로 한 전자상거래가 지속 성장하고 정보통신기술의 발달에 힘입어 디지털 서비스산업이 부가가치 창출을 주도하고 있다. 유럽의 소매판매는 2007년을 정점으로 지속 둔화되고 있는 반면, 온라인 판매는 2000~2014년에 연평균 22% 성장하여 현재 전체 소매판매의 7% 이상을 차지하고 있다. 특히 서비스 분야의 온라인 판매가 현저히 증가했는데, 여행과 관광 산업에서 온라인 판매 비중이 40%에 육박한다.

문제는 EU 경제에서 ICT 산업이 차지하는 비중이 작고, ICT 투자 및 기업들의 생산성 향상도 미국에 비해 미흡하다는 것이다. 2012년 ICT 산업이 창출한 부가가치(Value Added)를 살펴보면 EU는 GDP의 3.6%에 그쳤는데 미국은 5.4%를 차지하였다. 또한 1995~2007년에 미국의 연평균 경제성장률(3.1%)에서 ICT가 차지하는 비중이 약 40%(성장기여도 1.3%)에 달한 반면, EU는 경제성장률(2.2%)에서 ICT가 차지하는 비중은 30%(성장기여도 0.7%)에 불과했다. 2001~2011년에 ICT 부문이 EU의 GDP 성장의 30%를 차지한 반면, 같은 기간 중 미국의 ICT 기여도는 55%에 달했다. 1980~1999년에 미국은 ICT 투자 확대에 따른 지속적인 생산성 향상으로 성장잠재력이 향상되어 높은 경제성장을 지속할 수 있었다. 미국은 ICT산업 자체의 투자는 물론 非ICT산업 전체의 ICT 투자 확대가 생산성 향상을 견인하고 있다. 반면, EU는 2000~2007년에 잠재성장률(2% 내외)을 웃도는 높은 경제성장률을 기록했으나 경기 과열 양상이 지속되어 엄청난 후유증을 유발했다. 특히 유로지역의 경우, 부동산 등 생산성 향상과 무관한 분야에 저리의 투자자금이 몰려 버블이 형성되었다.

EU집행위(2015)는 글로벌 금융위기 이후 지속되고 있는 EU 경제의 부진이 성장잠재력의 약화에 기인하는 것으로 분석하고 있다. 이는 ICT 기업들이 주도하는 디지털경제가 성장잠재력을 제고하고 경제 회복을 견인하고 있는 미국과 큰 대조를 이룬다. 노동력 투입(노동인구 및 노동시간)이나 자본재 투자 확대의 노력을 펼치는 것도 방법이지만, EU 경제로서는 정보통신기술(ICT)에 대한 투자와 활용을 통해 성장잠재력을 제고하는 것이 보다 효과적인 정책이다. 글로벌 금융위기 이전만 하더라도 ICT는 EU의 GDP 성장률에서 약 1%p를 차지하였다. 하지만 위기 이후 비ICT 분야의 ICT 투자와 활용이 감소하고 회복이 지연되면서 성장 기여도가 10분의 1 수준으로 급격히 감소하였다. 경기둔화와 이로 인한 경제 침체가 기술과 ICT 투자와 같은 장기 성장자원을 고갈시켰기 때문이다.

디지털화(digitalization)를 통한 생산성 향상은 EU 경제의 지속가능한 성장을 위한 선결요건이다. 비ICT 분야 기업들이 ICT 기술을 이용해야만 디지털화가 경제성장을 촉진할 수 있다. 보다 많은 기업이 ICT 기술을 채용하고 경제 전반에 혁신을 확산시킬 경우 생산성 효과가 증대될 수 있다. 초고속 네트워크와 모바일 기기의 급속한 보급으로 소비자와 기업이 새로운 방식으로 다양한 수요를 창출할 수 있다. 인터넷경제가 커질수록 브로드밴드의 보급 확대로 보다 많은 수익창출과 소비자 후생이 가능해진다.

이런 맥락에서 무형자산(지식기반 자산)의 중요성이 갈수록 커지고 있다. 많은 혁신비용이 투자에서 제외되기 때문에 전통적 자본이 저평가되는 측면이 있다. 소프트웨어, 광물 채굴, 예술 창작물, R&D 등 일부 무형자산은 국민계정에 포함되어 있지만, 다른 많은 무형자산들은 전체 생산에서 차지하는 비중이 크지만 가치평가가 어려워 경제적 기여도가 낮게 평가되는 문제가 있었다. 하지만 이제는 무형자산이 유형자산을 점차 추월하여 경제성장과 생산성의 관점을 근본적으로 변화시키고 있다. 1995~2010년에 GDP 대비 무형자산의 투자 비중(투자집중도)을 살펴보면, EU 14개국은 7%를 넘지 못하는 반면, 미국은 1990년대 후반에 두 자릿수를 기록한 이후 11~12%를 꾸준히 유지하고 있다.

그러므로 무형자산의 정의를 폭넓게 가져갈 필요가 있다. R&D와 기타 무형자
산은 ICT와 결합되어 혁신을 촉진하고 생산성에 영향을 준다. 또한 노동생산성 증
가에 있어 무형자산이 유형자본을 추월하기 시작했고, 비ICT와 비R&D 요소의 비
중도 갈수록 커지고 있다. 비경쟁적 성격을 지닌 무형자산은 확산을 통해 생산성
증가에 기여한다. 유럽은 지식의 동인(driver)으로서 무형자산을 유지할 능력을 갖
추고 비기술 분야의 무형자산을 조속히 육성할 필요가 있다.

5. ICT 산업의 경쟁력 열세

유럽의 전자상거래 및 인터넷서비스 산업이 빠르게 성장하고 있다. EU는 아
시아에 이어 세계 두 번째로 인터넷 사용자가 많고 온라인 거래량은 세계 3위 규
모다. 글로벌 온라인 거래량 10위권 안에 드는 유럽 4개국의 시장 규모는 2,000억
달러로, 중국(4,262억 달러), 미국(3,056억 달러)에 이어 세 번째로 크다. EU 역내 유형
재화의 전자상거래는 매년 평균 22%씩 빠르게 증가하고 있으며, 이는 미국 시장
의 성장률을 4~5%p 상회하는 수준이다.

하지만 역내 시장의 분절과 국가 간 장벽 등으로 인해 이 부문에서 유럽 기업
의 성장은 저조하다. EU 회원국 별로 상이한 인터넷서비스 관련 제도가 EU 내 타
국 시장 진출을 막아 유럽 기업들이 글로벌 대기업으로 성장하지 못하고 있다. EU
회원국 상호 간의 인터넷서비스 공급은 전체 시장의 4%에 불과한 실정이다. 글로
벌 인터넷서비스 기업 10위권 안에 유럽 기업은 하나도 들어가지 못했으며, 10대
전자상거래 기업에 포함된 유럽 3사 매출을 합쳐도 아마존의 20% 수준에 불과하
다. 반면, 글로벌 시장을 선점한 미국 기업들은 규모의 경제 효과로 비용을 절감하
며 유럽 시장을 장악하고 있다. 유럽 디지털 온라인서비스 시장의 54%를 구글, 애
플, 페이스북, 아마존 등 미국 기업이 차지하고 있다. 유럽 인터넷 검색 시장의 경
우 구글의 점유율이 90%대에 이른다.

ICT 분야에서 글로벌 경쟁력을 지닌 대기업 수를 봐도 유럽은 크게 열세에 놓
여 있다. 2015년 '포브스 글로벌 2000'을 분석한 결과, 통신장비 분야의 일부 기업
(에릭슨, 알카텔-루슨트, 노키아)과 S/W 분야의 2개 기업(SAP, 아마데우스)을 제외하면,
유럽은 ICT 분야 전체는 물론 인터넷 및 컴퓨터 서비스 분야에서 글로벌 기업이
전무한 실정이다. 글로벌 ICT 기업 수에서 압도적 1위는 미국이다.

Ⅲ EU 산업정책

　　EU의 산업정책은 "EU와 회원국은 EU 공동체의 산업경쟁력이 유지될 수 있도록 필요한 조치를 취한다"라고 규정된 EC조약 157조에 기반을 두고 있다. 막대한 재정 투입과 함께 구체적인 정책조합이 필요하다는 점에서 산업정책은 기본적으로 회원국별 담당 분야이지만, EU는 경쟁력 제고를 위해 EU 차원의 성장전략을 제시하며 국가별 이행 상황을 정기적으로 점검하고 동료 평가(peer pressure)를 통해 권고함으로써 회원국 차원에서 시행되도록 유도하고 있다.

　　산업경쟁력을 제고하기 위해서는 산업정책 뿐만 아니라 R&D, 조세, 복지, 교육, 보건정책과 같은 가격 및 비가격 요인들을 고려해야 한다. 따라서 EU의 중장기 성장전략인 'Europe 2020'의 주요 내용을 살펴보고, 직접적인 산업경쟁력 제고를 위한 산업정책과 산업경쟁력 지원 수단으로서 R&D 및 중소기업정책 등을 살펴본다.

1. EU의 중장기 성장전략

　　2000년 6월 EU는 리스본 정상회의에서 2010년까지 미국을 추월해 '가장 역동적이고 경쟁력 있는 지식기반 경제(the most competitive and dynamic knowledge-based economy)'를 만든다는 목표에 따라 리스본전략을 채택하였다. 그리고 2010년에는 기존의 성장전략인 리스본전략을 평가하고 동 전략의 목표를 달성하기 어렵다는 판단에 따라 새로운 성장전략인 'Europe 2020'을 마련하였다. 'Europe 2020'은 5대 목표를 설정하고 있는데, 그 내용은 ① GDP 대비 R&D 지출을 3%로 확대, ② 20~64세 인구의 고용률을 75%로 제고, ③ 학업중퇴율을 15%에서 10%로 감소, ④ EU 역내 빈곤층 및 소외층의 수를 2,000만 명 감소, ⑤ 재생에너지 사용 비중 20%, 에너지 효율 20% 개선, 온실가스 20% 감축이다.

　　EU 집행위는 동 전략에서 3대 우선순위를 선정하였는데, ① 스마트 성장으로서 지식과 혁신에 기반을 둔 경제로의 발전, ② 지속가능한 성장으로서 자원 효율적이고 친환경적이며 경쟁력 있는 경제로의 발전, ③ 높은 고용을 창출하는 경제로의 발전 등이다. 그리고 'Europe 2020'에서 각각의 우선순위에 따라 총 7개의 핵심정책(Flagship initiatives)을 제시하였다

① 혁신 활동과 R&D 투자 촉진의 기반여건 조성을 위한 혁신공동체
② 고등교육의 질을 높이기 위한 교육시스템 강화 관련 청년층의 노동이동성 개선정책
③ 초고속 인터넷 보급과 가계 및 기업을 위한 단일 디지털시장 확대 추진정책
④ 경제의 탈탄소화 및 재생에너지 사용 확대, 운송사업의 현대화 및 에너지 효율 제고 등을 통하여 경제성장과 에너지 사용을 분리하려는 자원효율적 유럽
⑤ 기업, 특히 중소기업의 경쟁력 강화와 글로벌화를 위한 지속가능한 산업기반 개발에 관한 산업정책
⑥ 노동수급의 조절과 노동력의 확대를 통한 노동시장의 유연성과 숙련도 향상을 위한 신기술 및 일자리
⑦ 경제성장과 고용창출 과실의 사회적, 지역적 공유와 소외되고 가난한 계층의 흡수를 위한 빈곤퇴치

2. EU의 산업정책

EU 제조업은 민간부문 고용의 1/4을 차지하고 있으며, 제조업 관련 서비스 산업 역시 고용의 1/4을 차지하고 있을 정도로 유럽경제의 중추를 담당하고 있다. 그러나 EU가 글로벌 경제를 선도하기 위해서는 새로운 산업 경쟁력의 제고가 절실한 상황이다. 이를 위해 EU집행위는 강한 경쟁력을 지닌 다양한 산업기반을 갖춰 양질의 일자리를 창출하고 탄소배출을 줄이는 것을 목표로 새로운 산업정책을 추진하고 있다.

2010년 EU집행위는 'Europe 2020'을 발표하면서 EU의 산업경쟁력 강화를 목표로 하는 '글로벌 시대의 EU 산업정책(An Integrated Industrial Policy for the Globalisation Era)'을 발표하였다. 이후 EU집행위는 2011년 지속가능한 경제회복을 위한 산업정책인 'Industrial Policy: Reinforcing competitiveness'를 발표했으며, 2012년에는 'Stronger European Industry for Growth and Economic Recovery'를 발표하였다. 그리고 2014년에는 'For a European Industrial Renaissance'를 발표했는데, EU의 경제성장을 저해하는 요소들을 파악하고 특정 산업을 적극 지원한다는 계획을 담고 있다.

EU의 중장기 성장전략인 'Europe 2020'과 함께 산업정책의 장기 로드맵으로 2010년에 제시된 산업정책의 주요 내용을 살펴보고, 이후 발표된 일련의 산업정책의 주요 내용을 소개한다.

2.1 글로벌 시대의 산업정책(2010년)

새로운 EU 산업정책의 목적은 EU경제가 경쟁력을 갖고 성장과 일자리를 창출하며 자원 효율적인 경제로의 전환을 가능케 하는 역동성을 갖추기 위함이다. 새로운 산업정책은 EU의 경쟁력과 지속가능성을 핵심으로 하며 다음 두 가지 분야를 강조하고 있다. 하나는 비용 및 혁신 경쟁력에 직접적인 영향력을 미치는 표준화, 혁신, 산업부문별 정책이며, 또 다른 하나는 교통, 에너지, 환경 및 소비자 보호와 같은 타 정책분야에서의 산업경쟁력 제고를 고려하는 것이다. 이를 위해 EU 집행위는 다음과 같은 10대 핵심정책을 제시하고 있다.

① 정책 입안 시 경쟁력에 대한 영향평가 분석을 포함한 경쟁력 검증(Competitiveness proofing) 실시
② 기업비용을 절감하기 위해 현행 법규에 대한 적합성 평가(Fitness check)
③ 중소기업의 금융 접근성 및 해외시장 진출 장려
④ 유럽 차원의 표준 강화 전략
⑤ 교통, 에너지, 통신 인프라의 효율적인 산업 지원을 위한 개선
⑥ 지속가능한 원자재 공급 및 관리를 위한 새로운 전략 제시
⑦ 혁신성과(innovation performance)와 관련하여 첨단제조기술, 건설, 바이오연료, 도로 및 철도교통 등 부문별 특성을 반영한 혁신 추진
⑧ 에너지집약 산업에 대한 혁신 지원
⑨ 견고한 산업기반 창출 및 가치사슬을 포괄하는 우주산업정책
⑩ EU 및 회원국에 대한 경쟁력, 산업정책 및 성과에 관한 연례보고서 작성

분야별 정책 내용 중 몇 가지를 구체적으로 살펴보면, 우선 혁신제품의 시장 진입을 촉진하고 생산비용을 감소시키는 데 있어 EU 표준제정(standardization)이 중요하다. 그리고 EU 산업의 경쟁력은 에너지, 교통, 통신 인프라의 효율성에 의해 결정되는데 이들 인프라의 업그레이드와 근대화가 핵심 과제다. 특히 교통인프라의 경우 국경 간 연계를 개선하고 병목현상을 없애야 한다. 에너지 인프라의 경우,

스마트그리드(smart grid), 재생에너지에 대한 정책이 산업 경쟁력 제고와 직접 연관되어 있다. 이러한 인프라 현대화를 위해 결속기금(Cohesion Fund), 개발기금(European Regional Development Fund)과 같은 EU 차원의 기금이 활용되어야 한다.

한편 EU집행위는 EU 산업의 혁신을 제고하기 위해 산업혁신, 교역, 특정 산업에 대한 정책을 제시하였다. 산업혁신의 경우, 혁신은 생산성 제고 및 에너지 효율성 제고, 신규시장 개척에 있어 핵심적인 요소로, 혁신이 없다면 EU 산업은 글로벌 시장에서 성공적으로 경쟁하기 어렵다고 판단된다. 이에 따라 'Innovation Union flagship'을 통해 바이오 테크놀로지, 나노테크놀로지, 신소재, 포토닉스(photonics), 마이크로 – 나노 전자와 같은 유용기술(enabling technology)에 대한 투자를 늘릴 계획이다.

또한 지식기반경제는 EU가 경쟁력을 유지하기 위한 요소로, 스마트하고 지속가능한 경제성장을 가능케 할 것으로 보인다. 그리고 산업경쟁력과 자원 최적화 및 혁신을 위한 정보통신기술(ICT)의 활용이 미래의 경쟁력에 중요한 결정 요인이라는 판단에 따라 이에 대한 투자도 강화할 계획이다.

EU집행위는 보다 구체적으로 세부 실천과제를 제시하고 있다. 첫 번째로 산업 여건 개선을 위해 경쟁력 검증 및 스마트 규제와 기업의 금융접근성 제고를 추진한다. 경쟁력 검증 및 스마트 규제를 위해 EU집행위는 신규규제 제안 시 산업경쟁력에 미치는 영향을 평가하고 관련 사후평가 및 적합서 평가를 실시하며 중소기업의 경영환경 개선을 위해 중소기업법을 재검토한다. 회원국별로는 자국의 주요 정책이 산업경쟁력에 미치는 영향을 분석하고 적합성 평가를 실시하는 것은 물론 소규모 기업을 우선시하는 정책을 실시한다. 기업의 금융접근성 제고를 위해서는 EU집행위 차원에서 실물경제의 자금수요를 간과하지 않도록 하며, 입법과정에서 기업의 금융접근성에 미치는 영향을 고려하며 금융기구 개편 시 중소기업과 혁신을 우선적으로 고려한다. 회원국 차원에서는 정부의 모범사례를 공유하도록 한다.

두 번째로 단일시장 강화를 위해 단일시장 발전 및 지적재산권, 경쟁정책, 인프라 개선, 표준에서 개선을 도모한다. 우선 단일시장 발전 및 지재권 실행을 위해 EU 차원에서 단일시장법을 적기에 시행하고 비즈니스 차원의 국경 간 물품거래에 관한 EU 법규를 검토하며 위조품감시기구의 강화 등 지재권 집행 강화를 위한 행동계획을 수립한다. 그리고 경쟁정책 측면에서 징부보조금, 담합, 인수합병에 대한 정책을 통해 시장경쟁을 제고한다.

다음으로 인프라 개선을 위해 EU집행위는 범유럽 교통망 프로젝트인 TEN−T 지침을 개정하고 역내 에너지 시장 개발을 위해 에너지인프라 패키지를 채택하며, 경쟁 활성화와 제조업 경쟁력 지원을 위해 에너지시장 자유화를 추진한다. 반면 회원국들은 국경 간 에너지그리드 관련 정책을 강력히 추진하며, 제3차 역내에너지시장패키지를 즉시 이행한다. 마지막으로 표준과 관련해서는 유럽표준의 역할을 강화하는 전략을 입법 제안한다.

세 번째로 새로운 산업혁신정책으로 산업혁신, 숙련기술을 제고하기 위한 정책을 추진한다.

산업혁신의 경우 핵심 유용기술(enabling technologies)을 적기에 상용화하는 것을 지원하며, 고급 숙련노동자 연합 및 기업과 대학의 연계프로젝트를 지원한다. 특히 전통 제조업과 중소기업을 포함하는 분야 간 교차협력을 활성화하고 새로운 클러스터 및 네트워크 경쟁력 전략을 제시한다.

이에 회원국은 핵심유용기술의 시너지 및 보완 효과를 극대화하기 위해 정책협력을 활성화하고 지역의 지능적 전문화를 촉진한다. 다음으로 숙련기술 기반과 관련해서는 EU집행위는 모범사례 공유 등을 통해 회원국 간 네트워크 구축을 촉진하고 이공계 고급인력 양성 등 고용창출을 위한 기본 여건에 관한 지침을 제안한다. 회원국은 직업훈련 및 구조개혁을 위한 유럽사회기금의 사용을 확대한다.

네 번째로 글로벌화의 극대화로 교역과 국제규범, 원자재 및 핵심제품에 대한 접근성을 보장한다. 교역과 국제규범 측면에서 EU집행위는 유럽이사회(European Council)에 교역 및 투자장벽 연례보고서를 제출하고, 글로벌 표준 정립을 위해 주요 교역상대국과 국제규범 협력구상을 추진한다. 또한 중소기업의 국제화를 위한 전략을 제시한다. 회원국들은 제3국 수입품의 원산지 표시 관련 EU집행위의 제안을 조기에 채택한다. 다음으로 원자재 및 핵심제품에 대한 접근성 보장 차원에서 EU집행위는 핵심 원료의 안정적 공급 및 대체물질 발굴을 위한 원자재 전략을 제시한다.

다섯 번째로 산업 현대화를 촉진하는 것인데, 원료, 에너지 및 탄소효율성, 구조적 과잉생산 해소, 기업의 사회적 책임 구상이 그것이다. 원료, 에너지 및 탄소효율성을 제고하기 위해 EU집행위는 저탄소 및 자원효율적인 경제로의 이행을 위한 사업별 장기전략을 수립하고, 산업계 스스로 지속가능한 경쟁력을 수시로 점검하도록 하며, 핵심환경기술의 상업화를 위해 에코이노베이션 행동계획 수립에 착수한다. 회원국은 환경기술의 시너지 효과 극대화를 위해 노력한다. 다음으로 구조적 과잉 생산과 관련해서는 EU집행위는 잉여인력의 재배치를 통합적으로 지원하고 유럽 차원의 구조조정 프레임워크에 관해 사회적 파트너의 자문을 얻으며, 통합정책을 통해 회원국과 지역의 산업역량, 투자, 혁신을 지원한다. 마지막으로 기업의 사회적 책임을 위해 산업계의 자발적 구상 이행 상황을 파악하고 제품의 생태이력(Ecological Footprint of Products) 수립 가능성을 검토한다.

여섯 번째로 세부영역별 달성 목표로는 우주, 지속가능한 운송, 사회적 도전 대응, 가치사슬을 통한 EU 경쟁력 회복, 에너지 집약산업 문제 해결을 제시했다. 우주산업을 혁신과 경쟁력의 원천으로 삼아 우주산업정책을 추진하고, 지속가능한 운송을 위해 청정에너지효율 차량플랫폼을 제안하고 관련 시범프로젝트의 타당성을 검토한다. 사회적 도전에 대응하기 위해서는 기술승인절차, 정부조달절차, 전략물자기반 등 보안산업 플랫폼 구상을 제시하고, 역내 건설제품 및 서비스 제고를 위한 건설산업 지속가능 경쟁력 전략을 개발한다. 그리고 산업적 사용, 시범프로젝트, 국제표준 개발 등 바이오 기반 시장의 여건을 조성하기 위해 노력한다. 가치사슬 측면에서는 경쟁력 제고 및 사회적 도전에 대응하기 위해 화학산업 고위급 모임을 운영하고, 문화 및 창조산업의 잠재력을 실현하기 위한 전략 구상을 제안한다.

마지막으로 새로운 EU의 산업정책 지배구조를 위해 회원국 간 모범사례를 공유하는 것은 물론 회원국 스스로 모범사례의 검토와 공유에 적극적으로 참여하도록 한다.

2.2 경쟁력 제고를 위한 산업정책(2011년)

2011년에 제시된 정책은 회원국 간 산업과 중소기업 정책에 관한 견고한 협력과 조화를 주문하였다. 그리고 회원국들이 유럽단일시장에 통합될 수 있는 경쟁력을 갖춤으로써 유럽경제가 하루 빨리 성장궤도로 복귀할 수 있도록 하는 내용을 담고 있다. 한 마디로 산업경쟁력 제고정책을 종합한 것이다. 동 정책은 산업경쟁력 제고 및 '친기업적 유럽'을 위해 각각 3가지 목표를 제시하였다.

우선 산업경쟁력 제고를 위한 방안은 다음과 같다. 첫 번째 방안은 경제의 구조적 변화를 촉진하는 것이다. 환경친화산업, 전기광학장치 등 생산성이 높으면서도 글로벌 경쟁이 아직 덜한 혁신적 지식기반 산업으로의 전환을 촉진한다는 계획이다. 두 번째로 산업 혁신을 활성화하는 것으로, 희소자원의 공동 활용을 지원하고 혁신지원체계의 분절현상을 완화하며, 핵심기반기술 개발을 통해 산업계의 혁신을 장려하는 것이다. 세 번째로 지속가능성과 자원 효율성을 제고하는 것인데, 혁신과 청정기술 사용을 활성화하고 왜곡되지 않은 에너지 가격체계를 확립하는 것이다.

'친기업적 유럽'을 위한 방안은 다음과 같다. 첫 번째로 기업환경을 제고하는 것으로 기업의 행정 부담을 완화하고 브로드밴드, 에너지, 교통인프라를 사용하는 서비스의 경쟁을 촉진한다. 두 번째로 단일시장의 활용을 제고하는 것으로 혁신 서비스를 육성하고 단일시장 규범, 특히 서비스 지침을 적극 이행함으로써 단일시장 효과를 극대화하는 것이다. 세 번째로 중소기업 육성을 장려하는 것으로 금융 접근성을 강화하고 국제화를 촉진하며 시장접근성을 제고하는 것이다.

2.3 성장과 경제 회복을 위한 더 강한 유럽산업(2012년)

EU집행위는 신기술에 대한 투자분야로서 ① 친환경 생산기술, ② 유용기술, ③ 바이오 관련 제품시장, ④ 지속가능한 산업정책·건설·원자재, ⑤ 친환경 자동차 및 선박, ⑥ 스마트그리드 등 6개 우선분야를 선정하였다. 또한 투자활성화와 더불어 시장 접근성, 자본시장 접근성 등을 개선하기 위한 정책 지원도 추진될 계획이다.

2.4 유럽 산업르네상스(2014년)

2010년과 2012년에 산업정책이 발표되었으나 회원국별 및 EU 차원의 산업정책이 효과를 충분히 발휘하지 못했다. EU집행위는 유럽 재정위기로 인한 전후 최악의 실물경기 침체와 위축된 금융시장이 전반적인 산업경쟁력에 부정적인 영향을 미쳤다고 판단하고, 2014년 '유럽 산업르네상스(For a European industrial renaissance)' 정책을 통해 경제성장과 경쟁력 제고를 최우선 추진과제로 선정하였다. 원자재 및 에너지에서부터 비즈니스 서비스, 소비자서비스, 관광에 이르기까지 제조업과 서비스산업을 총망라하는 산업정책이 필요하다는 판단에서였다.

제조업이 EU경제에 미치는 중요성은 아무리 강조해도 지나치지 않은데, EU 산업이 수출에서 차지하는 비중은 80%를 상회하며, 민간연구개발 및 혁신의 80%

이상을 차지하고 있다. 이에 따라 EU집행위는 경쟁력 있는 산업 기반이 경기회복 및 경쟁력 제고를 위해 필요함을 강조해왔다. 그러나 재정위기 과정에서 EU집행위는 기업환경, R&D 투자 미흡, 상대적으로 높은 에너지 가격 등 산업계가 안고 있는 문제점과 약점을 파악하고 이를 개선하기 위한 정책을 마련하였다.

'유럽 산업르네상스' 정책은 앞에서 논의되었던 단일시장의 중요성을 다시한 번 강조하고 있는데, ① 정보, 에너지, 교통 부문 네트워크 통합 완료, ② 상품 및 서비스의 개방적이고 통합된 역내시장, ③ 기업환경, 규제프레임워크, 공공행정 에서 EU 차원의 정책들을 제시하고 있다. 단일시장의 심화에 따라 기업의 매출액 증대와 이에 따른 투자증진의 선순환 구조가 마련되는 것이다. 단일시장 심화를 바탕으로 산업시설의 근대화, 혁신·기술투자를 통해 상대적인 경쟁우위를 달성 하고 이는 선도적인 지위를 유지할 수 있도록 한다. 다음으로 산업현대화를 목표로 혁신, 신기술, 생산 및 숙련기술에의 투자를 강조하고 있다. 이에 'Horizon 2020'을 통해 신기술과 혁신에의 투자를 촉진하고, 특히 첨단 제조업(advanced manufacturing), 핵심 유용기술(key enabling technologies), 바이오 기반제품, 청정자동차 및 선박, 지속 가능한 건설 및 원자재, 스마트그리드 및 디지털인프라에 대한 투자를 우선적으로 로 지원할 계획이다. 또한 회원국이 각각 자국의 우위를 갖고 있는 산업에 투자를 집중할 수 있도록 EU 차원의 금융지원도 고려하고 있다. 한편 자금 조달이 중요함 에도 불구하고 중소기업이 그동안 금융 접근에 어려움을 겪고 있음을 반영하여 금융접근성 제고를 위한 다양한 방안을 마련 중에 있는데, 유럽투자은행 및 회원 국과 함께 EU집행위가 유럽사회투자기금(ESIF: European Social Investment Fund)을 활 용하는 것이 한 예이다. 한편 매년 직업상의 목적으로 타 회원국으로 이동하는 인 구 비율이 0.3%에 불과하다는 조사결과에 따라 교육 및 직업훈련을 위해 타 국가 로 이동하는 것을 장려하는 것은 물론 기업들의 초국경적 견습 훈련을 가능하도 록 하는 수단을 개발하고 있다.

EU집행위는 '유럽 산업르네상스(European Industrial Renaissance)'에서 회원국들에 게 모든 정책 분야에서 산업 경쟁력을 최우선 과제로 삼을 것과 오는 2020년까지 GDP 대비 산업 기여도를 20%까지 끌어 올릴 것을 주문하였다. 이는 명확한 정책 목표이지만 현실은 그렇지 않다. EU 회원국들 간에 여전히 많은 견해차가 존재하 고 있으며, 산업 정책은 여전히 통합되어 있지 않다. 예를 들어, EU가 올바른 목표 를 설정하고 있는지에 대한 우려가 제기되고 있는데, '제조업 비중 20%'의 목표가 과연 적절한지에 대한 의문이다. 정책 옹호자들조차 제조업 목표 자체가 중요한 것이 아니라 산출물(output)의 내용이 더 중요하다는 것이다.

새로운 세계경제 환경은 전통적인 경쟁자는 물론 새로운 경쟁자의 부상으로 글로벌 경쟁이 갈수록 심화되고 있으며, 자원수요 증가, 원자재 가격의 높은 변동성, 소비 패턴의 변화, 제조기술 혁신의 확산 등으로 새로운 전략을 요구하고 있다. 따라서 유럽 제조업은 이러한 도전에 일사불란하게 대응하고 장기적인 경쟁력을 강화할 수 있는 산업정책이 필요하다.

 IV **EU의 디지털산업전략**

1. 개요

EU는 글로벌 금융위기 이후 지속된 경제위기로 인해 그동안 이류국으로 전락할지 모른다는 위기의식이 팽배해 있었다. 경제성장이 저조한 가운데 디지털경제로 무장한 미국과의 성장률 격차가 갈수록 커지고, 중국 등 신흥국 경제의 약진이 본격화되면서 위기감이 커졌다. 이러한 상황에서 EU 내부적으로 정보통신기술(ICT)을 기반으로 한 디지털경제(digital economy)를 서둘러 육성해야 한다는 주장이 힘을 얻게 되면서 디지털산업전략이 본격 추진되었다. 2010년 5월 EU는 2020년을 목표로 중장기 성장전략('Europe 2020')을 채택하였다. 'Europe 2020' 전략의 핵심은 디지털경제를 실현하기 위한 '디지털아젠다(DAE: Digital Agenda for Europe)'라 할 수 있다. EU는 ICT에 기반한 디지털경제의 확산이 전통 제조업의 경쟁력을 끌어올리고 EU가 직면한 저성장과 고실업 문제를 해결해줄 것으로 기대하였다.

2014년 11월에 새로 취임한 융커(Jean-Claude Juncker) EU 집행위원장은 디지털아젠다를 본격 추진하기 위해 조직을 강화하고 디지털단일시장 전략(Digital Single Market Strategy)과 고속 브로드밴드(broadband) 구축을 디지털아젠다의 핵심과제로 재설정하였다. 디지털단일시장 전략은 EU 28개국의 전자상거래 시장을 하나로 통합하고자 법·제도를 정비하는 작업이고, 고속 브로드밴드 구축은 디지털경제를 실현하기 위한 통신인프라 업그레이드 작업을 의미한다.

'Europe 2020' 전략을 추진한 지 4년이 지난 2014년에 EU가 디지털아젠다를 역점사업으로 본격 추진하고 나선 데는 높은 성장률을 보이는 디지털경제에서 낙오될 경우 경제위기 극복이 어려울 것이라는 위기의식이 크게 작용하였다.

2015년 5월 EU집행위는 2020년 디지털단일시장 완성을 위해 3개 분야의 16개 추진과제를 2018년까지 입법 완료하고, 늦어도 2020년까지는 모두 시행에 옮기는 추진전략을 발표하였다.

현재 EU가 디지털아젠다를 본격 추진한지 3년이 지났다. EU집행위는 최근 발표한 평가보고서를 통해 디지털단일시장 전략과 관련된 추진 작업에 만족감을 표시하고 회원국 정부에 최종 입법 작업을 서둘러 줄 것을 촉구하였다. 하지만 일부 전문가들은 EU가 추진하고 있는 디지털아젠다에 대해 비판적인 시각을 갖고 있다. 디지털단일시장 전략과 고속 브로드밴드 확충 작업의 추진 속도와 성과가 만족스럽지 않다는 것이다. 그러나 디지털아젠다에 필요한 EU 차원의 입법 작업은 대체로 계획한 대로 잘 진행되고 있는 것으로 평가된다.

디지털단일시장 전략을 포함한 디지털아젠다의 추진에 따른 디지털경제의 확산으로 앞으로 EU에 많은 변화가 예상된다. EU의 변화는 기업들의 유럽 사업에도 직·간접적인 영향을 줄 전망이다. 역내 온라인 거래가 활발히 이루어지는 거대 디지털단일시장이 형성되고, 이로 인해 다양한 콘텐츠와 서비스 수요가 창출되고 이와 관련한 하드웨어 수요가 증가할 것으로 기대된다. 기업들은 이러한 사업기회의 확대와 더불어 가격경쟁이 심화되고 규제가 강화되는 부정적인 변화에도 대비해야 한다.

EU의 디지털산업전략의 핵심인 디지털아젠다의 추진 배경과 주요 내용, 그리고 경제적 기대효과와 산업별 영향을 살펴보고, 기업들의 EU시장 진출 전략을 고찰해본다.

2. 추진 배경과 주요 내용

2.1 추진 배경

① 디지털경제의 부상

정보통신기술(ICT)이 혁신과 경제성장, 고용 창출을 견인하고 있다. ICT는 경제와 산업뿐만 아니라 일상생활까지 변화시키고 있으며, 이러한 현상은 앞으로 더욱 가속화될 전망이다. McKinsey(2016)는 급속한 기술혁신과 네트워크효과, 그리고 낮은 한계비용에 힘입어 디지털경제(digital economy)의 확산이 더욱 가속화될 것으로 전망하고 있다. 디지털경제는 산업 패러다임을 변화시키며 생산성 향상과 기술혁신을 통해 경제성장의 엔진 역할을 하고 있다.

디지털경제의 기반이 되는 정보통신기술(ICT)은 생산성 향상에 따른 단기적 고용 감소에도 불구하고, 기업의 수익성 개선과 소득 향상을 통해 장기적으로는 고용을 증가시킬 것이다. ICT의 도입으로 노동수요가 감소하고 임금이 하락하지만, 신기술로 생산성을 향상시킨 기업들은 새로운 노동수요를 창출한다. 혁신적인 서비스와 신제품의 등장은 새로운 수요를 창출하고, 관련 자본재와 중간재 산업에서 고용을 흡수하게 된다. 미국의 경우, 지난 5년 동안 앱경제(App economy)로부터 50만개의 새로운 일자리가 생겨났는데, McKinsey(2011)는 인터넷으로 인해 1개의 일자리가 사라질 때 새로운 일자리가 2.6개 생기는 것으로 분석하고 있다.

ICT의 발달로 다양한 혁신서비스가 등장하고 산업 간 경계와 국경의 의미가 약해져 영역 구분 없는 글로벌 경쟁이 심화되고 있다. 방송－통신, 온라인－오프라인은 물론 산업 간 경계가 무너지고, 기업들이 다양한 영역에서 상호 경쟁과 협력을 하는 복잡한 양상이 전개되고 있다. 생태계 선점 기업에 의한 '승자독식' 현상이 가속화되고, 시장 선두업체가 신생 혁신기업에 의해 하루아침에 시장을 잠식당하는 등 시장의 역동성도 갈수록 증가하고 있다.

클라우드 컴퓨팅, 클라우드 소싱, 오픈소스 HW, 3D 프린팅 등 디지털기술의 발달로 시장 진입장벽이 낮아져 새로운 사업기회가 창출되고 있다. 데이터가 가치창출의 핵심자원으로 부상함에 따라 데이터 가공 및 활용 역량이 디지털경제에서 경쟁력을 좌우하는 시대가 되었다. 사물인터넷(IoT) 시대의 도래로 방대한 양의 다양한 데이터가 생성되고 있다. 민간과 공공 부문을 불문하고 빅데이터(big data) 활용으로 생산성을 높이고 새로운 가치를 창출하는 것이 경쟁력의 핵심으로 부상하고 있다.

최근에는 무형자산과 데이터를 기반으로 한 디지털경제의 확산뿐만 아니라 사물인터넷에 의한 초(超)연결사회도 가시화되고 있다. 전 세계적으로 인터넷 트래픽이 2~3년마다 2배씩 증가하고 있으며, 모바일 트래픽은 매년 2배씩 증가하고 있다. 모바일 데이터 트래픽은 2012~2018년에 12배 증가할 전망이며, 스마트폰을 이용한 데이터 트래픽도 같은 기간 동안 14배 증가할 것으로 예상된다. 앞으로 모든 기기들이 인터넷으로 연결되는 사물인터넷의 보급 확대로 超연결사회(Connected

Society)가 도래할 전망이다.

② 전통 제조업의 비중이 높은 취약한 산업 구조

현재 세계경제의 성장은 전통 산업보다 새로운 혁신산업에 의해 주도되고 있다. 이러한 맥락에서 본다면 전통 제조업의 비중이 높은 EU의 산업구조는 국제 경쟁에서 취약하다고 볼 수 있다. EU는 시장이 성숙해 있고 부가가치가 낮은 기계, 금속, 식품 등 중후장대 산업이나 전통 산업에서 비교우위를 보이는 반면, 정보통신기술(ICT)을 비롯한 혁신기술 분야에서 열세를 보이고 있다. 실제로 1990년대 이래 미국 제조업은 빠르게 성장한 반면, 유럽의 제조업은 성장률이 둔화되었다. 유럽 제조업은 세계시장에서 그런대로 무역흑자와 시장점유율을 유지해왔으나, 생산과 고용 측면에서 저조한 성과를 보이고 있다.

유럽 제조업의 부진은 장기 경기침체에 기인하기도 하지만, 근본적으로는 구조적 취약성에서 비롯된다. 디지털경제로 변신 중인 미국은 기술 집약 업종이 전체 제조업의 30% 이상을 차지하는 데 반해, EU는 부가가치가 낮은 전통 제조업에 대한 의존도가 여전히 높다. 유럽의 전통 제조업은 비효율적인 비용구조로 고전 중이고 서비스산업도 과도한 규제로 인해 활력을 잃고 있다는 평가다.

한편, 전통 오프라인 경제의 성장세가 둔화되는 가운데 인터넷을 기반으로 한 전자상거래는 지속 성장하고 있어 대조를 이룬다. ICT 발전에 힘입어 디지털경제가 부가가치 창출을 주도하고 있다. 유럽의 소매판매는 2007년을 정점으로 지속적으로 둔화되는 추세이지만, 온라인 판매는 2000~2014년에 연평균 22% 성장하였다. 2015년에도 EU의 소매판매는 1% 증가하는데 그친 반면, 전자상거래는 13.4% 증가하였다. 특히 서비스 분야의 온라인 판매가 현저히 증가했는데, 여행과 관광 산업에서 온라인 판매 비중이 77%에 달할 정도로 일상생활에서 보편화되었다.

문제는 2015년 전자상거래 규모가 EU경제의 2.8%에 불과하고 ICT산업이 차지하는 비중도 경쟁국에 비해 낮을 뿐만 아니라 ICT 투자 및 기업들의 생산성 향상도 미흡하다. 2012년 ICT산업이 창출한 부가가치(Value Added)를 보면 EU는 GDP의 3.6%에 그친 반면, 미국은 5.4%를 차지하였다. 또한 1995~2007년에 미국의 연평균 경제성장률(3.1%)에서 ICT가 차지하는 비중이 약 40%(성장기여도 1.3%)에 달한 반면, EU는 경제성장률(2.2%)에서 ICT가 차지하는 비중이 30%(성장기여도 0.7%)에 불과했다. 2001~2011년에 ICT 부문이 EU의 GDP 성장의 30%를 차지한 반면, 같은 기간 중 미국의 ICT 기여도는 55%에 달했다. 1980~1999년에 미국은 ICT 투자 확대에 따른 지속적인 생산성 향상으로 성장잠재력이 향상되어 높은 경제성장을 지속할 수 있었다. 미국은 ICT산업 자체의 투자는 물론 非ICT산업 전체의 ICT 투자 확대가 생산성 향상을 견인하고 있다.

③ 경쟁국 대비 취약한 디지털경쟁력

새로운 성장 동력으로 부상한 디지털경제에서 대다수 EU 국가들은 미국 등 경쟁국에 비해 열세에 놓여 있다. 전세계 175개국의 ICT 발전 수준을 비교한 2016년 국제전기통신연합(ITU)의 통계에 따르면, 덴마크(3위), 영국(5위), 스웨덴(7위), 네덜란드(8위), 독일(12위), 프랑스(16위)를 제외한 대다수 EU 국가들은 ICT 발전 수준이 선진국 그룹 중 중하위권에 머물러 있다. 스페인, 그리스, 이탈리아가 각각 26위, 36위, 38위를 차지하고 있으며, 헝가리, 폴란드, 루마니아는 최하위권인 48위, 50위, 60위에 처져 있다. 이러한 현실은 2016년 EU집행위가 발표한 디지털아젠다 스코어보드(Digital Agenda Scoreboard)에 포함되어 있는 디지털경제사회지수(DESI: Digital Economy and Society Index)에도 그대로 나타나 있다. 28개국의 순위를 살펴보면, 덴마크(1위), 핀란드(2위), 스웨덴(3위), 네덜란드(4위), 벨기에(5위), 영국(8위)이 상위권을 형성하고 있으나, 스페인(13위), 독일(14위), 프랑스(16위)는 중위권을, 헝가리(22위), 폴란드(23위), 이탈리아(25위), 그리스(26위), 루마니아(28위)는 하위권을 형성하고 있다.

McKinsey(2016)는 21개 항목으로 구성된 산업디지털화지수(Industry Digitisation Index)를 분석한 결과, 현재 EU는 미국(18%)에 비해 디지털경제 잠재력의 12%밖에 실현하지 못한 것으로 평가하였다. 국별로는 영국(17%), 네덜란드, 스웨덴(15%), 프랑스(12%), 독일, 이탈리아(10%)의 순이었다. 유럽의 가장 큰 문제는 디지털화 수준에서 산업별 격차가 너무 크다는 것이다. ICT, 미디어, 금융서비스 산업은 디지털화에서 가장 앞서있는 반면, 여타 전통 제조업과 공공부문의 디지털화 수준은 매우 낙후되어 있는 것으로 분석되었다.

결론적으로, 북유럽 등 일부 국가와 일부 산업은 디지털경쟁력이 우수하지만, EU경제의 몸통을 이루고 있는 국가들과 대다수 전통 제조업은 디지털경쟁력 측면에서 경쟁국에 비해 열세에 놓여 있다.

④ 경제위기의 해법, 디지털경제

EU집행위는 글로벌 금융위기 이후 지속되고 있는 EU경제의 부진이 성장 잠재력의 약화에 기인한 것으로 분석하고 있다. 이는 ICT 기업들이 주도하는 디지털경제가 성장 잠재력을 제고하고 경제성장을 견인하고 있는 미국과 큰 대조를 이루는 대목이다.

EU는 ICT를 기반으로 한 디지털경제의 성장 잠재력에 주목하고 있다. EU집행위는 디지털경제가 유럽의 경쟁력 제고, 경제성장과 고용창출에 가장 효과적인 수단이 될 것으로 기대하고 있다. 현재 EU의 ICT 투자 누계액(GDP 대비)은 미국의 3분의 2 수준에 불과하다. ICT 투자가 미국 수준으로 늘어난다면 생산성 향상 등으로 2020년까지 EU의 GDP 규모는 7,600억 유로(GDP의 5%) 증가할 것으로 전망된다.

EU집행위에 따르면, 실제로 최근 브로드밴드 인터넷에 기반한 디지털경제는 여타 전통경제보다 7배 빠른 성장세를 보이고 있다.

2.2 디지털아젠다의 주요 내용

① 개요

디지털아젠다(DAE)는 경제위기 극복 및 미국과의 디지털경쟁력 격차를 줄이기 위해 EU가 꺼내든 비장의 무기라 할 수 있다. EU는 2010년부터 중장기 성장전략의 일환으로 경제위기 극복 및 고용창출을 위해 'Europe 2020' 전략을 수립하고, '스마트 성장, 지속가능 성장, 동반 성장'을 3대 비전으로 제시한 바 있다. EU는 3대 비전을 달성하기 위해 7대 중점과제를 선정했는데, 그중 하나가 디지털경제의 실현이다. 디지털경제의 실현은 EU가 추진 중인 중장기 성장전략의 가장 핵심 프로젝트라 할 수 있다.

디지털아젠다는 EU가 2020년 디지털경제를 실현하기 위해 제시한 구체적인 로드맵이다. 디지털아젠다는 7개의 하위 실행 분야로 구성되어 있는데, ① 디지털단일시장(DSM: Digital Single Market) 완성, ② 상호 호환성 및 표준, ③ 온라인 신뢰 및 보안 강화, ④ 고속 브로드밴드 구축, ⑤ R&D 투자, ⑥ 디지털교육 활성화, ⑦ ICT 활용 확대 등이다. 7개의 하위 실행 분야는 다시 총 101개의 세부과제로 구성되어 있다. 2010년부터 추진된 디지털아젠다의 세부과제 중 2015년 말 기준으로 총 72개가 완료되었으나, EU 역내 전자상거래 활성화를 포함한 디지털단일시장 전략과 고속 브로드밴드 구축 분야의 약 30개 과제는 제대로 추진되지 못했다. 이에

2015년 5월 EU집행위는 디지털단일시장 완성에 필요한 3개 분야의 16개 추진과제를 2018년까지 입법 완료하고, 2020년에 모두 시행에 옮기는 추진전략을 발표하였다.

EU집행위는 디지털단일시장 전략과 고속 브로드밴드(광대역 통신 네트워크) 구축 작업을 디지털아젠다의 핵심과제로 설정하고 이를 적극 추진 중이다. 유럽의 디지털경쟁력이 취약한 데에는 시장 분절화와 저조한 인프라 투자가 크게 작용한 것으로 판단하고 있기 때문이다. 1993년에 하나로 통합된 오프라인 시장과 달리 EU의 온라인 시장은 여전히 국가별로 쪼개져 있어 규모의 경제와 범위의 경제를 제대로 실현하지 못하고 있다. 이러한 상황에서 디지털경제의 기반이 되는 고속 브로드밴드의 보급이 저조한 것이 디지털경제의 확산을 가로막고 있다는 분석이다. 디지털단일시장 전략은 28개국 전자상거래 시장을 하나로 통합하는 법제도 정비작업이며, 고속 브로드밴드 구축은 디지털경제의 확산을 위한 통신인프라 업그레이드 작업이다.

② 디지털단일시장 전략

전자상거래 시장 규모는 디지털경제를 가늠하는 중요한 척도 중 하나다. EU의 전자상거래 시장이 10%대 중반의 빠른 속도로 성장하고 있지만, 경제규모에 비해 여전히 미흡하다. 2015년 기준으로 GDP 규모가 14.6조 유로에 달하는 EU 28개국의 전자상거래(B2C) 시장 규모는 4,074억 유로(GDP의 2.8%)로, GDP 규모가 17.9조 달러인 미국의 5,951억 달러(GDP의 3.3%)와 비슷한 수준을 보이고 있다.

EU 28개국 중 주요 5개국 즉, 영국(1,571억 유로), 프랑스(649억 유로), 독일(597억 유로), 스페인(182억 유로), 이탈리아(166억 유로)가 전체 EU 시장의 약 80%를 차지하고 있다. 영국과 비교할 경우 독일, 프랑스 등 유럽 대륙 국가들은 경제규모에 비해 전자상거래 시장 규모가 아직은 미미한 편이다. EU의 전체 소매판매에서 온라인 판매가 차지하는 비중은 9.5%에 불과하다. EU의 온라인 거래량이 국가별로 편차가 심한 가운데 역내 회원국 간(cross-border) 온라인 거래는 저조한 실정이다. 2015년 기준 EU 전체 온라인 거래 중 각 회원국의 국내거래 비중이 44%인 데 반해 회원국 간 거래의 비중은 16%에 불과하다. 유럽 소비자들은 다른 EU국가로부터 온라인 구매(38%)하기보다 자국 내(61%) 온라인 구매를 선호하는 것으로 조사되었다. 해외 온라인 구매가 활성화된 국가는 경제대국과 인접해 있고 언어 및 문화적 연계가 강한 작은 국가들뿐이다. EU 회원국 간 온라인 거래가 활성화되지 못한 데는 소비자 불만 및 분쟁 해결의 장기화, 과도한 운송비 부담, 지역차단(geo-blocking) 등 다양한 장애요인이 작용하고 있는 것으로 조사된다.

디지털단일시장(DSM)이란 28개국으로 구성된 EU 내에서 디지털 관련 제품, 서비스, 자본이 온라인상에서 자유롭게 거래되고 이동하는 시장을 의미한다. 다시 말해, EU 28개국에서 개인이나 기업이 국적이나 거주지와 상관없이 공정경쟁 원칙과 소비자 개인정보보호 하에서 자유롭게 온라인 거래를 할 수 있는 시장을 말한다. 여기서 디지털시장이란 B2C 온라인 거래인 일반 전자상거래는 물론 VoD, 음악, 게임 등의 디지털 콘텐츠와 교육, e-헬스, e-결제, e-정부, 빅데이터, 공유경제 등 서비스 거래까지 모두 포함하는 광의의 시장을 의미한다.

EU는 2020년까지 온라인 시장을 하나로 통합하기 위해 ① 온라인 제품에 대한 소비자와 기업의 접근성 제고(세부과제 8개), ② 디지털 네트워크와 서비스를 위한 환경 개선(5개), ③ 경제와 사회(디지털기술의 활용 극대화)(3개) 등 3개 분야에서 총 16개 세부과제를 추진하고 있다.

3개 분야의 주요 내용과 추진 현황을 간략히 정리해본다.

ⅰ) 온라인 제품에 대한 소비자와 기업의 접근성 제고

첫째, EU는 역내 온라인 거래의 활성화를 위해 온라인 거래를 저해하는 장벽을 오프라인 시장과 동일한 수준으로 제거함으로써 디지털제품의 시장 접근성을 제고한다. 이를 위해 국가별로 상이한 전자상거래 관련법과 제도를 개정·통합하고 소비자보호 규정을 강화한다. 온라인 거래에서 발생하는 분쟁을 해결하고자 2016년 1월부터 EU 차원의 온라인 분쟁해결 플랫폼(ODR Platform)을 가동하였다.

둘째, EU 역내 전자상거래의 가장 큰 장애요인으로 지적되고 있는 배송서비스 문제를 개선하는 작업도 추진하고 있다. 그동안 국경 간 거래에 관여하는 국가 우편 사업자, 택배 사업자, DHL 등 글로벌 사업자, 물류센터 간의 연계성이 부족하여 배송비용과 배송시간 등 배송 품질이 경쟁국보다 떨어진다는 지적이 많았다. 이에 따라 EU집행위는 관련 업계의 주도로 우편 사업자의 배송서비스 개선, 배송추적시스템 및 사업자 간 연계성 강화 등을 내용으로 하는 이니셔티브를 추진하고 있다.

셋째, 역내 온라인 거래를 제한하는 지역차단(geo-blocking)을 금지시키고자 한다. 그동안 EU 내에서는 국적이 다르다는 이유로 일부 상품 및 서비스의 공급을 거부하거나, 단순히 국경을 통과한다는 이유만으로 동일한 상품 및 서비스를 상이한 가격과 결제 조건으로 판매하는 차별조치가 존재하였다. EU집행위는 정당하지 않은 이유로 타 회원국 소비자에게 판매를 거부하거나 차별적 요금을 부과하는 행위를 규제하는 새로운 법안을 마련하였다.

넷째, 디지털 콘텐츠에 대한 접근성 개선을 위해 저작권법도 개정하였다. EU의 온라인 콘텐츠 산업은 국가별로 저작권 제한 및 유통상 이해관계가 상이해 소비자의 접근을 제한함으로써 성장 잠재력이 제대로 발현되지 못했다. 저작권법이 회원국별로 운영되고 있어 콘텐츠 공급자는 저작권을 회원국 별로 획득해야 하고, 콘텐츠 산업은 유통업자의 독점력이 강해 국경 간 콘텐츠 사용이 제한되었다. 이에 EU집행위는 저작권의 효력범위 확대와 유통시장 경쟁 촉진을 위해 EU 차원의 새로운 저작권법을 도입하였다. 이를 통해 무분별한 예외조항 남용에 따른 저작권의 약화를 막고, 저작권료가 생산자에게 직접 지급되는 시스템을 도입해 생산자에 대한 인센티브를 강화하였다. 또한 저작권 보호를 이유로 지역차단이 이루어졌던 온라인 콘텐츠 서비스도 자유화하였다. 국내에서 합법적으로 구매한 온라인 콘텐츠 서비스라 하더라도 한시적 체류나 여행 목적으로 EU 역내 이동 시 접근이 차단되었다. 이러한 지역차단 조치로 인해 해외 체류 시 온라인 서비스 접속률은 19%에 불과했다. 현재 음악과 전자책(e−book) 서비스는 해외에서 접근이 가능하지만, 스포츠 생방송의 50% 이상, 영화와 TV시리즈의 40% 이상은 타 회원국에서 접근이 불가능한 실정이다. 이에 EU는 역내 회원국 간 온라인 콘텐츠 서비스의 접근을 허용하는 법안을 마련했다. 또한 2018년 초에 발효될 예정인 법안은 EU 차원의 소비자 권리로 '국경간 이동 가능성(cross−border portability)'를 보장하고 있다.

다섯째, EU는 역내 온라인 거래에 적용되는 부가가치세(VAT) 체계를 변경하였다. 2015년 1월부터 디지털 제품 및 서비스의 역내 온라인 거래(B2C)에 적용되는 부가세 징수방식을 '공급지 과세'에서 '소비지 과세'로 변경하였다. 국가별로 상이한 조세시스템이 역내 회원국 간 전자상거래를 저해하는 요인으로 작용해 왔다고 판단해서다. 현재 EU 역내 소비자에게 공급하는 B2C 기업들은 모두 개정된 부가세법의 적용을 받고 있다. 또한 역내거래 활성화를 위해 부가세 등록 간소화 제도(MOSS)를 시행하고 있다.

ii) 디지털 네트워크와 서비스를 위한 환경 개선

EU는 디지털시장에 대한 접근성을 높이는 동시에 디지털 네트워크와 혁신 서비스가 역내 전체에 확산될 수 있도록 적절하고 공정한 제도적 환경을 조성하는 입법 작업을 추진하고 있다.

첫째, EU가 우선시하는 작업은 통신법의 개정이다. EU가 통신법 개정에 나선 이유는 단일통신시장(Telecom Single Market) 없이 디지털단일시장을 완성한다는 것 자체가 불가능하다고 판단했기 때문이다. 통신산업을 인터넷 시대에 걸맞게 개편하고 각종 장벽을 제거해 EU 28개국의 통신시장을 하나로 통합할 수 있도록 주파수 할당, 망 중립성(net neutrality), 로밍 수수료 폐지 등을 핵심 과제로 추진하고 있다. EU는 역내 주파수 할당을 위한 주파수 조정방안을 마련하는 한편, 5G 서비스를 위해 EU 전역에 걸쳐 700MHZ 주파수 할당을 제안해 놓고 있다. 통신법 관련 주요 이슈 중 하나였던 망 중립성에 대해서도 오랜 논의 끝에 유럽의회가 '망 중립성' 법안을 승인했으며, 2016년 5월부터 시행에 들어갔다. '망 중립성'은 인터넷 통신망 사업자(ISP)가 콘텐츠 사업자를 차별 대우해서는 안 된다는 '오픈 인터넷(open internet)' 원칙으로, 디지털경제에서 공정한 경쟁, 혁신, 소비자 보호를 위해 반드시 필요한 제도로 평가된다. 또한 EU는 해외 로밍 수수료를 단계적으로 인하하여 2017년 6월 15일부터는 완전 폐지되었다.

둘째, 통신법 개정과 함께 미디어 관련 법·제도도 개선하였다. 전통적인 방송 서비스와 인터넷이 결합되면서 시청각 콘텐츠에 대한 접근방식이 다양화되고, 모바일 기기를 이용한 주문형 방식의 시청각 매체 사용이 급증하면서 관련 법 규정을 정비해야 한다는 목소리가 컸다. 지금까지 EU 국가들은 전통적인 TV 방송 서비스에 대해서는 엄격하게 규율해온 반면, 인터넷 기반의 주문형 시청각 서비스에 대해서는 느슨한 법규를 적용해왔다. EU는 역내 회원국 간 TV 방송 및 주문형 서비스 공급 문제, 시청각 서비스 범위 등을 집중적으로 검토하고, 매체 간 융합이 활발해지는 추세임을 감안해 현행 시청각 서비스의 범위를 재조정하였다.

셋째, 온라인 플랫폼에 대한 적절한 규제도 마련 중이다. 온라인 플랫폼 산업은 EU가 다른 선진국에 비해 경쟁력이 취약한 분야로, 시장 지배력을 앞세워 공정한 시장 질서를 왜곡하는 온라인 플랫폼 기업에 대한 규제를 한층 강화할 방침이다.

넷째, 개인정보 보호 및 사이버 보안의 강화다. 온라인상의 개인정보 보호에 대한 소비자와 기업의 우려가 커져 개인정보보호 강화 및 사이버 보안을 위한 제도 개선의 필요성이 대두되었다. 이에 EU는 2016년 4월 기존의 '정보보호지침(Data Protection Directive)'을 대체하는 '일반정보보호규정(GDPR: General Data Protection

Regulation)'을 제정했으며, 2018년 5월부터 시행에 들어갔다. GDPR를 통해 SNS와 클라우드 컴퓨팅 등에서 개인의 '잊힐 권리'를 강화하는 한편, 소비자가 서비스 제공업체에 자신의 개인정보 이전을 요구할 수 있는 권한도 도입하였다. 또한 EU 역외기업도 EU 내 서비스 제공 시 EU 규정을 준수해야 하며 규정을 위반한 기업에 대해서는 글로벌 매출액의 4% 혹은 최대 2,000만 유로 중 많은 금액의 벌금을 부과하도록 하였다. 또한 기업이 EU 역내 다수의 국가에서 개인정보를 처리할 경우 국가별 개인정보 감독기구가 아닌, 기업의 주요 사업장이 있는 국가의 감독기구가 통제·감시하도록 하는 원스톱 숍(One-stop shop) 제도를 도입하였다. 개인의 경우, 자신의 정보가 해외에서 처리되더라도 모국어로 자국 감독기구를 상대로 문제를 처리할 수 있도록 규정을 강화하였다. 또한 EU집행위는 사이버 보안을 강화하기 위해 e-프라이버시 지침(e-Privacy Directive)도 개정할 예정인데, 인터넷 서비스 제공자, 인터넷플랫폼 사업자 등을 포괄하여 관리할 방침이다. 한편, 온라인 결제 시 보안 요건을 강화하고 소비자를 보호하기 위해 2007년에 제정된 결제서비스지침(Payment Services Directive)을 개정하여 오는 2018년 1월부터 시행하였다.

iii) 경제와 사회(디지털기술의 활용 극대화)

EU는 디지털경제의 성장 잠재력을 극대화하고자 데이터경제를 구축하고 호환성과 표준화를 강화하는 동시에 포괄적인 e-소사이어티(e-Society)를 만들어갈 예정이다.

첫째, EU는 데이터의 국경 간 자유 이동을 보장하는 제도적 장치를 마련해 데이터경제를 구축하여 시장 규모를 확대하고 역내 기업들의 경쟁력을 강화할 계획이다. 현재 회원국별로 시행되고 있는 데이터 또는 데이터센터의 자국화(localization) 조치와 개인정보의 국경 간 이동 제한이 EU시장을 분절시키고, 빅데이터, 클라우드 서비스, IoT 분야의 경쟁력을 약화시키고 있다는 비판이 제기되어 왔다. 이에 EU집행위는 개인정보 처리규범 단일화, 역내 데이터 이동 자유화, 데이터 위치에 대한 불필요한 제한조치 철폐 등을 핵심으로 하는 데이터 자유이동에 대한 정책 이니셔티브를 추진하고 있다. 그리고 유럽 내 170만 연구자와 7,000만 과학기술 분야의 전문가들이 버추얼 환경에서 상호 정보를 공유할 수 있도록 하는 유럽 개방형 과학클라우드(European Open Science Cloud)를 추진하고 있는데, EU는 오는 2020년까지 실현시킬 예정이다. EU는 데이터경제에서 주도권을 확보하기 위해 과학기술 분야부터 시작해 공공기관, 산업계로 적용범위를 점차 확장시켜 나갈 계획이다.

둘째, EU는 호환성 및 표준화를 통한 경쟁력 강화를 위해 유럽 차원의 표준화 프레임워크를 산업별로 구체화하여 디바이스-네트워크-서비스 간의 소통을 효율화할 방침이다. EU는 공통표준을 디지털기술의 상호 호환성을 담보하고 효율적인 디지털단일시장이 작동하는 데 필요한 전제조건으로 인식하고 있다. 이에 EU집행위는 스마트제조, 5G 이동통신, IoT, 빅데이터, 클라우드 컴퓨팅, 사이버보안과 같은 신규 영역의 표준화를 우선적으로 추진하고 있다.

셋째, EU는 디지털 전문 인력에 대한 수요 증가에 대응하고자 포용적인 e-소사이어티 구축을 추진하고 있다. EU 차원의 교육, 훈련, 고용과 관련한 추진계획을 수립하는 한편, 학교 인터넷 인프라 지원과 더불어 교육기관, 교사, 일반 대중, 취업 준비생들을 대상으로 한 디지털기술 교육 지원을 확대할 방침이다. 또한 EU집행위는 전자정부시스템을 구축하여 EU 차원의 공공서비스체계를 개선하고자 '전자정부 액션플랜 2016~2020'을 발표하였다. 전자정부 액션플랜에는 정보를 한 번 제출한 개인과 기업에는 동일한 과정을 재차 요구하지 않는 'once only' 원칙, 회원국 간 서비스 사업자 등록연계(Services Passport), EU 차원의 전자조달체계 구축 등이 포함되어 있다.

③ 고속 브로드밴드 구축

디지털경제의 근간은 빠르고 신뢰할 만한 브로드밴드(초고속 인터넷)의 존재다. 고속 브로드밴드는 ICT산업의 경쟁력 제고는 물론 EU경제의 성장에 핵심 요소라 할 수 있다. EU집행위는 브로드밴드 보급률이 10% 상승할 경우 EU의 1인당 GDP가 1~1.5% 증가할 것으로 추정하고 있다. 30Mbps 이상의 고속 브로드밴드는 전자상거래는 물론 디지털 콘텐츠 및 스마트TV, e-헬스, 클라우드 컴퓨팅, IoT 등 국경을 초월한 서비스 시장 창출에 기여할 전망이다.

EU는 2020년까지 미국을 능가하는 수준의 브로드밴드를 구축한다는 야심 찬 목표를 세웠다. 디지털아젠다에 따르면, EU는 2020년까지 EU 역내 모든 가정에 30Mbps 이상의 고속 브로드밴드를 보급하고, 절반의 가정에 대해서는 100Mbps 이상의 초고속 브로드밴드에 가입시킬 계획이다. 이를 위해 EU는 속도가 느린 1세대 브로드밴드를 차세대 브로드밴드(NGA)로 모두 교체할 방침이다.

현재 EU 국가들은 디지털아젠다의 브로드밴드 구축 목표를 달성하기 위해 브로드밴드 정책을 시행하고 있다. 룩셈부르크, 독일, 영국, 프랑스, 스웨덴 등 일부 국가는 디지털아젠다에 제시된 수준 이상의 목표를 설정하여 추진 중이며, 동유럽 국가들을 비롯한 나머지 국가들은 EU가 제시한 디지털아젠다의 구축 목표를 그대로 채택하고 있다.

EU는 고속 브로드밴드의 보급 확대를 위해 가능한 모든 정책수단을 동원하고 있다. EU집행위는 30Mbps 이상의 고속 브로드밴드 보급에 600억 유로, 100Mbps 이상의 초고속 브로드밴드 보급에 1,800억~2,700억 유로가 필요할 것으로 추정하고 있다. EU는 브로드밴드 구축을 위해 민간자본 투자를 적극 유치하는 한편 EFSI(유럽전략투자기금) 등 EU 차원의 다양한 기금을 활용하고 있다. 또한 EU집행위는 고속 브로드밴드 구축을 촉진하기 위해 NGA의 설치비용을 낮추는 방안도 추진 중이다. EU집행위는 농촌 등 낙후 지역의 브로드밴드 구축 사업에 민간자본이 적극 참여할 수 있도록 정부보조금 지원 규정도 완화하였다.

3. 경제적 기대효과와 산업별 영향

3.1 경제적 기대효과

EU집행위는 2017년 5월 현재 디지털단일시장과 관련한 16개 세부과제 중 3개(데이터경제, 사이버보안, 온라인 플랫폼)를 제외한 나머지 13개 과제의 입법 작업을 마무리하였다. EU집행위의 손을 떠난 법안들은 유럽의회와 각료이사회의 논의를 거쳐 최종 채택될 예정이어서 2018년 시행에 별다른 문제가 없을 것으로 전망된다. 또한 현재 입법화 작업이 진행 중인 사이버보안(2017년 9월 목표), 온라인 플랫폼(2017년 12월), 데이터경제(2018년 봄)도 늦어도 2018년 말까지는 완료될 수 있을 것으로 예상된다. 입법화 과정에서 법안 내용이 미흡해 비판이 제기될 수 있으나, EU가 목표로 삼았던 2020년 디지털단일시장의 출범에는 큰 무리가 없을 전망이다.

미 싱크탱크인 컨퍼런스 보드(Conference Board)의 자료를 토대로 수정한 네 가지 시나리오 중 낙관적 시나리오인 'Digital Rainforest'에 근접하는 디지털경제가 실현될 가능성이 높다. 이는 EU가 2020년 전후로 하여 완벽하지는 않더라도 현재보다는 강한 디지털경제를 갖게 될 것임을 의미한다. 이 경우 디지털경제는 EU경제에서 지금보다 훨씬 큰 비중을 차지할 것이다. 디지털단일시장 전략과 고속 브로드밴드 구축이라는 디지털아젠다의 핵심과제가 소기의 성과를 거둘 경우 EU경제에서 디지털경제가 차지하는 비중은 현재의 2% 수준에서 4~5%로 증가할 것으로 전망된다. EU 역내 전자상거래가 활성화되고 콘텐츠 및 서비스산업의 성장세도 지금보다 훨씬 빨라질 것으로 예상된다. 국경 간 온라인 시장 진입비용이 절감되면 중소기업들의 역내시장 진출이 활발해지고 규모의 경제를 실현하기도 용이해질 것이다.

디지털단일시장 완성으로 향후 유럽시장의 매력도 한층 높아질 전망이다. 법제도가 정비되고 지역차단이 해소됨으로써 거대한 하나의 시장이 탄생할 수 있을 것이다. 디지털단일시장이 완성될 경우 유럽의 소비자와 기업들은 오프라인뿐만 아니라 온라인상에서도 EU 역내시장을 자유롭게 접근할 수 있게 된다. 시장이 단일화되면 외국 사이트 주문 時 발생하는 추가 배송비용과 VAT 등의 부담이 해소되어 역내 온라인 구매가 활성화될 것이다. 디지털시장의 통합으로 EU 소비자들은 연간 117억 유로의 비용을 절감할 수 있을 것으로 예상된다.

기업들도 각국의 상이한 규제를 준수해야 하는 부담이 사라지고 EU 회원국 전체를 대상으로 사업 전개가 가능해진다. 시장이 단일화될 경우 EU 전자상거래 기업의 57%는 인접국 혹은 EU 전체로 사업을 확대할 계획인 것으로 파악되고 있다.

현재 유럽은 미국에 이어 글로벌 2위 ICT시장이다. 2014년 기준 ICT시장 규모를 보면, 미국 7,784억 유로(세계 비중: 27.8%), EU 5,964억 유로(21.3%), 중국 3,164억 유로(11.3%) 등으로 구성되어 있다. 앞으로 EU는 미국에 버금가는 거대시장으로 성장할 수 있을 전망이다. 무선 가입자와 인터넷 이용자 등에서는 이미 EU가 미국을 추월한 상태이므로 시장 단일화가 예정대로 이루어진다면 유럽의 ICT시장은 미국에 필적하는 규모로 성장할 가능성이 높다.

한편, 고속 및 초고속 브로드밴드의 보급 확대로 인한 경제적 파급효과도 클 것으로 기대된다. 브로드밴드의 속도 향상이 경제 전반에 미치는 효과를 분석한 국제전기통신연합(ITU)의 자료에 따르면, 고속 브로드밴드의 도입으로 ① 브로드밴드 투자를 통한 직접적인 일자리 창출, ② 기업의 생산성 향상 및 가계소득 증가, ③ 소비자 비용 절감, ④ 정부 공공서비스, 엔터테인먼트, 교육, 헬스케어, 은행 서비스에 대한 접근성 향상 등이 가능해진다. EU집행위는 브로드밴드 투자를 통해 EU경제가 0.7~1.5% 추가 성장할 것으로 전망하고 있다. 2008년에 이루어진 또 다른 연구에서도 브로드밴드 보급률이 10% 상승할 경우 일자리는 연간 9만 3,000명, GDP는 연간 0.69% 증가하는 것으로 분석되었다.

브로드밴드의 속도가 향상될 경우 파일 전송속도가 대폭 개선되고, 비디오 스트리밍 앱 구동이 가능해지며, 고품질의 실시간 통신과 다수 앱의 동시 이용도 가능해진다. 인터넷 기술의 진보로 다양한 온라인 거래가 증가하고, 디지털 콘텐츠 및 스마트TV, e-헬스, 클라우드 컴퓨팅, 커넥티드 카, 사물인터넷(IoT) 등 국경을 초월한 다양한 서비스 제공이 가능해져 다양한 사업기회가 창출될 것이다.

3.2 산업별 영향

디지털아젠다로 인해 전자상거래 시장과 인터넷서비스(Internet Access Service) 및 네트워크 장비 분야에 직접적인 영향이 예상된다. 인터넷서비스 산업은 역내 국가 간 장벽 제거와 통신 인프라 개선으로 시장 규모가 크게 확대될 수 있을 전망이다. 현재 유럽 인터넷서비스 시장을 장악하고 있는 미국 등 역외기업에 대한 규제 강화로 유럽의 로컬기업들이 약진할 것으로 예상된다. 한편 통신 인프라 투자의 확대에 따라 네트워크 장비 산업도 혜택을 누릴 가능성이 높다. 네트워크 구축에 EU 역내기업의 참여를 정책적으로 독려하고 있으므로 로컬 통신장비 업체들이 가장 많은 혜택을 누릴 것으로 예상된다. 콘텐츠·미디어와 소프트웨어, IT, 통신 서비스 분야도 법제도 개선으로 성장이 예상된다. 반면, 국내 기업이 강점을 지니고 있는 디지털 전자기기와 전자부품 산업은 디지털경제의 확산에 따른 간접적인 수요증가 혜택을 누릴 것으로 기대된다.

① 콘텐츠 및 미디어산업

국가별로 상이한 관련 법규와 인터넷 통신환경이 역내 디지털 콘텐츠의 자유로운 거래를 방해해왔다. 또한 회원국들의 상이한 저작권법으로 인해 디지털 콘텐츠 유통기업의 45%가 역내 타국 소비자들에게 콘텐츠를 공급하는 데 어려움을 겪어 왔다. 이로 인해 현재 역외 글로벌 기업들이 유럽 디지털 콘텐츠 분야의 유통 플랫폼 대부분을 장악하고 있다.

EU는 디지털 콘텐츠시장의 활성화를 위해 공동 저작권법을 제정하고 디지털 콘텐츠의 생산을 촉진하기 위해 콘텐츠가 소비되는 순간 바로 저작권료가 지급되는 시스템을 도입하였다. 국가 간 통신시장의 진입장벽이 완화되고 초고속 브로드밴드가 확산되면 콘텐츠의 디지털화와 보급이 더욱 촉진될 전망이다.

2017년 6월 해외로밍 요금의 완전 철폐와 더불어 회원국 간 온라인 콘텐츠 서비스 접근의 자유화로 인해 앞으로 온라인 콘텐츠 서비스의 수요 증가가 예상된다. EU 내 여행 중에도 온라인 콘텐츠 서비스를 자유롭게 이용할 수 있게 되면 젊은 층을 중심으로 디지털 콘텐츠 수요가 급성장할 것으로 기대된다. 온라인 콘텐츠 서비스의 수요 증가로 인해 고성능 영상기기(스마트폰, 태블릿 PC 등)의 수요도 함께 증가할 가능성이 높다. 한편, EU는 미디어 서비스(Audio Visual Media Service) 관련 법규의 개선을 통해 전통 미디어 및 통신 관련 산업을 보호하는 한편 역외기업에 대한 규제를 강화할 전망이다.

다만, EU 차원의 노력에도 불구하고 저작권 보호 문제는 회원국 간 조율이 쉽지 않을 것으로 보인다. 유럽 국가들은 국가별로 다양한 지적자산과 문화유산을 갖고 있어 지적재산권과 문화유산 보호 등의 이슈에서 민감한 이해관계가 작용하는 게 현실이다. 특히 콘텐츠 저작권 보호에 가장 적극적인 영국과 타 회원국 간의 저작권 보호 정책을 둘러싼 갈등이 불가피할 것으로 예상된다. 상대적으로 강력한 저작권 보호 체계를 가지고 있는 영국과 높은 개방성을 바탕으로 콘텐츠 시장의 성장을 도모하고자 저작권 보호 수준을 조정하려는 EU 내 다른 회원국들 간에 견해차가 쉽게 좁혀지지 않을 전망이다. 저작권 보호 문제는 브렉시트(Brexit) 협상에서 주요 쟁점 중 하나가 될 것으로 보인다.

② 소프트웨어, IT 및 통신 서비스 산업

현재 소프트웨어, IT, 통신 서비스 분야에서 가장 각광 받는 이슈 중 하나는 개인과 사회 및 산업 등 인간의 삶과 관련된 모든 분야에서 빅데이터와 클라우딩 컴퓨팅을 활용하는 디지털화라 할 수 있다. EU는 소프트웨어, IT, 통신 서비스 산업이 당면해 있는 제약사항과 여러 문제를 해결하기 위해 '유럽 클라우드 이니셔티브(European Cloud Initiative)'를 추진하고 있다. 또한 개인정보 처리 규범의 단일화, 역내 데이터 이동의 자유화, 데이터 위치에 대한 불필요한 제한조치 철폐 등이 추진되고 있다. 추진 과정에서 난항이 예상되지만, 이러한 정책이 성공할 경우 관련 기업들은 보다 자유롭게 클라우드 및 데이터 센터를 구축하고 다양한 빅데이터를 효과적으로 활용할 수 있게 될 것이다. 이로 인해 소프트웨어, IT, 통선서비스 등 연관 산업의 빠른 성장이 기대된다.

EU의 데이터 정책은 사물인터넷 산업에도 지대한 영향을 줄 것으로 예상된다. 빅데이터 처리 능력의 향상으로 혁신적인 애플리케이션과 서비스가 창출될 것으로 기대되기 때문이다.

다만, 유럽의 소프트웨어, IT, 통신 서비스 업계는 갈수록 엄격해지는 EU의 개인정보 보호 규정으로 인해 빅데이터 활용이 당초 기대보다 미흡할 수 있음을 우려하고 있다. EU는 미국과 달리 개인의 프라이버시를 중시해 왔으며, 개인정보 보호를 더욱 강화하는 분위기여서 기업들 역시 더 많은 의무와 책임을 부여받을 가능성이 높다. 이는 개인정보 보호 관련 규제 강화로 인한 기업들의 과도한 부담이 빅데이터 관련 산업의 발전에 장애물로 작용할 수 있음을 의미한다.

③ 네트워크 장비 산업

EU의 고속 브로드밴드 구축 정책은 네트워크 장비 업계에 직접적인 영향을 줄 것이다. EU는 2020년까지 모든 가구에 30Mbps 이상의 고속 브로드밴드를 공급하고, 전체 가구의 50%가 100Mbps 이상의 초고속 브로드밴드에 가입하는 목표를 세워 놓았다. 2016년 기준 EU의 30Mbps 이상 보급률(NGA coverage)은 76%(가입률 27%)에 달하며, 100Mbps 이상 가입률은 11%(보급률 49%)을 기록 중이다. 2020년까지 브로드밴드 구축 목표를 달성하기 위해서는 1,060억 유로의 추가 투자가 필요할 것으로 추정된다. 이는 유럽 이동통신 장비시장(2014년 기준 91억 달러)의 10배 이상을 상회하는 규모다. 무선 브로드밴드의 경우, EU는 5G 네트워크 구축을 디지털아젠다의 주요 정책으로 추진하고 있어 앞으로 관련 분야의 수요 증가가 예상된다. EU집행위는 5G 기술개발 및 인프라 확보를 위해 2020년까지 7억 유로를 투자할 예정이며, 민간 기업들은 최소 35억 유로를 투자할 계획이다.

통신망 자체가 낙후되어 있는 동유럽 및 남유럽 국가에서 4G(LTE)와 30Mbps 이상의 고속 브로드밴드가 보급될 경우 유무선 통신장비의 수요 확대가 예상된다. 다만, EU는 유럽 네트워크 장비산업을 지원하기 위해 향후 적극적인 시장 개입과 더불어 유럽 기업들에 대한 우호정책을 펼칠 것으로 예상된다.

④ 디지털 전자기기 산업

고속 브로드밴드로 무장한 디지털 단일시장의 출현에 힘입어 中·高價 디지털 전자기기의 수요도 증가할 것으로 전망된다. 온라인 콘텐츠 시장의 활성화로 고품질 콘텐츠를 즐길 수 있는 대화면 고화질 TV나 VoD 서비스의 수요가 증가할 것으로 보인다. 2014년 유럽의 50인치 이상 대형 TV의 비중은 11.6%로, 미국(29.7%),

중국(22.5%)에 비해 낮은 편이다. 한편 유럽 내 통신 인프라의 개선으로 통신기기의 활용도가 높아져 中·高價 스마트폰에 대한 수요가 확대될 것으로 기대된다. 특히 통신인프라 수준이 낮은 동유럽과 남유럽의 디지털 전자기기 시장의 성장 잠재력이 상대적으로 클 것으로 판단된다.

한편, 브로드밴드 인프라가 개선되면서 스마트TV, 태블릿 PC, 비디오게임 콘솔 등 하드웨어 시장도 확대될 전망이다. 초고속 인터넷을 통한 동영상 스트리밍 서비스가 가능해짐에 따라 다양한 온라인 동영상에 대한 시청 수요가 증가할 것으로 예상된다. 지상파, 케이블, 위성방송 대신 인터넷으로 영상 콘텐츠를 즐기는 이른바 '코드 커터(Cord cutter)'가 증가할 것으로 보인다. 양방향 서비스가 가능한 스마트TV가 주된 시청 단말기로 정착하고, 태블릿 PC와 스마트폰 등이 세컨드 스크린으로 부상할 것으로 예상된다.

유럽 내 로컬 제조사들의 경쟁력이 약해 역외 글로벌 업체들이 유럽 전자기기 시장의 성장으로 반사이익을 누릴 전망이다. 앞으로 브랜드 파워가 강한 非유럽계 제조사들의 매출 확대가 예상되며, 글로벌 경쟁력을 지닌 중국 제조사들도 가격 경쟁력을 무기로 유럽 시장에서 매출 확대에 나설 가능성이 높다.

또한 네트워크 커버리지 확대, 속도 증가 등으로 사물인터넷(IoT) 관련 단말기 보급도 확대될 것으로 예상된다. EU 28개국의 IoT 단말기 수는 2013년 18억 개에서 2020년 60억 개로 3배 이상 증가할 전망이다. 오는 2020년 세계 IoT 기기 수는 260억 개(가트너) ~ 500억 개(시스코)로 증가할 것으로 예상된다. IoT 시장 역시 주요 5개국(영국, 독일, 프랑스, 스페인, 이탈리아)이 시장의 3/4을 차지할 것으로 예상된다. 그 외에 네덜란드(EU IoT 시장 내 비중: 5%), 스웨덴(4%), 벨기에(2%), 폴란드(2%) 등도 고성장이 기대된다.

⑤ 전자부품 산업

유럽은 비메모리 반도체와 MEMS(Micro Electro−mechanical Systems), 센서 분야에서 글로벌 선도업체를 다수 보유하고 있다. 영국의 ARM은 2014년 전자기기에 포함되는 반도체 아키텍처 시장의 55% 이상을 차지하고 있다. 특히 스마트폰 및 태블릿 반도체 아키텍처(AP) 시장의 각각 95%와 85% 이상을 차지하고 있다. 사물인터넷(IoT) 분야의 핵심 부분을 담당하는 MEMS 시장에서도 독일의 보쉬와 스위스의 STMicroelectronics가 업계를 지배하고 있다. 한편, 자동차와 모바일 등 주력산업 발전과 디지털헬스, 웨어러블, 사물인터넷(IoT) 등 새로운 신성장산업이 출현하는 상황에서 센서 수요가 급증하고 있다. 보쉬 등 유럽 내 대기업은 물론 다수의 전문기업들이 다양한 센서 분야에서 글로벌 경쟁력을 지니고 있다. 반면 메모리 반도체, 디스플레이, 배터리 등 다른 전자부품의 경우 EU는 한국, 대만, 일본 등 동아시아 국가로부터 수입에 계속 의존할 것으로 전망된다.

디지털경제의 확산으로 유럽 내 전자기기 수요가 증가하면 부품 수요도 간접적으로 늘어날 것이다. 스마트폰, 태블릿 PC 및 스마트TV에 채용되는 AP, 메모리 반도체, 디스플레이, 배터리 등의 수요 증가가 기대된다. 특히, IoT 제품에 필요한 MEMS 업체는 유럽의 적극적인 IoT 시장 활성화 정책에 힘입어 급성장할 가능성이 크다. EU는 IoT, 자율주행 자동차 등 반도체 수요 산업과 연계를 강화하며 역내 부품산업의 경쟁력 강화를 모색할 것으로 예상된다. EU는 현재 주력 분야인 통신망, 공장자동화 외에도 IoT 등 차세대 산업의 핵심 반도체사업에 지속적으로 투자하고 있다. 또한 유럽의 핵심 산업인 자동차와 연계하여 향후 유럽 반도체 업계를 적극 보호할 것으로 예상된다.

 EU시장 진출전략

1. 두 얼굴을 지닌 EU시장

EU의 디지털아젠다는 기업들의 유럽 사업에 직·간접적인 영향을 줄 전망이다. 거대 디지털 단일시장이 부상하고 하드웨어 수요가 증가하는 것은 반가운 소식이 되겠지만, 가격경쟁이 더욱 치열해지고 EU의 기업 규제가 강화되는 것은 위협요인이 될 것으로 보인다.

① 강한 성장이 기대되는 디지털시장

유럽의 전자상거래 시장은 10~20%의 성장세를 지속할 것으로 예상된다. 서유럽 국가들의 전자상거래 시장은 점차 성숙단계에 진입할 것으로 보이나, 역내 회원국 간(cross-border) 전자상거래 시장은 아직 성장 초기 단계여서 성장 잠재력이 크다. 또한 콘텐츠 및 디지털서비스의 역내 거래도 미국 수준으로 활성화될 전망이다. 기업들이 EU의 디지털 단일시장을 잘 활용할 경우 새로운 사업기회를 포착할 수 있을 것이다. 디지털아젠다의 직접적인 수혜자는 소프트웨어와 서비스 산업이 될 전망이다. EU라는 거대한 단일시장을 기반으로 게임, 모바일 앱 등 소프트웨어 시장이 성장할 것으로 기대된다. 특히 게임은 PC 및 콘솔 중심에서 온라인 및 모바일 중심으로 전환될 것으로 예상된다. 브로드밴드 속도가 향상되고 통신 및 미디어법 등 규제 기반이 정비되면서 EU 역내 소비자들을 겨냥한 이동통신 및 콘텐츠 서비스 등이 다양화되고 활성화될 것이다. 한편, 공공정보 디지털화(전자정부 등), 사물인터넷(IoT) 등 데이터 기반의 새로운 서비스도 등장할 것으로 예상된다. 또한 단일시장에 적합한 프레임워크를 제공하고 개인정보 보호 등 관련 규제가 개선됨으로써 빅데이터 시장도 빠르게 성장할 것으로 기대된다.

② 경쟁과 기업규제의 강화가 예상되는 시장

EU는 북미와 더불어 선진국 시장을 양분하는 전략시장이다. 애플, 인텔 등 글로벌 경쟁력을 지닌 미 기업들과 경쟁해야 하는 미국 시장과 달리 유럽에는 디지털 제품을 생산하는 로컬 기업이 별로 없어 시장 공략하기가 상대적으로 용이하다.

앞으로 디지털 단일시장이 진전되면서 EU시장을 둘러싼 기업 간 경쟁은 한층 치열해질 전망이다. 중국의 테크놀로지 기업들은 해외시장 진출을 위한 교두보 확보를 위해 유럽시장 공략을 강화하고 있다. 화웨이 등 중국 기업들은 국가 안보를 이유로 견제를 강화하고 있는 미국 대신 유럽시장 공략에 주력하고 있다. EU의 역내 전자상거래 시장이 활성화될 경우에 대비해 중국의 3대 혁신기업들(바이두, 알리바바, 텐센트)은 온라인 플랫폼 사업을 강화하고 있다.

한편 EU의 전자상거래가 활성화될수록 가격 경쟁은 더욱 심해질 것이다. 소비자가 최저가를 쉽게 검색할 수 있고 시장 진입장벽도 낮아져 가격하락 압력이 커지기 때문이다. 소비자는 온라인 판매 증가로 판매채널이 다양화되어 유리한 입장인 반면, 기업들은 가격하락 압력에 직면하게 된다. 유럽에서 판매되고 있는 혁신기술제품(Technical Consumer Goods)을 보면 벌써부터 이러한 현상이 시작되었음을 알 수 있다. 혁신기술제품에는 TV 등 가전제품, IT제품, 통신기기, 사무기기, 카메라, 주방 전자기기 등이 포함되어 있다, 2015년 EU의 혁신기술제품의 온라인 판매(B2C) 비중은 이미 21.1%에 달하고 있으며, 앞으로 온라인 판매 비중은 더욱 증가할 것으로 예상된다.

한편, 역외 기업에 대한 EU의 규제는 한층 강화될 전망이다. 디지털 단일시장의 추진으로 EU 역내 장벽은 제거되거나 대폭 낮아지는 반면, EU의 대외 장벽은 높아질 것을 의미한다. 일각에서는 디지털 단일시장이 EU의 역내 산업 및 기업 육성을 위한 디지털 보호주의(Digital Protectionism)로 변질될지 모른다는 우려를 제기하고 있다.

또한 디지털시장 단일화로 EU 역내 IT기업들의 시장점유율 확대에 유리한 환경이 조성될 것으로 예상된다. 국가별로 쪼개져 있는 시장이 통합됨으로써 승자독식 현상이 심화될 전망이다. 이에 따라 EU 내에서 활동하는 글로벌 IT기업을 대상으로 反독점법 조사를 강화하는 등 EU의 견제 수위가 더욱 높아질 것으로 예상된다. 디지털 단일시장의 추진 배경에는 구글, 페이스북, 아마존 등 인터넷 플랫폼 기업들에 대한 견제 의도가 깔려있다는 지적이 제기되고 있다. 특히 인터넷 플랫폼 기업에 대한 경쟁법 규제를 강화하려는 움직임은 EU 디지털 온라인서비스 시장의 54%를 차지하고 있는 미국 기업들을 겨냥한 조치라는 의견이 지배적이다.

EU의 개인정보 보호 및 디지털 보호주의 정책도 강화되고 있다. EU는 2018년 5월부터 개인정보 보호규정 위반 기업에 대해 글로벌 매출의 4% 또는 2,000만 유로 중 높은 금액의 벌금을 부과하는 개인정보보호규정(GDPR)을 시행할 예정이다. 한편, 디지털경제에서 데이터의 중요성이 강조되면서 'EU 데이터는 EU 역내에 있어야 한다'는 데이터 주권론도 힘을 얻고 있는 상황이다. 글로벌 기업들이 앞 다투어 유럽에 데이터센터를 설립하는 것도 이러한 보호주의 정서와 무관치 않다.

기업들은 디지털 단일시장 전략을 비롯한 디지털아젠다에 의해 출현할 EU의 디지털경제에 대응전략을 마련해야 할 시점이다. 디지털단일시장의 기회와 위협에 대응하고 새로운 환경 하에서 유럽사업의 경쟁력을 강화하기 위한 전략 마련이 요구된다.

2. 경쟁기업들의 유럽시장 진출전략

① 미국의 혁신기업

'GAFA(Google-Apple-Facebook-Amazon)'로 알려진 미국의 IT 대기업들과 넷플릭스, 우버, Airbnb 등 혁신기업들은 기술력을 앞세워 글로벌 시장의 강자로 군림하고 있다. 유럽시장에서도 예외는 아니다. 현재 이들은 유럽의 인터넷 플랫폼과 OTT서비스, 데이터 서비스 등 다양한 디지털경제 분야에서 강한 시장 지배력을 확보하고 있다. 미 IT 대기업들이 기술우위를 활용해 그동안 28개국으로 쪼개져 있는 유럽 디지털시장을 조용히 공략해온 결과다. 이런 의미에서 미 혁신기업들은 2020년에 EU의 디지털시장이 하나로 통합되기만을 내심 바라고 있다. 디지털시장 통합으로 시장 공략하기에 더욱 유리한 환경이 조성되기 때문이다.

그동안 미 IT 대기업들은 컨버전스(Convergence)형 사업전략과 더불어 공격적인 M&A 전략을 구사해왔다. 구글(미디어), 애플(단말기 제조), MS(소프트웨어개발), 아마존(인터넷) 등은 각자의 강점 분야를 기반으로 M&A를 통해 콘텐츠(서비스), 플랫폼, 단말기 등 全가치사슬 영역으로 사업을 확장하고 있다. IT 대기업들은 미국을 보완할 수 있는 시장으로 성장 잠재력이 크고 제조업 기반이 강한 유럽을 주목하고 있다. 구글, MS, 애플 등 막강한 자금력을 지닌 미 기업들이 유럽기업 인수를 주도하고 있으며, TMT(하이테크–멀티미디어–통신) 분야와 사물인터넷(IoT) 관련 기업 인수가 늘고 있다.

유럽 전자상거래 시장의 절대강자인 아마존은 온라인 시장을 계속 확장해가는 한편, 서비스 고도화와 더불어 클라우드 컴퓨팅 기술을 이용한 데이터 서비스 등으로 사업 다각화를 추진하고 있다. 이를 위해 아마존은 영국(런던), 아일랜드, 독일(프랑크푸르트)에 데이터센터를 설립하여 고객서비스를 강화하고 있다.

② 중국 혁신기업

알리바바는 전체 매출의 50% 이상을 해외에서 올리는 목표를 세우고 글로벌화 전략을 적극 추진하고 있다. 해외 브랜드와 외국 기업들을 위한 'Gateway to China' 전략을 표방하고, 2015년 10월부터 유럽시장 진출을 본격화하였다. 알리바바는 유럽 판매자와 중국 구매자를 연결해주는 전자상거래 플랫폼 사업을 전개하고 있다. 알리바바는 유럽 제품의 중국 수입을 촉진하기 위해 영국(런던: 유럽본사), 이탈리아(밀라노)에 이어 독일(뮌헨), 프랑스(파리)에도 현지법인을 설립하였다. 또한 알리바바는 미국의 넷플릭스, HBO를 지향해 비디오 스트리밍 사업에도 진출하였다. 알리바바는 알리윈(Aliyun)을 통해 클라우드 사업을 확장하고 있는데, 미국에 이어 유럽시장 진출도 추진 중이다. 알리바바는 인터넷 기반의 클라우드 컴퓨팅과 빅데이터 산업이 향후 10년간 성장 동력이 될 것으로 예상하고, 독일(프랑크푸르트)에 데이터센터를 설립하여 유럽시장 진출을 확대하는 중국 기업들을 대상으로 클라우드 서비스를 제공할 계획이다. 한편, 알리바바는 자사의 전자상거래 플랫폼을 통해 중국 제품을 구매하는 영국 중소기업들을 대상으로 온라인 기업대출 서비스도 개시하였다.

화웨이는 2000년부터 유럽시장에서 영업을 시작했다. 휴대폰, 모바일 브로드밴드 기기, 홈 디바이스로 구성된 소비자사업 부문(Consumer Business)의 2015년 서유럽 매출액은 전년대비 45% 증가하여 20억 달러를 기록하였다. 2013년 화웨이는 34억 달러 규모의 통신부품과 서비스를 유럽에서 조달했으며, 유럽내 R&D인력을 2013년 7,700명에서 향후 5년간 매년 1,000명씩 증원할 계획이다. 화웨이의 휴대폰 사업은 유럽시장에서 괄목할만한 매출 증가를 기록하여 삼성, 애플에 이어 3위 업체로 도약하였다. 화웨이의 휴대폰 사업이 유럽시장에서 급성장한 비결은 저가 스마트폰 모델에 의존하던 기존 방식에서 탈피하여 첨단기술을 적용한 中·高價 제품(Mate S)을 출시하는 등 제품 라인업을 보강하고 소매 유통망을 개선하는 등 유럽시장을 적극 공략하는 전략이 주효했기 때문이다. 화웨이는 서유럽 매출의 확대로 프리미엄 제품군에 역량을 집중하는 사업전략에 보다 자신감을 갖게 되었다. 화웨이는 VoD 사업 등 사업 다각화도 추진하고 있다. 2015년말 영화, TV 시리즈 등의 OTT(VoD) 서비스를 중국/중동에 이어 유럽에서도 개시하였다. 초기에는 iOS 및 안드로이드 스마트폰으로 이용 가능한 OTT 비디오와 앱에 집중하되 TV用 게임도 출시할 예정이다. 화웨이는 디지털비디오 에코시스템 구축을 위해 영국에 스마트 비디오 클라우드 센터를 설립할 계획이다. 한편, 화웨이는 R&D 전략으로 5G 기술 개발에도 적극 참여하고 있다. 5G 시장 선점을 위해 EU R&D 프로그램에 적극 참여하는 것은 물론 유럽 국가들과의 협력을 강화하고 있다. 영국 임페리얼 칼리지 런던과 협력하여 공동 연구시설을 설립했으며, 보다폰, BT, 텔레포니카, 도이치텔레콤, SAP 등과 클라우드 스토리지, 통신장비, 자동차, 보안 등의 분야에서 R&D 협력을 확대하고 있다. 화웨이는 미국 대신 유럽(특히 영국)을 전략시장으로 선정하고, 투자 확대를 통해 사물인터넷(IoT)을 비롯한 사업기반 강화에 본격 나서고 있다. 화웨이의 유럽기업 M&A 행보가 빨라지고 있어 앞으로 경쟁사들에 위협적인 존재가 될 전망이다.

3. 한국 기업들의 EU시장 진출전략

글로벌 금융위기 이후 유럽의 경기침체 장기화로 인해 EU시장의 매력이 감소하다보니 국내 기업들의 유럽시장에 대한 관심과 투자가 줄어든 게 사실이다. 이러는 사이 국내 기업들은 EU시장에서 미국 IT 대기업들은 물론 가격경쟁력과 혁신기술로 무장한 중국 기업들의 거센 도전에 직면해 있다.

EU의 디지털경제 확산에 선제적으로 대응하지 못할 경우, 국내 기업들의 유럽시장 내 입지가 2000년대 이전처럼 축소될 수 있음을 유념해야 한다. 따라서 국내 기업들은 디지털 단일시장 전략을 비롯한 디지털아젠다의 추진으로 인한 시장환경 변화를 철저히 분석하고 선제적 대응에 나서야 한다. 디지털아젠다가 가져다줄 사업기회를 적극 활용하는 한편, 위협에 선제적으로 대응할 필요가 있다.

① 시장 환경 변화에 선제적 대응

우선 국내 IT기업들은 2020년 디지털 단일시장을 대비·활용하기 위해 운영, 제품 및 서비스, 경쟁이라는 세 가지 측면에서 대응전략을 마련해야 한다.

ⅰ) 운영: 거점전략의 재검토

우선, 디지털 단일시장에 맞게끔 유럽 내 조직체계를 재정비할 필요가 있다. 앞으로 EU 역내 온라인 거래에서 지역차단이 없어질 것이므로 1국 1법인 체제의 실효성은 점차 사라지게 된다. 전자상거래의 비중이 높아지는 상황에서 디지털시장이 하나로 되면 현재 국별로 운영되고 있는 조직체계는 기능 중복 문제에 처하게 된다. 따라서 시장 환경 변화에 대응해 국가별 조직체계를 汎EU 체제로 전환할 필요가 있다. 기존의 국가 단위 접근에서 벗어나 국가-권역-汎EU를 아우르는 3차원적 접근이 필요하다. 3~4개 권역별로 나눠 권역별 판매 및 마케팅 활동을 전개하는 것이 바람직하다. 이 과정에서 기업들은 디지털기기 보급에 있어 포화상태에 다다른 서유럽 시장보다 성장 잠재력이 높은 동유럽과 남유럽 시장을 집중공략할 필요가 있다. 동유럽 및 남유럽 국가들의 고속 브로드밴드 보급 확대에 따른 고성능 디지털기기 및 콘텐츠·서비스의 수요 증가가 예상된다.

둘째, 기업은 디지털 단일시장 대응 및 비용 절감 차원에서 EU 전역을 커버하는 통합서비스센터(Shared Service Center)의 설립을 고려해야 한다. 많은 기업들은 금융(Billing, Payroll, 채권회수), 회계, 고객서비스 등 백오피스 기능을 하나의 조직으로 묶어

통합 운영하고 있다. 또한 EU의 개인정보 보호 강화 추세에 대응하고 콘텐츠 및 서비스 사업의 경쟁력 확보를 위해 데이터센터 운영을 검토할 필요가 있다. 애플(덴마크, 아일랜드), 구글(핀란드, 벨기에, 네덜란드), 아마존(영국, 아일랜드, 독일), IBM, 알리바바 등 글로벌 기업들은 이미 EU 내에 데이터센터를 운영 중이거나 설립을 추진 중이다.

셋째, 국내 기업들은 물류 및 유통 구조를 汎EU 차원으로 확립하고 일관성 있는 가격정책과 디스카운트 정책을 수립해야 한다. 온라인 시장의 단일화가 진행될수록 메이저 유통업체와 플랫폼 업체의 시장 지배력이 강화될 것이므로 이들과의 윈-윈 전략을 마련해야 한다. 또한 전자상거래 활성화와 유통업체의 대형화 등으로 인한 가격하락 압력에 대응해야 한다. 전자상거래 활성화에 대비하여 온라인 판매 및 가격전략을 수립하여 엄격하면서도 탄력적으로 대응할 필요가 있다.

넷째, 기업은 운영 및 조직체계를 재정비하는 과정에서 지역차단이나 지역차별 조항, 개인정보 보호 등 디지털 단일시장에 위배되는 거래관행이나 계약이 있는지를 철저히 파악하고 개선하여 규제 강화에 선제적으로 대비해야 한다. 적절한 사전 대응이 이루어지지 않을 경우 기업 존립까지 위협받을 수 있음을 명심할 필요가 있다.

ii) 제품 및 서비스: 융합을 통합 시장입지 강화

국내 기업들은 디지털아젠다로 인해 수요 증가가 예상되는 제품과 서비스 분야에서 사업기회를 적극 모색해야 한다. 강점 분야인 하드웨어를 기반으로 하되, 이와 연계된 콘텐츠 및 서비스를 창출하는 사업전략이 요구된다.

첫째, 국내 기업들은 시장 확대가 예상되는 영상 콘텐츠와 관련된 디지털 전자기기(스마트폰, 태블릿 PC, 스마트TV 등)의 소비 트렌드를 선제적으로 포착할 필요가 있다. 이를 위해서는 디자인, 직관적 인터페이스, 화질 등 하드웨어 차별화는 물론 우수 콘텐츠 확보에 주력해야 한다. 특히, 유럽의 저작권법 강화가 예상되므로 현지 콘텐츠 업체와의 협력관계를 구축할 필요가 있다.

둘째, 국내 기업들은 통신, 미디어, 보안, 자동차 업체들과의 협력이나 제휴, M&A를 통해 스마트홈, 스마트카 등 차세대 사물인터넷(IoT) 서비스도 적극 발굴할 필요가 있다.

셋째, ICT의 발달로 제품과 서비스의 융합은 거스를 수 없는 대세가 되고 있다. 최근 IT, 센서, 데이터 애널리틱스 기술이 발전하면서 제조업에서 서비스 사업기회를 찾는 기업들이 늘고 있다. 기업들은 제품 사용 상태에 대한 정밀하고 방대한 데이터를 분석하여 고객들의 효율적인 제품 사용을 지원하는 등 서비스의 부가가치

향상에 주력하고 있다. 이제는 제품과 서비스의 융합이 차별화를 위한 선택이 아닌, 제조업의 생존을 위한 필수요건이 되고 있다. 국내 기업들은 단품 판매 전략에서 벗어나 제품의 서비스화 전략을 적극 추진해야 한다. 제품을 단순 판매하는 전략에서 벗어나 ICT를 활용해 부가 서비스를 제공할 수 있어야 한다. 서비스를 통해 새로운 가치를 추가하여 지속적인 서비스 매출을 창출하거나 제품의 구매 의향을 높이는 지속성장 전략이 필요하다. TV산업의 경우, 성숙기에 진입한 상태에서 하이얼 등 중국 전자업체들이 저가를 무기로 시장을 빠르게 잠식하고 있어 유럽의 TV시장에서 살아남기 위해서는 새로운 경쟁우위 요소가 필요하다. 기술혁신에 힘입어 소비자의 시청방식이 방송전파 수신에서 인터넷 동영상 스트리밍 서비스로 빠르게 넘어가고 있다. 현재 다양한 산업의 플레이어가 셋탑박스를 출시해 OTT서비스를 위한 플랫폼 역할을 수행하고 있다. 넷플릭스와 훌루 등 기존 사업자는 물론 컴캐스트 스트림이나 HBO Now 등 방송통신 사업자들과 아마존 인스턴트 비디오나 유튜브 레드 등 IT 서비스 업체들이 OTT 시장에 뛰어들고 있다. 이러다보니 콘텐츠 소비의 중심이 IPTV와 케이블 등 유료 방송에서 OTT와 셋탑박스/스마트 TV로 이동하고 있다. OTT서비스가 활성화되면서 애플, 구글發 생태계의 변화가 감지되고 있다. 애플, 구글, 아마존, 넷플릭스 등은 자체 OTT서비스는 물론 자체 영상제작까지 하면서 이용자 확보에 열을 올리고 있다. 애플과 구글의 공통적인 지향점은 스마트폰 앱 스토어를 TV로 확장하는 것으로, OTT서비스의 이용자를 기반으로 TV 앱을 활성화하는 전략을 추진하고 있다. 국내 기업들도 단품제품 전략에서 벗어나 '제조와 서비스의 융합' 전략을 적극 추진할 필요가 있다.

넷째, 동질화되면서도 이질적 요소가 공존하는 EU 시장에 효과적으로 대응하기 위해서는 제품 및 서비스의 플랫폼화가 요구된다. 단일시장이 되었지만 지역별로 존재하는 상이한 특성을 반영하기 위해서는 제품별로 모델 수를 늘리는 것이 불가피하다. 제품의 수명주기가 짧아지는 것도 모델 수의 증가를 초래한다. 기업으로서는 모델 수가 많아지면서 신제품 개발 및 제조의 효율성을 확보하는 것이 풀어야 할 과제다. 제품별로 고가, 중고가, 중가 등 기본 플랫폼 3~4개 정도 운영하되, 기본 플랫폼에 기능을 일부 변형 혹은 추가함으로써 다양한 파생모델을 만들어 낼 수 있다.

iii) 경쟁: 차별적 경쟁우위 확보

2020년 디지털 단일시장 완성에 맞춰 본격화될 중국 기업들의 EU시장 공략에 적극 대비해야 한다. 이를 위해서는 제품 차별화를 통해 중국기업 대비 프리미엄

이미지를 강화하는 것이 중요하다. 기업들은 프리미엄 전략의 기조를 유지하되 메스티지(Masstige) 제품군을 강화하는 투 트랙 전략을 통해 시장점유율을 지켜야 한다. 한편, 하드웨어와 콘텐츠 및 서비스를 결합한 '록인(Lock-in)' 전략도 추진할 필요가 있다. 하드웨어 차별화가 힘들어지면서 콘텐츠·서비스 결합의 중요성이 갈수록 커지고 있기 때문이다. 국내 기업만이 지닌 특화 서비스를 활용하여 '록인'을 강화해야 한다. 또한 현지 통신 및 미디어업체 등과의 협력을 통해 콘텐츠, 사물인터넷 등의 생태계를 선점할 필요가 있다.

② M&A를 통한 신사업 진출 도모

주력사업의 성장 한계를 극복하고 新수종사업 분야에서 시장 선도자가 되기 위해서는 보다 적극적인 M&A가 필요하다. 제조업 기반이 강한 유럽은 국내 기업들의 성장에 기여할 수 있는 원천기술과 거대 시장을 갖추고 있다.

유럽 M&A시장에 진출할 수 있는 유리한 여건도 형성되어 있다. 그동안 경기 침체의 장기화로 수출시장으로서 EU의 매력은 줄었으나, 경제 전반에 걸친 구조 조정으로 저가의 매물이 시장에 꾸준히 유입되고 있고, 유로화 약세로 非유럽기업의 인수 여력이 향상되어 M&A시장으로서 매력은 증가하였다. 하지만 국내 기업들은 경쟁국들에 비해 글로벌 M&A는 물론 유럽기업에 대한 M&A가 극히 저조하다. 그 이유는 미국기업(기술) 선호 성향, 유럽기업에 대한 M&A 경험 부족, 정보 미흡 등에 주로 기인한다.

글로벌 기업들은 유럽의 히든챔피언(Hidden Champions)이나 스타트업(Startups) 과의 기술 제휴 혹은 기업 인수를 적극 추진하고 있다. 디지털기술, 환경, 에너지 등 新성장 분야에서 원천기술을 지닌 유럽의 히든 챔피언과 전략적 제휴를 추진하거나 M&A를 시도하는 사례가 증가하고 있다. 2002년 이후 중국과 인도 기업도 히든 챔피언을 위주로 하여 독일 기업을 지속적으로 인수하고 있다. 인도기업은 2008년까지 50개 이상의 독일기업을 인수했으며, 2011~12년에 중국의 독일기업 인수 건수는 32건으로 인도(8건)를 추월하였다.

국내 기업들은 시장을 선도하는 글로벌 기업의 위상을 확보하기 위해 적극적인 M&A를 통해 차별화된 경쟁력을 확보할 필요가 있다. 지금까지 국내 기업들은 빠른 추종자로서 기존 사업의 경쟁력 강화를 위한 소규모, 기술 분야, 미국 기업 중심의 M&A 전략을 추진해왔다. 미국 신생기술 기업을 중심으로 외부 역량을 단기간에 이식하는 데 주력해 온 것이다. 하지만 최근 들어 시장 선도자로서 업계 리더십을 발휘하기 위해서는 전방위적으로 공격적인 M&A를 통해 고유의 생태계를 구축·강화하는 적극적인 전략이 요구된다.

국내 기업들은 유럽기업 M&A를 고려해볼만하다. 유럽 국가별 강점 산업 분야에서 경쟁력을 발휘하는 기업에 관심을 가질 필요가 있다. 우선, 틈새시장에서 강한 기술력을 지닌 유럽의 히든 챔피언에 주목해야 한다. 유럽에는 헬스케어, 에너지·전력, 素材, 센서 및 부품은 물론 사물인터넷(IoT) 등의 분야에서 기술 경쟁력이 뛰어난 히든 챔피언이 다수 존재하고 있다. 히든 챔피언은 대부분 非상장 가족기업이므로 긴 호흡을 갖고 접근할 필요가 있다. 한편, 스타트업 육성을 통해 혁신기술을 先占하는 것도 하나의 방법이다. 유럽의 스타트업 허브는 실리콘밸리에 뒤져 있지만 특유의 강점을 발휘할 수 있는 잠재력을 지니고 있다.

다만, 유럽은 30여 개국으로 구성된, 복잡하고 까다로운 M&A 시장이다. 따라서 성공적인 M&A를 위해서는 철저한 사전 연구와 분석이 선행되어야 한다. M&A 관련 법률과 제도는 물론 문화적 특성이 미국과는 물론 유럽국가들 간에도 상이해 진출이 용이하지 않다는 점을 유념할 필요가 있다.

③ 기업 규제 돌파를 위한 대책 마련

국내 기업들은 EU의 역외기업에 대한 규제와 차별대우를 극복하기 위한 방안도 마련해야 한다. 현재 EU의 기업 규제는 주로 미국의 IT 대기업을 겨냥하고 있으나, 앞으로 중국은 물론 국내 기업까지도 대상에 포함될 가능성이 있다. 따라서 기업들은 개인정보 보호, 조세, 경쟁법, 환경 및 에너지 등 EU의 규제 변화를 면밀히 분석하여 불필요한 제소와 제재 가능성을 사전에 차단할 필요가 있다.

이를 위한 방안 중 하나로 국내 기업들은 EU의 디지털경제에 기여할 수 있는 전략적 파트너로서 존재를 각인시킬 필요가 있다. EU는 미 IT 대기업들의 독주를 더 이상 방관해서는 안 된다는 입장이어서 이들을 견제하기 위한 제도적 장치를 강화하는 추세다. 유럽인들은 국내 기업들을 미국에 맞설 수 있는 기술력을 보유한 잠재적 협력 파트너로 인식하고 있으므로 전략적 마케팅을 펼칠 수 있는 유리한 여건이 조성되어 있다. 따라서 국내 기업들은 EU의 미 IT기업 견제 심리를 십분 활용하여 유럽기업들과의 제휴를 통해 콘텐츠 및 서비스사업을 강화하고 사물인터넷(IoT) 등 새로운 사업기회를 모색할 필요가 있다.

④ 정부와 기업은 대응책 마련에 적극 나설 필요

1990년대 초 정부는 민관 합동으로 '1993년 유럽단일시장 출범'에 대비하기 위해 관련 규정 내용 및 영향 분석, 대응방안을 마련하느라 많은 노력을 기울였다. 아직 국내에서는 '2020년 디지털 단일시장'이 정보통신기술(ICT)을 기반으로 한 디지털경제에 국한된 것으로 인식하는 경향이 강한 듯하다. 1990년대 초반 범국가적 대응에 나섰던 EU 단일시장 출범이 오프라인 시장 통합이었다면, 오는 2020년에 출범할 예정인 디지털 단일시장(DSM)은 이에 못지않은 파괴력을 지닌 온라인 시장 통합이다. 또한 EU의 디지털경제의 확산은 '4차 산업혁명'과 밀접하게 연결되어 있는 경제 및 산업패러다임의 변화이기도 하다.

따라서 우리 정부와 산업계는 유럽의 디지털 어젠다의 추진과 이로 인한 시장환경 변화를 예의주시하고 대응책을 마련해야 한다. 우리 정부는 이웃 나라 일본과 중국의 행보를 참고할 필요가 있다. 일본과 중국은 디지털어젠다의 대응책으로 EU와 산업 협력을 확대하기 위한 노력을 기울이고 있다. 일본은 정부간 채널을 가동함은 물론 산업계 차원에서 EU와 디지털 단일시장 전략을 논의한 지 오래되었으며, 중국도 알리바바를 중심으로 전자국제무역플랫폼(eWTP)을 구축하여 중국－EU간 전자상거래를 활성화하기 위해 EU와 공동 노력을 펼치고 있다.

한편, 국내 기업들은 유럽 디지털시장에서 경쟁력 확보 및 시장 선점을 위해 적극적인 M&A 등 진출 노력을 강화해야 한다. 국내 최대 포털업체인 네이버가 좋은 본보기가 되고 있는데, 네이버는 유럽시장에서 기술 플랫폼을 구축하기 위해 2억 유로의 투자자금을 조성해 혁신기술을 보유한 유럽 신기술 스타트업을 잇달아 인수하고 있다.

더 나아가 생각해 보기

1. 유럽 산업정책의 역사적 흐름을 요약해보고 유럽통합의 역사와 시대적 흐름을 비교·고찰해보자.
2. 유럽 사회의 구조적 변화를 반영하는 유럽 경제모델의 선진성을 비판적 시각에서 논의해보자.
3. 유럽 산업구조의 시대적 변화는 정치적 아젠다와 어떻게 상호작용하며 변화되어 왔는지 논의해 보자.
4. 유럽연합 산업정책의 구조적 근간은 세계경제 변화의 주도자로서의 역할을 수행하는데 충분한지 비판적 시각에서 토론해 보자.

참고문헌

강유덕 외. '유럽 주요국의 산업경쟁력 제고정책과 시사점'. 연구보고서 14-22. 대외경제정책연구원.

김득갑 외, 『2020 유럽의 미래』(서울: 연세-SERI EU센터, 2016).

김정권 외, "EU 디지털 단일시장 전략의 주요 내용과 시사점". 『오늘의 세계경제』. 대외경제정책연구원. Vol. 15 No. 16 (2015.6).

ARM Holdings plc (2015). 2015 Analyst and Investor Day.

Atkinson, R., Castro, D., Ezell, S. and Ou, G. 2009. The need for speed: The importance of next-generation broadband networks. The Information Technology and Innovation Foundation(ITIF). Washington, D.C.

Bauer, H., Patel, M. and Veira, J.(2014.12). 'The Internet of Things: Sizing up the opportunity'. McKinsey& Company.

Bosch Rides Apple to MEMS Dominance. (2015.3.26.). EETimes.

Boston Consulting Group(2015). Five Priorities for achieving Europe's Digital Single Market.

Chatchai Kongaut, Ibrahim Kholilul Rohman, Erik Bohlin. (2014). The economic impact of broadband speed: Comparing between higher and lower income countries.

Claire Dhéet and Martina Morosi (2014). Towards a New Industrial Policy for Europe. EPC Issue Paper No.78. European Policy Center.

Cisco. (2015.5.). Cisco Visual Networking Index: Forecast and Methodology, 2014-2019.

Copenhagen Economics (2010). The Economic Impact of a European Digital Market.

Crandall, R., Lehr, W.H. and Litan, R. (2007). The effects of broadband deployment on output and employment: A cross-sectional analysis of U.S. data. Brookings Institution working paper.

Czernich et al. (2011). Broadband Infrastructure and Economic Growth. The Economic Journal. Volume 121.

Deepcentre (2016). Boosting E-Commerce in the Digital Single Market: A Foundation for European Growth and Competitiveness.

Ecommerce Europe (2016). European B2C E-commerce Report.

EITO (2014). ICT Market Report 2014/15.

European Audiovisual Observatory(2015.3). The Development of the European market for
　　on－demand audiovisual services.

European Commission (2017). A Digital Single Market for Europe.

　　＿＿＿＿＿＿＿＿＿＿ (2017). Communication on the Mid－term Review on the
　　implementation of the Digital Single Market Strategy.

　　＿＿＿＿＿＿＿＿＿ (2017). Europe's Digital Progress Report.

　　＿＿＿＿＿＿＿＿＿ (2016). Digital Agenda Scoreboard.

　　＿＿＿＿＿＿＿＿＿ (2015). A Digital Single Market for Europe – Analysis and Evidence.
　　Commission Staff Working Document.

　　＿＿＿＿＿＿＿＿＿ (2015). A Digital Single Market Strategy for Europe.

　　＿＿＿＿＿＿＿＿＿ (2015). Communication from the Commission to the European
　　Parliament, the Council, the European Economic and Social Committee and the
　　Committee of the Regions: A Digital Single Market for Europe.

　　＿＿＿＿＿＿＿＿＿ (2015). Flash Eurobarometer 413.

　　＿＿＿＿＿＿＿＿＿ (2015). Roadmap for completing the Digital Single Market.

　　＿＿＿＿＿＿＿＿＿ (2015). Why we need a digital single market.

　　＿＿＿＿＿＿＿＿＿ (2015). European Economic Forecast. Winter 2015.

　　＿＿＿＿＿＿＿＿＿ (2015.3.3.). Speech at Mobile World Congress: The Road to 5G.

　　＿＿＿＿＿＿＿＿＿ (2015.6.19.). Implementation of the EU regulatory framework for
　　electronic communication – 2015.

　　＿＿＿＿＿＿＿＿＿ (2014). Consumer Conditions in the EU － Getting up to speed
　　with the digital age.

　　＿＿＿＿＿＿＿＿＿ (2014). Definition of a Research and Innovation Policy Leveraging
　　Cloud Computing and IoT Combination.

IDC (2015.9) Worldwide Quarterly Mobile Phone Tracker.

HIS (2015.2Q). "Quarterly Advanced Global TV Shipment and Forecast Report".

ITU (2016). Measuring the Information Society Report 2016.

＿＿ (2014.9.). The State of Broadband 2014: broadband for all.

＿＿ (2012). Impact of broadband on the economy. Broadband series. Telecommunication
　　Development Sector. ITU, Geneva.

J. Scott Marcus, D. Elixmann (2012). Re－thinking the Digital Agenda for Europe (DAE):
　　A richer choice of technologies. Wik－Consult.pp 2－7.

Katz, R., & Suter, S. (2009). Estimating the economic impact of the broadband stimulus
　　plan. Columbia Institute for Tele－Information Working Paper.

McKinsey (2012). "Manufacturing the Future: The next era of the global growth and innovation".

_____ (2016). "Digital Europe: Pushing the frontier, capturing the benefits".

MICUS (2008). "The impact of broadband on growth and productivity" Report.

Pellegrino, G. and Klemann, R. (2012). Get up to speed: How developed countries can benefit from deploying ultrafast broadband infrastructures.

Rohman, I.K. and Bohlin, E. (2012). Does broadband speed really matter as a driver of economic growth? Investigating OECD countries. International Journal of Management and Network Economics 2(4), 336−356.

U.S. Chamber of Commerce (2015). EU Digital Single Market: Policy Perspectives.

Welsum, D., Overmeer, W. and Ark, B. (2012). Unlocking the ICT growth potential in Europe: Enabling people and businesses. Conference Board.

Yoo, C.S. (2014.5.). U.S. vs. European Broadband Deployment: What Do the Data Say?. University of Pennsylvania Law School and CTIC.

찾아보기

공저자 소개

김종법(Kim Jong Bub)

7년간의 이탈리아 유학 생활을 통해 그람시와 이탈리아에 대한 학문적인 저변과 깊이를 연구한 소장 학자로 이탈리아 토리노국립대학에서 정치학 분야 국가연구박사(Dottorato di Ricerca)를 취득하였다. 현재 대전대학교 글로벌융합창의학부에 재직 중이다. 관심분야로는 이탈리아 정치, 유럽통합의 문화적 요소, 그람시 연구 등이다. (연락처: utikim@hanmail.net)

정병기(Jung Byungkee)

베를린 자유대학교에서 정치학 박사(유럽 정당)를 취득하고, 서울대학교 기초교육원 강의교수와 동대학 글쓰기 교실 책임 연구교수를 거쳐 현재 영남대학교 정치외교학과 교수로 재직한다. 유럽정치연구회 회장을 역임했으며, 관심 분야는 유럽 정치, 선거와 정당, 노동 정치, 사고와 표현, 표준, 영화 분석, 시문학 등이다. (연락처: byungkee@ynu.ac.kr)

강원택(Kang Won Taek)

서울대학교 지리학과 및 동대학원 정치학과를 졸업하고, 영국 런던정경대(LSE)에서 정치학 박사 학위를 받았다. 숭실대학교 정치외교학과 교수를 거쳐 현재 서울대학교 정치외교학부 교수로 재직 중이다. 한국정당학회장, 한국정치학회장을 역임하였고 다수의 저서 및 논문을 발간하였다. 주요 관심 분야는 선거, 정당, 한국정치 등이다. (연락처: kangwt@snu.ac.kr)

안병억(AN PYEONGEOK)

연합뉴스와 YTN 기자 10년 생활을 접고 늦깎이로 영국 케임브리지대학교에서 국제정치(유럽통합)를 전공해 석사와 박사 학위를 취득했다. 연세대학교 지역학 협동과정 겸임교수를 거쳐 2012년 3월부터 대구대학교 국제관계학과 교수로 재직하고 있다. 2016년 유럽정치연구회 회장을 역임했으며, 관심 분야는 유럽의 정치경제, 평화연구, 지정학이다. 주간 팟캐스팅 안쌤의 유로톡으로 일반 대중과 소통을 확대중이다. (연락처: anpye9@gmail.com)

고주현(Go Joo Hyun)

영국 University College London에서 유럽공공정책학 석사, 이화여자대학교에서 유럽지역학 박사를 취득했으며, 연세대학교, 이화여자대학교, 한국외국어대학교 등에서 강의하였으며 현재 연세대학교 동서문제연구원과 Jean Monnet EU Centre에서 연구교수로 재직 중이다. 주요 관심 분야는 지역의 분리 독립, 남유럽 민주화, EU의 규범권력 등 유럽연합을 포함한 유럽지역연구이다. (연락처: joohyun. go@yonsei.ac.kr)

구춘권(Koo Choon-Kweon)

독일 필립스 마부르크 대학에서 정치학박사 학위를 받았고 현재 영남대학교 정치외교학과 교수로 학생들을 가르치고 있다. 한국정치학회 및 한국국제정치학회 등 관련 학회 활동에 적극적으로 참여하고 있으며, 유럽정치 및 국제정치 분야에서 수많은 저술활동을 활발히 펼치고 있다. 관심 분야는 정치경제, 유럽통합, 독일정치 등이다. (연락처: ckkoo@ynu.ac.kr)

김남국(Kim Nam-Kook)

서울대학교 정치학과를 졸업하고 미국 시카고대학교에서 정치학 박사학위를 받았으며 현재 고려대학교 정치외교학과 교수로 재직 중이다. 파리고등사회과학원(EHESS) 초빙교수를 지냈으며 2011년 유럽연합(EU)에 의해 장모네(Jean Monnet) 석좌교수로 선정되었다. 유럽정치와 정치사상을 주로 가르치고 연구하며 한국정치학회 및 한국유럽학회 학술상을 수상한 바 있고 2017년 한국유럽학회 회장을 역임하였다. (연락처: nkim98@gmail.com)

김득갑(Kim Deuk-Kab)
서울대학교 경영학과를 졸업하고 서강대학교에서 경영학 박사를 취득했으며, 현재 연세대학교 동서문제연구원(IEWS)에 재직 중이다. 벨기에 브뤼셀 주재원 근무기간을 포함해 지난 30년간 삼성경제연구소에서 유럽연합(EU) 연구에 전념해왔으며, 다수의 저서와 연구보고서를 발간하였다. 주요 관심분야는 유럽통합, 유럽경제 및 산업정책, 다국적기업 전략 등이다. (연락처: europe726@naver.com)

김새미(KIM Saemee)
김새미는 이화여대 지역학과에서 박사학위를 받고 현재 한양대학교 평화연구소 연구교수로 재직 중이다. 영국을 비롯한 유럽지역 문화정책 전반에 관심을 가지고 있으며, 문화도시 및 정치사회현상의 문화적 요인에 대해 다양한 연구를 하고 있다. 최근 문화다양성, 국제문화교류, 문화외교, 문화생태 구축 등의 연구 활동을 진행하였다. (연락처: saemeekim@naver.com)

김영태(Kim Youngtae)
독일 베를린 자유대에서 정치학 박사를 취득했으며, 현재 목포대학교 정치언론홍보학과에 교수로 재직 중이다. 다수의 저서와 논문 저술에 노력해 왔으며 유럽정치연구회를 비롯한 국내외 관련 학회 활동에도 적극적으로 참여하고 있다. 주요 관심사는 정치학방법론이며, 한국 선거제도, 유럽 선거제도, 정당 연구, 정치사회화 등이다. (연락처: young@mokpo.ac.kr)

김인춘(Kim Inchoon)
연세대학교 사회학과를 졸업하고 미국 미시간 대학에서 사회학 박사를 받았다. 현대경제연구원 연구위원을 거쳐 연세대학교 연구교수로 재직하고 있다. 주요 연구분야는 정치사회학, 사회정책, 북유럽 지역연구, 시민사회와 민주주의 등이다. (연락처: ickim95@yonsei.ac.kr)

박선희(Park Sun-Hee)
프랑스 스트라스부르대학 유럽학고등연구소(IHEE)의 20세기 유럽현대사 박사준비과정(D.E.A)을 마치고 Paris 8대학에서 정치학 박사학위를 취득했다. 서울대학교 국제대학원 연구교수를 거쳐 현재 동대학원 EU센터의 연구위원과 한양대학교 평화연구소의 SSK사업 공동연구원으로 재직하고 있다. 주요 관심분야는 유럽연합의 지역간 협력, 유럽의 이주정책, 유네스코 문화다양성협약 등 다양한 사회문제 등이다. (연락처: europaparksh@snu.ac.kr)

손영우(Son Youngwoo)
프랑스 파리8대학교에서 정치학 박사학위(비교정치, 정치경제)를 취득하고, 목포대학교 연구전임교수와 서울시립대학교 EU센터 연구원을 역임한 후 현재 경제사회노동위원회 전문위원으로 재직하고 있다. 유럽정치연구회를 비롯해 국내외 관련 학회 활동에도 적극적으로 참여하고 있으며, 주요 관심분야는 유럽 정치경제, 노동 정치, 사회적 대화 등이다. (연락처: ywson8@gmail.com)

송태수(Song Tae Soo)
독일 Free Univ. Berlin에서 정치학박사학위(독일통일, 정치경제전공)를 마쳤고, 중앙대학교 대학원 박사과정(헌법 전공)을 수료하였으며, 현재 한국기술교육대학교 고용노동연수원에 재직 중이다. 다수의 논문 저술과 국내외 관련 학회 활동에도 적극적으로 참여하고 있으며, 주요 관심분야는 통일, 유럽연합, 헌법, 노사관계 및 노동교육 분야 등이다. (연락처: netzsong@gmail.com)

심성은(Shim Sung-Eun)
파리 낭테르대학 정치학 석박사와 낭트대학에서 EU법 석사를 취득했다. 박사학위는 유럽의회의 의사결정과정에 관한 것이며, 한양대학교 유럽-아프리카연구소 연구교수를 거쳐 현재 국회 입법조사처 입법조사관으로 재직 중이다. 관심분야는 유럽연합의 제도와 정책, 서유럽 국가들의 선거, 이민 문제와 극우정당 등이다. 2017년, 한국유럽학회 신진학자상을 수상했다. (연락처: shimsungeun@empas.com)

안상욱(Ahn Sang Wuk)
서울대학교 서양사학과를 졸업하고, 프랑스 파리 3대학과 파리정치대학에서 유럽지역학 석사, 프랑스 파리 3대학에서 유럽지역학 박사(경제학)를 마쳤다. 미국 브라운대학교에서 교환연구원 생활을 하였으며, 한국유럽학회 총무이사를 역임하였고 부경대학교 대학원 부원장과 국제교류본부 부본부장을 역임하였다. 현재 부경대학교 국제지역학부에서 교수로 재직 중이다. 관심분야는 지역경제통합, 에너지믹스 등이다. (연락처: ahnsangwuk@pknu.ac.kr)

양오석(Yang Oh Suk)
서울대학교에서 경영학 박사(국제경영, 국제재무 전공), 영국 Univ. of Warwick에서 정치학박사(국제정치경제전공)를 마쳤으며, 삼성경제연구소 수석연구원을 거쳐 현재 강원대학교 경영대학 경영회계학부에 재직 중이다. 관심분야는 글로벌 기업재무, 은행의 국제화 전략, 해외직접투자, 국제금융, 국제경영, 전략경영, 유럽경제 및 금융정책분야 등이다. (연락처: osyang30@kangwon.ac.kr)

윤석준(Yoon Seock-Jun)
프랑스 파리정치대학(시앙스포, Sciences Po)에서 정치학 박사학위를 취득하고, 현재 서강대학교 사회과학연구소 연구교수로 재직 중이다. 현대그룹 남북경협 전략기획 업무를 담당한 바 있으며, 프랑스 파리정치대학 유럽학연구소(Sciences Po/CEE) 연구원, 미국 존스홉킨스 대학 국제대학원(SAIS) 초청연구원, 미국 캘리포니아주립대학(UCSD) 초청연구원을 역임했다. 주요 관심 분야는 유럽연합, 통합이론, 유럽-북한 관계, 인도지원/개발협력, 남북경협이다. (연락처: semio@naver.com)

윤성원(Yoon Sung-Won)
영국 London School of Economics and Political Science에서 유럽학 석사, 고려대학교에서 국제통상 박사학위를 취득했으며, 국가브랜드위원회 에디터, 고려대학교 연구교수를 거쳐 현재 수원대학교 경영학부 글로벌비즈니스전공 교수로 재직 중이다. 주요 연구분야는 유럽통합, 유럽정체성, 문화정책 등이며 해당 분야에서 다수의 논문과 저서를 발간하였다. 한국유럽학회 신진학자상을 수상한 바 있다. (연락처: syoon@suwon.ac.kr)

이선우(Lee Sun-Woo)
서울대학교 노어노문학과 및 동대학원 정치학과를 졸업하고, 영국 글라스고 대학교에서 정치학 박사학위를 받았으며, 현재 전북대학교 정치외교학과 교수로 재직 중이다. 전공분야는 비교정치이며, 국내외 관련 학회 활동에도 적극적으로 참여하고 있다. 주요 관심분야는 정치체제, 정부제도, 정치변동, 한국정치, 유라시아정치 등이다.
(연락처: lee99@jbnu.ac.kr)

임동현(Donghyun Lim)
이탈리아 피사 대학교에서 잠바티스타 비코의 보편사 서술에 관한 연구로 역사학 분야 국가연구박사(Dottorato di Ricerca)를 취득하였고 현재 한국외국어대학교, 인천대학교, 아주대학교, 신한대학교에 출강 중이다. 관심분야로는 근대 유럽의 종교사와 여성사, 계몽주의 그리고 이탈리아사와 비코 연구 등이다. (연락처: d_lim@daum.net)

장선화(Jang Seon-Hwa)

한국외국어대학교 정치외교학과를 졸업하고 이화여자대학교에서 정치학 석·박사학위를 취득하였다. 현재 연세대학교 미래사회통합연구센터(CARIFS) 연구교수로 재직 중이다. 주요 연구 분야는 (북)유럽 정당정치, 코포라티즘, 노동시장정책 등이며 해당 분야에서 다수의 논문 및 공저를 출간하였다. 최근 관심 연구 분야는 민주주의와 포퓰리스트 정당 정치, 정당체제 변화, 노동정치, 신제도주의 등이다. (연락처: mirrmoon99@gmail.com)

정하윤(Jung Ha Yoon)

이화여자대학교 지역학협동과정에서 지역학 박사학위를 받았다. 고려대 지속발전연구소 연구교수를 역임하였고, 연세대 리더십센터 연구교수를 거쳐 현재 건국대 산림사회학연구실 연구원으로 재직 중이다. 다수의 논문 저술 활동과 국내외 관련 학회에도 적극적으로 참여하고 있다. 주요 관심분야는 기후변화 정치, 환경정치, 정당정치 등이다. (연락처: hayoonj@gmail.com)

조홍식(CHO Hong Sik)

파리정치대학(Sciences Po)을 졸업하고 유럽통합으로 정치학 박사학위를 받았다. 현재 숭실대학교 정치외교학과 교수로 재직 중이다. 유럽정치와 정치경제를 가르치고 연구하며 국내외 관련 학회 활동에도 적극적이다. 주요 관심분야는 자본주의, 민족, 그리고 문화 및 정체성의 정치 등이다. (연락처: chs@ssu.ac.kr)

유럽정치론

초판발행	2018년 9월 28일
엮은이	유럽정치연구회
펴낸이	안종만
편 집	한두희
기획/마케팅	임재무
표지디자인	권효진
제 작	우인도·고철민
펴낸곳	(주) **박영사**
	서울특별시 종로구 새문안로3길 36, 1601
	등록 1959. 3. 11. 제300-1959-1호(倫)
전 화	02)733-6771
f a x	02)736-4818
e-mail	pys@pybook.co.kr
homepage	www.pybook.co.kr
I S B N	979-11-303-0648-3 93340

copyright©유럽정치연구회, 2018, Printed in Korea

정 가   32,000원